2025년판

ONE PICK
형사소송법

편저자 정현석 변호사

들어가면서
PREFACE

ONEPICK 형사소송법

'선택과 집중'

모든 수험에서와 마찬가지로 변호사시험에서 역시 선택과 집중이 필요하고 또 중요합니다.

'집중'은 누구든지 의지로 해낼 수 있겠으나, 변호사시험 대비에 적합한 내용을 추리는 '선택'을 하는 것은 누구에게도 쉽지 않은 과정입니다.
본 교재는 변호사시험에서 반드시 숙지해야 하는 쟁점과 판례들을 선별하여 수록하였습니다.

쟁점의 경우 학설은 실제 답안에 기재할 수 있는 분량으로 최대한 간결하게 압축하였으나 판례의 경우 핵심 논거를 확인할 수 있도록 가급적 자세히 요약하였습니다. 판례를 한 두줄 이내로 지나치게 압축된 문장으로만 학습할 경우 사실관계에 따른 논거 및 주문을 정확히 익히기 어려워 선택형에서 같은 실수를 반복하기 쉽습니다. 또한 사례형에서 쟁점 관련 판례의 핵심 키워드 현출도 어려울 수 있기 때문에 본 교재에서는 판례를 지나치게 압축하는 것을 지양하였습니다.

본 교재의 기출 표시와 관련 변시 및 변모의 사례형은 전개년, 선택형은 최근 3개년의 기출 표시를 하였습니다.

이미 형사소송법에 관한 기본 이해가 있는 수험생들의 '선택'을 함에 본 교재가 충분한 가이드 역할을 하길 기대합니다.

수험생 여러분의 건승을 기원합니다.

감사합니다.

2025. 1.
변호사 정 현 석 올림

목차 CONTENTS

ONEPICK 형사소송법

제1편 서 론

Chapter 001 _ 형사소송법 서론 ··· 3

제2편 소송주체와 소송행위

Chapter 002 _ 관할 및 법원 ··· 7
Chapter 003 _ 제척·기피·회피 ··· 12
Chapter 004 _ 검사의 소송법상 지위 ··· 17
Chapter 005 _ 성명모용 ·· 19
Chapter 006 _ 위장출석 및 위장자수 ··· 23
Chapter 007 _ 피고인 ··· 25
Chapter 008 _ 변호인 ··· 32
Chapter 009 _ 당사자능력·소송능력 ··· 44
Chapter 010 _ 소송행위 및 소송조건 ··· 45

제3편 수사와 공소제기

Chapter 011 _ 함정수사 ·· 51
Chapter 012 _ 수사기관, 수사의 개시와 단서 ··· 55
Chapter 013 _ 고소 ··· 56
Chapter 014 _ 고발 ··· 68
Chapter 015 _ 불심검문 ·· 70
Chapter 016 _ 임의수사 ·· 72
Chapter 017 _ 거짓말탐지기 ··· 75
Chapter 018 _ 피의자신문 및 참고인 조사 등 ··· 77
Chapter 019 _ 영장에 의한 피의자 체포 ··· 81

Chapter 020 _ 긴급체포 ··· 83
Chapter 021 _ 현행범인 체포 ··· 87
Chapter 022 _ 구속 ·· 91
Chapter 023 _ 체포·구속적부심사제도 ······································ 102
Chapter 024 _ 보석 ·· 107
Chapter 025 _ 영장의 법적 성질 ·· 110
Chapter 026 _ 압수·수색·검증 일반 ·· 111
Chapter 027 _ 압수·수색에서 영장주의의 예외 ······················ 121
Chapter 028 _ 강제채혈·강제채뇨 ·· 128
Chapter 029 _ 압수물 환부·가환부 ·· 132
Chapter 030 _ 전자정보에 대한 압수·수색 ······························ 137
Chapter 031 _ 특수한 대물강제처분 ·· 147
Chapter 032 _ 증거보전 제도 ·· 152
Chapter 033 _ 수사의 종결 ·· 156
Chapter 034 _ 공소제기 후 수사 ·· 158
Chapter 035 _ 공소의 제기 ·· 161
Chapter 036 _ 공소시효 ·· 164
Chapter 037 _ 공소권 남용이론 ·· 171
Chapter 038 _ 공소의 취소 ·· 174
Chapter 039 _ 재정신청 ·· 175
Chapter 040 _ 공소장일본주의 ·· 182
Chapter 041 _ 공소사실의 특정 ·· 185
Chapter 042 _ 공소사실의 예비적·택일적 기재 ······················ 190

목차
CONTENTS

제4편 공 판

Chapter 043 _ 심판의 대상 ··· 195
Chapter 044 _ 공소사실의 동일성 ·· 196
Chapter 045 _ 포괄일죄의 일부에 대한 추가기소 ···················· 199
Chapter 046 _ 공소장변경 ··· 202
Chapter 047 _ 축소사실의 심판 의무 ······································ 212
Chapter 048 _ 공소장변경 요구 ··· 214
Chapter 049 _ 항소심에서의 공소장변경 ································· 216
Chapter 050 _ (공시)송달 ·· 218
Chapter 051 _ 공판절차 ·· 221
Chapter 052 _ 증거개시 ·· 227
Chapter 053 _ 증거조사 일반 ·· 232
Chapter 054 _ 증인신문 ·· 237
Chapter 055 _ 감정 ·· 246
Chapter 056 _ 간이공판절차 ·· 247
Chapter 057 _ 공판절차의 특칙 ··· 250
Chapter 058 _ 국민참여재판 ·· 252
Chapter 059 _ 거증책임 ·· 257
Chapter 060 _ 자유심증주의 ·· 266
Chapter 061 _ 위법수집증거배제법칙 ······································ 269
Chapter 062 _ 자백배제법칙 ·· 278
Chapter 063 _ 공동피고인 ·· 282
Chapter 064 _ 전문법칙 일반 ··· 284
Chapter 065 _ 제311조(법원 또는 법관의 조서) ······················ 286
Chapter 066 _ 제312조 제1항(검사작성의 피의자신문조서) ··· 289
Chapter 067 _ 제312조 제3항(사경작성의 피의자신문조서) ··· 292
Chapter 068 _ 제312조 제4항(참고인 진술조서) ····················· 295
Chapter 069 _ 제312조 제6항(수사기관의 검증조서) ·············· 300

Chapter 070 _ 제313조(진술서 등) ·· 303
Chapter 071 _ 제314조(증거능력에 대한 예외) ··· 309
Chapter 072 _ 제315조(당연히 증거능력이 있는 서류) ··· 312
Chapter 073 _ 제316조(전문의 진술) ·· 315
Chapter 074 _ 재전문증거의 증거능력 ·· 317
Chapter 075 _ 사진 ·· 318
Chapter 076 _ 녹음(테이프) ·· 321
Chapter 077 _ 증거동의 ··· 324
Chapter 078 _ 탄핵증거 ··· 329
Chapter 079 _ 자백보강법칙 ·· 332
Chapter 080 _ 재판 일반 ··· 338
Chapter 081 _ 기판력(일사부재리 효력) ··· 346

제5편 상소 · 비상구제절차 · 특별절차

Chapter 082 _ 상소일반 ··· 355
Chapter 083 _ 일부상소 ··· 362
Chapter 084 _ 불이익변경금지의 원칙 ·· 369
Chapter 085 _ 파기판결의 구속력 ··· 376
Chapter 086 _ 항소 ·· 378
Chapter 087 _ 상고 ·· 388
Chapter 088 _ 항고 · 재항고 · 준항고 ··· 395
Chapter 089 _ 재심 ·· 401
Chapter 090 _ 비상상고 ··· 416
Chapter 091 _ 약식절차 ··· 421
Chapter 092 _ 즉결심판 절차 ·· 426
Chapter 093 _ 그 밖의 특별절차 및 기타 ··· 428

ONEPICK 형사소송법

제 **1** 편

서 론

Chapter 001 형사소송법 서론

1 형사소송법 법원

① 형사소송법의 법원으로 형사소송법, 형사소송규칙, 헌법, 대법원규칙 등이 있다.
② 검찰사건사무규칙은 그 실질이 검찰 내부의 업무처리지침으로서의 성격을 가지는 것이므로, 이를 형사소송법 제57조의 적용을 배제하기 위한 '법률의 다른 규정'으로 볼 수 없다(대판 2007도4961). 표준판례 [23모선]

2 형사재판권

한반도의 평시상태에서 미합중국 군 당국은 미합중국 군대의 군속에 대하여 형사재판권을 가지지 않으므로, 미합중국 군대의 군속이 범한 범죄에 대하여 대한민국의 형사재판권과 미합중국 군 당국의 형사재판권이 경합하는 문제는 발생할 여지가 없고, 대한민국은 미합중국 군대의 군속이 대한민국 영역 안에서 저지른 범죄로서 대한민국 법령에 의하여 처벌할 수 있는 범죄에 대한 형사재판권을 바로 행사할 수 있다(대판 2005도798). 표준판례

3 형사소송의 이념

① 형사소송의 목적은 적정절차에 의한 실체적 진실의 신속한 발견이다(대판 93도3058). [23모선]
② 형사재판의 증거법칙과 관련하여서는 소극적 진실주의가 헌법적으로 보장되어 있다 할 것이다(헌재 94헌바1). 표준판례

4 형사소송의 원칙적 당사자주의

형사소송의 구조를 당사자주의와 직권주의 중 어느 것으로 할 것인가의 문제는 입법정책의 문제로서 우리나라 형사소송법은 기본적으로 당사자주의 소송구조를 취하고 있다(헌재 92헌마4). 표준판례 [23모선]

5 무죄추정의 원칙

피고인은 무죄로 추정된다는 것이 헌법상의 원칙이고, 그 추정의 번복은 직접증거가 존재할 경우에 버금가는 정도가 되어야 한다(대판 2017도1549).

ONEPICK 형사소송법

제**2**편

소송주체와 소송행위

Chapter 002 관할 및 법원

I 관할에 관한 개념 정리

1 관할의 개념

관할이란 특정 법원이 특정 사건을 재판할 수 있는 권한을 의미한다.

2 토지관할

① 토지관할이란 동등한 법원 사이에 사건의 지역적 관계에 의한 관할의 분배를 의미하며, 재판적이라고도 한다.

② 토지관할은 범죄지, 피고인의 주소, 거소 또는 현재지로 한다(제4조 제1항). 여기서 '현재지'라고 함은 공소제기 당시 피고인이 현재한 장소로서 임의에 의한 현재지뿐만 아니라 적법한 강제에 의한 현재지도 이에 해당한다(대판 2011도12927). 표준판례 [22변선]

③ 국외에 있는 대한민국 선박(항공기)내에서 범한 죄에 관하여는 전항에 규정한 곳외에 선적지 또는 범죄후의 선착지로 한다(동조 제2항, 제3항).

④ [1] 지방법원 본원과 지방법원 지원 사이의 관할의 분배는 지방법원 내부의 사법행정사무로서 행해진 지방법원 본원과 지원 사이의 단순한 사무분배에 그치는 것이 아니라 소송법상 토지관할의 분배에 해당한다.

[2] 지방법원 본원에 제1심 토지관할이 인정된다고 볼 특별한 사정이 없는 한, 지방법원 지원에 제1심 토지관할이 인정된다는 사정만으로 당연히 지방법원 본원에도 제1심 토지관할이 인정된다고 볼 수는 없다(대판 2015도1803).[24변선, 23모선]

3 사물관할

(1) 의의

사물관할이란 사건의 크기와 난이도에 따른 제1심 법원의 관할 분배를 의미한다.
제1심인 지방법원 또는 지원의 형사사건에 대한 관할은 원칙적으로 단독판사에 속하고(법원조직법 제7조 제4항), 사형·무기 또는 단기 1년 이상의 징역 또는 금고에 해당하는 사건 등은 합의부 사건에 속한다(법원조직법 제32조 제1항).[23모선]

(2) 사물관할 관련 지문 및 판례 정리

① 단독판사의 관할사건이 공소장변경에 의하여 합의부 관할사건으로 변경된 경우에 법원은 결정으로 관할권이 있는 법원에 이송한다(제8조 제2항).

② 합의부 사건이 공소장변경으로 단독판사 관할로 된 경우에도 사건을 배당받은 합의부는 공소장변경허가결정을 하였는지에 관계없이 사건의 실체에 들어가 심판하였어야 하고 사건을 단독판사에게 재배당할 수는 없다(대판 2013도1658). 표준판례

③ 지방법원판사에 대한 제척·기피사건은 지방법원과 그 지원의 합의부 관할 사건이다(법원조직법 제32조 제1항 제5호).

④ 단독판사 관할 피고사건의 항소사건이 지방법원 합의부나 지방법원지원 합의부에 계속중일 때 그 변론종결 시까지 청구된 치료감호사건의 관할법원은 고등법원이고, 피고사건의 관할법원도 치료감호사건의 관할을 따라 고등법원이 된다. 따라서 위와 같은 치료감호사건이 지방법원이나 지방법원지원에 청구되어 피고사건 항소심을 담당하는 합의부에 배당된 경우 그 합의부는 치료감호사건과 피고사건을 모두 고등법원에 이송하여야 한다(대판 2009도6946).[24번선]

⑤ 상습특수상해죄는 법정형의 단기가 1년 이상의 유기징역에 해당하는 범죄이어서 합의부사건이므로 제1심 관할법원은 지방법원과 그 지원의 합의부이다(대판 2016도18194).

4 재정관할

(1) 의의

재정관할이란 법원의 재판에 의해 정해지는 관할을 의미하는데, 재정관할에는 관할의 지정과 이전이 있다.

(2) 관할의 지정

관할의 지정이란 어느 사건에 관해 관할법원이 없거나 관할법원이 명확하지 않은 경우에 상급법원이 사건을 심판할 법원을 지정하는 것을 말한다.

(3) 관할의 이전

① 관할의 이전이란 어느 사건의 관할법원이 재판권을 행사할 수 없거나 재판권을 행사하기에 적당하지 않은 경우에 그 사건의 관할권을 관할권이 없는 법원에 옮기는 것을 말한다. 이는 법원이 소송계속 중인 사건을 관할권이 있는 다른 법원으로 이전하는 사건이송과 구별된다.

② 관할이전의 신청과 관련하여 검사는 의무적이나, 피고인에게는 신청권이 인정된다.

③ 법원이 검사의 공소장변경을 허용하였다 하여 재판의 공평을 유지하기 어려울 염려가 있다고 인정되지 아니하므로 이를 이유로 한 관할이전신청은 이유없다(대결 84초45,84노417).

5 관련사건

관련사건이란 관할이 인정된 하나의 사건을 전제로 그 사건과 주관적 또는 객관적으로 관련성이 인정되는 사건을 말한다. 주관적 관련이란 1인이 범한 수죄로 인적 관련이라 하고, 객관적 관련이란 수인이 공동으로 범한 1죄로 물적 관련이라 한다.

관련사건에 대해서는 소송계속 중이라도 심리의 편의를 위해 심리를 병합하거나 분리가 가능하다.

II 관할의 조사와 위반

1 관할의 직권조사

관할권의 존재는 소송조건에 해당하므로 법원은 직권으로 관할을 조사해야 한다.
토지관할은 공소제기시를 기준으로 하지만 이후 관할권이 생기면 그 하자는 치유되고, 사물관할은 공소제기시부터 재판종결에 이르기까지 전체 심리과정에 계속 존재해야 한다.

2 관할위반의 판결

① 피고사건이 법원의 관할에 속하지 않는 때에는 관할위반의 판결을 선고해야 한다(제319조).
② 법원은 피고인의 신청이 없으면 토지관할에 관하여 관할위반의 선고를 하지 못하고, 관할위반의 신청은 피고사건에 대한 진술 전에 하여야 한다(제320조).[23 · 22모선]
③ [1] 관할을 위반한 경우에도 그 절차를 형성하는 개별 소송행위의 효력에는 영향이 없다(제2조). 따라서 관할위반 판결이 선고되고 이후에 관할권이 있는 법원에 다시 공소가 제기된 경우에도 관할위반 판결을 선고한 법원의 공판절차에서 이미 행해진 개개의 소송행위의 효력은 그대로 유지된다.

 [2] 또한 관할위반판결을 선고한 법원의 공판절차에서 작성된 공판조서, 증인신문조서 등은 이후에 동일한 사건이 공소제기된 법원의 공판절차에서 증거로 사용될 수 있다.[24변선]

III 병합심리 및 관할경합의 처리 기준

1 사물관할의 병합심리

① 사물관할을 달리하는 수개의 관련사건이 각각 법원합의부와 단독판사에 계속된 때에는 합의부는 결정으로 단독판사에 속한 사건을 병합하여 심리할 수 있다(제10조).
② 사물관할을 달리 하는 수개의 관련 항소사건이 각각 고등법원과 지방법원본원합의부에 계속된 때에는 고등법원은 결정으로 지방법원본원합의부에 계속한 사건을 병합하여 심리할 수 있다. 수개의 관련 항소사건이 토지관할을 달리하는 경우에도 같다(규칙 제4조의2).[22변선]

2 토지관할의 병합심리

(1) 의의

토지관할이 다른 여러 개의 관련사건이 각각 다른 법원에 계속된 때에는 공통되는 바로 위의 상급법원은 검사나 피고인의 신청에 의하여 결정으로 한 개 법원으로 하여금 병합심리하게 할 수 있다(제6조).[22변선, 24모선]

(2) 토지관할 병합에서 공통되는 직근상급법원

① 문제점

제6조에서 토지관할을 결정할 직근상급법원은 구체적으로 어떠한 법원인가에 대하여 명문 규정이 없어 문제된다.

② 판례(각급 법원의 설치와 관할구역에 관한 법률 기준)

형사소송법 제6조에서 말하는 공통되는 직근상급법원은 그 성질상 형사 사건의 토지관할 구역을 정해 놓은 각급 법원의 설치와 관할구역에 관한 법률 제4조에 기한 [별표3]의 관할 구역 구분을 기준으로 정하여야 한다(대결 2006초기335).

③ 검토

대법원의 업무경감과 신속한 결정을 위해 관할구역에 따른 상급법원으로 보는 것이 타당하다.

3 관할경합의 처리 기준

(1) 의의

관할의 경합이란 같은 사건에 대해 여러 개의 법원이 동시에 관할권을 가지는 것을 말한다.

(2) 사물관할의 경합

동일사건이 사물관할을 달리하는 수 개의 법원에 계속된 때에는 법원합의부가 심판한다(제12조).

(3) 토지관할의 경합

① 같은 사건이 사물관할이 같은 여러 개의 법원에 계속된 때에는 먼저 공소를 받은 법원이 심판한다(선착수의 원칙, 제13조 본문).[24변선]

② 다만, 각 법원에 공통되는 바로 위의 상급법원은 검사나 피고인의 신청에 의하여 결정으로 뒤에 공소를 받은 법원으로 하여금 심판하게 할 수 있다(동조 단서).[22변선]

③ 위 규정에 의하여 관할의 경합으로 인해 심판을 하지 않게 된 법원은 공소기각 결정을 한다(제328조 제1항 제3호).[24변선]

Ⅳ 관할에 관한 지문 및 판례 정리

① 피고인이 국민참여재판을 원하는 의사를 표시한 경우 지방법원 지원 합의부가 배제결정을 하지 아니하는 경우에는 국민참여재판절차 회부결정을 하여 사건을 지방법원 본원 합의부로 이송하여야 한다(국민참여재판법 제10조 제1항).
　지방법원 지원 합의부가 심판권을 가지는 사건 중 지방법원 지원 합의부가 제1항의 회부결정을 한 사건에 대하여는 지방법원 본원 합의부가 관할권을 가진다(동조 제2항).

② 일반 국민이 범한 수 개의 죄 가운데 군형법에 정한 죄와 그 밖의 일반 범죄가 형법 제37조 전단의 경합범 관계에 있다고 보아 하나의 사건으로 기소된 경우, 특정 군사범죄에 대하여는 군사법원이 전속적인 재판권을 가지므로 일반 법원은 이에 대하여 재판권을 행사할 수 없다. 반대로 그 밖의 일반 범죄에 대하여 군사법원이 재판권을 행사하는 것도 허용될 수 없다. 결국 기소된 사건 전부에 대하여 재판권을 가지지 아니한 일반 법원이나 군사법원은 사건 전부를 심판할 수 없다(대결 2016초기318).

③ 군형법 제1조 제4항 제3호(초병에 대한 폭행·협박 등, 저자 주)에서 정한 군형법상의 죄에 대하여는 그 죄를 범한 사람이 군인이든 군인이었다가 전역한 사람이든 신분에 관계없이 군사법원에 재판권이 있다(대판 2016도11317).

④ 형사소송법 제5조에 정한 관련 사건의 관할은, 이른바 고유관할사건 및 그 관련 사건이 반드시 병합기소되거나 병합되어 심리될 것을 전제요건으로 하는 것은 아니고, 고유관할 사건 계속 중 고유관할 법원에 관련 사건이 계속된 이상, 그 후 양 사건이 병합되어 심리되지 아니한 채 고유사건에 대한 심리가 먼저 종결되었다 하더라도 관련 사건에 대한 관할권은 여전히 유지된다고 볼 것이다(대판 2006도8568).

⑤ 법원은 소년에 대한 피고사건을 심리한 결과 보호처분에 해당할 사유가 있다고 인정하면 결정으로써 사건을 관할 소년부에 송치하여야 한다(소년법 제50조).

⑥ 검사는 가정폭력범죄로서 사건의 성질·동기 및 결과, 가정폭력행위자의 성행 등을 고려하여 가정폭력처벌법에 따른 보호처분을 하는 것이 적절하다고 인정하는 경우에는 가정보호사건으로 처리할 수 있다(동법 제9조 제1항). 검사는 제9조에 따라 가정보호사건으로 처리하는 경우에는 그 사건을 관할 가정법원 또는 지방법원에 송치하여야 한다(동법 제11조 제1항).

⑦ 제주 4·3사건 진상규명 및 희생자 명예회복에 관한 특별법 제14조 제3항에서 제주지방법원에 전속관할권을 인정한 사건은 위원회로부터 제주 4·3사건의 희생자로 결정된 경우에 청구하는 특별재심사건에 한정된다고 보아야 한다. 따라서 위원회로부터 희생자 결정을 받지 않은 상태에서 형사소송법에 따른 재심을 청구하는 사건에는 형사소송법 제423조가 적용되어 원판결의 법원이 관할권을 가진다(대결 2023모1121).

Chapter 003 제척·기피·회피

I 제척·기피·회피 제도의 의의

불공평한 재판을 할 염려가 있는 법관을 법원의 구성에서 배제하여 공정한 재판을 구체적으로 보장하기 위하여 마련된 제도이다.

II 제척

1 의의

제척이란 구체적인 사건의 심판에 있어서 법관이 불공평한 재판을 할 우려가 현저한 것으로 법률에 유형적으로 규정되어 있는 사유에 해당하는 때에 그 법관을 직무집행에서 배제시키는 제도를 의미한다.

2 제척의 원인(제17조 각호)

① 법관이 피해자인 때(1호), ② 법관이 피고인 또는 피해자의 친족 또는 친족관계가 있었던 자인 때(2호), [23모선] ③ 법관이 사건에 관하여 피고인의 대리인, 변호인, 보조인으로 된 때(5호), ④ 법관이 사건에 관하여 검사 또는 사법경찰관의 직무를 행한 때(제6호), ⑤ 법관이 사건에 관하여 전심재판 또는 그 기초되는 조사, 심리에 관여한 때(7호) 등

3 형사소송법 제17조 제7호

① '전심'이란 2심에 대한 1심과 같이 상소에 의하여 불복이 신청된 재판을 말하고, 여기서 '관여한 때'란 전심재판의 내부적 성립에 실질적으로 관여한 때를 의미한다. 제척원인에 해당하는 판사가 심판에 관여한 때에는 절대적 항소이유에 해당한다.

② **증거보전 판사는 제척사유 해당 X**
공소제기 전에 검사의 청구에 의하여 제184조에 의한 증인신문을 한 법관은 제17조 제7호에 이른바 전심재판 또는 그 기초되는 조사, 심리에 관여한 법관이라고 할 수 없으므로, 제척원인이 있는 법관이 원판결에 관여하였다고 할 수 없다(71도974). 표준판례 [23모선]

③ **증거조사한 판사는 제척사유 해당 O**
제1심판결에서 피고인에 대한 유죄의 증거로 사용된 증거를 조사한 판사는 전심재판의 기

초가 되는 조사·심리에 관여하였다 할 것이고, 그와 같이 전심재판의 기초가 되는 조사·심리에 관여한 판사는 직무집행에서 제척되어 항소심 재판에 관여할 수 없다(대판 99도3534).

4 약식명령을 한 판사가 정식재판을 담당한 경우 제척사유가 되는지 여부 [14변사]

(1) 학설

① 적극설 : 약식명령의 경우에도 판사는 사건에 대해 실질적으로 심리를 행하도록 되어 있어서 사건에 대한 예단을 가질 수 있으므로 전심재판에 관여한 것으로 간주한다.

② 소극설 : 약식명령과 정식재판은 심급을 같이 하는 재판이므로 약식명령을 한 판사가 정식재판을 담당한다고 하여 전심재판에 관여하였다고 볼 수는 없다.

(2) 판례(소극설)

[1] 약식절차와 제1심 공판절차는 동일한 심급 내에서 서로 절차만 달리할 뿐이어서 약식명령을 한 법관이 정식재판의 제1심 판결에 관여하였다고 하여 제척의 원인이 되지 않고(대판 2002도944), [2] 다만 약식명령을 한 판사가 그 정식재판 절차의 항소심판결에 관여함은 제척의 원인이 된다(대판 2011도17).

(3) 결론

약식명령을 고지하였던 판사가 그 정식재판절차를 담당하게 된 경우에도 약식명령과 정식재판은 동일한 심급이므로 제척원인이 되지는 않는다고 하겠다.

5 제척 관련 지문 및 판례 정리

① 약식명령을 발부한 법관이 그 정식재판 절차의 항소심판결에 관여함은 제척, 기피의 원인이 되나, 약식명령을 발부한 법관이 그 정식재판 절차의 항소심 공판에 관여한 바 있어도 후에 경질되어 그 판결에는 관여하지 아니한 경우는 제척사유에 해당하지 않는다(대판 85도281). 표준판례 [24변선,23모선]

② 선거관리위원장으로서 공선법위반 혐의사실에 대하여 수사기관에 수사의뢰를 한 법관이 당해 형사피고사건의 재판을 하는 경우, 제17조 제6호 소정의 제척원인인 '법관이 사건에 관하여 사법경찰관의 직무를 행한 때'에 해당하지 않는다(대판 99도155). 표준판례 [23모선]

③ [1] 통역인이 사건에 관하여 증인으로 증언한 때에는 직무집행에서 제척되고, 제척사유가 있는 통역인이 통역한 증인의 증인신문조서는 유죄 인정의 증거로 사용할 수 없다.[23모선] [2] 통역인이 피해자의 사실혼 배우자라고 하여도 통역인에게 제척사유가 있다고 할 수 없다(대판 2010도13583).[24·23모선]

④ 고발사실의 일부에 대한 재정신청사건에 관여하여 그 신청을 기각한 것이 그 나머지 부분에 대한 사건에 있어 제척사유에 해당하지 않는다(대판 2013도10316).

⑤ 환송 전의 원심에 관여한 것은 전심재판이 아니므로, 환송판결전의 원심에 관여한 재판관이 환송 후의 원심재판관으로 관여하였다 하여 제17조에 위배된다고 볼 수 없다(대판 78도

3204).
⑥ 전심이라 함은 불복신청을 한 당해 사건의 전심을 말하는 것으로서 재심청구사건에 있어서 재심대상이 되는 사건은 이에 해당하지 않는다(대결 82모11).
⑦ 법관이 수사단계에서 구속영장을 발부한 것은 전심재판의 기초가 되는 조사·심리에 관여한 것에 해당하지 않는다(대판 89도612).
⑧ 형사소송법 제17조 제7호의 '전심재판의 기초되는 조사·심리'란 전심재판의 내용형성에 영향을 미친 경우를 말하며, 구속적부심사에 관여한 법관은 여기에 해당하지 아니한다.
⑨ 외국인이라도 국어에 통하는 자인 경우에는 통역하게 할 필요가 없으나 대한민국 국민이라도 국어에 통하지 아니하면 통역하게 하여야 한다(대판 2007도9327).[23모선]

III 기피

1 의의

법관이 제척사유가 있음에도 불구하고 재판에 관여하거나 그 밖의 불공평한 재판을 할 염려가 있는 때에 당사자의 신청에 의하여 그 법관을 직무집행에서 탈퇴게 하는 제도이다.

2 기피원인

① [1] 기피원인에 관한 제18조 제1항 제2호 소정의 '불공평한 재판을 할 염려가 있는 때'라 함은 당사자가 불공평한 재판이 될지도 모른다고 추측할 만한 주관적인 사정이 있는 때를 말하는 것이 아니라, 통상인의 판단으로서 법관과 사건과의 관계상 불공평한 재판을 할 것이라는 의혹을 갖는 것이 합리적이라고 인정할 만한 객관적인 사정이 있는 때를 말하는 것이다.

[2] 검사의 피고인에 관한 공소장변경허가신청에 대하여 불허가 결정을 한 사유만으로 재판의 공평을 기대하기 어려운 객관적인 사정이 있다고 보기 어렵다(대결 2001모2).[23모선]

② 재판부가 당사자의 증거신청을 채택하지 아니하거나 이미 한 증거결정을 취소하였다 하더라도 그러한 사유만으로는 재판의 공평을 기대하기 어려운 객관적인 사정이 있다고 할 수 없다(대결 95모10)

3 기피신청의 시기

(1) 문제점

형사소송법은 민사소송법과 달리 기피신청의 시기에 대해서는 별도의 제한을 두고 있지 않으므로 신청시기가 문제된다.

(2) 판례(판결선고시설)

이미 종국판결이 선고되어 버리면 그 담당재판부를 사건 심리에서 배제하고자 하는 기피신청은 그 목적의 소멸로 재판을 할 이익이 상실되어 부적법하게 된다고 하여 판결이 선고된 이후에는 불가능하다는 입장이다(대결 94모77).

(3) 검토

생각건대 공정한 재판을 위한 공평한 법원의 구성은 형사재판의 초석이라고 할 수 있으므로 판결선고시설이 타당하다.

4 기피신청이 있는 경우 정지해야 할 소송의 범위

(1) 문제점

기피신청이 있는 때에는 급속을 요하는 경우를 제외하고 소송진행을 정지하여야 하는데, 기피신청이 있는 경우 정지해야 할 소송절차의 범위에 대하여 견해의 대립이 있다.

(2) 판례

판례는 판결선고나 구속기간갱신은 정지해야 할 소송절차에 해당하지 않는다고 하여 본안소송절차 정지설의 입장이다.

(3) 검토

정지해야 할 소송진행의 범위를 본안에 대한 소송절차로 제한할 이유는 없으므로 모든 소송절차를 포함한다고 보는 것이 타당하다.

5 기피 관련 지문 및 판례 정리

① 합의법원의 법관에 대한 기피는 그 법관의 소속법원에 신청하고 수명법관, 수탁판사 또는 단독판사에 대한 기피는 당해 법관에게 신청하여야 한다(제19조 제1항).

② 기피신청을 기각한 결정에 대하여는 즉시항고를 할 수 있다(제23조 제1항).
그러나 기피신청 간이 기각결정에 대한 즉시항고는 재판의 집행을 정지하는 효력이 없다(동조 제2항).

③ 기피신청을 받은 법관이 형사소송법 제22조에 위반하여 본안의 소송절차를 정지하지 않은 채 그대로 소송을 진행하여서 한 소송행위는 그 효력이 없고, 이는 그 후 그 기피신청에 대한 기각결정이 확정되었다고 하더라도 마찬가지이다(대판 2012도8544).

④ 기피신청이 소송의 지연을 목적으로 함이 명백하거나 제19조의 규정에 위배된 때에는 신청을 받은 법원 또는 법관은 결정으로 이를 기각한다(제20조 제1항).[23모선]

Ⅳ 회피

① 회피란 법관이 기피원인이 있다고 생각하고 스스로 당해 사건의 직무집행에서 탈퇴하는 제도이다(제24조).
② 회피신청은 소속 법원에 회피신청서를 제출하여 서면으로 신청하면(제24조 제2항), 회피신청을 한 법관이 소속된 법원의 합의부에서 담당한다(제 24조 제3항, 제21조).
③ 회피신청에 대한 법원의 결정에 대해서는 항고할 수 없으며, 법관이 회피신청을 하지 않은 것이 상소이유가 되지도 않는다.

Ⅴ 검사에 대한 제척·기피

1 문제점

명문의 규정이 없는 검사에 대한 제척·기피 등을 인정할 수 있는지 문제된다.

2 학설

① 적극설 : 검사는 공익의 대표자로서 객관의무를 지고 있으므로 국가형벌권의 적정한 실현을 위해서는 인정해야 한다는 견해이다.
② 소극설 : 형사소송법상 검사에 대한 명문의 규정이 없으며, 검사동일체의 원칙을 이유로 부정하는 견해이다.

3 판례

피해자인 검사가 그 사건의 수사에 관여하거나, 압수수색영장의 집행에 참여한 검사가 다시 수사에 관여하였다는 이유만으로 바로 그 수사가 위법하다거나 그에 따른 참고인이나 피의자의 진술에 임의성이 없다고 볼 수는 없다. 따라서 검사가 공무집행 중에 피고인으로부터 폭행을 당한 경우에도 피해 검사가 공무집행방해사건을 수사할 수 있다(대판 2011도12918).

4 검토

검사동일체의 원칙에 따라 검사에 대한 제척 등의 제도를 명문의 규정으로 두고 있지 않은 현행법의 취지를 고려하면 판례의 입장인 소극설이 타당하다.

5 참고 – 검사의 회피의무

① 검찰사건사무규칙 제30조(검사와 검찰청 직원의 회피) : 검사 및 검찰청 직원은 다음 각 호의 어느 하나에 해당하는 경우, 소속 검찰청의 장의 허가를 받아 그 수사 및 공소유지 업무를 회피해야 한다. 제1호 피의자나 피해자인 경우 등

② 검사와 사법경찰관의 상호협력과 일반적 수사준칙에 관한 규정 제11조(회피) : 검사 또는 사법경찰관리는 피의자나 사건관계인과 친족관계 또는 이에 준하는 관계가 있거나 그 밖에 수사의 공정성을 의심 받을 염려가 있는 사건에 대해서는 소속 기관의 장의 허가를 받아 그 수사를 회피해야 한다.

Chapter 004 검사의 소송법상 지위

1 수사권

① 검사는 범죄의 혐의가 있다고 사료하는 때에는 범인, 범죄사실과 증거를 수사한다(제196조 제1항).

② 검사는 사법경찰관으로부터 송치받은 사건에 관하여는 해당 사건과 동일성을 해치지 아니하는 범위 내에서 수사할 수 있다(동조 제2항).

③ 검사는 ⓐ 부패범죄, 경제범죄 등 대통령령으로 정하는 중요 범죄, ⓑ 경찰공무원 및 고위공직자범죄수사처 소속 공무원이 범한 범죄, ⓒ 위 ⓐ, ⓑ의 범죄 및 사법경찰관이 송치한 범죄와 관련하여 인지한 각 해당 범죄와 직접 관련성이 있는 범죄에 대하여 수사를 개시할 수 있다(검찰청법 제4조 제1항 제1호).

2 수사감독권과 수사지휘권

(1) 보완수사요구

① 검사는 송치사건의 공소제기 여부 결정 또는 공소의 유지에 관하여 필요한 경우, 사법경찰관이 신청한 영장의 청구 여부 결정에 관하여 필요한 경우 사법경찰관에게 보완수사를 요구할 수 있다(제197조의2 제1항).

② 사법경찰관은 위의 요구가 있는 때에는 정당한 이유가 없는 한 지체 없이 이를 이행하고, 그 결과를 검사에게 통보하여야 한다(동조 제2항).

③ 검찰총장 또는 각급 검찰청 검사장은 사법경찰관이 정당한 이유 없이 제1항의 요구에 따르지 아니하는 때에는 권한 있는 사람에게 해당 사법경찰관의 직무배제 또는 징계를 요구할 수 있다(동조 제3항).

(2) 사건기록등본 송부요구, 시정조치요구와 사건송치요구

① 검사는 사법경찰관리의 수사과정에서 법령위반, 인권침해 또는 현저한 수사권 남용이 의심

되는 사실의 신고가 있거나 그러한 사실을 인식하게 된 경우에는 사법경찰관에게 사건기록 등본의 송부를 요구할 수 있다(제197조의3 제1항).
② 제1항의 송부 요구를 받은 사법경찰관은 지체 없이 검사에게 사건기록 등본을 송부하여야 한다(동조 제2항).
③ 제2항의 송부를 받은 검사는 필요하다고 인정되는 경우에는 사법경찰관에게 시정조치를 요구할 수 있다(동조 제3항).
④ 사법경찰관은 제3항의 시정조치 요구가 있는 때에는 정당한 이유가 없으면 지체 없이 이를 이행하고, 그 결과를 검사에게 통보하여야 한다(동조 제4항).
⑤ 제4항의 통보를 받은 검사는 제3항에 따른 시정조치 요구가 정당한 이유 없이 이행되지 않았다고 인정되는 경우에는 사법경찰관에게 사건을 송치할 것을 요구할 수 있다(동조 제5항).
⑥ 검찰총장 또는 각급 검찰청 검사장은 사법경찰관리의 수사과정에서 법령위반, 인권침해 또는 현저한 수사권 남용이 있었던 때에는 권한 있는 사람에게 해당 사법경찰관리의 징계를 요구할 수 있다(동조 제7항).
⑦ 사법경찰관은 피의자를 신문하기 전에 수사과정에서 법령위반, 인권침해 또는 현저한 수사권 남용이 있는 경우 검사에게 구제를 신청할 수 있음을 피의자에게 알려주어야 한다(동조 제8항).

(3) 수사경합시의 사건송치요구

① 검사는 사법경찰관과 동일한 범죄사실을 수사하게 된 때에는 사법경찰관에게 사건을 송치할 것을 요구할 수 있다(제197조의4 제1항).
② 제1항의 요구를 받은 사법경찰관은 지체 없이 검사에게 사건을 송치하여야 한다. 다만, 검사가 영장을 청구하기 전에 동일한 범죄사실에 관하여 사법경찰관이 영장을 신청한 경우에는 해당 영장에 기재된 범죄사실을 계속 수사할 수 있다(동조 제2항).

(4) 재수사요청

검사는 사법경찰관이 사건을 송치하지 아니한 것이 위법 또는 부당한 때에는 그 이유를 문서로 명시하여 사법경찰관에게 재수사를 요청할 수 있다(제245조의8 제1항).
재수사요청은 1회만 가능하다.
사법경찰관은 제1항의 요청이 있는 때에는 사건을 재수사하여야 한다(동조 제2항).

(5) 수사종결권

수사종결권은 검사에게 있으나, 사법경찰관이 범죄를 수사한 후 범죄혐의가 인정되지 않는다고 판단한 경우 검사에게 송치하지 않을 수 있으므로 사법경찰관에게 1차 수사종결권이 인정된다.

3 공소권의 주체 및 공소수행의 담당

(1) 공소제기권자

공소는 검사가 제기하여 수행하고(제246조), 검사는 형법 제51조의 사항을 참작하여 공소를 제기하지 아니할 수 있다(제247조).

(2) 공소수행의 담당자

검사는 공판절차에서 공소사실을 입증하고 공소를 유지하는 공소수행을 담당한다.

4 재판의 집행기관

재판집행은 그 재판을 한 법원에 대응한 검찰청 검사가 지휘한다(제460조).

5 검사의 객관의무

검사는 공익의 대표자로서 객관적인 입장에서 직무를 수행하고 피고인의 정당한 이익을 옹호해야 할 의무가 있다. 따라서 검사는 수사 및 공판과정에서 피고인에게 유리한 증거를 발견하게 되었다면 피고인의 이익을 위하여 이를 법원에 제출해야 한다(대판 2011다48452).

Chapter 005 성명모용

I 피고인 특정 [17변사, 19모사]

1 문제점

공소장에는 피고인의 성명 기타 피고인을 특정할 수 있는 사항을 기재하여야 하며, 공소제기의 효력은 검사가 피고인으로 지정한 자에게만 미친다. 공소장에 기재된 피고인과 현실적으로 심판을 받는 사람이 일치하지 않을 때 누가 피고인이 될 것인지가 문제된다.

2 학설

① 의사설 : 검사의 의사를 기준으로 검사가 실제로 공소를 제기하려고 의도한 사람이 피고인이라는 견해이다.

② 행위설 : 실제 피고인으로 행위하거나 취급된 자를 기준으로 판단해야 한다는 견해이다.

③ 표시설 : 공소장에 피고인으로 표시된 자를 피고인으로 보아야 한다는 견해이다.
④ 실질적 표시설 : 표시설을 중심으로 하면서 행위설과 의사설을 함께 고려하는 견해이다.

3 판례(실질적 표시설)

[1] 피의자가 다른 사람의 성명을 모용한 탓으로 공소장에 피모용자가 피고인으로 표시되었다 하더라도 이는 당사자의 표시상의 착오일 뿐이고 검사는 모용자에 대하여 공소를 제기한 것이므로 모용자가 피고인이 되고 피모용자에게 공소의 효력이 미친다고 할 수 없다.
[2] 검사는 공소장의 인적 사항의 기재를 정정하여 피고인의 표시를 바로잡아야 하는 것인바, 이는 피고인의 표시상의 착오를 정정하는 것이지 공소장을 변경하는 것이 아니므로 형사소송법 제298조에 따른 공소장변경의 절차를 밟을 필요가 없고 법원의 허가도 요하지 않는다(대판 92도2554).
[3] 이와 같은 법리는 「경범죄처벌법」에 따른 경찰서장의 통고처분의 효력에도 마찬가지로 적용된다고 보아야 한다(대판 2023도751).[24모선]

4 검토

절차의 확실성 유지를 위해 표시설을 중심으로 하면서도 의사설과 행위설을 함께 고려하여 피고인을 결정하는 실질적 표시설이 타당하다.

II 성명모용사실이 밝혀진 경우 검사와 법원의 조치 [17변사, 19모사]

1 검사의 조치(공소장 정정)

이는 피고인의 표시상의 착오를 정정하는 것이지 공소장을 변경하는 것이 아니므로 제298조에 따른 공소장변경의 절차를 밟을 필요가 없고 법원의 허가도 필요하지 않다.

2 법원의 조치

(1) 검사가 모용관계를 바로 잡은 경우

검사가 피고인 표시를 바로잡은 경우에는 처음부터 모용자에 대한 공소제기가 있었고 피모용자에 대한 공소제기가 있었던 것은 아니므로, 법원은 모용자에 대하여 심리·재판을 하면 된다.

(2) 검사가 모용관계를 바로잡지 않은 경우

검사가 공소장의 피고인 표시를 정정하여 모용관계를 바로잡지 않은 경우에는 외형상 피모용자 명의로 공소제기된 것이므로 공소제기의 방식이 제254조(공소장의 기재사항)의 규정에 위반하여 무효이므로 법원은 공소기각판결을 선고해야 한다(제327조 제2호).

Ⅲ 약식명령에 대한 정식재판 청구하여 성명모용 밝혀진 경우 법원의 조치
[22모사]

1 문제점

성명모용에서 검사가 약식명령을 청구하고 피모용자가 약식명령에 대하여 정식재판을 청구하여 모용사실이 밝혀진 경우 법원의 조치가 문제된다.

2 모용자에 대한 조치

(1) 학설

① 정식재판절차설 : 피모용자와 모용자 모두 정식재판 절차로 이행해야 한다는 견해이다.

② 약식절차설 : 피고인이 모용자로 정정되면 법원은 본래의 약식명령 정본과 함께 경정결정을 모용자에게 송달해야 한다는 견해이다.

(2) 판례(약식절차설)

진정한 피고인인 모용자에게는 아직 약식명령의 송달이 없었다고 할 것이므로 검사는 공소장에 기재된 피고인 표시를 정정하고 법원은 이에 따라 약식명령의 피고인 표시를 정정하여 본래의 약식명령과 함께 이 경정결정을 모용자인 피고인에게 송달하면 이때야 비로소 위 약식명령은 적법한 송달이 있다고 볼 것이고, 이에 대하여 소정의 기간 내에 정식재판의 청구가 없으면 이 약식명령은 확정된다(대판 92도2554).[23모선]

(3) 검토

모용자에게 약식명령이 송달되지 아니한 상태이므로 약식절차설이 타당하다.

3 피모용자에 대한 조치

(1) 학설

① 정식재판청구기각설 : 피모용자는 피고인이 아니므로 정식재판 청구를 기각하면 된다는 견해이다.

② 공소기각판결설 : 피모용자가 피고인의 지위를 갖게 되므로 제327조 제2호를 유추적용하여 공소기각의 판결을 하여야 한다는 견해이다.

(2) 판례(공소기각판결설)

피모용자가 약식명령을 송달받고 정식재판의 청구를 하여 사실상의 소송계속이 발생하고 형식상 또는 외관상 피고인의 지위를 갖게 된 경우에는 법원으로서는 피모용자에게 적법한 공소의 제기가 없었음을 밝혀주는 의미에서 형사소송법 제327조 제2호를 유추적용하여 공소기각의 판결을 함으로써 피모용자의 불안정한 지위를 명확히 해소해 주어야 할 것이다(대판 92도2554).

(3) 검토

피모용자가 형식적 피고인의 지위를 갖게 되므로 피모용자의 불안정한 지위를 명확히 해소시켜 주는 것이 필요한바, 공소기각판결설이 타당하다.

(4) 성명모용 약식명령이 확정된 경우 비상상고로 구제 가능

피고인에 대하여는 이 사건 공소제기의 효력이 미친다고 할 수 없으므로 법원으로서는 형사소송법 제327조 제2호를 유추적용하여 공소기각의 판결을 함이 상당하다. 그런데도 이러한 조치 없이 약식명령이 그대로 발령·확정되었다면 이는 형사소송법 제441조에 정한 심판이 법령에 위반된 것이고, 원판결이 피고인에게 불이익한 때에 해당한다. 그러므로 형사소송법 제446조 제1호 단서에 따라 원판결을 파기하고 피고 사건에 대하여 다시 판결하기로 한다(대판 2020.2.4.).

- 피고인에 대하여는 적법한 공소의 제기가 없었다고 할 것이므로 형사소송법 제327조 제2호를 유추적용하여 공소를 기각한 사례

Ⅳ 판결 확정 후 성명모용 사실이 판명된 경우 피모용자 구제 방법

1 문제점

법원이 성명모용사실을 간과하여 피모용자에 대하여 유죄판결이 선고되어 확정된 경우라도 판결의 효력은 모용자에게만 미친다. 다만, 수형 명의인은 피모용자로 되어 있으므로 피모용자가 형집행을 받을 위험이 있으므로 피모용자를 어떻게 구제할 것인지 문제된다.

2 학설

① 재심설 : 확정판결 후 모용사실이 밝혀졌다면 재심제도의 취지를 고려할 때 제420조 제5호의 '무죄를 인정할 명백한 증거가 새로 발견된 때'에 해당한다는 견해이다.
② 비상상고설 : 피모용자에 대하여는 유효한 공소제기가 없었으므로 심판이 법률의 규정에 위반한 것으로 비상상고의 이유가 된다는 견해이다.
③ 전과말소설 : 검사에게 전과말소 신청을 하여 수형인 명부의 전과기재를 말소할 수 있다는 견해이다.

3 검토

재심설은 확정판결의 효력이 피모용자에게 미치지 않으므로 재심대상이 되지 않는다는 점을 간과하고 있고, 비상상고설은 검찰총장만이 청구할 수 있다는 점에서 부적절하므로 전과말소설이 타당하다.

Chapter 006 위장출석 및 위장자수

I 위장출석 [19모사]

1 공판심리 중 위장출석 발견시 법원의 조치

(1) 문제점

공소장에는 甲이 피고인으로 기재되어 있으나 재판에는 乙이 출석하여 재판을 받는 경우, 甲은 실질적 피고인, 乙은 형식적 피고인이며 乙을 절차에서 배제시키는 방법이 문제된다.

(2) 인정신문 단계

인정신문 단계에서 법정에 甲이 아닌 乙이 나와 있음이 밝혀진 경우에는 乙을 퇴정시키고 甲을 소환하여 절차를 진행하면 된다(이 경우 乙에 대해서는 아무런 심리가 진행된 바 없으므로 단순 퇴정시키면 되고 공소기각판결 불요).

(3) 사실심리 단계

위장출석자가 기소되지 않았음에도 피고인으로 행위하였고 형식적 피고인으로서 사실상 소송계속이 발생하였으므로, 제327조 2호를 유추적용하여 공소기각판결로써 형식적 피고인을 절차에서 배제시키고, 실질적 피고인 甲에 대한 절차를 진행해야 한다.

(4) 乙에게 판결이 선고된 때

판결이 선고된 경우에는 판결의 효력이 형식적 피고인에게 미치게 되므로 상소에 의해 공소기각판결을 선고하고, 실질적 피고인에 대해서는 다시 공소를 제기할 필요는 없지만 제1심 절차부터 새로이 진행해야 한다.

2 판결 확정 후 위장출석이 밝혀진 경우 위장출석자 구제방법

(1) 문제점

판결 확정 후 위장출석이 밝혀진 경우 판결의 효력이 진범에게 미친다고 보는 견해도 있지만, 판결의 효력은 위장출석자에게 미친다고 보는 것이 다수설이다. 이때 위장출석자에 대한 구제방법이 문제된다.

(2) 학설

① 재심설 : 유죄의 확정판결이 법령에 위반된 경우가 아니라 사실오인의 하자가 있는 경우이므로 재심에 의해야 한다는 견해이다.

② 비상상고설 : 사실관계의 오류를 바로잡는 것이 아니라 형식적 소송조건의 흠결을 간과한 위법을 바로잡는다는 의미에서 비상상고에 의해야 한다는 견해이다.

(3) 검토

비상상고는 검찰총장만이 청구할 수 있기 때문에 피고인 보호측면에서 재심설이 타당하다. 甲은 실질적 피고인이므로 어느 경우이든 甲에 대한 새로운 공소제기는 요하지 않는다.

II 위장자수

1 문제점

위장자수란 진범이 아닌 자가 처음부터 범인임을 위장하여 자수한 경우를 말한다. 이와 같은 위장자수임이 밝혀진 경우 검사의 조치가 문제된다.

2 공소제기의 효력이 미치는 자

수사와 공소 모두 위장자수한 자에 대하여 행하여졌으므로 피고인 특정에 관한 견해 대립과 무관하게 위장자수인이 피고인이고 공소제기의 효력이 미친다.

3 공판심리 중 위장자수임이 밝혀진 경우

검사는 위장자수자에 대하여 무죄변론을 하거나 위장자수자에 대해 공소를 취소하는 절차를 밟아야 한다.

4 위장자수인에 대한 범인도피죄로의 공소장변경 가부

위장자수한 죄와 범인도피죄는 시간적·장소적으로 밀접한 관계에 있지 아니하고 또 양립할 수 있으므로 기본적 사실관계의 동일성이 인정되지 않아 공소장변경은 불가능하다.

5 위장자수인에 대한 유죄판결 확정시 재심 가부

(1) 문제점

위장자수인의 무죄를 입증할 증거가 존재했던 경우 이를 사용하여 재심을 청구할 수 있는지와 관련하여 증거의 신규성이 당사자에 대하여도 요건인지 문제된다.

(2) 학설

① 필요설, ② 불요설, ③ 절충설 등의 대립이 있다.

(3) 판례

피고인이 재심을 청구한 경우 재심대상이 되는 확정판결의 소송절차 중에 그러한 증거를 제출하지 못한 데 과실이 있는 경우에는 그 증거는 제420조 제5호의 '증거가 새로 발견된 때'에서 제외된다고 해석함이 상당하다고 하여 절충설의 입장이다(대결 2005모472).

(4) 검토

판례의 입장에 따라 재심대상 사건에서 피고인이 고의, 과실로 제출하지 않은 증거는 제420조 제5호의 증거에 해당하지 아니하므로, 피고인은 재심을 청구할 수 없다.

6 진범에 대한 공소제기 가부

위장자수인에 대한 유죄 확정판결의 기판력은 당해 사건의 피고인인 위장자수인에게만 미치고, 진범에게는 미치지 아니하므로 진범에 대하여 공소제기가 가능하다.

Chapter 007 피고인

I 피고인의 출석 원칙

① 피고인이 공판기일에 출석하지 아니한 때에는 특별한 규정이 없으면 개정하지 못한다(제276조). 피고인의 출석은 공판개정의 요건이지만 예외적으로 피고인의 출석 없이 심판할 수 있는 경우가 있다.
② 재판장은 피고인의 퇴정을 제지하거나 법정의 질서를 유지하기 위하여 필요한 처분을 할 수 있다(제281조 제2항).[22모선]

II 피고인의 출석 없이 심판할 수 있는 경우

1 경미사건인 경우

다액 500만 원 이하의 벌금 또는 과료에 해당하는 사건(제277조 제1호)

2 공소기각 또는 면소 및 무죄의 재판을 할 것이 명백한 경우(제277조 제2호, 제306조 4항)

3 피고인의 소재불명(제1심 공판의 특례) [23모사]

[1] 제1심 공판절차에서 피고인에 대한 송달불능보고서가 접수된 때부터 6개월이 지나도록 피

고인의 소재를 확인할 수 없는 경우에 피고인이 공시송달의 방법에 의한 공판기일의 소환을 2회 이상 받고도 출석하지 아니한 때에는 피고인의 진술 없이 재판할 수 있다. 다만, 사형, 무기 또는 장기 10년이 넘는 징역이나 금고에 해당하는 사건의 경우에는 그러하지 아니하다(소촉법 제23조).[24변선]

[2] 제1심 공판절차에서 피고인에 대한 소환이 공시송달로 행하여지는 경우에도 법원이 피고인의 진술 없이 재판을 하기 위하여는 공시송달의 방법으로 소환받은 피고인이 2회 이상 불출석할 것이 요구된다. 그러므로 공시송달의 방법으로 소환한 피고인이 불출석하는 경우 다시 공판기일을 지정하고 공시송달의 방법으로 피고인을 재소환한 후 그 기일에도 피고인이 불출석하여야 비로소 피고인의 불출석 상태에서 재판절차를 진행할 수 있다(대판 2011도1094).

[3] 형사소송법 제63조 제1항은 피고인의 주거, 사무소와 현재지를 알 수 없는 때에 한하여 공시송달을 할 수 있다고 규정하고 있으므로, 피고인의 다른 연락처 등이 기록상 나타나 있는 경우에는 그 연락처로 연락하여 송달받을 장소를 확인하여 보는 등의 시도를 해 보아야 하고, 그러한 조치를 취하지 아니한 채 곧바로 공시송달의 방법에 의한 송달을 하고 피고인의 진술 없이 판결을 하는 것은 허용되지 아니한다(대판 2011도6762).

4 항소심에서의 특칙(2회 연속 불출석)

① 항소심에서 피고인이 공판기일에 출정하지 아니한 때에는 다시 기일을 정하여야 하고, 피고인이 정당한 사유 없이 다시 정한 기일에 출정하지 아니한 때에는 피고인의 진술 없이 판결을 할 수 있다(제365조).

② **정당한 이유 없이 '2회 연속' 불출석한 경우에 한정**

[1] 피고인이 불출석한 상태에서 그 진술 없이 판결할 수 있기 위해서는 피고인이 적법한 공판기일 통지를 받고서도 2회 연속으로 정당한 이유 없이 출정하지 아니한 경우에 해당하여야 한다.

[2] 항소심인 원심법원이 피고인이 출석한 제1회 공판기일에 변론을 종결하고 제2회 공판기일인 선고기일을 지정하여 고지하였는데, 피고인이 출석하지 아니하자 선고기일을 연기하고 제3회 공판기일을 지정하였으나 피고인에게 따로 공판기일 통지를 하지 않은 사안에서, 당초 지정한 선고기일에 피고인이 출석 없이 판결을 선고할 수 있었으나 굳이 그 기일을 연기하고 선고기일을 다시 지정한 이상 적법한 기일통지를 해야 하므로, 피고인의 출석 없이 공판기일을 열어 판결을 선고한 원심의 조치는 위법하다(대판 2011도16166). 표준판례
[24변선]

③ 위와 같이 피고인의 출정 없이 심리, 판결할 수 있는 경우에는 공판심리의 일환으로 증거조사를 할 수 있는 것이므로 피고인의 증거동의가 간주된다(제318조 제2항).

5 약식명령에 대한 정식재판청구시 공판절차의 특칙(2회 연속 불출석)

약식명령에 대하여 정식재판을 청구한 피고인이 공판기일에 출정하지 아니한 때에는 다시 기

일을 정하여야 하고, 피고인이 정당한 사유 없이 다시 정한 기일에 출정하지 아니한 때에는 피고인의 진술 없이 판결을 할 수 있다(제458조 제2항).

6 약식명령에 대한 정식재판청구에서 판결의 선고

약식명령에 대하여 피고인만이 정식재판의 청구를 하여 판결을 선고하는 경우 피고인의 출석을 요하지 않는다(제277조 제4호).

7 피고인의 출석거부

① 피고인이 출석하지 아니하면 개정하지 못하는 경우에 구속된 피고인이 정당한 사유 없이 출석을 거부하고, 교도관에 의한 인치가 불가능하거나 현저히 곤란하다고 인정되는 때에는 피고인의 출석 없이 공판절차를 진행할 수 있다(제277조의2 제1항).

② 형사소송법 제277조의2의 규정에 의하여 피고인의 출석 없이 공판절차를 진행하기 위해서는 단지 구속된 피고인이 정당한 사유 없이 출석을 거부하였다는 것만으로는 부족하고 더 나아가 교도관리에 의한 인치가 불가능하거나 현저히 곤란하다고 인정되어야 하는 것이므로, 피고인의 출석 없이 공판절차를 진행하기 위해서는 피고인의 출석거부사유가 정당한 것인지 여부뿐만 아니라 교도관에 의한 인치가 불가능하거나 현저히 곤란하였는지 등의 사유의 존재여부를 조사하여야 한다(대판 2001도114). 표준판례

8 피고인이 퇴정하거나 퇴정명령을 받은 경우

(1) 의의

피고인이 진술하지 아니하거나 재판장의 허가 없이 퇴정하거나 재판장의 질서유지를 위한 퇴정명령을 받은 때에는 피고인의 진술 없이 판결할 수 있다(제330조).

(2) 법원의 심리가능 범위

1) 문제점

피고인이 재판장의 허가 없이 퇴정하거나, 재판장의 질서유지를 위한 퇴정명령을 받은 때에는 피고인의 진술 없이 판결을 할 수 있는데(제330조), 다만 이 경우 심리가능 범위 및 증거동의 의제 여부가 문제된다.

2) 학설

① 방어권 남용설 : 판결뿐만 아니라 증거조사와 최종변론과 같은 심리도 가능하며, 증거동의도 의제된다는 견해이다.
② 공정성설 : 심리는 할 수 있지만, 증거동의는 인정할 수 없다는 견해이다.
③ 적법절차설 : 심리를 할 수 없고, 증거동의도 의제해서는 안 된다는 견해이다.

3) 판례

필요적 변론사건이라 하여도 피고인이 재판거부의 의사를 표시하고 재판장의 허가 없이 퇴정

하고 변호인마저 이에 동조하여 퇴정해 버린 것은 모두 피고인측의 방어권의 남용 내지 변호권의 포기로 볼 수밖에 없는 것이어서 수소법원으로서는 제330조에 의하여 피고인이나 변호인의 재정 없이도 심리판결 할 수 있는 것이고, 피고인과 변호인들이 출석하지 않은 상태에서 증거조사를 할 수밖에 없는 경우에는 제318조 제1항의 동의가 있는 것으로 간주하게 되어 있는 것이다(대판 91도865). 표준판례 [23・22모선]

9 피고인의 출석 관련 지문 및 판례 정리

① [1] 피고인에 대한 공판기일 소환은 형사소송법이 정한 소환장의 송달 또는 이와 동일한 효력이 있는 방법에 의하여야 하고, 그 밖의 방법에 의한 사실상의 기일의 고지 또는 통지 등은 적법한 피고인 소환이라고 할 수 없다.
[2] 검사가 피고인과 통화하여 피고인이 변호인으로 선임한 갑 변호사의 사무소로 송달을 원하고 있음을 확인하고 피고인의 주소를 갑 변호사 사무소로 기재한 주소보정서를 원심에 제출하였는데, 그 후 갑 변호사가 사임하고 새로이 을 변호사가 변호인으로 선임된 사안에서, 검사가 피고인의 주소로서 보정한 갑 변호사 사무소는 적법한 송달장소에 해당한다고 볼 자료가 없으므로, 원심이 피고인에 대한 공판기일소환장 등을 갑 변호사 사무소로 발송하여 그 사무소 직원이 수령하였더라도 형사소송법이 정한 적당한 방법으로 피고인의 소환이 이루어졌다고 볼 수 없다(대판 2018도13377).
② 항소심이나 정식재판청구에 의한 공판절차에서 피고인의 진술 없이 '판결할 수 있다'라는 의미는 심리와 판결을 할 수 있다는 의미이다.

Ⅲ 공판기일의 고지가 불출석 당사자에게 미치는지 여부

1 문제점

재판장이 공판정에서 차회 공판기일을 고지한 경우 그 기일고지의 효력이 그 공판정에 출석하지 않은 소송당사자에게도 미치는지 여부가 문제된다.

2 학설

① 적극설 : 재판장이 공판정에서 다음 공판기일을 고지한 이상 그 기일고지는 출석을 명령받은 소송관계인 전원에 대하여 그 현실의 출석 여부를 불문하고 효력이 있으며, 기일을 해태한 당사자에게 별도로 공판기일을 통지할 필요는 없다는 견해이다.
② 소극설 : 재판장의 공판정에서의 기일고지의 효력은 그 공판정에 출석한 소송당사자 등 소송관계인에 대해서만 미치고 그 공판정에 출석하지 아니한 소송관계인에 대해서는 미치지 않는다는 견해이다.

3 판례

적법히 개정된 동 공판에서 다음 기일을 고지한 이상 그 기일고지는 출석을 명령받은 소송관계인 전원에 대하여 그 현실의 출석여부를 불문하고, 효력이 있다 할 것이며, 기일을 해태한 검사에게 별도로 공판기일통지를 하여야 하는것은 아니라고 하여 적극설의 입장이다(대판 66도1710).

Ⅳ 진술거부권

1 진술거부권 의의

(1) 의의

진술거부권이란 피고인 또는 피의자가 공판절차 또는 수사절차에서 법원 또는 수사기관의 신문에 대하여 진술을 거부할 수 있는 권리를 의미한다.

형사소송법에 의하여 피고인 또는 피의자에게 인정되는 진술거부권의 진술의 내용은 이익·불이익을 불문한다.

(2) 피고인의 진술거부권

피고인은 진술하지 아니하거나 개개의 질문에 대하여 진술을 거부할 수 있고(제283조의2 제1항), 재판장은 피고인에게 진술을 거부할 수 있음을 고지하여야 한다(동조 제2항).

(3) 피의자의 진술거부권

검사 또는 사법경찰관은 피의자를 신문하기 전에 일체의 진술을 하지 아니하거나 개개의 질문에 대하여 진술을 하지 아니할 수 있다는 것과 진술을 하지 아니하더라도 불이익을 받지 아니한다는 것을 고지하여야 한다(제244조의3).

2 진술거부권의 고지

① 헌법 제12조는 제1항에서 적법절차의 원칙을 선언하고 진술거부권을 국민의 기본적 권리로 보장하고 있으나 진술거부권을 고지받을 권리가 헌법 제12조 제2항에 의하여 바로 도출된다고 할 수는 없고, 이를 인정하기 위해서는 입법적 뒷받침이 필요하다(대판 2013도5441). 표준판례

② [1] 피의자의 진술을 기재한 서류 또는 문서가 수사기관에서의 조사 과정에서 작성된 것이라면, 그것이 '진술조서, 진술서, 자술서'라는 형식을 취하였다고 하더라도 피의자신문조서와 달리 볼 수 없고,[22모선]

[2] 수사기관에 의한 진술거부권 고지의 대상이 되는 피의자의 지위는 수사기관이 형식적인 사건수리 절차를 거치기 전이라도 조사대상자에 대하여 범죄의 혐의가 있다고 보아 실

질적으로 수사를 개시하는 행위를 한 때에 인정된다. 특히 그 실질이 피의자신문조서의 성격을 가지는 경우에 수사기관은 진술을 듣기 전에 미리 진술거부권을 고지하여야 한다(대판 2014도5939).[22모선]

③ 그러나 피의자의 지위에 있지 아니한 자에 대하여는 진술거부권이 고지되지 아니하였더라도 진술의 증거능력을 부정할 것은 아니다(대판 2011도8125).[22변선, 22모선]

3 진술거부권 불고지하에 작성된 피의자신문조서의 증거능력 [12변사, 18모사]

(1) 문제점

진술거부권의 고지는 진술거부권 행사의 전제가 되므로 진술거부권을 고지하지 않은 경우에 진술거부권의 침해가 되어 증거능력이 없다는 점에는 이론이 없으나, 그 근거에 대해서는 견해의 대립이 있다.

(2) 판례(위법수집증거배제법칙 근거)

수사기관이 피의자를 신문함에 있어서 피의자에게 미리 진술거부권을 고지하지 않은 때에는 그 피의자의 진술은 위법하게 수집된 증거로서 진술의 임의성이 인정되는 경우라도 증거능력이 부인되어야 한다(대판 92도682). 표준판례[25・24・23변선]

4 진술거부권 포기의 인정 여부

(1) 학설

① 긍정설 : 피고인 또는 피의자가 진술거부권을 포기하고 진술을 할 수 있음은 당연하다는 견해이다.

② 부정설 : 일단 진술을 시작한 경우에도 피고인 또는 피의자는 언제든지 진술을 거부할 수 있으므로 포기가 인정되지 않는다는 견해이다.

(2) 검토

포기와 불행사는 구별해야 하며, 진술거부권은 주관적 공권으로 포기할 수 없다는 점에서 부정설이 타당하다.

5 진술거부권행사를 가중적 양형사유로 고려할 수 있는지 여부 [18모사]

(1) 학설

① 적극설 : 개전의 정을 표시한 자와 진술거부권을 행사한 자를 동일하게 처벌하는 것은 합리적이라고 할 수 없으므로 양형에서 고려할 수 있다는 견해이다.

② 소극설 : 진술거부권을 실질적으로 보장하기 위해서는 이를 양형에서 고려해서는 안 된다는 견해이다.

③ 절충설 : 원칙적으로 허용되지 않지만 일정한 경우 예외적으로 양형의 조건으로 고려할 수 있다는 견해이다.

(2) 판례(절충설)

범죄사실을 단순히 부인하는 것을 가중적 양형의 조건으로 삼는 것은 결과적으로 피고인에게 자백을 강요하는 것이 되어 허용될 수 없다고 할 것이나, 피고인에게 보장된 방어권 행사의 범위를 넘어 객관적이고 명백한 증거가 있음에도 진실의 발견을 적극적으로 숨기거나 법원을 오도하려는 시도에 기인한 경우에는 가중적 양형의 조건으로 참작될 수 있다(대판 2001도192).

(3) 검토

진술거부권의 실질적 보장과 피고인의 방어권행사를 종합적으로 고려하는 판례의 입장이 타당하다.

6 진술거부권 관련 지문 및 판례 정리

① 피의자의 지위에 있지 아니한 자에 대하여는 진술거부권 고지 불요

[1] 수사기관에 의한 진술거부권 고지의 대상이 되는 피의자의 지위는 수사기관이 조사대상자에 대하여 범죄의 혐의가 있다고 보아 실질적으로 수사를 개시하는 행위를 한 때에 인정되는 것으로 봄이 상당하다. 따라서 이러한 피의자의 지위에 있지 아니한 자에 대하여는 진술거부권이 고지되지 아니하였다 하더라도 그 진술의 증거능력을 부정할 것은 아니다.

[2] A(성매매여성)의 진술서에 기재된 내용은 피고인의 이 사건 성매매알선 행위에 관한 것에 한정되고, 성매매미수범에 관한 처벌규정이 없는 이상 이 사건 성매매알선 행위에 따라 실제로 성매매 행위를 하지 않은 A에 대한 범죄혐의사실이 위 진술서에 포함되어 있다고 볼 수 없다. A가 진술서를 작성하고 이 사건의 참고인으로 조사를 받을 당시 또는 그 후라도 실질적으로 A의 범죄혐의사실에 대한 수사가 개시되어 A가 피의자의 지위에 있게 되었다고 볼만한 아무런 객관적인 자료가 없고, A에 대한 수사를 개시할 수 있는 상태이었는데도 진술거부권 고지를 잠탈할 의도로 피의자 신문이 아닌 참고인 조사의 형식을 취한 것으로 볼만한 사정도 기록상 찾을 수 없다.

[3] 따라서 A가 피의자로서의 지위가 아닌 참고인으로서 조사를 받으면서 수사기관으로부터 진술거부권을 고지받지 않았더라도 그 이유만으로 그 진술이 위법수집증거로서 증거능력이 없다고 할 수 없다(대판 2020도9370).

② 비록 사법경찰관이 피의자에게 진술거부권을 행사할 수 있음을 알려 주고 그 행사 여부를 질문하였다 하더라도, 진술거부권 행사 여부에 대한 피의자의 답변이 자필로 기재되어 있지 아니하거나 그 답변 부분에 피의자의 기명날인 또는 서명이 되어 있지 아니한 사법경찰관 작성의 피의자신문조서는 특별한 사정이 없는 한 제312조 제3항에서 정한 '적법한 절차와 방식'에 따라 작성된 조서라 할 수 없으므로 그 증거능력을 인정할 수 없다(대판 2010도3359).

③ 음주측정은 호흡측정기에 입을 대고 호흡을 불어 넣음으로써 신체의 물리적, 사실적 상태를 그대로 드러내는 행위에 불과하므로 이를 두고 "진술"이라 할 수 없다. 따라서 호흡측정

기에 의한 주취 여부의 측정에 응할 것을 요구하고 이에 불응할 경우 처벌한다고 하여도 이를 형사상 불리한 "진술"을 비인간적으로 강요하는 것에 해당한다고 볼 수는 없다(대판 2009도7924).[22모선]

④ 피의자의 진술을 기재한 서류 또는 문서가 수사기관에서의 조사 과정에서 작성된 것이라면, 그것이 '진술조서, 진술서, 자술서'라는 형식을 취하였다고 하더라도 피의자신문조서와 달리 볼 수 없고, 수사기관이 피의자를 신문함에 있어서 피의자에게 미리 진술거부권을 고지하지 않은 때에는 그 피의자의 진술은 위법하게 수집된 증거로서 진술의 임의성이 인정되는 경우라도 증거능력이 부인되어야 한다(대판 2008도8213).

Chapter 008 변호인

I 접견교통권 및 피의자신문참여권

① 변호인이나 변호인이 되려는 자는 신체가 구속된 피고인 또는 피의자와 접견하고 서류나 물건을 수수할 수 있으며 의사로 하여금 피고인이나 피의자를 진료하게 할 수 있다(제34조).

② 피의자 등이 가지는 '변호인이 되려는 자'의 조력을 받을 권리가 실질적으로 확보되기 위해서는 '변호인이 되려는 자'의 피의자 접견교통권 역시 헌법상 기본권으로서 보장되어야 한다(헌재 2015헌마1204).

③ 변호인의 접견교통권은 피의자 등의 인권보장과 방어준비를 위하여 필수불가결한 권리이므로, 수사기관의 처분 등으로 이를 제한할 수 없고, 다만 법령에 의해서만 제한할 수 있다(대판 2016다266736).

④ 헌법재판소가 미결수용자와 변호인과의 접견에 대해 어떠한 명분으로도 제한할 수 없다고 한 것은 구속된 자와 변호인 간의 '자유로운 접견', 즉 '대화내용에 대하여 비밀이 완전히 보장되고 어떠한 제한, 영향, 압력 또는 부당한 간섭 없이 자유롭게 대화할 수 있는 접견'을 제한할 수 없다는 것이지, 변호인과의 접견 자체에 대해 아무런 제한도 가할 수 없다는 것을 의미하는 것이 아니므로 미결수용자의 변호인 접견권 역시 국가안전보장·질서유지 또는 공공복리를 위해 필요한 경우에는 법률로써 제한될 수 있음은 당연하다(헌재 2009헌마341).

⑤ 변호인의 접견교통권은 피의자 등이 변호인의 조력을 받을 권리를 실현하기 위한 것으로서, 피의자 등이 헌법 제12조 제4항에서 보장한 기본권의 의미와 범위를 정확히 이해하면

서도 이성적 판단에 따라 자발적으로 그 권리를 포기한 경우까지 피의자 등의 의사에 반하여 변호인의 접견이 강제될 수 있는 것은 아니다(대판 2016다266736).

Ⅱ 변호인 접견교통권 또는 피의자신문참여권의 침해에 대한 구제방법
[24 · 21 · 19 · 18모사]

1 준항고에 의한 구제

(1) 접견교통권 및 피의자신문참여권

검사 또는 사법경찰관은 변호인을 피의자와 접견하게 하거나 정당한 사유가 없는 한 피의자에 대한 신문에 참여하게 하여야 한다(제243조의2 제1항).
여기에서 '정당한 사유'란 변호인이 피의자신문을 방해하거나 수사기밀을 누설할 염려가 있음이 객관적으로 명백한 경우 등을 말한다.

(2) 준항고

변호인의 참여 등에 관한 처분에 대하여 불복이 있으면 그 직무집행지의 관할법원 또는 검사의 소속검찰청에 대응한 법원에 그 처분의 취소 또는 변경을 청구할 수 있다(제417조).[25 · 23 변선]

2 피의자신문조서의 증거능력 부인

피의자가 변호인의 참여를 원한다는 의사를 명백하게 표시하였음에도 수사기관이 정당한 사유 없이 변호인을 참여하게 하지 아니한 채 피의자를 신문하여 작성한 피의자신문조서는 제312조에 정한 '적법한 절차와 방식'에 위반된 증거일 뿐만 아니라, 제308조의2에서 정한 '적법한 절차에 따르지 아니하고 수집한 증거'에 해당하므로 이를 증거로 할 수 없다(대판 2010도3359). 표준판례 [25변선]

3 상소

변호인의 접견교통권 침해로 인하여 판결에 영향을 미친 위법이 있는 경우 이를 상소의 이유로 삼아 상소할 수 있다.

4 수사기관 개인과 국가에 대한 손해배상책임

수사기관의 고의 또는 과실로 인한 변호인 접견교통권 침해는 위법한 행위에 해당하므로 국가배상청구 등을 고려할 수 있다.

5 헌법소원

준항고라는 구제절차가 인정되므로 보충성의 원칙이 적용되어 원칙적으로 헌법소원은 허용되지 않을 것이나, 준항고의 권리보호이익이 없는 경우 등 보충성 원칙에 대한 예외가 인정되는 경우 헌법소원이 가능하다.

III 변호인 접견교통권 또는 피의자신문참여권 침해를 인정한 사안들

① **수갑해제 요구 사건** [24 · 21모사]
  [1] 구금된 피의자는 형집행법 제97조 제1항 각호에 규정된 사유에 해당하지 않는 이상 보호장비 착용을 강제당하지 않을 권리를 가진다. 검사는 조사실에서 피의자를 신문할 때 해당 피의자에게 그러한 특별한 사정이 없는 이상 교도관에게 보호장비의 해제를 요청할 의무가 있고, 교도관은 이에 응하여야 한다.[23 · 22모선]
  [2] 따라서 검사 또는 사법경찰관이 구금된 피의자를 신문할 때 피의자 또는 변호인으로부터 보호장비를 해제해 달라는 요구를 받고도 거부한 조치는 제417조(준항고)에서 정한 '구금에 관한 처분'에 해당한다고 보아야 한다.[22모선]
  [3] 제243조의2 제1항은 검사 또는 사법경찰관은 피의자 또는 변호인 등이 신청할 경우 정당한 사유가 없는 한 변호인을 피의자신문에 참여하게 하여야 한다고 규정하고 있다. 여기에서 '정당한 사유'란 변호인이 피의자신문을 방해하거나 수사기밀을 누설할 염려가 있음이 객관적으로 명백한 경우 등을 말한다.
  [4] 검사 또는 사법경찰관이 그러한 특별한 사정없이, 단지 변호인이 피의자신문 중에 부당한 신문방법에 대한 이의제기를 하였다는 이유만으로 변호인을 조사실에서 퇴거시키는 조치는 정당한 사유 없이 변호인의 피의자신문 참여권을 제한하는 것으로서 허용될 수 없다(대결 2015모2357).[22모선]

② [1] 변호인의 접견교통권은 법령에 의한 제한이 없는 한 수사기관의 처분은 물론 법원의 결정으로도 이를 제한할 수 없다 할 것이다.
  [2] 접견신청일이 경과하도록 접견이 이루어지지 아니한 것은 실질적으로 접견불허가처분이 있는 것과 동일시 된다(대결 91모24).

③ **후방착석요구행위는 변호인의 변호권 침해**
  피의자신문에 참여한 변호인이 피의자 옆에 앉는다고 하여 피의자 뒤에 앉는 경우보다 수사를 방해할 가능성이 높아진다거나 수사기밀을 유출할 가능성이 높아진다고 볼 수 없으므로, 이 사건 후방착석요구행위는 변호인인 청구인의 변호권을 침해한다(헌재 2016헌마503).[23모선]

Ⅳ 변호인·의뢰인 특권 허용범위

1 문제점

변호인과 의뢰인 사이에서 생성된 서류 등에 대하여는 압수가 제한되는 것을 변호인·의뢰인 특권에 의한 압수물의 제한이라고 한다. 그런데 이러한 변호인의뢰인 특권이 수사개시 이전에 생성한 서류 등에도 적용될 수 있는지 문제된다.

2 판례(부정설)

아직 수사나 공판 등 형사절차가 개시되지 아니하여 피의자 또는 피고인에 해당한다고 볼 수 없는 사람이 일상적 생활관계에서 변호사와 상담한 법률자문에 대하여도 변호인의 조력을 받을 권리의 내용으로서 그 비밀의 공개를 거부할 수 있는 의뢰인의 특권을 도출할 수 있다거나 위 특권에 의하여 의뢰인의 동의가 없는 관련 압수물을 압수절차의 위법여부와 관계 없이 형사재판의 증거로 사용할 수 없다는 견해는 받아들일 수 없다(대판 2009도6788).

3 검토

생각건대 변호인·의뢰인 특권을 인정하더라도 수사개시 이전까지 이를 확장하는 것은 실체적 진실의 발견을 지나치게 제약하는 것이므로 부정설이 타당하다.

Ⅴ 국선변호인

1 의의

법원에 의해 선정된 변호인을 국선변호인이라 한다.

2 선정 사유

(1) 형사소송법 제33조(필요적 변호사건)

① ⓐ 피고인이 구속된 때, ⓑ 피고인이 미성년자인 때, ⓒ 피고인이 70세 이상인 때, ⓓ 피고인이 농아자인 때, ⓔ 피고인이 심신장애의 의심이 있는 때, ⓕ 피고인이 사형, 무기 또는 단기 3년 이상의 징역이나 금고에 해당하는 사건으로 기소된 때(제1항)[22모선]

② 피고인이 빈곤 그 밖의 사유로 변호인을 선임할 수 없는 경우 피고인의 청구가 있는 때(제2항)

③ 피고인의 나이·지능 및 교육 정도 등을 참작하여 권리보호를 위하여 필요하다고 인정하면 피고인의 명시적 의사에 반하지 아니하는 범위에서 변호인을 선정하여야 한다(제3항).[23모선]

(2) 구속전피의자심문

구속영장을 청구받은 지방법원판사가 심문할 피의자에게 변호인이 없는 때에는 직권으로 변호인을 선정하여야 한다. 이 경우 변호인의 선정은 피의자에 대한 구속영장 청구가 기각되어 효력이 소멸된 경우를 제외하고는 제1심까지 효력이 있다(제201조의2 제8항).[23모선]

(3) 체포·구속적부심사

체포·구속적부심사를 청구한 피의자가 제33조의 국선변호인 선임사유에 해당하고 변호인이 없는 때 국선변호인을 선정한다(제214조의2 제10항).[25변선, 23모선]

(4) 국민참여재판(국민참여재판법 제7조)

(5) 법정에서의 선정

이미 선임된 변호인 또는 선정된 국선변호인이 출석하지 아니하거나 퇴정한 경우에 부득이한 때에는 피고인 또는 피의자의 의견을 들어 재정 중인 변호사 등을 국선변호인으로 선정할 수 있다(규칙 제19조).

(6) 피해자를 위한 국선변호인 선정

검사는 피해자에게 변호사가 없는 경우 국선변호사를 선정하여 형사절차에서 피해자의 권익을 보호할 수 있다.[23·22모선]

다만, 19세미만 피해자 등에게 변호사가 없는 경우에는 국선변호사를 선정하여야 한다(성폭력처벌법 제27조 제6항).

(7) 공판준비절차

법원은 공판준비기일이 지정된 사건에 관하여 변호인이 없는 때에는 직권으로 변호인을 선정하여야 한다(제266조의8 제4항).

(8) 재심사건

사망자 또는 회복할 수 없는 심신장애인을 위하여 재심의 청구가 있는 때 또는 유죄의 선고를 받은 자가 재심의 판결전에 사망하거나 회복할 수 없는 심신장애인으로 된 때, 재심을 청구한 자가 변호인을 선임하지 아니한 때에는 재판장은 직권으로 변호인을 선임하여야 한다(제438조 제4항).

(9) 군사법원 사건

피고인에게 변호인이 없을 때에는 군사법원 또는 상소법원은 직권으로 변호인을 선정하여야 한다(군사법원법 제62조 제1항).

3 국선변호인 관련 지문 및 판례

(1) 필요적 변호사건에서 변호인 없이 한 소송행위의 효력 및 항소심 조치 [23·21모사]

① [1] 필요적 변호사건의 공판절차에서 변호인 없이 증거조사와 피고인신문 등 심리가 이루어졌다면, 그 절차에서의 일체의 소송행위는 무효이므로, 증거조사 결과와 피고인의 진

술은 유죄의 증거로 삼을 수 없다.[23모선]

　[2] 이러한 경우 항소심으로서는 변호인이 있는 상태에서 소송행위를 새로이 한 후 위법한 제1심판결을 파기하고, 항소심에서의 증거조사 및 진술 등 심리 결과에 기하여 다시 판결하여야 한다(대판 2011도6325). 표준판례 - 파기환송 불가

② 필요적 변호사건에서 변호인이 없거나 출석하지 않으면 소송행위는 무효이지만, 그 절차에서의 소송행위 외에 다른 절차에서의 소송행위는 무효가 아니다(대판 99도915).

(2) 국선변호인 선정 관련 판례

① 제33조 제1항 제1호에서 '피고인이 구속된 때'의 범위

　[1] 형사소송법 제33조 제1항 제1호의 '피고인이 구속된 때'라고 함은 피고인이 해당 형사사건에서 구속되어 재판을 받고 있는 경우에 한정된다고 볼 수 없고, 피고인이 별건으로 구속영장이 발부되어 집행되거나 다른 형사사건에서 유죄판결이 확정되어 그 판결의 집행으로 구금 상태에 있는 경우 또한 포괄하고 있다고 보아야 한다.[25변선·23모선]

　[2] 이 사건에서 피고인은 별건으로 구속 내지 형 집행 중에 있었고 이는 형사소송법 제33조 제1항 제1호가 정한 필요적 국선변호인 선정사유인 '피고인이 구속된 때'에 해당하므로, 형사소송법 제282조, 제370조에 따라 변호인 없이 개정하지 못한다.

　[3] 그리고 필요적 변호사건에 해당하는 사건에서 제1심의 공판절차가 변호인 없이 이루어져 증거조사와 피고인신문 등 심리가 이루어졌다면 그와 같은 위법한 공판절차에서 이루어진 소송행위는 모두 무효이므로, 이 경우 항소심으로서는 변호인이 있는 상태에서 새로 소송행위를 한 후 위법한 제1심판결을 파기하고 항소심에서의 진술 및 증거조사 등 심리결과에 기초하여 다시 판결하여야 한다(대판 2021도6357).

② 국선변호인의 직권선정 사유인 제33조 제1항 제1호 소정의 '피고인이 구속된 때'라 함은 피고인이 당해 형사사건에서 이미 구속되어 재판을 받고 있는 경우를 의미하는 것이므로, 불구속 피고인에 대하여 판결을 선고한 다음 법정구속을 하더라도 구속되기 이전까지는 위 규정이 적용된다고 볼 수 없다(대판 2010도17353).

③ [1] 제33조 제1항 제5호에서 정한 '피고인이 심신장애의 의심이 있는 때'란 진단서나 정신감정 등 객관적인 자료에 의하여 피고인의 심신장애 상태를 확신할 수 있거나 그러한 상태로 추단할 수 있는 근거가 있는 경우는 물론, 피고인의 의식상태나 사물에 대한 변별능력, 행위통제능력이 결여되거나 저하된 상태로 의심되어 피고인이 공판심리단계에서 효과적으로 방어권을 행사하지 못할 우려가 있다고 인정되는 경우를 포함한다(대판 2019도8531). 표준판례 [24·23모선]

　[2] 범행 당시 정신이상 증세로 인한 피고인의 심신장애 상태가 원심 공판심리단계에서도 계속되어 공판심리단계에서 효과적으로 방어권을 행사하지 못할 가능성이 있는데, 원심이 변호인이 선임되지 않은 피고인에 대하여 국선변호인을 선정하지 아니한 채 공판절차를 진행한 조치는 소송절차가 형사소송법에 어긋나 위법하고, 위와 같이 위법한 공판절차에서 이루어진 소송행위는 무효이다.

④ 제1심 법원이 집행유예를 선고하였으나 검사만이 양형부당을 이유로 항소한 사안에서 항소심이 변호인이 선임되지 않은 피고인에 대하여 검사의 항소를 받아들여 형을 선고하는 경우, 판결 선고 후 피고인을 법정구속한 뒤에 비로소 국선변호인을 선정하는 것보다는, 피고인의 권리보호를 위해 판결선고 전 공판심리 단계에서부터 제33조 제3항에 따라 피고인의 명시적 의사에 반하지 아니하는 범위 안에서 국선변호인을 선정해 주는 것이 바람직하다(대판 2016도7622).

⑤ 공소제기된 범죄의 내용과 보호법익, 피고인의 직업이나 경제력, 범죄 전력, 예상되는 주형과 부수처분의 종류, 약물중독 등으로 인한 심신미약 정도, 마약 투약으로 수사받던 피고인이 중요한 수사협조를 하여 특별감경 양형요소로 반영될 개연성이 높은 경우 등 피고인에게 유리한 양형요소를 주장할 필요성이 있다면 피고인의 권리보호를 위하여서는 피고인의 명시적 의사에 반하지 아니하는 범위에서 국선변호인을 선정하여 방어권을 보장해 줄 필요가 있다고 할 것이다(대판 2024도4202).

⑥ 제33조 제1항 각 호에 해당하지 않는 경우, 법원은 권리보호를 위하여 필요하다고 인정하지 않으면 국선변호인을 선정하지 않아도 되며, 이때 국선변호인을 선정하지 않고 공판심리를 하였으나 피고인의 방어권이 침해되어 판결에 영향을 미쳤다고 인정되지 않는 경우에는 형사소송법 제33조 제3항을 위반한 것이 아니다(대판 2016도7672).

⑦ 이해가 상반되는 피고인들 중 어느 피고인이 법무법인을 변호인으로 선임하고, 법무법인이 담당변호사를 지정하였을 때, 법원이 담당변호사 1인 또는 수인을 다른 피고인을 위한 국선변호인으로 선정한다면, 국선변호인으로 선정된 변호사는 이해가 상반된 피고인들 모두에게 유리한 변론을 하기 어려운바, 동일한 국선변호인의 선정은 국선변호인의 조력을 받을 권리를 침해하는 것이다(대판 2015도9951).[23모선]

⑧ 피고인이 지체4급 장애인으로서 국민기초생활수급자에 해당한다는 소명자료를 첨부하여 국선변호인 선정청구를 하였으면 특별한 사정이 없는 한 국선변호인을 선임해야 한다(대판 2010도18103).

⑨ 빈곤 기타 사유로 변호인을 선임할 수 없을 때 국선변호인을 선정하는 것은 피고인의 청구가 있는 경우에 한하는 것인바, 피고인이 원심변론종결시까지 국선변호인 선정을 청구한 일이 없다면 국선변호인을 선정함이 없이 진행한 공판절차는 위법이라고 할 수 없다(대판 83도2117).

⑩ 제1심에서 피고인의 청구 또는 직권으로 국선변호인이 선정되어 공판이 진행된 경우에는 항소법원은 특별한 사정변경이 없는 한 국선변호인을 선정함이 바람직하다(대판 2013도351).

⑪ 제1심에서 국선변호인 선정청구가 인용되고 불구속 상태로 실형을 선고받은 피고인이 그 후 별건 구속된 상태에서 항소를 제기하여 국선변호인 선정청구를 하였는데, 원심이 이에 대해 아무런 결정도 하지 않고 공판기일을 진행하여 실질적 변론과 심리를 마치고서야 국선변호인 선정청구를 기각한 것은 위법하다(대판 2012도16334).

⑫ 국선변호인선임청구를 기각한 결정은 판결 전의 소송절차이므로, 그 결정에 대하여 즉시항고를 할 수 있는 근거가 없는 이상 그 결정에 대하여는 재항고도 할 수 없다(대결 92모49).

(3) 항소이유서 제출 관련 판례

① 국선변호인이 법정기간 내 항소이유서 제출하지 않은 경우

필요적 변호사건의 항소심에서, 원심법원이 피고인 본인의 항소이유서 제출기간 경과 후 국선변호인을 선정하고 그에게 소송기록접수통지를 하였으나 국선변호인이 법정기간 내에 항소이유서를 제출하지 아니한 사안에서, 국선변호인이 항소이유서를 제출하지 아니한 데 대하여 피고인에게 책임을 돌릴 만한 사유가 특별히 밝혀지지 아니한 이상, 국선변호인의 선정을 취소하고 새로운 국선변호인을 선정하여 그에게 소송기록접수통지를 함으로써 새로운 국선변호인이 항소이유서를 제출하도록 하는 조치를 취했어야 하는데도, 위와 같은 조치를 취하지 아니한 채 곧바로 항소를 기각한 원심결정에는 위법이 있다(대결 2009모1044).[23모선] 표준판례

② 미성년자의 항소취하 후 선임된 사선변호인에게 소송기록접수통지 필요 [21모사]

[1] 피고인과 국선변호인이 모두 법정기간 내에 항소이유서를 제출하지 아니하였더라도, 국선변호인이 항소이유서를 제출하지 아니한 데 대하여 피고인에게 귀책사유가 있음이 특별히 밝혀지지 않는 한, 항소법원은 종전 국선변호인의 선정을 취소하고 새로운 국선변호인을 선정하여 다시 소송기록접수통지를 함으로써 새로운 변호인으로 하여금 그 통지를 받은 때로부터 형사소송법 제361조의3 제1항의 기간 내에 피고인을 위하여 항소이유서를 제출하도록 하여야 한다.

[2] 그리고 이러한 법리는 항소법원이 종전 국선변호인의 선정을 취소하고 새로운 국선변호인을 선정하여 소송기록접수통지를 하기 이전에 피고인 스스로 변호인을 선임한 경우 그 사선변호인에 대하여도 마찬가지로 적용되어야 한다.

[3] 피고인이 항소취하서를 제출하였으나 법정대리인인 피고인 아버지의 동의가 없었으므로 항소취하는 효력이 없고, 따라서 국선변호인은 항소이유서 제출기간 내에 항소이유서를 제출하여야 함에도 법정기간 내에 항소이유서를 제출하지 아니하였으므로, 미성년자로서 필요적으로 변호인의 조력을 받아야 하는 피고인이 위와 같이 법정대리인의 동의 없이 항소취하서를 제출하였다는 사정만으로 국선변호인이 항소이유서 제출기간 내에 항소이유서를 제출하지 않은 것에 대하여 피고인에게 귀책사유가 있다고 볼 수 없는데도, 이와 달리 보아 국선변호인의 선정을 취소하고 사선변호인에게 다시 소송기록접수통지를 하여 사선변호인으로 하여금 그 통지를 받은 때로부터 형사소송법 제361조의3 제1항의 기간 내에 피고인을 위하여 항소이유서를 제출할 수 있도록 기회를 주지 아니한 채 곧바로 피고인의 항소를 기각한 원심판결에 국선변호인의 조력을 받을 권리에 관한 헌법 및 형사소송법의 법리를 오해한 잘못이 있다(대판 2019도4221).[23모선]

③ **소송기록접수통지 후 새로 선임된 사선변호인에 대한 통지 불요**

[1] 피고인에게 소송기록접수통지를 한 다음에 변호인이 선임된 경우에는 변호인에게 다시 같은 통지를 할 필요가 없다. 이는 필요적 변호사건에서 항소법원이 국선변호인을 선정하고 피고인과 그 변호인에게 소송기록접수통지를 한 다음 피고인이 사선변호인을 선임함에 따라 항소법원이 국선변호인의 선정을 취소한 경우에도 마찬가지이다. 이러한 경우 항소이유서 제출기간은 국선변호인 또는 피고인이 소송기록접수통지를 받은 날부터 계산하여야 한다.[25변선, 23·22모선]

[2] 한편 형사소송규칙 제156조의2 제3항은 항소이유서 제출기간 내에 피고인이 책임질 수 없는 사유로 국선변호인이 변경되면 그 국선변호인에게도 소송기록접수통지를 하여야 한다고 정하고 있는데, 이 규정을 새로 선임된 사선변호인의 경우까지 확대해서 적용하거나 유추적용할 수는 없다(대판 2015도10651).

④ 필요적 변호사건에서 법원이 정당한 이유 없이 국선변호인을 선정하지 않고 있는 사이에 피고인 스스로 사선변호인을 선임하였으나 이미 피고인에 대한 항소이유서 제출기간이 도과해 버린 경우, 법원은 사선변호인이 통지를 받은 날로부터 기산하여 소정의 기간 내에 피고인을 위하여 항소이유서를 작성·제출할 수 있는 기회를 주어야 한다(대판 2008도11486).[24모선]

⑤ 필요적 변호사건이 아니고 형사소송법 제33조 제3항에 의하여 국선변호인을 선정하여야 하는 경우도 아닌 사건에 있어서 피고인이 항소이유서 제출기간이 도과한 후에야 비로소 형사소송법 제33조 제2항의 규정에 따른 국선변호인 선정청구를 하고 법원이 국선변호인 선정결정을 한 경우에는 그 국선변호인에게 소송기록접수통지를 할 필요가 없고, 이러한 경우 설령 국선변호인에게 같은 통지를 하였다고 하더라도 국선변호인의 항소이유서 제출기간은 피고인이 소송기록접수통지를 받은 날로부터 계산된다(대판 2013도4114)

⑥ 필요적 국선사건이 아님에도 제1심이 국선변호인을 선정하여 준 후 피고인에게 징역 1년의 형을 선고하면서 법정구속을 하지 않았는데, 피고인이 항소장만을 제출한 다음 국선변호인 선정청구를 하지 않은 채 법정기간 내에 항소이유서를 제출하지 아니하자 원심이 피고인의 항소를 기각한 경우, 피고인의 권리보호를 위하여 법원이 재량으로 국선변호인 선정을 해 줄 필요는 없다고 보아 국선변호인 선정 없이 공판심리를 진행한 원심의 판단과 조치 및 절차는 정당하다고 본 사례(대판 2013도1886).

Ⅵ 변호인 선임

1 변호인 선임권자

① 피고인 또는 피의자는 변호인을 선임할 수 있다(제30조 제1항).

② 피고인 또는 피의자의 법정대리인, 배우자, 직계친족과 형제자매는 독립하여 변호인을 선임할 수 있다(제30조 제2항).

③ 변호인을 선임할 수 있는 자는 제30조 제2항에 규정된 자로 한정되고 법인의 경우에는 대표자이며, 이러한 선임권은 대리에 의해 위임할 수 없다(대결 94모25).

2 선임 방식 및 효력

(1) 방식

① 변호인의 선임은 심급마다 변호인과 연명날인한 서면으로 제출하여야 한다(제32조 제1항).

② **변호인선임신고서는 특별한 사정이 없는 한 원본을 의미**

정식재판청구서에 첨부된 변호인선임신고서가 원본이 아닌 사본이어서 적법한 변호인선임신고서가 아니고, 변호인선임신고서 원본을 첨부하여 다시 접수한 정식재판청구서는 정식재판청구기간 이후에 제출된 경우 적법한 정식재판청구가 이루어지지 않았다(대결 2003모429).[23모선]

③ 변호인선임신고서를 제출하지 않은 변호인이 변호인 명의로 재항고장을 제출한 경우, 재항고장이 적법·유효한 재항고로서의 효력이 없다(대결 2017모1377).

(2) 효력

① 공소제기전의 변호인 선임은 제1심에도 그 효력이 있다(제32조 제2항).

② 원심법원에서의 변호인 선임은 법 제366조(공소기각 또는 관할위반의 재판이 법률에 위반됨을 이유로 원심판결을 파기하는 때에는 판결로써 사건을 원심법원에 환송) 또는 법 제367조(관할인정이 법률에 위반됨을 이유로 원심판결을 파기하는 때에는 판결로써 사건을 관할법원에 이송)의 규정에 의한 환송 또는 이송이 있은 후에도 효력이 있다(규칙 제158조).[24모선]

③ [1] 국선변호인 선정의 효력은 선정 이후 병합된 다른 사건에도 미치는 것이므로, 항소심에서 국선변호인이 선정된 이후 변호인이 없는 다른 사건이 병합된 경우에는 항소법원은 지체 없이 국선변호인에게 병합된 사건에 관한 소송기록 접수통지를 함으로써 국선변호인이 통지를 받은 날로부터 기산한 소정의 기간 내에 피고인을 위하여 항소이유서를 작성·제출할 수 있도록 하여 변호인의 조력을 받을 피고인의 권리를 보호하여야 한다.

[2] 항소법원이 국선변호인 선정 이후 병합된 사건에 관하여 국선변호인에게 소송기록 접수통지를 하지 아니함으로써 항소이유서 제출기회를 주지 아니한 채 판결을 선고한 것은 위법하다(대판 2010도3377).

3 변호인선임신고의 추완 허부 [21변사, 23·15모사]

(1) 문제점

변호인선임서를 제출하기 이전에 변호인으로서 행한 소송행위는 원칙적으로 무효인데, 사후 변호인선임서 제출에 의하여 유효가 되는지에 관하여 견해의 대립이 있다.

(2) 학설

① 긍정설 : 피고인의 이익보호를 위하여 추완을 허용해야 한다는 견해이다.
② 부정설 : 변호인선임신고의 중요성을 고려하여 추완을 불허한다는 견해이다.

(3) 판례(부정설)

① 변호인선임신고서를 제출하지 아니한 변호인이 변호인 명의로 정식재판청구서만 제출하고, 정식재판청구기간 경과 후에 비로소 변호인선임신고서를 제출한 경우, 변호인 명의로 제출한 위 정식재판청구서는 적법·유효한 정식재판청구로서의 효력이 없다(대결 2003모429).[22모선]
② 변호인선임서를 제출하지 아니한 채 상고이유서만을 제출하고 상고이유서 제출기간이 경과한 후에 변호인선임서를 제출하였다면 그 상고이유서는 적법·유효한 상고이유서가 될 수 없다. 이는 그 변호인이 원심 변호인으로서 원심법원에 상고장을 제출하였더라도 마찬가지이다(대판 2013도9605). 표준판례

(4) 검토

추완을 허용하는 명문의 규정이 없으므로 부정하는 판례의 입장이 타당하다.

Ⅶ 변호인 관련 지문 및 판례 정리

① 변호인이 의뢰인의 요청에 따른 변론행위라는 명목으로 수사기관이나 법원에 대하여 적극적으로 허위의 진술을 하거나 피고인 또는 피의자로 하여금 허위진술을 하도록 하는 것은 허용되지 않는다(대판 2012도6027).

② [1] 변호사인 변호인에게는 변호사법이 정하는 바에 따라서 이른바 진실의무가 인정되는 것이지만, 변호인이 적극적으로 피고인 또는 피의자로 하여금 허위진술을 하도록 하는 것이 아니라 단순히 헌법상 권리인 진술거부권이 있음을 알려 주고 그 행사를 권고하는 것을 가리켜 변호사로서의 진실의무에 위배되는 것이라고는 할 수 없다.
   [2] 변호인의 접견교통의 상대방인 신체구속을 당한 사람이 그 변호인을 자신의 범죄행위에 공범으로 가담시키려고 하였다는 등의 사정만으로 그 변호인의 신체구속을 당한 사람과의 접견교통을 금지하는 것이 정당화될 수는 없다(대판 2006모656).[23모선]

③ 성폭력처벌법 제27조는 성폭력범죄의 피해자에 대한 변호사 선임의 특례를 규정하고 있는데, 피해자의 변호사는 형사처벌에서 피해자 등의 대리가 허용될 수 있는 모든 소송행위에 대한 포괄적인 대리권을 가진다. 따라서 피해자의 변호사는 피해자를 대리하여 피고인에 대한 처벌을 희망하는 의사표시를 철회하거나 처벌을 희망하지 않는 의사표시를 할 수 있다(대판 2019도10678).[25변선]
- 검사는 성폭력범죄 피해자에게 변호사가 없는 경우 국선변호사를 선정하여 형사절차에서 피해자의 권익을 보호할 수 있다(성폭력처벌법 제27조 제6항).[23모선]

④ 변호인이 되려는 의사를 표시한 자가 객관적으로 변호인이 될 가능성이 있다고 인정되는데도, 형사소송법 제34조에서 정한 '변호인 또는 변호인이 되려는 자'가 아니라고 보아 신체구속을 당한 피고인 또는 피의자와 접견하지 못하도록 제한하여서는 아니 된다(대판 2013도16162).[25·23변선, 22모선]

⑤ 임의동행 형식으로 연행된 피의자나 피내사자도 변호인과의 접견교통권이 인정된다.

⑥ 신문에 참여하고자 하는 변호인이 2인 이상인 때에는 피의자가 신문에 참여할 변호인 1인을 지정한다. 지정이 없는 경우에는 검사 또는 사법경찰관이 이를 지정할 수 있다(제243조의2)

⑦ 변호사법 제31조 제1호에서는 변호사는 당사자 일방으로부터 상의를 받아 그 수임을 승낙한 사건의 상대방이 위임하는 사건에 관하여는 그 직무를 행할 수 없다고 규정하고 있고, 위 규정의 입법 취지 등에 비추어 볼 때 동일한 변호사가 형사사건에서 피고인을 위한 변호인으로 선임되어 변호활동을 하는 등 직무를 수행하였다가 나중에 실질적으로 동일한 쟁점을 포함하고 있는 민사사건에서 위 형사사건의 피해자에 해당하는 상대방 당사자를 위한 소송대리인으로서 소송행위를 하는 등 직무를 수행하는 것 역시 마찬가지로 금지되는 것으로 볼 것이다(대판 2003다15556).[23모선]

⑧ 피의자나 피의자신문에 참여하려는 변호인은 변호인의 피의자신문 참여 전에 검사에게 변호인선임에 관한 서면을 제출해야 한다(검찰사건사무규칙 제22조 제3항).

⑨ 법원이 사선변호인의 공판기일변경신청을 받아들이지 아니하고 변호인의 출석 없이 공판심리를 하였다 할지라도 위법이 아니고, 사선변호인이 공판기일의 통지를 받고 공판기일에 출석하지 아니하므로 변호인의 출석 없이 개정하여 변론을 종결한 것은 변호인의 변호권을 제한한 위법이 아니다.
(피고인이 국선변호인의 선정사유에 해당하는 경우 또는 필요적 변호사건에 해당하는 경우에는 그러한 변호인의 출석은 공판개정의 요건이므로, 변호인의 출석 없이 개정할 수 없는 것이 원칙이라는 점과 구별)

Chapter 009 당사자능력 · 소송능력

1 의의

① 당사자능력이란 소송법상 당사자가 될 수 있는 일반적인 능력을 의미한다.
② 당사자능력이 없는 경우 공소기각의 사유에 해당한다.
③ 자연인은 연령, 책임능력의 여하를 불문하고 당사자능력 인정되고, 법인 및 법인격 없는 사단의 경우에도 당사자능력이 인정된다.

2 소송능력

(1) 의의

피고인이 자기의 소송상의 지위와 이해관계를 이해하고 소송행위를 할 수 있는 능력을 의미한다.

(2) 소송능력 흠결의 효과

소송능력이 없는 자연인이 한 소송행위는 무효이나, 소송능력은 당사자능력과 달리 소송조건은 아니므로 소송능력 없는 자에 대한 공소제기가 무효로 되는 것은 아니다.

(3) 소송능력 흠결시 원칙적 공판절차 정지

피고인이 소송능력이 없는 때에는 절차를 진행시킬 수 없으므로 원칙적으로 공판절차를 정지해야 한다(제306조 제1항).

(4) 소송능력 흠결시 예외적 공판절차 진행

① 피고사건에 대해 무죄, 면소, 형의 면제 또는 공소기각의 재판을 할 것이 명백한 경우(제306조 제4항)
② 의사무능력자인 피고인을 위하여 그 대리인이 소송행위를 대리하는 경우(제26조, 제28조)
③ 법인의 대표자가 소송행위를 대표하는 경우(제27조)

3 당사자능력 · 소송능력 관련 지문 및 판례 정리

① **법인의 청산종결 등기 이후 공소제기시 당사자능력 존속**

법인의 해산 또는 청산종결 등기 이전에 업무나 재산에 관한 위반행위가 있는 경우에는 청산종결 등기가 된 이후 위반행위에 대한 수사가 개시되거나 공소가 제기되더라도 그에 따른 수사나 재판을 받는 일은 법인의 청산사무에 포함되므로, 그 사건이 종결될 때까지 법인의 청산사무는 종료되지 않고 형사소송법상 당사자능력도 그대로 존속한다(대판 2018도14261).

② 청소년의 처벌불원 의사표시에 법정대리인의 동의 불요
피해자인 청소년에게 의사능력이 있는 이상, 단독으로 피고인 또는 피의자의 처벌을 희망하지 않는다는 의사표시 또는 처벌희망 의사표시의 철회를 할 수 있고, 거기에 법정대리인의 동의가 있어야 하는 것으로 볼 것은 아니다(대판 2010도5610).
③ 중국인이라 할지라도 한국어를 해득하는 경우에는 통역을 붙이지 않았다 하여 잘못이라 할 수 없다(대판 66도1535).

Chapter 010 소송행위 및 소송조건

I 착오·사기 등에 의한 절차형성행위의 효력(소송행위의 하자) [20변시]

1 문제점

절차형성행위에 착오·사기·강박 등의 의사표시의 하자가 있는 경우 소송행위가 무효화 되는지 문제된다.

2 학설

① 원칙적 유효설 : 소송절차의 형식적 확실성을 위하여 무효원인이 될 수 없다는 견해이다.
② 원칙적 무효설 : 착오가 피고인의 책임 있는 사유로 인한 것이 아닌 때에는 무효로 되는 것이 타당하다는 견해이다.

3 판례

착오에 의한 소송행위가 무효로 되기 위해서는 첫째, 통상인의 판단을 기준으로 하여 만일 착오가 없었다면 그러한 소송행위를 하지 않았으리라고 인정되는 중요한 점(동기를 포함)에 관하여 착오가 있고, 둘째 착오가 행위자 또는 대리인이 책임질 수 없는 사유로 인하여 발생하였으며, 셋째 그 행위를 유효로 하는 것이 현저히 정의에 반한다고 인정될 것 등의 요건을 필요로 한다(대결 92모1). 표준판례 [23모선]

4 검토

소송절차의 형식적 확실성과 피고인의 이익을 조화하는 관점에서 원칙적으로는 유효이지만, 착오가 본인의 귀책사유로 인한 경우가 아닌 때에는 무효로 보는 판례의 입장이 타당하다.

5 소송행위의 하자 관련 판례

① 보호감호를 선고받은 피고인이 보호감호가 선고된 것으로 알고 일단 상고를 제기하였다가 보호감호청구가 기각되었다는 취지의 교도관의 말과 공판출정 교도관이 작성한 판결선고결과보고서의 기재를 믿은 나머지 착오에 빠져 판결등본송달을 기다리지 않고 상고취하를 함으로써 위 보호감호처분이 확정된 경우 위 상고취하에 피고인의 과실이 없었다고 단정할 수 없어 이를 무효로 볼 수 없다(대결 92모1).

② 교도관이 내어 주는 상소권포기서를 항소장으로 잘못 믿은 나머지 이를 확인하여 보지도 않고 서명·무인한 경우, 항소포기는 유효하다(대결 95모49).

③ 규칙 제25조의2(기명날인할 수 없는 재판서) 법 제41조 제3항에 따라 서명날인에 갈음하여 기명날인할 수 없는 재판서는 판결과 각종 영장(감정유치장 및 감정처분허가장을 포함한다)을 말한다. [24모선]

II 소송행위 하자의 치유

① [1] 검사에 의한 공소장의 제출이 없는 경우에는 소송행위로서의 공소제기가 성립되었다고 할 수 없다. 소송행위로서 요구되는 본질적인 개념요소가 결여되어 소송행위로 성립되지 아니한 경우에는 소송행위가 성립되었으나 무효인 경우와는 달리 하자의 치유문제는 발생하지 않으나, 추후 당해 소송행위가 적법하게 이루어진 경우에는 그때부터 위 소송행위가 성립된 것으로 볼 수 있다.
[2] 공소제기가 없었음에도 피고인의 소환이 이루어지는 등 사실상의 소송계속이 발생한 상태에서 검사가 약식명령을 청구하는 공소장을 제1심법원에 제출하고, 위 공소장에 기하여 공판절차를 진행한 경우 제1심법원으로서는 이에 기하여 유·무죄의 실체판단을 하여야 한다(대판 2003도2735).

② **친고죄에서 비친고죄로 공소장변경시 공소제기의 흠 치유(반의사불벌죄 동일)**

친고죄로 기소된 후에 피해자의 고소가 취소되더라도 제1심이나 항소심에서 당초에 기소된 공소사실과 동일성이 인정되는 범위 내에서 다른 공소사실로 공소장을 변경할 수 있으며 이러한 경우 변경된 공소사실에 대하여 심리·판단하여야 하는데, 이는 반의사불벌죄에서 피해자의 '처벌을 희망하지 아니하는 의사표시' 또는 '처벌을 희망하는 의사표시의 철회'가 있는 경우에도 마찬가지이다(대판 2011도2233). 표준판례 [[25변선, 24·23·22모선]

③ 공갈죄의 수단으로서 한 협박은 공갈죄에 흡수될 뿐 별도로 협박죄를 구성하지 않으므로, 이 사건 범죄사실에 대한 피해자의 고소는 결국 공갈죄에 대한 것이라 할 것이어서, 그 후 고소가 취소되었다 하여 공갈죄로 처벌하는 데에 아무런 장애가 되지 아니하며, 공소를 제기할 당시에는 이 사건 범죄사실을 협박죄로 구성하여 기소하였다 하더라도 그 후 공판 중에 기본적 사실관계가 동일하여 공소사실을 공갈미수로 공소장변경이 허용된 이상 그 공소

제기의 하자는 치유된다(대판 96도2151).[22모선]

⑤ 항소인이 제출한 항소이유서 부본이 상대방에게 송달되지 아니하였고 이로 인하여 상대방이 답변서를 제출할 기회를 갖지 못하였으나 상대방이 항소심 공판기일에 출석하여 항소이유서 부본의 불송달과 이로 인한 답변서를 제출하지 못한 점에 대하여 아무런 이의를 제기하지 않은 채 항소인이 항소이유서를 진술하고 상대방이 이에 대하여 항소가 이유 없다는 취지의 답변을 한 다음 쌍방이 이에 기하여 변론을 하는 등으로 항소심 공판절차의 진행에 협조하였다면 그 하자는 치유된다(대판 2001도5810). 표준판례

⑥ **검사의 기명날인 또는 서명이 누락된 공소장 제출의 하자 치유**[24모선]

　[1] 검사의 기명날인 또는 서명이 없는 상태로 관할법원에 제출된 공소장은 형사소송법 제57조 제1항에 위반된 서류라 할 것이므로 이와 같이 법률이 정한 형식을 갖추지 못한 공소장 제출에 의한 공소의 제기는 특별한 사정이 없는 한 그 절차가 법률의 규정에 위반하여 무효인 때에 해당한다.

　[2] 다만 이 경우 공소를 제기한 검사가 공소장에 기명날인 또는 서명을 추완하는 등의 방법에 의하여 공소의 제기가 유효하게 될 수 있다.[23 · 22모선]

　[3] 이러한 하자에 대한 추후 보완 요구는 법원의 의무가 아니다(대판 2019도17150). 표준판례

⑦ **검사의 간인이 없는 공소장의 경우 공소기각 사유 해당 X**

공소장에 검사의 간인이 없더라도 그 공소장의 형식과 내용이 연속된 것으로 일체성이 인정되고 동일한 검사가 작성하였다고 인정되는 한 그 공소장을 형사소송법 제57조 제2항에 위반되어 효력이 없는 서류라고 할 수 없다. 이러한 공소장 제출에 의한 공소제기는 그 절차가 법률의 규정에 위반하여 무효인 때에 해당한다고 할 수 없다(대판 2019도16259).[24변선]

⑧ 검사가 공판기일에서 피고인 등이 특정되어 있지 않은 공소장변경허가신청서를 공소장에 갈음하는 것으로 구두진술하고 피고인과 변호인이 이의를 제기하지 않은 사안에서, 이를 적법한 공소제기로 볼 수 없다고 본 사례(대판 2008도11813). 표준판례

III 소송행위의 대리 또는 대표

① 피고인 또는 피의자가 법인인 때에는 그 대표자가 소송행위를 대표한다. 수인이 공동하여 법인을 대표하는 경우에도 소송행위에 관하여는 각자가 대표한다(제27조 제2항).

② **법정대리인의 소송행위 대리**

피의자에게 의사능력이 있으면 직접 소송행위를 하는 것이 원칙이고, 피의자에게 의사능력이 없는 경우에는 형법 제9조 내지 제11조의 규정의 적용을 받지 아니하는 범죄사건에 한하여 예외적으로 법정대리인이 소송행위를 대리할 수 있다(제26조). 따라서 음주운전과 관련한 도로교통법 위반죄의 범죄수사를 위하여 미성년자인 피의자의 혈액채취가 필요한

경우에도 피의자에게 의사능력이 있다면 피의자 본인만이 혈액채취에 관한 유효한 동의를 할 수 있고, 피의자에게 의사능력이 없는 경우에도 명문의 규정이 없는 이상 법정대리인이 피의자를 대리하여 동의할 수는 없다(대판 2013도1228).[22모선]

③ 피해자의 아버지가 피해자를 대리하여 피고인에 대한 처벌을 희망하지 아니한다는 의사를 표시하는 것 역시 허용되지 아니할 뿐만 아니라 피해자가 성년인 이상 의사능력이 없다는 것만으로 피해자의 아버지가 당연히 법정대리인이 된다고 볼 수도 없으므로, 피해자의 아버지가 피고인에 대한 처벌을 희망하지 아니한다는 의사를 표시하였더라도 그것이 반의사불벌죄에서의 처벌희망 여부에 관한 피해자의 의사표시로서 소송법적으로 효력이 발생할 수는 없다(대판 2012도568).

Ⅳ 소송조건

1 의의

소송조건이란 사건의 실체에 대하여 심판할 수 있는 실체심판의 전제조건을 의미한다. 소송조건은 공소제기의 유효조건이고, 소송의 존속과 발전을 위한 조건이다.

2 소송조건 흠결의 효과

① 소송조건이 구비되지 않은 때에는 형식재판에 의하여 소송을 종결해야 하며, 실체의 심판을 할 수 없다.
② 형식적 소송조건을 결한 때에는 공소기각의 판결이나 결정 또는 관할위반의 판결을 한다.
③ 실체적 소송조건을 결여한 때에는 면소판결을 한다.

3 소송조건 흠결의 경합

① 형식적 소송조건과 실체적 소송조건의 흠결이 경합한 때에는 형식적 소송조건의 흠결을 이유로 재판해야 한다.
② 수개의 형식적 소송조건의 흠결이 경합한 때에는 하자의 정도가 중한 것을 기준으로 해야 한다.
③ 관할위반과 공소기각의 사유가 경합한 때에는 공소기각의 재판을 해야 하고,
④ 공소기각의 판결과 공소기각의 결정 사유가 경합한 때에는 공소기각의 결정을 해야 한다.

Onepick 형사소송법

제**3**편

수사와 공소제기

Chapter 011 함정수사

I 함정수사의 허용범위

1 함정수사의 법적 성격

① 함정수사는 수사기관 등이 의도나 신분을 감추고 상대방으로 하여금 범죄를 실행하도록 하고 그 실행을 기다려 상대방을 검거하는 수사방법이다.
② 함정수사는 범죄의사를 가지고 있지 않은 자에게 범의를 유발케 하여 범죄를 교사하는 형태인 범의유발형 함정수사와 이미 범죄의사를 가지고 있는 자에게 범죄의 기회를 제공하여 범죄를 방조하는 형태인 기회제공형 함정수사의 2가지 유형이 있다.

2 허용범위(적법성의 한계)

(1) 학설

① 주관설 : 피유발자의 내심의 의사를 기준으로 기회제공형 함정수사는 적법하지만 범의유발형 함정수사는 위법하다는 견해이다.
② 객관설 : 수사기관이 사용한 유혹의 방법 자체를 문제 삼아 수사기관의 활동이 사실상 범죄행위 야기의 직접적인 원인된 경우에는 위법하다는 견해이다.
③ 종합설(절충설) : 범의유발형 함정수사는 원칙적으로 위법하다고 보아야 하지만 범죄의 태양, 함정수사의 필요성 등을 종합하여 함정수사의 한계를 정해야 한다는 견해이다.

(2) 판례

[1] 본래 범의를 가지지 아니한 자에 대하여 수사기관이 사술이나 계략 등을 써서 범의를 유발하게 하여 범죄인을 검거하는 함정수사는 위법한바, 구체적인 사건에 있어서 위법한 함정수사에 해당하는지 여부는 해당 범죄의 종류와 성질, 유인자의 지위와 역할, 유인의 경위와 방법, 유인에 따른 피유인자의 반응, 피유인자의 처벌 전력 및 유인행위 자체의 위법성 등을 종합하여 판단하여야 한다.
[2] 수사기관과 직접 관련이 있는 유인자가 피유인자와의 개인적인 친밀관계를 이용하여 피유인자의 동정심이나 감정에 호소하거나, 금전적·심리적 압박이나 위협 등을 가하거나, 거절하기 힘든 유혹을 하는 등으로 과도하게 개입함으로써 피유인자로 하여금 범의를 일으키게 하는 것은 위법한 함정수사에 해당하여 허용되지 아니하지만,[25변선]
[3] 유인자가 수사기관과 직접적인 관련을 맺지 아니한 상태에서 피유인자를 상대로 단순히 수차례 반복적으로 범행을 부탁하였을 뿐 수사기관이 사술이나 계략 등을 사용하였다고

볼 수 없는 경우는, 설령 그로 인하여 피유인자의 범의가 유발되었다 하더라도 위법한 함정수사에 해당하지 아니한다(대판 2006도2339). 표준판례

(3) 검토

범죄를 방지해야 할 국가가 범죄를 유발한 경우인 범의유발형 함정수사는 위법하다고 보아야 하며, 기회제공형 함정수사에 있어서도 범죄의 태양, 함정수사의 필요성, 법익의 성질 등을 종합적으로 판단하여야 할 것이므로 종합설이 타당하다.

II 위법한 함정수사와 공소제기

1 학설

① 공소기각판결설, ② 면소판결설, ③ 무죄판결설, ④ 유죄판결설 등의 대립이 있다.

2 판례(공소기각판결설)

범의를 가진 자에 대하여 단순히 범행의 기회를 제공하거나 범행을 용이하게 하는 것에 불과한 수사방법이 경우에 따라 허용될 수 있음은 별론으로 하고, 본래 범의를 가지지 아니한 자에 대하여 수사기관이 사술이나 계략 등을 써서 범의를 유발케 하여 범죄인을 검거하는 함정수사는 위법함을 면할 수 없고, 이러한 함정수사에 기한 공소제기는 그 절차가 법률의 규정에 위반하여 무효인 때에 해당한다(대판 2005도1247). 표준판례

3 검토

위법한 함정수사의 경우에는 수사기관이 적정절차를 지키지 못하였으므로 공소권 남용이론을 적용하여 공소기각의 판결을 해야 한다.

III 함정수사 관련 지문 및 판례 정리

① 노래방 도우미 사건

경찰관들이 단속 실적을 올리기 위하여 손님을 가장하고 들어가 도우미를 불러 줄 것을 요구하였던 점, 위 경찰관들이 피고인측으로부터 한 차례 거절당하였으면서도 다시 위 노래방에 찾아가 도우미를 불러 줄 것을 요구하여 도우미가 오게 된 점 등 여러 사정들을 종합해 보면, 이 사건 단속은 수사기관이 사술이나 계략 등을 써서 피고인의 범의를 유발케 한 것으로서 위법하고, 이러한 함정수사에 기한 이 사건 공소제기 또한 그 절차가 법률의 규정에 위반하여 무효인 때에 해당한다(대판 2008도7362).

② **노상에 쓰러져 있는 피해자를 방치하여 절도범행이 발생하도록 방치한 경우** [13변사]

[1] 노상에 정신을 잃고 쓰러져 있는 피해자를 발견한 경찰관들로서는 경직법 제4조에 규정된 바에 따라 보건의료기관에 긴급구호를 요청하거나 경찰관서에 보호하는 등의 적당한 보호조치를 하였어야 마땅할 것인데도, 오히려 그러한 피해자의 상태를 이용하여 범죄수사에 나아간 것이고, 이는 지극히 부적절한 직무집행이라 할 것이다.

[2] 그러나 위와 같은 사유들은 어디까지나 피해자에 대한 관계에서 문제될 뿐으로서, 위 경찰관들의 행위는 단지 피해자 근처에 숨어서 지켜보고 있었던 것에 불과하고, 피고인은 피해자를 발견하고 스스로 범의를 일으켜 이 사건 범행에 나아간 것이어서, 스스로 범행을 결심하고 실행행위에 나아간 피고인에 대한 이 사건 기소 자체가 위법하다고 볼 것은 아니다(대판 2007도1903).

③ 수사기관이 피고인의 범죄사실을 인지하고도 피고인을 바로 체포하지 않고 추가 범행을 지켜보고 있다가 범죄사실이 많이 늘어난 뒤에야 피고인을 체포하였다는 사정만으로는 피고인에 대한 수사와 공소제기가 위법하다거나 함정수사에 해당한다고 할 수 없다(대판 2007도3164).

Ⅳ 청소년성보호법상 디지털 성범죄 수사 특례[24모선]

제25조의2(아동·청소년대상 디지털 성범죄의 수사 특례)
① 사법경찰관리는 다음 각 호의 어느 하나에 해당하는 범죄(이하 "디지털 성범죄"라 한다)에 대하여 신분을 비공개하고 범죄현장(정보통신망을 포함한다) 또는 범인으로 추정되는 자들에게 접근하여 범죄행위의 증거 및 자료 등을 수집(이하 "신분비공개수사"라 한다)할 수 있다.
  1. 제11조 및 제15조의2의 죄
  2. 아동·청소년에 대한 「성폭력범죄의 처벌 등에 관한 특례법」 제14조 제2항 및 제3항의 죄
② 사법경찰관리는 디지털 성범죄를 계획 또는 실행하고 있거나 실행하였다고 의심할 만한 충분한 이유가 있고, 다른 방법으로는 그 범죄의 실행을 저지하거나 범인의 체포 또는 증거의 수집이 어려운 경우에 한정하여 수사 목적을 달성하기 위하여 부득이한 때에는 다음 각 호의 행위(이하 "신분위장수사"라 한다)를 할 수 있다.
  1. 신분을 위장하기 위한 문서, 도화 및 전자기록 등의 작성, 변경 또는 행사
  2. 위장 신분을 사용한 계약·거래
  3. 아동·청소년성착취물 또는 「성폭력범죄의처벌등에관한특례법」 제14조제2항의 촬영물 또는 복제물(복제물의 복제물을 포함한다)의 소지, 판매 또는 광고

제25조의3(아동·청소년대상 디지털 성범죄 수사 특례의 절차)
① 사법경찰관리가 신분비공개수사를 진행하고자 할 때에는 사전에 상급 경찰관서 수사부서

의 장의 승인을 받아야 한다. 이 경우 그 수사기간은 3개월을 초과할 수 없다.
③ 사법경찰관리는 신분위장수사를 하려는 경우에는 검사에게 신분위장수사에 대한 허가를 신청하고, 검사는 법원에 그 허가를 청구한다.
⑤ 법원은 제3항의 신청이 이유 있다고 인정하는 경우에는 신분위장수사를 허가하고, 이를 증명하는 서류(이하 "허가서"라 한다)를 신청인에게 발부한다.
⑦ 신분위장수사의 기간은 3개월을 초과할 수 없으며, 그 수사기간 중 수사의 목적이 달성되었을 경우에는 즉시 종료하여야 한다.
⑧ 제7항에도 불구하고 제25조의2 제2항의 요건이 존속하여 그 수사기간을 연장할 필요가 있는 경우에는 사법경찰관리는 소명자료를 첨부하여 3개월의 범위에서 수사기간의 연장을 검사에게 신청하고, 검사는 법원에 그 연장을 청구한다. 이 경우 신분위장수사의 총 기간은 1년을 초과할 수 없다.

제25조의4(아동·청소년대상 디지털 성범죄에 대한 긴급 신분위장수사)
① 사법경찰관리는 제25조의2 제2항의 요건을 구비하고, 제25조의3 제3항부터 제8항까지에 따른 절차를 거칠 수 없는 긴급을 요하는 때에는 법원의 허가 없이 신분위장수사를 할 수 있다.
② 사법경찰관리는 제1항에 따른 신분위장수사 개시 후 지체 없이 검사에게 허가를 신청하여야 하고, 사법경찰관리는 48시간 이내에 법원의 허가를 받지 못한 때에는 즉시 신분위장수사를 중지하여야 한다.
③ 제1항 및 제2항에 따른 신분위장수사 기간에 대해서는 제25조의3 제7항 및 제8항을 준용한다.

제25조의5(아동·청소년대상 디지털 성범죄에 대한 신분비공개수사 또는 신분위장수사로 수집한 증거 및 자료 등의 사용제한) 사법경찰관리가 제25조의2부터 제25조의4까지에 따라 수집한 증거 및 자료 등은 다음 각 호의 어느 하나에 해당하는 경우 외에는 사용할 수 없다.
  1. 신분비공개수사 또는 신분위장수사의 목적이 된 디지털 성범죄나 이와 관련되는 범죄를 수사·소추하거나 그 범죄를 예방하기 위하여 사용하는 경우
  2. 신분비공개수사 또는 신분위장수사의 목적이 된 디지털 성범죄나 이와 관련되는 범죄로 인한 징계절차에 사용하는 경우
  3. 증거 및 자료 수집의 대상자가 제기하는 손해배상청구소송에서 사용하는 경우
  4. 그 밖에 다른 법률의 규정에 의하여 사용하는 경우

Chapter 012 수사기관, 수사의 개시와 단서

1 수사기관

(1) 일반사법경찰관리

경무관, 총경, 경정, 경감, 경위는 사법경찰관으로서 범죄의 혐의가 있다고 사료하는 때에는 범인, 범죄사실과 증거를 수사한다(제197조 제1항).

(2) 특별사법경찰관리

① 삼림, 해사, 전매, 세무, 군수사기관, 그 밖에 특별한 사항에 관하여 사법경찰관리의 직무를 행할 특별사법경찰관리와 그 직무의 범위는 법률로 정한다(제245조의10 제1항).
② 특별사법경찰관은 모든 수사에 관하여 검사의 지휘를 받는다(동조 제2항).

(3) 검사

① 검사는 범죄의 혐의가 있다고 사료하는 때에는 범인, 범죄사실과 증거를 수사한다(제196조 제1항). ② 검사는 사법경찰관으로부터 송치받은 사건에 관하여는 해당 사건과 동일성을 해치지 아니하는 범위 내에서 수사할 수 있다(동조 제2항).

(4) 고위공직자범죄수사처

고위공직자범죄수사처는 고위공직자로 재직 중에 본인 또는 본인의 가족이 범한 고위공직자범죄 및 관련범죄에 관한 수사를 한다(공수처법 제3조 제1항 제1호).

2 수사의 개시와 단서

(1) 의의

① 수사는 수사기관의 주관적 혐의에 의하여 개시되는데 수사개시의 원인을 수사의 단서라고 한다.
② 수사의 단서에는 수사기관 자신의 체험에 의한 경우와 타인의 체험의 청취에 의한 경우가 있다. 현행범인의 체포·변사자의 검시·불심검문·다른 사건 수사 중의 혐의발견 등이 전자에 속하며, 후자에는 고소·고발·자수·진정·범죄신고 등이 포함된다.

(2) 수사의 개시와 단서 관련 판례 정리

① 사법경찰관이 범죄를 인지하는 경우에는 범죄인지보고서를 작성하는 절차를 거치도록 되어 있으므로 특별한 사정이 없는 한 수사기관이 그와 같은 절차를 거친 때에 범죄 인지가 된 것으로 볼 수 있겠으나, 사법경찰관이 그와 같은 절차를 거치기 전에 범죄의 혐의가 있

다고 보아 수사에 착수하는 행위를 한 때에는 이때에 범죄를 인지한 것으로 보아야 하고 그 뒤 범죄인지보고서를 작성한 때에 비로소 범죄를 인지하였다고 볼 것은 아니다(대판 2008도12127). 표준판례
② 그 수사가 장차 인지의 가능성이 전혀 없는 상태하에서 행해졌다는 등의 특별한 사정이 없는 한, 인지절차가 이루어지기 전에 수사를 하였다는 이유만으로 그 수사가 위법하다고 볼 수는 없고, 따라서 그 수사과정에서 작성된 피의자신문조서나 진술조서 등의 증거능력도 이를 부인할 수 없다(대판 2000도2968). 표준판례 [24·22모선]
③ 피의자의 지위는 수사기관이 범죄인지서를 작성하는 등 형식적인 사건수리 절차를 밟기 전이라도 조사대상자에 대하여 범죄의 혐의가 있다고 보아 실질적으로 수사를 개시하는 행위를 한 때에 인정된다(대판 2016다266736).[22모선]
- 범죄인지서 작성하지 않은 상태에서 작성된 피의자신문조서의 증거능력 인정 가능 [25변선]

Chapter 013 고소

I 일반론

1 의의

① 고소는 범죄의 피해자 기타 고소권자가 수사기관에 대하여 범죄사실을 신고하여 범인의 소추를 구하는 의사표시를 말하는 것으로서, 단순한 피해사실의 신고는 소추·처벌을 구하는 의사표시가 아니므로 고소가 아니다.
② 형법상 친고죄에는 사자명예훼손죄(형법 제308조), 모욕죄(형법 제311조), 비밀침해죄(형법 제316조), 업무상비밀누설죄(형법 제317조) 등이 있다.

2 고소의 방법

① 친고죄에서 고소는, 고소권 있는 자가 수사기관에 대하여 범죄사실을 신고하고 범인의 처벌을 구하는 의사표시로서 서면뿐만 아니라 구술로도 할 수 있고, 다만 구술에 의한 고소를 받은 검사 또는 사법경찰관은 조서를 작성하여야 하지만 그 조서가 독립된 조서일 필요는 없으며, 수사기관이 고소권자를 증인 또는 피해자로서 신문한 경우에 그 진술에 범인의 처벌을 요구하는 의사표시가 포함되어 있고 그 의사표시가 조서에 기재되면 고소는 적법

하다(대판 2011도4451). 표준판례 [24 · 22모선]

② 고소는 범죄의 피해자등이 수사기관에 대하여 범죄사실을 신고하여 범인의 소추처벌을 구하는 의사표시이므로 그 범죄사실 등이 구체적으로 특정되어야 할 것이나, 그 특정의 정도는 고소인의 의사가 수사기관에 대하여 일정한 범죄사실을 지정신고하여 범인의 소추처벌을 구하는 의사표시가 있었다고 볼 수 있을 정도면 그것으로 충분하고, 범인의 성명이 불명이거나 또는 오기가 있었다거나 범행의 일시 · 장소 · 방법 등이 명확하지 않거나 틀리는 것이 있다고 하더라도 그 효력에는 아무 영향이 없다(대판 84도1704).[23변시]

③ 형사소송법 제236조의 대리인에 의한 고소의 경우, 대리권이 정당한 고소권자에 의하여 수여되었음이 실질적으로 증명되면 충분하고, 그 방식에 특별한 제한은 없으므로, 고소를 할 때 반드시 위임장을 제출한다거나 '대리'라는 표시를 하여야 하는 것은 아니고, 또 고소기간은 대리고소인이 아니라 정당한 고소권자를 기준으로 고소권자가 범인을 알게 된 날부터 기산한다(대판 2001도3081).[23 · 22모선]

④ 또한, 피해자가 고소장을 제출하여 처벌을 희망하는 의사를 분명히 표시한 후 고소를 취소한 바 없다면 비록 고소 전에 피해자가 처벌을 원치 않았다 하더라도 그 후에 한 피해자의 고소는 유효하다(대판 2007도4977). 표준판례 [24모선]

⑤ 피해자가 경찰청 인터넷 홈페이지를 통해 이 사건 신고민원을 접수한 것은 형사소송법에 따른 적법한 고소가 아니라고 판단하여 이 사건 공소제기의 절차가 법률의 규정에 위반하여 무효인 때에 해당한다고 보아 이 사건 공소사실에 대하여 공소기각을 선고한 것은 정당하다(대판 2010도9524).[23모선]

3 고소기간

① 제230조에서 "친고죄에 대하여는 범인을 알게 된 날로부터 6월을 경과하면 고소하지 못한다"라고 규정하고 있는바, 여기서 범인을 알게 된다 함은 범죄사실과 범인을 아는 것을 의미하고, 범죄사실을 안다는 것은 고소권자가 친고죄에 해당하는 범죄의 피해가 있었다는 사실관계에 관하여 확정적인 인식이 있음을 말한다(대판 2001도3106). 표준판례 [24모선]

② [1] 제230조 제1항에서 말하는 '범인을 알게 된 날'이란 범죄행위가 종료된 후에 범인을 알게 된 날을 가리키는 것으로서, 고소권자가 범죄행위가 계속되는 도중에 범인을 알았다 하여도, 그 날부터 곧바로 위 조항에서 정한 친고죄의 고소기간이 진행된다고는 볼 수 없고, 이러한 경우 고소기간은 범죄행위가 종료된 때부터 계산하여야 하며,
[2] 동종행위의 반복이 당연히 예상되는 영업범 등 포괄일죄의 경우에는 최후의 범죄행위가 종료한 때에 전체 범죄행위가 종료된 것으로 보아야 한다(대판 2004도5014).

③ 법정대리인의 고소기간은 법정대리인 자신이 범인을 알게 된 날로부터 진행한다(대판 87도857).

④ 대리고소인의 고소기간은 정당한 고소권자를 기준으로 한다(대판 2001도3081).

⑤ 범행 당시 고소능력이 없었다가 후에 고소능력이 생긴 피해자의 고소기간은 고소능력이 생긴 때로부터 기산되어야 한다(대판 95도696). 표준판례

Ⅱ 고소권자 관련

1 고소권자

① 범죄로 인한 피해자는 고소할 수 있다(제223조).
② 피해자의 법정대리인은 독립하여 고소할 수 있다(제225조 제1항). 피해자가 사망한 때에는 그 배우자, 직계친족 또는 형제자매는 고소할 수 있다. 단, 피해자의 명시한 의사에 반하지 못한다(동조 제2항).
③ 법원이 선임한 부재자 재산관리인이 그 관리대상인 부재자의 재산에 대한 범죄행위에 관하여 법원으로부터 고소권 행사에 관한 허가를 얻은 경우 부재자 재산관리인은 법정대리인으로서 적법한 고소권자에 해당한다고 보아야 한다(대판 2021도2488).[24·23변선, 24모선]

2 고소능력

고소능력은 피해를 입은 사실을 이해하고 고소에 따른 사회생활상의 이해관계를 알아차릴 수 있는 사실상의 의사능력으로 충분하므로, 민법상 행위능력이 없는 사람이라도 위와 같은 능력을 갖추었다면 고소능력이 인정된다(대판 2011도4451).[23변선]

3 법정대리인의 고소권의 법적 성질

(1) 문제점

'피해자의 법정대리인은 독립하여 고소할 수 있다(제225조 제1항)'는 의미와 관련하여 법정대리인의 고소권의 법적성질이 문제된다.

(2) 학설
① **고유권설** : 법정대리인의 고소권은 무능력자를 보호하기 위해 법정대리인에게 특별히 주어진 고유권이라는 견해이다.
② **독립대리권설** : 피해자의 고소권은 원래 일신전속적 권리이므로 법정대리인의 고소권은 피해자의 고소권의 존재 여부에 좌우되어 피해자의 고소권이 소멸되면 법정대리인의 고소권도 소멸되고, 피해자는 법정대리인의 고소를 취소할 수 있다는 견해이다.

(3) 판례(고유권설)

법정대리인의 고소권은 무능력자의 보호를 위하여 법정대리인에게 주어진 고유권이므로, 법정대리인은 피해자의 고소권 소멸 여부에 관계없이 고소할 수 있고, 이러한 고소권은 피해자의 명시한 의사에 반하여도 행사할 수 있다(대판 99도3784). 표준판례 [23변선]

(4) 검토

무능력자 보호의 취지에서 판례의 입장이 타당하다.

Ⅲ 친고죄의 고소 전 수사 [25변사, 24·18·17모사]

1 문제점

수사의 필요성과 관련하여 친고죄의 고소가 없는 경우에도 수사를 개시할 수 있는지 문제된다.

2 학설

① **전면적 부정설** : 친고죄에 있어서 고소가 없으면 공소를 제기할 수 없으므로 강제수사는 물론 임의수사도 할 수 없다는 견해이다.

② **전면적 허용설** : 친고죄의 고소는 소송조건일 뿐 수사의 조건은 아니므로 임의수사는 물론 강제수사도 허용된다는 견해이다.

③ **제한적 허용설** : 고소의 가능성이 있으면 허용되지만, 고소의 가능성이 없으면 허용되지 않거나 제한되어야 한다는 견해이다.

3 판례(제한적 허용설, 원칙적 허용설)

법률에 의하여 고소나 고발이 있어야 논할 수 있는 범죄에 있어서 고소 또는 고발은 소추조건에 불과하고 범죄의 성립요건이나 수사의 조건이 아니므로, 위와 같은 범죄에 관하여 고소나 고발의 가능성이 없는 상태 하에서 행해졌다는 등의 특단의 사정이 없는 한 고소나 고발이 있기 전에 수사를 하였다고 하더라도 그 수사가 위법하게 되는 것이 아니다(대판 2008도7724).
표준판례 [22모선]

4 검토

고소 전 수사의 필요성과 친고죄의 입법 취지를 고려할 때 제한적 허용설이 타당하고, 고소의 가능성이 없는 때란 고소기간이 경과하거나 고소권자가 고소를 취소한 때 등을 의미한다.

Ⅳ 고소불가분의 원칙 [15변사]

1 의의

(1) 주관적 불가분의 원칙

친고죄의 공범 중 그 1인 또는 수인에 대한 고소 또는 그 취소는 다른 공범자에 대하여도 효력이 있다(제233조).

(2) 객관적 불가분의 원칙

① 하나의 범죄사실의 일부분에 대한 고소 또는 그 취소는 그 범죄사실 전부에 대하여 효력이

발생한다는 원칙을 의미한다.[23변선]

② 범행기간을 특정하고 있는 고소에 있어서는 그 기간 중의 어느 특정범죄에 대하여 범인의 처벌을 원치 않는 고소인의 의사가 있다고 볼 만한 특별한 사정이 없는 이상 그 고소는 특정한 기간 중에 저지른 모든 범죄에 대하여 범인의 처벌을 구하는 의사표시라고 봄이 상당하다(대판 87도11114). 표준판례

(3) 절대적 친고죄와 상대적 친고죄

① **절대적 친고죄**

공범자 중 한명에 대해서만 고소해도 전부 고소되는 것이고, 한명에 대해서만 고소취소 해도 전부에 대해 고소취소의 효과가 발생한다.

고소불가분의 원칙상 공범 중 일부에 대하여만 처벌을 구하고 나머지에 대하여는 처벌을 원하지 않는 내용의 고소는 적법한 고소라고 할 수 없고, 공범 중 1인에 대한 고소취소는 고소인의 의사와 상관없이 다른 공범에 대하여도 효력이 있다(대판 2008도7462). 표준판례

② **상대적 친고죄** [22변사]

상대적 친고죄는 친족상도례와 같이 범인과 피해자 사이에 일정한 신분관계에 의해서 친고죄로 되는 경우이므로 비신분자에 대한 고소가 신분자에게 효력이 미치지 않으며, 신분자에 대한 고소취소도 비신분자에게 미치지 않는다(대판 64도481).

2 친고죄에서 공범에 대한 제1심 판결선고 후의 고소취소 가부

(1) 문제점

고소 후에 공범자 1인에 대하여 제1심 판결이 선고되어 고소를 취소할 수 없게 되었을 때에 아직 제1심 판결이 선고되기 전의 다른 공범자에 대하여 고소를 취소할 수 있는지 문제된다.

(2) 학설

① 적극설 : 피해자의 의사를 존중하여 이를 취소할 수 있지만, 제1심 판결 선고를 받은 자에게는 취소의 효력이 미치지 않는다는 견해이다.

② 소극설 : 주관적 불가분의 원칙에 반하므로 고소를 취소할 수 없고 취소가 있어도 효력이 없다는 견해이다.

(3) 판례(소극설)

친고죄의 공범 중 그 일부에 대하여 제1심 판결이 선고된 후에는 제1심 판결 선고 전의 다른 공범자에 대하여는 그 고소를 취소할 수 없고, 그 고소의 취소가 있다 하더라도 그 효력이 발생할 수 없다(대판 85도1940). 표준판례 [22변선, 22모선]

(4) 검토

이를 인정할 경우 고소권자의 자의에 의한 불공평한 결과를 초래한다는 점에 비추어 소극설이 타당하다.

3 반의사불벌죄에서 주관적 불가분의 원칙이 준용되는지 여부 [16변사, 22·17모사]

(1) 문제점

반의사불벌죄에서는 고소취소의 시한과 재고소금지 규정을 준용하고 있을 뿐(제232조 제3항), 고소불가분의 원칙에 대하여는 준용하는 규정이 없어 준용여부가 문제된다.

(2) 학설

① 준용긍정설 : 피해자의 자의에 의한 국가형벌권 행사의 불공평을 방지하기 위하여 준용해야 한다는 견해이다.

② 준용부정설 : 주관적 불가분의 원칙을 준용하는 규정이 없다는 점을 논거로 준용될 수 없다는 견해이다.

(3) 판례(준용부정설)

제233조에서 고소와 고소취소의 불가분에 관한 규정을 함에 있어서는 반의사불벌죄에 이를 준용하는 규정을 두지 아니한 것은 처벌을 희망하지 아니하는 의사표시나 처벌을 희망하는 의사표시의 철회에 관하여 친고죄와는 달리 공범자간에 불가분의 원칙을 적용하지 아니하고자 함에 있다고 볼 것이지, 입법의 불비로 볼 것은 아니다(대판 93도1689).[23모선] 표준판례

(4) 검토

주관적 불가분원칙의 적용여부는 입법정책의 문제인 바, 명문의 준용규정을 두고 있지 않은 현행법상 준용부정설이 타당하다.

(5) 구별 판례(구 근로기준법상 처벌불원의사표시의 효력)

근로자가 상위 수급인의 처벌을 희망하지 아니하거나 처벌을 희망하는 의사를 철회하는 의사표시를 하는 경우에는, 근로자가 그러한 의사표시에서 하수급인이나 직상 수급인을 명시적으로 제외하고 있는지 등의 여러 사정을 참작하여 여기에 하수급인 또는 그 직상 수급인의 처벌을 희망하지 아니하는 의사표시도 포함되어 있는지를 살펴보아야 하고, 하수급인과 직상 수급인을 배제한 채 오로지 상위 수급인에 대하여만 처벌을 희망하지 아니하는 의사표시를 하였다고 쉽게 단정하여서는 안 된다(대판 2018도2720).

4 친고죄의 경우 양벌규정에 의하여 처벌받는 자에 대한 별도 고소 불요 [17모사]

(1) 문제점

양벌규정이 친고죄인 경우에 행위자뿐만 아니라 양벌규정에 의하여 처벌받는 자에게도 별도의 고소가 필요한지 문제된다.

(2) 판례

고소인은 범죄사실을 특정하여 신고하면 족하고 범인이 누구인지 나아가 범인 중 처벌을 구하는 자가 누구인지를 적시할 필요도 없는바, 친고죄의 경우에 있어서도 행위자의 범죄에 대한

고소가 있으면 족하고, 나아가 양벌규정에 의하여 처벌받는 자에 대하여 별도의 고소를 요한다고 할 수는 없다(대판 94도2423).[22모선]

(3) 검토

생각건대 양벌규정은 당해 위법행위와 별개의 범죄를 규정한 것이라고 할 수는 없으므로 판례와 같이 행위자에 대한 고소의 효력은 법인에도 미친다고 할 것이다.

V 고소의 취소 및 포기, 추완

1 고소의 취소(제232조)

① 제1심판결 선고 전까지 취소 가능
② 고소취소 후 재고소 금지
③ 반의사불벌죄에도 준용

2 항소심에 이르러 친고죄(반의사불벌죄)로 변경된 경우 고소취소 가부 [18변사, 19모사]

(1) 문제점

항소심에서 공소장변경으로 비친고죄가 친고죄로 변경된 경우 항소심에서 고소취소의 효력이 있는지 문제된다.

(2) 학설

① 유효설 : 친고죄의 범죄사실은 제1심에서 현실적 심판대상이 되지 않았으므로 친고죄에 대한 제1심 판결은 없었다고 보아 고소취소를 인정하여 공소기각판결을 선고해야 한다는 견해이다.
② 무효설 : 명문규정상 고소의 취소 시기는 제1심판결 선고 전까지이므로 항소심에서의 고소취소는 불가하고 실체판결을 해야 한다는 견해이다.

(3) 판례

항소심에서 공소장의 변경에 의하여 또는 공소장변경절차를 거치지 아니하고 법원 직권에 의하여 친고죄가 아닌 범죄를 친고죄로 인정하였더라도 항소심을 제1심이라 할 수는 없는 것이므로, 항소심에 이르러 비로소 고소인이 고소를 취소하였다면 이는 친고죄에 대한 고소취소로서의 효력은 없다(대판 96도1922). 표준판례

(4) 검토

고소취소 시한을 획일적으로 제한하는 취지상 부정설이 타당하다.

(5) 반의사불벌죄에서도 동일

① 비록 항소심에 이르러 비로소 반의사불벌죄가 아닌 죄에서 반의사불벌죄로 공소장변경이 있었다 하여(상해죄에서 예비적으로 폭행죄 공소장변경) 항소심인 제2심을 제1심으로 볼 수는 없다. 따라서 항소심에서 처벌을 희망하지 아니하는 피해자의 의사표시는 효력이 발생하지 않는다(대판 85도2518).[25변선]

② 피고인이 제1심 법원에 소송촉진법 제23조의2에 따른 재심을 청구하는 대신 항소권회복청구를 함으로써 항소심 재판을 받게 되었다면 항소심을 제1심이라고 할 수 없는 이상 항소심 절차에서는 처벌을 희망하는 의사표시를 철회할 수 없다(대판 2016도9470).

3 미성년자의 고소에 대한 법정대리인의 취소 [22모사]

① 고소를 취소할 수 있는 자는 원칙적으로 고소를 한 자이고, 고소권자는 고소 또는 그 취소를 대리인으로 하여금 하게 할 수 있다(제236조).

② [1] 반의사불벌죄에 있어서 피해자가 처벌을 희망하지 아니하는 의사표시나 처벌을 희망하는 의사표시의 철회를 하였다고 인정하기 위해서는 피해자의 진실한 의사가 명백하고 믿을 수 있는 방법으로 표현되어야 하는바,

 [2] 피해자가 나이 어린 미성년자인 경우 그 법정대리인이 피고인 등에 대하여 밝힌 처벌불원의 의사표시에 피해자 본인의 의사가 포함되어 있는지는 대상 사건의 유형 및 내용, 피해자의 나이, 합의의 실질적인 주체 및 내용, 합의 전후의 정황, 법정대리인 및 피해자의 태도 등을 종합적으로 고려하여 판단하여야 할 것이다(대판 2009도5658).

③ [1] 당시 피해자는 11세 남짓한 초등학교 6학년생으로서 피해입은 사실을 이해하고 고소에 따른 사회생활상의 이해관계를 알아차릴 수 있는 사실상의 의사능력이 있었던 것으로 보이므로, 고소능력 있는 피해자 본인이 고소를 하였다고 보아야 하며,[23변선]

 [2] 피고인 제출의 합의서에 피해자 성명이 기재되어 있으나 피해자의 날인은 없고, 피해자의 법정대리인인 부(父)의 무인 및 인감증명서가 첨부되어 있을 뿐이어서 피해자 본인의 고소 취소의 의사표시가 여기에 당연히 포함되어 있다고 볼 수 없으므로, 설령 피해자 법정대리인의 고소는 취소되었다고 하더라도 본인의 고소가 취소되지 아니한 이상 친고죄의 공소제기 요건은 여전히 충족된다(대판 2011도4451).

4 고소권의 포기 인정 여부

(1) 문제점

고소취소는 명문의 규정에 의해 인정되지만 고소의 포기는 명문의 규정이 없으므로 고소의 포기 인정여부가 문제된다.

(2) 학설

① 소극설 : 고소권은 공법상 권리이므로 사적 처분을 허용할 수 없다는 견해이다.

② 적극설 : 고소의 취소를 인정하는 이상 포기를 인정해야 하고, 친고죄 수사를 신속히 종결시킬 수 있다는 점을 이유로 허용하는 견해이다.

(3) 판례(소극설)

친고죄에 있어서의 피해자의 고소권은 공법상의 권리라 할 것이므로 법이 특히 명문으로 인정하는 경우를 제외하고는 자유처분을 할 수 없고 따라서 일단 한 고소는 취소할 수 있으나 고소 전에 고소권을 포기할 수 없다(대판 67도471).[22변선, 23모선]

(4) 검토

고소권의 포기를 강요할 위험성을 고려할 때 소극설이 타당하다.

5 고소(고발)의 추완 [25변사]

(1) 문제점

친고죄에 있어서 고소가 없음에도 불구하고 공소를 제기한 후에 비로소 고소가 있는 경우에 공소가 적법하게 될 수 있는지 문제된다.

(2) 학설

① 적극설 : 소송경제와 절차유지를 이유로 추완을 인정해야 한다는 견해이다.

② 소극설 : 친고죄의 고소는 공소제기의 적법·유효 요건임을 근거로 추완을 부정하는 견해이다.

③ 절충설 : 공소제기시 친고죄임에도 불구하고 고소가 없는 경우에는 부정하나, 비친고죄로 공소제기된 사건이 심리결과 친고죄로 판명되거나 친고죄가 추가된 때에는 인정하는 견해이다.

(3) 판례(소극설)

① 종래 친고죄이던 강간죄와 관련 판례는 '강간죄는 친고죄로서 피해자의 고소가 있어야 죄를 논할 수 있고, 기소 이후의 고소의 추완은 허용되지 아니한다 할 것이며, 이는 비친고죄인 강간치사죄로 기소되었다가 친고죄인 강간죄로 공소장이 변경된 경우에도 동일하다.'라고 판시하였다(대판 82도1504).

② 세무공무원의 고발 없이 조세범칙사건의 공소가 제기된 후에 세무공무원이 고발한 경우에도 고발의 추완을 부정하였다(대판 70도942).

(4) 검토

피고인을 당해 절차로부터 해방시키는 것이 소송경제보다 중요하므로 소극설이 타당한바, 법원은 공소기각판결을 선고해야 한다.

6 고소의 취소, 포기 관련 지문 및 판례 정리

① **[1] 고소취소는 공소제기 전에는 수사기관에, 공소제기 후에는 수소법원에 제출**
고소취소는 서면 또는 구술로 검사, 사법경찰관에게 하여야 하므로, 모욕죄의 고소인이 합의서를 피고인에게 작성해준 것만으로는 고소가 적법하게 취소된 것이 아니다(83도516).[23모선]
[2] 고소의 취소나 처벌을 희망하는 의사표시의 철회는 공소제기 전에는 수사기관에, 공소제기 후에는 수소법원에 대하여 이루어져야 한다(대판 2011도17264).[23변선, 22모선]

② **파기환송에 따른 제1심에서의 고소취소 인정**
피고인의 간통 공소사실에 대한 배우자의 고소가 효력이 없다는 이유로 공소를 기각한 제1심판결에 대하여 항소심 절차가 진행되던 중 고소인이 고소를 취소하였는데, 상소심에서 제1심 공소기각판결을 파기하고 사건을 제1심법원에 환송함에 따라 다시 제1심 절차가 진행된 경우, 종전의 제1심판결은 이미 파기되어 효력을 상실하였으므로 환송 후의 제1심판결 선고 전에는 고소취소의 제한사유가 되는 제1심판결 선고가 없는 경우에 해당한다. 따라서 환송 후의 제1심판결 선고 전에 고소가 취소되면 형사소송법 제327조 제5호에 의하여 판결로써 공소를 기각하여야 한다(대판 2009도9112). `표준판례`

③ 관련 민사사건에서 '이 사건과 관련하여 서로 상대방에 대하여 제기한 형사 고소 사건 일체를 모두 취하한다'는 내용이 포함된 조정이 성립된 것만으로는 고소취소나 처벌불원의 의사표시를 한 것으로 보기 어렵다(대판 2003도8136).[23모선]

④ 고소권자가 서면 또는 구술로써 수사기관 또는 법원에 고소를 취소하는 의사표시를 하였다고 보여지는 이상 그 고소는 적법하게 취소되었다고 할 것이고, 그 후 고소취소를 철회하는 의사표시를 다시 하였다고 하여도 그것은 효력이 없다(대판 2009도6779).

VI 반의사불벌죄 관련 지문 및 판례 정리

① **성년후견인은 반의사불벌죄에서 피해자를 대신한 처벌불원의사표시 불가**
[1] 반의사불벌죄의 처벌불원의사는 원칙적으로 대리가 허용되지 않는다고 보아야 한다.
[2] 반의사불벌죄에서 성년후견인은 명문의 규정이 없는 한 의사무능력자인 피해자를 대리하여 피고인 또는 피의자에 대하여 처벌을 희망하지 않는다는 의사를 결정하거나 처벌을 희망하는 의사표시를 철회하는 행위를 할 수 없다. 이는 성년후견인의 법정대리권 범위에 통상적인 소송행위가 포함되어 있거나 성년후견개시심판에서 정하는 바에 따라 성년후견인이 소송행위를 할 때 가정법원의 허가를 얻었더라도 마찬가지이다.[25변선]
[3] 피해자의 처벌불원의사는 입법적 근거 없이 타인의 의사표시에 의하여 대체될 수 있는 성질의 것이 아니므로, 일신전속적인 특성을 가진다.

[4] 형사소송법은 친고죄의 고소 및 고소취소와 반의사불벌죄의 처벌불원의사를 달리 규정하였으므로, 반의사불벌죄의 처벌불원의사는 친고죄의 고소 또는 고소취소와 동일하게 취급할 수 없다.

[5] 피고인이 자전거를 운행하던 중 전방주시의무를 게을리하여 보행자인 피해자 甲을 들이받아 중상해를 입게 하였다는 교특법위반(치상)의 공소사실로 기소되었고, 위 사고로 의식불명이 된 甲에 대하여 성년후견이 개시되어 성년후견인으로 甲의 법률상 배우자 乙이 선임되었는데, 乙이 피고인측으로부터 합의금을 수령한 후 제1심 판결선고 전에 甲을 대리하여 처벌불원의사를 표시한 사안에서, 위 특례법 제3조 제2항에서 차의 운전자가 교통사고로 인하여 범한 업무상과실치상죄는 '피해자의 명시적인 의사'에 반하여 공소를 제기할 수 없도록 규정하여 문언상 그 처벌 여부가 '피해자'의 '명시적'인 의사에 달려 있음이 명백하므로, 乙이 甲을 대신하여 처벌불원의사를 형성하거나 결정할 수 있다고 해석하는 것은 법의 문언에 반한다고 한 사례

② 처벌불원의 의사표시는 의사능력이 있는 피해자가 단독으로 할 수 있는 것이고, 피해자가 사망한 후 그 상속인이 피해자를 대신하여 처벌불원의 의사표시를 할 수는 없다(대판 2010도2680).

③ **처벌불원 의사표시는 미성년자 단독으로 가능하고 법정대리인 동의 불요**

반의사불벌죄에 있어서 피해자의 피고인 또는 피의자에 대한 처벌을 희망하지 않는다는 의사표시 또는 처벌을 희망하는 의사표시의 철회는, 의사능력이 있는 피해자가 단독으로 이를 할 수 있고, 거기에 법정대리인의 동의가 있어야 한다거나 법정대리인에 의해 대리되어야만 한다고 볼 것은 아니다(대판 2009도6058).[22변선]

④ 반의사불벌죄의 피해자는 피의자나 피고인 및 그들의 변호인에게 자신을 대리하여 수사기관이나 법원에 자신의 처벌불원의사를 표시할 수 있는 권한을 수여할 수 있다(대판 2017도8989).

⑤ 피해자가 처벌을 희망하지 않는 의사표시나 처벌을 희망하는 의사표시의 철회를 하였다고 인정하기 위해서는 피해자의 진실한 의사가 명백하고 믿을 수 있는 방법으로 표현되어야 한다(대판 2021도10010). [24모기]

⑥ 처벌을 희망하지 않는 의사표시의 부존재는 소극적 소송조건으로서 직권조사사항에 해당하므로 당사자가 항소이유로 주장하지 않았더라도 법원은 이를 직권으로 조사·판단해야 한다(대판 2021도10010).[22모선]

⑦ 반의사불벌죄에 있어서 피해자가 처벌을 희망하지 아니하는 의사표시나 처벌을 희망하는 의사표시는 공소제기 이후에도 제1심판결이 선고되기 전이라면 수사기관에도 할 수 있는 것이지만, 한번 명시적으로 표시된 이후에는 다시 처벌을 희망하지 아니하는 의사표시를 철회하거나 처벌을 희망하는 의사를 표시할 수 없다(대판 2007도3405).

⑧ [1] 만일 피고인이 책임을 질 수 없는 사유로 공판절차에 출석할 수 없었음을 이유로 소송촉진법 제23조의2에 따라 제1심 법원에 재심을 청구하여 재심개시결정이 내려졌다면 피해

자는 재심의 제1심 판결 선고 전까지 처벌을 희망하는 의사표시를 철회할 수 있다.

[2] 그러나 피고인이 제1심 법원에 소송촉진법 제23조의2에 따른 재심을 청구하는 대신 항소권회복청구를 함으로써 항소심 재판을 받게 되었다면 항소심을 제1심이라고 할 수 없는 이상 항소심 절차에서는 처벌을 희망하는 의사표시를 철회할 수 없다(대판 2016도9470).[22변선]

⑨ **부수법상 수표회수와 소지인의 처벌불원은 별개의 공소기각 사유**

[1] 부정수표단속법 제2조 제4항에서, 수표 발행 후 부도의 경우 등에서 반의사불벌죄를 정하고 있는바, '수표를 회수한 경우'와 '수표 소지인의 처벌불원'을 공소기각사유로 정하고 있다. 수표를 제1심 선고 후 회수하였더라도 그 회수는 효력이 없고, 처벌불원의 의사표시는 제1심까지 가능한 것으로 보아야 한다.

[2] 부정수표가 공범에 의하여 회수된 경우에 그 소추조건으로서의 효력은 회수 당시 소지인의 의사와 관계없이 다른 공범자에게도 당연히 미치는 것으로 보아야 할 것이고, 부정수표를 실제로 회수한 공범이 다른 공범자의 처벌을 원한다고 하여 달리 볼 것이 아니다(대판 99도900).

cf. 수표액면금 상당의 돈을 수표소지인 앞으로 변제공탁하여 수표소지인이 이를 수령했다고 하더라도 수표회수나 소지인의 처벌불원 등 어느 공소기각 사유에도 해당하지 않고 실체판결을 한다(대판 94도789).

Ⅶ 그 밖의 고소 관련 지문 및 판례 정리

① 개정 성폭력처벌법 시행일 이전에 저지른 친고죄인 성폭력범죄의 고소기간은 특례조항에 따라서 '범인을 알게 된 날부터 1년'이라고 보는 것이 타당하다(대판 2014도13504).

② 친고죄에서 처벌을 구하는 의사표시의 철회는 수사기관이나 법원에 대한 공법상의 의사표시로서 내심의 조건부 의사표시는 허용되지 않는다(대판 2007도425).

③ 고소 또는 고발에 의하여 공소를 제기한 사건에 관하여 피고인이 무죄 또는 면소의 판결을 받은 경우에 고소인 또는 고발인에게 고의 또는 중대한 과실이 있는 때에는 그 자에게 소송비용의 전부 또는 일부를 부담하게 할 수 있다(제188조).[23모선]

④ 모자관계는 호적에 입적되어 있는 여부와는 관계없이 자의 출생으로 법률상 당연히 생기는 것이므로 고소당시 이혼한 생모라도 피해자인 그의 자의 친권자로서 독립하여 고소할 수 있다(대판 87도1707).[22모선]

Chapter 014 고발

1 개관

(1) 의의

고발이란 고소권자와 범인 이외의 제3자가 수사기관에 대해 범죄사실을 신고하여 범인의 처벌을 구하는 의사표시를 말한다.

(2) 고발권자

누구든지 범죄가 있다고 사료하는 때에는 고발할 수 있다(제234조 제1항). 그러나 공무원은 그 직무를 행함에 있어 범죄가 있다고 사료하는 때에는 고발하여야 한다(동조 제2항).

(3) 즉고발사건(필요적 고발사건)

① 즉고발사건이란 법률에 의하여 관계기관의 고발이 소송조건으로 되어 있는 경우를 말한다. 대표적으로 관세법위반사건, 공정거래법위반사건, 조세범처벌법위반사건, 출입국관리법위반사건, 국회증언감정법에서의 위증죄 등이 있다.

② 고발은 원칙적으로 수사의 단서에 불과하나 즉고발사건에 있어서는 소송조건에 해당한다.

2 즉고발사건에 고소의 주관적 불가분원칙 유추적용 가부

(1) 문제점

즉고발사건에 고소의 주관적 불가분의 원칙이 적용되는지 문제된다.

(2) 학설

① 유추적용 긍정설 : 고발권 행사에 관한 재량권남용 방지의 필요성 및 공범간 처벌의 형평성에 비추어 유추적용된다는 견해이다.

② 유추적용 부정설 : 명문의 규정이 없고, 고발과 친고죄의 고소는 그 주체·취지 등이 다르므로 유추적용 할 수 없다는 견해이다.

(3) 판례 - 객관적 불가분의 원칙 긍정, 주관적 불가분의 원칙 부정

[1] 고발은 범죄사실에 대한 소추를 요구하는 의사표시로서 그 효력은 고발장에 기재된 범죄사실과 동일성이 인정되는 사실 모두에 미치므로, 조세범 처벌절차법에 따라 범칙사건에 대한 고발이 있는 경우 고발의 효력은 범칙사건에 관련된 범칙사실의 전부에 미치고 한 개의 범칙사실의 일부에 대한 고발은 전부에 대하여 효력이 생긴다(대판 2013도5650).
`표준판례` [24모선]

[2] 친고죄에 관한 고소의 주관적 불가분원칙을 규정하고 있는 제233조가 공정거래위원회의 고발에도 유추적용된다고 해석한다면 이는 공정거래위원회의 고발이 없는 행위자에 대해서까지 형사처벌의 범위를 확장하는 것으로서, 결국 피고인에게 불리하게 형벌법규의 문언을 유추해석한 경우에 해당하므로 죄형법정주의에 반하여 허용될 수 없다(대판 2008도4762).

[3] 고발에 있어서는 이른바 고소·고발 불가분의 원칙이 적용되지 아니하므로, 고발의 구비여부는 양벌규정에 의하여 처벌받는 자연인인 행위자와 법인에 대하여 개별적으로 논하여야 한다(대판 2004도4066).[22모선]

(4) 검토

고소의 주관적불가분의 원칙의 준용여부에 대한 명문의 규정이 없고, 유추적용 한다면 고발이 없는 행위자에 대해서까지 형사처벌의 범위를 확장하는 결과를 초래하므로 죄형법정주의에 반한다는 점에 비추어 유추적용부정설이 타당하다.

3 고발 관련 지문 및 판례 정리

① 조세범칙 사건에서 관계기관의 고발 후 통고처분은 무효

[1] 조세범처벌절차법 제15조 제1항에 따른 지방국세청장 또는 세무서장의 조세범칙사건에 대한 통고처분은 형사절차의 사전절차로서의 성격을 가진다.

[2] 지방국세청장 또는 세무서장이 조세범처벌절차법 제17조 제1항에 따라 통고처분을 거치지 아니하고 즉시 고발하였다면 이로써 조세범칙사건에 대한 조사 및 처분 절차는 종료되고 형사사건 절차로 이행되어 지방국세청장 또는 세무서장으로서는 동일한 조세범칙행위에 대하여 더 이상 통고처분을 할 권한이 없다.

[3] 따라서 지방국세청장 또는 세무서장이 조세범칙행위에 대하여 고발을 한 후에 동일한 조세범칙행위에 대하여 통고처분을 하였더라도, 이는 법적 권한 소멸 후에 이루어진 것으로서 특별한 사정이 없는 한 효력이 없고, 조세범칙행위자가 이러한 통고처분을 이행하였더라도 조세범 처벌절차법 제15조 제3항에서 정한 일사부재리의 원칙이 적용될 수 없다(대판 2014도10748).

② 세무공무원 등의 고발이 있어야 공소를 제기할 수 있는 조세범처벌법 위반죄에 대하여 일단 불기소처분이 있었더라도 세무공무원 등이 종전에 한 고발은 여전히 유효하다. 따라서 나중에 공소를 제기함에 있어 세무공무원 등의 새로운 고발이 있어야 하는 것은 아니다(대판 2009도6614). [표준판례]

③ 범칙사건에 대한 고발이 있는 경우 그 고발의 효과는 범칙사건에 관련된 범칙사실의 전부에 미치고 한 개의 범칙사실의 일부에 대한 고발은 그 전부에 대하여 효력이 생기므로, 동일한 부가가치세의 과세기간 내에 행하여진 조세포탈기간이나 포탈액수의 일부에 대한 조세포탈죄의 고발이 있는 경우 그 고발의 효력은 그 과세기간 내의 조세포탈기간 및 포탈액수 전부에 미친다(대판 2009도3282).

④ [1] 국회증언감정법 제14조 제1항 본문에서 정한 위증죄는 같은 법 제15조의 고발을 소추요건으로 한다고 봄이 타당하다.

[2] 제15조 제1항 본문에 따른 고발은 그 위원회가 고발에 관한 의결을 하여야 하므로 제15조 제1항 본문의 고발은 위원회가 존속하고 있을 것을 전제로 한다. 당해 사건 고발은 특별위원회 존속하지 않게 된 이후의 고발로서 공소기각 사유에 해당한다(대판 2017도14749).

⑤ 「조세범 처벌법」에 의한 고발은 고발장에 범칙사실의 기재가 없거나 특정이 되지 아니할 때에는 부적법하나, 반드시 공소장 기재요건과 동일한 범죄의 일시·장소를 표시하여 사건의 동일성을 특정할 수 있을 정도로 표시하여야 하는 것은 아니고, 「조세범처벌법」이 정하는 어떠한 태양의 범죄인지를 판명할 수 있을 정도의 사실을 일응 확정할 수 있을 정도로 표시하면 족하다(대판 2018도10973).

Chapter 015 불심검문 [24변사]

I 개관

1 의의

불심검문 또는 직무질문이란 경찰관이 행동이 수상한 사람을 발견한 때에 이를 정지시켜 질문하는 것을 말한다.

2 대상자(경직법 제3조 제1항)

① 수상한 행동이나 그 밖의 주위 사정을 합리적으로 판단하여 볼 때 어떠한 죄를 범하였거나 범하려 하고 있다고 의심할 만한 상당한 이유가 있는 사람
② 이미 행하여진 범죄나 행하여지려고 하는 범죄행위에 관한 사실을 안다고 인정되는 사람
③ 반드시 불심검문 대상자에게 형사소송법상 체포나 구속에 이를 정도의 혐의가 있을 것을 요한다고 할 수는 없다(대판 2011도13999). 표준판례

3 절차(경직법 제3조 제4항)

① 경찰관은 질문을 하거나 동행을 요구할 경우 자신의 신분을 표시하는 증표를 제시하면서

소속과 성명을 밝히고 질문이나 동행의 목적과 이유를 설명하여야 하며, 동행을 요구하는 경우에는 동행 장소를 밝혀야 한다.

② 경찰관이 신분증을 제시하지 않고 불심검문을 하였으나, 검문하는 사람이 경찰관이고 검문하는 이유가 범죄행위에 관한 것임을 피고인이 알고 있었던 경우, 신분증을 제시하지 않았다고 하여 그 불심검문이 위법한 공무집행이라고 할 수 없다(대판 2014도7976). 표준판례

4 불심검문에서 거동불심자를 정지시키기 위한 실력행사 가부 [24변시]

(1) 문제점

불심검문의 실효성을 확보하기 위해 어느 정도의 실력행사가 가능한지가 문제된다.

(2) 학설

① 제한적 허용설 : 사태의 긴급성, 질문의 필요성과 수단의 상당성 등을 고려하여 강제에 이르지 않는 정도의 유형력 행사는 허용된다는 견해이다.

② 예외적 허용설 : 원칙적으로 실력행사는 허용되지 않고 살인이나 강도 등 중범죄에 한해 예외적으로 강제에 이르지 않는 정도의 유형력 행사가 허용된다는 견해이다.

③ 설득행위설 : 상대방에게 번의를 구하는 것과 같은 수준에서 상대방의 의사를 제압하는 정도의 강제에 이르지 않는 물리력의 행사는 허용된다는 견해이다.

(3) 판례

경찰관은 경직법 제3조 제1항에 규정된 대상자에게 질문을 하기 위하여 범행의 경중, 범행과의 관련성, 상황의 긴박성, 혐의의 정도, 질문의 필요성 등에 비추어 목적 달성에 필요한 최소한의 범위 내에서 사회통념상 용인될 수 있는 상당한 방법으로 대상자를 정지시킬 수 있고 질문에 수반하여 흉기의 소지 여부도 조사할 수 있다(대판 2011도13999). 표준판례

(4) 검토

불심검문은 임의처분이어야 하므로 설득행위라고 인정되는 범위에서 제한적으로 실력행사가 가능할 것이다.

II 소지품 검사 허용 여부

1 일반소지품 검사의 허용여부

(1) 문제점

경직법 제3조 제3항은 소지품검사의 대상을 흉기소지의 조사만 규정하고 있기 때문에 흉기 이외의 일반 소지품에 대하여 소지품 검사가 허용되는지 문제된다.

(2) 학설

① (제한적) 긍정설 : 소지품검사도 불심검문의 안전을 확보하거나 질문의 실효성을 유지하기 위하여 허용될 수 있다는 견해이다.

② 부정설 : 법적근거가 없으며 수사에 있어서 요구되는 영장주의를 탈법적으로 회피할 수 있다는 점에서 허용되지 않는다는 견해이다.

(3) 검토

경직법이 흉기의 소지 여부에 대한 조사만을 허용하고 있는 것은 그 외 일반소지품의 조사에 대해서는 상대방의 동의가 있는 경우에 한해서 인정하는 것으로 해석해야 하므로 부정설이 타당하다.

2 소지품검사의 한계

(1) 외표검사

의복 또는 휴대품의 외부를 손으로 만져서 확인하는 것은 불심검문에 수반하는 행위로서 허용된다고 보아야 한다.

(2) 소지품의 개시요구와 내용조사

흉기 등을 소지하고 있다고 의심되는 때에는 경찰관 또는 제3자의 생명·신체에 대한 위험을 고려하여 폭력을 사용하지 않는 범위에서 소지품 내용조사가 허용된다고 볼 것이다.

Chapter 016 임의수사

I 의의

강제력을 행사하지 않고 상대방의 동의나 승낙을 받아서 행사는 수사를 임의수사라 한다. 수사는 원칙적으로 임의수사에 의하고 강제수사는 법률에 규정된 경우에 한하여 허용된다는 원칙을 임의수사의 원칙이라 한다.

Ⅱ 임의동행의 허용여부 및 적법성 인정요건 [19변시][21모기]

1 문제점

형사소송법은 수사의 방법으로 임의동행을 명시적으로 규정하고 있지 않아 제199조의 임의수사의 한 방법으로서 임의동행이 허용되는지가 문제된다.

2 학설

① 긍정설(임의수사설) : 출석요구방법에 제한이 없고, 승낙·동의가 있다는 점을 근거로 허용되어야 한다는 견해이다.
② 부정설(강제수사설) : 임의동행은 법률에 근거가 없는 강제수사이므로 허용될 수 없다는 견해이다.

3 판례

수사관이 수사과정에서 당사자의 동의를 받는 형식으로 피의자를 수사관서 등에 동행하는 것은, 수사관이 동행에 앞서 피의자에게 동행을 거부할 수 있음을 알려 주었거나 동행한 피의자가 언제든지 자유로이 동행과정에서 이탈 또는 동행장소로부터 퇴거할 수 있었음이 인정되는 등 오로지 피의자의 자발적인 의사에 의하여 수사관서 등에의 동행이 이루어졌음이 객관적인 사정에 의하여 명백하게 입증된 경우에 한하여, 그 적법성이 인정된다(대판 2005도6810).
`표준판례`

4 검토

진정한 동의에 의한 경우에는 강제수사라고 할 수 없으므로 임의수사의 일종으로서 허용된다고 보는 것이 타당하다.

Ⅲ 보호실 유치

경찰관직무집행법상 정신착란자, 주취자, 자살기도자 등 응급의 구호를 요하는 자를 24시간을 초과하지 아니하는 범위 내에서 경찰관서에 보호조치할 수 있는 시설로 제한적으로 운영되는 경우를 제외하고는 구속영장을 발부받음이 없이 피의자를 보호실에 유치함은 영장주의에 위배되는 위법한 구금이므로, 긴급구속절차를 밟음이 없이 영장집행을 위한 편의를 위해 보호실에 유치하는 것은 불법구금에 해당한다(대판 98다41377).

Ⅳ 임의수사 관련 지문 및 판례 정리

① **형소법 제199조 제1항에 따른 임의동행도 가능**
　피고인이 메트암페타민(일명 필로폰) 투약 혐의로 임의동행 형식으로 경찰서에 간 후 자신의 소변과 모발을 경찰관에게 제출하여 마약류관리법위반(향정)으로 기소된 사안에서, 경찰관은 당시 피고인의 정신 상태, 신체에 있는 주사바늘 자국 등을 근거로 피고인의 마약류 투약 혐의가 상당하다고 판단하여 경찰서로 임의동행을 요구하였고, 동행장소인 경찰서에서 피고인에게 마약류 투약 혐의를 밝힐 수 있는 소변과 모발의 임의제출을 요구하였으므로 피고인에 대한 임의동행은 마약류 투약 혐의에 대한 수사를 위한 것이어서 형사소송법 제199조 제1항에 따른 임의동행에 해당한다는 이유로, 피고인에 대한 임의동행은 경직법 제3조 제2항에 의한 것인데 같은 조 제6항(임의동행 6시간 제한. 편저자주)을 위반하여 불법구금 상태에서 제출된 피고인의 소변과 모발은 위법하게 수집된 증거라고 본 원심판단에는 임의동행에 관한 법리를 오해한 잘못이 있다(대판 2020도398).[23모선]

cf. 임의동행은 상대방의 동의 또는 승낙을 그 요건으로 하는 것이므로 경찰관으로부터 임의동행 요구를 받은 경우 상대방은 이를 거절할 수 있을 뿐만 아니라 임의동행 후 언제든지 경찰관서에서 퇴거할 자유가 있다 할 것이고, 경찰관직무집행법 제3조 제6항이 임의동행한 경우 당해인을 6시간을 초과하여 경찰관서에 머물게 할 수 없다고 규정하고 있다고 하여 그 규정이 임의동행한 자를 6시간 동안 경찰관서에 구금하는 것을 허용하는 것은 아니라고 할 것이다(대판 97도1240).

② 임의동행의 형식으로 수사기관에 연행된 피의자에게도 변호인 또는 변호인이 되려는 자와의 접견교통권은 당연히 인정된다고 보아야 할 것이고, 임의동행의 형식으로 연행된 피내사자의 경우에도 마찬가지라 할 것이다(대결 96모18).[22모선]

③ 근로감독관이 특별사법경찰관으로서 중대재해와 관련한 산업안전보건법 위반 내지 근로기준법 위반을 수사하는 경우에는 산업안전보건법, 근로기준법 등에 특별한 근거가 없는 이상, 그 수사절차는 형사소송법, 사법경찰직무법, 구 특별사법경찰관리 집무규칙에 따른 절차라고 보는 것이 타당하다(대판 2015도6326).

Chapter 017 거짓말탐지기

I 거짓말탐지기 검사 결과의 증거능력

1 문제점

거짓말탐지기 검사는 과학적 수사방법의 하나이나 기계적 성능의 신뢰도나 기본권 침해와 관련하여 증거능력을 인정할 수 있는지 견해의 대립이 있다.

2 판례

[1] 거짓말탐지기의 검사 결과에 대하여 사실적 관련성을 가진 증거로서 증거능력을 인정할 수 있으려면, 첫째로 거짓말을 하면 반드시 일정한 심리상태의 변동이 일어나고, 둘째로 그 심리상태의 변동은 반드시 일정한 생리적 반응을 일으키며, 셋째로 그 생리적 반응에 의하여 피검사자의 말이 거짓인지 아닌지가 정확히 판정될 수 있다는 세 가지 전제요건이 충족되어야 할 것이므로, 이상과 같은 요건이 충족되지 않는 한 거짓말탐지기 검사 결과에 대하여 형사소송법상 증거능력을 부여할 수는 없다(대판 2005도130). 표준판례

[2] 위와 같은 조건이 모두 충족되어 증거능력이 있는 경우에도 그 검사결과는 검사를 받는 사람의 진술의 신빙성을 가늠하는 정황증거로서의 기능을 하는데 그치는 것이다(대판 87도968).

[3] 거짓말탐지기 검사 결과가 항상 진실에 부합한다고 단정할 수 없을 뿐 아니라, 검사를 받는 사람의 진술의 신빙성을 가늠하는 정황증거로서 기능을 하는 데 그치므로, 그와 같은 검사결과만으로 범행 당시의 상황이나 범행 이후 정황에 부합하는 공소외 1 진술의 신빙성을 부정할 수 없다(대판 2016도15526).

3 검토

생각건대, 동의가 있는 경우에는 인격권 또는 진술거부권의 침해라고 볼 수 없으나, 그 기계적 정확성을 신뢰할 수 없으므로 자연적 관련성의 결여로 부정하는 견해가 타당하다.

Ⅱ 거짓말탐지기를 사용한 결과로 얻은 자백의 증거능력

1 문제점

거짓말탐지기에 의한 검사를 계기로 하여 얻은 자백에 대하여 증거능력을 인정할 것인지가 문제된다.

2 판례(긍정설)

거짓말탐지기 검사 결과에 따라 자백하겠다고 하여 그 결과에 따라 자백한 경우 위 자백의 약속이 검사의 강요나 위계에 의하여 이루어졌다던가 또는 불기소나 경한 죄의 소추 등 이익과 교환조건으로 된 것이라고 인정되지 아니하므로 위와 같은 자백의 약속 하에 된 자백을 곧 임의성이 없는 자백이라고 단정할 수는 없다(대판 83도712).

3 검토

검사결과에 승복하여 자백을 한 경우 그 자백을 임의성 없는 자백이라고 단정할 수는 없으므로 긍정설이 타당하다.

Ⅲ 거짓말탐지기 검사결과와 증거동의

1 문제점

거짓말탐지기의 검사결과가 증거동의의 대상이 될 수 있는지 문제되는데, 이는 증거동의의 본질과 관련된다.

2 학설

① 긍정설 : 증거동의의 본질에 관한 처분권설의 입장에서 거짓말탐지기 검사결과도 동의의 대상이라는 견해이다.
② 부정설 : 증거동의의 본질에 관한 반대신문권포기설의 입장에서 거짓말탐지기 검사결과는 반대신문의 결여로 증거능력이 부정되는 것이 아니라 신용성의 결여를 이유로 증거능력이 부정되므로 동의대상이 될 수 없다는 견해이다.

3 검토

처분권설에 의하여 모든 증거물이 동의의 대상이 된다고 하는 것은 증거에 대한 당사자처분권주의를 인정하는 결과가 된다는 점에서 볼 때 반대신문권포기설이 타당하다.
따라서 증거동의의 본질에 관한 반대신문권포기설에 의하면 증거동의의 대상이 될 수 없다는 부정설이 타당하다.

Chapter 018 피의자신문 및 참고인 조사 등

I 피의자신문 절차 관련

1 영상녹화

① 피의자의 진술은 영상녹화할 수 있다. 이 경우 미리 영상녹화사실을 알려주어야 하며, 조사의 개시부터 종료까지의 전 과정 및 객관적 정황을 영상녹화하여야 한다(제244조의2 제1항).
→ 피의자에게 미리 영상녹화한다는 사실을 알려주면 충분하고 피의자 또는 변호인의 동의는 요하지 않는다.[22변선]

② **기억환기를 위한 영상녹화물 재생**

피고인 또는 피고인이 아닌 자의 진술을 내용으로 하는 영상녹화물은 공판준비 또는 공판기일에 피고인 또는 피고인이 아닌 자가 진술함에 있어서 기억이 명백하지 아니한 사항에 관하여 기억을 환기시켜야 할 필요가 있다고 인정되는 때에 한하여 피고인 또는 피고인이 아닌 자에게 재생하여 시청하게 할 수 있다(제318조의2 제2항).[22변선]

영상녹화물의 재생은 검사의 신청이 있는 경우에 한하고, 기억의 환기가 필요한 피고인 또는 피고인 아닌 자에게만 이를 재생하여 시청하게 하여야 한다(규칙 제134조의5).

2 변호인 참여 및 신뢰관계자 동석

(1) 피의자신문시 변호인 참여

① 검사 또는 사법경찰관은 피의자 등의 신청에 따라 변호인을 피의자와 접견하게 하거나 정당한 사유가 없는 한 피의자에 대한 신문에 참여하게 하여야 한다(제243조의2 제1항).
② 신문에 참여하고자 하는 변호인이 2인 이상인 때에는 피의자가 신문에 참여할 변호인 1인을 지정한다. 지정이 없는 경우에는 검사 또는 사법경찰관이 이를 지정할 수 있다(동조 제2항).
③ 신문에 참여한 변호인은 신문 후 의견을 진술할 수 있다. 다만, 신문 중이라도 부당한 신문방법에 대하여 이의를 제기할 수 있고, 검사 또는 사법경찰관의 승인을 얻어 의견을 진술할 수 있다(동조 제3항).[25변선]
④ 위에 따른 변호인의 의견이 기재된 피의자신문조서는 변호인에게 열람하게 한 후 변호인으로 하여금 그 조서에 기명날인 또는 서명하게 하여야 한다(동조 제4항).

(2) 피의자신문시 변호인 참여 제한

제243조의2 제1항은 검사 또는 사법경찰관은 피의자 또는 변호인 등이 신청할 경우 정당한

사유가 없는 한 변호인을 피의자신문에 참여하게 하여야 한다고 규정하고 있다. 여기에서 '정당한 사유'란 변호인이 피의자신문을 방해하거나 수사기밀을 누설할 염려가 있음이 객관적으로 명백한 경우 등을 말한다(대결 2015모2357).

(3) 피의자신문에 있어서 신뢰관계자의 동석

① 검사 또는 사법경찰관은 피의자를 신문하는 경우 직권 또는 피의자·법정대리인의 신청에 따라 피의자와 신뢰관계에 있는 자를 동석하게 할 수 있도록 규정하고 있다(제163조의2 제1항).[23모선]

② 이를 허락하는 경우에도 동석한 사람으로 하여금 피의자를 대신하여 진술하도록 하여서는 안 된다.

③ 만약 동석한 사람이 피의자를 대신하여 진술한 부분이 조서에 기재되어 있다면 그 부분은 피의자의 진술을 기재한 것이 아니라 동석한 사람의 진술을 기재한 조서에 해당하므로, 그 사람에 대한 진술조서로서의 증거능력을 취득하기 위한 요건을 충족하지 못하는 한 이를 유죄 인정의 증거로 사용할 수 없다(대판 2009도1322). 표준판례

Ⅱ 구속영장에 의하여 피의자를 조사실로 구인할 수 있는지 여부 [20·16변시]

1 학설

① **수인의무 부정설** : 피의자신문은 임의수사이므로 출석을 강제할 수 없다는 견해이다.
② **수인의무 긍정설** : 피의자에게 진술거부권이 보장되어 있으므로 수인의무가 인정된다는 견해이다.

2 판례(긍정설)

구속영장 발부에 의하여 적법하게 구금된 피의자가 피의자신문을 위한 출석요구에 응하지 아니하면서 수사기관 조사실에 출석을 거부한다면 수사기관은 그 구속영장의 효력에 의하여 피의자를 조사실로 구인할 수 있다고 보아야 한다. 다만 이러한 경우에도 일체의 진술을 하지 아니하거나 개개의 질문에 대하여 진술을 거부할 수 있고, 수사기관은 피의자를 신문하기 전에 그와 같은 권리를 알려주어야 한다(대결 2013모160). 표준판례 [23·22모선]

3 검토

구속영장은 구금 뿐 아니라 구인의 강제도 포함한다고 해석하는 것이 타당하므로, 구속영장의 효력에 의해 피의자를 조사실로 구인할 수 있다고 보아야 한다.

III 참고인 조사

1 의의

검사 또는 사법경찰관은 수사에 필요한 때에는 피의자가 아닌 자의 출석을 요구하여 진술을 들을 수 있다(제221조).

2 수사과정의 기록

검사 또는 사법경찰관은 참고인이 조사장소에 도착한 시각, 조사를 시작하고 마친 시각, 그 밖에 조사과정의 진행경과를 확인하기 위하여 필요한 사항을 참고인 진술조서에 기록하거나 별도의 서면에 기록한 후 수사기록에 편철하여야 한다(제244조의4 제1항, 제3항).

3 영상녹화

① 참고인 조사의 경우 그의 동의를 받아 영상녹화할 수 있다(제221조). [24모사]

② 검사 또는 사법경찰관은 19세미만 피해자 등의 진술 내용과 조사 과정을 영상녹화장치로 녹화하고, 그 영상녹화물을 보존하여야 한다(성폭력처벌법 제30조 제1항).

③ 구「성폭력처벌법」제30조 제6항 위헌 선고

성폭력처벌법 제30조 제6항 중 '제1항에 따라 촬영한 영상물에 수록된 피해자의 진술은 공판준비기일 또는 공판기일에 조사 과정에 동석하였던 신뢰관계에 있는 사람 또는 진술조력인의 진술에 의하여 그 성립의 진정함이 인정된 경우에 증거로 할 수 있다' 부분 가운데 19세 미만 성폭력범죄 피해자에 관한 부분은 헌법에 위반된다(헌재 2018헌바524).

④ 구「성폭력처벌법」제30조 제6항 위헌결정 관련사건

피고인이 위력으로써 13세 미만 미성년자인 피해자 A(녀, 12세)에게 유사성행위와 추행을 하였다는 성폭력처벌법 위반의 공소사실에 대하여, 원심이 A의 진술과 조사 과정을 촬영한 영상물과 속기록을 중요한 증거로 삼아 유죄로 인정하였는데, 피고인은 위 영상물과 속기록을 증거로 함에 동의하지 않았고, 조사 과정에 동석하였던 신뢰관계인에 대한 증인신문이 이루어졌을 뿐 원진술자인 A에 대한 증인신문은 이루어지지 않은 사안에서, 위 영상물과 속기록을 유죄의 증거로 삼은 원심판결에 법리오해 또는 심리미진의 잘못이 있다고 한 사례(대판 2021도14530)

[1] 청소년성보호법 제26조 제6항 중 이 사건 위헌 법률 조항과 동일한 내용을 규정하고 있는 부분은 이 사건 위헌 결정의 심판대상이 되지 않았지만 이 사건 위헌 법률 조항에 대한 위헌 결정 이유와 마찬가지로 과잉금지 원칙에 위반될 수 있다.

[2] 청소년성보호법 제26조 제6항의 위헌 여부 또는 그 적용에 따른 위헌적 결과를 피하기 위하여 피해자를 증인으로 소환하여 진술을 듣고 피고인에게 반대신문권을 행사할 기회를 부여할 필요가 있는지 여부 등에 관하여 심리·판단하였어야 한다.[25변선]

※ **개정 성폭력처벌법 제30조의2(영상녹화물의 증거능력 특례)**
① 제30조제1항에 따라 19세미만 피해자 등의 진술이 영상녹화된 영상녹화물은 같은 조 제4항부터 제6항까지에서 정한 절차와 방식에 따라 영상녹화된 것으로서 다음 각 호의 어느 하나의 경우에 증거로 할 수 있다.
  1. 증거보전기일, 공판준비기일 또는 공판기일에 그 내용에 대하여 피의자, 피고인 또는 변호인이 피해자를 신문할 수 있었던 경우. 다만, 증거보전기일에서의 신문의 경우 법원이 피의자나 피고인의 방어권이 보장된 상태에서 피해자에 대한 반대신문이 충분히 이루어졌다고 인정하는 경우로 한정한다.
  2. 19세미만 피해자 등이 다음 각 목의 어느 하나에 해당하는 사유로 공판준비기일 또는 공판기일에 출석하여 진술할 수 없는 경우. 다만, 영상녹화된 진술 및 영상녹화가 특별히 신빙할 수 있는 상태에서 이루어졌음이 증명된 경우로 한정한다.
    ㉮ 사망 ㉯ 외국 거주 ㉰ 신체적, 정신적 질병·장애 ㉱ 소재불명 ㉲ 그 밖에 이에 준하는 경우

Ⅳ 영상녹화물이 본증으로 사용될 수 있는지 여부 [14변시]

1 문제점

영상녹화물에 독립적인 증거능력을 인정할 수 있는지가 문제된다.

2 학설

① **본증긍정설** : 영상녹화물도 진술을 기록하는 매체라는 점에서 조서와 성질상 다를 바가 없다는 이유로 긍정하는 견해이다.
② **본증부정설** : 공판중심주의·직접심리주의의 취지를 고려하고, 수사기관의 영상녹화물을 범죄인정의 근거로 하면 공판정이 영상녹화물을 시청하는 장소로 전락할 우려가 있다는 점을 논거로 부정하는 견해이다.

3 판례(부정설)

수사기관에 의한 참고인 진술의 영상녹화를 새로 정하면서 그 용도를 참고인에 대한 진술조서의 실질적 진정성립을 증명하거나 참고인의 기억을 환기시키기 위한 것으로 한정하고 있는 현행 형사소송법의 규정 내용을, 영상물에 수록된 성범죄 피해자의 진술에 대하여 독립적인 증거능력을 인정하고 있는 성폭법 제30조 제6항 또는 아청법 제26조 제6항의 규정과 대비하여 보면, 수사기관이 참고인을 조사하는 과정에서 제221조 제1항에 따라 작성한 영상녹화물은, 다른 법률에서 달리 규정하고 있는 등의 특별한 사정이 없는 한, 공소사실을 직접 증명할 수 있는 독립적인 증거로 사용될 수는 없다(대판 2012도5041). 표준판례 [23모선]

4 검토

영상녹화물이 본증으로 사용되는 경우 법관의 심증형성을 왜곡할 위험성이 있고 공판중심주의가 퇴색될 수 있다는 점에서 부정설이 타당하다.

Chapter 019 영장에 의한 피의자 체포

1 체포의 의의

체포란 죄를 범하였다고 의심할 만한 상당한 이유가 있는 피의자를 단시간 동안 수사관서 등 일정한 장소에 인치하는 제도이다(제200조의2).

2 체포의 요건(제200조의2)

(1) 범죄혐의의 상당성

수사기관의 주관적 혐의뿐만 아니라 객관적 혐의도 있어야 한다. 무죄의 추정을 깨뜨릴 수 있을 정도의 유죄판결에 대한 고도의 개연성 내지 충분한 범죄혐의가 있어야 한다.

(2) 체포사유

피의자가 정당한 이유 없이 수사기관의 출석 요구에 응하지 아니하거나 응하지 아니할 우려가 있는 경우에 인정된다. 다만, 다액 50만원 이하의 벌금, 구류 또는 과료에 해당하는 사건에 관하여는 피의자가 일정한 주거가 없는 경우 또는 정당한 이유 없이 출석요구에 응하지 아니한 경우에 한하여 체포할 수 있다(제200조의2 제1항).

(3) 체포의 필요성

체포영장의 청구를 받은 판사는 체포의 사유가 있다고 인정되는 경우에도 피의자의 연령과 경력, 범죄의 경중 및 태양 기타 제반 사정에 비추어 피의자가 도망할 염려가 없고 증거를 인멸할 염려가 없는 등 명백히 체포의 필요가 없다고 인정되는 때에는 체포영장의 청구를 기각하여야 한다(규칙 제96조의2, 법 제200조의2 제2항).

체포의 필요성은 체포의 적극적 요건이 아니라 그 부존재가 명백한 경우에 한하여 체포를 하지 않게 하는 소극적 요건에 불과하다.

3 체포 후의 조치

① 체포한 피의자를 구속하고자 할 때에는 체포한 때부터 48시간이내에 구속영장을 청구하여야 하고, 그 기간 내에 구속영장을 청구하지 아니하는 때에는 피의자를 즉시 석방하여야 한다(제200조의2 제5항).

② 체포된 피의자나 그 변호인 등은 관할법원에 체포적부심사를 청구할 수 있다(제214조의2).

4 체포에 관한 조문 및 판례 정리

① 체포영장 집행시 영장제시, 피의사실의 요지, 체포의 이유, 변호인을 선임할 수 있음을 말하고 변명의 기회를 주어야 한다. 고지는 체포를 위한 실력행사에 들어가기 이전에 미리 하여야 하는 것이 원칙이나, 달아나는 피의자를 쫓아가 붙들거나 폭력으로 대항하는 피의자를 실력으로 제압하는 경우에는 붙들거나 제압하는 과정에서 하거나, 그것이 여의치 않은 경우 일단 붙들거나 제압한 후에는 지체 없이 행하여야 한다(대판 2017도10866). 표준판례 [25 · 22변선, 23모선]

② 경찰관들이 체포를 위한 실력행사에 나아가기 전에 체포영장을 제시하고 미란다 원칙을 고지할 여유가 있었음에도 애초부터 미란다 원칙을 체포 후에 고지할 생각으로 먼저 체포행위에 나선 행위는 적법한 공무집행이라고 보기 어렵다(대판 2017도10866).

③ 피고인에 대한 체포가 체포영장과 관련 없는 새로운 피의사실인 특수공무집행방해치상을 이유로 별도의 현행범체포 절차에 따라 진행된 이상, 집행 완료에 이르지 못한 체포영장을 사후에 피고인에게 제시할 필요는 없다(대판 2021도4648).

④ 체포영장을 소지하지 아니한 경우에 급속을 요하는 때에는 피고인에 대하여 공소사실의 요지와 영장이 발부되었음을 고하고 집행할 수 있다. 전항의 집행을 완료한 후에는 신속히 체포영장을 제시하고 그 사본을 교부하여야 한다(제200조의6, 제85조 제2항, 제3항).[23모선]

Chapter 020 긴급체포

I 일반론

1 의의

긴급체포란 중대한 죄를 범하였다고 의심할 만한 상당한 이유가 있는 피의자를 수사기관이 법관의 체포영장을 발부받지 않고 체포하는 것을 의미한다(제200조의3).

2 긴급체포의 요건 [24 · 14변사, 17모사]

① **범죄의 중대성** : 피의자가 사형 · 무기 또는 장기 3년 이상의 징역이나 금고에 해당하는 죄를 범하였다고 의심할 만한 상당한 이유가 있어야 한다.
② **체포의 필요성** : 피의자가 증거를 인멸할 염려가 있거나 도망 또는 도망할 염려가 있어야 한다.
③ **체포의 긴급성** : 긴급을 요하여 지방법원판사의 체포영장을 받을 수 없을 것을 말하는데, 긴급을 요한다 함은 피의자를 우연히 발견한 경우 등과 같이 체포영장을 받을 시간적 여유가 없는 때를 말한다.

3 긴급체포의 요건 관련 판례 정리

① [1] 긴급체포의 요건을 갖추었는지 여부는 사후에 밝혀진 사정을 기초로 판단하는 것이 아니라 체포 당시의 상황을 기초로 판단하여야 하고, 이에 관한 검사나 사법경찰관 등 수사주체의 판단에는 상당한 재량의 여지가 있다고 할 것이나, 긴급체포 당시의 상황으로 보아서도 그 요건의 충족 여부에 관한 검사나 사법경찰관의 판단이 경험칙에 비추어 현저히 합리성을 잃은 경우에는 그 체포는 위법한 체포라 할 것이고,
[2] 이러한 위법은 영장주의에 위배되는 중대한 것이니 그 체포에 의한 유치 중에 작성된 피의자신문조서는 위법하게 수집된 증거로서 특별한 사정이 없는 한 이를 유죄의 증거로 할 수 없다(대판 2000도5701). 표준판례
② 사법경찰관이 피고인을 수사관서까지 동행한 것이 사실상의 강제연행, 즉 불법체포에 해당하고, 불법체포로부터 6시간 상당이 경과한 후에 이루어진 긴급체포 또한 위법하므로 피고인이 불법체포 된 자로서 형법 제145조 제1항에 정한 '법률에 의하여 체포 또는 구금된 자'가 아니어서 도주죄의 주체가 될 수 없다(대판 2005도6810).
③ 피고인이 필로폰을 투약한다는 제보를 받은 경찰관이 제보의 정확성을 사전에 확인한 후

제보자를 불러 조사하기 위하여 피고인의 주거지를 방문하였다가, 그곳에서 피고인을 발견하고 피고인의 전화번호로 전화를 하여 나오라고 하였으나 응하지 않자 피고인의 집 문을 강제로 열고 들어가 피고인을 긴급체포한 사안에서, 피고인이 마약에 관한 죄를 범하였다고 의심할 만한 상당한 이유가 있었더라도, 경찰관이 이미 피고인의 신원과 주거지 및 전화번호 등을 모두 파악하고 있었고, 당시 마약 투약의 범죄 증거가 급속하게 소멸될 상황도 아니었던 점 등의 사정을 감안하면, 긴급체포가 미리 체포영장을 받을 시간적 여유가 없었던 경우에 해당하지 않아 위법하다(대판 2016도5814). 표준판례

④ 피고인에 대한 고소사건을 담당하던 경찰관이 피고인의 소재 파악을 위해 피고인의 거주지와 피고인이 경영하던 공장 등을 찾아가 보았으나, 피고인이 공장 경영을 그만 둔 채 거주지에도 귀가하지 않는 등 소재를 감추자 법원의 압수수색영장에 의한 휴대전화 위치추적 등의 방법으로 피고인의 소재를 파악하려고 하던 중, 주거지로 귀가하던 피고인을 발견하고, 피고인을 사기 혐의로 긴급체포한 경우 위법한 체포에 해당한다고 보기는 어렵다(대판 2005도7569).

⑤ 도로교통법위반 피의사건에서 기소유예 처분을 받은 재항고인이 그 후 혐의 없음을 주장함과 동시에 수사경찰관의 처벌을 요구하는 진정서를 검찰청에 제출함으로써 이루어진 진정사건을 담당한 검사가, 재항고인에 대한 위 피의사건을 재기한 후 담당검사인 자신의 교체를 요구하고자 부장검사 부속실에서 대기하고 있던 재항고인을 위 도로교통법위반죄로 긴급체포하여 감금한 경우, 그 긴급체포는 긴급체포의 요건을 갖추지 못한 것으로서 위법한 체포에 해당한다(대결 2002모81).

Ⅱ 긴급체포 후의 절차

1 구속영장의 청구

① 긴급체포한 피의자를 구속하고자 할 때에는 지체 없이 검사는 관할 지방법원 판사에게 구속영장을 청구하여야 하고, 사법경찰관은 검사에게 신청하여 검사의 청구로 관할 지방법원 판사에게 구속영장을 청구해야 한다. 이 경우 구속영장은 피의자 체포한 때부터 48시간 이내에 청구해야 한다(제200조의4 제1항).

② 사법경찰관이 피의자를 긴급체포한 경우에는 즉시 검사의 승인을 받아야 한다(제200조의3 제2항).

2 변호인 등에 대한 통지

① 피의자를 긴급체포한 때에는 변호인이 있는 경우에는 변호인에게, 변호인이 없는 경우에는 변호인선임권자 중에서 피의자가 지정한 자에게 피의사건명, 체포일시·장소, 범죄사실의 요지, 체포의 이유와 변호인을 선임할 수 있는 취지를 지체없이 서면으로 통지해야 한다(제

200조의6, 제87조).[23모선]

② 체포된 피의자에게는 체포적부심사청구권이 인정되므로 피의자나 변호인 등은 관할법원에 체포적부심사를 청구할 수 있다(제214조의2).

3 피의자의 석방과 석방 후의 조치

① 체포된 피의자에 대해 구속영장을 청구하지 않거나 발부받지 못한 때에는 피의자를 즉시 석방해야 한다(제200조의4 제2항).
② 사법경찰관은 긴급체포한 피의자에 대해 구속영장을 신청하지 않고 석방한 경우에는 즉시 검사에게 보고해야 한다(동조 제6항).
③ 체포된 피의자에 대해 검사가 구속영장을 청구하지 않고 석방하는 경우에는 석방한 날로부터 30일 이내에 서면으로 법원에 통지해야 한다(제200조의4 제4항).
④ 긴급체포 당시의 상황과 경위, 긴급체포 후 조사 과정 등에 특별한 위법이 있다고 볼 수 없는 이상, 단지 사후에 석방통지가 법에 따라 이루어지지 않았다는 사정만으로 그 긴급체포에 의한 유치 중에 작성된 피의자신문조서들의 작성이 소급하여 위법하게 된다고 볼 수는 없다(대판 2011도6035).[23모선]

III 자진출석한 피의자에 대한 긴급체포 가능 여부 [25변사, 24 · 13모사]

1 학설

① 부정설 : 피의자가 임의로 출석한 경우에는 체포의 긴급성 요건을 갖추지 못하였으므로 긴급체포가 허용되지 아니한다는 견해이다.
② 긍정설 : 조사 과정에서 우연히 범죄 혐의를 발견한 경우 등과 같이 긴급체포의 요건을 갖추게 되는 경우에는 가능하다는 견해이다.

2 판례

① 검사가 참고인 조사를 받는 줄 알고 검찰청에 자진출석한 변호사사무실 사무장을 합리적 근거 없이 긴급체포하자 그 변호사가 이를 제지하는 과정에서 위 검사에게 상해를 가한 것은 정당방위에 해당한다(대판 2006도148). 표준판례
② 피고인이 고소한 피의사건에 대하여 고소인 자격으로 피고소인과 대질조사를 받고 나서 조서에 무인하기를 거부하자 수사검사가 무고혐의가 인정된다면서 무고죄로 인지하여 조사를 하겠다고 하였고, 이에 피고인이 조사를 받지 않겠다고 하면서 가방을 들고 일어나 집으로 돌아가려고 하자 검사는 범죄사실의 요지, 체포의 이유와 변호인 선임권, 변명할 기회를 준 후에 피고인을 긴급체포한 사안에서, 대법원은 검사의 행위는 긴급체포의 요건을 갖춘 정당한 공무집행에 해당한다고 판단하였다(대판 98도785).

3 검토

피의자가 수사기관에 자진출석 하여 조사 중 또는 조사 후 즉시 귀가를 요구하는 경우에 출석경위, 수사상황 등 제반정황을 종합적으로 고려하여 도망 및 증거인멸의 우려가 현저한 경우의 긴급체포는 적법하지만, 그렇지 않은 경우의 긴급체포는 위법하다고 보는 것이 타당하다.

IV 긴급체포된 후 석방된 자에 대한 재체포의 제한 [16모사]

1 구속영장을 발부받지 못하여 석방된 경우

① 구속영장을 청구하지 아니하거나 발부받지 못하여 석방된 자는 영장 없이는 동일한 범죄사실에 관하여 체포하지 못한다(제200조의4 제3항). 따라서 긴급체포된 후 구속영장을 발부받지 못하여 석방된 피의자에 대하여는 영장에 의한 체포만이 가능하다.[23모선]

② 형사소송법 제208조 소정의 '구속되었다가 석방된 자'라 함은 구속영장에 의하여 구속되었다가 석방된 경우를 말하는 것이지, 긴급체포나 현행범으로 체포되었다가 사후영장 발부 전에 석방된 경우는 포함되지 않는다 할 것이므로, 피고인이 수사 당시 긴급체포 되었다가 수사기관의 조치로 석방된 후 법원이 발부한 구속영장에 의하여 구속이 이루어진 경우 앞서 본 법조에 위배되는 위법한 구속이라고 볼 수 없다(대판 2001도4291). 표준판례

2 체포적부심절차를 통하여 석방된 경우

체포적부심사결정에 의하여 석방된 피의자는 도망하거나 범죄의 증거를 인멸하는 경우를 제외하고는 동일한 범죄사실로 재차 체포하거나 구속할 수 없다(제214조의3 제1항).[25 · 22변선]

3 비교 - 재구속의 제한

검사 또는 사법경찰관에 의하여 구속되었다가 석방된 자는 다른 중요한 증거를 발견한 경우를 제외하고는 동일한 범죄사실에 관하여 재차 구속하지 못한다. 이 경우에 1개의 목적을 위하여 동시 또는 수단 · 결과의 관계에서 행하여진 행위는 동일한 범죄사실로 간주한다(제208조).[22모선]

Chapter 021 현행범인 체포 [24변사, 18모사]

I 일반론

1 의의

현행범인은 누구든지 영장없이 체포할 수 있다(제212조).

2 현행범인 및 준현행범인의 의의 [18모사]

① 범죄를 실행하고 있거나 실행하고 난 직후의 사람을 현행범인이라 한다(제211조 제1항). 범인으로 불리며 추적되고 있는 자, 장물이나 범죄에 사용되었다고 인정하기에 충분한 흉기나 그 밖의 물건을 소지하고 있는 자, 신체나 의복류에 증거가 될 만한 뚜렷한 흔적이 있는 자, 누구냐고 묻자 도망하려고 하는 자는 현행범인으로 본다(준현행범인, 동조 제2항).

② "범죄의 실행의 즉후인 자"라고 함은, 범죄의 실행행위를 종료한 직후의 범인이라는 것이 체포하는 자의 입장에서 볼 때 명백한 경우를 일컫는 것으로서, 시간적으로나 장소적으로 보아 체포를 당하는 자가 방금 범죄를 실행한 범인이라는 점에 관한 죄증이 명백히 존재하는 것으로 인정되는 경우에만 현행범인으로 볼 수 있는 것이다(대판 91도1314). 표준판례

3 현행범인 체포의 요건

① **범죄의 명백성** : 형식상 죄를 범한 것처럼 보일지라도 범죄가 성립하지 않을 때에는 현행범인으로 체포할 수 없다. 다만 소송조건의 존재는 체포의 요건이 되지 않는다.

② **체포의 필요성** : 긴급체포의 경우와는 달리 현행범인의 체포에 도망이나 증거인멸의 우려 같은 구속사유가 필요하다는 명문의 규정은 없으나, 판례는 체포의 필요성을 요한다는 입장이다.

③ **비례성의 원칙** : 경미사건, 즉 50만 원 이하의 벌금·구류 또는 과료에 해당하는 죄의 현행범인에 대하여는 범인의 주거가 분명하지 아니한 때에 한하여 현행범인으로 체포할 수 있다(제214조).

4 체포 후의 조치

① 현행범인으로 체포한 피의자를 구속하고자 할 때에는 체포한 때로부터 48시간 이내에 검사는 관할 지방법원 판사에게 구속영장을 청구하여야 하고, 사법경찰관은 검사에게 신청하여 검사의 청구로 관할 지방법원 판사에게 구속영장을 청구해야 한다(제213조의2, 제200조

의2 제5항).

② 현행범인으로 체포된 피의자에 대해 구속영장을 청구하지 않거나 발부받지 못한 때에도 피의자를 즉시 석방해야 한다(규칙 제100조 제2항, 제200조의4 제2항).

II 현행범인 체포의 요건으로 체포의 필요성 요부 [17모사]

1 문제점

긴급체포와 달리 명문규정이 없어 현행범인 체포도 도망 또는 증거인멸 염려의 사유가 있는 경우에 한하여 허용되는지 문제된다.

2 학설

① 소극설 : 현행범은 범죄사실과 진범임이 분명한 경우 인정되므로 체포의 필요성은 요건이 아니라는 견해이다.

② 적극설 : 현행범체포가 체포의 요건을 완화시키는 것은 아니므로 구속사유가 필요하다는 견해이다.

3 판례(적극설)

현행범인은 누구든지 영장 없이 체포할 수 있는데, 현행범인으로 체포하기 위하여는 행위의 가벌성, 범죄의 현행성·시간적 접착성, 범인·범죄의 명백성 이외에 체포의 필요성 즉, 도망 또는 증거인멸의 염려가 있어야 하고, 이러한 요건을 갖추지 못한 현행범인 체포는 법적 근거에 의하지 아니한 영장 없는 체포로서 위법한 체포에 해당한다(대판 2011도3682). 표준판례 [22변선]

4 검토

피의자의 방어권 보장 및 과잉 강제수사 억제 측면에서 판례의 입장이 타당하다.

III 현행범인 체포 관련 지문 및 판례 정리

1 현행범인 체포의 요건에 관한 판례

① **피고인이 운전면허증 교부한 후 현행범체포시 위법성 인정한 사례**

피고인이 경찰관의 불심검문을 받아 운전면허증을 교부한 후 경찰관에게 큰 소리로 욕설을 하였는데, 경찰관이 모욕죄의 현행범으로 체포하겠다고 고지한 후 피고인의 오른쪽 어깨를 붙잡자 반항하면서 경찰관에게 상해를 가한 사안에서, 피고인이 도망하거나 증거를 인멸할 염려가 있다고 보기는 어렵고, 피고인의 모욕 범행은 사안 자체가 경미할 뿐 아니라, 피해자인 경찰관이 범행현장에서 즉시 범인을 체포할 급박한 사정이 있다고 보기도 어려우므로, 경찰관이 피고인을 체포한 행위는 적법한 공무집행이라고 볼 수 없어 피고인이 상해를 가한 것은 정당방위에 해당한다(대판 2011도3682).

② **피고인의 신분증 제시에도 현행범체포의 적법성이 인정된 사례**

경찰관들이 출동하였을 당시 피고인의 폭행범행이 실행 중이거나 실행 직후였다고 볼 수 있고, 사안 자체가 경미하다고 보기 어렵다. 또한 피고인은 경찰관이 출동한 이후 CCTV 영상으로 확인되는 폭행상황과는 달리 자신의 범행은 부인하면서 피해자로부터 폭행을 당하였다고 주장하였고, 피고인이 제시한 신분증의 주소지는 거제시로서 사건 현장인 안양시와는 멀리 떨어져 있는 곳이어서 위와 같은 폭행에 이르게 된 범행경위를 고려할 때 추가적인 거소 확인이 필요하다고 보이는 등으로 피고인에게 도망 또는 증거인멸의 염려가 없다고 단정하기 어렵다(대판 2021도12213).

③ 비록 피고인이 식당 안에서 소리를 지르거나 양은그릇을 부딪치는 등의 소란행위가 업무방해죄의 구성요건에 해당하지 않아 사후적으로 무죄로 판단된다고 하더라도, 소란을 피운 당시 상황에서는 객관적으로 보아 피고인이 업무방해죄의 현행범이라고 인정할 만한 충분한 이유가 있으므로, 경찰관들이 피고인을 체포하려고 한 행위는 적법한 공무집행이라고 보아야 하고, 그 과정에서 피고인이 체포에 저항하며 피해자들을 폭행하거나 상해를 가한 것은 공무집행방해죄 등을 구성한다(대판 2011도4763).

④ 전날 밤 술을 마신 뒤 건너편 빌라 주차장에 차량을 그대로 둔 채 귀가하였다가 다음날 아침 차량을 이동시켜 달라는 경찰관의 전화를 받고 현장에 도착하여 차량을 약 2m 가량 운전하여 이동주차 할 때 누군가 피고인이 음주운전을 하였다고 신고를 하여 경찰관이 음주감지기에 의한 확인을 요구하였으나 응하지 아니하고 임의동행도 거부하자 피고인을 도로교통법위반(음주운전)죄의 현행범으로 체포하여 지구대로 데리고 가 음주측정을 요구한 사안에서, 술을 마신 때로부터 이미 상당한 시간이 경과한 뒤에 운전을 하였으므로 도로교통법위반(음주운전)죄를 저지른 범인임이 명백하다고 쉽게 속단하기는 어려워 보이고, 사안 자체가 경미하여 현행범 체포의 적법성을 인정하지 않은 사례(대판 2016도19907)

⑤ 피고인이 A와 주차문제로 언쟁을 벌이던 중, 112 신고를 받고 출동한 경찰관 B가 A를 때리려는 피고인을 제지하자 자신만 제지를 당한 데 화가 나서 손으로 B의 가슴을 1회 밀치고, 계속하여 욕설을 하면서 피고인을 현행범으로 체포하는 B의 정강이 부분을 양발로 2회 걷어차는 등 폭행함으로써 경찰관의 112 신고처리에 관한 직무집행을 방해하였다는 내용으로 기소된 사안에서, 피고인이 손으로 B의 가슴을 밀칠 당시 B는 112 신고처리에 관한 직무 내지 순찰근무를 수행하고 있었고, 이와 같이 공무를 집행하고 있는 B의 가슴을 밀치는 행위는 공무원에 대한 유형력의 행사로서 공무집행방해죄에서 정한 폭행에 해당하며, 피고인이 체포될 당시 도망 또는 증거인멸의 염려가 없었다고 할 수 없어 체포의 필요성이 인정된다(대판 2017도21537).

⑥ 순찰 중이던 경찰관이 교통사고를 낸 차량이 도주하였다는 무전연락을 받고 주변을 수색하

다가 범퍼 등의 파손상태로 보아 사고차량으로 인정되는 차량에서 내리는 사람을 발견한 경우, 형사소송법 제211조 제2항 제2호 소정의 '장물이나 범죄에 사용되었다고 인정함에 충분한 흉기 기타의 물건을 소지하고 있는 때'에 해당하므로 준현행범으로서 영장 없이 체포가 가능하다(대판 99도4341). 표준판례 [22변선]

⑦ 술에 취한 피고인이 목욕탕 탈의실에서 피해자를 구타하고 탈의실 의자에 앉아 있자, 경찰관 A가 다른 사람들과 힘을 합하여 피고인을 112 순찰차량의 뒷좌석에 태웠는데, 피고인이 갑자기 차 밖으로 뛰쳐나와 양손으로 경찰관 A의 멱살을 붙잡은 후 얼굴 부위를 수회 때려 경찰관 A에게 상해를 가한 사안에서, 위 경찰관 A가 피고인을 현행범인으로 체포한 시기는 피고인이 방금 범죄를 실행한 범인이라고 볼 죄증이 명백히 존재하는 것으로 피고인을 현행범인으로 볼 수 있다(대판 2005도7158).

⑧ 교사가 교장실에 들어가 불과 약 5분 동안 식칼을 휘두르며 교장을 협박하는 등의 소란을 피운 후 40여분 정도가 지나 경찰관들이 출동하여 교장실이 아닌 서무실에서 그를 연행하려 하자 그가 구속영장의 제시를 요구하면서 동행을 거부하였다면, 그를 "범죄의 실행의 즉후인 자"로서 현행범인이라고 단정할 수 없다(대판 91도1314).

⑨ 음주운전을 종료한 후 40분 이상이 경과한 시점에서 길가에 앉아 있던 운전자를 술냄새가 난다는 점만을 근거로 음주운전의 현행범으로 체포한 것은 적법한 공무집행으로 볼 수 없다(대판 2007도1249).

2 현행범인 체포 절차에 관한 판례

① [1] 검사 또는 사법경찰관리 아닌 이가 현행범인을 체포한 때에는 즉시 검사 등에게 인도하여야 한다. 여기서 '즉시'라고 함은 반드시 체포시점과 시간적으로 밀착된 시점이어야 하는 것은 아니고, '정당한 이유 없이 인도를 지연하거나 체포를 계속하는 등으로 불필요한 지체를 함이 없이'라는 뜻으로 볼 것이다.
[2] 검사 등이 아닌 이에 의하여 현행범인이 체포된 후 불필요한 지체 없이 검사 등에게 인도된 경우, 구속영장 청구기간인 48시간의 기산점은 체포시가 아니라 검사 등이 현행범인을 인도받은 때라고 할 것이다(대판 2011도12927).[23·22모선]

② 전투경찰대원들이 위 조합원들을 체포하는 과정에서 체포의 이유 등을 제대로 고지하지 않다가 30~40분이 지난 후 피고인 등의 항의를 받고 나서야 비로소 체포의 이유 등을 고지한 것은 형사소송법상 현행범인 체포의 적법한 절차를 준수한 것이 아니므로 적법한 공무집행이라고 볼 수 없다(대판 2013도2168).

③ 피고인이 집회금지 장소에서 개최된 옥외집회에 참가하였다가 전투경찰순경 甲에게 현행범으로 체포되어 바로 호송버스에 탑승하게 되면서 경찰관 乙에게서 피의사실의 요지 등을 고지받은 사안에서, 집회의 개최 상황, 현행범 체포의 과정 등에 비추어 제200조의5에 규정된 고지가 이루어졌다고 볼 수 있다(대판 2011도7193).

Chapter 022 구속

I 의의

① 구속이란 피의자나 피고인을 체포에 비해 비교적 장기간 동안 신체의 자유를 제한하는 강제처분이고, 구인과 구금을 포함한다.
② 구인이란 피의자 또는 피고인을 법원 등에 인치하는 강제처분이다.
③ 구금이란 피의자 또는 피고인을 구치소나 교도소 등에 감금하는 강제처분이다.
④ 피의자의 구속은 수사과정에서 검사가 관할 지방법원 판사에게 청구하여 구속영장을 발부받아 피의자를 구속하는 것이다(제201조).
⑤ 피고인의 구속은 공소제기 후에 법원이 직권으로 구속영장을 발부하여 피고인을 구속하는 것이다(제70조).

II 구속의 요건(제70조)

1 범죄의 혐의

범죄의 혐의가 무죄의 추정을 깨뜨릴 정도로 유죄판결에 대한 고도의 개연성이 인정되는 경우로 제한된다.

2 구속사유 [24모선]

① 일정한 주거가 없는 때(제70조 제1항 제1호) : 일정한 주거가 없다는 사유는 경미한 범죄에 대한 유일한 구속사유가 된다는 점에서 독자적 의미를 가질 뿐이다.
② 증거를 인멸할 염려가 있는 때(제70조 제1항 제2호) : 인적 · 물적 증거방법에 부정하게 영향을 미쳐 사실인정이 침해되는 것을 방지하는 기능을 가진 구속사유이다.
③ 도망 또는 도망할 염려가 있는 때(제70조 제1항 제3호) : 형사소송이나 형의 집행을 피하여 영구히 또는 장기간에 걸쳐 숨는 것을 말한다. 형사소송에서 선고될 형량은 도망 염려를 판단할 중요한 자료가 된다.
④ 법원은 제1항의 구속사유를 심사함에 있어서 범죄의 중대성, 재범의 위험성, 피해자 및 중요 참고인 등에 대한 위해우려 등을 고려하여야 한다(제70조 제2항).
⑤ 제70조 제2항은 새로운 '구속사유'를 신설하거나 추가한 것이 아니라, 제70조 제1항의 '구

속사유를 심사할 때 고려해야 할 사항'을 명시한 것이다. 범죄의 중대성, 재범의 위험성이나 피해자·중요 참고인 등에 대한 위해우려는 구속사유를 판단함에 있어 고려하여야 할 구체적이고 전형적인 사례를 거시한 것이다(헌재 2009헌바8).

3 비례성의 원칙

① 구속은 사건 중요성과 기대되는 형벌에 비추어 상당한 때에만 허용된다고 해야 한다.
② 비례성의 판단기준 : 50만 원 이하의 벌금·구류·과료에 해당하는 범죄에 관하여는 일정한 주거가 없는 경우에 한하여 구속할 수 있다.

III 검사의 구속영장 청구 및 법원의 판단

1 구속 전 피의자심문제도(영장실질심사)

(1) 의의

영장실질심사제도란 구속영장의 청구를 받은 판사가 피의자를 직접 심문하여 구속사유를 판단하는 것을 의미한다.

(2) 필요적 피의자심문제도

형사소송법은 구속전피의자심문을 피의자의 의사나 법관의 필요성 판단과 관계없이 필요적으로 실시하도록 규정하고 있다.

(3) 구속 전 피의자심문의 절차

① **심문기일의 지정과 통지**
② **피의자의 인치** : 체포된 피의자에 대하여는 체포의 효력을 이용하여 피의자를 법원에 인치한다. 체포되지 않은 피의자를 바로 구속하는 경우에는 판사가 피의자를 구인하여 심문한다. 즉, 판사가 구인을 위한 구속영장을 발부하여 피의자를 구인한 후 심문하여야 한다.[23모선]
법원이 인치 받은 피의자를 유치할 필요가 있는 경우에는 교도소·구치소 또는 경찰서 유치장에 24시간을 초과하지 않는 범위에서 피의자를 유치할 수 있다.
③ **국선변호인의 선정** : 심문할 피의자에게 변호인이 없는 때에는 지방법원판사는 직권으로 변호인을 선정해야 한다. 이 경우 변호인의 선정은 피의자에 대한 구속영장 청구가 기각되어 효력이 소멸한 경우를 제외하고는 제1심까지 효력이 있다. 이에 의하여 모든 구속된 피의자에게 국선변호인이 선정될 수 있게 되었다.
④ **구속영장의 발부** : 지방법원 판사는 신속히 구속영장의 발부여부를 결정해야 하고, 상당하다고 인정할 때에는 구속영장을 발부한다(제201조 제3항, 제4항).

⑤ **구속기간에의 불산입** : 법원이 피의자심문을 위하여 구속영장청구서·수사관계 서류 및 증거물을 접수한 날로부터 구속영장을 발부하여 검찰청에 반환한 날까지의 기간은 구속기간에 산입하지 아니한다.

(4) 구속전피의자심문조서 [18변시]

① 구속전피의자심문조서의 작성 : 피의자를 심문하는 경우에 법원사무관 등은 심문의 요지 등을 조서로 작성해야 한다(제201조의2 제6항).

② 구속전피의자심문조서의 증거능력 : 구속전피의자심문조서의 증거능력을 명시적으로 인정하는 판례는 아니지만 참조 조문으로 제315조를 인용하며 영장실질심사시의 피고인 진술의 증거능력을 인정한 바 있다(대판 99도2317).

즉, 구속전피의자심문조서는 제311조의 '공판준비 또는 공판기일에 피고인이나 피고인 아닌 자의 진술을 기재한 조서'에 해당하지는 않지만 법관 면전의 조서이므로 제315조 제3호의 '기타 특히 신용할만한 정황에 의하여 작성된 문서'에 해당하여 당연히 증거능력이 인정된다.

2 구속영장청구 기각결정에 대한 불복 가능 여부 [18변시]

(1) 문제점

구속영장 청구를 기각하는 지방법원 판사의 재판에 대하여 항고 또는 준항고로 불복할 수 있는지 문제된다.

(2) 학설

① 긍정설 : 형사소송법상 법원의 구금에 관한 결정에 대하여 항고를 인정하는 명문의 규정(제403조 제2항)이 있으므로, 항고할 수 있다는 견해이다.

② 부정설 : 영장발부를 결정하는 수임판사는 제402조의 수소법원 내지 제416조의 재판장이나 수명법관에 해당하지 않으므로 불복할 수 없다는 견해이다.

(3) 판례(부정설, 구속기간연장의 기각결정·압수영장발부재판 등에서도 불복 불허)

[1] 검사의 체포영장 또는 구속영장 청구에 대한 지방법원판사의 재판은 형사소송법 제402조의 규정에 의하여 항고의 대상이 되는 '법원의 결정'에 해당하지 아니하고, 제416조 제1항의 규정에 의하여 준항고의 대상이 되는 '재판장 또는 수명법관의 구금 등에 관한 재판'에도 해당하지 아니한다.[22모선]

[2] 체포영장 또는 구속영장에 관한 재판 그 자체에 대하여 직접 항고 또는 준항고를 하는 방법으로 불복하는 것은 이를 허용하지 아니하는 대신에, 체포영장 또는 구속영장이 발부된 경우에는 피의자에게 체포 또는 구속의 적부심사를 청구할 수 있도록 하고, 그 영장청구가 기각된 경우에는 검사로 하여금 그 영장의 발부를 재청구할 수 있도록 허용함으로써, 간접적인 방법으로 불복 가능하다(대결 2006모646). 표준판례 [23·22모선]

[3] 구속기간 연장을 허가하지 않는 지방법원판사의 결정에 대하여는 항고 또는 준항고의 방

법으로 불복할 수 없다(대결 97모1).

(4) 검토

불복을 허용하면 구속여부 결정의 지연으로 피의자의 지위가 불안하게 될 우려가 있다는 점, 영장재청구의 간접적인 불복수단이 있다는 점에서 부정설이 타당하다.

3 구속영장 발부시 위법수사의 고려여부

(1) 문제점

위법한 긴급체포 등에 기하여 구속영장을 청구한 경우 구속영장을 청구받은 판사가 긴급체포 등의 위법을 고려하여 구속영장을 기각할 수 있는지 문제된다.

(2) 학설

① 고려설 : 수사절차의 적법절차의 보장과 피의자의 인권보장을 위하여 긴급체포의 적법여부도 고려해야 한다는 견해이다.

② 불고려설 : 체포와 구속을 구별하고 있는 현행법상 구속과 관계없는 체포의 적법성을 심사할 수 없다는 견해이다.

(3) 검토

생각건대 자의적인 공권력행사를 규제하기 위하여 위법한 체포의 경우 구속영장을 발부함에 있어 이를 심사할 수 있도록 함이 타당하다.

4 구속영장청구 전 검사의 대면조사 허용 여부

[1] 검사는 긴급체포의 승인 및 구속영장의 청구가 피의자의 인권에 대한 부당한 침해를 초래하지 않도록 긴급체포의 적법성 여부를 심사하면서 수사서류 뿐만 아니라 피의자를 검찰청으로 출석시켜 직접 대면조사할 수 있는 권한을 가진다고 보아야 한다.

[2] 다만 위와 같은 검사의 구속영장 청구 전 피의자 대면조사는 예외적인 경우에 한하여 허용될 뿐, 긴급체포의 합당성이나 구속영장 청구에 필요한 사유를 보강하기 위한 목적으로 실시되어서는 아니 된다.[24모선]

[3] 나아가 검사의 구속영장 청구 전 피의자 대면조사는 강제수사가 아니므로 피의자는 검사의 출석 요구에 응할 의무가 없고, 피의자가 검사의 출석 요구에 동의한 때에 한하여 사법경찰관리는 피의자를 검찰청으로 호송하여야 한다(대판 2008도11999). 표준판례

5 구속영장 발부 과정상의 흠결 치유 여부

[1] 형사소송법 제72조는 "피고인에 대하여 범죄사실의 요지, 구속의 이유와 변호인을 선임할 수 있음을 말하고 변명할 기회를 준 후가 아니면 구속할 수 없다."고 규정하고 있는바, 이는 피고인을 구속함에 있어 법관에 의한 사전 청문절차를 규정한 것으로서, 구속영장을 집행함에 있어 집행기관이 취하여야 하는 절차가 아니라 구속영장 발부함에 있어 수소법

원 등 법관이 취하여야 하는 절차라 할 것이므로, 법원이 피고인에 대하여 구속영장을 발부함에 있어 사전에 위 규정에 따른 절차를 거치지 아니한 채 구속영장을 발부하였다면 그 발부결정은 위법하다고 할 것이다.[24모선]

[2] 그러나 이미 변호인을 선정하여 공판절차에서 변명과 증거의 제출을 다하고 그의 변호 아래 판결을 선고받은 경우 등과 같이 위 규정에서 정한 절차적 권리가 실질적으로 보장되었다고 볼 수 있는 경우에는 발부결정을 위법하다고 볼 것은 아니지만(대결 2000모134),

[3] 사전 청문절차의 흠결에도 불구하고 구속영장 발부를 적법하다고 보는 이유는 범죄사실에 대한 충분한 소명과 공방이 이루어지고 그 과정에서 피고인에게 자신의 범죄사실 및 구속사유에 관하여 변명을 할 기회가 충분히 부여되기 때문이므로, 이와 동일시할 수 있을 정도의 사유가 아닌 이상 함부로 청문절차 흠결의 위법이 치유된다고 해석하여서는 아니 된다(대결 2015모1032). 표준판례

Ⅳ 구속영장의 발부 및 집행

1 구속영장의 효력이 미치는 범위

(1) 학설

① **인단위설** : 피의자를 기준으로 그의 모든 피의사실에 대하여 구속영장의 효력이 미친다는 견해이다.

② **사건단위설** : 범죄사실의 단일성이 인정되는 사건별로 구속영장의 효력이 미친다는 견해이다.

(2) 판례

'구속의 효력은 원칙적으로 작성된 구속영장에 기재된 범죄사실에만 미치는 것이므로, 구속기간이 만료될 무렵에 종전 구속영장에 기재된 범죄사실과 다른 범죄사실로 피고인을 구속하였다는 사정만으로는 피고인에 대한 구속이 위법하다고 할 수 없다'고 하여 사건단위설의 입장이다(대결 2000모134).[22모선]

(3) 검토

구속영장의 기재사항에 관한 제75조의 취지와 이미 구속된 피고인에 대한 영장집행 방법에 관한 제81조 제3항을 고려하면 사건단위설이 타당하다.

2 구속기간

(1) 수사기관의 구속기간

① 사법경찰관이 피의자를 구속한 때에는 10일 이내에 피의자를 검사에게 인치하지 아니하면 석방해야 한다(제202조). 검사의 구속기간도 10일이지만 지방법원 판사의 허가를 얻어 10일

을 초과하지 않는 한도에서 구속기간을 연장할 수 있다(제203조, 제205조 제1항).
② 피의자심문을 하는 경우 법원이 구속영장청구서·수사 관계 서류 및 증거물을 접수한 날부터 구속영장을 발부하여 검찰청에 반환한 날까지의 기간은 제202조 및 제203조의 적용에 있어서 그 구속기간에 이를 산입하지 아니한다(제201조의2 제7항).
③ 체포·구속적부심사 청구로 법원이 수사 관계 서류와 증거물을 접수한 때부터 결정 후 검찰청에 반환된 때까지의 기간은 구속기간에 산입하지 아니한다(제214조의2 제13항).

(2) 법원의 구속기간

① 구속기간은 2개월로 한다.
② 공판절차가 정지된 기간 및 공소제기 전의 체포·구인·구금 기간은 구속기간에 산입하지 아니한다(제92조 제3항).[23모선]
③ 구속을 계속할 필요가 있는 경우에는 심급마다 2개월 단위로 2차에 한하여 결정으로 갱신할 수 있다. 다만, 상소심은 부득이한 경우에는 3차에 한하여 갱신할 수 있다.
④ 대법원의 파기환송 판결에 의하여 사건을 환송받은 법원은 형사소송법 제92조 제1항에 따라 2월의 구속기간이 만료되면 특히 계속할 필요가 있는 경우에는 2차에 한하여 결정으로 구속기간을 갱신할 수 있다(대판 2001도5225).

(3) 구속기간의 기산일

① 영장에 의한 체포, 긴급체포, 구인을 위한 구속영장 발부 또는 현행범인 체포의 규정에 의하여 체포 또는 구인된 경우에는 사법경찰관의 구속기간 또는 검사의 구속기간은 피의자를 체포 또는 구인한 날부터 기산한다(제203조의2).[22모선]
② 구속기간의 초일은 시간을 계산하지 아니하고 1일로 산정한다(제66조 제1항).

3 구속영장의 신속한 집행

[1] 법관이 검사의 청구에 의하여 체포된 피의자의 구금을 위한 구속영장을 발부하면 검사와 사법경찰관리는 지체 없이 신속하게 구속영장을 집행하여야 한다. 피의자에 대한 구속영장의 제시와 집행이 그 발부 시로부터 정당한 사유 없이 시간이 지체되어 이루어졌다면, 구속영장이 그 유효기간 내에 집행되었다고 하더라도 위 기간 동안의 체포 내지 구금 상태는 위법하다.[23모선]
[2] 다만, 판결내용 자체가 아니고 피고인의 신병확보를 위한 구금 등의 처분에 관한 절차가 법령에 위반된 경우에는, 그 구금 등의 처분에 대하여 형사소송법 제417조에 따라 법원에 그 처분의 취소 또는 변경을 청구하는 것은 별론으로 하고 그로 인하여 피고인의 방어권, 변호권이 본질적으로 침해되고 판결의 정당성마저 인정하기 어렵다고 보여지는 정도에 이르지 아니하는 한, 그 구금 등의 처분이 위법하다는 것만으로 판결 결과에 영향이 있어 독립한 상고이유가 된다고 할 수 없다(대판 2020도16438).

4 재구속의 제한

① 검사 또는 사법경찰관에 의하여 구속되었다가 석방된 자는 다른 중요한 증거를 발견한 경우를 제외하고는 동일한 범죄사실에 관하여 재차 구속하지 못한다. 이 경우에 1개의 목적을 위하여 동시 또는 수단·결과의 관계에서 행하여진 행위는 동일한 범죄사실로 간주한다(제208조).

② 수소법원의 구속에 관하여는 검사 또는 사법경찰관이 피의자를 구속함을 규율하는 형사소송법 제208조(재구속의 제한)의 규정은 적용되지 아니하므로 구속기간의 만료로 피고인에 대한 구속의 효력이 상실된 후 항소법원이 피고인에 대한 판결을 선고하면서 피고인을 구속하였다 하여 제208조의 규정에 위배되는 재구속 또는 이중구속이라 할 수 없다(대결 85모12). 표준판례

cf) 구속영장 재청구의 제한

검사가 구속영장의 청구를 함에 있어서 동일한 범죄사실에 관하여 그 피의자에 대하여 전에 구속영장을 청구하거나 발부받은 사실이 있을 때에는 다시 구속영장을 청구하는 취지 및 이유를 기재하여야 한다(제201조 제5항).

V 구속영장이 발부된 경우 피의자 구제방법 [22변사]

1 구속적부심사 청구(제214조의2)

① 피의자가 대상이므로 기소가 된 후에는 허용되지 않는다. 만약 피의자 신분에서 구속적부심을 청구했는데 전격기소가 이루어진 경우에도 형소법 제214조의2 제4항에 의하여 청구는 적법하다.

② 구속적부심청구가 인용되는 경우 '보증금납입조건부 석방'이 가능한데, 체포적부심에서는 이러한 제도가 없고 구속적부심에서만 가능하다.

2 보증금납입조건부 피의자석방(제214조의2 제5항) (구속된 피고인은 보석)

법원은 구속된 피의자(심사청구 후 공소제기된 사람을 포함한다)에 대하여 피의자의 출석을 보증할 만한 보증금의 납입을 조건으로 하여 결정으로 피의자석방을 명할 수 있다.

3 구속집행정지(구속된 피고인에게도 적용, 제209조, 제101조)

① 법원은 상당한 이유가 있는 때에는 결정으로 구속된 피고인을 친족·보호단체 기타 적당한 자에게 부탁하거나 피고인의 주거를 제한하여 구속의 집행을 정지할 수 있다.

② 구속집행정지를 신청할 수 있는데 피고인에게 신청권이 있는 것은 아니며, 직권발동을 촉구하는 것에 불과하다. 사유는 가족의 사망, 본인의 질병 등인데 대체로 머물 수 있는 장소를 제한하고 기간을 정하여 허가한다.

③ 구속집행정지 결정을 함에는 검사의 의견을 물어야 한다. 단, 급속을 요하는 경우에는 그러하지 아니하다.

④ 군사법원상 구속집행정지에서 제도의 취지에 부합한다면 피고인의 도주 방지 및 출석을 확보하기 위하여 예컨대, 전자장치의 부착을 구속집행정지의 조건으로 부가할 수도 있다. 전자장치의 부착은 피고인의 기본권을 제한하는 성격을 갖고 있지만 구속보다 가벼운 처분을 통하여 피고인의 도주를 방지하여 가장 중한 기본권 제한인 구속의 목적을 달성할 수 있다는 점에서 비례의 원칙에도 어긋나지 않는다(대결 2022모1799).

4 구속의 취소(구속된 피고인에게도 적용, 제209조, 제93조)

(1) 의의

구속의 사유가 없거나 소멸된 때에는 법원은 직권 또는 검사, 피고인, 변호인 등의 청구에 의하여 결정으로 구속을 취소하여야 한다(제93조). 친고죄로 구속되었는데 고소가 취소된 경우, 구속하여 수사했다가 약식명령을 청구하게 되는 경우 등이 이에 해당한다.

(2) 절차

① 구속의 취소에 관한 결정을 함에 있어서도 검사의 청구에 의하거나 급속을 요하는 경우 외에는 검사의 의견을 물어야 하고, 검사는 의견요청에 대하여 지체 없이 의견을 표명하여야 한다.

② 구속을 취소하는 결정에 대하여는 검사는 즉시항고를 할 수 있다(제97조).

cf. 구속을 취소하는 결정에 대하여 검사는 즉시항고를 할 수 있으나, 보석을 허가하는 결정에 대하여는 검사는 보통항고를 할 수 있을 뿐 즉시항고를 할 수 없다.

(3) 구속 취소 관련 지문 및 판례 정리

① 피고인의 상고가 기각되더라도 제1심과 항소심판결 선고전 구금일수만으로도 구속을 필요로 하는 본형 형기를 초과할 것이 명백하다면 피고인이 현재 집행유예 기간 중에 있더라도 이것이 피고인의 구속을 계속하여야 할 사유가 된다고 할 수 없어 피고인을 구속할 사유는 소멸되었다고 할 것이므로 피고인에 대한 구속은 취소해야 한다(대결 91모25). 표준판례

② 구속의 취소는 구속영장의 효력이 존속하고 있음을 전제로 하는 것이고, 다른 사유로 이미 구속영장이 실효된 경우에는 피고인이 계속 구금되어 있더라도 구속의 취소 결정을 할 수 없다(대판 99도3454).

③ 피고인에 대한 형이 그대로 확정된다고 하더라도 잔여형기가 8일 이내이고 또한 피고인의 주거가 일정할 뿐 아니라 증거인멸이나 도망의 염려도 없어 보인다면 피고인을 구속할 사유는 소멸하였다 보아야 할 것이니 구속취소 신청은 이유있다(대결 83모42).

④ 구속취소사건에 있어서는 공판절차를 필요로 하는 것이 아니므로 공판절차의 갱신에 관한 형사소송법 제301조는 그 적용이 없고 따라서 제1심 결정에 관여하지 아니한 법관이 항고

에 대한 의견서를 첨부하여 항고법원에 송부하였다 하여 직접심리주의에 위배되는 위법이 있다고 할 수 없다(대결 86모10).

5 구속의 실효

① 구속영장의 실효 : 무죄, 면소, 형의 면제, 형의 선고유예, 형의 집행유예, 공소기각 또는 벌금이나 과료를 과하는 판결이 선고된 때에는 구속영장은 효력을 잃는다(제331조).
② 구속기간의 만료
③ 사형·자유형의 확정

VI 이중구속

1 의의

이중구속이란 이미 구속영장이 발부되어 구속되어 있는 피고인 또는 피의자에 대하여 다시 구속영장을 집행하는 것을 말한다.

2 허용여부

(1) 판례(적극설)

구속의 효력은 원칙적으로 구속영장에 기재된 범죄사실에만 미치는 것이므로, 구속기간이 만료될 무렵에 종전 구속영장에 기재된 범죄사실과 다른 범죄사실로 피고인을 구속하였다는 사정만으로 피고인에 대한 구속이 위법하다고 할 수 없다(2000모134). 표준판례 [24·22모선]

(2) 검토

구속영장의 효력은 구속영장에 기재된 범죄사실에 대하여만 미치고(사건단위설), 구속된 피고인 또는 피의자가 석방되는 경우를 대비하여 미리 구속해 둘 필요가 있다는 점에서 판례의 입장이 타당하다.

VII 별건구속

1 별건구속의 위법성 [20모사]

(1) 문제점

별건구속이란 수사기관이 본래 수사하고자 하는 사건(본건)에 대하여는 구속의 요건이 구비되지 않았기 때문에 본건의 수사에 이용할 목적으로 구속요건이 구비된 별건으로 구속하는 경우를 말한다.

별건구속은 구속영장에서 청구하지 아니한 별개의 피의사실에 대한 신문을 위한 구속이 된다는 점에서 영장주의에 위반하여 위법한 것은 아닌지 문제된다.

(2) 학설

① **위법설(본건기준설)** : 별건구속이 실질적으로 본건인 이상 본건 구속요건이 없는데도 사실상 구속의 효과를 가져오는 것은 실질적으로 영장주의에 반하여 위법하다는 견해이다.

② **적법설(별건기준설)** : 당해 구속은 별건에 관한 것이므로 별건에 대하여 구속요건이 구비되어 있는 한 적법하다는 견해이다.

(3) 판례

피고인이 기소중지 처분된 신용카드업법위반 등 피의사실로 27일간 구속되었고, 연이어 사기 등 범행으로 구속기소 되었지만, 결과적으로 위 구속기간이 사기 등 범행사실의 수사에 실질상 이용되었다 하더라도 위 구금일수를 사기죄의 본형에 산입할 수는 없다고 판시하였다(대판 90도2337).

(4) 검토

별건구속은 본건구속의 요건이 없는 이상 영장주의에 반하고, 본건구속에 대한 구속기간의 제한을 벗어나는 것이 되며, 자백강요 내지 수사의 편의를 위하여 구속을 인정하는 것이 되므로 위법하다.

(5) 개정 형사소송법 제198조 제4항

수사기관은 수사 중인 사건의 범죄 혐의를 밝히기 위한 목적으로 합리적인 근거 없이 별개의 사건을 부당하게 수사하여서는 아니 되고, 다른 사건의 수사를 통하여 확보된 증거 또는 자료를 내세워 관련 없는 사건에 대한 자백이나 진술을 강요하여서도 아니 된다.

2 여죄수사의 한계

(1) 문제점

수사의 대상이 된 피의사건 이외의 사건으로 동시수사의 가능성이 있는 것을 여죄라고 하는데 여죄수사의 허용범위가 문제된다.

(2) 학설

① 무제한 허용설 : 수사의 합목적성의 요청상 무제한 허용된다는 견해이다.

② 예외적 허용설 : 별건구속과 여죄수사의 구별이 명확하지 않으므로 피의자의 방어권을 실질적으로 저해하지 않는 범위에서만 허용된다는 견해이다.

(3) 검토

영장주의 이념이 보다 중시되어야 한다는 점에서 예외적 허용설이 타당하다.

3 별건구속과 관련된 기타 쟁점

(1) 별건구속에 이은 본건구속의 적법성

별건구속 후에 본건에 의하여 다시 구속하는 제2차 구속이 적법한가에 대하여 사건단위설에 따르면 피의사실이 다른 이상 적법하다고 볼 수 있으나, 구속기간을 잠탈할 우려가 있다는 점에서 별건 구속 후 본건에 의해 다시 구속하는 것은 위법하다고 하여야. 한다.

(2) 별건구속 기간의 본건구속에의 산입

① 판례

피고인이 신용카드업법위반으로 구속(별건구속)된 후 연이어 사기 등으로 구속(본건구속)된 사안에서 위 별건구속 기간이 본건 수사에 실질상 이용되었다 하더라도 그 구속일수를 본건의 형에 산입할 수 없다고 하였다(대판 90도2337).

② 검토

사건단위설에 의하면 별건구속의 효력은 본건구속에 영향이 없으므로 산입할 수 없다고 볼 수 있으나, 별건구속 중에 본건에 대한 수사가 이루어졌다면 실질적으로 본건구속이라고 해야 하므로 별건구속기간은 본건 미결구금일수에 산입하여야 한다.

VIII 구속 관련 지문 및 판례 정리

① [1] 경찰관 갑이 도로를 순찰하던 중 벌금 미납으로 지명수배된 피고인과 조우하게 되어 벌금 미납 사실을 고지하고 벌금납부를 유도하였으나 피고인이 이를 거부하자 벌금 미납으로 인한 노역장 유치의 집행을 위하여 구인하려 하였는데, 피고인이 이에 저항하여 갑의 가슴을 양손으로 수차례 밀침으로써 벌금수배자 검거를 위한 경찰관의 공무집행을 방해하였다는 내용으로 기소된 사안에서,

[2] 피고인에 대하여 확정된 벌금형의 집행을 위하여 형집행장이 이미 발부되어 있었으나, 갑이 피고인을 구인하는 과정에서 형집행장이 발부되어 있는 사실은 고지하지 않았던 사정에 비추어 갑의 위와 같은 직무집행은 위법하다고 보아 공소사실을 무죄로 판단하였다(대판 2017도9458).

② [1] 형집행장의 집행에 관하여 형사소송법 제1편 제9장에서 정하는 피고인의 구속에 관한 규정을 준용한다고 규정하고 있고, 여기서 '피고인의 구속에 관한 규정'은 '피고인의 구속영장의 집행에 관한 규정'을 의미한다고 할 것이므로, 형집행장의 집행에 관하여는 구속의 사유에 관한 형사소송법 제70조나 구속이유의 고지에 관한 형사소송법 제72조가 준용되지 아니한다.

[2] 사법경찰관리가 벌금형을 받은 사람을 그에 따르는 노역장유치의 집행을 위하여 구인하려면 검사로부터 발부받은 형집행장을 그 상대방에게 제시하여야 하지만, 형집행장을 소

지하지 아니한 경우에 급속을 요하는 때에는 그 상대방에 대하여 형집행 사유와 형집행장이 발부되었음을 고하고 집행할 수 있다(대판 2012도2349).
③ 피청구인의 청구인에 대한 이러한 사실상의 구금장소의 임의적 변경은 청구인의 방어권이나 접견교통권의 행사에 중대한 장애를 초래하는 것이므로 위법하다(대결 95모94).
④ 구속영장에 기재된 횡령죄의 범죄사실과 공소장에 기재된 사기죄의 공소사실이 범행일시 및 장소, 범행의 목적물과 그 행위의 내용에 있어서는 같으나 그 영득행위에 대한 법적인 평가만이 다를 뿐이므로 그 기본적인 사실관계는 동일하므로 구속영장의 효력이 공소사실에 미친다(대결 2001모85).
⑤ 피고인이 사전 청문절차 없이 발부된 구속영장에 기하여 구속되었으나 제1심법원이 위 구속의 위법을 시정하기 위하여 구속취소결정을 하고 적법한 청문절차를 밟아 구속사유가 있음을 인정하고 같은 날 피고인에 대한 구속영장을 새로 발부하였다면, 이와 같이 적법하게 발부된 새로운 구속영장에 따른 피고인에 대한 구속은 적법하다(대판 2018도19034).
⑥ 법원이 선고기일에 피고인에 대하여 실형을 선고하면서 구속영장을 발부하는 경우 검사가 법정에 재정하여 법원으로부터 구속영장을 전달받아 집행을 지휘하고, 그에 따라 피고인이 피고인 대기실로 인치되었다면 다른 특별한 사정이 없는 한 피고인은 형법 제145조 제1항의 '법률에 의하여 체포 또는 구금된 자'에 해당한다(대판 2020도12586).
- 도주죄의 주체 인정 가능
⑦ 형사재판 과정에서 범죄사실의 존재를 증명함에 충분한 증거가 없다는 이유로 무죄판결이 확정되었다고 하더라도 그러한 사정만으로 바로 검사의 구속 및 공소제기가 위법하다고 할 수 없고, 그 구속 및 공소제기에 관한 검사의 판단이 그 당시의 자료에 비추어 경험칙이나 논리칙상 도저히 합리성을 긍정할 수 없는 정도에 이른 경우에만 그 위법성을 인정할 수 있다(대판 2022다236781).[23모선]

 체포·구속적부심사제도

I 개관

1 체포·구속적부심사제도의 의의

① 체포·구속적부심사제도란 수사기관에 의하여 체포 또는 구속된 피의자에 대하여 법원이

체포 또는 구속의 적법 여부와 그 필요성을 심사하여 체포 또는 구속이 부적법·부당한 경우에 피의자를 석방시키는 제도이다(제214조의2).

② 수사단계에서 체포 또는 구속된 피의자를 석방케 하기 위한 제도인 점에서 법원이 구속된 피고인의 석방을 결정하는 보석과 구별되며, 법원의 결정에 의하여 피의자를 석방하는 제도라는 점에서는 검사가 피의자를 석방하는 체포 또는 구속의 취소와 구별된다.

2 청구권자 및 사유

(1) 심사의 청구권자(제214조의2)

① 피의자에 제한되어 있으므로 피고인은 체포·구속적부심사를 청구할 수 없다.[25변시] 피의자는 체포 또는 구속된 자이면 족하다(판례는 영장에 의하지 않고 긴급체포된 피의자도 체포적부심사를 청구할 수 있다는 입장).[23변시]

② 피의자를 체포하거나 구속한 검사 또는 사법경찰관은 체포되거나 구속된 피의자와 그 변호인, 법정대리인, 배우자, 직계친족, 형제자매나 가족, 동거인 또는 고용주 중에서 피의자가 지정하는 사람에게 적부심사를 청구할 수 있음을 알려야 한다.[22모선]

(2) 청구의 사유

체포 또는 구속의 적부란 체포 또는 구속의 불법뿐만 아니라 부당, 즉 구속 계속의 필요성에 대한 판단을 포함한다. 구속을 계속할 필요가 있는가를 판단하는 기준시기는 체포 또는 구속의 적부심사시이다.

3 법원의 심사

(1) 심문기일

체포·구속적부심사의 청구를 받은 법원은 청구서가 접수된 때부터 48시간 이내에 체포 또는 구속된 피의자를 심문하여야 한다(제214조의2 제4항).

(2) 법원의 심사

① 체포 또는 구속의 적부심사청구에 대한 결정은 체포 또는 구속된 피의자에 대한 심문이 종료된 때로부터 24시간이내에 이를 하여야 한다(규칙 제106조).

② 체포·구속적부심사의 청구를 받은 법원은 심문기일에 피의자를 심문하고 수사관계서류와 증거물을 조사한다.

③ 체포영장이나 구속영장을 발부한 법관은 심문·조사·결정에 관여할 수 없다. 다만, 체포영장이나 구속영장을 발부한 법관 외에는 심문·조사·결정을 할 판사가 없는 경우에는 그러하지 아니하다.

(3) 국선변호인 선임

체포되거나 구속된 피의자에게 변호인이 없는 때에는 제33조를 준용하여 법원은 직권으로 변호인을 선정하여야 한다(제214조의2 제10항).[25변선] 이는 심문 없이 청구를 기각하는 경우에도 마찬가지이다.

4 법원의 결정

(1) 기각결정

① 청구권자 아닌 사람이 청구하거나 동일한 체포영장 또는 구속영장의 발부에 대하여 재청구한 때, 공범이나 공동피의자의 순차청구가 수사 방해를 목적으로 하고 있음이 명백한 때 법원은 심문없이 결정으로 청구를 기각할 수 있다(제214조의2 제3항).
② 법원의 심사결과 청구가 이유없다고 인정한 때에는 결정으로 그 청구를 기각한다(동조 제4항).

(2) 석방결정

① 적부심사의 청구가 이유 있다고 인정한 때 피의자의 석방을 결정한다(제214조의 2 제4항).
② 심사청구 후 피의자에 대하여 공소제기가 있는 경우에도 같다(제214조의 2 제4항).[23변선]

(3) 재체포·구속의 제한

체포와 구속의 적부심사 결과 법원의 석방결정에 의하여 석방된 피의자는 도망하거나 죄증을 인멸하는 경우를 제외하고는 동일한 범죄사실에 대하여 재차 체포 또는 구속 하지 못한다(제214조의3 제1항).

(4) 체포·구속적부심문조서는 제315조 제3호에 의해 당연히 증거능력 인정

법원 또는 합의부원, 검사, 변호인, 청구인이 구속된 피의자를 심문하고 그에 대한 피의자의 진술 등을 기재한 구속적부심문조서는 제311조가 규정한 문서에는 해당하지 않는다 할 것이나, 특히 신용할 만한 정황에 의하여 작성된 문서라고 할 것이므로 특별한 사정이 없는 한, 피고인이 증거로 함에 부동의하더라도 제315조 제3호에 의하여 당연히 그 증거능력이 인정된다(대판 2003도5693).[23변선, 22모선]

5 항고의 금지

체포·구속적부심사 청구에 관한 법원의 기각결정, 석방결정에 대하여는 항고가 불가하다(제214조의2 제8항).

6 보증금 납입조건부 피의자석방 [18모사]

(1) 보증금 납입조건부 피의자석방제도의 의의

보증금 납입조건부 피의자석방제도란 구속된 피의자에 대하여 보증금납입을 조건으로 구속의 집행을 정지하는 제도를 의미한다(제214조의2 제5항).

(2) 보증금 납입조건부 피의자석방제도의 내용

① **수사단계에서 피의자 구속** : 보증금 납입조건부 피의자석방의 대상자는 구속된 피의자에

제한되어 있으므로 체포된 피의자에 대하여는 보증금납입을 조건으로 한 석방이 허용되지 않는다. 따라서 체포적부심사절차에서 피의자를 보증금납입을 조건으로 석방할 수는 없다.

② **피의자 또는 변호인 등이 구속적부심사를 관할법원에 청구** : 다만, 보증금납입조건부 피의자석방은 법원의 직권·재량 결정사항이므로 피의자 등이 구속적부심사 청구시 보증금 납입조건부를 청구할 수 있는 것은 아니며 청구하더라도 소송법적 효과는 없다.

③ **제외사유** : 죄증을 인멸할 염려가 있거나, 피해자 등의 생명·신체나 재산에 위해를 가할 우려가 있는 경우

④ **보증금과 조건** : 석방 결정을 하는 경우에는 주거의 제한, 법원 또는 검사가 지정하는 일시·장소에 출석할 의무, 그 밖의 적당한 조건을 부가할 수 있다(제214조의2 제6항). 보증금의 결정이나 집행절차에 관하여는 보석에 관한 규정이 준용된다.

보증금의 납입을 조건으로 하는 피의자석방결정도 보증금을 납입한 후가 아니면 집행하지 못한다(제214조의2 제7항).[23변선]

⑤ **재체포·재구속의 제한** : 도망, 도망하거나 죄증을 인멸할 염려가 있다고 믿을 만한 충분한 이유가 있는 때, 출석요구를 받고 정당한 이유 없이 출석하지 아니할 때, 주거의 제한 기타 법원이 정한 조건에 위반한 때의 사유가 있는 경우를 제외하고는 동일한 범죄사실에 관하여 피의자를 재차 체포 또는 구속하지 못한다(제214조의3 제2항).

(3) 보증금의 몰수

① **임의적 몰수** : 재체포·재구속 제한의 예외사유에 해당하여 재차 구속할 때, 보증금납입을 조건으로 석방된 피의자에 대하여 공소가 제기된 후 법원이 동일한 범죄사실에 관하여 피고인을 재차 구속할 때에는 납입된 보증금의 전부 또는 일부를 몰수 할 수 있다(제214조의4 제1항).

② **필요적 몰수** : 보증금납입을 조건으로 석방된 피의자가 동일한 범죄사실에 관하여 형의 선고를 받고 그 판결이 확정된 후 집행하기 위한 소환을 받고 정당한 이유 없이 출석하지 아니하거나 도망한 때에는 법원은 직권 또는 검사의 청구에 의하여 결정으로 보증금의 전부 또는 일부를 몰수하여야 한다(제214조의4 제2항).

II 보증금납입조건부 석방결정에 대한 검사의 항고 가부 [23·15모사]

1 문제점

제214조의2 제8항은 제3항과 제4항의 결정에 대하여는 항고할 수 없다고 명문으로 항고를 금지하고 있는데, 제5항의 보증금납입조건부 피의자석방결정에 대해서는 규정이 없어 항고가 허용되는지 문제된다.

2 학설

보증금납입조건부 석방결정은 법원의 재량에 의한 것이고, 보증금 납입조건부 석방결정은 비록 형사소송법 제214조의2 제5항에 의한 것이지만 제4항의 석방결정의 한 유형이라고 볼 수 있으므로 항고가 허용되지 않는다는 부정설이 있다.

3 판례(허용설)

항고하지 못한다는 규정은 없을 뿐만 아니라, 제214조의2 제4항의 석방결정과 제5항의 석방결정은 원래 그 실질적인 취지와 내용을 달리 하는 것이고, 또한 기소 후 보석결정에 대하여 항고가 인정되는 점에 비추어 그 보석결정과 성질 및 내용이 유사한 기소 전 보증금 납입 조건부 석방결정에 대하여도 항고할 수 있도록 하는 것이 균형에 맞으므로, 제402조에 의하여 항고할 수 있다(대결 97모21).[25·23변선, 22모선]

4 검토

항고를 불허하는 특별한 규정이 없는 현행 형사소송법의 해석상 판례 입장이 타당하다.

III 체포된 피의자에 대하여 보증금납입조건부 석방결정의 허용 여부

1 문제점

형사소송법은 구속된 피의자만을 대상으로 보증금납입조건부 석방결정을 규정하고 있는데, 체포된 피의자에게도 허용되는지 문제된다.

2 학설

① 부정설 : 명문규정상 구속된 피의자로 한정하고 있고 체포와 구속은 명백히 구분되므로 부정된다는 견해이다.
② 긍정설 : 구속된 피의자와 체포된 피의자를 구별할만한 합리적인 이유가 없으므로 인정해야 한다는 견해이다.

3 판례(부정설)

형사소송법은 수사단계에서의 체포와 구속을 명백히 구별하고 있고 이에 따라 체포와 구속의 적부심사를 규정한 같은 법 제214조의2에서 체포와 구속을 서로 구별되는 개념으로 사용하고 있는바, 현행법상 체포된 피의자에 대하여는 보증금 납입을 조건으로 한 석방이 허용되지 않는다(대결 97모21). 표준판례 [25·22변선, 23모선]

4 검토

생각건대 현행법은 체포와 구속을 구별하고 있는데, 제214조의2 제5항은 '구속된 자'로 한정하고 있으므로 부정설이 타당하다.

Chapter 024 보석 [19변기]

I 보석 일반

1 보석의 의의

보석이란 일정한 보증금의 납부 등을 조건으로 하여 구속의 집행을 정지함으로써 구속된 피고인을 석방하는 제도를 의미한다.

2 보석의 종류

(1) 필요적 보석(제95조)

① **필요적 보석의 원칙** : 보석의 청구가 있는 때에는 제외사유가 없는 한 보석을 허가하여야 한다.

② **필요적 보석의 제외사유**
  - 피고인이 사형·무기 또는 장기 10년이 넘는 징역이나 금고에 해당하는 죄를 범한 때
  - 피고인이 누범에 해당하거나 상습범인 죄를 범한 때
  - 피고인이 죄증을 인멸하거나 인멸할 염려가 있다고 믿을 만한 충분한 이유가 있는 때
  - 피고인이 도망하거나 도망할 염려가 있다고 믿을 만한 충분한 이유가 있는 때
  - 피고인의 주거가 분명하지 아니한 때
  - 피고인이 피해자 등의 생명·신체나 재산에 해를 가하거나 가할 염려가 있는 때

③ 피고인이 집행유예의 기간 중에 있어 집행유예의 결격자라고 하여 보석을 허가할 수 없는 것은 아니고, 집행유예기간 중에 있는 피고인의 보석을 허가한 것이 누범과 상습범에 대하여는 보석을 허가하지 아니할 수 있다는 제95조 제2호의 취지에 위배되어 위법이라고 할 수 없다(대결 90모22).

(2) 임의적 보석

필요적 보석의 제외사유에 해당하는 때에도 법원은 상당한 이유가 있는 때에는 직권 또는 보석청구권자의 청구에 의하여 결정으로 보석을 허가할 수 있다(제96조).

3 보석의 절차

(1) 보석의 청구(제94조)

(2) 법원의 결정

① 재판장은 보석에 관한 결정을 하기 전에 검사의 의견을 물어야 한다(제97조 제1항).
② 법원이 보석에 관한 결정을 함에 있어 검사의 의견을 듣도록 한 제97조 제1항의 규정에 따른 검사의 의견은 법원에 대하여 구속력을 가지는 것이 아니다(대결 97모88).

(3) 보석허가 결정에 대한 항고

보석을 허가하는 결정에 대하여 검사는 즉시항고를 할 수 없다. 그러나 검사가 제403조 제2항에 의한 보통항고의 방법으로 보석허가결정에 대하여 불복하는 것은 허용된다(대결 97모26).

4 보석의 취소·실효와 보증금의 몰취·환부

(1) 보석의 취소

법원은 피고인이 도망한 때, 도망하거나 죄증을 인멸할 염려가 있다고 믿을 만한 충분한 이유가 있는 때 등의 경우에는 직권 또는 검사의 청구에 의하여 보석을 취소할 수 있다. 보석의 취소 여부는 법원의 재량에 속하고, 보석취소결정에 대하여는 항고가 가능하다.[23변선]

(2) 보석의 실효

보석의 취소와 구속영장의 실효에 의하여 그 효력을 상실한다.
따라서 무죄, 면소, 형의 선고유예와 집행유예, 벌금 또는 과료의 재판이 선고된 때에는 물론 자유형이나 사형이 확정된 경우에도 구속영장이 실효되므로 보석도 효력을 잃는다.

(3) 보증금의 몰취와 환부

① 보석을 취소하는 때에는 직권 또는 검사의 청구에 따라 결정으로 보증금 또는 담보의 전부 또는 일부를 몰취할 수 있다(제103조 제1항). 이는 법원의 재량에 속하며, 법원은 보증금을 전혀 몰취하지 않을 수도 있다(임의적 몰취).
② 그러나 법원은 보석으로 석방된 피고인이 판결이 확정된 후 집행하기 위한 소환을 받고 정당한 사유 없이 출석하지 아니하거나 도망한 때에는 직권 또는 검사의 청구에 따라 결정으로 보증금 또는 담보의 전부 또는 일부를 몰취해야 한다(필요적 몰취).
③ 보증금몰수사건의 사물관할은 법원조직법 제7조 제4항의 규정에 따라 지방법원 단독판사에게 속하는 것이다(대결 2001모53).

(4) 보증금 몰취결정을 보석취소결정과 함께 해야 하는지 여부

판례는 '보석보증금을 몰수하려면 반드시 보석취소와 동시에 하여야만 하는 것이 아니라 보석취소 후에 별도로 보증금몰수결정을 할 수도 있다'는 입장이다(대결 2000모22). 표준판례

II 필요적 보석의 제외사유 판단시 여죄 고려 여부

1 문제점

필요적 보석의 제외사유를 판단함에 있어서 구속영장에 기재되어 있지 않은 여죄도 고려할 수 있는지 문제된다.

2 학설

① 소극설 : 구속의 효력은 구속영장에 기재된 사실에 대하여만 미치므로 고려할 수 없다는 견해이다.

② 적극설 : 보석 여부는 종합적·객관적으로 판단해야 하므로 여죄도 고려할 수 있다는 견해이다.

3 검토

구속사유로 기재되어 있지 않은 사유를 들어 필요적 보석의 제외사유를 판단한다면 피고인의 방어권 행사가 곤란하다는 점에서 소극설이 타당하다.

III 보석허가결정에 있어 검사의 의견청취규정의 법적 성질

1 문제점

형사소송법 제97조 제1항은 '재판장은 보석에 관한 결정을 하기 전에 검사의 의견을 물어야 한다'고 규정하고 있다. 이 규정이 법원이 보석에 관한 결정을 함에 있어 의무규정인지 아니면 재량규정인지 문제된다.

2 학설

① **의무규정설** : 법조문에 충실하여 법원의 의무라는 견해이다.

② **재량규정설** : 법문이 의무적으로 표현되어 있다 하여도 반드시 의무적으로 해석할 필요는 없으므로 법원의 재량에 해당한다는 견해이다.

3 판례

'공소제기 된 피고인의 구속상태를 계속 유지할 것인지 여부에 관한 판단은 전적으로 당해 수소법원의 권한에 속하는 것이다. 법원이 보석에 관한 결정을 함에 있어 검사의 의견을 듣도록 한 제97조 제1항의 규정에 따른 검사의 의견은 법원에 대하여 구속력을 가지는 것이 아니라고 할 것이다'라고 하여 재량규정설의 입장이다(대판 97모88).

Chapter 025 영장의 법적 성질

1 문제점

법관이 직권으로 발부한 영장은 명령장의 성격을 가진다는 점에는 견해가 일치하지만 검사의 청구에 의하여 법관이 발부하는 영장의 법적 성질에 대해서는 견해가 대립한다.

2 학설

① **허가장설** : 법관의 영장은 수사상 강제처분의 합법성 통제를 위하여 잠정적으로 설정해 놓은 형식상의 제한을 해제하는 허가장으로서의 성질을 갖는다는 견해이다.
② **명령장설** : 검사의 영장청구는 법관의 재판(명령)을 구하는 소송행위로서의 성질을 가지므로 법관의 영장은 명령장의 성질을 갖는다는 견해이다.

3 판례

제215조에 의한 압수·수색영장은 '수사기관의 압수·수색에 대한 허가장으로서'라고 하여 허가장설을 취하고 있으며(대결 99모161), 헌법재판소도 '법원이 직권으로 발부하는 영장은 명령장으로서의 성질을 갖지만 수사기관의 청구에 의하여 발부하는 구속영장은 허가장으로서의 성질을 갖는다'고 판시하였다(헌재 96헌바28).

4 검토

형사소송법 제204조에 의하면 수사기관은 체포영장 또는 구속영장을 발부 받은 후에도 체포·구속하지 않을 수 있으므로, 허가장설이 타당하다.[22모선]

Chapter 026 압수·수색·검증 일반

I 의의

1 압수·수색·검증의 개념

(1) 압수의 개념

① 압수란 물건의 점유를 취득하는 강제처분을 의미하는데, 압류, 영치, 제출명령의 3가지 유형으로 분류할 수 있다.
② 압류란 물건의 점유를 점유자나 소유자의 의사에 반해 강제적으로 취득하는 강제절차로서, 압수는 보통 압류를 가리킨다(제106조 제1항, 제215조).
③ 영치는 유류물이나 임의제출물과 같이 점유의 이전이 점유자나 소유자의 의사에 반하지 않는 물건에 대한 점유를 의미한다(제218조).
④ 제출명령이란 법원이 압수할 물건을 지정하여 소유자 등에게 제출을 명하는 것이다(제106조 제2항).

(2) 수색의 개념

① 수사기관 또는 법원은 필요한 때에는 피의사건 또는 피고사건과 관계가 있다고 인정할 수 있는 것에 한정하여 수색할 피의자 또는 피고인의 신체, 물건 또는 주거, 그 밖의 장소를 수색할 수 있다(제109조 제1항, 제219조).
② 피의자 또는 피고인 아닌 자의 신체, 물건 또는 주거 등에 관해서는 압수할 물건이 있음을 인정할 수 있는 경우에 한해 수색할 수 있다(제109조 제2항, 제219조).

(3) 검증의 개념

검증이란 사람의 신체, 장소, 물건의 존재와 상태를 시각, 청각, 후각, 미각, 촉각 등 오관의 작용에 의해 인식하는 강제처분을 의미한다.

2 압수의 대상

(1) 증거물 또는 몰수물

① 압수의 대상은 증거물 또는 몰수할 것으로 사료되는 물건이다(제106조, 제219조).
② 검사는 범죄수사에 필요한 때에는 증거물 또는 몰수할 것으로 사료하는 물건을 법원으로부터 영장을 발부받아서 압수할 수 있는 것이고, 합리적인 의심의 여지가 없을 정도로 범죄

사실이 인정되는 경우에만 압수할 수 있는 것은 아니다(대결 96모34).

(2) 우체물 또는 전기통신

① 법원 또는 수사기관은 필요한 때에는 피고사건과 관계가 있다고 인정할 수 있는 것에 한정하여 우체물 또는 전기통신에 관한 것으로서 체신관서, 그 밖의 관련 기관 등이 소지 또는 보관하는 물건의 제출을 명하거나 압수를 할 수 있다(제107조 제1항, 제219조).

② **수출입물품에 대한 조사** [23모기]

[1] 수출입물품 통관검사절차에서 이루어지는 물품의 개봉, 시료채취, 성분분석 등의 검사는 수출입물품에 대한 적정한 통관 등을 목적으로 조사를 하는 것으로서 이를 수사기관의 강제처분이라고 할 수 없으므로, 세관공무원은 압수·수색영장 없이 이러한 검사를 진행할 수 있다.

[2] 그러나 마약거래방지법에 따라 특정한 수출입물품을 개봉하여 검사하고 그 내용물의 점유를 취득한 행위는 위에서 본 수출입물품에 대한 적정한 통관 등을 목적으로 조사를 하는 경우와는 달리, 범죄수사인 압수 또는 수색에 해당하여 사전 또는 사후에 영장을 받아야 한다(대판 2014도8719).[24변시]

(3) 출판물

출판에 대한 사전검열이 헌법상 금지된 것으로서 어떤 이유로도 행정적인 규제방법으로 사전검열을 하는 것은 허용되지 않으나 출판내용에 형벌법규에 저촉되어 범죄를 구성하는 혐의가 있는 경우에 그 증거물 또는 몰수할 물건으로서 압수하는 것은 사전검열과 같이 볼 수 없고, 다만 출판 직전에 그 내용을 문제삼아 출판물을 압수하는 것은 실질적으로 출판의 사전검열과 같은 효과를 가져올 수도 있는 것이므로 범죄혐의와 강제수사의 요건을 엄격히 해석하여야 할 것이다(대결 91모1).

II 압수·수색의 절차

1 압수·수색에서의 영장주의

(1) 법원의 압수·수색

법원의 공판정에서의 압수·수색에는 영장을 요하지 않으나, 공판정 외에서 압수·수색을 할 때에는 영장을 발부하여야 한다(제113조).

(2) 수사기관의 압수·수색

① 검사는 범죄수사에 필요한 때에는 피의자가 죄를 범하였다고 의심할 만한 정황이 있고 해당 사건과 관계가 있다고 인정할 수 있는 것에 한정하여 지방법원판사에게 청구하여 발부받은 영장에 의하여 압수, 수색 또는 검증을 할 수 있다(제215조 제1항).

② 사법경찰관은 검사에게 신청하여 검사의 청구로 지방법원판사가 발부한 영장에 의하여 압수, 수색 또는 검증을 할 수 있다(제215조 제2항).

③ 검사가 사법경찰관이 신청한 영장을 정당한 이유 없이 판사에게 청구하지 아니한 경우 사법경찰관은 그 검사 소속의 지방검찰청 소재지를 관할하는 고등검찰청에 영장 청구 여부에 대한 심의를 신청할 수 있고, 각 고등검찰청에 설치된 영장심의위원회에서 이를 심의한다(제221조의5). [22모선]

④ 제215조가 규정하고 있는 '범죄수사에 필요한 때'라 함은 단지 수사를 위해 필요할 뿐만 아니라 강제처분으로서 압수를 행하지 않으면 수사의 목적을 달성할 수 없는 경우를 의미한다(대결 2003모126).

2 발부받은 압수·수색영장의 집행 요건

(1) 압수·수색영장 집행시 사전통지

① 피의자 등에게 미리 압수·수색영장의 집행 일시와 장소를 통지함으로써 압수·수색영장의 집행 과정에 대한 참여권을 실질적으로 보장하여야 한다(대결 2019모2584).

② '급속을 요하는 때'에는 위와 같은 통지를 생략할 수 있다. 여기서 '급속을 요하는 때'라고 함은 압수·수색영장 집행 사실을 미리 알려주면 증거물을 은닉할 염려 등이 있어 압수·수색의 실효를 거두기 어려울 경우이다(대판 2012도7455). [표준판례]

(2) 영장의 제시(제118조, 219조)

① 압수·수색의 당사자에게 집행 이전에 반드시 영장을 제시하도록 함으로써 압수·수색영장에 기재된 물건·장소·신체에 한정하여 압수·수색이 이루어질 수 있도록 한다(대결 2019모2584).

② 압수·수색영장을 집행하는 수사기관은 피압수자로 하여금 법관이 발부한 영장에 의한 압수·수색이라는 사실을 확인함과 동시에 형사소송법이 압수·수색영장에 필요적으로 기재하도록 정한 사항이나 그와 일체를 이루는 사항을 충분히 알 수 있도록 압수·수색영장을 제시하여야 한다(대판 2015도12400). [22모선]

③ 압수·수색영장은 처분을 받는 자에게 반드시 제시하여야 하는바, 현장에서 압수·수색을 당하는 사람이 여러 명일 경우에는 그 사람들 모두에게 개별적으로 영장을 제시해야 하는 것이 원칙이다. 수사기관이 압수·수색에 착수하면서 그 장소의 관리책임자에게 영장을 제시하였더라도, 물건을 소지하고 있는 다른 사람으로부터 압수하고자 하는 때에는 그 사람에게 따로 영장을 제시하여야 한다(대판 2008도763). [표준판례]

④ 처분을 받는 자가 현장에 없는 등 영장의 제시나 그 사본의 교부가 현실적으로 불가능한 경우 또는 처분을 받는 자가 영장의 제시나 사본의 교부를 거부한 때에는 예외로 한다(제219조, 제118조). [22변선]

⑤ 수사기관이 피의자의 휴대전화 등을 압수할 당시 피의자가 영장의 구체적인 확인을 요구하

였으나 수사기관이 영장의 범죄사실 기재 부분을 보여주지 않았고, 그 후 피의자의 변호인이 피의자에 대한 조사에 참여하면서 영장을 확인한 경우, 적법한 압수·수색영장의 제시라 할 수 없다(대결 2019모3526).

⑥ 수사기관이 A주식회사에서 압수수색영장을 집행하면서 A회사에 팩스로 영장 사본을 송신하기만 하고 영장 원본을 제시하거나 압수조서와 압수물 목록을 작성하여 피압수·수색 당사자에게 교부하지도 않은 채 피고인의 이메일을 압수한 후 이를 증거로 제출한 경우 압수된 이메일의 증거능력은 부정된다(대판 2015도10648). 표준판례

⑦ [1] 수사기관의 압수·수색은 법관이 발부한 압수·수색영장에 의하여야 하는 것이 원칙이고, 영장의 원본은 처분을 받는 자에게 반드시 제시되어야 하므로, 금융계좌추적용 압수·수색영장의 집행에 있어서도 수사기관이 금융기관으로부터 금융거래자료를 수신하기에 앞서 금융기관에 영장 원본을 사전에 제시하지 않았다면 원칙적으로 적법한 집행 방법이라고 볼 수는 없다.

[2] 다만 수사기관이 금융기관에 금융거래정보에 대하여 영장 사본을 첨부하여 그 제공을 요구한 결과 금융기관으로부터 회신받은 금융거래자료가 해당 영장의 집행 대상과 범위에 포함되어 있고, 금융거래정보 제공요구 및 자료 회신의 전 과정이 해당 금융기관의 자발적 협조의사에 따른 것이며, 그 자료 중 범죄혐의사실과 관련된 금융거래를 선별하는 절차를 거친 후 최종적으로 영장 원본을 제시하고 위와 같이 선별된 금융거래자료에 대한 압수절차가 집행된 경우로서, 이러한 일련의 과정을 전체적으로 '하나의 영장에 기하여 적시에 원본을 제시하고 이를 토대로 압수·수색하는 것'으로 평가할 수 있는 경우에 한하여, 예외적으로 영장의 적법한 집행 방법에 해당한다고 볼 수 있다(대판 2021도11170).

(3) 영장집행시 참여 [19모사]

① 법률의 규정
- 제121조(영장집행과 당사자의 참여) : 검사, 피고인 또는 변호인은 압수·수색영장의 집행에 참여할 수 있다.
- 제123조(영장의 집행과 책임자의 참여) : ② 타인의 주거, 간수자 있는 가옥, 건조물, 항공기 또는 선박·차량 안에서 압수·수색영장을 집행할 때에는 주거주(住居主), 간수자 또는 이에 준하는 사람을 참여하게 하여야 한다. ③ 제2항의 사람을 참여하게 하지 못할 때에는 이웃 사람 또는 지방공공단체의 직원을 참여하게 하여야 한다.
- 제124조(여자의 수색과 참여) : 여자의 신체에 대하여 수색할 때에는 성년의 여자를 참여하게 하여야 한다.

② 압수·수색에서 변호인의 참여권은 고유권
제219조, 제121조가 규정한 변호인의 참여권은 피압수자의 보호를 위하여 변호인에게 주어진 고유권이다. 따라서 설령 피압수자가 수사기관에 압수·수색영장의 집행에 참여하지 않는다는 의사를 명시하였다고 하더라도, 특별한 사정이 없는 한 그 변호인에게는 제219조, 제122조에 따라 미리 집행의 일시와 장소를 통지하는 등으로 압수·수색영장의 집행

에 참여할 기회를 별도로 보장하여야 한다(대판 2020도10729).[25·24·23변선, 23모선]

③ 원심이 甲회사의 본사 서버에 보관된 준항고인의 카카오톡 대화내용에 대한 압수·수색영장의 집행에 의하여 전자정보를 취득하는 것이 참여권자에게 통지하지 않을 수 있는 형사소송법 제122조 단서의 '급속을 요하는 때'에 해당하지 않는다고 판단한 것은 잘못이나, 그 과정에서 압수·수색영장의 원본을 제시하지 않은 위법, 실질적 피압수자이자 피의자인 준항고인에게 참여권을 보장하지 않은 위법과 압수한 전자정보 목록을 교부하지 않은 위법을 종합하면, 압수·수색에서 나타난 위법이 압수·수색절차 전체를 위법하게 할 정도로 중대하다고 보아 압수·수색을 취소한 사례(대결 2016모587).

④ 주거주, 간수자 또는 이에 준하는 자 등의 참여가 없어 이 부분 압수·수색은 형사소송법 제219조, 제123조 제2항, 제3항에 위배되나, 수사관들은 거소지에 진입한 이후 30분가량 참여인 없이 수색절차를 진행하다가 곧바로 피압수자에게 연락하여 참여할 것을 고지하였고, 피압수자가 현장에 도착한 때부터는 압수물 선별 과정, 디지털 포렌식 과정, 압수물 확인 과정에 피압수자와 변호인의 적극적이고 실질적인 참여가 있었으며, 압수·수색의 전 과정이 영상녹화 되었다면 위 압수·수색과정에서 수집된 증거들은 유죄 인정의 증거로 사용 가능하다(대판 2014도10978).

⑤ [1] 수사기관이 압수 또는 수색을 할 때에는 처분을 받는 사람에게 반드시 적법한 절차에 따라 법관이 발부한 영장을 사전에 제시하여야 하고, 처분을 받는 자가 피의자인 경우에는 영장 사본을 교부하여야 하며, 피의자·피압수자 또는 변호인은 압수·수색영장의 집행에 참여할 권리가 있다.[22모선]
[2] 영장 집행 과정에 대한 참여권이 충실히 보장될 수 있도록 사전에 피의자 등에 대하여 집행 일시와 장소를 통지하여야 함은 물론 피의자 등의 참여권이 형해화되지 않도록 그 통지의무의 예외로 규정된 '피의자 등이 참여하지 아니한다는 의사를 명시한 때 또는 급속을 요하는 때'라는 사유를 엄격하게 해석하여야 한다(대판 2023도8752).

⑥ [1] 형사소송법 제123조 제2항, 제3항, 제219조에서 정한 바에 따라 압수·수색영장의 집행에 참여하는 주거주 등 또는 이웃 등은 최소한 압수·수색절차의 의미를 이해할 수 있는 정도의 능력(이하 '참여능력'이라고 한다)을 갖추고 있어야 한다.
[2] 주거주 등 또는 이웃 등이 참여하였다고 하더라도 그 참여자에게 참여능력이 없거나 부족한 경우에는, 주거주 등이나 이웃 등의 참여 없이 이루어진 것과 마찬가지로 형사소송법 제123조 제2항, 제3항에서 정한 압수·수색절차의 적법요건이 갖추어졌다고 볼 수 없으므로 그러한 압수·수색영장의 집행도 위법하다.
[3] 형사소송법 제123조 제2항, 제3항에 따라 압수·수색영장의 집행에 참여하는 주거주, 간수자 또는 이에 준하는 사람이나 이웃 사람 또는 지방공공단체의 직원에게도 의사소통이나 의사표현에 어려움을 겪는 장애가 있을 수 있으므로, 압수·수색영장을 집행하는 수사기관으로서는 그러한 장애가 있는 참여자에 대하여 장애인차별금지법 제26조 제6항의 취지에 맞는 적법한 조치를 취함으로써 형사소송법 제123조 제2항, 제3항이 요구하는 압수·수색절차의 적법요건이 갖추어질 수 있도록 하여야 한다.

[4] 피의자가 주거주 등인 주거지 등에서 압수·수색영장을 집행하는 경우 피의자에게 참여능력이 없다면 그 피의자만 참여하는 것으로는 부족하고, 수사기관은 형사소송법 제123조 제3항에 따라 참여능력이 있는 이웃 등을 함께 참여시켜야 한다. 이때 참여능력이 없는 피의자만이 참여하였다면 그 압수·수색은 형사소송법 제123조 제2항, 제3항을 위반한 것으로 원칙적으로 위법하다.

[5] 압수·수색절차에 참여한 참여자와 관련하여 해당 절차의 적법요건이 갖추어졌는지는, 수사기관이 인식하였거나 인식할 수 있었던 사정 등을 포함하여 압수·수색 당시를 기준으로 외형적으로 인식 가능한 사실상의 상태를 살펴 판단하여야 한다. 압수·수색 당시 수사기관이 인식할 수 없었던 참여자의 내부적, 주관적 사정이나 참여자의 객관적 능력에 관한 법률적·사후적인 판단은 고려대상이 아니다(대판 2020도11223).

(4) 영장에 기재된 압수대상물에 한정 - 별건 압수의 위법성 [14변사]

① 영장 발부의 사유로 된 범죄 혐의사실과 관련된 증거가 아니라면 적법한 압수·수색이 아니다. 따라서 영장 발부의 사유로 된 범죄 혐의사실과 무관한 별개의 증거를 압수하였을 경우 이는 원칙적으로 유죄 인정의 증거로 사용할 수 없다(대판 2018도2624).

② **혐의사실과의 관련성** [23변사, 23·20모사]

[1] 헌법 제12조의 영장주의와 형사소송법 제199조 제1항 단서의 강제처분 법정주의는 수사기관의 증거수집뿐만 아니라 강제처분을 통하여 획득한 증거의 사용까지 아우르는 형사절차의 기본원칙이다. 수사기관은 영장 발부의 사유로 된 범죄 혐의사실과 관계가 없는 증거를 압수할 수 없고, 별도의 영장을 발부받지 아니하고서는 압수물 또는 압수한 정보를 그 압수의 근거가 된 압수·수색영장 혐의사실과 관계가 없는 범죄의 유죄 증거로 사용할 수 없다(대판 2018도18866).

[2] 압수·수색영장의 범죄 혐의사실과 관계있는 범죄라는 것은 압수·수색영장에 기재한 혐의사실과 객관적 관련성이 있고 압수·수색영장 대상자와 피의자 사이에 인적 관련성이 있는 범죄를 의미한다.

[3] 그중 혐의사실과의 객관적 관련성은 압수·수색영장에 기재된 혐의사실 자체 또는 그와 기본적 사실관계가 동일한 범행과 직접 관련되어 있는 경우는 물론 범행 동기와 경위, 범행 수단과 방법, 범행 시간과 장소 등을 증명하기 위한 간접증거나 정황증거 등으로 사용될 수 있는 경우에도 인정될 수 있다. 그 관련성은 압수·수색영장에 기재된 혐의사실의 내용과 구체적·개별적 연관관계가 있는 경우에만 인정되고, 혐의사실과 단순히 동종 또는 유사 범행이라는 사유만으로 관련성이 있다고 할 것은 아니다.

[4] 그리고 피의자와 사이의 인적 관련성은 압수·수색영장에 기재된 대상자의 공동정범이나 교사범 등 공범이나 간접정범은 물론 필요적 공범 등에 대한 피고사건에 대해서도 인정될 수 있다(대판 2017도13458). 표준판례 [22변선, 23모선]

③ 압수·수색영장의 집행 과정에서 피압수자의 지위가 참고인에서 피의자로 전환될 수 있는 증거가 발견되었더라도 그 증거가 압수·수색영장에 기재된 범죄사실과 객관적으로 관련

되어 있다면 이는 압수·수색영장의 집행 범위 내에 있다. 따라서 다시 피압수자에 대하여 영장을 발부받고 헌법상 변호인의 조력을 받을 권리를 고지하거나 압수·수색과정에 참여할 의사를 확인해야 한다고 보기 어렵다(대판 2017도13458).

④ **긴급체포시 압수한 휴대전화에 저장된 자료들의 관련성 인정 사례**

[1] 피고인이 2018. 5. 6.경 피해자 갑(여, 10세)에 대하여 저지른 간음유인미수 및 성폭력처벌법위반(통신매체이용음란) 범행과 관련하여 수사기관이 피고인 소유의 휴대전화를 압수하였는데, 위 휴대전화에 대한 디지털정보분석 결과 피고인이 2017. 12.경부터 2018. 4.경까지 사이에 저지른 피해자 을(여, 12세), 병(여, 10세), 정(여, 9세)에 대한 간음유인 및 간음유인미수, 미성년자의제강간, 성폭력처벌법 위반(13세미만미성년자강간), 성폭력처벌법 위반(통신매체이용음란) 등 범행에 관한 추가 자료들이 획득되어 그 증거능력이 문제 된 사안에서,

[2] 추가 자료들로 밝혀지게 된 을, 병, 정에 대한 범행은 압수·수색영장에 기재된 혐의사실과 기본적 사실관계가 동일한 범행에 직접 관련되어 있는 경우라고 볼 수 있으며, 추가 자료들로 인하여 밝혀진 피고인의 을, 병, 정에 대한 범행은 압수·수색영장의 범죄사실과 단순히 동종 또는 유사 범행인 것을 넘어서서 이와 구체적·개별적 연관관계가 있는 경우로서 객관적·인적 관련성을 모두 갖추었으므로 추가 자료들은 위법하게 수집된 증거에 해당하지 않아 압수·수색영장의 범죄사실뿐 아니라 추가 범행들에 관한 증거로 사용할 수 있다(대판 2019도14341).

⑤ 법관이 압수·수색영장을 발부하면서 '압수할 물건'을 특정하기 위하여 기재한 문언은 엄격하게 해석하여야 하고, 함부로 피압수자 등에게 불리한 내용으로 확장 또는 유추 해석하여서는 안 된다. 따라서 압수·수색영장에서 압수할 물건을 '압수장소에 보관 중인 물건'이라고 기재하고 있는 것을 '압수장소에 현존하는 물건'으로 해석할 수는 없다(대판 2008도763). 표준판례 [23모선]

⑥ **피고인의 동생이 피의자로 특정된 영장에 기하여 피고인의 물건 압수한 경우**[23모기]

[1] 피고인이 아닌 사람을 피의자로 하여 발부된 이 사건 영장을 집행하면서 피고인 소유의 이 사건 휴대전화 등을 압수한 것은 위법하다.

[2] 경찰은 이 사건 범행의 피의자로 甲을 특정하여 甲이 소유·소지하는 물건을 압수하기 위해 이 사건 영장을 신청하였고, 판사는 그 신청취지에 따라 甲이 소유·소지하는 물건의 압수를 허가하는 취지의 이 사건 영장을 발부하였으므로, 이 사건 영장의 문언상 압수·수색의 상대방은 甲이고, 압수할 물건은 甲이 소유·소지·보관·관리·사용하는 물건에 한정된다.

[3] 비록 경찰이 압수·수색 현장에서 다른 사람으로부터 이 사건 범행의 진범이 피고인 乙이라는 이야기를 들었다고 하더라도 이 사건 영장에 기재된 문언에 반하여 피고인 乙 소유의 물건을 압수할 수는 없다(대판 2020도14654).

(5) 야간집행의 제한

일출 전, 일몰 후에는 압수·수색영장에 야간집행을 할 수 있는 기재가 없으면 그 영장을 집행하기 위하여 타인의 주거, 간수자 있는 가옥, 건조물, 항공기 또는 선차 내에 들어가지 못한다(제125조). 다만, ① 도박 기타 풍속을 해하는 행위에 상용된다고 인정하는 장소, ② 여관, 음식점 기타 야간에 공중이 출입할 수 있는 장소(단, 공개한 시간 내에 한한다)의 경우 야간집행 제한이 적용되지 않는다.

(6) 압수목록의 작성·교부

① 수사기관의 압수·수색영장 집행에 대한 사후적 통제수단 및 피의자 등의 신속한 구제절차로 마련된 준항고 등(제417조)을 통한 불복의 기회를 실질적으로 보장하기 위하여 압수·수색영장의 집행을 종료한 직후에 압수목록을 작성·교부하여야 한다(대결 2019모2584).

② 압수물 목록은 이러한 권리행사에 지장이 없도록 압수 직후 현장에서 바로 작성하여 교부해야 하는 것이 원칙이다(대판 2008도763).[23변선]

③ 압수된 정보의 상세목록에는 정보의 파일 명세가 특정되어 있어야 하고, 수사기관은 이를 출력한 서면을 교부하거나 전자파일 형태로 복사해 주거나 이메일을 전송하는 등의 방식으로도 할 수 있다(대판 2017도13263).[23변선]

3 영장발부재판·영장청구기각결정에 대한 불복 불허

[1] 제416조는 재판장 또는 수명법관이 한 재판에 대한 준항고에 관하여 규정하고 있는바, 여기에서 말하는 '재판장 또는 수명법관'이라 함은 수소법원의 구성원으로서의 재판장 또는 수명법관만을 가리키는 것이어서, 수사기관의 청구에 의하여 압수영장 등을 발부하는 독립된 재판기관인 지방법원 판사가 이에 해당된다고 볼 수 없으므로, 지방법원 판사가 한 압수영장발부의 재판에 대하여는 위 조항에서 정한 준항고로 불복할 수 없고,

[2] 나아가 제402조, 제403조에서 규정하는 항고는 법원이 한 결정을 그 대상으로 하는 것이므로 법원의 결정이 아닌 지방법원 판사가 한 압수영장발부의 재판에 대하여 그와 같은 항고의 방법으로도 불복할 수 없다(대결 97모66).[25변선]

III 압수·수색 관련 판례 정리

① 집행을 종료한 영장의 재사용 불가

[1] 압수·수색영장에 기재되는 유효기간은 집행에 착수할 수 있는 종기를 의미하는 것일 뿐, 수사기관이 압수·수색영장을 제시하고 집행에 착수하여 압수·수색을 실시하고 그 집행을 종료하였다면 이미 그 영장은 목적을 달성하여 효력이 상실되는 것이고, 동일한 장소 또는 목적물에 대하여 다시 압수·수색할 필요가 있는 경우라면 법원으로부터 새로운 압수

·수색영장을 발부 받아야 하는 것이지, 앞서 발부 받은 압수·수색영장의 유효기간이 남아 있다고 하여 이를 제시하고 다시 압수·수색을 할 수는 없다(대결 99모161). 표준판례 [22변선]

[2] 경찰이 압수·수색영장을 발부받아 집행하여 공소외인의 휴대전화를 압수한 이후 공소외인의 휴대전화 메신저 계정에서 대마 구매를 희망하는 피고인이 보낸 메시지 정보를 취득한 후 위장수사를 진행하여 피고인을 현행범으로 체포하고 증거를 수집하였으나, 메시지 정보의 취득은 영장 집행 종료 후의 위법한 재집행이고 휴대전화 메신저 계정을 이용할 정당한 접근권한도 없으므로, 위와 같은 경위로 수집한 증거는 위법수집증거에 해당하여 증거능력이 없다는 취지로 판단한 사례(대판 2020도5336)

② **위법한 압수물에 대한 몰수 가능**

[1] 범죄행위에 제공하려고 한 물건은 범인 이외의 자의 소유에 속하지 아니하거나 범죄 후 범인 이외의 자가 정을 알면서 취득한 경우 이를 몰수할 수 있고, 한편 몰수대상물건이 압수되어 있는가 하는 점 및 적법한 절차에 의하여 압수되었는가 하는 점은 몰수의 요건이 아니다.

[2] 이미 그 집행을 종료함으로써 효력을 상실한 압수·수색영장에 기하여 다시 압수·수색을 실시하면서 몰수대상물건을 압수한 경우, 압수 자체가 위법하게 됨은 별론으로 하더라도 그것이 위 물건의 몰수의 효력에는 영향을 미칠 수 없다(대판 2003도705).

③ [1] 경찰은 법원으로부터 "피고인은 공소외인에게 무상으로 필로폰을 교부하였다."라는 내용을 혐의사실로 하여 이 사건 압수영장을 발부받아 압수하였는데, 피고인은 경찰 및 검찰에서 "화장실 내에서 필로폰을 주사기로 투약하였다."라고 자백하였고, 검사는 피고인에 대하여 '필로폰 수수 및 투약'의 사실로 공소를 제기하였다.

[2] 이 사건 압수영장에 의하여 압수한 피고인의 소변 및 모발과 그에 대한 감정 결과 등은 이 사건 압수영장의 혐의사실과 객관적 관련성이 있다고 볼 수 있고, 나아가 압수한 소변 및 모발 등으로 밝혀진 이 부분 공소사실은 이 사건 압수영장의 혐의사실과 단순히 동종 또는 유사의 범행인 것을 넘어서서 구체적·개별적 연관관계가 있는 경우로서 객관적·인적 관련성이 인정되므로, 압수한 소변 및 모발 등은 이 부분 공소사실의 증거로 사용할 수 있다(대판 2021도3756).

④ 범인으로부터 압수한 물품에 대하여 몰수의 선고가 없어 그 압수가 해제된 것으로 간주된다고 하더라도 공범자에 대한 범죄수사를 위하여 여전히 그 물품의 압수가 필요하다거나 공범자에 대한 재판에서 그 물품이 몰수될 가능성이 있다면 검사는 그 압수해제된 물품을 다시 압수할 수도 있다(대결 96모34). 표준판례 [23모선]

⑤ [1] 압수물은 검사의 이익을 위해서뿐만 아니라 이에 대한 증거신청을 통하여 무죄를 입증하고자 하는 피고인의 이익을 위해서도 존재하므로 사건종결 시까지 이를 그대로 보존할 필요성이 있다. [2] 다만 형사소송법은 "법령상 생산·제조·소지·소유 또는 유통이 금지된 압수물로서 부패의 염려가 있거나 보관하기 어려운 압수물은 소유자 등 권한 있는 자의 동의를 받아 폐기할 수 있다."라고 규정하고 있다(제130조 제3항). [3] 따라서 부패의 염려가 있거나 보관하기 어려운 압수물이라 하더라도 법령상 생산·제조·소지·소유 또는 유통

이 금지되어 있고, 권한 있는 자의 동의를 받지 못하는 한 이를 폐기할 수 없고, 만약 그러한 요건이 갖추어지지 않았음에도 폐기하였다면 이는 위법하다(대판 2019다282197).

⑥ **임의제출시 현장에서 압수목록 작성·교부하지 않아도 적법성이 인정된 사례**

[1] 임의제출에 따른 압수(제218조)의 경우에도 수사기관은 영장에 의한 압수와 마찬가지로 객관적·구체적인 압수목록을 신속하게 작성·교부할 의무를 부담한다.

[2] 다만 적법하게 발부된 영장의 기재는 그 집행의 적법성 판단의 우선적인 기준이 되어야 하므로, 예외적으로 압수물의 수량·종류·특성 기타의 사정상 압수 직후 현장에서 압수목록을 작성·교부하지 않을 수 있다는 취지가 영장에 명시되어 있고, 이와 같은 특수한 사정이 실제로 존재하는 경우에는 압수영장을 집행한 후 일정한 기간이 경과하고서 압수목록을 작성·교부할 수도 있으나, 압수목록 작성·교부 시기의 예외에 관한 영장의 기재는 피의자·피압수자 등의 압수처분에 대한 권리구제절차 또는 불복절차가 형해화되지 않도록 그 취지에 맞게 엄격히 해석되어야 하고, 나아가 예외적 적용의 전제가 되는 특수한 사정의 존재여부는 수사기관이 이를 증명하여야 하며, 그 기간 역시 필요 최소한에 그쳐야 한다(대판 2021모385).

⑦ **임의수사에서는 영장주의 적용 X**

[1] 이 사건 법률조항(전기통신사업법 제83조)은 수사기관 등이 전기통신사업자에 대하여 통신자료의 제공을 요청할 수 있는 권한을 부여하면서 전기통신사업자는 '그 요청에 따를 수 있다'고 규정하고 있을 뿐, 전기통신사업자에게 수사기관 등의 통신자료 제공요청에 응하거나 협조하여야 할 의무를 부과하지 않으며, 달리 전기통신사업자의 통신자료 제공을 강제할 수 있는 수단을 마련하고 있지 아니하다.

[2] 따라서 이 사건 법률조항에 따른 통신자료 제공요청은 강제력이 개입되지 아니한 임의수사에 해당하고 이를 통한 수사기관 등의 통신자료 취득에는 영장주의가 적용되지 아니하는바, 이 사건 법률조항은 헌법상 영장주의에 위배되지 아니한다(헌재 2016헌마388).[23모선]

Chapter 027 압수·수색에서 영장주의의 예외 [21모사]

I 체포·구속 목적의 피의자 수색

1 의의

검사 또는 사법경찰관은 체포영장에 의한 체포, 긴급체포 또는 현행범인의 체포에 의하여 체포하거나 구속영장에 의하여 피의자를 구속하는 경우에 필요한 때에는 영장 없이 타인의 주거나 타인이 간수하는 가옥·건조물·항공기·선차 내에서 피의자 수색을 할 수 있다(제216조 제1항 제1호).

다만, 체포영장에 의한 체포 또는 구속영장에 의한 구속의 경우의 피의자 수색은 미리 수색영장을 발부받기 어려운 긴급한 사정이 있는 때에 한정한다.

2 수색의 주체

검사 또는 사법경찰관만 할 수 있다. 현행범인은 누구나 체포할 수 있으나, 일반인은 현행범인의 체포를 위하여 타인의 주거를 수색할 수 없다.

3 '체포 목적의 피의자 수색' 규정 헌법불합치 결정 이후 적용 사건

[1] 헌법불합치결정을 하게 된 당해 사건 및 헌법불합치결정 당시에 구법 조항의 위헌 여부가 쟁점이 되어 법원에 계속 중인 사건에 대하여는 헌법불합치결정의 소급효가 미친다고 해야 하므로, 비록 현행 형사소송법 부칙에 소급적용에 관한 경과조치를 두고 있지 않더라도 이들 사건에 대하여는 구법 조항을 그대로 적용할 수는 없고, 위헌성이 제거된 현행 형사소송법의 규정을 적용하여야 한다.

[2] 이 사건 체포영장을 집행하기 위하여 이 사건 건조물을 수색하기에 앞서 수색영장을 발부받기 어려운 긴급한 사정이 있었다고 볼 수 없으므로, 경찰관들이 수색영장 없이 이 사건 건조물을 수색한 행위는 적법한 공무집행에 해당하지 않는다(대판 2018도13458).

II 체포현장에서의 압수·수색·검증 [24·23·17변사, 19·18·17모사]

1 의의

검사 또는 사법경찰관은 피의자를 체포 또는 구속하는 경우에 필요한 때에는 영장없이 체포현장에서의 압수, 수색, 검증을 할 수 있다(제216조 제1항 제2호).[24·22변선, 23모선]

2 제도의 취지

① **부수처분설** : 체포에 의하여 가장 중요한 기본권인 자유권이 적법하게 침해된 때에는 이에 수반하는 보다 경미한 비밀이나 소유권의 침해도 영장 없이 할 수 있다는 견해이다.
② **긴급행위설** : 체포자의 안전과 증거의 파괴·은닉을 방지하기 위하여 긴급행위로 인정된다는 견해이다.
③ **검토** : 부수처분설은 영장주의 예외가 부당하게 확대될 염려가 있으므로 긴급행위설이 타당하다.

3 체포와의 시간적 접착성(체포현장의 범위)

(1) 학설

① **시간적·장소적 접착설** : 체포 전후를 불문하고 시간적·장소적으로 접착되어 있으면 족하다는 견해이다.
② **현장설** : 압수·수색 당시 피의자가 현장에 있음을 요한다는 견해이다.
③ **체포착수설** : 피의자에 대한 체포에 착수할 것을 요한다는 견해이다.
④ **체포설** : 피의자가 현실적으로 체포되었음을 요하는 견해이다.

(2) 판례(체포착수설)

현행범 체포에 착수하지 아니한 상태여서 형사소송법 제216조 제1항 제2호, 제212조가 정하는 '체포현장에서의 압수·수색' 요건을 갖추지 못하였으므로, 영장 없는 압수·수색업무로서의 적법한 직무집행으로 볼 수 없다(대판 2014도16080).[22모선]

(3) 검토

체포에 착수한 바 없는 경우를 체포에 수반하는 긴급행위라고 할 수 없으므로 시간적·장소적 접착설과 현장설은 부당하고, 체포설은 적법성을 우연에 맡기는 결과가 된다는 점에서 체포착수설이 타당하다.

4 압수·수색의 대상과 장소적 범위

① 압수·수색의 대상은 체포자에게 위해를 줄 우려가 있는 무기 기타의 흉기, 도주의 수단이 되는 물건 및 체포의 원인이 되는 범죄사실에 대한 증거물에 한한다.[22변선]
② 그 장소적 범위는 피체포자의 신체 및 그의 직접 지배하에 있는 장소에 제한된다.
③ 피의자에 대한 체포에 착수하여 피의자가 체포되는 과정에서 일시 도주하는 바람에 체포현장이 변경된 경우에는 체포착수시에 피의자가 있던 장소는 물론이고 그 이동경로와 최종적으로 체포된 장소도 모두 체포현장에 포함된다.
④ 그러나 경찰이 피고인의 집에서 20m 떨어진 곳에서 피고인을 체포한 후 피고인의 집안을 수색하여 칼과 합의서를 압수하였을 뿐만 아니라 적법한 시간 내에 압수·수색영장을 청구

하여 발부받지도 않은 경우, 위 칼과 합의서는 위법하게 압수된 것으로서 증거능력이 없다(대판 2009도14376).

5 사후 압수·수색영장의 청구

① 압수한 물건을 계속 압수할 필요가 있을 때에는 지체없이 압수·수색영장을 청구해야 하는데, 체포한 때로부터 48시간 이내에 청구해야 한다(제217조 제2항).[25·22변선, 22모선]
② 압수·수색영장을 발부받지 못하는 경우 즉시 반환한다(동조 3항).
③ 음란물 유포의 범죄혐의를 이유로 압수·수색영장을 발부받은 사법경찰관이 피고인의 주거지를 수색하는 과정에서 대마를 발견하자, 피고인을 마약류관리법위반죄의 현행범으로 체포하면서 대마를 압수하였으나 그 다음날 피고인을 석방하고도 사후 압수·수색영장을 발부받지 않은 사안에서, 위 압수물과 압수조서는 형사소송법상 영장주의를 위반하여 수집한 증거로서 증거능력이 부정된다(대판 2008도10914). 표준판례

6 요급처분

급속을 요하는 때에는 제123조(영장의 집행과 책임자의 참여), 제125조(야간집행의 제한)가 적용되지 아니한다(제220조).

Ⅲ 피고인 구속현장에서의 압수·수색·검증

검사 또는 사법경찰관이 피고인에 대한 구속영장을 집행하는 경우에 필요한 때에는 그 집행현장에서 영장 없이 압수·수색 또는 검증을 할 수 있다(제216조 제2항).[22모선]

Ⅳ 범죄장소에서의 압수·수색·검증 [17·14·12변사, 17모사]

1 의의

① 범행 중 또는 범행 직후의 범죄 장소에서 긴급을 요하여 법원판사의 영장을 받을 수 없는 때에는 영장 없이 압수·수색 또는 검증을 할 수 있다. 이 경우에는 사후에 지체 없이 영장을 받아야 한다(제216조 제3항)[22모선].
② 피의자가 현장에 있거나 체포되었을 것을 요건으로 하지 않는다.

2 요급처분

급속을 요하는 때에는 제123조(영장의 집행과 책임자의 참여), 제125조(야간집행의 제한)가 적용되지 아니한다(제220조).

3 범죄장소에서의 압수·수색·검증 관련 지문 및 판례 정리

① **사경의 범죄장소에서의 실황조사서 작성**
사고발생 직후 사고장소에서 긴급을 요하여 판사의 영장 없이 시행된 것으로서 형사소송법 제216조 제3항에 의한 검증에 따라 작성된 것이라면 사후영장을 받지 않는 한 유죄의 증거로 삼을 수 없다(대판 88도1399).

② 주취운전이라는 범죄행위로 당해 음주운전자를 구속·체포하지 아니하는 경우에도 필요하다면 그 차량열쇠는 범행 중 또는 범행 직후의 범죄장소에서의 압수로서 제216조 제3항에 의하여 영장 없이 이를 압수할 수 있다(대판 97다54482). 표준판례 [22모선]

③ 경찰관의 노래연습장 주류 판매 단속행위가 제216조 제3항의 '긴급을 요하여 법원판사의 영장을 받을 수 없는 때'에 해당하지 않는다(대판 2014도16080).

V 긴급체포시의 압수·수색·검증 [23·21·16변사, 17모사]

1 의의

검사 또는 사법경찰관은 긴급체포의 규정에 따라 체포된 자가 소유·소지 또는 보관하는 물건에 대하여 긴급히 압수할 필요가 있는 경우에는 피의자를 체포한 때부터 24시간 이내에 한하여 영장 없이 압수·수색 또는 검증을 할 수 있다(제217조 제1항).

2 긴급압수·수색·검증의 요건

① 긴급체포 된 자가 소유·소지 또는 보관하는 물건이 대상이다. 여기서 긴급체포 된 자는 현실로 긴급체포 된 자에 한한다.

② **긴급압수는 긴급체포현장이 아닌 장소에서도 가능**
제217조 제1항은 수사기관이 피의자를 긴급체포한 상황에서 피의자가 체포되었다는 사실이 공범이나 관련자들에게 알려짐으로써 관련자들이 증거를 파괴하거나 은닉하는 것을 방지하고, 범죄사실과 관련된 증거물을 신속히 확보할 수 있도록 하기 위한 것이다. 이 규정에 따른 압수·수색 또는 검증은 체포현장이 아닌 장소에서도 긴급체포된 자가 소유·소지 또는 보관하는 물건을 대상으로 할 수 있다(대판 2017도10309).

3 압수·수색·검증의 기간과 사후영장의 청구

① 영장 없이 압수·수색·검증할 수 있는 기간은 긴급체포한 후 24시간 이내에 한한다(제217조 제1항).

② 압수한 물건을 계속 압수할 필요가 있는 경우에는 지체 없이 압수·수색영장을 청구해야 하며 이 청구는 체포한 때로부터 48시간 이내에 하여야 한다(동조 제2항).[25변선, 23·22모선]

4 긴급체포시 긴급압수·수색의 범위

(1) 학설

① **한정설** : 긴급체포의 사유가 된 범죄사실 수사에 필요한 최소한의 범위에서 당해 범죄사실과 관련된 증거물 또는 몰수할 것으로 판단되는 물건만을 압수할 수 있다는 견해이다.

② **비한정설** : 긴급체포 대상범죄사실에 관련된 증거나 몰수물에 한정하지 않고 다른 범죄에 대한 증거나 몰수물도 대상이 된다는 견해이다.

(2) 판례(기본적으로 한정설)

경찰관이 이른바 전화사기죄 범행의 혐의자를 긴급체포하면서 그가 보관하고 있던 다른 사람의 주민등록증, 운전면허증 등을 압수한 사안에서, 이는 구 형사소송법 제217조 제1항에서 규정한 해당 범죄사실의 수사에 필요한 범위 내의 압수로서 적법하므로, 이를 위 혐의자의 점유이탈물횡령죄 범행에 대한 증거로 인정할 수 있다(대판 2008도2245).

(3) 검토

긴급압수의 대상물은 긴급체포의 사유가 된 범죄사실의 수사에 필요하고 관련된 최소한의 범위내에서 허용되어야 할 것이다.

5 야간의 긴급압수·수색이 사후영장 발부로 적법한지 여부 [19·16변사, 21모사]

(1) 문제점

긴급압수·수색은 제216조에 의한 압수·수색이 아니므로 제220조의 요급처분 특례가 적용되지 않는다. 따라서 급속을 요하는 때에도 제123조(주거주 등 참여) 및 제125조(야간집행제한)가 적용되어 야간 집행시 위법성이 인정되는데, 사후 영장을 발부받는 경우 야간 긴급압수에 따른 압수물의 증거능력이 인정되는지 문제된다.

(2) 학설

① **증거능력 부정설** : 명문의 규정에 따라 요급처분의 예외가 제217조에 의한 긴급압수·수색에는 적용되지 않기 때문에 야간 긴급압수는 위법하다는 견해이다.

② **증거능력 긍정설** : 제217조에 의한 긴급압수·수색도 긴급성을 요한다는 점에서 제220조를 준용하여 야간 긴급압수는 적법하다는 견해이다.

③ **절충설** : 사후에 발부된 영장에 야간압수·수색이 허용되는 경우에 한하여 법관의 사후추인으로 적법하게 된다는 견해이다.

(3) 판례(사후추인설 취지) - 주거주 등 참여제한 사안과 구별

판례는 긴급체포 후 체포현장에서 2km 떨어진 피고인 주거지에서의 야간 압수·수색에 관하여 사후 압수·수색영장의 발부에 의하여 적법하다고 판시한바 있다(대판 2017도10309).[22모선]

(4) 검토

'체포한 때로부터 24시간 이내'라는 긴급압수의 시기적 제한을 고려할 때, 야간 긴급압수의 경우 예외적으로 사후 영장의 발부에 의해 적법하게 된다고 볼 것이다.

VI 임의제출 한 물건 및 유류물의 압수 [17변사, 24·21·20·17모사]

1 의의

법원은 소유자·소지자 또는 보관자가 임의로 제출한 물건 또는 유류한 물건을 영장 없이 압수할 수 있고, 검사 또는 사법경찰관도 피의자 기타인의 유류한 물건이나 소유자·소지자 또는 보관자가 임의로 제출한 물건을 영장 없이 압수할 수 있다(제218조).[23변선, 23모선]

2 요건 [21변사]

① 소지자는 위탁관계 없이 자기를 위해 물건을 점유하는 자이고, 보관자는 위탁관계를 전제로 타인을 위해 물건을 점유하는 자를 말한다. 제출자인 소유자, 소지자 또는 보관자가 반드시 적법한 권한을 가지고 있을 것을 전제로 하지 않는다. 따라서 절도범이 자신이 절취한 물건을 수사기관에 임의제출할 수도 있다.
② 또한 보관자가 보관물을 임의제출시 소유권자의 동의가 있어야 하는 것도 아니다.
③ 임의로 제출된 물건을 압수하는 경우, 그 제출에 임의성이 있다는 점에 관하여는 검사가 합리적 의심을 배제할 수 있을 정도로 증명하여야 하고, 임의로 제출된 것이라고 볼 수 없는 경우에는 증거능력을 인정할 수 없다(대판 2020도2550).

3 임의제출 관련 지문 및 판례 정리

① **체포현장 및 범죄장소에서의 임의제출과 영장주의 예외** [19변사]

[1] 현행범 체포현장이나 범죄현장에서도 소지자 등이 임의로 제출하는 물건은 제218조에 의하여 영장 없이 압수하는 것이 허용되고, 이 경우 검사나 사법경찰관은 별도로 사후에 영장을 받을 필요가 없다(대판 2019도17142). 표준판례 [25·24·22변선, 22모선]

[2] 임의제출물을 압수한 경우 압수물이 형사소송법 제218조에 따라 실제로 임의제출된 것인지에 관하여 다툼이 있을 때에는 임의제출의 임의성을 의심할 만한 합리적이고 구체적인 사실을 피고인이 증명할 것이 아니라 검사가 그 임의성의 의문점을 없애는 증명을 해야 한다(대판 2020도9431).[25변선]

[3] 현행범 체포현장에서 임의제출물 압수가 가능하다고 하더라도, 제출의 임의성이 있어야만 압수물에 대한 증거능력이 인정될 수 있는 것인데, 임의제출에 의한 압수절차와 그

효과에 대한 피고인의 인식 또는 경찰관의 고지가 없었다고 보이는 등 피고인이 현행범으로 체포될 당시 임의제출 방식으로 압수된 피고인 소유의 휴대전화기에 대하여 경찰관의 강제수사 또는 피고인의 임의적 제출의사 부재가 의심되는 반면 이를 배제할 검사의 증명이 전혀 이루어지지 않았음을 이유로, 이 사건 휴대전화기 자체는 물론 이를 기초로 한 2차 증거에 해당하는 이 사건 휴대전화기에 기억된 저장정보 역시 적법절차로 수집한 증거가 아니어서 유죄의 증거로 삼을 수 없다고 한 사례(대판 2019도13290). [표준판례]

[4] 수사기관이 임의제출자인 피고인에게 임의제출의 의미, 절차와 임의제출할 경우 피압수물을 임의로 돌려받지는 못한다는 사정 등을 고지하였음을 인정할 자료가 없는 점, 피고인은 당시 "경찰관으로부터 '휴대전화를 반환할 수 있다'는 말을 들었다."라고 진술하는 등 휴대전화를 임의제출할 경우 나중에 번의하더라도 되돌려받지 못한다는 사정을 인식하고 있었다고 단정하기 어려운 점 등에 비추어 볼 때, 휴대전화 제출에 관하여 검사가 임의성의 의문점을 없애는 증명을 다하지 못하였으므로 휴대전화 및 그에 저장된 전자정보는 위법수집증거에 해당하여 증거능력이 없다고 한 사례(대판 2020도9431)

② **보관자의 임의제출시 소유자의 동의 불요** [17모사]

교도관이 재소자가 맡긴 비망록을 수사기관에 임의로 제출하였다면 그 비망록의 증거사용에 대하여도 재소자의 사생활의 비밀 기타 인격적 법익이 침해되는 등의 특별한 사정이 없는 한 반드시 그 재소자의 동의를 받아야 하는 것은 아니고, 그 압수절차가 피고인의 승낙 및 영장 없이 행하여졌다고 하더라도 적법하다(대판 2008도1097).[22모선]

③ [1] 제218조 규정을 위반하여 소유자, 소지자 또는 보관자가 아닌 자로부터 제출받은 물건을 영장 없이 압수한 경우 그 압수물 및 압수물을 찍은 사진은 이를 유죄 인정의 증거로 사용할 수 없는 것이고, 피고인이나 변호인이 이를 증거로 함에 동의하였다고 하더라도 마찬가지이다.

[2] 피고인 소유의 쇠파이프를 피고인의 주거지 앞마당에서 발견하였으면서도 그 소유자, 소지자 또는 보관자가 아닌 피해자로부터 임의로 제출받는 형식으로 압수하였는바, 피고인의 증거동의에도 불구하고 유죄 인정 증거로 사용할 수 없다(대판 2009도10092). [표준판례] [22변선]

④ **별건 증거 압수 후 환부하여 임의제출 받은 경우 증거능력** [17변사]

[1] 압수·수색은 영장 발부의 사유로 된 범죄 혐의사실과 관련된 증거에 한하여 할 수 있는 것이므로, 영장 발부의 사유로 된 범죄 혐의사실과 무관한 별개의 증거를 압수하였을 경우 이는 원칙적으로 유죄 인정의 증거로 사용할 수 없다.

[2] 다만 수사기관이 그 별개의 증거를 피압수자 등에게 환부하고 후에 이를 임의제출받아 다시 압수하였다면 그 증거를 압수한 최초의 절차 위반행위와 최종적인 증거수집 사이의 인과관계가 단절되었다고 평가할 수 있는 사정이 될 수 있으나, 환부 후 다시 제출하는 과정에서 수사기관의 우월적 지위에 의하여 임의제출 명목으로 실질적으로 강제적인 압수가 행하여질 수 있으므로, 그 제출에 임의성이 있다는 점에 관하여는 검사가 합리적 의심을

배제할 수 있을 정도로 증명하여야 하고, 임의로 제출된 것이라고 볼 수 없는 경우에는 그 증거능력을 인정할 수 없다(대판 2013도11233). [표준판례]

⑤ **간호사가 진료 목적으로 채혈된 피고인의 혈액을 감정 목적으로 임의제출 가능**

경찰관이 간호사로부터 진료 목적으로 이미 채혈되어 있던 피고인의 혈액 중 일부를 주취운전 여부에 대한 감정을 목적으로 임의로 제출 받아 이를 압수한 경우, 당시 간호사가 위 혈액의 소지자 겸 보관자인 병원 또는 담당 의사를 대리하여 혈액을 경찰관에게 임의로 제출할 수 있는 권한이 없었다고 볼 특별한 사정이 없는 이상, 그 압수절차가 피고인 또는 피고인의 가족의 동의 및 영장 없이 행하여졌다고 하더라도 이에 적법절차를 위반한 위법이 있다고 할 수 없다(대판 98도968).[24변선, 22모선]

⑥ **피의자신문조서의 압수취지 기재는 임의제출물에 대한 압수조서 갈음 가능**

관련 규정들에 의하면, 사법경찰관이 임의제출된 증거물을 압수한 경우 압수경위 등을 구체적으로 기재한 압수조서를 작성하도록 하고 있다. 이는 사법경찰관으로 하여금 압수절차의 경위를 기록하도록 함으로써 사후적으로 압수절차의 적법성을 심사·통제하기 위한 것이다. 구 범죄수사규칙 제119조 제3항에 따라 피의자신문조서 등에 압수의 취지를 기재하여 압수조서를 갈음할 수 있도록 하더라도, 압수절차의 적법성 심사·통제 기능에 차이가 없다(대판 2020도2550).[25변선]

Chapter 028 강제채혈·강제채뇨

I 강제채혈

1 피의자로부터 혈액을 채취하는 방법

(1) 피의자의 동의가 있는 경우

피의자가 동의한 경우 그 동의에 따라 의료인의 자격이 있는 자에게 혈액을 채취하게 한 후 영장 없이 압수할 수 있다.

(2) 피의자의 동의가 없는 경우(강제채혈)

① **법원으로부터 감정처분허가장 내지 압수·수색영장을 발부받아 채취**

수사기관이 범죄 증거를 수집할 목적으로 피의자의 동의 없이 피의자의 혈액을 취득·보관하는 행위는 법원으로부터 감정처분허가장을 받아 '감정에 필요한 처분'으로도 할 수 있지만, 압수의 방법으로도 할 수 있고, 압수의 방법에 의하는 경우 혈액의 취득을 위하여 피의자의 신체로부터 혈액을 채취하는 행위는 혈액의 압수를 위한 것으로서 '압수영장의 집행에 있어 필요한 처분'에 해당한다(대판 2011도15258).[23변선, 23모선] 표준판례

② **긴급한 경우 범죄장소에서의 압수 후 사후영장 발부** [21 · 19모사]

음주운전 중 교통사고를 야기한 후 피의자가 의식불명 상태에 빠져 있는 등으로 호흡조사에 의한 음주측정이 불가능하고 혈액 채취에 대한 동의를 받을 수도 없을 뿐만 아니라 법원으로부터 혈액 채취에 대한 감정처분허가장이나 사전 압수영장을 발부받을 시간적 여유도 없는 긴급한 상황이 생길 수 있다. 이러한 경우 피의자의 신체 내지 의복류에 주취로 인한 냄새가 강하게 나는 등 범죄의 증적이 현저한 준현행범인의 요건이 갖추어져 있고 교통사고 발생 시각으로부터 사회통념상 범행 직후라고 볼 수 있는 시간 내라면, 사고현장으로부터 곧바로 후송된 병원 응급실 등의 장소는 제216조 제3항의 범죄 장소에 준한다 할 것이므로, 검사 또는 사법경찰관은 의료법상 의료인의 자격이 있는 자로 하여금 의료용 기구로 의학적인 방법에 따라 필요최소한의 한도 내에서 피의자의 혈액을 채취하게 한 후 그 혈액을 영장 없이 압수할 수 있다. 다만 이 경우에도 사후에 지체 없이 법원으로부터 압수영장을 받아야 한다(대판 2011도15258).[23 · 22변선, 23 · 22모선] 표준판례

③ **임의제출물 압수**

경찰관이 간호사로부터 진료 목적으로 이미 채혈되어 있던 피고인의 혈액 중 일부를 주취운전 여부에 대한 감정을 목적으로 임의로 제출 받아 이를 압수한 경우, 당시 간호사가 위 혈액의 소지자 겸 보관자인 병원 또는 담당의사를 대리하여 혈액을 경찰관에게 임의로 제출할 수 있는 권한이 없었다고 볼 특별한 사정이 없는 이상, 그 압수절차가 피고인 또는 피고인의 가족의 동의 및 영장 없이 행하여졌다고 하더라도 적법하다(대판 98도968). 표준판례 [24변선, 23모선]

2 강제채혈 및 음주측정에 관한 판례 정리

① **영장주의에 위반한 강제채혈과 감정결과보고서의 증거능력**

응급실로 출동한 경찰관은 법원으로부터 압수·수색 또는 검증 영장이나 감정처분허가장을 발부받지 아니한 채 피고인의 처로부터 채혈동의를 받고서 간호사로 하여금 의식을 잃고 응급실에 누워있는 피고인으로부터 채혈을 하도록 한 사실 등을 알 수 있는바, 피고인의 혈중알코올농도에 대한 감정의뢰회보와 이에 기초한 수사보고 및 주취운전자적발보고서는 위법수집증거로서 증거능력이 없고, 피의자의 가족으로부터 피의자의 혈액을 채취하는 것에 대한 동의를 받았다는 사정이 있다고 하더라도 마찬가지이다(대판 2009도10871). 표준판례 [23변선]

② 피고인이 운전 중 교통사고를 내고 의식을 잃은 채 병원 응급실로 호송되자, 출동한 경찰관이 법원으로부터 압수·수색 또는 검증 영장을 발부받지 아니한 채 피고인의 동서로부터 채혈동의를 받고 의사로 하여금 채혈을 하도록 한 경우 증거의 증거능력이 인정되지 않는

다(대판 2009도2109).

③ [1] 호흡측정 방식에 따라 혈중알코올농도를 측정한 경찰공무원에게 특별한 사정이 없는 한 혈액채취의 방법을 통하여 혈중알코올농도를 다시 측정할 수 있다는 취지를 운전자에게 고지하여야 할 의무가 있다고 볼 수 없다.

[2] 위드마크 공식은 운전자가 음주한 상태에서 운전한 사실이 있는지에 대한 경험법칙에 의한 증거수집 방법에 불과하다. 따라서 경찰공무원에게 위드마크 공식의 존재 및 나아가 호흡측정에 의한 혈중알코올농도가 음주운전 처벌기준 수치에 미달하였더라도 위드마크 공식에 의한 역추산 방식에 의하여 운전 당시의 혈중알코올농도를 산출할 경우 그 결과가 음주운전 처벌기준 수치 이상이 될 가능성이 있다는 취지를 운전자에게 미리 고지하여야 할 의무가 있다고 보기도 어렵다(대판 2017도661).

④ **호흡측정 후 혈액채취의 적법성 인정 요건** [19모사]

[1] 음주운전 혐의가 있는 운전자에 대하여 구 도로교통법 제44조 제2항에 따른 호흡측정이 이루어진 경우에는 운전자의 불복이 없는 한 다시 음주측정을 하는 것은 원칙적으로 허용되지 아니한다. 그러나 호흡측정 당시의 구체적 상황에 비추어 호흡측정 결과에 오류가 있다고 인정할 만한 객관적이고 합리적인 사정이 있는 경우라면, 경찰관이 음주운전 혐의를 제대로 밝히기 위하여 운전자의 자발적인 동의를 얻어 혈액 채취에 의한 측정의 방법으로 다시 음주측정을 하는 것을 위법하다고 볼 수는 없다.

[2] 이 경우 운전자가 일단 호흡측정에 응한 이상 재차 음주측정에 응할 의무까지 당연히 있다고 할 수는 없으므로, 운전자의 혈액 채취에 대한 동의의 임의성을 담보하기 위하여는 경찰관이 미리 운전자에게 혈액 채취를 거부할 수 있음을 알려주었거나 운전자가 언제든지 자유로이 혈액 채취에 응하지 아니할 수 있었음이 인정되는 등 운전자의 자발적인 의사에 의하여 혈액 채취가 이루어졌다는 것이 객관적인 사정에 의하여 명백한 경우에 한하여 혈액 채취에 의한 측정의 적법성이 인정된다(대판 2014도16051). 표준판례

⑤ 경찰공무원이 운전자에게 음주 여부를 확인하기 위하여 음주측정기에 의한 측정의 전 단계에 실시되는 음주감지기에 의한 시험을 요구하는 경우 그 시험 결과에 따라 음주측정기에 의한 측정이 예정되어 있고, 운전자가 그러한 사정을 인식하였음에도 음주감지기에 의한 시험에 불응함으로써 음주측정을 거부하겠다는 의사를 표명한 것으로 볼 수 있다면, 음주감지기에 의한 시험을 거부한 행위도 음주측정기에 의한 측정에 응할 의사가 없음을 객관적으로 명백하게 나타낸 것으로 볼 수 있다(대판 2016도16121).

⑥ 음주운전 여부에 관한 조사방법 중 혈액 채취는 상대방의 신체에 대한 직접적인 침해를 수반하는 방법으로서, 이에 관하여 도로교통법은 호흡조사와 달리 운전자에게 조사에 응할 의무를 부과하는 규정을 두지 아니할 뿐만 아니라, 측정에 앞서 운전자의 동의를 받도록 규정하고 있으므로, 운전자의 동의 없이 임의로 채혈조사를 하는 것은 허용되지 아니한다(대판 2014두46850).[23모선]

II 강제채뇨 [24 · 20모사]

1 의의

강제채뇨는 임의로 소변을 제출하지 않는 경우 강제력을 사용하여 체내에 있는 소변을 배출시켜 소변을 취득·보관하는 행위이다.

2 요건

① 범죄수사를 위하여 강제채뇨가 부득이하다고 인정되는 경우에 ② 최후의 수단으로 적법한 절차에 따라 허용된다. ③ 이때 숙련된 의료인으로 하여금 적합한 곳에서 피의자의 건강을 해칠 위험과 굴욕감 등을 최소화하는 방법으로 진행해야 한다.

3 강제채뇨에 필요한 영장

수사기관이 범죄 증거를 수집할 목적으로 피의자의 동의 없이 피의자의 소변을 채취하는 것은 법원으로부터 감정허가장을 받아 '감정에 필요한 처분'으로 할 수 있지만, 압수·수색의 방법으로도 할 수 있다. 이러한 압수·수색의 경우에도 수사기관은 원칙적으로 제215조에 따라 판사로부터 압수·수색영장을 적법하게 발부받아 집행해야 한다(대판 2018도6219).[24 · 23변선, 22모선]

4 강제 연행 및 수갑·포승 등의 사용 가능

(1) 강제연행 가능

압수·수색의 방법으로 소변을 채취하는 경우 수사기관의 노력에도 불구하고, 피의자가 소변 채취에 적합한 장소로 이동하는 것에 저항하는 등 임의동행을 기대할 수 없는 사정이 있는 때에는 수사기관으로서는 소변 채취에 적합한 장소로 피의자를 데려가기 위해서 필요 최소한의 유형력을 행사하는 것이 허용된다. 이는 형사소송법 제219조, 제120조 제1항에서 정한 '압수·수색영장의 집행에 필요한 처분'에 해당한다(대판 2018도6219).[23모선] 표준판례

(2) 수갑·포승 등의 경찰장구 사용 가능

경직법 제10조 제1항, 제10조의2 제1항 제2호, 제3호, 제2항 등에 따르면, 경찰관은 직무수행 중 자신이나 다른 사람의 생명·신체의 방어와 보호, 공무집행에 대한 항거 제지를 위하여 필요하다고 인정되는 상당한 이유가 있을 때에는 수갑, 포승, 경찰봉, 방패 등 경찰장구를 사용할 수 있다. 이 사건에서 경찰관이 압수영장을 집행하기 위하여 피고인을 응급실로 데리고 가는 과정에서 공무집행에 항거하는 피고인을 제지하고 자해 위험을 방지하기 위해 수갑과 포승을 사용한 것은 경찰관 직무집행법에 따라 허용되는 경찰 장구의 사용으로서 적법하다(대판 2018도6219). 표준판례

Chapter 029 압수물 환부·가환부 [19모새]

I 개관

1 법원의 압수물 환부, 가환부

① 압수를 계속할 필요가 없다고 인정되는 압수물은 피고사건 종결전이라도 결정으로 환부하여야 하고 증거에 공할 압수물은 소유자, 소지자, 보관자 또는 제출인의 청구에 의하여 가환부할 수 있다(제133조 제1항).
② 증거에만 공할 목적으로 압수한 물건으로서 그 소유자 또는 소지자가 계속 사용하여야 할 물건은 사진촬영 기타 원형보존의 조치를 취하고 신속히 가환부하여야 한다(동조 제2항).

2 수사기관의 공소제기 전 압수물의 환부, 가환부

① 검사는 사본을 확보한 경우 등 압수를 계속할 필요가 없다고 인정되는 압수물 및 증거에 사용할 압수물에 대하여 공소제기 전이라도 소유자, 소지자, 보관자 또는 제출인의 청구가 있는 때에는 환부 또는 가환부하여야 한다(제218조의2 제1항).
② 제1항의 청구에 대하여 검사가 이를 거부하는 경우에는 신청인은 해당 검사의 소속 검찰청에 대응한 법원에 압수물의 환부 또는 가환부 결정을 청구할 수 있다(동조 제2항).
③ 사법경찰관의 환부 또는 가환부 처분에 관하여는 위 규정을 준용한다. 이 경우 사법경찰관은 검사의 지휘를 받아야 한다(동조 제4항).

II 환부

1 의의

① 압수물의 환부란 압수물을 종국적으로 소유자 또는 제출인에게 반환하는 처분을 의미한다.
② 압수물을 환부하기 위하여는 압수를 계속할 필요가 없을 것을 요하므로 몰수의 대상이 되는 압수물을 환부하는 것은 위법하여 항고 또는 준항고의 사유가 된다.
③ 증거에 공할 압수물은 가환부의 대상은 될 수 있어도 환부의 대상이 될 수는 없다.
④ 형사소송법 제332조에 의하면, 압수한 서류 또는 물품에 대하여 몰수의 선고가 없는 때에는 압수를 해제한 것으로 간주한다고 규정되어 있으므로 압수물에 대한 몰수의 선고가 포함되지 않은 판결이 선고되어 확정되었다면 검사에게 압수물을 제출자나 소유자 기타 권리

자에게 환부하여야 할 의무가 당연히 발생하고, 권리자의 환부신청에 대한 검사의 환부결정 등 처분에 의하여 비로소 환부의무가 발생하는 것은 아니다(대판 2019다282197).

2 환부의 상대방

(1) 학설

① 실체적 권리자설 : 실체법상 권리자에게 환부하면 된다는 견해이다.
② 피압수자설 : 실체법상 권리와 관계없이 피압수자에게 해야 한다는 견해이다.

(2) 판례

검사가 사건을 불기소처분하는 경우에 당해사건에 관하여 압수한 압수물은 피해자에게 환부할 이유가 명백한 경우를 제외하고는 피압수자나 제출인 이외의 누구에게도 환부할 수 없다(대판 68다824).

(3) 검토

환부는 압수이전의 상태로 되돌리는 것이므로 피압수자설이 타당하다.

3 기소중지처분과 압수계속의 필요성

(1) 문제점

불기소처분으로 수사를 종결하는 경우에는 압수를 계속할 필요가 없으나 기소중지는 수사의 종결이라기보다는 수사의 중지처분이라는 점에서 압수를 계속할 필요가 있는지 문제된다.

(2) 학설

① 긍정설 : 관련자의 소재 발견시 수사의 필요와 압수대상물 확보의 관점에서 압수를 계속할 필요가 있다는 견해이다.
② 부정설 : 입증부족으로 기소하지 못하는 것은 수사기관의 책임이므로 압수계속의 필요가 없다는 견해이다.

(3) 판례

외국산 물품을 관세장물의 혐의가 있다고 보아 압수하였다 하더라도 그것이 언제, 누구에 의하여 관세 포탈된 물건인지 알 수 없어 기소중지 처분을 한 경우에는 그 압수물은 관세장물이라고 단정할 수 없어 이를 국고에 귀속시킬 수 없을 뿐만 아니라 압수를 더 이상 계속할 필요도 없다(대결 94모51). 표준판례 [24모선]

(4) 검토

미래 수사의 필요성을 이유로 재산권을 침해하는 것은 사실상 수사기관에게 임의 몰수를 허용하는 결과가 되어 부당하므로 압수계속의 필요성을 부정하는 것이 타당하다.

4 소유권 및 환부청구권 포기시 환부의무 면제 여부

(1) 문제점

피압수자가 압수 후 소유권을 포기하여 실체법상의 권리를 상실하거나 환부청구권을 포기하는 경우 수사기관의 압수물 환부의무가 면제되는지 문제된다.

(2) 학설

① 긍정설 : 소유권 및 환부청구권의 포기 의사는 모든 권리를 포기하는 의사로 보아야 한다는 견해이다.

② 부정설 : 압수물 환부청구권은 주관적 공권이므로 사적 처분 내지 포기가 허용되지 않는다는 견해이다.

(3) 판례(부정설)

피압수자 등 환부를 받을 자가 압수 후 그 소유권을 포기하는 등에 의하여 실체법상의 권리를 상실하더라도 그 때문에 압수물을 환부하여야 하는 수사기관의 의무에 어떠한 영향을 미칠 수 없고, 또한 수사기관에 대하여 형사소송법상의 환부청구권을 포기한다는 의사표시를 하더라도 그 효력이 없어 그에 의하여 수사기관의 필요적 환부의무가 면제된다고 볼 수는 없으므로, 압수물의 소유권이나 그 환부청구권을 포기하는 의사표시로 인하여 위 환부의무에 대응하는 압수물에 대한 환부청구권이 소멸하는 것은 아니다(대결 94모51). 표준판례[23모선]

(4) 검토

환부청구권 소멸 인정은 필요적 환부규정인 제133조를 사문화시키므로 부정설이 타당하다.

5 압수장물의 피해자환부

① 압수한 장물은 피해자에게 환부할 이유가 명백한 때에는 피고사건의 종결전이라도 결정으로 피해자에게 환부할 수 있다(제134조, 제219조).

② [1] 형사소송법 제134조 소정의 "환부할 이유가 명백한 때"라 함은 사법상 피해자가 그 압수된 물건의 인도를 청구할 수 있는 권리가 있음이 명백한 경우를 의미하고 위 인도청구권에 관하여 사실상, 법률상 다소라도 의문이 있는 경우에는 환부할 명백한 이유가 있는 경우라고는 할 수 없다.

[2] 매수인이 피해자로부터 물건을 매수함에 있어 사기행위로써 취득하였다 하더라도 피해자가 매수인에게 사기로 인한 매매의 의사표시를 취소한 여부가 분명하지 않고, 위 물건을 재항고인의 창고에 임치하여 재항고인이 보관하게 되었고 달리 재항고인이 위 물건이 장물이라는 정을 알았다고 확단할 자료가 없다면, 재항고인은 정당한 점유자라 할 것이고 이를 보관시킨 매수인에 대해서는 임치료 청구권이 있고 그 채권에 의하여 위 물건에 대한 유치권이 있다고 보여지므로 피해자는 재항고인에 대하여 위 물건의 반환청구권이 있음이 명백하다고 보기는 어렵다 할 것이므로 이를 피해자에게 환부할 것이 아니라 민사소송에 의하여 해결함이 마땅하다(대결 84모38).

Ⅲ 가환부

1 의의

① 환부는 압수의 효력이 실효되면서 종국적으로 반환하는 것이고, 가환부는 압수의 효력을 존속시키면서 소유자·소지자 또는 보관자 등에게 잠정적으로 반환하는 것이다.

② 가환부의 대상은 증거에 공할 압수물에 제한된다. 가환부의 대상이 증거에 공할 압수물임을 요하므로 몰수의 대상이 되는 압수물은 가환부 할 수 없다.

2 가환부 관련 지문 및 판례 정리

① **임의적 몰수 대상인 압수물도 가환부 가능**
몰수할 것이라고 사료되어 압수한 물건 중 법률의 특별한 규정에 의하여 필요적으로 몰수할 것에 해당하거나 누구의 소유도 허용되지 아니하여 몰수할 것에 해당하는 물건은 가환부의 대상이 되지 않지만, 그 밖의 형법 제48조에 해당하는 물건에 대하여는 이를 몰수할 것인지는 법원의 재량에 맡겨진 것이므로 특별한 사정이 없다면 수소법원이 피고본안사건에 관한 종국판결에 앞서 이를 가환부할 수 있다(대결 97모25). 표준판례

② 피고인에게 의견을 진술할 기회를 주지 아니한 채 한 가환부결정은 제135조에 위배하여 위법하고 이 위법은 재판의 결과에 영향을 미쳤다 할 것이다(대결 80모3). 표준판례 [23모선]

③ [1] 범인이 직접 또는 간접으로 점유하던 밀수출 대상 품목을 압수한 경우에는 그 물품이 제3자의 소유에 속하더라도 필요적 몰수의 대상이 된다. 피고인 이외의 제3자의 소유에 속하는 물건의 경우, 몰수를 선고한 판결의 효력은 원칙적으로 유죄의 판결을 받은 피고인에 대한 관계에서 그 물건을 소지하지 못하게 하는데 그치고, 그 사건에서 재판을 받지 아니한 제3자의 소유권에 어떤 영향을 미치는 것은 아니다.
[2] 검사는 증거에 사용할 압수물에 대하여 가환부의 청구가 있는 경우 가환부를 거부할 수 있는 특별한 사정이 없는 한 가환부에 응하여야 한다(대결 2017모236). 표준판례 [23모선]

④ 형사소송법 제133조 제1항 후단이, 제2항의 '증거에만 공할' 목적으로 압수할 물건과는 따로이, '증거에 공할' 압수물에 대하여 법원의 재량에 의하여 가환부할 수 있도록 규정한 것을 보면, '증거에 공할 압수물'에는 증거물로서의 성격과 몰수할 것으로 사료되는 물건으로서의 성격을 가진 압수물이 포함되어 있다고 해석함이 상당하다(대결 97모25). [24모선]

⑤ 수사기관의 압수물 환부에 관한 처분의 취소를 구하는 준항고는 항고소송이므로, 통상의 항고소송과 마찬가지로 그 이익이 있어야 하고, 소송 계속 중 준항고로써 달성하고자 하는 목적이 이미 이루어졌거나 이익이 상실된 경우 준항고가 부적법하게 된다(대결 2013모1970).

⑥ 가환부의 결정이 있는 경우에도 압수의 효력은 지속되므로 가환부를 받은 자는 법원의 요구가 있으면 즉시 압수물을 제출할 의무가 있고 그 압수물에 대하여 보관의무를 부담하며 소유자라 하더라도 그 압수물을 처분할 수는 없는 것이다(대결 94모42).

Ⅳ 압수물의 보관과 폐기

1 자청보관의 원칙

압수물은 압수한 수사기관 또는 법원이 직접 보관하는 것이 원칙이다.

2 위탁보관

운반 또는 보관에 불편한 압수물에 관하여는 간수자를 두거나 소유자 또는 적당한 자의 승낙을 얻어 보관하게 할 수 있다(제130조 제1항, 제219조).

3 대가보관

① 몰수하여야 할 압수물로서 멸실·파손·부패 또는 현저한 가치 감소의 염려가 있거나 보관하기 어려운 압수물은 매각하여 대가를 보관할 수 있다(제132조 제1항, 제219조).

② 환부하여야 할 압수물 중 환부를 받을 자가 누구인지 알 수 없거나 그 소재가 불명한 경우로서 그 압수물의 멸실·파손·부패 또는 현저한 가치 감소의 염려가 있거나 보관하기 어려운 압수물은 매각하여 대가를 보관할 수 있다(제132조 제2항, 제219조).

③ 몰수하여야 할 압수물이 멸실, 파손 또는 부패의 염려가 있거나 보관하기에 불편하여 이를 매각하여 그 대가를 보관하는 경우에는, 몰수와의 관계에서는 그 대가보관금을 몰수 대상인 압수물과 동일시할 수 있다(대판 96도2477).

4 폐기처분

① 위험발생의 염려가 있는 압수물은 폐기할 수 있다(제130조 제2항, 제219조).

② 법령상 생산·제조·소지·소유 또는 유통이 금지된 압수물로서 부패의 염려가 있거나 보관하기 어려운 압수물은 소유자 등 권한 있는 자의 동의를 받아 폐기할 수 있다(제130조 제3항).

③ 이 사건 압수물을 보관하는 것 자체가 위험하다고 볼 수 없을 뿐만 아니라 이를 보관하는데 아무런 불편이 없는 물건임이 명백함에도 압수물에 대하여 소유권포기가 있다는 이유로 이를 사건종결 전에 폐기하였는바, 위와 같은 피청구인의 행위는 적법절차의 원칙을 위반하고, 청구인의 공정한 재판을 받을 권리를 침해한 것이다(헌재 2011헌마351).

Chapter 030 전자정보에 대한 압수·수색

I 전자정보에 대한 증거능력 인정 요건 [24·23·22·17변사, 23모사]

1 법률의 규정

법원은 압수의 목적물이 컴퓨터용디스크, 그 밖에 이와 비슷한 정보저장매체인 경우에는 기억된 정보의 범위를 정하여 출력하거나 복제하여 제출받아야 한다. 다만 범위를 정하여 출력 또는 복제하는 방법이 불가능하거나 압수의 목적을 달성하기에 현저히 곤란하다고 인정되는 때에는 정보저장매체 등을 압수할 수 있다(제106조 제3항, 제219조).

2 전자정보에 대한 압수·수색의 적법 요건

① 범죄사실과 관련된 부분만을 문서 출력물로 수집하거나 수사기관이 휴대한 저장매체에 해당 파일을 복제하는 방식으로 이루어져야 한다.
② 예외적으로 위와 같은 방식이 불가능하거나 현저히 곤란하다고 인정하는 때에 한하여 정보저장매체 자체를 직접 반출하거나, 정보저장매체에 들어있는 전자파일 전부를 하드카피나 이미징 등 형태로 수사기관 사무실 등 외부로 반출하는 방식으로 압수수색이 허용되지만 이 경우에도 그 취지가 압수·수색영장에 기록되어 있어야 한다.
③ 위와 같은 예외적인 사정이 존재하였다는 점에 대하여는 영장의 집행기관인 수사기관이 이를 구체적으로 증명하여야 한다(대결 2019모2584).
④ **피압수자의 참여권 보장** [25·24·23·22변사, 18모사]
위와 같이 예외적인 사정이 인정되어 전자정보가 담긴 저장매체 또는 하드카피나 이미징 등 형태를 수사기관 사무실 등으로 옮겨 복제·탐색·출력하는 경우에도 그 과정에서 피의자·피압수자 또는 변호인에게 참여의 기회를 보장하고 압수된 전자정보의 파일 명세가 특정된 압수목록을 작성·교부하여야 하며 범죄혐의사실과 무관한 전자정보의 임의적 복제 등을 막기 위한 적법한 조치를 하는 등 헌법상 영장주의 및 적법절차의 원칙을 준수하여야 한다(대결 2019모2584).[25·23변선]
⑤ **피압수자 등에게 압수물 목록 작성·교부**
수사기관은 피압수자 등의 권리행사에 지장이 없도록 압수 직후 현장에서 압수물 목록을 바로 작성하여 교부해야 하는 것이 원칙이다. 압수된 정보의 상세목록에는 정보의 파일 명세가 특정되어 있어야 하고, 수사기관은 이를 출력한 서면을 교부하거나 전자파일 형태로 복사해 주거나 이메일을 전송하는 등의 방식으로도 할 수 있다.

⑥ 수사기관이 피압수자 측에 참여의 기회를 보장하거나 압수한 전자정보 목록을 교부하지 않는 등 영장주의 원칙과 적법절차를 준수하지 않은 위법한 압수·수색 과정을 통하여 취득한 증거는 위법수집증거에 해당하고, 사후에 법원으로부터 영장이 발부되었다거나 피고인이나 변호인이 이를 증거로 함에 동의하였다고 하여 위법성이 치유되는 것도 아니다(대판 2022도2960).

⑦ 전자문서를 수록한 파일 등의 경우에는 원본임이 증명되거나 혹은 원본으로부터 복사한 사본일 경우에는 복사 과정에서 편집되는 등 인위적 개작 없이 원본의 내용 그대로 복사된 사본임이 증명되어야만 하고, 그러한 증명이 없는 경우에는 쉽게 증거능력을 인정할 수 없다(대판 2017도13263).[23모선]

3 정보저장매체로부터 출력한 문건을 증거로 사용하기 위한 요건

압수물인 컴퓨터용 디스크 그 밖에 이와 비슷한 정보저장매체에 입력하여 기억된 문자정보 또는 그 출력물을 증거로 사용하기 위해서는 정보저장매체 원본에 저장된 내용과 출력 문건의 동일성이 인정되어야 하고, 이를 위해서는 정보저장매체 원본이 압수 시부터 문건 출력 시까지 변경되지 않았다는 사정, 즉 무결성이 담보되어야 한다(대판 2013도2511). 표준판례

4 정보저장매체에 저장된 자료를 하드카피 또는 이미징한 매체로부터 출력한 문건을 증거로 사용하기 위한 요건 [22변사]

디지털 저장매체 원본을 대신하여 저장매체에 저장된 자료를 '하드카피' 또는 '이미징'한 매체로부터 출력한 문건의 경우에는 디지털 저장매체 원본과 '하드카피' 또는 '이미징'한 매체 사이에 자료의 동일성도 인정되어야 할 뿐만 아니라, 이를 확인하는 과정에서 이용한 컴퓨터의 기계적 정확성, 프로그램의 신뢰성, 입력·처리·출력의 각 단계에서 조작자의 전문적인 기술능력과 정확성이 담보되어야 한다(대판 2007도7257).

II 전자정보에 대한 압수·수색 관련 판례 정리

1. 참여권 보장 및 압수목록 교부 등 절차적 권리 관련 판례

① 전자정보에 대한 적법한 압수 이후에는 참여권 보장 불요 [22변사]

수사기관이 정보저장매체에 기억된 정보 중에서 키워드 또는 확장자 검색 등을 통해 범죄혐의사실과 관련 있는 정보를 선별한 다음 정보저장매체와 동일하게 비트열 방식으로 복제하여 생성한 파일을 제출받아 압수하였다면 이로써 압수의 목적물에 대한 압수·수색 절차는 종료된 것이므로, 수사기관이 수사기관 사무실에서 위와 같이 압수된 이미지 파일을 탐색·복제·출력하는 과정에서도 피의자 등에게 참여의 기회를 보장하여야 하는 것은 아니다(대판 2017도13263). 표준판례 [22모선]

② 임의제출자 아닌 피의자에게도 참여권이 보장되는 정보저장매체의 의미

[1] 피해자 등 제3자가 피의자의 소유·관리에 속하는 정보저장매체를 영장에 의하지 않고 임의제출한 경우에는 특별한 사정이 없는 한 형사소송법 제219조, 제121조, 제129조에 따라 피의자에게 참여권을 보장하고 압수한 전자정보 목록을 교부하는 등 피의자의 절차적 권리를 보장하기 위한 적절한 조치가 이루어져야 한다.

[2] 정보저장매체를 임의제출한 피압수자에 더하여 임의제출자 아닌 피의자에게도 참여권이 보장되어야 하는 '피의자의 소유·관리에 속하는 정보저장매체'란, 피의자가 압수·수색 당시 또는 이와 시간적으로 근접한 시기까지 해당 정보저장매체를 현실적으로 지배·관리하면서 그 정보저장매체 내 전자정보 전반에 관한 전속적인 관리처분권을 보유·행사하고, 달리 이를 자신의 의사에 따라 제3자에게 양도하거나 포기하지 아니한 경우로서, 피의자를 그 정보저장매체에 저장된 전자정보에 대하여 실질적인 피압수자로 평가할 수 있는 경우를 말하는 것이다.[24변선, 23모선]

[3] 이에 해당하는지 여부는 민사법상 권리의 귀속에 따른 법률적·사후적 판단이 아니라 압수·수색 당시 외형적·객관적으로 인식 가능한 사실상의 상태를 기준으로 판단하여야 한다. 단지 피의자나 그 밖의 제3자가 과거 그 정보저장매체의 이용 내지 개별 전자정보의 생성·이용 등에 관여한 사실이 있다거나 그 과정에서 생성된 전자정보에 의해 식별되는 정보주체에 해당한다는 사정만으로 그들을 실질적으로 압수·수색을 받는 당사자로 취급하여야 하는 것은 아니다(대판 2021도11170).[24·23변선, 23모선]

[4] 피고인은 저녁 모임 도중 이 사건 휴대전화를 분실하였다. 성명불상자는 이 사건 휴대전화를 습득하고 주인을 찾기 위해 휴대전화 안의 메시지 등을 확인하던 중 음란합성사진 일부를 확인하였고, 이 사건 휴대전화를 피해자 A에게 건네주었다. 피해자 A 등은 피고인을 경찰에 고소하면서 이 사건 휴대전화를 증거물로 임의제출하였고, 사법경찰관은 같은 날 위 휴대전화를 피해자 A로부터 영장 없이 압수하였다.

- 피고인은 피해자 A가 이 사건 휴대전화를 임의제출한 시점과 시간적으로 근접한 시기까지 위 휴대전화를 현실적으로 지배·관리하면서 휴대전화 내 전자정보 전반에 관한 전속적인 관리처분권을 보유·행사하였고, 달리 이를 자신의 의사에 따라 제3자에게 양도하거나 포기하지 않았다. 따라서 이 사건 휴대전화에 저장된 전자정보 전반에 관하여 피고인을 실질적인 압수·수색 당사자로 평가할 수 있으므로, 임의제출자가 아닌 피고인에 대하여도 참여권 등 절차적인 권리가 보장되어야 한다. 그럼에도 사법경찰관은 피고인에게 참여권을 보장하거나 전자정보 압수목록을 교부하는 등 절차적인 권리를 보호하기 위한 적절한 조치를 취하지 않은 채 이 부분 공소사실에 관한 전자정보를 탐색하는 등 압수·수색절차를 진행하였는바, 사법경찰관의 이러한 조치는 위법하다(대판 2020도1669).

③ 증거은닉 부탁하며 증거물을 전적 양도한 경우 양도인의 참여권 보장 불요

[1] 乙은 임의제출의 원인된 범죄혐의사실인 증거은닉범행의 피의자로서 하드디스크와 그에 저장된 전자정보에 관하여 실질적 이해관계가 있는 자에 해당하고, 압수·수색 당시 또

는 이에 근접한 시기에 하드디스크를 현실적으로 점유한 사람은 乙이라고 할 것이며, 나아가 乙이 하드디스크를 현실적으로 점유한 이상 저장된 전자정보에 관한 관리처분권을 사실상 보유·행사할 수 있는 지위에 있는 사람도 乙이라고 볼 수 있는 점,

[2] 甲은 하드디스크의 존재 자체를 은폐할 목적으로 막연히 '자신에 대한 수사가 끝날 때까지' 은닉할 것을 부탁하며 하드디스크를 乙에게 교부하였는데, 이는 자신과 하드디스크 및 그에 저장된 전자정보 사이의 외형적 연관성을 은폐·단절하겠다는 목적하에 그 목적 달성에 필요하다면 '수사 종료'라는 불확정 기한까지 하드디스크에 관한 전속적인 지배·관리권을 포기하거나 乙에게 전적으로 양도한다는 의사를 표명한 것으로 볼 수 있는 점 등을 종합하면,

[3] 증거은닉범행의 피의자로서 하드디스크를 임의제출한 乙에 더하여 임의제출자가 아닌 甲등에게도 참여권이 보장되어야 한다고 볼 수 없다(대판 2022도7453).

④ **유류물 압수에서 압수의 범위 제한 및 참여권자의 참여 보장 요부**

[1] 유류물 압수와 같은 조문에 규정된 임의제출물 압수의 경우, 제출자가 제출·압수의 대상을 개별적으로 지정하거나 그 범위를 한정할 수 있으나, 유류물 압수는 그와 같은 제출자의 존재를 생각하기도 어렵다. 따라서 유류물 압수·수색에 대해서는 원칙적으로 영장에 의한 압수·수색·검증에 관하여 적용되는 형사소송법 제215조 제1항이나 임의제출물 압수에 관하여 적용되는 형사소송법 제219조에 의하여 준용되는 제106조 제1항, 제3항, 제4항에 따른 관련성의 제한이 적용된다고 보기 어렵다.

[2] 유류물 압수는 수사기관이 소유권이나 관리처분권이 처음부터 존재하지 않거나, 존재하였지만 적법하게 포기된 물건, 또는 그와 같은 외관을 가진 물건 등의 점유를 수사상 필요에 따라 취득하는 수사방법을 말한다. 따라서 유류물 압수에 있어서는 정보저장매체의 현실적 지배·관리 혹은 이에 담겨있는 전자정보 전반에 관한 전속적인 관리처분권을 인정하기 어렵다. 정보저장매체를 소지하고 있던 사람이 이를 분실한 경우와 같이 그 권리를 포기하였다고 단정하기 어려운 경우에도, 수사기관이 그러한 사정을 알거나 충분히 알 수 있었음에도 이를 유류물로서 영장 없이 압수하였다는 등의 특별한 사정이 없는 한, 영장에 의한 압수나 임의제출물 압수와 같이 수사기관의 압수 당시 참여권 행사의 주체가 되는 피압수자가 존재한다고 평가할 수는 없다.

[3] 따라서 범죄수사를 위해 정보저장매체의 압수가 필요하고, 정보저장매체를 소지하던 사람이 그에 관한 권리를 포기하였거나 포기한 것으로 인식할 수 있는 경우에는, 수사기관이 형사소송법 제218조에 따라 피의자 기타 사람이 유류한 정보저장매체를 영장 없이 압수할 때 해당 사건과 관계가 있다고 인정할 수 있는 것에 압수의 대상이나 범위가 한정된다거나, 참여권자의 참여가 필수적이라고 볼 수는 없다(대판 2021도1181).

⑤ **임의제출된 정보의 탐색·출력시 압수목록 미교부에도 절차의 적법성 인정된 경우 Ⅰ**

[1] 수사기관이 피의자로부터 범죄혐의사실과 관련된 전자정보와 그렇지 않은 전자정보가 섞인 매체를 임의제출 받아 사무실 등지에서 정보를 탐색·복제·출력하는 경우 피의자나

변호인에게 참여의 기회를 보장하고 압수된 전자정보가 특정된 목록을 교부해야 하나, 그러한 조치를 하지 않았더라도 절차 위반행위가 이루어진 과정의 성질과 내용 등에 비추어 피의자의 절차상 권리가 실질적으로 침해되지 않았다면 압수·수색이 위법하다고 볼 것은 아니다.

[2] 피고인이 휴대전화로 성명 불상 피해자들의 신체를 그 의사에 반하여 촬영하거나(이하 '1~7번 범행'이라고 한다), 짧은 치마를 입고 횡단보도 앞에서 신호를 기다리던 피해자의 다리를 몰래 촬영하여(이하 '8번 범행'이라고 한다) 성폭력처벌법 위반(카메라등이용촬영)으로 기소되었는데, 8번 범행 피해자의 신고를 받고 출동한 경찰관이 현장에서 피고인으로부터 임의제출 받아 압수한 휴대전화를 사무실에서 탐색하는 과정에서 1~7번 범행의 영상을 발견한 사안에서, 1~7번 범행에 관한 동영상은 촬영 기간이 8번 범행 일시와 가깝고, 8번 범행과 마찬가지로 버스정류장 등 공공장소에서 촬영되어 임의제출의 동기가 된 8번 범죄혐의사실과 관련성 있는 증거인 점, 경찰관이 피의자신문시 1~7번 범행 영상을 제시하자 피고인은 그 영상이 언제 어디에서 찍은 것인지 쉽게 알아보고 그에 관해 구체적으로 진술하였으므로, 비록 피고인에게 압수된 전자정보가 특정된 목록이 교부되지 않았더라도 절차 위반행위가 이루어진 과정의 성질과 내용 등에 비추어 절차상 권리가 실질적으로 침해되었다고 보기 어려운 점 등을 종합하면, 1~7번 범행으로 촬영한 영상의 출력물과 파일 복사본을 담은 CD는 임의제출에 의해 적법하게 압수된 전자정보에서 생성된 것으로서 증거능력이 인정된다(대판 2019도4938).[23변선]

⑥ **임의제출된 정보의 탐색·출력시 압수목록 미교부에도 절차의 적법성 인정된 경우 Ⅱ**

[1] 휴대전화인 스마트폰을 이용한 불법촬영 범죄와 같이 범죄의 속성상 해당 범행의 상습성이 의심되거나 성적 기호 내지 경향성의 발현에 따른 일련의 범행의 일환으로 이루어진 것으로 의심되고, 범행의 직접 증거가 스마트폰 안에 이미지 파일이나 동영상 파일의 형태로 남아 있을 개연성이 있는 경우에는 그 안에 저장되어 있는 같은 유형의 간접증거나 정황증거는 범죄혐의사실과 구체적·개별적 연관관계를 인정할 수 있다.[22모선]

[2] 경찰은 1차 피의자신문시 이 사건 휴대전화를 피고인과 함께 탐색하는 과정에서 2014년 범행에 관한 영상을 발견하였으므로, 피고인은 이 사건 휴대전화의 탐색 과정에 참여하였다고 볼 수 있다. 경찰은 같은 날 곧바로 진행된 2회 피의자신문에서 이 사건 사진을 피고인에게 제시하였고, 5장에 불과한 이 사건 사진은 모두 동일한 일시, 장소에서 촬영된 2014년 범행에 관한 영상을 출력한 것임을 육안으로 쉽게 알 수 있다. 따라서 비록 피고인에게 전자정보의 파일 명세가 특정된 압수목록이 작성·교부되지 않았더라도 절차 위반행위가 이루어진 과정의 성질과 내용 등에 비추어 피고인의 절차상 권리가 실질적으로 침해되었다고 보기도 어렵다(대판 2016도9596).

⑦ **임의제출된 정보의 탐색·출력시 압수목록 미교부에도 절차의 적법성 인정된 경우 Ⅲ**

경찰관은 피의자신문 당시 임의제출받은 이 사건 휴대전화를 피고인과 함께 탐색하는 과정에서 발견된 순번 1~47번 범행에 관한 동영상을 피고인의 참여 아래 추출·복사하였고, 피고인은 직접 위 순번 1~47 범행에 관한 동영상을 토대로 '범죄일람표' 목록을 작성하였음을 알 수 있다. 따라서 피고인이 이 사건 휴대전화의 탐색 과정에 참여하였다고 보아야 하고, 순번 1~47번 범행에 관한 동영상을 특정하여 범죄일람표 목록을 작성·제출함으로써 실질적으로 피고인에게 전자정보 상세목록이 교부된 것과 다름이 없다고 볼 수 있다(대판 2019도6730).

⑧ 특별사법경찰관은 당초 수하인인 피고인으로부터 위 메모리카드를 임의제출받으려 하였으나, 피고인이 "자신은 메모리카드와는 아무런 관련이 없다."라는 취지로 주장하면서 자필진술서까지 제출하자, 부득이하게 영장을 발부받아 세관 유치창고 담당자를 피압수자로 하여 압수집행을 한 것으로 보이는 점, 특별사법경찰관은 세관 유치창고 담당자에게 영장을 제시하면서 위 메모리카드를 압수하여 압수조서를 작성하였고, 위 유치창고 담당자에게 압수목록을 교부한 점에 비추어, 피고인은 위 메모리카드 압수 집행과정에서 절차 참여를 보장받아야 하는 사람에 해당한다고 단정할 수 없거나, 압수 집행과정에서 피고인에 대한 절차참여를 보장한 취지가 실질적으로 침해되었다고 보기 어려워 압수가 위법하다고 볼 수 없다고 한 사례(대판 2020도12157)

⑨ **모텔 객실에 설치된 위장형 카메라 임의제출시 피고인의 참여권 배제가능**
수사기관이 임의제출받은 정보저장매체가 기능과 속성상 임의제출에 따른 적법한 압수의 대상이 되는 전자정보와 그렇지 않은 전자정보가 혼재될 여지가 거의 없어 사실상 대부분 압수의 대상이 되는 전자정보만이 저장되어 있는 경우, 소지·보관자의 임의제출에 따른 통상의 압수절차 외에 피압수자에게 참여의 기회를 보장하지 않고 전자정보 압수목록을 작성·교부하지 않았다는 점만으로 곧바로 증거능력을 부정할 것은 아니다(대판 2019도7342).[23변선]

2. 혐의사실과 관련된 전자정보에 한정

① 임의제출된 정보저장매체에서 압수의 대상이 되는 전자정보의 범위를 넘어서는 전자정보에 대해 수사기관이 영장 없이 압수·수색하여 취득한 증거는 위법수집증거에 해당하고, 사후에 법원으로부터 영장이 발부되었다거나 피고인이나 변호인이 이를 증거로 함에 동의하였다고 하여 그 위법성이 치유되는 것도 아니다(대판 2016도348).[24변선, 23·22모선]

② **별도의 범죄혐의와 관련된 전자정보를 우연히 발견한 경우** [24·23·22변사, 18모사]
[1] 전자정보에 대한 압수·수색 과정에서 이루어진 현장에서의 저장매체 압수·이미징·탐색·복제 및 출력행위 등 수사기관의 처분은 하나의 영장에 의한 압수·수색 과정에서 이루어진다. 그러므로 이 경우에는 준항고인이 전체 압수·수색 과정을 단계적·개별적으로 구분하여 각 단계의 개별 처분의 취소를 구하더라도 준항고법원은 특별한 사정이 없는 한 구분된 개별 처분의 위법이나 취소 여부를 판단할 것이 아니라 당해 압수·수색 과정 전체를 하나의 절차로 파악하여 그 과정에서 나타난 위법이 압수·수색 절차 전체를 위법하게 할 정도로 중대한지 여부에 따라 전체적으로 압수·수색 처분을 취소할 것인지를 가려야 한다.

[2] 전자정보에 대한 압수·수색이 종료되기 전에 혐의사실과 관련된 전자정보를 적법하게 탐색하는 과정에서 별도의 범죄혐의와 관련된 전자정보를 우연히 발견한 경우라면, 수사기관은 더 이상의 추가 탐색을 중단하고 법원에서 별도의 범죄혐의에 대한 압수·수색영장을 발부받은 경우에 한하여 그러한 정보에 대하여도 적법하게 압수·수색을 할 수 있다(대결 2011모1839). `표준판례`

③ **임의제출방식으로 압수할 때 범죄혐의사실과 관련된 전자정보에 한하여 압수 가능**[24변선]

[1] 수사기관이 정보저장매체와 거기에 저장된 전자정보를 피의자로부터 임의제출의 방식으로 압수할 때, 제출자의 구체적인 제출범위에 관한 의사를 제대로 확인하지 않는 등의 사유로 인해 임의제출자의 의사에 따른 전자정보 압수의 대상과 범위가 명확하지 않거나 이를 알 수 없는 경우에는 임의제출에 따른 압수의 동기가 된 범죄혐의사실과 관련되고 이를 증명할 수 있는 최소한의 가치가 있는 전자정보에 한하여 압수의 대상이 된다(대판 2016도9596).

[2] 범행 동기와 경위, 수단과 방법, 시간과 장소 등에 관한 간접증거나 정황증거로 사용될 수 있는 정보도 그에 포함될 수 있다(대판 2020도2550).[23모선]

④ **범죄발생 시점 사이에 상당한 간격이 있어 관련성 부정된 사안** [22모사]

[1] 수사기관이 제출자의 의사를 쉽게 확인할 수 있음에도 이를 확인하지 않은 채 특정 범죄혐의사실과 관련된 전자정보와 그렇지 않은 전자정보가 혼재된 정보저장매체를 임의제출받은 경우, 그 정보저장매체에 저장된 전자정보 전부가 임의제출되어 압수된 것으로 취급할 수는 없다.[22모선]

[2] 피의자가 소유·관리하는 정보저장매체를 피의자 아닌 피해자 등 제3자가 임의제출하는 경우에는, 그 임의제출 및 그에 따른 수사기관의 압수가 적법하더라도 임의제출의 동기가 된 범죄혐의사실과 구체적·개별적 연관관계가 있는 전자정보에 한하여 압수의 대상이 되는 것으로 더욱 제한적으로 해석하여야 한다. [22모선]

[3] 임의제출자인 제3자가 제출의 동기가 된 범죄혐의사실과 구체적·개별적 연관관계가 인정되는 범위를 넘는 전자정보까지 일괄하여 임의제출한다는 의사를 밝혔더라도, 특별한 사정이 없는 한, 그 임의제출을 통해 수사기관이 영장 없이 적법하게 압수할 수 있는 전자정보의 범위는 범죄혐의사실과 관련된 전자정보에 한정된다고 보아야 한다.

[4] 피해자 등 제3자가 피의자의 소유·관리에 속하는 정보저장매체를 영장에 의하지 않고 임의제출한 경우에는 특별한 사정이 없는 한 형사소송법 제219조, 제121조, 제129조에 따라 피의자에게 참여권을 보장하고 압수한 전자정보 목록을 교부하는 등 피의자의 절차적 권리를 보장하기 위한 적절한 조치가 이루어져야 한다.[23변선, 22모선]

[5] 피고인이 2014. 12. 11. 피해자 A를 상대로 저지른 성폭력처벌법위반(카메라등이용촬영) 범행(이하 '2014년 범행'이라 한다)에 대하여 A가 즉시 피해 사실을 경찰에 신고하면서 피고인의 집에서 가지고 나온 피고인 소유의 휴대전화 2대에 피고인이 촬영한 동영상과 사진이

저장되어 있다는 취지로 말하고 이를 범행의 증거물로 임의제출하였는데, 경찰이 이를 압수한 다음 그 안에 저장된 전자정보를 탐색하다가 A를 촬영한 휴대전화가 아닌 다른 휴대전화에서 피고인이 2013. 12.경 피해자 B, C를 상대로 저지른 같은 법 위반(카메라등이용촬영) 범행(이하 '2013년 범행'이라 한다)을 발견하고 그에 관한 동영상·사진 등을 영장 없이 복제한 CD를 증거로 제출한 사안에서, 휴대전화에 담긴 전자정보 중 임의제출을 통해 적법하게 압수된 범위는 임의제출 및 압수의 동기가 된 피고인의 2014년 범행 자체와 구체적·개별적 연관관계가 있는 전자정보로 제한적으로 해석하는 것이 타당하고, 이에 비추어 볼 때 범죄발생 시점 사이에 상당한 간격이 있고 피해자 및 범행에 이용한 휴대전화도 전혀 다른 피고인의 2013년 범행에 관한 동영상은 임의제출에 따른 압수의 동기가 된 범죄혐의사실(2014년 범행)과 구체적·개별적 연관관계 있는 전자정보로 보기 어려워 수사기관이 사전영장 없이 이를 취득한 이상 증거능력이 없고, 사후에 압수·수색영장을 받아 압수절차가 진행되었더라도 달리 볼 수 없다(대판 2016도348).

⑤ 아동·청소년 이용 음란물들에 대한 관련성 인정 사례

[1] 범죄의 대상이 된 피해자의 인격권을 현저히 침해하는 성격의 전자정보를 담고 있는 촬영물은 범죄행위로 인해 생성된 것으로서 몰수의 대상이기도 하므로, 휴대전화에서 해당 전자정보를 신속히 압수수색하여 촬영물의 유통가능성을 적시에 차단함으로써 피해자를 보호할 필요성이 크다. 나아가 이와 같은 경우에는 간접증거나 정황증거이면서 몰수의 대상이자 압수수색의 대상인 전자정보의 유형이 이미지 파일 내지 동영상 파일 등으로 비교적 명확하게 특정되어 그와 무관한 사적 전자정보 전반의 압수수색으로 이어질 가능성이 적어 상대적으로 폭넓게 관련성을 인정할 여지가 많다는 점에서도 그렇다.

[2] 이 사건 압수영장에 기재된 범죄사실은 피고인이 2019. 11. 9. 피해자 공소외인을 추행하고 피해자 공소외인의 의사에 반하여 신체를 촬영하였다는 것이다. 이 사건 공소사실 중 피해자 공소외인을 제외한 나머지 피해자들에 대한 부분은 2018. 8. 12.경 부터 2020. 3. 16.경까지 아동들에게 성적 학대행위를 하거나, 이 사건 휴대전화를 이용하여 아동·청소년이용음란물을 제작하거나, 아동·청소년이용음란물을 소지하였다는 것이다. 이를 비교하여 보면 그 각 범행 시기가 근접하여 있고, 범행이 모두 아동·청소년을 대상으로 하고 있으며, 이 사건 휴대전화를 주된 범행수단으로 하고 있다는 점에서 공통점이 인정되므로, 위 각 범행은 동종·유사 범행에 해당한다(대판 2021도10034).

⑥ 피고인이 2014. 7. 28. 공중밀집장소인 지하철 내에서 여성을 추행한 행위와 2014년 초경 다세대 주택에서 몰래 당시 교제 중이던 여성의 나체와 음부를 촬영한 행위는 범행 시간과 장소뿐만 아니라 범행 동기와 경위, 범행 수단과 방법 등을 달리한다. 따라서 간접증거와 정황증거를 포함하는 구체적·개별적 연관관계 있는 관련 증거의 법리에 의하더라도, 여성의 나체와 음부가 촬영된 사진은 임의제출에 따른 압수의 동기가 된 범죄혐의사실과 구체적·개별적 연관관계 있는 전자정보로 보기 어렵다(대판 2016도82).

3. 혐의사실과 관련 없는 전자정보의 삭제·폐기
① **관련 없는 정보를 삭제·폐기하지 않은 채 보관한 경우 위법한 압수**

[1] 수사기관이 범죄 혐의사실과 관련 있는 정보를 선별하여 압수한 후에도 그와 관련이 없는 나머지 정보를 삭제·폐기·반환하지 아니한 채 그대로 보관하고 있다면 범죄 혐의사실과 관련이 없는 부분에 대하여는 압수의 대상이 되는 전자정보의 범위를 넘어서는 전자정보를 영장 없이 압수·수색하여 취득한 것이어서 위법하고, 사후에 법원으로부터 압수·수색영장이 발부되었다거나 피고인이나 변호인이 이를 증거로 함에 동의하였다고 하여 그 위법성이 치유된다고 볼 수 없다.[24변선, 24·23모선]

[2] 수사기관이 압수·수색영장에 기재된 범죄 혐의사실과의 관련성에 대한 구분 없이 임의로 전체의 전자정보를 복제·출력하여 이를 보관하여 두고, 그와 같이 선별되지 않은 전자정보에 대해 구체적인 개별 파일 명세를 특정하여 상세목록을 작성하지 않고 '….zip'과 같이 그 내용을 파악할 수 없도록 되어 있는 포괄적인 압축파일만을 기재한 후 이를 전자정보 상세목록이라고 하면서 피압수자 등에게 교부함으로써 범죄 혐의사실과 관련성 없는 정보에 대한 삭제·폐기·반환 등의 조치도 취하지 아니하였다면 영장주의와 적법절차의 원칙을 중대하게 위반한 것이다(대결 2021모1586).

② [1] 수사기관은 하드카피나 이미징 등 형태에 담긴 전자정보를 탐색하여 혐의사실과 관련된 정보를 선별하여 출력하거나 다른 저장매체에 저장하는 등으로 압수를 완료하면 혐의사실과 관련 없는 전자정보를 삭제·폐기하여야 한다.

[2] 수사기관이 새로운 범죄 혐의의 수사를 위하여 무관정보가 남아 있는 복제본을 열람하는 것은 압수·수색영장으로 압수되지 않은 전자정보를 영장 없이 수색하는 것과 다르지 않다. 따라서 복제본은 더 이상 수사기관의 탐색, 복제 또는 출력 대상이 될 수 없으며, 수사기관은 새로운 범죄 혐의의 수사를 위하여 필요한 경우에도 유관정보만을 출력하거나 복제한 기존 압수·수색의 결과물을 열람할 수 있을 뿐이다(대판 2018도19782).

[2] 사후에 법원으로부터 복제본을 대상으로 압수·수색영장이 발부받아 집행하였다고 하더라도, 이는 압수·수색절차가 종료됨에 따라 당연히 삭제·폐기되었어야 할 전자정보를 대상으로 한 것으로 위법하다(대판 2020도3050).

4. 전자정보 압수·수색 등에 관한 기타 중요 판례
① **디지털 저장매체로부터 출력한 문건의 증거능력 – 제313조 제1항 적용** [17변시]

압수된 디지털 저장매체로부터 출력한 문건을 진술증거로 사용하는 경우, 그 기재 내용의 진실성에 관하여는 전문법칙이 적용되므로 제313조 제1항에 따라 그 작성자 또는 진술자의 진술에 의하여 그 성립의 진정함이 증명된 때에 한하여 이를 증거로 사용할 수 있다(대판 2007도7257). 표준판례

② **이메일 계정에 대한 압수 사건**

수사기관이 피의자의 컴퓨터 등 정보처리장치 내에 저장되어 있는 이메일 등 전자정보를

압수·수색하는 것은 전자정보의 소유자 내지 소지자를 상대로 해당 전자정보를 압수·수색하는 대물적 강제처분으로 형소법 해석상 허용된다. 피의자의 이메일 계정에 대한 접근권한에 갈음하여 발부받은 압수·수색영장에 따라 원격지의 저장매체에 적법하게 접속하여 내려받는 등으로 압수·수색하는 것은 압수·수색영장의 집행에 필요한 처분에 해당하고 이러한 법리는 원격지의 저장매체가 국외에 있는 경우라 하더라도 같다(대판 2017도9747).[22변선]

③ 피의자가 휴대전화를 임의제출하면서 휴대전화에 저장된 전자정보가 아닌 클라우드 등 제3자가 관리하는 원격지에 저장되어 있는 전자정보를 수사기관에 제출한다는 의사로 수사기관에게 클라우드 등에 접속하기 위한 아이디와 비밀번호를 임의로 제공하였다면 위 클라우드 등에 저장된 전자정보를 임의제출하는 것으로 볼 수 있다(대판 2020도14654).[24변선]

④ [25변시] 수사기관이 압수·수색영장에 적힌 '수색할 장소'에 있는 컴퓨터 등 정보처리장치에 저장된 전자정보 외에 원격지 서버에 저장된 전자정보를 압수·수색하기 위해서는 압수·수색영장에 적힌 '압수할 물건'에 별도로 원격지 서버 저장 전자정보가 특정되어 있어야 한다. 압수·수색영장에 적힌 '압수할 물건'에 컴퓨터 등 정보처리장치 저장 전자정보만 기재되어 있다면 컴퓨터 등 정보처리장치를 이용하여 원격지 서버 저장 전자정보를 압수할 수는 없다(대판 2022도1452, 대결 2020모735).[25·24·23변선, 23모선]

⑤ 휴대전화에 저장된 전자정보는 컴퓨터나 USB 등에 저장된 전자정보와는 그 분량이나 내용, 성격 면에서 현저한 차이가 있으므로, 휴대전화에 대한 압수·수색으로 얻을 수 있는 전자정보의 범위와 그로 인한 기본권 침해의 정도도 크게 다르다. 따라서 압수·수색영장에 기재된 '압수할 물건'에 휴대전화에 저장된 전자정보가 포함되어 있지 않다면, 특별한 사정이 없는 한 그 영장으로 휴대전화에 저장된 전자정보를 압수할 수는 없다고 보아야 한다(대결 2024모2020).

Chapter 031 특수한 대물강제처분

I 통신제한조치

1 의의

① 통신제한조치란 통신비밀보호법에 의한 우편물의 검열이나 전기통신의 감청을 말한다(제3조 제2항).

② 검열이란 우편물에 대해 당사자의 동의없이 이를 개봉하거나 기타의 방법으로 그 내용을 지득 또는 채록하거나 유치하는 것을 의미한다.

③ 감청은 전기통신에 대해 당사자의 동의없이 전자장치 등을 사용하여 통신의 음향·문언·부호·영상을 청취하여 그 내용을 지득 또는 채록하거나 전기통신의 송·수신을 방해하는 것이다.

2 통신제한조치의 집행(직접집행 또는 위탁집행)

통신제한조치는 청구 또는 신청한 검사, 사법경찰관 또는 정보수사기관의 장이 집행하고, 체신관서 기타 관련기관 등에 그 집행을 위탁하거나 집행에 관한 협조를 요청할 수도 있다(통비법 제9조 제1항).

3 통신제한조치로 취득한 자료의 관리 – 패킷감청 관련

① 인터넷 통신망을 통한 송·수신은 통신비밀보호법 제2조 제3호에서 정한 '전기통신'에 해당하므로 인터넷 통신망을 통하여 흐르는 전기신호 형태의 패킷(packet)을 중간에 확보하여 그 내용을 지득하는 이른바 '패킷 감청'도 같은 법 제5조 제1항에서 정한 요건을 갖추는 경우 다른 특별한 사정이 없는 한 허용된다고 할 것이고, 이는 패킷 감청의 특성상 수사목적과 무관한 통신내용이나 제3자의 통신내용도 감청될 우려가 있다는 것만으로 달리 볼 것이 아니다(대판 2012도7455).[24모선]

② 헌법재판소는 통신비밀보호법 제5조 제2항 중 '인터넷회선을 통해 송·수신하는 전기통신'에 관한 부분은 인터넷회선 감청의 특성을 고려하여 그 집행 단계나 집행 이후에 수사기관의 권한 남용을 통제하고 관련 기본권의 침해를 최소화하기 위한 제도적 조치가 제대로 마련되어 있지 않은 상태에서, 범죄수사 목적을 이유로 인터넷회선 감청을 통신제한조치 허가 대상 중 하나로 정하고 있으므로 침해의 최소성 요건을 충족한다고 할 수 없다고 보아 헌법불합치결정을 하였다(헌재 2016헌마263).

③ 위 헌법불합치결정에 의하여 통신비밀보호법 제12조의2가 신설되어 검사는 인터넷 회선을

통하여 송신·수신하는 전기통신을 대상으로 통신제한조치를 집행한 경우, 취득한 자료를 범죄수사나 소추 등에 사용하거나 사용을 위하여 보관하고자 하는 때에는 집행종료일부터 14일 이내에 보관 등이 필요한 전기통신을 선별하여 통신제한조치를 허가한 법원에 보관 등의 승인을 청구하여야 하는 등 제도적 조치를 준수하여야 한다.

4 통신제한조치 관련 판례 정리

① [1] '전기통신의 감청'은 '감청'의 개념 규정에 비추어 전기통신이 이루어지고 있는 상황에서 실시간으로 전기통신의 내용을 지득·채록하는 경우와 통신의 송·수신을 직접적으로 방해하는 경우를 의미하는 것이지, 이미 수신이 완료된 전기통신에 관하여 남아 있는 기록이나 내용을 열어보는 등의 행위는 포함하지 않는다.[23변선]

[2] 수사기관은 통신제한조치허가서에 의한 대화의 녹음·청취를 사인에게 집행할 것을 위탁할 수 있다. 수사기관으로부터 집행을 위탁받은 통신기관 등이 통신제한조치허가서에 기재된 사항을 준수하지 아니하고 통신제한조치를 집행하여 취득한 전기통신의 내용 등은 위법수집증거로서 증거능력이 부정된다(대판 2016도8137).[23변선]

② 렉카 회사가 무전기를 이용하여 한국도로공사의 상황실과 순찰차간의 무선전화통화를 청취한 경우 무전기를 설치함에 있어 한국도로공사의 정당한 계통을 밟은 결재가 있었던 것이 아닌 이상 전기통신의 당사자인 한국도로공사의 동의가 있었다고는 볼 수 없으므로 통신비밀보호법상의 감청에 해당한다고 한 사례(대판 2001도6213).

③ 통신제한조치에 대한 기간연장결정은 원 허가의 내용에 대하여 단지 기간을 연장하는 것일 뿐 원 허가의 대상과 범위를 초과할 수 없다 할 것이므로 통신제한조치허가서에 의하여 허가된 통신제한조치가 '전기통신 감청 및 우편물 검열'뿐인 경우 그 후 연장결정서에 당초 허가 내용에 없던 '대화녹음'이 기재되어 있다 하더라도 이는 대화녹음의 적법한 근거가 되지 못한다(대판 99도2317).

Ⅱ 통신사실 확인자료의 요청

1 범죄수사를 위한 요청

① 검사 또는 사법경찰관은 수사 또는 형의 집행을 위해 필요한 경우 전기통신사업법에 의한 전기통신사업자에게 통신사실확인자료의 열람이나 제출을 요청할 수 있다(통비법 제13조 제1항). 제1항 및 제2항에 따라 통신사실 확인자료제공을 요청하는 경우에는 요청사유, 해당 가입자와의 연관성 및 필요한 자료의 범위를 기록한 서면으로 관할 지방법원 또는 지원의 허가를 받아야 한다(동조 제3항).[22모선]

② [1] 통신사실확인자료 제공요청의 목적이 된 범죄와 관련된 범죄란 통신사실 확인자료제공 요청 허가서에 기재한 혐의사실과 객관적 관련성이 있고 자료제공 요청대상자와 피의자 사

이에 인적 관련성이 있는 범죄를 의미한다.[23변선]

  [2] 그 관련성은 통신사실 확인자료제공요청 허가서에 기재된 혐의사실의 내용과 수사의 대상 및 수사 경위 등을 종합하여 구체적 · 개별적 연관관계가 있는 경우에만 인정되고, 혐의사실과 단순히 동종 또는 유사 범행이라는 사유만으로 관련성이 있는 것은 아니다(대판 2016도13489). 표준판례 [24모선]

2 국가안전보장을 위한 요청

정보수사기관의 장은 국가안전보장에 대한 위해를 방지하기 위해 정보수집이 필요한 경우 전기통신사업자에게 통신사실 확인자료 제공을 요청할 수 있다(통비법 제13조의4 제1항).

III 대화의 녹음과 청취

1 의의

누구든지 통신비밀보호법과 형사소송법 또는 군사법원법의규정에 의하지 않고는 공개되지 않은 타인간의 대화를 녹음 또는 청취하지 못한다(통비법 제3조 제1항).

2 통비법 제3조 제1항의 공개되지 아니한 타인간의 대화의 의미 [18모사, 23모기 등]

① [1] 통신비밀보호법에서 보호하는 타인 간의 '대화'는 원칙적으로 현장에 있는 당사자들이 육성으로 말을 주고받는 의사소통행위를 가리킨다. 따라서 사람의 육성이 아닌 사물에서 발생하는 음향은 타인 간의 '대화'에 해당하지 않는다. 또한 사람의 목소리라고 하더라도 상대방에게 의사를 전달하는 말이 아닌 단순한 비명소리나 탄식 등은 타인과 의사소통을 하기 위한 것이 아니라면 특별한 사정이 없는 한 타인 간의 '대화'에 해당한다고 볼 수 없다.[23변선]

[2] 위와 같은 소리가 비록 통신비밀보호법에서 말하는 타인 간의 '대화'에는 해당하지 않더라도, 형사절차에서 그러한 증거를 사용할 수 있는지 여부는 개별적인 사안에서 효과적인 형사소추와 형사절차상 진실발견이라는 공익과 개인의 인격적 이익 등의 보호이익을 비교형량하여 결정하여야 한다(대판 2016도19843). 표준판례

② [1] 통신비밀보호법이 공개되지 않은 타인 간의 대화에 관한 녹음 또는 청취에 대하여 제3조 제1항에서 일반적으로 이를 금지하고 있는데도 제14조 제1항에서 구체화하여 금지되는 행위를 제한하고 있는 입법 취지와 체계 등에 비추어 보면, 통신비밀보호법 제14조 제1항의 금지를 위반하는 행위는 특별한 사정이 없는 한, 제3조 제1항 위반행위에 해당하여 제16조 제1항 제1호의 처벌대상이 된다.

[2] '공개되지 않았다.'는 것은 반드시 비밀과 동일한 의미는 아니고, 구체적으로 공개된 것인지는 발언자의 의사와 기대, 대화의 내용과 목적, 상대방의 수, 장소의 성격과 규모,

출입의 통제 정도, 청중의 자격 제한 등 객관적인 상황을 종합적으로 고려하여 판단해야 한다(대판 2020도1007). [23모기]

③ **학부모가 담임교사 몰래 교사의 수업시간 발언 녹음한 경우 증거능력 X**
  초등학교 담임교사가 교실에서 수업시간 중 한 발언은 통상적으로 교실 내 학생들만을 대상으로 하는 것으로서 교실 내 학생들에게만 공개된 것일 뿐, 일반 공중이나 불특정 다수에게 공개된 것이 아니므로, 대화자 내지 청취자가 다수였다는 사정만으로 '공개된 대화'로 평가할 수는 없어, 피해아동의 부모가 몰래 녹음한 피고인의 수업시간 중 발언은 '공개되지 않은 대화'에 해당하는 점, 피해아동의 부모는 피고인의 수업시간 중 발언의 상대방에 해당하지 않으므로, 위 발언은 '타인 간의 대화'에 해당하는 점을 종합하면, 피해아동의 부모가 피해아동의 가방에 녹음기를 넣어 수업시간 중 교실에서 피고인이 한 발언을 녹음한 녹음파일, 녹취록 등은 통신비밀보호법 제14조 제1항을 위반하여 공개되지 아니한 타인 간의 대화를 녹음한 것이므로 통신비밀보호법 제14조 제2항 및 제4조에 따라 증거능력이 부정된다(대판 2020도1538).

④ **종료된 대화의 녹음물을 재생하여 듣는 행위는 통비법 위반의 청취 X**
  [1] 통신비밀보호법 제3조 제1항은 누구든지 이 법과 형사소송법 또는 군사법원법의 규정에 의하지 아니하고는 우편물의 검열·전기통신의 감청 또는 공개되지 않은 타인 간의 대화를 녹음 또는 청취하지 못한다고 규정하고 있고, 같은 법 제16조 제1항은 이를 위반하는 행위를 처벌하도록 규정하고 있다.
  [2] 여기서 '청취'는 타인 간의 대화가 이루어지고 있는 상황에서 실시간으로 그 대화의 내용을 엿듣는 행위를 의미하고, 대화가 이미 종료된 상태에서 그 대화의 녹음물을 재생하여 듣는 행위는 '청취'에 포함되지 않는다(대판 2023도15164).

⑤ 무전기와 같은 무선전화기를 이용한 통화가 통신비밀보호법에서 규정하고 있는 전기통신에 해당함은 전화통화의 성질 및 위 규정 내용에 비추어 명백하므로 이를 같은 법 제3조 제1항 소정의 '타인간의 대화'에 포함된다고 할 수 없다(대판 2001도6213).

⑥ 통신비밀보호법에서 말하는 '대화'에는 당사자가 마주 대하여 이야기를 주고받는 경우뿐만 아니라 당사자 중 한 명이 일방적으로 말하고 상대방은 듣기만 하는 경우도 포함되므로, 위 강연과 토론·발표 등은 대상자와 상대방 사이의 대화에 해당된다(대판 2014도10978).

3 일방당사자가 상대방 몰래 녹음하는 경우(당사자 녹음) [24·12변시]

① 피고인이 범행 후 피해자에게 전화를 걸어오자 피해자가 증거를 수집하려고 그 전화내용을 녹음한 경우, 그 녹음테이프가 피고인 모르게 녹음된 것이라 하여 이를 위법하게 수집된 증거라고 할 수 없다(대판 97도240).[23변시]

② [1] 3인 간의 대화에 있어서 그 중 한 사람이 그 대화를 녹음하는 경우에 다른 두 사람의 발언은 그 녹음자에 대한 관계에서 '타인 간의 대화'라고 할 수 없으므로, 이와 같은 녹음 행위가 통비법 제3조 제1항에 위배된다고 볼 수는 없다(대판 2006도4981). 표준판례 [24변시]

[2] 피해자들의 발언은 피고인에 대한 관계에서 통신비밀보호법 제3조 제1항에서 정한 '타인 간의 대화'에 해당한다고 할 수 없으므로, 피고인이 피해자들 몰래 피해자들의 대화를 소형 촬영기와 무선통신장치를 이용하여 실시간으로 중계하는 방식으로 인터넷을 통하여 불특정 다수의 시청자에게 공개하였다고 하더라도, 피해자들에 대하여 초상권 등의 부당한 침해로 인한 민사상의 손해배상책임을 질 수는 있을지언정, 이를 두고 피고인이 타인 간의 대화 내용을 공개한 것으로서 통비법 제16조 제1항 제2호에 해당한다고 볼 수는 없다(대판 2013도16404).

③ 골프장 운영업체가 예약전용 전화선에 녹취시스템을 설치하여 예약담당직원과 고객 간의 골프장 예약에 관한 통화내용을 녹취한 행위는 통신비밀보호법 제3조 제1항 위반죄에 해당하지 않는다고 한 사례(대판 2008도1237) (판결이유 : 이 사건 녹취시스템은 강원랜드가 자신의 업무인 골프장의 운영을 위해 자신의 예약전용 전화선에 설치·운영한 것으로서, 결국 강원랜드는 이 사건 전화통화와 무관한 제3자가 아니라 이 사건 전화통화의 당사자라고 봄이 상당하다.)

4 제3자가 일방당사자만의 동의를 얻고 몰래 녹음하는 경우

① [1] 전기통신에 해당하는 전화통화 당사자의 일방이 상대방 모르게 통화 내용을 녹음하는 것은 통신비밀보호법의 감청에 해당하지 아니하지만, 제3자의 경우는 설령 전화통화 당사자 일방의 동의를 받고 그 통화 내용을 녹음하였다 하더라도 그 상대방의 동의가 없었던 이상, 이는 여기의 감청에 해당하여 법 제3조 제1항 위반이 되고, 이와 같이 불법감청에 의하여 녹음된 전화통화의 내용은 법 제4조에 의하여 증거능력이 없다.[23변선, 22모선]

[2] 수사기관이 구속수감되어 있던 甲에게 그의 압수된 휴대전화를 제공하여 피고인과 통화하고 위 범행에 관한 통화 내용을 녹음하게 한 행위는 불법감청에 해당하므로, 그 녹음 자체는 물론 이를 근거로 작성된 녹취록 첨부 수사보고는 피고인의 증거동의에 상관없이 그 증거능력이 없다(대판 2010도9016). 표준판례 [23변선]

[3] 이때 피고인이나 변호인이 이를 증거로 함에 동의하였다고 하더라도 마찬가지이다(대판 2015도1900).

② **통화종료 버튼을 누르지 아니한 상황에서의 몰래 녹음**

갑이 실수로 휴대폰의 통화종료 버튼을 누르지 아니한 채 이를 이사장실 내의 탁자 위에 놓아 두자, 갑의 휴대폰과 통화연결상태에 있는 자신의 휴대폰 수신 및 녹음기능을 이용하여 이 사건 대화를 몰래 청취하면서 녹음한 경우, 피고인은 이 사건 대화에 원래부터 참여하지 아니한 제3자이므로, 통화연결상태에 있는 휴대폰을 이용하여 이 사건 대화를 청취·녹음하는 행위는 작위에 의한 통비법 위반행위로서 처벌된다(대판 2013도15616). 표준판례

Chapter 032 증거보전 제도 [14변사, 23·22·20모사]

I 증인신문의 청구

1 의의

참고인이 출석·진술을 거부하는 경우에 제1회 공판기일 전까지 검사의 청구에 의하여 판사가 그를 증인으로 신문하는 진술증거의 수집·보전을 위한 대인적 강제처분을 말한다(제221조의2).

2 청구의 요건

① 증인신문의 청구권자는 검사에 제한된다.
② **제1회 공판기일 전**(시기적 요건) : 재심청구사건에서는 불가하다.
③ **증인신문의 필요성**(실질적 요건) : 범죄의 수사에 없어서는 아니 될 사실을 안다고 명백히 인정되는 자가 수사기관의 출석요구에 대하여 출석 또는 진술을 거부한 경우이다. 참고인의 진술번복 위험은 사유에 해당하지 않는다.[22모선]
④ 제221조의2 제2항에 의한 검사의 증인신문청구를 하려면 증인의 진술로서 증명할 대상인 피의사실이 존재하여야 하고, 피의사실은 수사기관이 어떤 자에 대하여 내심으로 혐의를 품고 있는 정도의 상태만으로는 존재한다고 할 수 없고, 고소·고발 또는 자수를 받거나 또는 수사기관 스스로 범죄의 혐의가 있다고 보아 수사를 개시하는 범죄의 인지 등 수사의 대상으로 삼고 있음을 외부적으로 표현한 때에 비로소 그 존재를 인정할 수 있다(대판 89도648). 표준판례 [24·23모선]
⑤ 참고인으로 수사기관에서 임의의 진술을 한 자가 공판기일에 이전의 진술과 다른 진술을 염려가 있고 그의 진술이 범죄의 증명에 없어서는 아니 될 것으로 인정되는 경우라도 진술의 거부에 해당되는 것은 아니므로 증인신문을 청구할 수 없다.[24변선, 24모선]

3 증인신문의 절차

① 판사는 청구가 적법하고 요건을 구비하고 있다고 인정할 때에는 증인신문을 하여야 한다. 청구가 부적법하거나 요건이 구비되지 않은 때에는 결정으로 기각하며, 이에 대해 불복할 수 없다.
② 판사는 증인신문기일을 정한 때에는 피고인, 피의자 또는 변호인에게 증인신문기일을 통지하여 참여할 수 있도록 하여야 한다.

4 증인신문 후의 조치

① 증인신문을 한 때에는 지체 없이 이에 관한 서류를 검사에게 송부하여야 한다.
② 증인신문조서는 법관의 면전조서로 당연히 증거능력이 인정된다(제311조).[24변선]
   그러나 피의자 등에게 참여의 기회를 주지 않은 증인신문절차에서 작성된 증인신문조서는 증거능력이 없다(하자 치유는 가능).

II 증거보전의 청구

1 의의

증거보전이란 공판정에서의 정상적인 증거조사가 있을 때까지 기다려서는 증거방법의 사용이 불가능 또는 현저히 곤란하게 될 염려가 있는 경우에 검사, 피고인·피의자·변호인의 청구에 의하여 판사가 미리 증거조사를 하여 그 결과를 보전하여 두는 제도를 말한다(제184조).

2 증거보전의 요건

(1) 제1회 공판기일 전

① 제1회 공판기일 전에 한하여 할 수 있으며, 제1회 공판기일 전이라면 공소제기 전후를 불문한다.
② 증거보전은 제1심 제1회 공판기일 전에 한하여 허용되는 것이므로 재심청구사건에서는 증거보전절차가 허용되지 아니한다(대결 84모15). `표준판례` [23모선]

(2) 증거보전의 필요성

① 증거를 보전하지 않으면 증거의 사용이 곤란할 것을 요한다. 증거의 사용곤란에는 그 증거조사가 곤란한 경우뿐만 아니라 진술의 변경 등 증명력에 변화가 있는 경우도 포함된다.
② [1] 형사소송법 제184조에 의한 증거보전은 피고인 또는 피의자가 형사입건도 되기 전에는 청구할 수 없고, 또 피의자신문에 해당하는 사항을 증거보전의 방법으로 청구할 수 없다.[24변선, 23모선]
   [2] 이는 피의자를 그 스스로의 피의 사실에 대한 증인으로 바로 신문한 것으로 위법하여 같은 피고인에 대한 증거능력이 없음은 물론 그 신문내용 가운데 다른 공범에 관한 부분의 진술이 있다 하더라도 그 공범이 또한 그 신문당시 형사입건되어 있지 않았다면 그 공범에 관한 증거보전의 효력도 인정할 수 없는 것이다(대판 79도792). `표준판례` [24변선]
③ 공동피고인과 피고인이 뇌물을 주고 받은 사이로 필요적 공범관계에 있다고 하더라도 검사는 수사단계에서 피고인에 대한 증거를 미리 보전하기 위하여 필요한 경우에는 판사에게 공동피고인을 증인으로 신문할 것을 청구할 수 있다(대판 86도1646).[24·23·22모선]

3 증거보전의 절차

① **증거보전의 청구** : 청구권자는 검사, 피고인·피의자·변호인이고, 증거보전을 청구할 수 있는 것은 압수·수색·검증, 증인신문 또는 감정이다.

② **증거보전의 처분** : 청구를 받은 판사는 청구가 적법하고 필요성이 있다고 인정할 때에는 증거보전을 하여야 한다. 그러나 청구가 부적법하거나 필요 없다고 인정할 때에는 청구를 기각하는 결정을 하여야 하고, 기각결정에 대하여는 3일 이내에 항고가 가능하다.

③ **증인신문시 참여권 보장의무 및 참여권 미보장 하자의 치유**

[1] 증거보전절차에서 증인신문을 하면서, 위 증인신문의 일시와 장소를 피의자 및 변호인에게 미리 통지하지 아니하여 증인신문에 참여할 수 있는 기회를 주지 아니하였고, 또 변호인이 제1심 공판기일에 위 증인신문조서의 증거조사에 관하여 이의신청을 하였다면, 위 증인신문조서는 증거능력이 없다 할 것이고, 그 증인이 후에 법정에서 그 조서의 진정성립을 인정한다 하여 다시 그 증거능력을 취득한다고 볼 수도 없다(대판 91도2337).[23모선]

[2] 증거보전 절차로 증인신문을 하는 경우 피의자 또는 변호인에게 참여의 기회를 주지 아니한 경우라도 피고인과 변호인이 증인신문조서를 증거로 할 수 있음에 동의하여 별다른 이의 없이 적법하게 증거조사를 거친 경우에는 위 증인신문조서는 증인신문절차가 위법하였는지의 여부에 관계없이 증거능력이 부여된다(대판 86도1646). 표준판례 [24·23변선]

4 증거보전 후의 절차

① **열람·등사** : 검사, 피고인·피의자·변호인은 판사의 허가를 얻어 증거보전처분에 관한 서류와 증거물을 열람·등사할 수 있다(제185조).

② **증거능력** : 증거보전절차에서 작성된 각종 조서는 법관의 조서로서 제311조에 의하여 당연히 증거능력이 인정된다.

③ 증인신문조서가 증거보전절차에서 피고인이 증인으로서 증언한 내용을 기재한 것이 아니라 증인의 증언내용을 기재한 것이고 다만 피의자였던 피고인이 당사자로 참여하여 자신의 범행사실을 시인하는 전제하에 위 증인에게 반대신문한 내용이 기재되어 있을 뿐이라면, 위 조서는 공판준비 또는 공판기일에 피고인 등의 진술을 기재한 조서도 아니고, 반대신문 과정에서 피의자가 한 진술에 관한 한 제184조에 의한 증인신문조서도 아니므로 위 조서 중 피의자의 진술기재부분에 대하여는 제311조에 의한 증거능력을 인정할 수 없다(대판 84도508). 표준판례 [24·23모선]

④ 피고인이 수사단계에서 다른 공동피고인에 대한 증거보전을 위하여 증인으로서 증언한 증인신문조서는 그 다른 공동피고인에 대하여 증거능력이 있다(대판 66도276).

5 성폭력범죄 피해자에 관한 특례

(1) 성폭력처벌법상의 증거보전

피해자나 그 법정대리인 또는 경찰은 피해자가 공판기일에 출석하여 증언하는 것에 현저히 곤란한 사정이 있을 때에는 그 사유를 소명하여 제30조에 따라 촬영된 영상물 또는 그 밖의 다른 증거에 대하여 해당 성폭력범죄를 수사하는 검사에게 형사소송법 제184조(증거보전의 청구와 그 절차) 제1항에 따른 증거보전의 청구를 할 것을 요청할 수 있다.

이 경우 피해자가 19세 미만이거나 신체적인 또는 정신적인 장애로 사물을 변별하거나 의사를 결정할 능력이 미약한 경우에는 공판기일에 출석하여 증언하는 것에 현저히 곤란한 사정이 있는 것으로 본다(성폭력처벌법 제41조 제1항).[24 · 22모선]

(2) 청소년성보호법상의 증거보전

아동 · 청소년대상 성범죄의 피해자, 그 법정대리인 또는 경찰은 피해자가 공판기일에 출석하여 증언하는 것에 현저히 곤란한 사정이 있을 때에는 그 사유를 소명하여 제26조에 따라 촬영된 영상물 또는 그 밖의 다른 증거물에 대하여 해당 성범죄를 수사하는 검사에게 형사소송법 제184조 제1항에 따른 증거보전의 청구를 할 것을 요청할 수 있다(청소년성보호법 제27조).

III 증거보전(제184조)과 증인신문의 청구(제221조의2)의 비교

① 검사 또는 사법경찰관은 수사에 필요한 때에는 피의자가 아닌 자의 출석을 요구하여 진술을 들을 수 있다(제221조 제1항). 다만 참고인 조사는 임의수사이므로 참고인이 출석거부 내지 진술거부를 할 경우 이를 강제할 수는 없어 증거보전 내지 증인신문의 청구를 고려한다.

② 양자 모두 제1회 공판기일 전까지 청구가 가능하고, 수임판사에 의하여 행하여지며, 작성된 조서 등은 당연히 증거능력 인정되고(제311조), 당사자의 참여권이 인정된다는 점은 공통적이다.

③ 그러나 증거보전에 의하여 작성 · 수집된 조서 등은 법원이 보관하고, 그에 대한 열람 · 등사가 허용되고, 증거보전청구 기각결정에 대하여는 3일 이내에 항고가 가능함에 반하여,

④ 검사의 증인신문의 청구에 의하여 작성된 증인신문조서는 검사가 보관하고, 그에 대한 피고인과 변호인의 열람 · 등사가 공소제기 전에는 인정되지 않으며, 불복이 허용되지 않는다는 점 등에 차이가 있다.

Chapter 033 수사의 종결

1 수사종결의 의의와 주체

(1) 의의

수사종결이란 공소제기 여부를 결정할 수 있을 정도로 피의사건이 밝혀진 경우에 수사절차를 종료하는 처분으로서 최종적으로 공소제기 또는 불기소결정의 형태로 나누어진다.

(2) 주체

① 형사소송법상 공소는 검사가 제기하여 수행하므로 검사에게 수사종결권이 있다.
② 사법경찰관은 범죄를 수사하여 범죄혐의가 있다고 인정되는 경우에는 검사에게 사건을 송치하지만 그 밖의 경우에는 검사에게 사건을 송치하지 않을 수가 있으므로 1차 수사종결권이 인정된다.
③ 다만 특별사법경찰관은 범죄를 수사한 때에는 지체없이 검사에게 사건을 송치해야 하므로(제245조의10 제5항), 범죄혐의가 있다고 인정되는 여부와 관계없이 송치하게 되어 있어서 1차 수사종결권이 인정되지 않는다.

2 사법경찰관의 수사종결

(1) 제245조의5(사법경찰관의 사건송치 등) 사법경찰관은 고소·고발 사건을 포함하여 범죄를 수사한 때에는 다음 각 호의 구분에 따른다.

   1. 범죄의 혐의가 있다고 인정되는 경우에는 지체 없이 검사에게 사건을 송치하고, 관계 서류와 증거물을 검사에게 송부하여야 한다.

   2. 그 밖의 경우에는 그 이유를 명시한 서면과 함께 관계 서류와 증거물을 지체 없이 검사에게 송부하여야 한다. 이 경우 검사는 송부받은 날부터 90일 이내에 사법경찰관에게 반환하여야 한다.

(2) 제245조의6(고소인 등에 대한 송부통지) 사법경찰관은 제245조의5 제2호의 경우에는 그 송부한 날부터 7일 이내에 서면으로 고소인·고발인·피해자 또는 그 법정대리인(피해자가 사망한 경우에는 그 배우자·직계친족·형제자매를 포함한다)에게 사건을 검사에게 송치하지 아니하는 취지와 그 이유를 통지하여야 한다.

(3) 제245조의7(고소인 등의 이의신청) ① 제245조의6의 통지를 받은 사람(고발인을 제외한다)은 해당 사법경찰관의 소속 관서의 장에게 이의를 신청할 수 있다. ② 사법경찰관은 제1항의 신청이 있는 때에는 지체 없이 검사에게 사건을 송치하고 관계 서류와 증거물을 송부하여

야 하며, 처리결과와 그 이유를 제1항의 신청인에게 통지하여야 한다.[23모선]
(4) 제245조의8(재수사요청 등) ① 검사는 제245조의5 제2호의 경우에 사법경찰관이 사건을 송치하지 아니한 것이 위법 또는 부당한 때에는 그 이유를 문서로 명시하여 사법경찰관에게 재수사를 요청할 수 있다. ② 사법경찰관은 제1항의 요청이 있는 때에는 사건을 재수사하여야 한다.

3 검사의 수사종결

(1) 공소제기

검사는 수사결과 범죄의 객관적 혐의가 충분하고 소송조건이 구비되어 유죄판결을 받을 수 있다고 인정할 때에는 공소를 제기한다(제246조).

(2) 불기소결정

① **기소유예** : 피의사실이 인정되나 형법 제51조 각 호(1. 범인의 연령, 성행, 지능과 환경, 2. 피해자에 대한 관계, 3. 범행의 동기, 수단과 결과, 4. 범행 후의 정황)의 사항을 참작하여 소추할 필요가 없는 경우(검찰사건사무규칙 제115조 제3항 제1호)

② **혐의 없음** : ㉮ 범죄인정안됨(피의사실이 범죄를 구성하지 않거나 피의사실이 인정되지 않는 경우), ㉯ 증거불충분(피의사실을 인정할 만한 충분한 증거가 없는 경우) (동항 제2호)

③ **죄가 안됨** : 피의사실이 범죄구성요건에는 해당하지만 법률상 범죄의 성립을 조각하는 사유가 있어 범죄를 구성하지 않는 경우(동항 제3호)

④ **공소권 없음** : 공소기각 또는 면소 사유 등 소송조건이 결여된 경우 등(동항 제4호)

⑤ **기소중지** : 피의자의 소재불명 또는 제121조(참고인중지결정)에 규정된 사유가 아닌 사유로 수사를 종결할 수 없는 경우에는 그 사유가 해소될 때까지(검찰사건사무규칙 제120조)

(3) 불기소결정에 대한 불복

① **검찰항고 가능** : 고소인 또는 고발인이 검사의 불기소결정에 불복하여 검찰조직 내부의 상급기관에 그 시정을 구할 수 있다.

② **재정신청 가능** : 고소인 등이 검사의 불기소결정에 불복하여 그 당부에 관한 재정을 신청하여 법원의 심리에 의해 공소제기 여부를 결정할 수 있다.

③ **행정소송 불가** : 검사의 불기소처분에 대하여는 검찰청법에 의한 항고와 재항고 및 형사소송법에 의한 준기소절차에 의해서만 불복할 수 있는 것이므로 검사의 불기소처분이나 그에 대한 항고 또는 재항고결정에 대하여는 행정소송을 제기할 수 없다(대판 89누2271).

Chapter 034 공소제기 후 수사

I 공소제기 후 강제수사 - 검사의 압수·수색 허용 여부 [14변시]

1 문제점

공소제기 후에도 수사기관에 의한 압수·수색·검증이 허용되는지 문제된다.

2 학설

① 긍정설 : 제215조가 영장청구 시기를 제한하지 않으므로 허용된다는 견해이다. 다만 긍정설도 제1회 공판 기일 이후에는 법원에 의한 압수·수색·검증에 의하여야 한다는 입장이다.

② 부정설 : 공소제기 후 압수·수색·검증은 법원의 권한에 속하고, 공소제기 후 제1회 공판 기일 전에 압수·수색·검증을 해야 할 긴급한 사정이 있는 때에는 증거보전절차를 활용하면 되므로 허용되지 않는다는 견해이다.

3 판례(부정설)

헌법상 보장된 적법절차의 원칙과 재판받을 권리, 공판중심주의·당사자주의·직접주의를 지향하는 현행 형사소송법의 소송구조 등을 종합하여 보면, 일단 공소가 제기된 후에는 피고사건에 관하여 검사로서는 제215조에 의하여 압수·수색을 할 수 없다고 보아야 하며, 그럼에도 검사가 공소제기 후 제215조에 따라 수소법원 이외의 지방법원 판사에게 청구하여 발부받은 영장에 의하여 압수·수색을 하였다면, 그와 같이 수집된 증거는 적법한 절차에 따르지 않은 것으로서 원칙적으로 유죄의 증거로 삼을 수 없다(대판 2009도10412). 표준판례 [22변선, 22모선]

4 검토

제215조는 인권보장적 견지에서 제한적으로 해석하여야 하므로 부정설이 타당하다.

II 공소제기 후 검사의 피고인신문 허용 여부 [15변시, 24·17모시]

1 문제점

피의자신문은 임의수사이지만 피고인신문은 피고인의 당사자 지위를 위협할 수 있다는 점에서 그 허용여부가 문제된다.

2 학설

① 적극설 : 제199조의 임의수사는 제한이 없으므로 제1회 공판기일 전후를 불문하고 피고인 신문이 가능하다는 견해이다.
② 소극설 : 공소제기 후에 피고인은 소송의 주체로서 당사자의 지위를 가지므로 수사기관이 피고인을 신문하는 것은 당사자주의와 모순되는 점을 근거로 부정하는 견해이다.
③ 절충설 : 제1회 공판기일 전에는 피고인신문이 허용된다는 견해이다.

3 판례(적극설)

검사의 피고인에 대한 진술조서가 기소 후 작성된 것이라는 이유만으로 증거능력이 없는 것이라고 할 수는 없다(대판 84도1646).

4 검토

피고인신문은 임의수사이므로 판례의 입장이 타당하고, 특히 피고인이 검사의 면접을 요구한 경우, 공범자 또는 진범이 발견되어 피고인에 대한 신문이 불가피한 경우 필요성이 인정된다.

5 조서의 성격과 증거능력

검사가 피의자를 구속 기소한 후 다시 피고인을 소환하여 신문을 하면서 피의자신문조서가 아닌 일반적인 진술조서의 형식으로 조서를 작성한 사안에서, 진술조서의 내용이 피의자신문조서와 실질적으로 같고, 진술의 임의성이 인정되는 경우라도 미리 피의자에게 진술거부권을 고지하지 않았다면 위법수집증거에 해당한다고 판시한바 있다(대판 2008도8213).

III 공소제기 후 검사의 참고인 조사 가부 및 참고인 진술조서의 증거능력

1 원칙

참고인 조사는 임의수사이므로, 공소제기 후에 수사기관이 참고인 조사하는 것은 원칙적으로 허용된다고 할 것이다.

2 공판정 증언 후 번복진술조서의 증거능력 [20 · 18 · 13변사, 21 · 19모사]

[1] 공판준비 또는 공판기일에서 이미 증언을 마친 증인을 검사가 소환한 후 피고인에게 유리한 그 증언 내용을 추궁하여 이를 일방적으로 번복시키는 방식으로 작성한 진술조서를 유죄의 증거로 삼는 것은 당사자주의 · 공판중심주의 · 직접주의를 지향하는 현행 형사소송법의 소송구조에 어긋나는 것일 뿐만 아니라, 재판을 받을 권리를 침해하는 것이므로, 이러한 진술조서는 피고인이 증거로 할 수 있음에 동의하지 아니하는 한 그 증거능력이 없

다고 할 것이고, 그 후 원진술자인 종전 증인이 다시 법정에 출석하여 증언을 하면서 그 진술조서의 성립의 진정함을 인정하고 피고인측에 반대신문의 기회가 부여되었다고 하더라도 그 증언 자체를 유죄의 증거로 할 수 있음은 별론으로 하고 위와 같은 진술조서의 증거능력이 없다는 결론은 달리할 것이 아니다.

[2] 이는 검사가 공판준비 또는 공판기일에서 이미 증언을 마친 증인에게 수사기관에 출석할 것을 요구하여 그 증인을 상대로 위증의 혐의를 조사한 내용을 담은 피의자신문조서의 경우도 마찬가지이다(대판 2012도13665).[23변선]

[3] 이러한 법리는 검사가 공판준비기일 또는 공판기일에서 이미 증언을 마친 증인을 소환하여 피고인에게 유리한 증언 내용을 추궁한 다음 진술조서를 작성하는 대신 그로 하여금 본인의 증언 내용을 번복하는 내용의 진술서를 작성하도록 하여 법원에 제출한 경우에도 마찬가지로 적용된다(대판 2012도534).

[4] 참고인이 법정에서 위와 같이 증거능력이 없는 진술조서와 같은 취지로 피고인에게 불리한 내용의 진술을 한 경우, 그 진술에 신빙성을 인정하여 유죄의 증거로 삼을 것인지는 증인신문 전 수사기관에서 진술조서가 작성된 경위와 그것이 법정진술에 영향을 미쳤을 가능성 등을 종합적으로 고려하여 신중하게 판단하여야 한다(대판2013도6825).

3 공소제기 후 증인신문 전 작성된 진술조서의 증거능력 [22모사]

[1] 제1심에서 피고인에 대하여 무죄판결이 선고되어 검사가 항소한 후, 수사기관이 항소심 공판기일에 증인으로 신청하여 신문할 수 있는 사람을 특별한 사정 없이 미리 수사기관에 소환하여 작성한 진술조서는 피고인이 증거로 할 수 있음에 동의하지 않는 한 증거능력이 없다. 이는 피고인과 대등한 당사자의 지위에 있는 검사가 수사기관으로서의 권한을 이용하여 일방적으로 법정 밖에서 유리한 증거를 만들 수 있게 하는 것이므로 당사자주의·공판중심주의·직접심리주의에 반하고 피고인의 공정한 재판을 받을 권리를 침해하기 때문이다.[25·23변선, 22모선]

[2] 위 참고인이 나중에 법정에 증인으로 출석하여 위 진술조서의 성립의 진정을 인정하고 피고인 측에 반대신문의 기회가 부여된다 하더라도 위 진술조서의 증거능력을 인정할 수 없음은 마찬가지이다.

[3] 위 참고인이 법정에서 위와 같이 증거능력이 없는 진술조서와 같은 취지로 피고인에게 불리한 내용의 진술을 한 경우, 그 진술에 신빙성을 인정하여 유죄의 증거로 삼을 것인지는 증인신문 전 수사기관에서 진술조서가 작성된 경위와 그것이 법정진술에 영향을 미쳤을 가능성 등을 종합적으로 고려하여 신중하게 판단하여야 한다(대판 2013도6825). 표준판례

Chapter 035 공소의 제기

I 공소제기의 소송법적 효과

1 소송계속

검사의 공소제기에 의하여 피의사건은 피고사건으로서 공소가 제기된 법원의 심판대상이 되고 이에 따라 법원의 공판절차가 개시되는 것이다.

2 심판범위의 한정

(1) 공소제기의 주관적 효력 범위

공소제기는 검사가 공소장에 피고인으로 지정한 자에게만 효력이 미친다(제248조 제1항).

(2) 공소제기의 객관적 효력 범위

① 범죄사실의 일부에 대한 공소의 효력은 범죄사실 전부에 미친다(제248조 제2항).
② 현행 형사소송법하에서는 법원의 실체적인 심판의 범위는 잠재적으로는 공소사실과 단일성 및 동일성이 인정되는 한, 그러한 사실의 전부에 미칠 것이나 현실적 심판의 대상은 공소장에 예비적 또는 택일적으로 기재되었거나 소송의 발전에 따라 그 후 추가, 철회, 또는 변경된 사실에 한한다(대판 4292형상36).

3 공소시효의 정지

① 시효는 공소의 제기로 진행이 정지되고 공소기각 또는 관할위반의 재판이 확정된 때로부터 진행한다(제253조 제1항).
② 공범의 1인에 대한 전항의 시효정지는 다른 공범자에게 대하여 효력이 미치고 당해사건의 재판이 확정된 때로부터 진행한다(동조 제2항).

4 공소제기 관련 판례 정리

① 공소제기 하자의 치유

[1] 법원이 경찰서장의 즉결심판 청구를 기각하여 경찰서장이 사건을 관할 지방검찰청으로 송치하였으나 검사가 이를 즉결심판에 대한 피고인의 정식재판청구가 있는 사건으로 오인하여 그 사건기록을 법원에 송부한 경우, 공소제기의 본질적 요소라고 할 수 있는 검사에

의한 공소장의 제출이 없는 이상 기록을 법원에 송부한 사실만으로 공소제기가 성립되었다고 볼 수 없다.[23모선]

[2] 원래 공소제기가 없었음에도 피고인의 소환이 이루어지는 등 사실상의 소송계속이 발생한 상태에서 검사가 약식명령을 청구하는 공소장을 제1심법원에 제출하고, 위 공소장에 기하여 공판절차를 진행한 경우 제1심법원으로서는 이에 기하여 유·무죄의 실체판단을 하여야 한다(대판 2003도2735). 표준판례

② 공소장에는 죄명·공소사실과 함께 적용법조를 기재하여야 하지만 법률의 해석 및 적용 문제는 법원의 전권이므로, 공소사실이 아닌 어느 처벌조항을 준용할지에 관한 해석 및 판단에 있어서는 법원은 검사의 공소장 기재 적용법조에 구속되지 않는다(대판 2018도3443).

③ 적용법조의 기재에 오기나 누락이 있는 경우라 할지라도 이로 인하여 피고인의 방어에 실질적인 불이익을 주지 않는 한 공소제기의 효력에는 영향이 없고, 법원으로서도 공소장변경의 절차를 거침이 없이 곧바로 공소장에 기재되어 있지 않은 법조를 적용할 수 있다(대판 2005도9743).

④ 공소제기는 공소장이 법원에 도달한 때 그 효력이 발생하므로 공소장의 제출일자와 법원직원이 접수인을 찍은 날짜가 다르다면 공소장 제출일자를 공소제기일로 보아야 하나 통상의 경우 공소장에 접수일로 찍혀 있는 날짜는 공소제기일로 추정된다(대판 2002도690).

⑤ [1] 엄격한 형식과 절차에 따른 공소장의 제출은 공소제기라는 소송행위가 성립하기 위한 본질적 요소라고 할 것이므로, 공소의 제기에 현저한 방식 위반이 있는 경우에는 공소제기의 절차가 법률의 규정에 위반하여 무효인 경우에 해당하고, 위와 같은 절차위배의 공소제기에 대하여 피고인과 변호인이 이의를 제기하지 아니하고 변론에 응하였다고 하여 그 하자가 치유되지는 않는다.

[2] 검사가 공판기일에서 피고인 등이 특정되어 있지 않은 공소장변경허가신청서를 공소장에 갈음하는 것으로 구두진술하고 피고인과 변호인이 이의를 제기하지 않은 사안에서, 이를 적법한 공소제기로 볼 수 없으므로 법원은 공소기각 판결을 선고해야 한다(대판 2008도11813).[24변선, 24모선]

II 일죄의 일부에 대한 공소제기 허용 여부 [17·15모사]

1 문제점

소송법상 일죄로 취급되는 단순일죄 또는 과형상 일죄의 전부에 대해서 범죄혐의가 인정되고 소송조건이 구비되어 있음에도 검사가 일죄의 일부에 대해서만 공소를 제기하는 것이 허용되는지 문제된다.

2 학설

① 소극설 : 이를 인정하는 것은 실체진실을 무시하고 검사의 자의를 인정하는 결과가 되기 때문에 허용되지 않는다는 견해이다.

② 적극설 : 검사에게 소송물의 처분권이 있고, 기소편의주의 원칙상 공소제기는 검사의 재량에 속하므로 허용된다는 견해이다.

3 판례(적극설)

① 하나의 행위가 부작위범인 직무유기죄와 작위범인 허위공문서작성·동행사죄의 구성요건을 동시에 충족하는 경우, 공소제기권자는 재량에 의하여 작위범인 허위공문서작성·동행사죄로 공소를 제기하지 않고 부작위범인 직무유기죄로만 공소를 제기할 수 있다(대판 2005도4202). 표준판례

② 하나의 행위가 여러 범죄의 구성요건을 동시에 충족하는 경우 공소제기권자는 자의적으로 공소권을 행사하여 소추 재량을 현저히 벗어났다는 등의 특별한 사정이 없는 한 증명의 난이 등 여러 사정을 고려하여 그중 일부 범죄에 관해서만 공소를 제기할 수도 있다(대판 2017도13458).

4 검토

기소독점주의와 기소편의주의를 채택하고 있는 형사소송법에서 공소의 제기는 검사의 재량에 속한다고 보아야 하므로 적극설이 타당하다.

적극설에 따라 일죄의 일부에 관하여 기소한 경우, 그 기소된 일부가 현실적 심판대상, 나머지 부분은 잠재적 심판대상에 해당한다(제248조 제2항).

III 친고죄에서 고소 없이 그 수단이 되는 일부의 범죄사실을 기소한 경우

1 문제점

종래 강간죄가 친고죄로 규정되어 있던 상황에서 강간죄의 고소가 없거나 고소가 취소된 경우 또는 고소기간이 경과된 후에 고소가 있는 때와 같이 소송조건이 흠결된 경우에 검사가 그 수단이 되는 폭행 또는 협박에 대해서만 공소를 제기하는 것이 허용되는지에 대한 논의가 있었다.

2 학설 및 판례의 입장

(1) 학설

① 무죄판결설, ② 공소기각판결설, ③ 유죄판결설 등의 견해 대립이 있다.

(2) 판례

강간죄가 친고죄로 규정되었을 때 판례는 '강간범행의 수단으로 또는 그에 수반하여 저질러진 폭행·협박의 점 또한 강간죄의 구성요소로서 그에 흡수되는 법조경합의 관계에 있는 만큼 이를 따로 떼어내어 폭행죄·협박죄 등의 죄로 공소제기 할 수 없다고 해야 마땅하고, 이는 만일 이러한 공소제기를 허용한다면, 강간죄를 친고죄로 규정한 취지에 반하기 때문이므로 결국 그와 같은 공소는 공소제기의 절차가 법률에 위반되어 무효인 경우로서 형사소송법 제327조 제2호에 따라 공소기각의 판결을 하여야 한다'고 판시하였다(대판 2002도51).

3 검토

이를 인정할 때에는 친고죄로 한 취지에 반하며, 고소불가분의 원칙과도 일치하지 않는다고 할 것이므로 이는 허용되지 않는다고 해석함이 타당하다.

이 경우에 수단인 범죄에 대하여 공소제기가 있는 때에는 무죄판결을 할 것이 아니라, 공소제기가 위법한 경우에 해당하기 때문에 제327조 제2호에 의한 공소기각의 판결을 선고해야 한다.

4 사례적용

야간주거침입절도죄가 상대적 친고죄에 해당하는 경우 고소기간이 도과하여 그 일부인 주거침입죄로 기소한 것은 야간주거침입절도죄를 친고죄로 한 취지에 반하므로, 주거침입죄에 대한 공소제기가 부적법하다는 이유로 공소기각판결을 선고하여야 할 것이다.

Chapter 036 공소시효 [22·19·15변사, 24변기 등]

I 개관

1 취지

범행 후 오랜 시간이 지나면 증거가 훼손되어 실체진실 발견이 곤란하고, 시간 경과에 따른 사실관계를 존중하여 사회와 개인생활의 안정을 도모하기 위한 제도이다.

2 시효 기간

① **제249조 제1항(공소시효기간) - 법정형 기준**
  1. 사형에 해당하는 범죄에는 25년
  2. 무기징역 또는 무기금고에 해당하는 범죄에는 15년
  3. 장기10년 이상의 징역 또는 금고에 해당하는 범죄에는 10년
  4. 장기10년 미만의 징역 또는 금고에 해당하는 범죄에는 7년
  5. 장기5년 미만의 징역 또는 금고, 벌금에 해당하는 범죄에는 5년

② **제249조 제2항(의제공소시효)**
 공소가 제기된 범죄는 판결의 확정이 없이 공소를 제기한 때로부터 25년을 경과하면 공소시효가 완성한 것으로 간주한다.[23모선]

③ 공소시효기간의 기준이 되는 형은 법정형이다.

④ 두 개 이상의 형을 병과하거나 두 개 이상의 형에서 한 개를 과할 범죄에 대해서는 무거운 형에 의하여 공소시효기간을 적용한다(제250조).[22모선]

⑤ 형법에 의하여 형을 가중 또는 감경한 경우에는 가중 또는 감경하지 아니한 형에 의하여 제249조의 규정을 적용한다(제251조). [23모선] 그러나 특별법에 의해 형이 가중 또는 감경된 경우에는 그 특별법에서 정한 법정형을 기준으로 공소시효의 기간을 결정한다(대판 77도2752 참조).

⑥ 교사범·종범은 정범의 형을 기준으로 한다.

⑦ 범죄후 법률의 개정에 의하여 법정형이 가벼워진 경우에는 형법 제1조에 의하여 당해 범죄사실에 적용될 가벼운 법정형(신법의 법정형)이 공소시효기간의 기준으로 된다(대판 87도84).[25변선, 23·22모선]

⑧ **공소장변경시 및 공소장변경 없는 직권 판단시 시효기간**
 [1] 공소장변경이 있는 경우에 공소시효의 완성 여부는 당초의 공소제기가 있었던 시점을 기준으로 판단할 것이고 공소장변경시를 기준으로 삼을 것은 아니지만, 공소장변경절차에 의하여 공소사실이 변경됨에 따라 그 법정형에 차이가 있는 경우에는 변경된 공소사실에 대한 법정형이 공소시효기간의 기준이 된다(2001도2902). 표준판례[23·22변선, 22모선]

 [2] 따라서 공소제기 당시의 공소사실에 대한 법정형을 기준으로 하면 공소제기 당시 아직 공소시효가 완성되지 않았으나 변경된 공소사실에 대한 법정형을 기준으로 하면 공소제기 당시 이미 공소시효가 완성된 경우에는 공소시효의 완성을 이유로 면소판결을 선고하여야 한다.[22변선]

 [3] 이러한 법리는 법원이 공소장을 변경하지 않고도 인정할 수 있는 사실에 대한 법정형을 기준으로 하면 공소제기 당시 이미 공소시효가 완성된 경우에도 마찬가지로 적용된다(대판 2013도6182).

3 시효완성의 효과

(1) 의의

공소시효의 완성은 소송조건에 해당하므로 공소가 제기되지 않은 때에는 검사는 공소권 없음의 불기소처분을 하여야 한다. 공소가 제기된 후에 공소시효가 완성된 것이 판명된 때에는 법원은 면소의 판결을 해야 한다(제326조 제3호).

(2) 공소시효 완성에 관한 판례 정리

① **상상적 경합관계에서 공소시효의 완성은 개별적 판단**[24모선]
1개의 행위가 여러 개의 죄에 해당하는 경우 형법 제40조는 이를 과형상 일죄로 처벌한다는 것에 지나지 아니하고, 공소시효를 적용함에 있어서는 각 죄마다 따로 따져야 할 것인바, 공무원이 취급하는 사건에 관하여 청탁 또는 알선을 할 의사와 능력이 없음에도 청탁 또는 알선을 한다고 기망하여 금품을 교부받은 경우에 성립하는 사기죄와 변호사법 위반죄는 상상적 경합의 관계에 있으므로, 변호사법 위반죄의 공소시효가 완성되었다고 하여 그 죄와 상상적 경합관계에 있는 사기죄의 공소시효까지 완성되는 것은 아니다(대판2006도6356). 표준판례 [25변선, 22모선]

② 개정 형사소송법 시행 전에 범한 죄에 대해서는 부칙조항에 따라 구 형사소송법 제249조 제2항이 적용되어 판결의 확정 없이 공소를 제기한 때로부터 15년이 경과하면 공소시효가 완성한 것으로 간주된다(대판 2020도1153).

4 공소시효의 적용배제

사람을 살해한 범죄(종범은 제외한다)로 사형에 해당하는 범죄에 대하여는 공소시효를 적용하지 아니한다(제253조의2).[22모선]

Ⅱ 공소시효의 기산점

1 결과발생시 및 초일 산입

① 결과범은 결과가 발생한 때부터 공소시효가 진행되고(대판 2002도3924), 포괄일죄는 최종범죄가 종료한 때부터 진행한다(대판 2002도2939).
② 시효(時效)와 구속기간의 초일은 시간을 계산하지 아니하고 1일로 산정한다(제66조 제1항). 기간의 말일이 공휴일이거나 토요일이면 그날은 기간에 산입하지 아니한다. 다만, 시효와 구속기간에 관하여는 예외로 한다(동조 제3항).

2 공소시효의 기산점 관련 판례

① 공소시효를 정지·연장·배제하는 내용의 특례조항을 신설하면서 소급적용에 관한 명시적인 경과규정을 두지 아니한 경우에 그 조항을 소급하여 적용할 수 있다고 볼 것인지에 관하여는 이를 해결할 보편타당한 일반원칙이 존재할 수 없는 터이므로 법적 안정성과 신뢰보호원칙을 포함한 법치주의 이념을 훼손하지 아니하도록 신중히 판단하여야 한다(대판 2015도1362).[22모선]

② **아동학대처벌법 신설 특례조항의 소급효 인정**

[1] 비록 아동학대처벌법이 제34조 제1항의 소급적용 등에 관하여 명시적인 경과규정을 두고 있지는 아니하나, 위 규정은 완성되지 아니한 공소시효의 진행을 일정한 요건 아래에서 장래를 향하여 정지시키는 것으로서, 그 시행일 당시 범죄행위가 종료되었으나 아직 공소시효가 완성되지 아니한 아동학대범죄에 대하여도 적용된다(대판 2016도7273).

[2] 아동학대범죄 후 공소시효 완성 전 아동학대처벌법의 개정으로 공소시효의 기산점이 성년에 달한 날로부터로 변경된 경우 소급효에 대한 규정이 없다고 하더라도 공소시효의 기산점은 피해아동이 성년에 달한 날부터이다.

cf. 아동학대처벌법 제34조 제1항은 완성되지 아니한 공소시효의 진행을 피해아동이 성년에 달할 때까지 장래를 향하여 정지시키는 것으로 봄이 타당하다. 따라서 위 규정 시행일 피해아동이 이미 성년에 달한 경우에는 공소시효의 진행이 정지되지 않는다(대판 2020도8444).

③ 선거범죄가 당내경선운동에 관한 공직선거법위반죄인 경우 그 선거범죄에 대한 공소시효의 기산일은 당내경선의 투표일이 아니라 그 선거범죄와 직접 관련된 공직선거의 투표일이다(대판 2019도8815).

④ 허위의 채무를 부담하는 내용의 채무변제계약 공정증서를 작성한 후 이에 기하여 채권압류 및 추심명령을 받은 때에, 강제집행면탈죄가 성립함과 동시에 그 범죄행위가 종료되어 공소시효가 진행한다(대판 2009도875).

cf. 강제집행면탈죄의 허위양도의 경우에는 채권양도의 통지가 있는 때에 그 범죄행위가 종료하여 그때부터 공소시효가 진행된다(대판 2011도6855).

⑤ 공소시효의 진행은 범죄행위를 종료한 때로부터 진행하는 것이 원칙이나 미성년자에 대한 성폭력범죄의 공소시효는 해당 성폭력범죄로 피해를 당한 미성년자가 성년에 달한 날로부터 진행한다(성폭력처벌법 제21조 제1항, 아청법 제20조 제1항).

미성년자는 19세로 성년에 이르게 되고, 연령계산에는 출생일을 산입한다.

⑥ [1] 미수범의 범죄행위는 행위를 종료하지 못하였거나 결과가 발생하지 아니하여 더 이상 범죄가 진행될 수 없는 때에 종료하고, 그때부터 미수범의 공소시효가 진행한다.[25변선]

[2] 업무상 임무에 위배하여 분양계약에 따라 소유권이전등기를 하여 재산상 이익을 취득하려다가 금전지급약정에 따라 회사 등에게 분양계약서를 반환하여 더 이상 소유권이전등

기절차를 진행할 수 없게 된 경우 업무상배임미수죄에서 범죄행위의 종료시는 이 사건 금전지급약정 및 분양계약서 반환으로 더 이상 소유권이전등기절차를 진행할 수 없게 된 때이다(대판 2016도14820). 표준판례 [23모선]

⑦ 범죄단체를 구성하거나 이에 가입한 자가 더 나아가 구성원으로 활동하는 경우 이는 포괄일죄의 관계에 있으므로, 범죄단체 구성원으로서의 활동의 범죄행위가 종료한 때로부터 공소시효가 진행한다(대판 2015도7081).

⑧ [1] 금지규정인 변호사법 제31조 제1항 제3호가 '공무원으로서 직무상 취급하거나 취급하게 된 사건'에 관한 '직무수행'을 금지하고 있는 반면 처벌규정인 변호사법 제113조 제5호는 '공무원으로서 직무상 취급하거나 취급하게 된 사건'을 '수임'한 행위를 처벌하고 있다.
[2] 변호사법 제113조 제5호, 제31조 제1항 제3호 위반죄의 공소시효는 그 범죄행위인 '수임'행위가 종료한 때로부터 진행된다고 봄이 타당하고, 수임에 따른 '수임사무의 수행'이 종료될 때까지 공소시효가 진행되지 않는다고 해석할 수는 없다(대판 2017도18693).

⑨ 국외여행허가의무 위반으로 인한 병역법위반죄는 국외여행의 허가를 받은 병역의무자가 기간만료 15일 전까지 기간 연장허가를 받지 않고 정당한 사유 없이 허가된 기간 내에 귀국하지 않은 때에 성립함과 동시에 완성되는 이른바 즉시범으로서, 그 이후에 귀국하지 않은 상태가 계속되고 있더라도 위 규정이 정한 범행을 계속하고 있다고 볼 수 없다. 따라서 위 범죄의 공소시효는 범행종료일인 국외여행허가기간 만료일부터 진행한다(대판 2019도5925).

⑩ 공무원이 직무에 관하여 금전을 무이자로 차용한 경우에는 차용 당시에 금융이익 상당의 뇌물을 수수한 것으로 보아야 하므로, 공소시효는 금전을 무이자로 차용한 때로부터 기산한다(대판 2011도7282).

⑪ 공무원이 뇌물로 투기적 사업에 참여할 기회를 제공받은 경우, 뇌물수수죄의 기수 시기는 투기적 사업에 참여하는 행위가 종료한 때로 보아야 한다(대판 2002도3539).

⑫ 공무원이 정당 그 밖의 정치단체에 가입한 죄는 공무원이 정당 등에 가입함으로써 즉시 성립하고 그와 동시에 완성되는 즉시범이므로 그 범죄성립과 동시에 공소시효가 진행한다(대판 2013도1004).

Ⅲ 공소시효의 정지

1 개관

(1) 의의

① 시효는 공소의 제기로 진행이 정지되고 공소기각 또는 관할위반의 재판이 확정된 때로부터 진행한다(제253조 제1항).

② 범인이 형사처분을 면할 목적으로 국외에 있는 경우 그 기간동안 공소시효는 정지된다(동조 제3항).
③ 피고인이 형사처분을 면할 목적으로 국외에 있는 경우 그 기간 동안 제249조제2항(공소시효완성 간주규정)에 따른 기간의 진행은 정지된다(동조 제4항).[24 · 23모선]
④ 재정신청이 있으면 재정결정이 확정될 때까지 공소시효의 진행이 정지된다(제262조의4 제1항).[24변선, 22모선]

(2) 공소시효의 정지 관련 판례

① 헌법 제84조는 "대통령은 내란 또는 외환의 죄를 범한 경우를 제외하고는 재직 중 형사상의 소추를 받지 아니한다."라고 규정한바, 위 규정은 비록 대통령으로 재직하는 기간 동안 내란 또는 외환의 죄를 제외한 범죄에 대하여 공소시효가 정지된다고 명시하여 규정하지는 않았으나 공소시효의 진행에 대한 소극적 요건을 규정한 것이므로, 공소시효의 정지에 관한 규정이라고 보아야 한다(대판 2020도3972).[22모선]

② 피고인의 신병이 확보되기 전에 공소가 제기되었다고 하더라도 그러한 사정만으로 공소제기가 부적법한 것이 아니고, 공소가 제기되면 위 규정에 따라 공소시효의 진행이 정지된다(대판 2016도15526).[23모선]

2 공범과 공소시효 [22 · 15변사, 17모사]

(1) 의의

① 공범에는 최종행위의 종료한 때로부터 전 공범에 대한 시효기간을 기산한다(제252조 제2항).
② 공범의 1인에 대한 공소제기로 인한 시효정지는 다른 공범자에게 대하여 효력이 미치고 당해 사건의 재판이 확정된 때로부터 진행한다(제253조 제2항).

(2) 공범과 공소시효 관련 판례 정리

① **공범이 대향범 관계에 있는 경우는 제외**

뇌물공여죄와 뇌물수수죄 사이와 같은 이른바 대향범 관계에 있는 자는 강학상으로는 필요적 공범이라고 불리고 있으나, 서로 대향된 행위의 존재를 필요로 할 뿐 각자 자신의 구성요건을 실현하고 별도의 형벌규정에 따라 처벌되는 것이어서, 대향범 관계에 있는 자 사이에서는 각자 상대방의 범행에 대하여 형법 총칙의 공범규정이 적용되지 아니한다. 이러한 점들에 비추어 보면, 형사소송법 제253조 제2항에서 말하는 '공범'에는 뇌물공여죄와 뇌물수수죄 사이와 같은 대향범 관계에 있는 자는 포함되지 않는다(대판 2012도4842).
표준판례 [24 · 23 · 22변선, 23모선]

② 공범의 1인으로 기소된 자가 구성요건에 해당하는 위법행위를 공동으로 하였다고 인정되기는 하나 책임조각을 이유로 무죄로 되는 경우와는 달리 범죄의 증명이 없다는 이유로 공

범 중 1인이 무죄의 확정판결을 선고받은 경우에는 그를 공범이라고 할 수 없어 그에 대하여 제기된 공소로써는 진범에 대한 공소시효정지의 효력이 없다(대판 98도4621).
③ [1] 공범 중 1인에 대한 재판이 확정되면, 그 재판의 결과가 형사소송법 제253조 제1항이 규정한 공소기각 또는 관할위반인 경우뿐 아니라 유죄, 무죄, 면소인 경우에도 그 재판이 확정된 때로부터 다시 공소시효가 진행된다고 볼 것이고, 이는 약식명령이 확정된 때에도 마찬가지라고 할 것이다.[23모선]
[2] 공범 중 1인에 대해 약식명령이 확정된 후 그에 대한 정식재판청구권 회복결정이 있었다고 하더라도 그 사이의 기간 동안에는, 특별한 사정이 없는 한, 다른 공범자에 대한 공소시효는 정지함이 없이 계속 진행한다(대판 2011도15137).[25변선]

3 국외도피와 공소시효

(1) 의의

① 범인이 형사처분을 면할 목적으로 국외에 있는 경우 그 기간 동안 공소시효는 정지된다(제253조 제3항). 출국일 다음 날부터 입국일 전날까지 공소시효가 정지된다.
② 국외도피로 인한 공소시효 정지는 다른 공범에게 효력이 없다.[24변선]

(2) 국외도피와 공소시효 관련 판례 정리

① [1] 제253조 제3항에 규정된 '형사처분을 면할 목적'은 국외 체류의 유일한 목적으로 되는 것에 한정되지 않고 범인이 가지는 여러 국외 체류 목적 중에 포함되어 있으면 족하며, 범인이 국외에 있는 것이 형사처분을 면하기 위한 방편이었다면 '형사처분을 면할 목적'이 있었다고 볼 수 있고, '형사처분을 면할 목적'과 양립할 수 없는 범인의 주관적 의사가 명백히 드러나는 객관적 사정이 존재하지 않는 한 국외 체류기간 동안 '형사처분을 면할 목적'은 계속 유지된다.[22모선]
[2] 피고인이 중국에 체류하는 것이 국내에서의 형사처분을 면하기 위한 방편이었던 것으로 보이고, 이는 중국이 피고인의 본국이라 해도 마찬가지라고 판단하고, 설령 피고인의 중국 체류 목적 중에 딸을 돌보기 위함이 있었다고 하더라도 형사처분을 면할 목적을 인정하는 데 방해가 되지 않는다(대판 2022도857).
② 법정최고형이 징역 5년인 부정수표단속법 위반죄를 범한 사람이 중국으로 출국하여 체류하다가 그곳에서 징역 14년을 선고받고 8년 이상 복역한 후 우리나라로 추방되어 위 죄로 공소제기 된 사안에서, 위 수감기간 동안에는 제253조 제3항의 '형사처분을 면할 목적'을 인정할 수 없어 공소시효의 진행이 정지되지 않는다(대판 2008도4101). `표준판례` [22모선]
③ '범인이 형사처분을 면할 목적으로 국외에 있는 경우'는 범인이 국내에서 범죄를 저지르고 형사처분을 면할 목적으로 국외로 도피한 경우에 한정되지 아니하고, 범인이 국외에서 범죄를 저지르고 형사처분을 면할 목적으로 국외에서 체류를 계속하는 경우도 포함된다(대판

2015도5916). 표준판례 [25 · 23변선]

④ 피고인이 당해 사건으로 처벌받을 가능성이 있음을 인지하였다고 보기 어려운 경우라면 피고인이 다른 고소사건과 관련하여 형사처분을 면할 목적으로 국외에 있는 경우라고 하더라도 당해 사건의 형사처분을 면할 목적으로 국외에 있었다고 볼 수 없다(대판 2013도9162).

Chapter 037 공소권 남용이론

I 공소권 남용이론의 인정여부

1 문제점

공소권 남용이론이란 공소권의 남용이 있는 경우에 공소기각 재판 같은 형식재판으로 소송을 종결시켜야 한다는 이론을 말한다. 검사의 공소권에 대하여 권리남용이론을 적용함으로써 피고인을 조기에 형사절차에서 해방시키고, 검사의 부당한 공소권행사를 통제하기 위하여 주장된 이론이다. 현행법상 이에 대한 명문의 규정이 없으므로 그 인정여부가 문제된다.

2 학설

① 부정설 : 공소여부는 검사의 고유권한이며 이를 인정하는 명문의 규정이 없다는 점을 근거로 부정하는 견해이다.

② 긍정설 : 검사의 부당기소에 대한 규제의 필요성과 피고인을 형사절차에서 조기에 해방시킬 수 있다는 점에서 긍정하는 견해이다.

3 판례(긍정설)

① 검사가 자의적으로 공소권을 행사하여 피고인에게 실질적인 불이익을 줌으로써 소추재량권을 현저히 일탈하였다고 보여지는 경우에는 이를 공소권의 남용으로 보아 공소제기의 효력을 부인할 수 있고, 여기서 자의적인 공소권의 행사란 단순히 직무상의 과실에 의한 것만으로는 부족하고 적어도 미필적이나마 어떤 의도가 있어야 한다(대판 2016도5423). 표준판례

② 피고인이 중국에 거주하는 갑과 공모하여 무등록 외국환업무를 영위하여 외국환거래법 위반으로 기소된 사안에서, 검사는 종전에 기소유예 처분을 하였다가 4년여가 지난 시점에 다시 기소하였고, 종전 피의사실과 공소사실 사이에 이를 번복할 만한 사정변경이 없는 점 등 여러 사정을 종합하면, 위 공소제기는 검사가 공소권을 자의적으로 행사한 것으로서 소

171

추재량권을 현저히 일탈하였다고 보아 공소를 기각한 원심판결이 정당하다고 판시한바 있다(대판 2016도14772).

cf. 공소제기된 피고인의 범죄사실 중 일부에 대하여 검사의 일차 무혐의결정이 있었고, 이에 대하여 그 고소인이 항고 등 아무런 이의를 제기하지 않고 있다가 그로부터 약 3년이 지난 뒤에야 뒤늦게 다시 피고인을 동일한 혐의로 고소함에 따라, 검사가 새로이 수사를 재기하게 된 것이라 하더라도, 검사가 그 수사결과에 터잡아 재량권을 행사하여 공소를 제기한 것은 적법하다(대판 94도2598).

Ⅱ 공소권 남용이론의 유형

1 소추재량을 일탈한 공소제기

(1) 문제점

기소유예를 함이 상당한 사건을 검사가 공소제기를 한 경우 형식재판으로 종결시킬 수 있는지 문제된다.

(2) 학설

① 공소기각판결설 : 검사의 소추재량은 기속재량이므로 남용시 공소제기의 절차가 위법하여 무효인 때에 해당한다는 견해이다.
② 유죄판결설 : 소추재량의 남용은 공소기각이나 면소판결 사유가 아니라는 견해이다.

(3) 검토

형사소송에 있어서 법원의 역할은 공소사실의 심판이지 소추재량의 당부를 판단하는 것은 아니라는 점을 고려하여 유죄판결설이 타당하다.

2 누락사건의 추가기소

(1) 문제점

동시에 기소함이 상당한 사건의 일부를 누락하여 먼저 기소하고, 이에 대하여 판결이 선고된 후에 누락된 사건을 기소한 경우 형식재판으로 사건을 종결할 수 있는지 문제된다.

(2) 학설

① 공소기각판결설 : 누락기소는 하나의 형사절차에서 심판받을 피고인의 이익을 중대하게 침해하므로 공소기각판결을 해야 한다는 견해이다.
② 실체판결설 : 검사에게는 동시소추의무가 있다고 할 수 없으므로 실체판결 해야 한다는 견해이다.

(3) 판례(예외적 긍정)

[1] 검사가 자의적으로 공소권을 행사하여 피고인에게 실질적인 불이익을 줌으로써 소추재량권을 현저히 일탈하였다고 보이는 경우에는 이를 공소권의 남용으로 보아 공소제기의 효력을 부인할 수 있으나 검사가 피고인의 여러 범죄행위를 일괄하여 기소하지 아니하고 수사진행 상황에 따라 여러 번에 걸쳐 나누어 분리기소하였다고 하여 검사의 공소제기가 소추재량권을 현저히 일탈한 것으로 보이지는 아니한다(대판 2007도5313).

[2] 그러나 피고인이 절취한 차량을 무면허로 운전하다가 적발되어 절도 범행의 기소중지자로 검거되었음에도 무면허운전의 범행만이 기소되어 유죄의 확정판결을 받고 그 형의 집행 중 가석방되면서 다시 그 절도 범행의 기소중지자로 (가석방 출소 당일) 긴급체포되어 절도 범행과 이미 처벌받은 무면허 운전의 일부 범행까지 포함하여 기소된 경우, 그 후행 기소가 적법한 것으로 보아 유죄를 인정한 원심판결에는 공소권 남용에 관한 법리 오해 또는 심리미진의 위법이 있다(대판 2001도3026). 표준판례

(4) 검토

구체적 타당성을 고려한 판례의 입장이 타당하다.

3 차별적 공소제기

(1) 문제점

범죄의 성질과 내용이 비슷한 여러 피의자들 가운데 일부만을 선별하여 기소하고 다른 피의자들은 기소하지 않은 경우 형식재판으로 종결할 수 있는지 문제된다.

(2) 판례

똑같은 범죄구성요건에 해당하는 행위라고 하더라도 그 행위자 또는 그 행위 당시의 상황에 따라서 위법성이 조각되거나 책임이 조각되는 경우도 있을 수 있는 것이므로, 어떤 사람에 대하여 공소가 제기된 경우 그 공소가 제기된 사람과 동일하거나 다소 중한 범죄구성요건에 해당하는 행위를 하였음에도 불기소된 사람이 있다는 사유만으로는 그 공소의 제기가 평등권 내지 조리에 반하는 것으로서 공소권 남용에 해당한다고 할 수 없다(대판 2010도9349). 표준판례

(3) 검토

차별적 공소제기를 공소기각의 사유로 할 때에는 공소제기 되지 않은 사건까지 심리의 대상에 포함시키지 않을 수 없어 불고불리의 원칙에 반하므로 실체판결설이 타당하다.

4 위법수사에 의한 공소제기

(1) 문제점

수사절차에 중대한 위법이 있을 때 그 위법한 수사절차에도 불구하고 검사가 공소를 제기한 경우 형식재판으로 종결할 수 있는지 문제된다.

(2) 학설

① 실체판결설 : 수사절차의 위법은 공소제기 효력 자체에는 영향이 없으므로 실체판결을 해야 한다는 견해이다.
② 공소기각판결설 : 수사의 위법이 공소제기를 무효로 한다면 공소권 남용에 해당하므로 공소기각판결을 해야 한다는 견해이다.

(3) 판례

불법구금, 구금장소의 임의적 변경 등의 위법사유가 있다고 하더라도 그 위법한 절차에 의하여 수집된 증거를 배제할 이유는 될지언정 공소제기의 절차 자체가 위법하여 무효인 경우에 해당한다고 볼 수 없다(대판 96도561).
다만 범의유발형 함정수사에 기한 공소제기는 위법하여 무효인 때에 해당하여 공소기각판결을 해야 한다고 판시한바 있다.

(4) 검토

중대한 위법수사 후의 공소제기는 위법수집증거배제법칙 등 증거법에서 고려하면 족하므로 실체판결을 하는 것이 타당하다.

Chapter 038 공소의 취소

1 의의

① 공소의 취소란 공소제기를 철회하는 법률행위적 소송행위로서, 검사만이 할 수 있다.
② 제1심 판결 선고 전까지 취소 가능하고, 이유를 기재한 서면으로 하여야 한다. 단, 공판정에서는 구술로써 할 수 있다(제255조).
③ 제1심판결이 선고된 이상 동 판결이 확정되어 이에 대한 재심소송절차가 진행 중에 있다 하여 공소취소를 할 수 없다(대판 76도3203).

2 효과

① 공소취소시 공소기각 결정을 한다(제328조 제1항 제1호).
② 공소취소에 의한 공소기각의 결정이 확정된 때에는 공소취소 후 그 범죄사실에 대한 다른 중요한 증거를 발견한 경우에 한하여 다시 공소를 제기할 수 있다(제329조).

③ 위 규정은 범죄사실의 내용을 추가 변경하여 재기소하는 경우에도 마찬가지로 적용된다. 따라서 단순일죄인 범죄사실에 대하여 공소취소로 인한 공소기각결정이 확정된 후에 종전의 범죄사실을 변경하여 재기소하기 위하여는 변경된 범죄사실에 대한 다른 중요한 증거가 발견되어야 한다(대판 2008도9634). 표준판례

④ 위의 제329조에 위반한 기소시 공소기각판결을 한다(제327조 4호).

3 '공소사실의 철회'와의 구별

① [1] 공소장변경의 방식에 의한 공소사실의 철회는 공소사실의 동일성이 인정되는 범위내의 일부 공소사실에 한하여 가능한 것이므로, 공소장에 기재된 수개의 공소사실이 서로 동일성이 없고 실체적 경합관계에 있는 경우에 그 일부를 소추대상에서 철회하려면 공소장변경의 방식에 의할 것이 아니라 공소의 일부취소절차에 의하여야 한다.

[2] 실체적 경합관계에 있는 수개의 공소사실 중 어느 한 공소사실을 전부 철회하거나 그 공소사실의 소추대상에서 피고인을 완전히 제외하는 검사의 공소장변경신청이 있는 경우 이것이 그 부분의 소송을 취소하는 취지가 명백하다면 공소취소신청이라는 형식을 갖추지 아니하였더라도 이를 공소취소로 보아 공소기각을 하여야 한다(대판 88도67).

② [1] 실체적 경합관계에 있는 수개의 공소사실의 전부 또는 일부를 철회하는 공소취소의 경우 그에 따라 공소기각의 결정이 확정된 때에는 그 범죄사실에 대하여는 제329조의 규정에 의하여 다른 중요한 증거가 발견되지 않는 한 재기소가 허용되지 아니하지만,

[2] 이와 달리 포괄일죄로 기소된 공소사실 중 일부에 대하여 제298조 소정의 공소장변경의 방식으로 이루어지는 공소사실의 일부 철회의 경우에는 그러한 제한이 적용되지 아니한다(대판 2004도3203).[25변선]

Chapter 039 재정신청

I 재정신청 일반

1 의의

재정신청이란 고소인 등이 검사의 불기소결정에 불복하여 그 당부에 관한 재정을 신청하여 법원의 심리에 의해 공소제기 여부를 결정하는 제도를 말한다.

2 신청권자 및 대상

(1) 신청권자

① 재정신청의 신청권자는 검사로부터 불기소처분의 통지를 받은 고소인이다. 다만 형법 제123조 내지 제125조의 죄에 대하여는 고발인도 재정신청을 할 수 있다(제260조 제1항).

② 재정신청에서 공동신청권자 중 1인의 신청은 그 전원을 위하여 효력을 발생한다(제264조 제1항). 재정신청은 결정이 있을 때까지 취소할 수 있으나, 취소한 자는 다시 재정신청을 할 수 없다(동조 제2항). 재정신청의 취소는 다른 공동신청권자에게 효력을 미치지 아니한다(동조 제3항).[24변선]

(2) 재정신청 대상

① 재정신청의 대상은 모든 범죄에 대한 검사의 불기소처분이다. 불기소처분의 이유에도 제한이 없다. 따라서 협의의 불기소처분뿐만 아니라 기소유예처분에 대하여도 재정신청 가능하다.

② 그러나 내사종결처리는 고소 또는 고발사건에 대한 불기소처분이라고 볼 수 없어 재정신청의 대상이 되지 아니한다(대결 91모68).

③ 재정신청 제기기간이 경과된 후에 재정신청보충서를 제출하면서 원래의 재정신청에 재정신청 대상으로 포함되어 있지 않은 고발사실을 재정신청의 대상으로 추가한 경우, 그 재정신청보충서에서 추가한 부분에 관한 재정신청은 법률상 방식에 어긋난 것으로서 부적법하다(대결 97모30).[24 · 23변선]

3 재정신청의 방법

① **검찰항고전치주의**

고소인 등이 재정신청을 하려면 검찰청법 제10조에 따른 항고를 거쳐야 한다(제260조 제2항). 검사의 불기소처분에 불복이 있는 고소인 등은 불기소처분을 통지를 받은 날로부터 30일 이내에 그 검사가 속하는 지방검찰청을 거쳐 서면으로 관할 고등검찰청의 검사장에게 항고할 수 있다. 재정신청에 대하여 지방검찰청 검사장 또는 지청은 이유가 있는 경우 공소를 제기하거나 공소제기명령을 발함으로써 불기소처분을 변경할 수 있다.

② 재정신청을 하려는 자는 항고기각 결정을 통지받은 날로부터 10일 이내에 서면으로 지방검찰청 검사장 또는 지청장에게 재정신청서를 제출하여야 하며, 위 검사장 등은 재정신청서를 받은 날부터 7일 이내에 재정신청서 등을 관할 고등검찰청을 경유하여 관할 고등법원에 송부하여야 한다.

③ 항고 이후 재정신청을 할 수 있는 신청권자는 별도로 재항고를 할 수 없다(검찰청법 제10조 제3항).[22모선]

④ 재정신청서에는 재정신청의 대상이 되는 사건의 범죄사실 및 증거 등 재정신청을 이유 있게 하는 사유를 기재하여야 한다(제260조 제4항).

II 재정신청심리절차의 구조 및 공소의 제기

1 재정신청심리절차(기소강제절차)의 구조

(1) 의의

재정신청심리절차(기소강제절차)는 재정신청의 이유의 유무를 심사하는 법원의 재판절차이지만, 법원의 재정결정은 공소제기와 같은 효과를 가지는데 불과하다. 여기서 기소강제절차의 구조를 어떻게 파악할 것인가에 관하여 견해가 대립한다.

(2) 학설

① **수사설** : 기소강제절차는 수사절차이므로 신청인의 절차 관여는 배제되어야 한다는 견해이다.

② **항고소송설** : 기소강제절차를 검사의 불기소처분의 당부를 심판의 대상으로 하는 행정소송의 항고소송에 준하는 소송절차로 이해하는 견해이다.

③ **중간설** : 기소강제절차는 수사와 항고소송의 성격을 함께 가지고 있다고 설명하는 견해이다.

④ **형사소송유사설** : 기소강제절차는 수사절차가 아닌 재판절차이며 형사소송 유사의 재판절차로 파악해야 한다는 견해이다.

(3) 검토

재정신청심리절차는 수사절차가 아닌 재판절차이며 형사소송 유사의 재판절차로 파악하는 형사소송유사설이 타당하다.

2 재정신청심리절차의 진행

(1) 심리의 진행

① 형사소송법 제262조(심리와 결정) ① 법원은 재정신청서를 송부받은 때에는 송부받은 날부터 10일 이내에 피의자에게 그 사실을 통지하여야 한다. ③ 재정신청사건의 심리는 특별한 사정이 없는 한 공개하지 아니한다.[23모선]

② 기소강제절차가 형사소송 유사의 재판절차라고 하는 점에서 법원이 필요하다고 인정할 때에 증거조사를 할 수 있다(제262조 제2항 제2문). 따라서 법원은 피의자를 심문할 수 있을 뿐만 아니라 증인신문도 할 수 있게 된다.[23모선]

(2) 기피신청의 허용여부

기소강제절차에서 피의자가 기피신청을 할 수 있는가에 관하여는 부정설과 긍정설이 대립되고 있다. 부정설은 기피신청권은 피고인에게만 인정된다는 이유로 피의자에게는 허용될 수 없다고 한다. 그러나 기소강제절차도 재판절차로 이해하는 이상 피의자의 기피신청도 허용된다고 보는 것이 타당하다.

(3) 재정신청사건에서 서류 및 증거물의 열람·등사 제한

재정신청사건의 심리 중에는 관련 서류 및 증거물을 열람 또는 등사할 수 없다. 다만, 법원은 재정신청사건의 심리 중에 증거조사를 행한 경우에는 증거조사과정에서 작성된 서류의 전부 또는 일부의 열람 또는 등사를 허가할 수 있다(제262조의2).[23모선]

3 재정신청에 대한 법원의 판단

(1) 법원의 공소제기 결정

① 재정신청사건의 관할법원은 불기소결정을 한 검사 소속의 지방검찰청 소재지를 관할하는 고등법원이다(제260조 제1항).
② 신청이 이유 있는 때에는 법원은 사건에 대한 공소제기를 결정한다.
③ 법원이 공소제기를 결정하여 재정결정서를 송부받은 관할 지방검찰청 검사장 또는 지청장은 지체 없이 담당 검사를 지정하고 지정받은 검사는 공소를 제기하여야 한다(제262조 제6항). 따라서 공소는 법원의 결정으로 제기가 의제되는 것이 아니라 검사가 제기하는 것이다(제262조).
④ 이 경우 검사는 공소를 취소할 수 없다(제264조의2).[24변선, 22모선]

(2) 법원의 재정신청 기각

① 재정신청이 법률상의 방식에 위배되거나 이유 없는 때에는 신청을 기각한다(제262조 제2항).
② 그러나 신청서를 직접 고등법원에 제출한 때에는 신청을 기각할 것이 아니라 재정신청서를 관할 지방검찰청 검사장 또는 지청장에게 송부해야 한다.
③ 법원은 검사의 무혐의 불기소처분이 위법하다 하더라도 기록에 나타난 여러 가지 사정을 고려하여 기소유예의 불기소처분을 할 만한 사건이라고 인정되는 경우에는 재정신청을 기각할 수 있다(대결 97모30).[23모선]
④ 검사의 불기소처분 당시에 공소시효가 완성되어 공소권이 없는 경우에는 위 불기소처분에 대한 재정신청은 허용되지 않는다(대결 90모34).

(3) 법원의 결정에 대한 불복 허부(제262조 제4항)

① 재정신청을 인용하는 결정(공소제기 결정)에 대하여는 불복할 수 없다.[23모선]
② 재정신청을 기각하는 결정에 대하여는 그 결정이 재판에 영향을 미친 헌법, 법률, 명령 또는 규칙의 위반이 있음을 이유로 하는 때에 한하여 7일 이내에 대법원에 즉시항고를 할 수 있다.[23·22모선]
③ 재항고인은 원심법원의 재정신청기각결정에 대하여 항고를 제기하였으므로 원심법원은 그를 재항고로 보아 기록을 대법원에 송부하여야 할 것임에도 불구하고 원심법원에서 이에 대하여 스스로 결정을 한 것은 권한없는 법원이 한 것으로 귀착된다 할 것이므로 원결정을 취소하기로 하고, 이 사건 재항고는 원심법원의 결정에 대한 재항고로서 처리하기로 한다

(대결 73모72).

(4) 재정신청 기각결정이 확정된 후 소추 가능 요건

① 재정신청 기각결정이 확정된 사건에 대하여는 다른 중요한 증거를 발견한 경우를 제외하고는 소추할 수 없다(제262조 제4항).

② [1] 제262조 제4항은 재정신청 기각결정이 확정된 사건에 대하여 다른 중요한 증거를 발견한 경우를 제외하고는 소추할 수 없다고 규정하고 있는데, 여기에서 '다른 중요한 증거를 발견한 경우'란 충분히 유죄의 확신을 가지게 될 정도의 증거가 있는 경우를 말하고, 단순히 재정신청 기각결정의 정당성에 의문이 제기되거나 범죄피해자의 권리를 보호하기 위하여 형사재판 절차를 진행할 필요가 있는 정도의 증거가 있는 경우는 여기에 해당하지 않는다.[23변선]

[2] 관련 민사판결에서의 사실인정 및 판단은, 그러한 사실인정 및 판단의 근거가 된 증거자료가 새로 발견된 증거에 해당할 수 있음은 별론으로 하고, 그 자체가 새로 발견된 증거라고 할 수는 없다(대판 2014도17182).[23·22모선]

[3] 제262조 제4항 후문에서 말하는 재정신청기각 결정이 확정된 사건은 재정신청사건을 담당하는 법원에서 공소제기의 가능성과 필요성 등에 관한 심리와 판단이 현실적으로 이루어져 재정신청 기각결정의 대상이 된 사건만을 의미한다(대판 2012도14755).[24변선]

4 공소시효의 정지

① 재정신청이 있으면 재정결정이 확정될 때까지 공소시효의 진행이 정지된다.[24·23변선]
② 법원의 공소제기 결정이 있는 때에는 공소시효에 관하여 그 결정이 있는 날에 공소가 제기된 것으로 본다(제262조의4).

5 공소장변경의 허용여부

공소제기 결정에 따라 공소를 제기한 검사는 통상 사건의 경우와 같이 검사로서의 모든 직권을 행사한다. 검사는 공소장변경은 물론, 상소를 제기할 수 있다. 따라서 공소제기의 효력범위는 공소장에 기재된 범죄사실과 동일성이 인정되는 모든 사실에 미치므로 공소장변경 신청도 가능하다(대판 88도2428).

Ⅲ 공소제기 결정의 하자를 본안사건에서 다툴 수 있는지 여부 [18모사]

1 문제점

재정신청인이 재정신청서에 재정신청을 이유 있게 하는 사유를 기재하지 않은 때에는 관할 고등법원은 그 재정신청을 기각해야 하는데(제260조 제4항, 제262조 제2항 제1호), 관할 고등법원이 이를 간과하여 공소제기 결정을 한 경우 이와 같은 하자를 본안사건에서 다툴 수 있는지 문제된다.

2 학설

① **공소기각판결설** : 공소제기의 결정의 하자로 인하여 기소된 피고인을 구제할 필요성이 있으므로 공소기각판결을 하여야 한다는 견해이다.
② **실체판단설** : 검사는 적법하게 공소제기 하였으므로 무죄 등 판결로 해결해야 한다는 견해이다.
③ **절충설** : 원칙적으로 본안에서 다툴 수 없지만, 예외적으로 그 위반내용이 공소시효 완성 등과 같이 실체면에서의 하자인 경우에는 본안에 승계되어 다툴 수 있다는 견해이다.

3 판례(실체판단설)

① 법원이 재정신청서에 재정신청을 이유 있게 하는 사유가 기재되어 있지 않음에도 이를 간과한 채 공소제기결정을 한 관계로 그에 따른 공소가 제기되어 본안사건의 절차가 개시된 후에는, 다른 특별한 사정이 없는 한 이제 그 본안사건에서 위와 같은 잘못을 다툴 수 없다. 위와 같은 잘못은 본안사건에서 공소사실 자체에 대하여 무죄, 면소, 공소기각 등을 할 사유에 해당하는지를 살펴 무죄 등의 판결을 함으로써 그 잘못을 바로잡을 수 있는 것이다(대판 2009도224).[23변선, 23·22모선]
② **재정신청 대상이 아닌 경우에도 공소제기 결정의 하자 불가쟁**
법원이 재정신청 대상 사건이 아닌 공직선거법 제251조의 후보자비방죄에 관한 재정신청임을 간과한 채 공소제기결정을 한 관계로 그에 따른 공소가 제기되어 본안사건의 절차가 개시된 이상, 다른 특별한 사정이 없는 한 그 본안사건에서 위와 같은 잘못을 다툴 수 없다(대판 2017도13465).
③ 재정신청서를 송부받은 법원이 피고인에게 그 사실을 통지하지 않은 채 심리를 진행하여 이 사건 공소제기결정을 하였다고 하더라도, 이 사건 공소제기가 법률의 규정에 위반되어 무효인 때에 해당하지 않는다(대판 2013도16162).

4 검토

공소제기결정에 대하여는 불복할 수 없다는 제262조 제4항의 취지를 고려하여 실체판단설이 타당하다.

Ⅳ 재정신청서의 제출에 재소자 특례규정(제344조)의 준용여부

1 재소자에 대한 특칙

교도소 또는 구치소에 있는 피고인이 상소의 제기기간내에 상소장을 교도소장 또는 구치소장 또는 그 직무를 대리하는 자에게 제출한 때에는 상소의 제기기간내에 상소한 것으로 간주한다 (제344조 제1항).
- 상소권회복청구 또는 상소포기와 취하, 항소이유서와 상고이유서의 제출, 재심청구, 즉결심판에 대한 정식재판청구, 약식명령에 대한 정식재판청구에 관해서는 준용

2 판례(준용 부정설)

[1] 설령 구금 중인 고소인이 재정신청서를 그 기간 안에 교도소장 또는 그 직무를 대리하는 사람에게 제출하였다 하더라도 재정신청서가 위의 기간 안에 불기소처분을 한 검사가 소속한 지방검찰청의 검사장·지청장에게 도달하지 아니한 이상 이를 적법한 재정신청서의 제출이라고 할 수 없다(대결 98모127).[24·23변선]

[2] 재정신청 기각결정에 대한 재항고나 그 재항고 기각결정에 대한 즉시항고로서의 재항고에 대한 법정기간의 준수 여부는 도달주의 원칙에 따라 재항고장이나 즉시 항고장이 법원에 도달한 시점을 기준으로 판단하여야 하고, 거기에 재소자 피고인특칙은 준용되지 아니한다(대결 2013모2347).[23·22모선]

Ⅴ 기소유예를 받은 피의자의 불복방법

① 검찰항고·재항고는 검사의 불기소처분에 불복하는 고소인이나 고발인에게만 인정되므로 기소유예를 받은 피의자는 검찰항고 등을 할 수 없다.

② **헌법소원 가능**(헌재법 제68조 제1항)

범죄혐의가 없음이 명백한 사인인데도 이에 대하여 검찰관이 자의적이고 타협적으로 기소유예 처분을 했다면 이는 헌법 제11조 제1항의 평등권, 제10조의 행복추구권을 침해한 것이라고 하여 기소유예처분을 받은 피의자는 협의의 불기소처분(혐의없음)을 주장하며 직접 헌법소원으로 다툴 수 있다.

Chapter 040 공소장일본주의

I 공소장일본주의의 의의

공소장에는 사건에 관하여 법원에 예단이 생기게 할 수 있는 서류 기타 물건을 첨부하거나 그 내용을 인용하여서는 아니 된다(규칙 제118조 제2항).
이와 같이 공소제기시에 법원에 제출하는 것은 공소장 하나이며 공소사실에 대한 증거는 물론 법원에 예단을 생기게 할 수 있는 것은 증거가 아니더라도 제출할 수 없다는 원칙을 공소장일본주의라고 한다.

II 공소장일본주의의 내용

1 첨부와 인용의 금지

2 여사기재의 금지

(1) 전과의 기재

① 전과는 예단을 생기게 할 수 있는 사항이므로 원칙적으로 공소장에 기재할 수 없다. 다만 판례는 피고인의 특정을 위해 필요한 경우 전과의 기재를 허용하는 입장'이라고 평석하는 견해도 있음에 주의(대판 66도793 참조)

② 상습범이나 누범과 같이 전과가 범죄구성요건에 해당하거나 범죄사실에 준하는 경우, 전과로 인해 형의 선고유예나 집행유예의 결격사유로 되거나 실효대상이 되는 경우, 전과를 수단으로 한 공갈이나 강도와 같이 전과가 범죄사실의 내용을 이루는 경우에는 예외적으로 허용된다.

③ 공소장에 '소년부송치처분'과 '직업 없음'을 기재하더라도 적법하다(대판 90도1813). `표준판례`

(2) 전과 이외의 악성격·경력·소행의 기재

공소장의 모두 사실에 ['○○역전식구' 세력화 이전 ○○지역 폭력배의 이합집산], ['○○역전식구'의 세력화 배경] 등을 장황하게 기재하여 공소사실의 특정에 필요한 정도를 초과하여 피고인이 충분히 그 기소된 범죄들을 저지를 수 있는 자라는 강한 유죄의 심증을 불러일으키게 하여 공소장일본주의에 위배된다(2012도2957). `표준판례`

- 피고인의 나쁜 성격이나 경력 등을 기재하는 것은 예단을 생기게 할 수 있으므로 공소장일

본주의에 위배되어 원칙적으로 공소장에 기재할 수 없다는 법리 제시

(3) 범죄동기의 기재

살인, 방화 등의 경우 범죄의 직접적인 동기 또는 공소범죄사실과 밀접불가분의 관계에 있는 동기를 공소사실에 기재하는 것이 공소장일본주의 위반이 아님은 명백하고, 설사 범죄의 직접적인 동기가 아닌 경우에도 동기의 기재는 공소장의 효력에 영향을 미치지 아니한다(대판 2007도748).[24 · 22모선]

(4) 기타

① 공소시효가 완성된 범죄사실을 공소범죄 사실 이외의 사실로 기재한 공소장이 형사소송법 제254조 제3항의 규정에 위배된다고 볼 수 없다(대판 83도1979).

② 공소장에는, 공소제기 전에 변호인이 선임되거나 보조인의 신고가 있는 경우 그 변호인선임서 또는 보조인신고서를, 공소제기 전에 특별대리인의 선임이 있는 경우 그 특별대리인 선임결정등본을, 공소제기당시 피고인이 구속되어 있거나, 체포 또는 구속된 후 석방된 경우 체포영장, 긴급체포서, 구속영장 기타 구속에 관한 서류를 각 첨부하여야 한다(규칙 제118조 제1항).[22모선]

③ 특허권·상표권 침해사범처럼 사안의 성질상 도면 등에 의한 특정이 필요한 경우 등에는 서류 기타 물건의 내용을 직접 인용하거나 요약 또는 사본하여 첨부할 수밖에 없다(대판 2009도7436).[22모선]

❸ 공소장일본주의 위반의 효과

공소장일본주의의 위반은 공소제기의 방식에 관한 중대한 위반이므로 공소제기는 무효이며, 따라서 법원은 공소기각판결을 선고하여야 한다.[22모선]

이에 반하여 법관에게 예단을 생기게 할 우려가 없는 단순한 여사기재는 검사에게 그 삭제를 명하면 된다.

❹ 공소장일본주의의 예외

(1) 공소장일본주의의 적용범위

공소장일본주의는 공소제기에 대하여 적용되는 것이므로 공판절차 갱신 후의 절차, 상소심의 절차, 파기환송(이송) 후의 절차에는 공소장일본주의가 적용될 여지가 없다.

(2) 약식절차

[1] 검사가 약식명령을 청구하는 때에는 약식명령의 청구와 동시에 약식명령을 하는 데 필요한 증거서류 및 증거물을 법원에 제출하여야 하는바(규칙 제170조), 이는 약식절차가 서면심리에 의한 재판이어서 공소장일본주의의 예외를 인정한 것이므로 약식명령의 청구와 동시에 증거서류 및 증거물이 법원에 제출되었다 하여 공소장일본주의를 위반하였다 할 수 없고,

[2] 그 후 약식명령에 대한 정식재판청구가 제기되었음에도 법원이 증거서류 및 증거물을 검

사에게 반환하지 않고 보관하고 있다고 하여 그 이전에 이미 적법하게 제기된 공소제기의 절차가 위법하게 된다고 할 수도 없다(대판 2007도3906).

(3) 즉결심판 청구 및 즉결심판에 대한 정식재판청구

즉결심판에 관한 절차법이 즉결심판의 청구와 동시에 판사에게 증거서류 및 증거물을 제출하도록 한 것은 즉결심판이 범증이 명백하고 죄질이 경미한 범죄사건을 신속·적정하게 심판하기 위한 입법적 고려에서 공소장일본주의가 배제되도록 한 것이라고 보아야 한다(대판 2008도7375).

Ⅲ 공소장일본주의 위반의 하자 치유 [21모사]

1 문제점

공소제기가 공소장일본주의에 위반하여 공소기각판결의 대상이 되는 경우에 공소장일본주의의 하자가 치유될 수 있는지에 대하여 견해가 대립된다.

2 학설

① 적극설 : 증거조사절차가 마무리되어 법관의 심증형성이 이루어진 단계에서는 하자가 치유된다는 견해이다.
② 소극설 : 공소장일본주의위반은 중대한 위법에 해당하므로 하자가 치유될 수 없다고 보는 견해이다.

3 판례

① [1] 공소장일본주의에 위배된 공소제기라고 인정되는 때에는 그 절차가 법률의 규정을 위반하여 무효인 때에 해당하는 것으로 보아 공소기각의 판결을 선고하는 것이 원칙이다.
  [2] 그러나 공소장 기재의 방식에 관하여 피고인측으로부터 아무런 이의가 제기되지 아니하였고 공판절차를 진행한 결과 증거조사절차가 마무리되어 법관의 심증형성이 이루어진 단계에서는 더 이상 공소장일본주의 위배를 주장하여 이미 진행된 소송절차의 효력을 다툴 수는 없다(대판 2009도7436). 표준판례 [23·22모선]
② 피고인 측으로부터 이의가 유효하게 제기되어 있는 경우 공판절차가 진행되어 법관의 심증형성의 단계에 이르렀다고 하여 공소장일본주의 위배의 하자가 치유된다고 볼 수 없다.
  - 피고인의 변호인이 제1심 제1회 공판기일 전에 제출한 의견서에서 이 사건 공소장이 공소장일본주의에 위배된다고 기재하였고 제1심 제1회 공판기일에서 공소사실 낭독 후에 그 의견서를 진술하여 공소장 기재 방식에 대하여 이의를 한 이상, 비록 제1심 법원이 공판절차 초기 쟁점정리 과정에서 이 사건 공소장 중 모두 사실은 범죄의 구성요건과 상관이 없

어 심리하지 않겠다고 고지하고 증거조사 등의 공판절차를 진행하였다 하더라도 공소장 기재 방식의 하자가 치유된다고 볼 수 없다(대판 2012도2957).

Chapter 041 공소사실의 특정

I 의의

1 공소사실의 특정의 의의

① 공소사실의 기재는 일시, 장소, 방법을 명시하여 특정하여야 한다(제254조 제4항).
② 검사가 어떠한 행위를 기소한 것인지는 기본적으로 공소장의 기재 자체를 기준으로 하되, 심리의 경과 및 검사의 주장내용 등도 고려하여 판단하여야 한다(대판 2017도3448).

2 공소사실 특정의 정도

(1) 피고인의 방어권행사에 지장이 없는 정도의 특정요

① 공소사실을 특정하도록 한 법의 취지는 법원에 대하여 심판의 대상을 한정하고 피고인에게 방어의 범위를 특정하여 그 방어권 행사를 쉽게 해 주기 위한 데에 있는 것이므로, 공소사실의 특정은 공소의 원인이 된 사실을 다른 공소사실과 구별할 수 있는 정도로 그 일시, 장소, 방법, 목적, 물건 등을 적시하여 일응 특정하게 하면 족한 것이고, 그 일부가 다소 불명확하게 적시되어 있다 하더라도 그와 함께 적시된 다른 사항들에 의하여 그 공소사실을 특정할 수 있는 한 그 공소제기의 효력에는 아무런 영향이 없다(대판 2008도1664).
② 공소장에 범죄의 일시, 장소, 방법 등이 구체적으로 적시되지 않았더라도 공소사실을 특정하도록 한 법의 취지에 반하지 아니하고, 공소범죄의 성격에 비추어 그 개괄적 표시가 부득이하며 그에 대한 피고인의 방어권 행사에 지장이 없다면 그 공소내용이 특정되지 않았다고 볼 수 없다(대판 2013도1615).
③ 비록 공소범죄의 특성에 비추어 개괄적인 기재가 불가피한 경우가 있다 하더라도, 사실상 피고인의 방어권행사에 지장을 가져오는 경우에는 제254조 제4항에서 정하고 있는 구체적인 범죄사실의 기재가 있는 공소장이라고 할 수 없다(대판 2016도19186).

(2) 구체적 적용

① 범죄일시는 이중기소나 공소시효에 저촉되지 않을 정도로 기재하면 된다(대판 2014도2727).
② 범죄장소는 토지관할을 가름할 수 있는 정도로 기재하면 된다(대판 2014도2727).
③ 범죄방법은 범죄구성요건을 밝히는 정도로 특정하면 가능하다(대판 2014도2727).
④ 범죄의 일시·장소 등을 특정 일시나 상당한 범위 내로 특정할 수 없는 부득이한 사정이 존재하지 아니함에도 공소의 제기 혹은 유지의 편의를 위하여 범죄의 일시·장소 등을 지나치게 개괄적으로 표시함으로써 사실상 피고인의 방어권 행사에 지장을 가져오는 경우에는 형사소송법 제254조 제4항에서 정하고 있는 구체적인 범죄사실의 기재가 있는 공소장이라고 할 수 없다(대판 2023도2102).
⑤ 방조범의 공소사실을 기재함에 있어서는 그 전제가 되는 정범의 범죄구성을 충족하는 구체적 사실을 기재하여야 공소사실의 기재가 있다고 볼 것이다(대판 88도251).
⑥ **포괄일죄에서 공소사실의 특정**

   [1] 포괄일죄에 관해서는 일죄의 일부를 구성하는 개개의 행위에 대하여 구체적으로 특정되지 아니하더라도 전체 범행의 시기와 종기, 범행방법, 피해자나 상대방, 범행횟수나 피해액의 합계 등을 명시하면 이로써 그 범죄사실은 특정되는 것이다. 그리고 공소장에 범죄의 일시·장소·방법 등의 일부가 다소 불명확하더라도 그와 함께 적시된 다른 사항들에 의하여 공소사실을 특정할 수 있고, 그리하여 피고인의 방어권 행사에 지장이 없다면, 공소제기의 효력에는 영향이 없다.

   [2] 이 부분 공소사실에는 범행의 시기와 종기, 범행의 장소, 고용한 성매매 여성의 수가 특정되어 있고, 성매매 광고를 보고 연락한 불특정 다수의 남성 손님들에게 10만 원의 성매매 대금을 받고 성매매를 알선하였다는 내용으로 성매매알선의 방법 또한 특정되어 있다. 한편 구체적인 성매수자, 범행횟수 등이 기재되지 않았더라도 법원에 대하여 심판의 대상을 한정하고 피고인에게 방어의 범위를 특정함으로써 방어권 행사를 쉽게 하는 데에 지장이 없는 이상 공소사실이 특정되지 않았다고 볼 것은 아니다(대판 2020도3626).
⑦ 공모가 공모공동정범에서의 '범죄 될 사실'인 이상, 범죄에 공동가공하여 범죄를 실현하려는 의사결합이 있었다는 것은, 실행행위에 직접 관여하지 아니한 자에게 다른 공범자의 행위에 대하여 공동정범으로서의 형사책임을 지울 수 있을 정도로 특정되어야 한다(대판 2016도296).
⑧ 예비적 공소사실은 2개도 가능하다(대판 2009도2001 참조).
⑨ 연명문서 위조시 죄수는 상상적 경합관계에 있고, 각 피해자 명의를 구체적으로 특정해야 한다.

II 정보저장매체가 첨부된 공소장 제출 관련

[1] 검사가 공소사실의 일부인 범죄일람표를 컴퓨터 프로그램을 통하여 열어보거나 출력할 수 있는 전자적 형태의 문서로 작성한 다음 종이문서로 출력하지 않은 채 저장매체 자체를 서면인 공소장에 첨부하여 제출한 경우에는, 서면에 기재된 부분에 한하여 적법하게 공소가 제기된 것으로 보아야 한다. 이는 공소사실에 포함시켜야 할 범행 내용이나 피해 목록이 방대하여 전자문서나 CD 등 저장매체를 이용한 공소제기를 허용해야 할 현실적인 필요가 있다거나 피고인과 변호인이 이의를 제기하지 않고 변론에 응하였다고 하여 달리 볼 수 없다.[23모선]

[2] 이와 같은 법리는 검사가 공소장변경허가를 구하면서 변경하려는 공소사실을 전자적 형태의 문서로 작성하여 저장매체를 첨부한 경우에도 적용된다. 법원은 전자적 형태의 문서 부분을 고려함이 없이 서면인 공소장이나 공소장변경신청서에 기재된 부분만을 가지고 공소사실 특정 여부를 판단하여야 한다. 따라서 저장매체에 저장된 전자적 형태의 문서는 공소장변경허가신청이 된 것이라고 할 수는 없고, 법원이 그 부분에 대해서까지 공소장변경허가를 하였더라도 적법하게 공소장변경이 된 것으로 볼 수 없다(대판 2016도19027). [표준판례]

III 마약류 관련 범죄의 특정 여부에 관한 판단 기준

① 메스암페타민의 양성반응이 나온 소변감정결과에 의하여 그 투약일시를 '2009. 8. 10.부터 2009. 8. 19.까지 사이'로, 투약장소를 '서울 또는 부산 이하 불상'으로 공소장에 기재한 사안에서, 공소사실이 향정신성의약품투약 범죄의 특성을 고려하여 합리적인 정도로 특정된 것으로 볼 수 있다(대판 2010도4671). [표준판례]

② [1] 마약류 투약 범죄는 그 범행이 은밀한 공간에서 목격자 없이 이루어지는 경우가 많고 관련 증거를 확보하기도 매우 어려운 사정이 있으므로 그 공소사실의 특정여부를 판단함에 있어서도 해당 범죄의 특성이 충분히 고려될 필요가 있다고 할 것이나, 피고인이 필로폰 투약사실을 부인하고 있고 그에 관한 뚜렷한 증거가 확보되지 않았음에도 모발감정 결과에 기초하여 그 투약가능기간을 추정한 다음 개괄적으로만 그 범행시기를 적시하여 공소사실을 기재한 경우에 그 공소내용이 특정되었다고 볼 것인지는 매우 신중히 판단하여야 할 것이다.

[2] 공소장에 범행일시를 모발감정 결과에 기초하여 투약가능기간을 역으로 추정한 '2010. 11.경'으로, 투약장소를 '부산 사하구 이하 불상지'로 기재한 경우, 마약류 투약범죄의 특성 등에 비추어 공소사실이 특정되었다고 보기 어렵다(대판 2011도11817). [표준판례]

③ "마약류 취급자가 아님에도, 2008년 1월경부터 같은 해 2월 일자불상 15:00경 까지 사이에 메스암페타민 약 0.7g을 매수한 외에, 그때부터 2009년 2월 내지 3월 일자불상 07:00

경까지 총 21회에 걸쳐 매수·투약하였다."라는 공소사실의 경우 위와 같은 개괄적인 기재만으로는 피고인의 방어권 행사에 지장을 초래할 위험성이 크고, 심판대상이 한정되었다고 보기 어려워, 이러한 공소사실의 기재는 특정한 구체적 사실의 기재에 해당한다고 볼 수 없다(대판 2010도9835).

Ⅳ 공소사실 불특정시 법원의 조치

① 공소장의 기재가 불명확한 경우 법원은 규칙 제141조의 규정에 의하여 검사에게 석명을 구한 다음, 그래도 검사가 이를 명확하게 하지 않은 때에야 공소사실의 불특정을 이유로 공소를 기각함이 상당하다.

원심이 검사에게 공소사실 특정에 관한 석명에 이르지 아니한 채 곧바로 위와 같이 공소사실의 불특정을 이유로 공소기각의 판결을 한 것은 위법하다(대판 2004도5972). 표준판례 [22모선]

② [1] 범죄의 '일시'는 이중기소나 시효에 저촉되는지 식별할 수 있을 정도로 기재하여야 한다. 따라서 범죄의 '일시'가 공소시효 완성 여부를 판별할 수 없을 정도로 개괄적으로 기재되었다면 공소사실이 특정되었다고 볼 수 없다.

[2] '피고인은 2013. 12.경부터 2014. 1.경 사이에 밀양시에 있는 피해자가 운영하는 소주방에서, 약 10분 동안 소란을 피워 피해자의 정상적인 주점 영업 업무를 방해하였다.'는 취지의 공소사실에 대하여, 원심이 유죄로 인정한 위 업무방해죄는 공소시효가 7년인데, 이 부분 공소는 2020. 12. 30. 제기되었다. 위 공소사실은 범행일이 2013. 12. 31. 이후인지 여부에 따라 공소시효의 완성 여부가 달라지는데, 이 부분 공소사실의 일시는 '2013. 12. 경부터 2014. 1.경 사이'이므로, 공소시효 완성 여부를 판별할 수 없다. 따라서 이 부분 공소사실은 구체적으로 특정되었다고 할 수 없다. 그렇다면, 원심으로서는 검사에게 석명을 구하여 이 부분 범행일시에 관하여 공소사실을 특정하도록 요구하고, 만약 특정하지 아니하면 공소를 기각하였어야 하는데, 원심은 유죄의 실체판단을 하였다. 이러한 원심의 조치에는 공소사실 특정에 관한 법리를 오해하여 판결에 영향을 미친 잘못이 있다(대판 2022도8257). [23모선]

Ⅴ 공소사실의 특정 관련 지문 및 판례 정리

1 공소사실의 특정을 인정한 판례

① 양벌규정을 적용하여 그 법인 또는 개인에 대하여 공소를 제기하는 경우, 그 공소사실에 법인 또는 개인의 업무에 관하여 종업원의 법률위반행위를 방지하지 못한 귀책사유가 있는지를 판단할 수 있는 내용을 반드시 구체적으로 특정하여 기재해야 하는 것은 아니다(대

판 2016도12551).

② 이 사건 공소사실에 피고인이 피해자를 살해한 장소가 부산 불상의 장소로, 살해 방법이 불상의 방법으로 되어 있는 것은 상고이유의 주장과 같으나, 범행시간이 2010. 6. 17. 02:30경부터 04:00경까지로 특정되어 있고, 피고인의 범행동기와 피고인이 연구한 살해방법과 피해자를 물색한 정황, 피해자와의 접촉 경위 등이 자세하게 적시되어 있어 이 사건 살인의 공소사실을 특정할 수 있으므로, 피고인의 방어권 행사에 지장이 있다고 볼 수 없어 공소제기의 효력에는 영향이 없다(대판 2013도4172). 표준판례

③ 문서의 위조 여부가 문제되는 사건에서 그 위조된 문서가 압수되어 현존하고 있는 이상, 그 범죄 일시와 장소, 방법 등은 범죄의 동일성 인정과 이중기소의 방지, 시효저촉 여부 등을 가름할 수 있는 범위에서 사문서의 위조사실을 뒷받침할 수 있는 정도로만 기재되어 있으면 충분하다(대판 2008도6950).

④ 유가증권 변조의 공소사실이 '범행일자를 2005. 1. 말경에서 같은 해 2. 4. 사이'로, 범행장소를 '서울불상지'로, 범행방법을 '불상의 방법으로 수취인의 기재를 삭제'한 것으로 된 경우, 변조된 유가증권이 압수되어 현존하고 있는 이상, 위 범죄의 일시와 장소 및 방법의 기재는 그 유가증권변조 사실을 뒷받침한다고 보기에 충분하고, 공소범죄의 성격에 비추어 그 개괄적 표시가 부득이 하며 그에 대한 피고인의 방어권 행사에 지장이 없다고 보이므로, 위 공소사실이 특정되어 공소제기가 적법하다(대판 2007도11000).

⑤ 저작재산권 침해행위에 관한 공소사실의 특정은 침해 대상인 저작물 및 침해 방법의 종류, 형태 등 침해행위의 내용이 명확하게 기재되어 있어 피고인의 방어권 행사에 지장이 없는 정도이면 되고, 각 저작물의 저작재산권자가 누구인지 특정되어 있지 않다고 하여 공소사실이 특정되지 않았다고 볼 것은 아니다(대판 2014도1196).

⑥ 특정범죄가중처벌등에관한법률 제3조에서 말하는 공무원의 직무에 속하는 사항의 알선에 관하여 금품이나 이익을 수수한다 함은 공무원의 직무에 속한 사항을 알선한다는 명목으로 금품 등을 수수하는 행위로서 반드시 알선의 상대방인 공무원이나 그 직무내용이 구체적으로 특정될 필요는 없다(대판 2000도2968).

2 공소사실의 특정을 부정한 판례

① '피고인이 불상의 방법으로 피해자를 가격하여 그 충격으로 피해자가 뒤로 넘어지면서 우측 후두부가 도로 바닥에 부딪혀 사망에 이르렀다'라고 기재한 것만으로는 피고인이 범한 폭행 사실의 구체적 사실을 기재하였다고 할 수 없다(대판 98도4181).

② '피고인들이 공동하여, 성명불상 범종추측 승려 100여 명의 전신을 손으로 때리고 떠밀며 발로 차서 위 성명불상 피해자들에게 폭행을 각 가한 것이다.'는 부분은 공소장에 구체적인 범죄사실의 기재가 없어 그 공소제기의 절차가 법률의 규정에 위반하여 무효인 경우에 해당한다(대판 95도22).

Chapter 042 공소사실의 예비적·택일적 기재

I 예비적·택일적 기재의 허용범위 [17사법]

1 문제점

수개의 범죄사실과 적용법조를 예비적 또는 택일적으로 기재할 수 있는데(제254조 제5항), 공소장의 예비적·택일적 기재가 공소사실의 동일성이 인정되지 않는 경우에도 허용되는지에 관하여 견해가 대립된다.

2 학설

① 적극설 : 제254조 제5항은 공소사실의 동일성을 요구하지 않으므로 공소사실의 동일성이 인정되지 않는 별개의 범죄사실에 대해서도 허용된다는 견해이다.

② 소극설 : 적극설에 의하면 조건부 공소제기를 허용하는 결과가 되어 불확정적인 공소제기를 인정하는 결과를 야기하므로 공소사실의 동일성이 인정되는 범위 내에서만 인정된다는 견해이다.

3 판례(적극설)

수개의 범죄사실 간에 범죄사실의 동일성이 인정되는 범위 내에서는 물론 그들 범죄사실 상호간에 범죄의 일시, 장소, 수단 및 객체 등이 달라서 수 개의 범죄사실로 인정되는 경우에도 이들 수개의 범죄사실을 예비적 또는 택일적으로 기재할 수 있다(대판 65도114). 표준판례 [24변선, 24·23모선]

4 검토

동일성이 인정되는 범위에서만 예비적 또는 택일적 기재가 가능하다면 공소장변경을 통해서도 얼마든지 해결이 가능하여 굳이 공소제기시에 예비적 또는 택일적 기재를 할 이유가 없으므로 판례의 입장이 타당하다.

Ⅱ 예비적·택일적 기재시 법원의 심판 및 검사의 상소의 이익

1 예비적·택일적 기재시 법원의 심판

(1) 예비적 기재인 경우

① 예비적 기재의 경우에는 법원의 심리와 판단의 순서도 검사의 기소 순위에 의해 제한을 받게 된다.[22모선]
② 주위적 공소사실이 유죄로 인정되면 주위적 공소사실에 대해 유죄판결을 선고하면 되고 예비적 공소사실에 대해서는 판결주문이나 판결이유에서 판단을 할 필요가 없다.
③ 주위적 공소사실은 무죄이지만 예비적 공소사실이 유죄로 인정되면 예비적 공소사실에 대해 판결주문과 판결이유에서 유죄를 명시하고 주위적 공소사실에 대해서는 판결이유에서만 무죄 판단을 하면 된다.
④ 주위적 공소사실과 예비적 공소사실이 모두 무죄로 인정되면 판결주문에서 무죄로 표시하고 판결이유에서 주위적 공소사실과 예비적 공소사실 모두에 대해 판단을 해야 한다.

(2) 택일적 기재인 경우

① 그 중 어느 하나의 공소사실에 대해 유죄판결을 선고하면 나머지 공소사실에 대해서는 판단할 필요가 없다.
② 모든 공소사실에 대해 무죄로 인정되면 판결주문에서 무죄로 표시하고 판결이유에서 모든 공소사실에 대해 판단을 해야 한다.

2 예비적·택일적 기재시 유죄판결에 대한 검사의 상소이익

(1) 예비적 기재인 경우

① 예비적 공소사실이 유죄로 인정되었다 하더라도 주위적 공소사실을 인정하지 않은 객관적 잘못이 있는 경우 이를 시정하기 위한 상소의 이익이 인정되므로 주위적 공소사실에 대한 항소가 가능하다.
② 다만, 원래 주위적·예비적 공소사실의 일부에 대한 상소제기의 효력은 나머지 공소사실 부분에 대하여도 미치는 것이고, 동일한 사실관계에 대하여 서로 양립할 수 없는 적용법조의 적용을 주위적·예비적으로 구하는 경우에는 예비적 공소사실만 유죄로 인정되고 그 부분에 대하여 피고인만 상소하였다고 하더라도 주위적 공소사실까지 함께 상소심의 심판대상에 포함된다(대판 2006도1146). 표준판례 [24변선, 23모선]

(2) 택일적 기재인 경우

택일적 기재된 공소사실 중 어느 하나를 유죄로 인정한 경우 검사의 취지대로 유죄판결이 선고된 것이므로 검사에게 상소이익이 없어 검사의 상소가 인정되지 않는다.

cf. **피고인의 상소시**

공소사실과 적용법조가 택일적으로 기재되어 공소가 제기된 경우에 그중 어느 하나의 범죄사실만에 관하여 유죄의 선고가 있은 제1심 판결에 대하여 피고인의 항소가 제기되었을 때 항소심에서 항소이유 있다고 인정하여 제1심판결을 파기하고 자판을 하는 경우에는 다시 사건 자체에 대하여 판결을 하는 것이어서 택일적으로 공소제기된 범죄사실 가운데 제1심판결에서 유죄로 인정된 이외의 다른 범죄사실이라도 그것이 철회되지 아니하는 한 당연히 항소심의 심판의 대상이 된다고 할 것이므로 항소심으로서는 제1심에서 유죄로 인정되었던 공소사실 이외의 다른 범죄사실을 새로 선택하여 유죄로 인정할 수도 있다(대판 70도2660).

ONEPICK 형사소송법

제**4**편

공판

Chapter 043 심판의 대상

1 문제점

공소제기의 효력범위가 전부에 미친다고 하여 법원이 공소장에 명시되어 있지 아니한 부분도 임의로 판단을 할 수 있게 되면 피고인의 방어권 행사에 불이익을 줄 수 있다는 점에서 법원의 심판대상의 범위가 문제된다.

2 학설

① 공소사실 대상설 : 공소장에 기재된 공소사실과 단일성, 동일성이 인정되는 모든 사실이 심판대상이 된다는 견해이다. 이에 의하면 심판 대상은 공소제기의 효력범위와 공소장변경의 한계 및 확정판결의 효력범위와 모두 일치하게 된다.

② 소인 대상설 : 소인이라는 개념을 인정하여 심판의 대상은 공소사실이 아니라 소인이라고 보는 견해이다.

③ 이원설 : 공소장에 기재된 공소사실이 현실적 심판의 대상이며 그와 동일성이 인정되는 범죄사실 전부는 잠재적 심판의 대상이 된다는 견해이다.

3 판례(이원설)

현행 형사소송법 하에서는 법원의 실체적인 심판의 범위는 잠재적으로는 공소사실과 단일성 및 동일성이 인정되는 한 그러한 사실의 전부에 미칠 것이나, 현실적 심판의 대상은 공소장에 예비적 또는 택일적으로 기재되었거나 소송의 발전에 따라 그 후 추가, 철회, 또는 변경된 사실에 한한다(대판 4292형상36).

4 검토

판례에 따라 심판대상을 이원화하여 공소장에 기재된 공소사실은 현실적 심판대상이 되고, 공소사실과 동일성이 인정되는 사실은 잠재적 심판대상이 되어 공소장변경에 의해 현실적 심판대상이 된다고 보아야 할 것이다.

Chapter 044 공소사실의 동일성 [24·15·13변사, 22·18모사]

I 공소사실의 동일성 판단 기준

1 학설

① **기본적 사실동일설** : 공소사실을 그 기초가 되는 사회적 사실로 환원하여 그러한 사실 사이에 기본적인 점에서 동일하면 동일성을 인정하는 견해이다.
② **소인공통설** : 소인의 기본적 부분을 공통으로 할 때 동일성을 인정하는 견해이다.
③ **구성요건공통설** : 구성요건이 상당 정도 부합하는 때에 동일성을 인정하는 견해이다.
④ **죄질동일설** : 죄질의 동일성이 인정되면 동일성을 인정하는 견해이다.

2 판례

(1) 기본 입장

공소사실이나 범죄사실의 동일성 여부는 피고인의 행위와 그 사회적인 사실관계를 기본으로 하되 그 규범적 요소도 고려하여 판단하여야 한다(대판 2009도9189). 표준판례
즉, 판례는 기본적으로 ① 기본적 사실동일설의 입장이나 ② 규범적 요소를 고려한다.

(2) 시간적·장소적 밀접한 관계, 양립불가능한 관계

최초의 공소사실과 변경된 공소사실 사이에 그 일시만을 달리하는 경우, 일방의 범죄가 성립하는 때에는 타방의 범죄가 성립할 수 없다고 볼 정도로 양자가 밀접한 관계가 있는 경우에는 그 사이의 시간적 간격이 있더라도 양자의 기본적 사실관계는 동일하다고 할 것이지만, 사안의 성질상 2개의 공소사실이 양립할 수 있다고 볼 사정이 있는 경우에는 그 기본인 사회적 사실을 달리할 위험이 있으므로 그 기본적 사실관계는 동일하다고 할 수 없다(대판 2018도16031).

3 검토

공소장에 기재된 공소사실이 변경된 공소사실과 시간적·장소적으로 밀접한 관계에 있거나 그것이 양립할 수 없는 관계에 있는 때에는 기본적 사실이 동일하다고 할 수 있다.

II 공소사실 동일성 관련 지문 및 판례 정리

1 공소사실의 동일성 인정 사례

① 피고인이 금지통고된 집회를 주최하였다는 집시법위반 공소사실로 기소되었는데, 선행 사건에서 위 집회와 그 이후 계속된 폭력적인 시위에 참가하였다는 이른바 질서위협 집회 및 시위 참가로 인한 집시법 위반죄 등으로 유죄 확정판결(선행 확정판결)을 받은 경우, 동일한 집회를 주최하고 참가하는 행위는 서로 양립할 수 없는 관계에 있는 점 등을 고려할 때 위 공소사실과 선행 확정판결의 공소사실은 기본적 사실관계가 동일한 것으로 평가된다(대판 2015도11679).

② 흉기를 휴대하고 다방에 모여 강도예비를 하였다는 공소사실을 정당한 이유없이 폭력범죄에 공용될 우려가 있는 흉기를 휴대하고 있었다는 폭처법 제7조 소정의 죄로 공소장 변경을 하였다면, 그 변경전의 공소사실과 변경후의 공소사실은 그 기본적 사실이 동일하므로 공소장변경은 적법하다(대판 86도2396).

③ 피고인이 피해자를 살해하려고 목을 누르는 등 폭행을 가하였으나 미수에 그쳤다는 살인미수의 공소사실에 대하여 예비적으로 피고인이 피해자를 강간하려고 위와 같은 폭행을 가하였으나 미수에 그치고 피해자에게 상해를 입혔다는 강간치상의 공소사실은 공소사실의 동일성이 인정된다(대판 84도666).

④ 경범죄처벌법위반죄의 범죄사실인 음주소란과 '도끼를 가지고 와 피해자를 향해 내리치며 피해자의 뒷머리를 스치게 하여 피해자에게 약 2주간의 치료를 요하는 두부타박상 등을 가하였다'는 폭처법위반죄의 공소사실은 범행장소가 동일하고 범행일시도 같으며 모두 피고인과 피해자의 시비에서 발단한 일련의 행위들임이 분명하므로, 양 사실은 그 기본적 사실관계가 동일한 것이어서 이미 확정된 경범죄처벌법위반죄에 대한 즉결심판의 기판력이 폭처법위반죄의 공소사실에도 미친다(대판 95도1270). [표준판례]

⑤ [1] 공소장변경허가를 결정할 때는 포괄일죄를 구성하는 개개 공소사실별로 종전 것과의 동일성을 따지기보다는 변경된 공소사실이 전체적으로 포괄일죄의 범주 내에 있는지, 즉 단일하고 계속된 범의하에 동종의 범행을 반복하여 행하고 피해법익도 동일한 경우에 해당한다고 볼 수 있는지에 초점을 맞추어야 한다(대판 2022도8806).[24변선, 23모선]

[2] 뇌물수수의 포괄일죄로 기소된 경우, 공소사실 중 금원 교부 일시 및 장소의 변경을 내용으로 하는 공소장변경 신청에 대하여 이를 모두 허가하여야 한다(대판 2006도514).

⑥ 변제할 의사와 능력없이 피해자로부터 금원을 편취하였다고 기소된 사실을 공소장변경 절차 없이 피해자에게 제3자를 소개케 하여 동액의 금원을 차용하고 피해자에게 그에 대한 보증채무를 부담케 하여 재산상의 이익을 취득하였다고 인정하였다 할지라도 위 양 범죄사실을 비교하여 보면 차용액, 기망의 태양, 피해의 내용이 실질에 있어 동일한 것이어서 피해자를 기망하여 금원을 편취하였다는 기본적 사실에 아무런 차이도 없으므로 피고인의 방어에 하등의 불이익을 주었다고 볼 수도 없으므로 거기에 위법이 있다 할 수 없다(대판 84도312).[24변선]

2 공소사실의 동일성 부정 사례

① 장물취득죄와 이 사건 강도상해죄는 그 수단, 방법, 상대방 등 범죄사실의 내용이나 행위가 별개이고, 행위의 태양이나 피해법익도 다르고 죄질에도 현저한 차이가 있어 동일성이 있다고 보기 어렵다(대판 93도2080).

② 살인죄의 공소사실과 선행사건에서 유죄로 확정된 폭처법위반(우범자)죄와 증거인멸죄는 범행의 일시, 장소와 행위 태양이 서로 다르고, 보호법익이 서로 다르며 죄질에서도 현저한 차이가 있으므로, 살인죄의 공소사실과 증거인멸죄 등의 범죄사실 사이에 기본적 사실관계의 동일성은 부정된다(대판 2016도15526). 표준판례

③ **실체적 경합관계** [24변시]

[1] 포괄일죄에 관한 기존 처벌법규에 대하여 그 표현이나 형량과 관련한 개정을 하는 경우가 아니라 애초에 죄가 되지 않던 행위를 구성요건의 신설로 포괄일죄의 처벌대상으로 삼는 경우에는 신설된 포괄일죄 처벌법규가 시행되기 이전의 행위에 대하여는 신설된 법규를 적용하여 처벌할 수 없고(형법 제1조 제1항), 이는 신설된 처벌법규가 상습범을 처벌하는 구성요건인 경우에도 마찬가지이다.

[2] 2015. 2. 28.부터 2020. 5. 31.까지 부분은 청소년성보호법 위반(상습성착취물제작·배포등)죄로 처벌될 수 없으므로, 청소년성보호법 위반(상습성착취물제작·배포등)죄로 처벌되는 그 이후의 부분과 포괄일죄의 관계에 있지 않고 실체적 경합관계에 있게 된다. 그런데 실체적 경합관계에 있는 부분은 종전 공소사실과 기본적 사실관계가 동일하다고 볼 수 없으므로, 2015. 2. 28.부터 2020. 5. 31.까지 부분을 추가하는 공소장변경은 허가될 수 없다(대판 2022도10660).

④ 검사가 당초 '피고인이 甲에게 필로폰 약 0.3g을 교부하였다'고 하여 마약류관리법위반(향정)으로 공소를 제기하였다가 '피고인이 甲에게 필로폰을 구해 주겠다고 속여 甲 등에게서 필로폰 대금 등을 편취하였다'는 사기 범죄사실을 예비적으로 추가하는 공소장변경을 신청한 경우, 위 두 범죄사실은 기본적인 사실관계가 동일하다고 볼 수 없다(대판 2010도16659).[22변시]

⑤ 병원의 성형시술상품을 판매하는 배너광고를 게시하는 등으로 표시·광고의 공정화에 관한 법률위반을 했다는 공소사실과, 영리목적으로 병원시술상품 배너광고를 게시하는 방법으로 환자들을 소개·유인하는 등의 행위를 했다는 공소사실은 동일성이 인정되지 않는다(대판 2018도20928).

⑥ 유사석유제품을 제조·판매하였다는 공소사실과 그에 관한 부가가치세 등을 신고·납부하지 않고 조세를 포탈하였다는 공소사실은 기본적 사실관계의 동일성을 인정할 수 없다(대판 2013도7649).

⑦ 범죄단체 등에 소속된 조직원이 저지른 폭력행위처벌법 위반(단체 등의 공동강요)죄 등의 개별적 범행과 폭력행위처벌법 위반(단체 등의 활동)죄는 범행의 목적이나 행위 등 측면에서 일부 중첩되는 부분이 있더라도, 일반적으로 구성요건을 달리하는 별개의 범죄로서 범행의

> 상대방, 범행 수단 내지 방법, 결과 등이 다를 뿐만 아니라 그 보호법익이 일치한다고 볼 수 없다(대판 2022도6993).
> ⑧ 당초의 공소사실인 필로폰 수입으로 인한 마약류 관리에 관한 법률 위반(향정)의 범죄사실과 검사의 공소장변경에 따라 변경된 범죄사실 중 2018. 4. 16.자 필로폰 매수로 인한 마약류관리법위반(향정) 범죄사실은 범행일시에 있어 현저한 차이가 있고 두 개의 범죄사실이 양립할 수 있어 그 기본적인 사실관계가 동일하다고 보기 어렵다(대판 2020도3593).

Chapter 045 포괄일죄의 일부에 대한 추가기소 [14변사, 21모사]

I 포괄일죄의 추가기소의 허용 여부

1 문제점

검사가 포괄일죄의 일부에 대한 공소제기 후에 나머지 범죄사실을 추가로 기소하는 것이 허용되는지 문제된다.

2 판례(부적법설)

검사가 일단 상습사기죄로 공소제기한 후 그 공소의 효력이 미치는 사기행위 일부를 별개의 독립된 상습사기죄로 공소제기를 함은 비록 그 공소사실이 먼저 공소제기를 한 상습사기의 범행 이후에 이루어진 사기 범행을 내용으로 한 것일지라도 공소가 제기된 동일사건에 대한 이중기소에 해당되어 허용될 수 없다(대판 2004도3331).

3 검토

포괄일죄를 소송법상 일죄로 보는 이상, 포괄일죄의 일부에 대한 공소제기의 효력은 그 전부에 미치므로 포괄일죄의 추가기소는 이중기소금지원칙에 반하는 것으로 부적법하다고 보아야 한다.

II 포괄일죄의 추가기소가 밝혀진 경우 검사의 조치

검사가 단순일죄라고 하여 특수절도 범행을 먼저 기소하고 포괄일죄인 상습특수절도 범행을 추가기소하였으나 심리과정에서 전후에 기소된 범죄사실이 모두 포괄하여 상습특수절도인 특가법(절도)위반의 일죄를 구성하는 것으로 밝혀진 경우에는, 검사로서는 원칙적으로 먼저 기소한 사건의 범죄사실에 추가기소의 공소장에 기재한 범죄사실을 추가하여 전체를 상습범행으로 변경하고 그 죄명과 적용법조도 이에 맞추어 변경하는 공소장변경 신청을 하고 추가기소한 사건에 대하여는 공소취소를 하여야 할 것이다(대판 96도1698).

III 포괄일죄의 추가기소에 대한 법원의 조치

1 문제점

검사가 위와 같은 조치를 취하지 않은 경우 법원의 조치가 문제된다.

2 학설

① **공소기각판결설** : 제327조 제3호의 이중기소금지의 원칙에 반하므로 공소기각판결을 해야 한다는 견해이다.
② **공소장변경의제설** : 추가기소는 실질적으로 공소장변경에 해당하므로 공소장변경절차를 밟지 않아도 추가기소를 공소장변경으로 취급하여 법원이 실체재판을 해야 한다는 견해이다.
③ **석명후판단설** : 추가기소를 공소장변경으로 의제하는 것은 허용되지 않지만, 법정에서 검사의 석명이 있는 때에는 공소장변경으로 인정하는 것이 가능하다는 견해이다.

3 판례

① **석명후판단설에 따른 판례**
  검사의 석명에 의하여 추가기소의 공소장의 제출이 1개의 죄에 대하여 중복하여 공소를 제기한 것이 아님이 분명하여진 경우에는 위의 추가기소에 의하여 공소장변경이 이루어진 것으로 보아 전후에 기소된 범죄사실 전부에 대하여 실체판단을 하여야 하고 추가기소에 대하여 공소기각판결을 할 필요가 없다(대판 96도1698).
② **공소장변경의제설에 따른 판례**
  검사가 수 개의 협박 범행을 먼저 기소하고 다시 별개의 협박 범행을 추가로 기소하였는데 전후에 기소된 각각의 범행이 모두 포괄하여 하나의 협박죄를 구성하는 것으로 밝혀진 경우, 비록 협박죄의 포괄일죄로 공소장을 변경하는 절차가 없었다거나 석명절차를 거치지 아니하였다 하더라도, 법원은 전후에 기소된 범죄사실 전부에 대하여 실체판단을 할 수 있

고, 추가기소된 부분에 대하여 공소기각판결을 할 필요는 없다(대판 2007도2595).[22변선]

4 검토

추가기소는 그 실질에 있어서 공소사실의 추가와 다름이 없다는 점과 소송경제적 관점을 고려하면 공소기각판결설은 타당하지 않고 또한 공소장변경의제설은 검사의 기소권을 무시하게 되어 타당하지 않다. 그러므로 피고인의 방어권 보장을 고려한 석명후판단설이 타당하다.

5 참고 판례

① **상상적 경합관계의 공소사실 추가의 경우 석명후판단설을 취한 사례**

상상적 경합관계에 있는 공소사실 중 일부가 먼저 기소된 후 나머지 공소사실이 추가기소 되고 이들 공소사실이 상상적 경합관계에 있음이 밝혀진 경우, 법원으로서는 석명권을 행사하여 검사로 하여금 추가기소의 진정한 취지를 밝히도록 하여 검사의 석명에 의하여 추가기소가 상상적 경합관계에 있는 행위 중 먼저 기소된 공소장에 누락된 것을 추가 보충하는 취지로서 1개의 죄에 대하여 중복하여 공소를 제기한 것이 아님이 분명해진 경우에는, 추가기소에 의하여 공소장변경이 이루어진 것으로 보아 전후에 기소된 공소사실 전부에 대하여 실체판단을 하여야 하고 추가기소에 대하여 공소기각판결을 할 필요가 없다(대판 2012도2087).

② **공소장변경의제설에 입각한 사례**

검사가 단순일죄라고 하여 존속상해 범행을 먼저 기소하고 다시 포괄일죄인 폭처법 위반(상습존속상해) 범행을 추가로 기소하였는데 이를 병합하여 심리하는 과정에서 전후에 기소된 각각의 범행이 모두 포괄하여 하나의 폭처법 위반(상습존속상해)죄를 구성하는 것으로 밝혀진 경우, 비록 폭처법 위반(상습존속상해)죄의 포괄일죄로 공소장을 변경하는 절차가 없었다거나 추가기소의 공소장의 제출이 포괄일죄를 구성하는 행위로서 먼저 기소된 공소장에 누락된 것을 추가·보충하는 취지의 것이라는 석명절차를 거치지 아니하였다 하더라도, 법원은 전후에 기소된 범죄사실 전부에 대하여 실체판단을 할 수 있고, 추가기소된 부분에 대하여 공소기각판결을 할 필요는 없다(대판 2011도15356).

Ⅳ 포괄일죄 아닌 일반의 이중기소의 경우 법원의 조치 [23모사]

① 검사가 이미 공소가 제기된 범죄사실과 공소사실의 동일성이 인정되는 범죄사실에 대하여 다시 공소를 제기한 경우 추가기소는 이중기소로서 공소기각판결 사유가 된다(제327조 제3호).
② 피고인이 강제추행죄로 기소되었는데, 제1심 공판에서 검사가 뒤늦게 피해자가 피고인의 추행을 피하다가 상해를 입었다는 범죄사실을 공소장에 기재하여 추가로 피고인에 대한 공소를 제기한 경우, 공소사실의 동일성이 인정되는 범죄사실을 추가기소한 것이므로 공소기

각 판결을 선고하여야 한다.

- 검사는 공소사실의 동일성이 인정되는 중한 결과의 범죄사실을 추가하여 전체를 무거운 범죄사실로 변경하고 그 죄명과 적용법조를 변경하는 공소장변경을 법원에 신청하였어야 한다.

Chapter 046 공소장변경

I 공소장변경의 한계 [24모사]

1 의의

검사는 법원의 허가를 얻어 공소장에 기재한 공소사실 또는 적용법조의 추가, 철회 또는 변경을 할 수 있다. 이 경우에 법원은 공소사실의 동일성을 해하지 아니하는 한도에서 허가하여야 한다(제298조 제1항). 따라서 공소장변경은 공소사실의 동일성을 해하지 않는 범위 내에서 가능하다.[23모선]

2 공소사실의 동일성 판단 기준

① 학설에는 기본적 사실동일설, 소인공통설, 구성요건공통설, 죄질동일설 등의 대립이 있다.

② 판례는 '공소사실이나 범죄사실의 동일성 여부는 피고인의 행위와 그 사회적인 사실관계를 기본으로 하되 그 규범적 요소도 고려하여 판단하여야 한다'고 하여 기본적 사실동일성을 기본적 입장으로 취하되 규범적 요소를 고려한다(대판 2009도9189). 표준판례

II 공소장변경의 필요성 [20·18변사, 24·23·17모사]

1 공소장변경의 필요성 판단 기준 [20모사]

(1) 문제점

공소장변경의 필요성이란 법원이 일정 범위 내에서 공소장변경절차 없이 다른 사실을 인정할 수 있는가의 문제로 그 판단기준이 문제된다.

(2) 학설

① **동일벌조설** : 벌조 또는 구성요건에 변경이 없는 한 공소장변경이 필요 없다는 견해이다.
② **법률구성설** : 구체적 사실관계가 다르다 할지라도 법률 구성에 영향이 없을 때에는 공소장변경이 필요 없다는 견해이다.
③ **사실기재설(실질적 불이익설)** : 실질적으로 피고인의 방어권 행사에 불이익을 초래하는지 여부를 기준으로 판단하는 견해이다.

(3) 판례(실질적 불이익설)

법원이 공소장의 변경 없이 직권으로 공소장에 기재된 공소사실과 다른 범죄사실을 인정하기 위하여는 공소사실의 동일성이 인정되는 범위 내이어야 할 뿐더러 또한 피고인의 방어권 행사에 실질적 불이익을 초래할 염려가 없어야 한다(대판 2003도2252). 표준판례

(4) 검토

공소장변경제도가 피고인의 방어권보장에 그 제도적 취지가 있음을 고려할 때 사실기재설이 타당하다.

(5) 공소장변경 없이 축소사실 인정 가능

① 공소장에 기재된 공소사실과 법원에서 인정한 사실 사이에 구성요건이 다른 경우에는 피고인의 방어권행사에 실질적인 불이익을 초래하게 되므로 원칙적으로 공소장변경이 필요하다.
② 그러나 법원은 공소사실의 동일성이 인정되는 범위 내에서 공소가 제기된 범죄사실에 포함된 보다 가벼운 범죄사실이 인정되는 경우에 심리의 경과에 비추어 피고인의 방어권 행사에 실질적 불이익을 초래할 염려가 없다고 인정되는 때에는 공소장이 변경되지 아니하였더라도 직권으로 공소장에 기재된 공소사실과 다른 공소사실을 인정할 수 있다(대판 2013도13567).
③ 이러한 이치는 공소제기된 범죄가 친고죄나 반의사불벌죄 아닌 반면 법원이 직권으로 인정하는 범죄는 친고죄나 반의사불벌죄라 하여 달라질 것은 아니다(대판 2004도3934).

2 공소장변경 필요성 인정 판례

① 상습특수협박죄는 특수협박죄보다 가중하여 처벌하도록 규정되어 있으므로, 특별한 사정이 없는 한 불고불리의 원칙상 법원이 특수협박죄로 공소가 제기된 범죄사실을 공소장변경 없이 상습특수협박죄로 처벌할 수 없다(대판 2016도11880).[23모선]
② 검사가 그 형이 가벼운 일반법의 법조를 적용하여 그 죄명으로 기소하였는데 그 일반법과 특별법을 적용한 때 형의 범위가 차이 나는 경우에는, 비록 그 공소사실에 변경이 없고 적용법조의 구성요건이 완전히 동일하다 하더라도, 그러한 적용법조의 변경이 피고인의 방어권 행사에 실질적인 불이익을 초래한다고 보아야 하며, 따라서 법원은 공소장변경 없이는 형이 더 무거운 특별법의 법조를 적용하여 특별법 위반의 죄로 처단할 수 없다(대판 2007도4749).

③ 명예훼손죄 → 모욕죄 : 명예훼손죄의 공소사실에 대하여 예비적 심판청구도 없는 모욕죄로 인정하는 것은 불고불리의 원칙에 어긋난다(대판 70도1859).[23모선]

④ 주거침입강간미수 → 주거침입강제추행 : 법원이 성폭력처벌법상 주거침입강간미수의 공소사실을 공소장변경 없이 직권으로 같은 법의 주거침입강제추행죄로 인정하여 미수감경의 가능성을 배제하는 것은 피고인의 방어권 행사에 실질적인 불이익을 초래할 염려가 있어 위법하다(대판 2008도2409).

⑤ 미성년자 약취 후 재물을 요구하였으나 취득하지는 못한 범인을 '미성년자 약취 후 재물취득 미수'에 의한 특가법위반죄로 공소제기 하였는데, 법원이 공소장변경 없이 '미성년자 약취 후 재물요구 기수'에 의한 같은 법 위반죄로 인정하여 미수감경을 배제하는 것은 피고인의 방어권 행사에 실질적인 불이익을 초래한다(대판 2008도3747).

⑥ 살인 → 폭행치사 : 살인죄의 구성요건이 반드시 폭행치사 사실을 포함한다고 할 수 없고, 따라서 공소장의 변경 없이 폭행치사죄를 인정함은 결국 폭행치사죄에 대한 피고인의 방어권 행사에 불이익을 주는 것이므로 공소장변경 없이는 폭행치사죄로 처단할 수 없다(대판 2001도1091). 표준판례

⑦ 특가법 도주차량 → 도교법상 손괴후 미조치 : 업무상 과실로 인하여 사람을 치상함으로써 형법 제268조의 죄를 범한 사실이 인정되지 아니하는 때에는, 차의 교통으로 인하여 물건을 손괴한 교통사고가 발생한 때에 도로교통법 제50조 제1항의 규정에 의하여 취하여야 할 필요한 조치를 하지 아니한 사실이 인정되더라도, 범죄사실의 증명이 없는 것으로 보아 무죄를 선고하여야지 공소장변경 없이 도교법 제106조를 적용하여 처벌할 수 없다(대판 93도656).

⑧ 폭력행위등처벌에관한법률 제4조 소정의 범죄집단은 계속적 결합체임을 요하지 않고 다수인이 동시에 동일 장소에 집합한 결합체로서 집단구성의 일시 및 장소는 범죄사실을 특정하는 주요한 요소가 되는바, 공소장변경절차를 거치지 않고 공소장 기재 사실과 다른 일시의 범죄집단조직사실을 유죄로 인정하는 것이 되므로 피고인의 방어권 행사에 불이익을 줄 우려가 있어 허용될 수 없다(대판 91도723).

cf. 일반적으로 범죄의 일시는 공소사실의 특정을 위한 것이지 범죄사실의 기본적 요소는 아니므로 그 일시가 다소 다르다 하여 공소장변경의 절차를 요하는 것은 아니다. 다만 범죄의 시일이 그 간격이 길고 범죄의 인정 여부에 중대한 관계가 있는 경우에는 피고인의 방어에 실질적 불이익을 가져다 줄 염려가 있으므로 이러한 경우에는 공소장변경의 절차를 밟아야 한다(대판 2016도17679).

⑨ 특가법 관세포탈미수 → 특가법 관세포탈예비 : 관세포탈미수로 인한 특가법 위반죄로 공소제기된 경우에는 위 소위가 관세포탈예비로 인한 특가법에 관한 법률위반죄를 구성한다고 하더라도 검사가 공소장변경을 하지 아니한 이상 법원은 이에 관하여 심판할 수 없다(대판 82도2939).

⑩ 권리행사방해죄 → 배임죄 : 권리행사방해죄와 배임죄는 구성요건과 보호법익이 달라 법원이 공소장변경 없이 배임죄를 유죄로 인정하는 것은 피고인의 방어권 행사에 실질적인 불

이익을 초래할 염려가 있고, 배임죄를 유죄로 인정하지 않은 것이 현저하게 정의와 형평에 반한다고 볼 수도 없다(대판 2017도4578).
⑪ 금품 수수 → 금융이익 상당의 재산상 이익 수수 : 정당의 공직후보자 추천과 관련하여 '금품을 수수하였다'는 공소사실에 대하여, 법원이 공소장변경절차를 거치지 않고 직권으로 '금원을 대여함으로써 금융이익 상당의 재산상 이익을 수수하였다'는 범죄사실을 유죄로 인정한 것은, 피고인의 방어권 행사에 실질적인 불이익을 초래한 것으로 위법하다고 한 사례(대판 2008도11042)
⑫ 공동정범 → 방조범
[1] 공동정범으로 공소가 제기된 피고인에 대하여 법원이 공소장변경 없이 직권으로 방조범으로 인정하여 처벌하기 위해서는, 방조의 고의와 행위가 있었다는 점에 대한 적극적인 증명이 있어야 하고, 나아가 그 점에 대하여 피고인에게 방어의 기회가 제공되는 등 심리의 경과에 비추어 피고인의 방어에 실질적인 불이익을 주지 아니한 경우라야 가능할 것이다.[23모선]
[2] 피고인을 조세포탈범행의 방조범으로 인정할 수 있다고 하더라도 그에 앞서 피고인에게 방조범의 성립 여부와 관련한 방어의 기회를 제공함으로써 그 방어권 행사에 불이익이 초래되지 않도록 필요한 조치를 하였어야 할 것이다. 그럼에도 불구하고 원심이 공판진행 과정에서는 아무런 언급이 없다가 판결을 선고하면서, 공동정범으로는 인정되지 않지만 방조범으로는 인정이 된다고 하여 유죄로 판단한 것은 공소장변경에 관한 법리를 오해하여 판결에 영향을 미친 위법이 있는 경우에 해당한다(대판 2009도7166).[22변선]
⑬ 부동산 명의수탁자를 처벌하는 규정인 부동산실명법 제7조 제2항 위반죄의 간접정범으로 공소가 제기된 경우, 공소장의 변경 없이 부동산 명의신탁행위의 방조범을 처벌하는 규정인 위 법률 제7조 제3항 위반죄가 성립되는지 여부를 심리하여 판단하는 것은 피고인의 방어권 행사에 실질적 불이익을 초래할 염려가 없다고 볼 수 없다(대판 2007도4663).
⑭ 장물보관죄로 공소제기된 사건을 검사의 공소장변경 절차없이 업무상과실 장물보관죄로 의율처단할 수는 없다(대판 83도3334).

3 공소장변경 필요성 부정 판례

① 구성요건에 변동이 없는 경우

피고인의 사문서위조의 공소사실은 피고인이 공소외 甲명의 부동산 월세계약서 1매를 위조하였다는 것인데 이에 관한 제1심판결의 판시사실이 피고인은 그 정을 모르는 피고인의 직원인 소송외 乙로 하여금 위 甲명의의 계약서 1매를 위조하였다고 하는 것이라면 이는 위 공소사실과 기본적 사실의 동일성의 범위를 벗어난 것이 아니고 피고인의 방어권행사에 실질적인 불이익을 초래할 염려도 없으므로 제1심판결이 공소장변경 절차 없이 그와 같은 사실들을 인정한 조치는 정당하다(대판 90도94).

② **죄질에 질적 변화를 가져오지 않고 축소사실을 인정하는 경우**

[1] 3층 건물의 소유자로서 건물 각 층을 임대한 피고인이, 건물 2층으로 올라가는 계단참의 전면 벽이 아크릴 소재의 창문 형태로 되어 있고 별도의 고정장치가 없는데도 낙하사고 방지를 위한 관리의무를 소홀히 함으로써, 건물 2층에서 나오던 피해자가 신발을 신으려고 아크릴 벽면에 기대는 과정에서 벽면이 떨어지고 개방된 결과 1층으로 추락하여 상해를 입었다고 하여 업무상과실치상으로 기소된 사안에서, 업무상과실치상의 공소사실을 이유에서 무죄로 판단하고 축소사실인 과실치상 부분을 유죄로 인정하였다(대판 2016도16738).

〈표준판례〉

[2] 특가법 제2조 제1항 제1호 위반의 죄로 공소가 제기된 경우에 심리 결과 뇌물의 가액이 위 조항 소정의 금액 이상임이 인정되지 아니한다고 하더라도 형법상의 뇌물수수죄가 인정되면 유죄의 판결을 할 수 있다(대판 2009도9122).

[3] 강간치상죄로 공소가 제기된 사건에 있어서 그 치상의 점에 관하여 증명이 없더라도 법원으로서는 공소장 변경절차 없이 강간의 점에 대하여 심리판단할 수 있다(대판 2001도6777) [22모선]

③ 허위사실적시 명예훼손죄 → 사실적시 명예훼손죄(대판 2007도1220) [23모선]

④ **피해자가 다른 경우 공소장변경절차 없이 유죄 인정 가능**

[1] 기소된 공소사실의 재산상 피해자와 공소장에 기재된 피해자가 다른 것이 판명된 경우 공소사실의 동일성을 해하지 않고 피고인의 방어권행사에 실질적 불이익을 주지 않는 한 공소장변경절차 없이 직권으로 공소장 기재의 피해자와 다른 실제의 피해자를 적시하여 이를 유죄로 인정하여야 한다.

[2] 피고인이 피해자 A에 대한 대여금 채권이 없음에도 A 명의의 차용증을 허위로 작성하고 A 소유의 부동산에 관하여 피고인 앞으로 근저당권설정등기를 마친 다음, 그에 기하여 부동산임의경매를 신청하여 배당금을 교부받아 편취하였다는 내용으로 기소된 사안에서, 피해자가 공소장에 기재된 A가 아니라고 하여 곧바로 피고인에게 무죄를 선고할 것이 아니라 진정한 피해자를 가려내어 그 피해자에 대한 사기죄로 처벌하여야 하고, 공소사실에 따른 실제 피해자는 부동산 매수인 B이므로 B에 대한 관계에서 사기죄가 성립한다(대판 2013도564).

⑤ 특가법 도주차량 → 교특법 과실치상 : 유죄로 인정한 교특법 위반죄의 범죄사실이, 기소된 특가법도주차량의 공소사실에 포함되어 있으며, 교특법 위반의 점에 관하여 충분한 심리가 이루어졌다고 보아, 공소장변경 없이 피고인을 교특법 위반죄로 처벌하더라도 피고인의 방어권 행사에 실질적 불이익을 초래할 염려가 없다(대판 2007도828).

⑥ 배임죄 ↔ 횡령죄 : 다 같이 신임관계를 기본으로 하고 있는 같은 죄질의 재산범죄로서 그에 대한 형벌에서도 경중의 차이가 없고 동일한 범죄사실에 대하여 단지 법률적용만을 달리하는 경우에 해당하므로, 특별한 사정이 없는 한 법원은 배임죄로 기소된 공소사실에 대하여 공소장변경 없이도 횡령죄를 적용하여 처벌할 수 있다(대판 99도2651).

⑦ 포괄일죄 ↔ 실체적 경합범 : [1] 다만 죄수에 관한 법률적 평가를 달리한 것에 불과할 뿐이므로 포괄일죄로 보지 아니하고 실체적 경합범으로 인정한 것이 위법하다고 볼 수도 없다(대판 2005도5996). [2] 실체적 경합범으로 공소제기된 범죄사실에 대하여 법원이 그 범죄사실을 그대로 인정하면서 다만 죄수에 관한 법률적인 평가만을 달리하여 포괄일죄로 처단하더라도 이는 피고인의 방어에 불이익을 미치는 것이 아니므로 법원은 공소장변경 없이도 포괄일죄로 처벌할 수 있다(대판 87도546).

⑧ 단독범 → 공동정범 : 단독범으로 기소된 것을 법원이 다른 사람과 공모하여 동일한 내용의 범행을 한 것으로 인정하는 경우에는 이 때문에 피고인에게 불의의 타격을 주어 그 방어권의 행사에 실질적 불이익을 줄 우려가 있지 아니하는 경우에는 공소장변경을 요하지 않는다(대판 90도1977). [표준판례]

⑨ 공동정범 → 방조범 : 법원은 공소사실의 동일성이 인정되는 범위 내에서 공소가 제기된 범죄사실보다 가벼운 범죄사실이 인정되는 경우에, 그 심리의 경과 등에 비추어 볼 때 피고인의 방어에 실질적인 불이익을 주지 아니한다면 공소장변경 없이 직권으로 가벼운 범죄사실을 인정할 수 있다고 할 것이므로, 공동정범으로 기소된 범죄사실을 방조사실로 인정할 수 있다(대판 2018도7658).[22모선]

⑩ 정범 → 간접정범 : 간접정범은 정범과 동일한 형 또는 그보다 감경된 형으로 처벌되는 점 등에 비추어 볼 때, 공소장변경 없이 직권으로 간접정범 규정을 적용하였더라도 피고인의 방어권 행사에 실질적인 불이익을 초래하였다고 할 수는 없다(대판 2016도21075).[25변선]

⑪ 장물취득의 점과 실제로 인정되는 장물보관의 범죄사실은 객관적 사실관계로서는 동일하고, 다만 법적 평가에 있어서만 차이가 있을 뿐이어서 피고인을 장물보관죄로 처단하더라도 피고인의 방어권 행사에 실질적인 불이익을 초래할 염려가 있다고는 보이지 아니하므로, 단순히 피고인이 위 신용카드들의 사실상 처분권을 취득한 것이 아니라는 이유만으로 피고인을 처벌하지 아니하는 것은 적정절차에 의한 신속한 실체적 진실의 발견이라는 형사소송의 목적에 비추어 현저히 정의와 형평에 반한다(대판 2003도1366).

⑫ 피고인과 공범자의 공동 범행 중 일부 행위에 관하여 피고인이 한 것이라고 기소된 것을 둘 중 누군가가 한 것이라고 인정하는 경우, 이 때문에 피고인에게 불의의 타격을 주어 그 방어권의 행사에 실질적 불이익을 줄 우려가 있지 않는 한 공소장변경을 필요로 한다고 볼 수 없다(대판 2000도745).

⑬ [1] 적용법조의 기재에 오기·누락이 있거나 또는 적용법조에 해당하는 구성요건이 충족되지 않을 때에는 공소사실의 동일성이 인정되는 범위 내로서 피고인의 방어에 실질적인 불이익을 주지 않는 한도에서 법원이 공소장변경의 절차를 거침이 없이 직권으로 공소장 기재와 다른 법조를 적용할 수 있다(대판 2015도12372).

[2] 특정 범죄자에 대한 보호관찰 및 전자장치 부착 등에 관한 법률상 부착명령 청구서에 기재된 적용법조에 오기나 누락이 있는 경우라 할지라도 이로 인하여 피고인의 방어에 실질적인 불이익을 주지 않는 경우에는 부착명령 청구의 효력에는 영향이 없다고 할 수 있

고, 법원으로서도 부착명령 청구서 변경의 절차를 거치지 않고 부착명령청구원인사실 및 부착명령 요건에 해당하는 법조를 적용할 수 있다(대판 2015도9937).

⑭ 피고인이 성폭력처벌법위반(장애인강간) 및 성폭력처벌법위반(장애인강제추행)으로 기소된 사안에서, 공소장변경절차 없이 각각 성폭력처벌법위반(장애인위계등간음)죄와 성폭력처벌법위반(장애인위계등추행)죄로 인정한 원심의 조치가 정당하다고 한 사례(대판 2014도9315)

4 공소장변경 필요성 관련 판례

① 공소장변경 절차 없이도 법원이 심리·판단할 수 있는 죄가 한 개가 아니라 여러 개인 경우에는, 법원으로서는 그 중 어느 하나를 임의로 선택할 수 있는 것이 아니라 검사에게 공소사실 및 적용법조에 관한 석명을 구하여 공소장을 보완하게 한 다음 이에 따라 심리·판단하여야 할 것이다(대판 2005도279).[22변시]

② 공소장변경 없이 위계에 의한 간음죄 인정의무 긍정된 사안

[1] 법원은 공소사실의 동일성이 인정되는 범위 내에서 심리의 경과에 비추어 피고인의 방어권 행사에 실질적인 불이익을 초래할 염려가 없다고 인정되는 때에는, 공소장이 변경되지 않았더라도 직권으로 공소장에 기재된 공소사실과 다른 범죄사실을 인정할 수 있고, 이와 같은 경우 공소가 제기된 범죄사실과 대비하여 볼 때 실제로 인정되는 범죄사실의 사안이 가볍지 아니하여 공소장이 변경되지 않았다는 이유로 이를 처벌하지 않는다면 적정절차에 의한 신속한 실체적 진실의 발견이라는 형사소송의 목적에 비추어 현저히 정의와 형평에 반하는 것으로 인정되는 경우라면 법원으로서는 직권으로 그 범죄사실을 인정하여야 한다.

[2] 검사는 '피고인이 성관계에 응하면 모델을 시켜줄 것처럼 기망하여 피해자를 간음하였다'는 내용으로 공소를 제기하였다가, '피고인이 피해자에게 거짓말을 하여 피해자로 하여금 모델이 되기 위한 연기 연습 및 사진 촬영 연습의 일환으로 성관계를 한다는 착각에 빠지게 하여 피해자를 간음하였다'는 것으로 공소사실을 변경함으로써 당시의 대법원 판례에 따라 간음행위 자체에 대한 착각을 일으키게 한 것으로 공소사실을 구성하였는데, 원심은 피해자가 간음행위 자체에 대한 착오에 빠져 성관계를 하였다는 점의 증명이 부족하다는 이유만을 들어 이 부분 공소사실을 무죄로 판단하였으니, 이러한 원심 판단에는 청소년성보호법 위반(위계등간음)죄의 성립에 관하여 필요한 심리를 다하지 아니하고 공소장변경 없이 심판할 수 있는 범위 등에 관한 법리를 오해함으로써 판결에 영향을 미친 잘못이 있다(대판 2021도9041).

③ 준강간장애미수로 기소되었는데 직권으로 준강간불능미수 심판의무 인정한 사례

[1] 이 사건 공소사실(준강간 장애미수)과 준강간죄 불능미수의 범죄사실은 기본적 사실관계가 동일하다. 공소장변경 없이 직권으로 준강간죄 불능미수의 범죄사실을 인정하더라도 피고인의 방어권 행사에 실질적인 불이익을 초래할 염려가 있다고 볼 수 없다.

[2] 이와 같은 상황에서 공소장이 변경되지 않았다는 이유로 이를 처벌하지 않는다면 적정

절차에 의한 신속한 실체적 진실의 발견이라는 형사소송의 목적에 비추어 현저히 정의와 형평에 반한다. 따라서 원심으로서는 준강간의 불능미수 범죄사실을 직권으로 인정하였어야 한다(대판 2021도9043).[25변선]

④ 공소장변경절차를 거치지 않고서도 직권으로 당초 공소사실과 다른 공소사실에 대하여 유죄를 인정할 수 있는 예외적인 경우임에도 공소장변경절차를 거친 다음 변경된 공소사실을 유죄로 인정하는 것은 심판대상을 명확히 특정함으로써 피고인의 방어권 보장을 강화하는 것이므로 특별한 사정이 없는 한 위법하다고 볼 수 없다(대판 2022도10564).

Ⅲ 공소장변경의 방법

1 서면 원칙 및 예외적 구술

① 공소장을 변경하고자 하는 때에는 그 취지를 기재한 공소장변경허가신청서를 법원에 제출하여야 하고(규칙 제142조 제1항), 다만 공판정에서 피고인에게 이익이 되거나 피고인이 동의하는 예외적인 경우에 한하여 법원은 구술에 의한 공소장변경을 허가할 수 있다(동조 제5항).

② 검사가 공소장변경허가신청서를 제출하지 않고 공소사실에 대한 검사의 의견을 기재한 서면을 제출하였더라도 이를 곧바로 공소장변경허가신청서를 제출한 것이라고 볼 수는 없다(대판 2021도13108).

2 공소장변경신청서부본 송달

① 법원은 공소장변경신청서부본을 피고인 또는 변호인에게 즉시 송달하여야 한다(규칙 제142조 제3항).

② 피고인과 변호인 모두에게 부본을 송달하여야 하는 취지가 아님은 문언상 명백하므로, 공소장변경신청서부본을 피고인과 변호인 중 어느 한 쪽에 대해서만 송달하였다고 하여 절차상 잘못이 있다고 할 수 없다(대판 2013도5165).

③ [1] 검사의 서면에 의한 공소장변경허가신청이 있는데도 법원이 피고인 또는 변호인에게 공소장변경허가신청서 부본을 송달·교부하지 않은 채 공소장변경을 허가하고 공소장변경허가신청서에 기재된 공소사실에 관하여 유죄판결을 하였다면, 공소장변경허가신청서 부본을 송달·교부하지 않은 법원의 잘못은 판결에 영향을 미친 법령 위반에 해당한다.[22모선]
  [2] 다만 피고인의 방어권이나 변호인의 변호권이 본질적으로 침해되지 않았다고 볼 만한 특별한 사정이 있다면 판결에 영향을 미친 법령 위반이라고 할 수 없다(대판 2019도7217).

3 법원의 허가 의무

① 제298조 제1항은 "검사는 법원의 허가를 얻어 공소장에 기재한 공소사실 또는 적용법조의

추가·철회 또는 변경을 할 수 있다. 이 경우에 법원은 공소사실의 동일성을 해하지 아니하는 한도에서 이를 허가하여야 한다."라고 규정하고 있다. 위 규정은 검사의 공소장변경신청이 공소사실의 동일성을 해하지 아니하는 한 법원은 이를 허가하여야 한다는 취지이다(대판 2010도16659). 표준판례 [25변선, 22모선]

② **공소장변경허가신청에 대한 법원의 명시적 결정 필요**

[1] 법원은 검사의 공소장변경허가신청에 대해 결정의 형식으로 이를 허가 또는 불허가 하고, 법원의 허가 여부 결정은 공판정 외에서 별도의 결정서를 작성하여 고지하거나 공판정에서 구술로 하고 공판조서에 기재할 수도 있다.

[2] 만일 공소장변경허가 여부 결정을 공판정에서 고지하였다면 그 사실은 공판조서의 필요적 기재사항이다(제51조 제2항 제14호).[24변선]

[3] 공소장변경허가신청이 있음에도 공소장변경허가 여부 결정을 명시적으로 하지 않은 채 공판절차를 진행하면 현실적 심판대상이 된 공소사실이 무엇인지 불명확하여 피고인의 방어권 행사에 영향을 줄 수 있으므로 공소장변경허가 여부 결정은 위와 같은 형식으로 명시적인 결정을 하는 것이 바람직하다(대판 2023도3038).

4 공소장변경에 대한 피고인의 동의 불요

검사가 공소장변경신청을 하고자 할 때에는 원칙적으로 서면으로 하도록 하고, 예외적으로 피고인이 재정하는 공판정에서 피고인에게 이익이 되거나 피고인이 동의하는 경우에는 구술에 의한 공소장변경신청도 할 수 있는바, 검사가 서면으로 공소장변경신청을 하는 경우에는 같은 조 제5항(피고인의 동의)은 적용될 여지가 없다(대판 2017도5122).

5 공소장변경 관련 절차

① 법원은 공소사실 또는 적용법조의 추가, 철회 또는 변경이 피고인의 불이익을 증가할 염려가 있다고 인정한 때에는 직권 또는 피고인이나 변호인의 청구에 의하여 피고인으로 하여금 필요한 방어의 준비를 하게 하기 위하여 결정으로 필요한 기간 공판절차를 정지할 수 있다(제298조 제4항).[23모선]

② 공소사실의 일부 변경이 있고 법원이 그 변경을 이유로 공판절차를 정지하지 않았다고 하더라도 공판절차의 진행상황에 비추어 그 변경이 피고인의 방어권행사에 실질적 불이익을 주지 않는 것으로 인정될 때에는 이를 위법하다고 할 수 없다(대판 94도2678).

③ **공소장변경의 가능시기는 원칙적으로 사실심변론종결시까지**

공소장의 변경은 법원에서 공판의 심리를 종결하기 전에 한 신청에 한하여 공소사실의 동일성을 해하지 아니하는 한도에서 허가하여야 하는 것이지, 법원이 적법하게 공판의 심리를 종결한 뒤에 이르러 검사가 공소장변경허가신청을 하였다 하여 반드시 공판의 심리를 재개하여 공소장변경을 허가하여야 하는 것이 아니며, 이는 변론재개신청과 함께 된 것이라 하더라도 마찬가지이다(대판 2007도984).[25변선]

④ 제1심에서 합의부 관할사건에 관하여 단독판사 관할사건으로 죄명, 적용법조를 변경하는

공소장변경이 된 경우 사건을 배당받은 합의부는 사건의 실체에 들어가 심판하였어야 하고 사건을 단독판사에게 재배당할 수 없다(대판 2013도1658).[24·22변선]
⑤ 단독판사의 관할사건이 공소장변경에 의하여 합의부 관할사건으로 변경된 경우에 법원은 결정으로 관할권이 있는 법원에 이송한다(제8조 제2항).

Ⅳ 공소장변경 관련 지문 및 판례 정리

① **공소장변경 허가결정에 관하여 독립하여 항고 불가**

판결 전의 소송절차에 관한 결정에 대하여는 특히 즉시항고를 할 수 있는 경우 외에는 항고를 하지 못하는 것인바, 공소사실 또는 적용법조의 추가, 철회 또는 변경의 허가에 관한 결정은 판결 전의 소송절차에 관한 결정이라 할 것이므로, 그 결정의 위법이 판결에 영향을 미친 경우에 한하여 그 판결에 대하여 상소를 하여 다툼으로써 불복하는 외에는 당사자가 이에 대하여 독립하여 상소할 수 없다(대결 87모17).[24변선]

② 공소사실의 동일성이 인정되지 않는 등의 사유로 공소장변경허가결정에 위법사유가 있는 경우에는 공소장변경허가를 한 법원이 스스로 이를 취소할 수 있다(대판 2001도116).[22모선]

③ 서로 동일성이 없고 실체적 경합관계에 있는 수개의 공소사실 중 일부 공소사실을 삭제한다는 검사의 공소장변경신청이 있는 경우 그 공소장변경신청서중 공소를 취소하는 취지가 명백하다면 공소취소신청이라는 형식을 갖추지 아니하였더라도 법원은 그 부분 공소를 기각하여야 할 것이다(대판 86도1487).

④ 친고죄에서 피해자의 고소가 없거나 고소가 취소되었음에도 친고죄로 기소되었다가 그 후 당초에 기소된 공소사실과 동일성이 인정되는 비친고죄로 공소장변경이 허용된 경우 그 공소제기의 흠은 치유된다(대판 96도2151).

⑤ 친고죄로 기소된 후에 피해자의 고소가 취소되더라도 제1심이나 항소심에서 당초에 기소된 공소사실과 동일성이 인정되는 범위 내에서 다른 공소사실로 공소장을 변경할 수 있으며 이러한 경우 변경된 공소사실에 대하여 심리·판단하여야 한다(대판 89도1317).

⑥ 절도죄의 공소사실과 공소장변경허가신청으로 예비적으로 추가한 장물운반죄의 공소사실이 기본적 사실관계는 동일하지만 공소장변경을 허가하여도 주위적·예비적 공소사실 전부에 대하여 무죄를 선고할 것이 분명한 경우, 공소장변경을 허가하지 않은 것이 판결 결과에 영향을 미치지 않았다고 한 사례(대판 98도1438)

Chapter 047 축소사실의 심판 의무

I 문제점

법원이 공소장변경 없이 축소사실을 심판할 수 있는지 그리고 그것이 가능하다면 축소사실에 대하여 반드시 유죄를 선고하여야 하는지, 즉 축소사실 심판이 법원의 의무인지 문제된다.

II 공소장변경 없이 공소사실의 축소사실 인정 가능 여부

구성요건이 다른 경우에는 원칙적으로 공소장변경을 필요로 하지만, 예외적으로 법원은 공소사실의 동일성이 인정되는 범위 내에서 공소가 제기된 범죄사실에 포함된 보다 가벼운 범죄사실이 인정되는 경우에 심리의 경과에 비추어 피고인의 방어권행사에 실질적인 불이익을 초래할 염려가 없다고 인정되는 때에는 공소장이 변경되지 않았더라도 직권으로 공소장에 기재된 공소사실과 다른 범죄사실을 인정할 수 있다.

III 축소사실 심판의무 인정 여부 [18변사, 21·17모시]

1 학설

① **재량설** : 검사에게 기소편의주의가 인정되듯이 법원에게도 판결편의주의를 적용하여야 한다는 점에서 법원의 의무라고 볼 수 없다는 견해이다.
② **의무설** : 실체진실발견이 법원의 의무인 이상 심판대상이 된 사실을 법원이 심판하지 않고 무죄를 선고하는 것은 부당하다는 점에서 법원의 의무라고 보는 견해이다.

2 판례(예외적 의무설)

공소가 제기된 범죄사실과 대비하여 볼 때 실제로 인정되는 범죄사실의 사안이 중대하여 공소장이 변경되지 않았다는 이유로 이를 처벌하지 않는다면 적정절차에 의한 신속한 실체적 진실의 발견이라는 형사소송의 목적에 비추어 현저히 정의와 형평에 반하는 것으로 인정되는 경우라면 법원으로서는 직권으로 그 범죄사실을 인정하여야 한다(대판 2007도616). 표준판례

3 검토

공소장변경이 피고인의 방어권 보장을 위한 제도라는 점을 고려하면 법원에게 축소사실의 심판의무를 인정할 수 없다는 점에서 의무설은 타당하지 않고, 재량설도 중대하고 명백한 범죄자에게 면죄부를 준다는 점에서 타당하지 않으므로 판례와 같이 예외적으로 의무를 인정하는 것이 타당하다.

Ⅳ 축소사실과 소송조건의 결여

1 문제점

비친고죄로 공소제기되었으나 법원이 인정한 축소사실이 친고죄이고 그 요건을 갖추지 못한 경우 어떠한 심판을 해야 하는지 문제된다.

2 학설

① **무죄판결설** : 소송조건의 존부는 공소사실과의 관계에서 판단해야 하므로 그 공소사실에 대하여 무죄판결을 선고해야 한다는 견해이다.

② **공소기각판결설** : 법원이 공소장변경 없이도 축소사실을 인정할 수 있으므로 친고죄에 대하여 공소기각판결을 해야 한다는 견해이다.

3 판례(과거 강간죄가 친고죄일 때의 판결)

강간치상죄는 강간죄의 결과적 가중범으로서 강간치상의 공소사실 중에는 강간죄의 공소사실도 포함되어 있는 것이어서 강간치상죄로 공소가 제기된 사건에 있어서 그 치상의 점에 관하여 증명이 없더라도 법원으로서는 공소장변경 절차 없이 강간의 점에 대하여 심리·판단할 수 있다고 할 것인데, 다만 이 경우에 있어서 공소제기 전에 그 소추요건인 고소의 취소가 있었다면, 제327조 제2호에 의하여 공소기각의 판결을 선고해야 할 것이지 범죄의 증명이 없다고 하여 무죄의 선고를 할 수는 없다.

Chapter 048 공소장변경 요구

I 법원의 공소장변경 요구의 법적 성질 [13변사, 24·21·17모사]

1 문제점

법원은 심리의 경과에 비추어 상당하다고 인정할 때에는 검사에게 공소사실 또는 적용법조의 추가 또는 변경을 요구하여야 한다(제298조 제2항).[22모선]
이와 같은 법원의 공소장변경요구가 의무인지 재량인지에 대하여 견해의 대립이 있다.

2 학설

① **의무설** : 제298조 제2항의 문리해석상 의무라는 견해이다.
② **재량설** : 공소장변경은 검사의 권한에 속하는 것이므로 법원이 적극적으로 공소장변경을 요구할 의무는 없다는 견해이다.
③ **예외적 의무설** : 원칙적으로는 법원의 재량이지만 공소장변경요구를 하지 않고 무죄판결을 선고하는 것이 현저히 정의에 반하는 경우에는 예외적으로 의무라는 견해이다.

3 판례(재량설)

법원이 검사에게 공소장변경을 요구할 것인지 여부는 법원의 재량에 속하는 것이므로 법원이 검사에게 공소장변경을 요구하지 아니하였다고 하여 위법하다고 할 수 없다(대판 2005도25 18). 표준판례 [25변선, 23모선]

4 검토

의무설은 당사자주의를 강화한 현행법의 취지와 일치하지 않고, 예외적 의무설은 그 기준이 명확하지 않다는 점에서 재량설이 타당하다.
(① 공소장변경신청이 있으면 법원은 동일성 여부를 검토한 후 문제가 없다면 의무적으로 공소장변경허가를 해야 한다는 판례, ② 축소사실 인정의무 관련 예외적 유죄판결 의무를 인정하는 판례 등과 구별)

Ⅱ 공소장변경 요구의 효과

1 검사에 대한 효과(검사의 복종의무 유무)

(1) 학설

① 권고적 의미를 갖는데 그친다는 권고효설과 ② 검사에게 복종의무를 인정하는 명령효설이 대립한다.

(2) 검토

법원의 공소장변경 요구는 소송지휘권의 발동으로 볼 수 있으므로 명령효설이 타당하다.

2 공소장변경요구의 형성력

(1) 문제점

법원의 공소장변경요구에 검사가 불응한 경우에도 공소장변경요구의 형성력에 의하여 공소장변경의 효과가 발생하는지 문제된다.

(2) 학설

① 긍정설 : 형성력을 인정하지 않을 때에는 공소장변경요구를 규정한 이유를 설명할 수 없다는 점을 근거로 인정하는 견해이다.

② 부정설 : 공소장변경요구의 경우에 공소장변경의 효과를 의제하는 규정이 없다는 점을 근거로 부정하는 견해이다.

(3) 검토

공소사실을 결정하고 변경하는 권한은 검사에게 있으므로 부정설이 타당하다.

Chapter 049 항소심에서의 공소장변경

I 항소심에서의 공소장변경 가부 [13변사, 23·18모사]

1 문제점

항소심의 경우에 공소장변경을 할 수 있는지에 대하여 항소심의 구조를 어떻게 파악하느냐와 관련하여 견해의 대립이 있다.

2 항소심의 구조

(1) 학설

① 1심이 없었던 것처럼 전반적으로 다시 심리한다는 복심설, ② 1심을 토대로 변론이 재개된 것처럼 항소심 심리를 속행한다는 속심설, ③ 1심에 나타난 자료를 바탕으로 1심 판결시를 기준으로 하여 1심의 당부를 사후적으로 심사한다는 사후심설이 있다.

(2) 판례

형사소송법상 항소심은 속심을 기반으로 하되 사후심의 요소도 상당 부분 들어 있는 이른바 사후심적 속심의 성격을 가진다(대판 2017도11582).

3 항소심에서의 공소장변경 가부에 관한 판례의 태도

① 현행법상 형사항소심의 구조가 오로지 사후심으로서의 성격만을 가지고 있는 것은 아니므로 항소심에서도 공소장의 변경을 할 수 있다(대판 86도621).
② 현행법상 형사항소심의 구조가 사후심으로서의 성격만을 가지는 것은 아니므로, 피고인의 상고에 의하여 상고심에서 원심판결을 파기하고 사건을 항소심에 환송한 경우에도 공소사실의 동일성이 인정되면 공소장변경을 허용하여 이를 심판대상으로 삼을 수 있다(대판 2003도8153). 표준판례 [22변선]

4 검토

항소심에서 직권 심리 및 새로운 증거조사를 할 수 있도록 한 점 등을 고려하면 현행법은 원칙적으로 속심구조를 취하고 있으므로 전면적 허용설이 타당하다.

Ⅱ 항소심에서 공소장변경으로 친고죄나 반의사불벌죄가 된 경우 항소심에서 고소취소 또는 처벌불원의 의사표시 행사 가능 여부

1 문제점

제1심에서 폭행치상죄에 대해 유죄가 선고되었으나 항소심에서 폭행죄로 공소장변경이 된 경우에 항소심에서도 처벌불원 의사표시의 효력이 인정되는지 문제된다.

2 항소심에서 친고죄로 공소장변경이 된 경우의 고소취소의 효력

항소심에서 공소장의 변경에 의하여 또는 공소장변경절차를 거치지 아니하고 법원 직권에 의하여 친고죄가 아닌 범죄를 친고죄로 인정하였더라도 항소심을 제1심이라 할 수는 없는 것이므로, 항소심에 이르러 비로소 고소인이 고소를 취소하였다면 이는 친고죄에 대한 고소취소로서의 효력은 없다(대판 96도1922).

3 결론

항소심에서 고소취소와 같은 합의서가 제출되었다고 하더라도 고소취소로서의 효력은 없고 양형에서 참작될 뿐이므로 항소심은 반의사불벌죄인 폭행죄에 대해 공소기각판결이 아닌 유죄판결을 선고하여야 한다.

Ⅲ 항소심에서 단독사건을 검사가 합의부 관할사건으로 공소장변경신청을 한 경우의 법원조치 [13변사, 22·18사]

1 항소심에서의 공소장변경의 허용 여부

판례는 항소심의 속심적 성격을 고려하여 허용설의 입장이다.

2 공소사실의 동일성

판례는 기본적 사실동일설을 취하면서 규범적 요소도 고려하여야 한다는 입장이다.

3 공소장변경 허가

항소심법원은 공소사실의 동일성이 인정되는 경우 항소심에서도 공소장변경을 허가하여야 하는데, 이러한 법원의 허가는 의무적이다.

4 공소장변경 허가 후 법원의 조치

(1) 학설

① 지방법원 항소부 제1심 관할설, ② 지방법원 항소부 항소심관할설, ③ 고등법원 항소심 관할설(이송설), ④ 관할위반설 등의 대립이 있다.

(2) 판례(이송설)

항소심에서 공소장변경에 의하여 단독판사의 관할사건이 합의부 관할사건으로 된 경우에도 법원은 사건을 관할권이 있는 법원에 이송하여야 한다고 할 것이고, 항소심에서 변경된 위 합의부 관할사건에 대한 관할권이 있는 법원은 고등법원이라고 봄이 상당하다(대판 97도2463).
[25변선]

(3) 검토

제8조 제2항의 취지를 고려하고, 신속한 재판의 달성과 법률이 정한 법관에 의하여 재판을 받을 권리를 조화시킬 수 있는 고등법원 항소심 관할설(이송설)이 타당하다.

5 항소심에서의 공소장변경 관련 판례

① 단독판사 관할 피고사건의 항소사건이 지방법원 합의부나 지방법원지원 합의부에 계속 중일 때 그 변론종결시까지 청구된 치료감호사건의 관할법원은 고등법원이고, 피고사건의 관할법원도 치료감호사건의 관할을 따라 고등법원이 된다. 따라서 위와 같은 치료감호사건이 지방법원이나 지방법원지원에 청구되어 피고사건 항소심을 담당하는 합의부에 배당된 경우 그 합의부는 치료감호사건과 피고사건을 모두 고등법원에 이송하여야 한다(대판 2009도6946).
② 피해자가 제1심에서 처벌불원의사를 표시한 후에도 항소심에서 공소사실을 폭행에서 상해로 변경하는 공소장변경을 할 수 있고, 이 경우 항소심이 변경된 공소사실인 상해의 점에 대해 심리·판단하여 유죄로 인정한 것은 정당하다(대판 2011도2233).

Chapter 050 (공시)송달

I 송달 의의

송달이란 당사자 그 밖의 소송관계인에 대하여 법률에 정한 방식에 의하여 소송서류의 내용을 알리게 하는 법원 또는 법관의 직권행위를 의미하는데, 서류의 송달에 관하여는 법률에 다른 규정이 없으면 민사소송법을 준용한다.

Ⅱ 공시송달

1 공시송달의 요건

(1) 의의

① 피고인의 주거, 사무소와 현재지를 알 수 없는 때에는 공시송달을 할 수 있고,
② 피고인이 재판권이 미치지 아니하는 장소에 있는 경우에 다른 방법으로 송달할 수 없는 때에도 공시송달이 가능하다(제63조).

(2) 공시송달의 요건 관련 판례

① 피고인 주소지에 피고인이 거주하지 아니한다는 이유로 구속영장이 여러 차례에 걸쳐 집행불능되어 반환된 바 있었다고 하더라도 이를 '송달불능보고서의 접수'로 볼 수는 없다. 반면에 소재탐지불능보고서의 경우는 경찰관이 직접 송달 주소를 방문하여 거주자나 인근 주민 등에 대한 탐문 등의 방법으로 피고인의 소재 여부를 확인하므로 송달불능보고서보다 더 정확하게 피고인의 소재 여부를 확인할 수 있기 때문에 송달불능보고서와 동일한 기능을 한다고 볼 수 있으므로 소재탐지불능보고서의 접수는 소촉법이 정한 '송달불능보고서의 접수'로 볼 수 있다(대결 2014모1557). 표준판례

② [1] 제1심이 공소장부본을 피고인 또는 변호인에게 송달하지 아니한 채 공판절차를 진행하였다면 이는 소송절차에 관한 법령을 위반한 경우에 해당한다.
[2] 공소장부본의 송달 없이 제1심이 공시송달의 방법으로 피고인을 소환하여 피고인이 공판기일에 출석하지 아니한 가운데 제1심의 절차가 진행되었다면 그와 같은 위법한 공판절차에서 이루어진 소송행위는 효력이 없으므로, 이러한 경우 항소심은 피고인 또는 변호인에게 공소장부본을 송달하고 적법한 절차에 의하여 소송행위를 새로이 한 후 항소심에서의 진술과 증거조사 등 심리결과에 기초하여 다시 판결하여야 한다(대판 2013도9498). 표준판례

③ 피고인이 구치소나 교도소 등에 수감 중에 있는 경우는 형사소송법 제63조 제1항에 규정된 '피고인의 주거, 사무소, 현재지를 알 수 없는 때'나 소촉법 제23조에 규정된 '피고인의 소재를 확인할 수 없는 경우'에 해당한다고 할 수 없으므로, 법원이 수감 중인 피고인에 대하여 공소장 부본과 피고인소환장 등을 종전 주소지 등으로 송달한 경우는 물론 공시송달의 방법으로 송달하였더라도 이는 위법하다고 보아야 한다. 따라서 법원은 주거, 사무소, 현재지 등 소재가 확인되지 않는 피고인에 대하여 공시송달을 할 때에는 검사에게 주소보정을 요구하거나 기타 필요한 조치를 취하여 피고인의 수감 여부를 확인할 필요가 있다(대판 2013도2714). 표준판례

④ 피고인에 대한 소송기록접수통지서, 항소이유서 등의 송달이 폐문부재로 송달불능된 사안에서, 집행관 송달이나 소재조사촉탁 등의 절차를 거치지 아니한 채 송달불능과 통화불능의 사유만으로 피고인의 주거를 알 수 없다고 단정하여 곧바로 공판기일소환장 등 소송서

류를 공시송달하고 피고인의 진술 없이 판결을 한 원심의 조치는 형사소송법 제63조 제1항, 제365조에 위배된다(대판 2014도16822).
⑤ 피고인이 재판이 계속 중인 사실을 알면서도 새로운 주소지 등을 법원에 신고하는 등 조치를 하지 않아 소환장이 송달불능되었더라도, 법원은 기록에 주민등록지 이외의 주소가 나타나 있고 피고인의 집 전화번호 또는 휴대전화번호 등이 나타나 있는 경우에는 위 주소지 및 전화번호로 연락하여 송달받을 장소를 확인하여 보는 등의 시도를 해 보아야 하고, 그러한 조치 없이 곧바로 공시송달 방법으로 송달하는 것은 형소법 제63조 제1항, 소촉법 제23조에 위배된다(대판 2022도15288).

2 공시송달의 효력

① 최초의 공시송달은 법원게시장에 공시를 한 날로부터 2주일을 경과하면 그 효력이 생긴다. 단, 제2회 이후의 공시송달은 5일을 경과하면 그 효력이 생긴다(제64조 제4항).
② 피고인이 재판권이 미치지 아니하는 외국에 거주하고 있는 경우에는 형사소송법 제65조에 의하여 준용되는 민사소송법 제196조 제2항에 따라 첫 공시송달은 실시한 날부터 2월이 지나야 효력이 생긴다고 볼 것이다(대판 2023도3720).

III 재감자에 대한 송달

1 방식

교도소·구치소 또는 국가경찰관서의 유치장에 체포·구속 또는 유치된 사람에게 할 송달은 교도소·구치소 또는 국가경찰관서의 장에게 한다(민소법 제182조).

2 재감자에 대한 송달 관련 판례 정리

① 구치소에 재감 중인 재항고인이 제1심 판결에 대하여 항소하였는데, 항소심법원이 구치소로 소송기록접수통지서를 송달하면서 송달받을 사람을 구치소의 장이 아닌 재항고인으로 하였고 구치소 서무계원이 이를 수령한 경우, 송달받을 사람을 재항고인으로 한 송달은 효력이 없고, 소송기록접수의 통지는 효력이 없다(대결 2017모1680).
② [1] 교도소, 구치소, 유치장에 수감된 사람에게 할 송달을 교도소·구치소 또는 국가경찰관서의 장에게 하지 아니하고 수감되기 전의 주·거소에 하였다면 부적법하여 무효이고, 법원이 피고인의 수감사실을 모른 채 종전 주·거소에 송달하였다고 하여도 송달의 효력은 발생하지 않는다.
[2] 송달명의인이 체포 또는 구속된 날 소송기록접수통지서 등의 송달서류가 송달명의인의 종전 주·거소에 송달되었다면 송달의 효력 발생 여부는 체포 또는 구속된 시각과 송달된

시각의 선후에 의하여 결정하되, 선후관계가 명백하지 않다면 송달의 효력은 발생하지 않는다(대결 2017모2162).

③ 재판서 등본을 모사전송의 방법으로 송부하는 것은 형사소송법 제42조에서 정한 재판을 고지하는 '다른 적당한 방법'에 해당한다 할 것이며, 한편 재판을 받는 자가 그 재판의 내용을 알 수 있는 상태에 이른 경우라면 현실적으로 재판의 내용을 알았는지 여부에 관계없이 그 재판이 고지되었다고 보아야 할 것이다(대결 2004모208).[24모선]

Chapter 051 공판절차

I 공판절차의 기본원칙

1 공개주의

2 구두변론주의

3 직접주의

4 집중심리주의

5 공판절차의 기본원칙 관련 판례

① 법원이 법정의 규모·질서의 유지·심리의 원활한 진행 등을 고려하여 방청을 희망하는 피고인들의 가족·친지 기타 일반 국민에게 미리 방청권을 발행하게 하고 그 소지자에 한하여 방청을 허용하는 등의 방법으로 방청인의 수를 제한하는 조치를 취하는 것이 공개재판주의의 취지에 반하는 것은 아니다(대판 90도646).

② 공소사실을 뒷받침하는 제1심 증인 A의 진술의 신빙성 유무에 관한 제1심의 판단이 명백하게 잘못되었다고 볼 특별한 사정이 있거나, 제1심의 증거조사 결과와 원심 변론종결시까지 추가로 이루어진 증거조사 결과를 종합하여 A의 제1심 법정진술의 신빙성 유무에 관한 제1심의 판단을 그대로 유지하는 것이 현저히 부당하다고 인정되지 아니한데도, 제1심이 A의 진술의 신빙성을 인정하면서 이미 고려했던 정황과 공소사실의 핵심 사항에 관한 A의 진술의 신빙성에는 영향이 없는 사정들만으로 제1심 증인 A의 진술의 신빙성에 관한 제1심의 판단을 뒤집어 무죄를 선고한 원심판결에 공판중심주의와 직접심리주의 원칙을 위반한 잘못이 있다(대판 2011도5313).

Ⅱ 공판준비절차

1 의의

재판장은 효율적이고 집중적인 심리를 위하여 사건을 공판준비절차에 부칠 수 있다(제266조의5 제1항).

2 공판기일 전의 증거조사

① 법원은 검사, 피고인 또는 변호인의 신청에 의하여 공판준비에 필요하다고 인정한 때에는 공판기일 전에 피고인 또는 증인을 신문할 수 있고 검증, 감정 또는 번역을 명할 수 있다(제273조 제1항).
② 검사, 피고인 또는 변호인은 공판기일 전에 서류나 물건을 증거로 법원에 제출할 수 있다(제274조).

3 공판준비기일의 지정

① 법원은 검사, 피고인 또는 변호인의 의견을 들어 공판준비기일을 지정할 수 있다(제266조의7 제1항).
② 검사, 피고인 또는 변호인은 법원에 대하여 공판준비기일의 지정을 신청할 수 있다. 이 경우 당해 신청에 관한 법원의 결정에 대하여는 불복할 수 없다(동조 제2항).

4 공판준비기일에서의 공판준비

① 공판준비기일에는 검사 및 변호인이 출석하여야 한다(제266조의8 제1항)[23모선]
 - 피고인의 출석 없이 개정 가능
② 법원은 공판준비기일이 지정된 사건에 관하여 변호인이 없는 때에는 직권으로 변호인을 선정하여야 한다(동조 제4항).[24·23모선]
③ 법원은 필요하다고 인정하는 때에는 피고인을 소환할 수 있으며, 피고인은 법원의 소환이 없는 때에도 공판준비기일에 출석할 수 있다(동조 제5항).
④ 재판장은 출석한 피고인에게 진술을 거부할 수 있음을 알려주어야 한다(동조 제6항).
⑤ 법원은 공판준비절차에서 다음 행위를 할 수 있다(제266조의9 제1항 각호)
 · 공소사실 또는 적용법조를 명확하게 하는 행위(제1호)
 · 공소사실 또는 적용법조의 추가·철회 또는 변경을 허가하는 행위(제2호)
 · 증거신청에 관한 의견을 확인하는 행위(제7호)
 · 증거 채부의 결정을 하는 행위(제8호)

5 공판준비절차의 종결 사유

① 쟁점 및 증거의 정리가 완료된 때, ② 사건을 공판준비절차에 부친 뒤 3개월이 지난 때, ③ 검사·변호인 또는 소환받은 피고인이 출석하지 아니한 때. 다만, ②, ③의 경우 공판의 준비를 계속하여야 할 상당한 이유가 있는 경우 종결되지 않는다(제266조의12).

6 기일간 공판준비절차

법원은 쟁점 및 증거의 정리를 위하여 필요한 경우에는 제1회 공판기일 후에도 사건을 공판준비절차에 부칠 수 있다. 이 경우 기일 전 공판준비절차에 관한 규정을 준용한다(제266조의15).

III 공판기일의 소송관계인의 출석

1 검사의 출석

검사의 출석은 공판개정의 요건이므로(제275조 제2항), 검사의 출석이 없을 때에는 공판기일을 개정하지 못 한다. 다만, 검사가 공판기일의 통지를 2회 이상 받고도 출석하지 않거나, 판결만을 선고하는 때에는 검사의 출석없이 개정할 수 있다(제278조).

2 피고인의 출석

(1) 원칙

① 피고인이 공판기일에 출석하지 않은 때에는 특별한 규정이 없는 한 개정하지 못하므로(제276조), 피고인의 출석은 공판개정의 요건이다.

② 제1회 공판기일은 소환장의 송달 후 5일 이상의 유예기간을 두어야 한다. 피고인이 이의없는 때에는 전항의 유예기간을 두지 아니할 수 있다(제269조).[24모선]

(2) 예외

① 피고인이 의사무능력자인 경우 법정대리인이나 특별대리인이 소송행위를 대리한다(제26조, 제28조).

② 피고인이 법인인 경우 그 대표자가 소송행위를 대표한다(제27조).

③ 다액 500만 원 이하의 벌금 또는 과료에 해당하는 사건(제277조 제1호)

④ 피고사건에 대해 무죄, 면소, 형의 면제 또는 공소기각의 재판을 할 것이 명백한 경우(제277조 제2호)

⑤ 피고인만이 정식재판을 청구하여 판결을 선고하는 사건(제277조 제4호)

⑥ 즉결심판에 의해 피고인에게 벌금 또는 과료를 선고하는 경우(즉결심판법 제8조의2)

⑦ 불구속 피고인의 소재불명(소촉법 제23조)
⑧ 피고인이 무단퇴정하거나 퇴정명령을 받은 때(제330조)
⑨ 피고인이 항소심에서 2회 연속 불출석한 경우(제365조)
⑩ 피고인이 약식명령에 대해 정식재판을 청구하고 정식재판의 공판기일에 2회 연속 불출석한 경우(제458조 제2항, 제365조) 등에서 피고인의 출석 없이 개정가능하다.

3 변호인의 출석

(1) 원칙

변호인은 당사자가 아니므로 원칙적으로 변호인의 출석은 공판개정의 요건이 아니다.

(2) 예외

① 필요적 변호사건의 경우 변호인의 출석이 공판개정의 요건이 된다. 단, 판결만을 선고할 경우에는 예외로 한다(제282조).
② 필요적 변호사건에 해당하는 사건과 다른 사건을 병합하여 심리하는 경우에 국선변호인을 선정하지 않으면 그 위법은 병합심리된 다른 사건에도 미치게 된다(대판 2011도2279).
③ 필요적 변호사건에서라도 변호인이 임의퇴정하거나 퇴정명령 받은 경우 변호인 없이 개정·심리할 수 있다(대판 90도646).
④ 피고인과 변호인들이 출석하지 않은 상태에서 증거조사를 할 수밖에 없는 경우에는 제318조 제1항의 동의가 있는 것으로 간주하게 되어 있다(대판 91도865).

4 전문심리위원의 참여

전문심리위원과 관련된 절차 진행 등에 관한 사항을 당사자에게 적절한 방법으로 적시에 통지하여 당사자의 참여 기회가 실질적으로 보장될 수 있도록 세심한 배려를 하여야 한다. 그렇지 않을 경우, '법관의 면전에서 모든 증거자료가 조사·진술되고 이에 대하여 피고인이 방어할 수 있는 기회가 실질적으로 부여되는 재판을 받을 권리'의 침해로 귀결될 수 있다(대판 2018도19051). 표준판례

IV 소송지휘권

1 의의

① 소송지휘권이란 소송의 진행을 질서 있게 하고 심리를 원활하게 하기 위한 법원의 합목적적 활동을 의미한다. 재판장이 소송관계인의 변론을 제한하거나 석명권을 행사하는 것 등이 대표적이다.

② 재판장은 소송관계를 명료하게 하기 위하여 검사, 피고인 또는 변호인에게 사실상과 법률상의 사항에 관하여 석명을 구하거나 입증을 촉구할 수 있다(규칙 제141조).

여기에서 석명을 구한다는 것은 사건의 소송관계를 명확하게 하기 위하여 당사자에 대하여 사실상 및 법률상의 사항에 관하여 질문을 하고 그 진술 내지 주장을 보충 또는 정정할 기회를 부여하는 것을 말한다(대판 2010도14391).

2 소송지휘권에 대한 불복

법원의 소송지휘권의 행사는 판결 전의 소송절차에 관한 결정에 해당하여 특히 즉시항고를 할 수 있는 경우 외에는 항고를 하지 못한다(제403조 제1항).

V 증거조사 - 별도 쟁점 서술

VI 피고인신문

1 의의

피고인신문이란 피고인에 대해 공소사실과 그 정상에 관해 필요한 사항을 신문하는 절차를 말한다.

2 신문순서와 방법

① 검사 또는 변호인은 증거조사 종료 후에 순차로 피고인에게 공소사실 및 정상에 관해 필요한 사항을 신문할 수 있고, 다만, 재판장은 필요하다고 인정하는 때에는 증거조사가 완료되기 전이라도 피고인신문을 허가할 수 있다(제296조의2 제1항).[22모선]

② 피고인신문은 증인신문에 관한 규정이 준용된다(동조 제3항).

3 변호인의 피고인신문권을 배제한 것은 소송절차의 법령위반에 해당

변호인의 피고인신문권은 변호인의 소송법상 권리이고 변호인의 본질적 권리를 해할 수는 없다. 변호인이 피고인을 신문하겠다는 의사를 표시하였음에도 변호인에게 일체의 피고인신문을 허용하지 않은 것은 변호인의 피고인신문권에 관한 본질적 권리를 해하는 것으로서 소송절차의 법령위반에 해당한다(대판 2020도10778).[24변선]

Ⅶ 최종변론

1 검사의 의견진술

① 피고인신문과 증거조사가 종료한 때에는 검사는 사실과 법률적용에 관하여 의견을 진술하여야 한다. 단, 검사불출석의 경우에는 공소장의 기재사항에 의하여 검사의 의견진술이 있는 것으로 간주한다(제302조).

② 검사가 양형에 관한 의견진술을 하지 않았다 하더라도 이로써 판결에 영향을 미친 법률위반이 있는 경우에 해당한다고 할 수 없고, 검사의 구형은 양형에 관한 의견진술에 불과하여 법원이 그 의견에 구속된다고 할 수 없다(대판 2001도5225). 표준판례

2 피고인과 변호인의 의견진술

① 재판장은 검사의 의견을 들은 후 피고인과 변호인에게 최종의 의견을 진술할 기회를 주어야 한다(제303조).

② [1] 최종의견 진술의 기회는 피고인과 변호인 모두에게 주어져야 한다.[23·22모선]

  [2] 최종의견 진술의 기회는 피고인과 변호인의 소송법상 권리로서 피고인과 변호인이 사실관계의 다툼이나 유리한 양형사유를 주장할 수 있는 마지막 기회이므로, 피고인이나 변호인에게 최종의견 진술의 기회를 주지 아니한 채 변론을 종결하고 판결을 선고하는 것은 소송절차의 법령위반에 해당한다(대판 2018도327). 표준판례 [24변선]

Ⅷ 판결의 선고 - 별도 쟁점 서술

Chapter 052 증거개시

I 피고인의 증거개시 신청

1 의의

피고인측에게 유리하다고 의심되는 서류 등(진술조서, 상해진단서 등)을 검사가 아직 법원에 제출하지 않고 있는 때에 피고인측의 방어전략수립을 위하여 도입한 제도가 증거개시제도이다.

2 증거개시 신청방법

(1) 검사에 대한 증거개시 신청

① 피고인 또는 변호인은 검사에게 공소제기된 사건에 관한 서류 또는 물건의 목록과 공소사실의 인정 또는 양형에 영향을 미칠 수 있는 서류 등의 열람·등사 또는 서면의 교부를 신청할 수 있다. 다만, 피고인에게 변호인이 있는 경우에는 피고인은 열람만을 신청할 수 있다(제266조의3 제1항).

② 제266조의3(공소제기 후 검사가 보관하고 있는 서류 등의 열람·등사)의 서류 등에는 녹음테이프·비디오테이프 등의 특수매체도 포함된다.

(2) 검사의 증거개시 제한

① 검사는 국가안보, 증인보호의 필요성, 증거인멸의 염려, 관련 사건의 수사에 장애를 가져올 것으로 예상되는 구체적인 사유 등 열람·등사 또는 서면의 교부를 허용하지 아니할 상당한 이유가 있다고 인정하는 때에는 열람·등사 또는 서면의 교부를 거부하거나 그 범위를 제한할 수 있다(제266조의3 제2항).

② 그러나 서류 등의 목록에 대하여는 열람 또는 등사를 거부할 수 없다(동조 제5항).

(3) 법원의 증거개시 결정

① 피고인 또는 변호인은 검사가 서류 등의 열람·등사 또는 서면의 교부를 거부하거나 그 범위를 제한한 때에는 법원에 그 서류 등의 열람·등사 또는 서면의 교부를 허용하도록 할 것을 신청할 수 있다(제266조의4 제1항).

② 법원은 제1항의 신청이 있는 때에는 열람·등사 또는 서면의 교부를 허용하는 경우에 생길 폐해의 유형·정도, 피고인의 방어 또는 재판의 신속한 진행을 위한 필요성 및 해당 서류 등의 중요성 등을 고려하여 검사에게 열람·등사 또는 서면의 교부를 허용할 것을 명할 수

있다. 이 경우 열람 또는 등사의 시기·방법을 지정하거나 조건·의무를 부과할 수 있다(동조 제2항).

3 법원의 증거개시 결정에 대한 검사의 불복 허부 [22변사]

(1) 학설

① 일반항고의 방법으로 불복할 수 있다는 항고허용설과 ② 항고불허설의 대립이 있다.

(2) 판례(항고불허설)

제266조의4에 따라 법원이 검사에게 수사서류 등의 열람·등사 또는 서면의 교부를 허용할 것을 명한 결정은 제403조에서 말하는 '판결 전의 소송절차에 관한 결정'에 해당한다 할 것인데, 위 결정에 대하여는 형사소송법에서 별도로 즉시항고에 관한 규정을 두고 있지 않으므로 제402조에 의한 항고의 방법으로 불복할 수 없다(대결 2012모1393). 표준판례

(3) 검토

법원의 증거개시결정은 '판결 전의 소송절차에 관한 결정'에 해당한다는 점에 비추어 항고불허설이 타당하다.

4 법원의 증거개시 결정에 대하여 검사가 불응할 경우의 제재 방법 [22변사, 22모사]

(1) 증거신청의 불가

검사가 열람·등사 또는 서면의 교부에 관한 법원의 결정을 지체 없이 이행하지 아니한 때에는 해당 증인 및 서류 등에 대한 증거신청을 할 수 없다(제266조의4 제5항).

(2) 피고인 측의 증거개시 거부

피고인 또는 변호인은 검사가 제266조의3 제1항에 따른 서류 등의 열람·등사 또는 서면의 교부를 거부한 때에는 제266조의11 제1항에 따른 서류 등의 열람·등사 또는 서면의 교부를 거부할 수 있다(동조 제2항).

(3) 헌법소원

① 검사가 법원의 결정에 따르지 않는 것은 피고인이 신속하고 공정한 재판을 받을 권리와 변호인의 조력을 받을 권리를 침해하는 것이므로 헌법재판소에 헌법소원 청구가 가능하다(헌재 2015헌마632).
② 법원의 열람·등사 허용 결정에도 불구하고 검사가 이를 신속하게 이행하지 아니하는 경우에는 해당 증인 및 서류 등을 증거로 신청할 수 없는 불이익을 받는 것에 그치는 것이 아니라, 그러한 검사의 거부행위는 피고인의 열람·등사권을 침해하고, 나아가 피고인의 신속·공정한 재판을 받을 권리 및 변호인의 조력을 받을 권리까지 침해하게 되는 것이다(헌재 2009헌마257). 표준판례

(4) 법원이 직권증거조사를 하는 방법

법원의 기본적인 임무는 실체적 진실의 발견이므로 검사가 법원의 명령에 불응하여 증거를 개시 하지 않는 경우라면 제295조에 따라 직권으로 검사수중의 증거와 증거서류를 조사할 수 있을 것이다.

(5) 기타 고려 가능한 구제수단

① 피고인의 방어권행사를 보장하기 위해 공판기일을 변경·연기하거나,
② 공소기각판결 내지 무죄 판결을 고려할 수 있다.

5 소송기록 등 열람·등사 신청 관련 판례

① [1] 제55조 제1항은 피고인에게 공판조서의 열람 또는 등사청구권을 인정하고, 제3항은 피고인의 위와 같은 청구에 응하지 아니하는 때에는 공판조서를 유죄의 증거로 할 수 없다고 규정하고 있다. 따라서 피고인이 공판조서의 열람 또는 등사를 청구하였음에도 법원이 불응하여 피고인의 열람 또는 등사청구권이 침해된 경우에는 공판조서를 유죄의 증거로 할 수 없을 뿐만 아니라 공판조서에 기재된 당해 피고인이나 증인의 진술도 증거로 할 수 없다.[22모선]

[2] 다만, 공판조서의 열람 또는 등사에 응하지 아니한 것이 피고인의 방어권이나 변호인의 변호권을 본질적으로 침해한 정도에 이르지는 않은 경우에는, 판결에서 공판조서 등을 증거로 사용할 수 있다(대판 2011도15869).

② 불기소결정서의 공개 거부에 관한 판례 [24모사]

[1] 형사소송법 제272조 제1항, 형사소송규칙 제132조의4 제2항, 제3항에서 규정한 바와 같이, 법원이 송부요구한 서류에 대하여 변호인 등이 열람·지정할 수 있도록 한 것은 피고인의 방어권과 변호인의 변론권 행사를 위한 것으로서 실질적인 당사자 대등을 확보하고 피고인의 신속·공정한 재판을 받을 권리를 실현하기 위한 것이므로, 서류의 열람·지정을 거절할 수 있는 '정당한 이유'는 엄격하게 제한하여 해석하여야 한다.

[2] 검찰청이 보관하고 있는 불기소처분기록에 포함된 불기소결정서는 형사피의자에 대한 수사의 종결을 위한 검사의 처분 결과와 이유를 기재한 서류로서, 달리 특별한 사정이 없는 한 변호인의 열람·지정에 의한 공개의 대상이 된다.

[3] 법원이 제272조 제1항에 의하여 송부요구한 서류가 피고인의 무죄를 뒷받침할 수 있거나 적어도 법관의 유·무죄에 대한 심증을 달리할 만한 상당한 가능성이 있는 중요증거에 해당하는데도 정당한 이유 없이 피고인 또는 변호인의 열람·지정 내지 법원의 송부요구를 거절하는 것은 피고인의 신속·공정한 재판을 받을 권리와 변호인의 조력을 받을 권리를 중대하게 침해하는 것이다. 따라서 이러한 경우 서류의 송부요구를 한 법원으로서도 해당 서류가 제출되면 유·무죄의 판단에 영향을 미칠 상당한 개연성이 있다고 인정될 경우에는 공소사실이 합리적 의심의 여지 없이 증명되었다고 보아서는 아니 된다(대판 2012도

1284). 표준판례

※ 따라서 변호인의 열람·지정이 거부된 부분은 형사소송법 제361조의5 제1호 소정의 '판결에 영향을 미친 헌법·법률 또는 규칙의 위반이 있을 때'에 해당한다고 볼 수 있다. 다만 실제 판결(대판 2012도1284)에서는 불기소결정서가 중요증거에 해당한다고 보기 어렵다는 이유로 상고가 기각되었다.

II 검사의 증거개시 요구 [16모사]

1 의의

① 검사는 피고인 또는 변호인이 공판기일 또는 공판준비절차에서 현장부재·심신상실 또는 심신미약 등 법률상·사실상의 주장을 한 때에는 피고인 또는 변호인이 증거로 신청할 서류 등의 열람·등사 또는 서면의 교부를 요구할 수 있다(제266조의11 제1항).
② 검사는 피고인 또는 변호인이 제1항에 따른 요구를 거부한 때에는 법원에 그 서류 등의 열람·등사 또는 서면의 교부를 허용하도록 할 것을 신청할 수 있다(동조 제3항).
③ 피고인은 열람·등사 또는 서면의 교부에 관한 법원의 결정을 지체 없이 이행하지 아니하는 때에는 해당 증인 및 서류 등에 대한 증거신청을 할 수 없다(동조 제4항).

2 검사의 증거개시 요구 범위

(1) 문제점

검사는 피고인 또는 변호인이 공판기일 또는 공판준비절차에서 현장부재·심실상실 또는 심신미약 등 법률상·사실상의 주장을 한 때에 비로소 증거개시를 요구할 수 있는바, 법률상·사실상의 주장이라는 표현의 의미에 대해서 견해가 대립된다.

(2) 학설

① **비한정설** : 현장부재, 심신상실, 심신미약 등의 주장은 법률상·사실상 주장의 예시로서 이외의 기타 사유를 주장한 때에도 증거개시 신청이 가능하다는 견해이다.
② **한정설** : 현장부재, 심신상실 또는 심신미약 등의 주장은 한정적 열거로서 이외의 기타 사유를 주장한 때에는 증거개시 신청을 할 수 없다는 견해이다.

(3) 검토

피고인의 방어권 보장이라는 관점에서 검사의 증거개시 요구의 범위는 제한적으로 해석해야 하므로 한정설이 타당하다.

3 소송 계속 중 피고인 등이 법원에 제출한 기록에 대한 검사의 열람·복사

제35조 제1항은 '피고인과 변호인은 소송 계속 중의 관계 서류 또는 증거물을 열람하거나 복

사할 수 있다.'라고 규정하고, 그 대상을 피고인과 변호인으로 한정하고 있어서 검사도 소송 계속 중인 서류 등을 열람·복사할 수 있는지가 문제된다.

검사는 피고인과 같은 소송의 당사자로서 공소유지 업무를 수행하고 있으므로 비록 형사소송법에 명문의 규정은 없지만 피고인과 마찬가지로 소송 계속 중인 서류 등을 열람·복사할 수 있다고 볼 것이다(제35조 제1항 유추적용).

Ⅲ 공소제기 이전 수사기관이 보관하고 있는 서류에 등에 대한 열람·등사

1 수사기관에 대한 수사기록 열람·등사청구권 허용여부

(1) 학설

① 변호인의 조력을 받을 권리의 실질적 보장을 위하여 변호인에게 수사서류를 포함한 소송관계서류의 열람·등사를 허용해야 한다는 긍정설,
② 형사소송법 제47조(소송서류의 비공개)를 원용하여 소송에 관한 서류의 공판개정 전 공개를 부정하는 부정설의 대립이 있다.

(2) 헌법재판소 판례

형사피의사건의 구속적부심절차에서 피구속자의 변호를 맡은 변호인으로서는 피구속자에 대한 고소장과 경찰의 피의자신문조서를 열람하여 그 내용을 제대로 파악하지 못한다면 구속적부심절차에서 피구속자를 충분히 조력할 수 없음이 사리상 명백하므로 위 서류들의 열람은 피구속자를 충분히 조력하기 위하여 변호인에게 반드시 보장되지 않으면 안 되는 핵심적 권리이다(헌재 2000헌마474).

2 형사소송규칙상 수사기관에 대한 열람·등사 허용 규정

① 구속영장이 청구되거나 체포 또는 구속된 피의자, 그 변호인 등은 긴급체포서, 현행범인체포서, 체포영장, 구속영장 또는 그 청구서를 보관하고 있는 검사, 사법경찰관 또는 법원사무관등에게 그 등본의 교부를 청구할 수 있다(규칙 제101조).
② 구속전피의자심문에 참여할 변호인은 지방법원 판사에게 제출된 구속영장청구서 및 그에 첨부된 고소·고발장, 피의자의 진술을 기재한 서류와 피의자가 제출한 서류를 열람할 수 있다(규칙 제96조의21 제1항).
③ 체포·구속적부심에서 피의자 심문에 참여할 변호인은 지방법원 판사에게 제출된 구속영장청구서 및 그에 첨부된 고소·고발장, 피의자의 진술을 기재한 서류와 피의자가 제출한 서류를 열람할 수 있다(규칙 제104조의2, 제96조의21).

3 검사와 사법경찰관의 상호협력과 일반적 수사준칙에 관한 규정

① 피의자, 사건관계인 또는 그 변호인은 검사 또는 사법경찰관이 수사 중인 사건에 관한 본인의 진술이 기재된 부분 및 본인이 제출한 서류의 전부 또는 일부에 대해 열람·복사를 신청할 수 있다(제69조 제1항).[23변선]

② 피의자 또는 그 변호인은 필요한 사유를 소명하고 고소장, 고발장, 이의신청서, 항고장, 재항고장 등의 열람·복사를 신청할 수 있다(동조 제3항).

4 열람·등사 거부시 구제방법

(1) 정보공개의 청구

변호인은 수사기관이 수사기록의 열람·등사 신청에 불응할 경우 정보공개법 제5조에 의해 정보공개를 청구할 수 있다.

(2) 기타 구제수단

담당 수사기관이 해당 정보가 정보공개법 제9조 제1항 제4호의 비공개 대상 정보임을 이유로 정보공개를 거부하는 경우, 변호인은 이의신청(동법 제18조), 행정심판(동법 제19조), 행정소송(제20조)을 통해 구제를 신청할 수 있고, 최후로 헌법소원을 제기할 수 있다.

Chapter 053 증거조사 일반

I 당사자의 증거조사신청 및 법원의 증거결정

1 당사자의 증거조사신청

① 검사, 피고인 또는 변호인은 서류나 물건을 증거로 제출할 수 있고, 증인·감정인·통역인 또는 번역인의 신문을 신청할 수 있다(제294조 제1항).

② 검사·피고인 또는 변호인은 특별한 사정이 없는 한 필요한 증거를 일괄하여 신청하여야 한다(규칙 제132조).

③ 검사, 피고인 또는 변호인이 증거신청을 함에 있어서는 그 증거와 증명하고자 하는 사실과의 관계를 구체적으로 명시하여야 한다(규칙 제132조의2 제1항).

④ 법원은 서류 또는 물건이 증거로 제출된 경우에 이에 관한 증거결정을 함에 있어서는 제출

한 자로 하여금 그 서류 또는 물건을 상대방에게 제시하게 하여 상대방으로 하여금 그 서류 또는 물건의 증거능력 유무에 관한 의견을 진술하게 하여야 한다(규칙 제134조 제2항).[23 모선]

2 증거결정의 법적성질

(1) 학설

① **자유재량설** : 법원의 증거결정은 소송지휘권에 근거하고, 증거결정의 기준에 대한 명문규정이 없다는 점에서 법원의 증거결정은 자유재량이라고 보는 견해이다.
② **기속재량설** : 법원의 증거결정도 증거평가에 있어서의 자유심증주의와 같은 일정한 한계가 있는 기속재량이고 보는 견해이다.

(2) 판례

당사자의 증거신청을 받아들일 것인지는 법원이 재량에 따라 결정하는 것이 원칙이므로, 법원은 당사자가 신청한 증거가 적절하지 않다고 판단하거나 조사할 필요가 없다고 인정할 때에는 그 신청을 기각할 수 있다(대판 93도2505).

3 법원의 직권증거조사

(1) 의의

법원은 직권으로 증거조사를 할 수 있는데(제295조), 직권증거조사의 성질이 문제된다.

(2) 학설

① 권한설, ② 권한 및 의무설, ③ 예외적 의무설 등의 대립이 있다.

(3) 판례

항소이유서에서 피고인이 공소제기된 부정수표단속법위반의 수표발행시기에 교도소에 수감되어 있었고, 위 수표는 타인이 훔쳐 사용하였다고 주장하고, 실제로 피고인이 무고죄로 구속되어 재판을 받은 날과 마지막으로 수표를 발행하였다는 날짜와는 40일 정도의 간격밖에 없다면 사실심인 항소심으로서는 마땅히 이 부분에 대한 심리를 하였어야 할 것인데도 이를 심리하지 아니한 것은 심리미진의 위법을 저지른 것이다(대판 90도2205). 표준판례

(4) 검토

실체진실주의와 공정한 재판이 형사소송의 최고의 이념임에 비추어 직권에 의한 증거조사는 법원의 권한임과 동시에 의무라고 해석하는 것이 타당하다. 따라서 법원이 직권에 의한 증거조사를 다하지 않은 때에는 심리미진의 위법이 있다고 해야 한다(대판 73도2522 참조).

4 증거서류 등의 반환

① 법원은 증거신청을 기각·각하하거나, 증거신청에 대한 결정을 보류하는 경우, 증거신청인으로부터 당해 증거서류 또는 증거물을 제출받아서는 아니 된다(규칙 제134조 제4항).
② 따라서 법원은 증거능력이 없어 증거로 채택되지 아니한 증거서류 또는 증거물을 제출받아서는 안 되고, 일단 제출받은 경우에는 이를 증거신청인에게 반환하여야 한다(대판 2018도3226).[22모선]

II 증거결정에 대한 불복 [13변사, 19모사]

1 항고

법원의 결정에 대하여 불복이 있으면 법률에 특별한 규정이 없는 한 항고할 수 있으나 판결 전의 소송절차에 관한 결정에 대하여는 특히 즉시항고를 할 수 있는 경우 외에는 항고를 하지 못한다.
증거신청에 대한 법원의 기각결정은 판결 전의 소송절차에 관한 결정에 해당하는데, 즉시항고를 허용하는 규정이 없어 항고를 할 수 없다.

2 이의신청

① 검사, 피고인 또는 변호인은 증거조사에 관하여 이의신청을 할 수 있다(제296조).
이의신청의 대상은 증거신청, 증거결정, 증거조사의 순서와 방법 등 증거조사에 관한 모든 절차와 처분에 대하여 할 수 있다(규칙 제135조의2 본문).
② 그런데 증거결정에 대한 이의신청은 법령에 위반이 있음을 이유로 하여서만 할 수 있다(규칙 제135조의2 단서).

3 상소

① 법원의 증거신청에 대한 기각결정이 판결에 영향을 미친 법령위반에 해당하면 이를 이유로 판결 자체에 대하여 항소할 수도 있다.
② 당사자의 증거신청에 대한 법원의 채택여부의 결정은 판결 전의 소송절차에 관한 결정으로서 이의신청을 하는 외에는 달리 불복할 수 있는 방법이 없고, 다만 그로 말미암아 사실을 오인하여 판결에 영향을 미치기에 이른 경우에만 이를 상소의 이유로 삼을 수 있을 뿐이다(대판 90도646). 표준판례 [24변선]

Ⅲ 증거조사의 방법

1 원칙

① 법원은 검사가 신청한 증거를 조사한 후 피고인 또는 변호인이 신청한 증거를 조사하고, 이후 법원은 직권으로 결정한 증거를 조사한다(제291조의2).

② 법원은 검사, 피고인 또는 변호인의 신청에 의하여 공판준비에 필요하다고 인정한 때에는 공판기일전에 피고인 또는 증인을 신문할 수 있고 검증, 감정 또는 번역을 명할 수 있다(제273조).[24모선]

2 서증에 관한 증거조사

(1) 방법

① **증거서류에 대한 조사방식** : 증거서류에 대한 원칙적 조사방식은 낭독이지만 내용고지나 열람도 가능하다(제292조).

② **증거물인 서면에 대한 조사방식** : '증거물인 서면'을 조사하기 위해서는 증거서류의 조사방식인 낭독·내용고지 또는 열람의 절차와 증거물의 조사방식인 제시의 절차가 함께 이루어져야 하므로, 원칙적으로 증거신청인으로 하여금 그 서면을 제시하면서 낭독하게 하거나 이에 갈음하여 그 내용을 고지 또는 열람하도록 하여야 한다(대판 2013도2511).[24변선, 22모선]

③ 양자는 재판에서 제시를 요하지 않거나(증거서류), 제시를 요하는(증거물인 서면) 차이가 있으나, 둘 다 요지의 고지 또는 낭독이 필요한 점은 같다.

(2) 구체적 구별

① 피고인이 수표를 발행하였으나 예금부족 또는 거래정지처분으로 지급되지 아니하게 하였다는 부정수표단속법위반의 공소사실을 증명하기 위하여 제출되는 수표는 그 서류의 존재 또는 상태 자체가 증거가 되는 것이어서 증거물인 서면에 해당하고, 증거능력은 증거물의 예에 의하여 판단하여야 하고, 이에 대하여는 제310조의2에서 정한 전문법칙이 적용될 여지가 없다(대판 2015도2275). 표준판례 [24모선]

② 위조죄의 위조문서, 무고죄의 허위고소장, 협박죄의 협박편지, 명예훼손죄의 내용이 기재된 문서, 음란문서반포죄의 음란문서 등은 증거물인 서면에 해당한다.

3 특수매체기록에 대한 조사

① **영상녹화물에 대한 조사** : 법원은 공판준비 또는 공판기일에서 봉인을 해체하고 영상녹화물의 전부 또는 일부를 재생하는 방법으로 조사해야 한다(규칙 제134조의4).

② **컴퓨터용디스크 등에 대한 조사** : 컴퓨터디스크 등에 기억된 문자정보를 증거자료로 하

는 경우에는 읽을 수 있도록 출력하여 인증한 등본을 낼 수 있다(규칙 제134조의7).
③ **음성·영상자료 등에 대한 조사** : 녹음, 녹화테이프. 컴퓨터용디스크 그 밖에 이와 비슷한 방법으로 음성이나 영상을 녹음 또는 녹화하여 재생할 수 있는 매체에 대한 증거조사는 녹음, 녹화매체 등을 재생하여 청취 또는 시청하는 방법으로 한다(규칙 제134조의8 제3항).
④ **도면·사진 등에 증거조사** : 특별한 규정이 없으면 증거서류에 대한 조사방식, 증거물에 대한 조사방식의 규정을 준용한다.

Ⅳ 증거조사 관련 그 밖의 지문 및 판례 정리

① 상해사건 발생 직후 피해자를 진찰한 바 있는 의사의 진술 및 상해진단서를 발행한 의사의 진술이나 진단서는 가해자의 상해 사실 자체에 대한 직접적인 증거가 되는 것은 아니고, 다른 증거에 의하여 상해의 가해행위가 인정되는 경우에 그에 대한 상해의 부위나 정도의 점에 대한 증거가 된다(대판 95도852).
② 이의신청에 대한 결정에 의하여 판단이 된 사항에 대하여는 다시 이의신청을 할 수 없다(규칙 제140조).
③ 관할위반, 소송요건의 존부 등 직권조사사유에 관하여는 공소장에 기재되지 않았거나 공소장변경이 없다고 하더라도 법원이 반드시 심판하여야 한다(대판 2019도15117).
④ 증인은 법원이 직권에 의하여 신문할 수도 있고 증거의 채부는 법원의 직권에 속하는 것이므로 피고인이 철회한 증인을 법원이 직권신문하고 이를 채증하더라도 위법이 아니다(대판 82도3216).
⑤ 소송관계인이 증거로 제출한 서류나 물건 또는 제272조(법원은 직권 또는 검사, 피고인이나 변호인의 신청에 의하여 공무소 또는 공사단체에 조회하여 필요한 사항의 보고 또는 그 보관서류의 송부를 요구할 수 있다), 제273조의 규정에 의하여 작성 또는 송부된 서류는 검사, 변호인 또는 피고인이 공판정에서 개별적으로 지시설명하여 조사하여야 한다(제291조 제1항).[23모선]

Chapter 054 증인신문

I 의의

1 개념

① 증인이란 법원 또는 법관에게 자신이 과거에 체험한 사실을 진술하는 제3자를 의미하고, 증인신문이란 증인으로부터 과거의 체험사실에 대한 진술을 듣는 증거조사를 말한다.
② 증인적격이란 누가 증인될 자격이 있는가, 즉 법원이 누구를 증인으로 신문할 수 있는가의 문제를 말한다. 원칙적으로 누구든지 증인적격이 인정된다(제146조).

2 증언능력

① [1] 증인의 증언능력은 증인 자신이 과거에 경험한 사실을 그 기억에 따라 공술할 수 있는 정신적인 능력이라 할 것이므로, 유아의 증언능력에 관해서도 그 유무는 단지 공술자의 연령만에 의할 것이 아니라 그의 지적수준에 따라 개별적이고 구체적으로 결정되어야 함은 물론 공술의 태도 및 내용 등을 구체적으로 검토한다(대판 2004도3161).

[2] 피해자가(이 사건 당시 만 3세 7개월 가량) 경찰에서 진술 당시에는 만 5세 9개월 남짓 된 여아이나, 위 피해자가 경험한 사실이 "피고인이 피해자의 발가락을 빨고 가슴을 만졌으며, 또한 음부에 피고인의 손가락을 넣거나 성기를 집어넣었다."는 비교적 단순한 것으로서 그 진술이 그 연령의 유아 수준의 표현이라고 보여지며, 위 피해자는 위 각 대화 내지 진술 당시 증언능력에 준하는 능력을 갖추었던 것으로 인정되고, 각 진술의 신빙성도 인정된다(대판 2005도9561). 표준판례

② 선서무능력자(제159조)에 대하여 선서케 하고 신문한 경우라 할지라도 그 선서만이 무효가 되고 그 증언의 효력에 관하여는 영향이 없고 유효하다(대판 4290형상23).

II 증인의 의무

1 출석의무

(1) 의의

증인은 적법한 소환을 받으면 증인으로 출석할 의무가 있다.

(2) 증인의 소환

① 법원은 소환장의 송달, 전화, 전자우편, 모사전송, 휴대전화 문자전송 그 밖의 상당한 방법으로 증인을 소환할 수 있다(제150조의2 제1항).

② [1] 법원은 증인 소환장이 송달되지 아니한 경우 소재탐지를 할 수도 있는데 이는 '특정범죄신고자 등 보호법'이 직접 적용되거나 준용되는 사건에서도 마찬가지이다.

[2] 범죄신고자법에는 범죄신고자 등의 법정 출석의무를 면제하는 규정이 없다. 이 사건 제보자가 범죄신고자법에 따라 보호되는 범죄신고자 등에 해당한다는 이유로 소재탐지나 구인장 발부가 불가능한 것이 아님에도 불구하고, 불출석한 핵심 증인에 대하여 소재탐지나 구인장 발부 없이 증인채택 결정을 취소하는 것은 법원의 재량을 벗어나는 것으로서 위법하다(대판 2020도2623). [표준판례]

(3) 출석의무위반에 대한 제재

① **소송비용부담 및 과태료의 부과** : 법원은 소환장을 송달받은 증인이 정당한 사유 없이 출석하지 아니한 때에는 결정으로 당해 불출석으로 인한 소송비용을 증인이 부담하도록 명하고, 500만 원 이하의 과태료를 부과할 수 있다(제151조 제1항).[23변선]

② **감치** : 법원은 증인이 제1항에 따른 과태료 재판을 받고도 정당한 사유 없이 다시 출석하지 아니한 때에는 결정으로 증인을 7일 이내의 감치에 처한다(동조 제2항).

③ 제1항과 제2항의 결정에 대하여는 즉시항고를 할 수 있다(동조 제8항).[23변선, 24모선]

④ 법원은 감치의 재판을 받은 증인이 감치의 집행 중에 증언을 한 때에는 즉시 감치결정을 취소하고 그 증인을 석방하도록 명하여야 한다(제151조 제7항).

⑤ **구인** : 정당한 사유없이 소환에 응하지 않는 증인은 구인할 수 있다(제152조).[22모선]

2 선서의무

① 재판장은 선서할 증인에 대하여 선서 전에 위증의 벌을 경고하여야 한다(제158조).

② 증인이 16세 미만의 자, 선서의 취지를 이해하지 못하는 자인 경우 선서하게 하지 아니하고 신문하여야 한다(제159조).

3 증언의무

① 증인이 정당한 이유없이 선서나 증언을 거부한 때에는 결정으로 50만 원 이하의 과태료에 처할 수 있다(제161조 제1항).

② 제1항의 결정에 대하여는 즉시항고를 할 수 있다(동조 제2항).

Ⅲ 증언거부권

1 의의

① 증언거부권은 증언의무의 존재를 전제로 하여 증언의무의 이행을 거절할 수 있는 권리를 말한다. 자기 또는 근친자의 형사책임과 증언거부권(제148조), 업무상비밀과 증언거부권(제149조) 등이 있다.
② 누구든지 자기나, 친족이거나 친족이었던 사람, 법정대리인, 후견감독인에 해당하는 자가 형사소추 또는 공소제기를 당하거나 유죄판결을 받을 사실이 드러날 염려가 있는 증언을 거부할 수 있다(제148조).
③ 변호사, 변리사, 공증인, 공인회계사, 세무사, 대서업자, 의사, 한의사, 치과의사, 약사, 약종상, 조산사, 간호사, 종교의 직에 있는 자 또는 이러한 직에 있던 자가 그 업무상 위탁을 받은 관계로 알게 된 사실로서 타인의 비밀에 관한 것은 증언을 거부할 수 있다. 단, 본인의 승낙이 있거나 중대한 공익상 필요있는 때에는 예외로 한다(제149조).

2 증언거부권의 고지

① 증인이 증언거부권자에 해당하는 경우에는 재판장은 신문 전에 증언을 거부할 수 있음을 설명하여야 한다(제160조).
② '국회에서의 증언·감정 등에 관한 법률'은 증언거부권의 고지에 관한 규정을 두고 있지 아니한데, 증언거부권을 고지받을 권리가 형사상 자기에게 불리한 진술을 강요당하지 아니함을 규정한 헌법 제12조 제2항에 의하여 바로 국민의 기본권으로 보장받아야 한다고 볼 수는 없고, 증언거부권의 고지를 규정한 형사소송법 제160조 규정이 '국회에서의 증언·감정 등에 관한 법률'에도 유추 적용되는 것으로 인정할 근거가 없다(대판 2009도13197).
③ 민사소송법은 증언거부권 제도를 두면서도 증언거부권 고지에 관한 규정을 두고 있지 않다. 그렇다면 민사소송 절차에서 재판장이 증인에게 증언거부권을 고지하지 아니하였다 하여 절차위반의 위법이 있다고 할 수 없고, 따라서 적법한 선서절차를 마쳤는데도 허위진술을 한 증인에 대해서는 달리 특별한 사정이 없는 한 위증죄가 성립한다(대판 2009도14928).
④ 범행을 하지 아니한 자가 범인으로 공소제기가 되어 피고인의 지위에서 범행사실을 허위자백하고, 나아가 공범에 대한 증인의 자격에서 증언을 하면서 그 공범과 함께 범행하였다고 허위의 진술을 한 경우에도 그 증언은 자신에 대한 유죄판결의 우려를 증대시키는 것이므로 증언거부권의 대상은 된다고 볼 것이다(대판 2010도10028). 표준판례
⑤ 형사소송법 제148조에서 '형사소추'는 증인이 이미 저지른 범죄사실에 대한 것을 의미한다고 할 것이므로, 증인의 증언에 의하여 비로소 범죄가 성립하는 경우에는 증언거부권 고지대상이 된다고 할 수 없다(대판 2010도2816).

3 증언거부권의 고지가 없는 상태에서 증언의 증거능력

(1) 문제점

증인이 제148조, 제149조에 해당하는 경우에는 재판장은 신문 전에 증언을 거부할 수 있음을 설명하여야 하는데(제160조), 증언거부권 고지가 없는 상태에서 한 증언의 증거능력이 문제된다.

(2) 학설

① 제한적 긍정설 : 증언거부권의 고지의무는 증인을 위한 것이므로 원칙적으로 증거능력이 인정되고 다만 증언거부권의 불고지와 증언 사이에 인과관계가 존재하는 경우에 한하여 증거능력을 부정해야 한다는 견해이다.

② 부정설 : 증언거부권의 고지는 증언거부권에 대한 절차적 보장을 의미하므로 적정절차의 원리에 비추어 증거능력을 부정해야 한다는 견해이다.

(3) 판례

증인신문에서 증언거부권 있음을 설명하지 아니한 경우라 할지라도 증인이 선서하고 증언한 이상 그 증언의 효력에 관하여는 영향이 없고 유효하다(대판 4290형상23).

4 증언거부권의 불고지와 위증죄의 성립 여부 [13변사, 22·17모사]

(1) 학설

① 긍정설 : 증언거부권의 고지라는 소송법규정의 위반은 원칙적으로 위증죄의 성립에 영향을 주지 못하므로 위증죄가 성립한다는 견해이다.

② 부정설 : 증인이 증언거부권을 고지받지 못함으로 인하여 그 증언거부권을 행사하는데 사실상 장애가 초래되었다고 볼 수 있는 경우에는 위증죄의 성립은 부정된다는 견해이다.

(2) 판례

증인이 증언거부권을 고지받지 못함으로 인하여 그 증언거부권을 행사하는데 사실상 장애가 초래되었다고 볼 수 있는 경우에는 위증죄의 성립을 부정하여야 할 것이다(대판 2008도942).
표준판례

(3) 검토

증언거부권의 고지가 증인에게 증언거부권을 충분히 보장하기 위한 절차적 권리라는 점에서 증언거부권을 행사하는데 사실상 장애가 초래된 여부에 따라 판단하는 판례의 입장이 타당하다.

5 유죄판결이 확정된 자의 증언거부권 불인정 [22 · 20모사, 24변기]

① [1] 이미 유죄의 확정판결을 받은 경우에는 일사부재리의 원칙에 의해 다시 처벌되지 아니하므로 증언을 거부할 수 없는바, 이미 유죄의 확정판결을 받은 피고인은 공범의 형사사건에서 그 범행에 대한 증언을 거부할 수 없을 뿐만 아니라 나아가 사실대로 증언하여야 하고, 설사 피고인이 자신의 형사사건에서 시종일관 그 범행을 부인하였다 하더라도 이를 이유로 피고인에게 사실대로 진술할 것을 기대할 가능성이 없다고 볼 수는 없다.

[2] 자신의 강도상해 범행을 일관되게 부인하였으나 유죄판결이 확정된 피고인이 별건으로 기소된 공범의 형사사건에서 자신의 범행사실을 부인하는 증언을 한 경우, 피고인에게 위증죄가 성립한다(대판 2005도10101).

② [1] 자신에 대한 유죄판결이 확정된 증인이 재심을 청구한다 하더라도, 이미 유죄의 확정판결이 있는 사실에 대해서는 일사부재리의 원칙에 의하여 거듭 처벌받지 않는다는 점에 변함이 없고, 재심사건에는 불이익변경금지원칙이 적용되어 원판결의 형보다 중한 형을 선고하지 못하므로, 자신에 대한 유죄판결이 확정된 증인이 공범에 대한 피고사건에서 증언할 당시 앞으로 재심을 청구할 예정이라고 하여도, 이를 이유로 증인에게 제148조에 의한 증언거부권이 인정되지 않는다.

[2] 이미 유죄판결을 받아 확정된 후 별건으로 기소된 공범에 대한 공판절차의 증인으로 출석하여 허위의 진술을 한 사안에서, 피고인에게 증언을 거부할 권리가 없으므로 증언에 앞서 증언거부권을 고지받지 못하였더라도 증인신문절차상 잘못이 없어 위증죄가 성립한다(대판 2011도11994).

③ 유죄판결이 확정되지 않은 공동피고인이 형사재판을 받고 있는 공범에 대한 증인신문시에는 증언거부권이 인정된다. [23모사]

IV 증인신문 절차

1 증인신문의 방법

(1) 교호신문제도

① 증인은 신청한 검사, 변호인 또는 피고인이 먼저 이를 신문하고 다음에 다른 검사, 변호인 또는 피고인이 신문한다. 재판장은 당사자의 신문이 끝난 뒤에 신문할 수 있다(제161조의2).

② 주신문에서는 유도신문이 원칙적으로 금지되지만(규칙 제75조 제2항), 반대신문에서는 필요할 때에는 유도신문을 할 수 있다(규칙 제76조 제2항).[22변선, 22모선]

③ **유도신문의 하자 치유**

검사가 증인신문 과정에서 증인에게 주신문을 하면서 허용되지 않는 유도신문을 하였다고 볼 여지가 있었는데, 그 다음 공판기일에 재판장이 증인신문 결과 등을 각 공판조서(증인신문조서)에 의하여 고지하였음에도 피고인과 변호인이 '변경할 점과 이의할 점이 없다'고 진술한 경우, 피고인이 책문권 포기 의사를 명시함으로써 유도신문에 의하여 이루어진 주신문의 하자가 치유된다(대판 2012도2937). 표준판례 [24변선]

④ 반대신문의 기회에 주신문에 나타나지 아니한 새로운 사항에 관하여 신문하고자 할 때에는 재판장의 허가를 받아야 한다(규칙 제76조 제4항).[22변선, 22모선]

(2) 간이공판절차 특칙

간이공판절차에서는 교호신문방식의 규정을 적용하지 아니하며 법원이 상당하다고 인정하는 방법으로 증거조사가 가능하다(제297조의2).(증거조사 생략은 불가[22모선])

(3) 개별신문 원칙

① 증인신문은 각 증인에 대하여 신문하여야 한다(제162조 제1항).
② 신문하지 아니한 증인이 재정한때에는 퇴정을 명하여야 한다(동조 제2항).
③ 필요한 때에는 증인과 다른 증인 또는 피고인과 대질하게 할 수 있다(동조 제3항).

2 참여권의 보장

① 검사, 피고인 또는 변호인은 증인신문에 참여할 수 있다(제163조 제1항).
② 피고인들이 미리 증인신문에 참여케 하여 달라고 신청한 경우에 있어서는 변호인이 참여하였다고 하여도 피고인들의 참여없이 실시한 증인신문은 위법하다(대판 68도1481). 표준판례 [24모선]
③ 법원이 피고인에게 증인신문의 시일과 장소를 미리 통지함이 없이 증인들의 신문을 시행하였음은 위법이나 그 후 동 증인 등 신문결과를 동 증인 등 신문조서에 의하여 소송관계인에게 고지하였던바, 피고인이나 변호인이 이의를 제기하지 않았다면 위의 하자는 책문권의 포기로 치유된다(대판 73도2967). 표준판례
④ 법원이 증인을 채택하여 다음 공판기일에 증인신문을 하기로 피고인에게 고지하였는데 그 다음 공판기일에 증인은 출석하였으나 피고인이 정당한 사유 없이 출석하지 아니한 경우 다음 공판기일을 연기할 수밖에 없더라도, 이미 출석하여 있는 증인에 대하여 공판기일 외의 신문으로서 증인신문을 하고 다음 공판기일에 그 증인신문조서에 대한 서증조사를 하는 것은 적법하다(대판 2000도3265). 표준판례 [22변선]
⑤ **반대신문권이 보장되지 않은 증언의 증거능력 부정** [23모사]
 [1] 반대신문권의 보장은 형식적·절차적인 것이 아니라 실질적·효과적인 것이어야 한다. 따라서 피고인에게 불리한 증거인 증인이 주신문의 경우와 달리 반대신문에 대하여는 답변을 하지 아니하는 등 진술내용의 모순이나 불합리를 그 증인신문 과정에서 드러내어 이를 탄핵하는 것이 사실상 곤란하였고, 그것이 피고인 또는 변호인에게 책임있는 사유에 기인

한 것이 아닌 경우라면, 특별한 사정이 존재하지 아니하는 이상, 이와 같이 실질적 반대신문권의 기회가 부여되지 아니한 채 이루어진 증인의 법정진술은 위법한 증거로서 증거능력을 인정하기 어렵다. 이 경우 피고인의 책문권 포기로 그 하자가 치유될 수 있으나, 책문권 포기의 의사는 명시적인 것이어야 한다.

[2] 제314조는 원진술자 또는 작성자가 사망·질병·외국거주·소재불명 등의 사유로 공판준비 또는 공판기일에 출석하여 진술할 수 없는 경우에 그 진술이 특히 신빙할 수 있는 상태하에서 행하여졌다는 점이 증명되면 원진술자 등에 대한 반대신문의 기회조차도 없이 증거능력을 부여할 수 있도록 함으로써 보다 중대한 예외를 인정한 것이므로, 그 요건을 더욱 엄격하게 해석·적용하여야 한다(대판 2016도17054).[23모선]

- 반대신문권이 보장되지 않아 증인에 대한 참고인 진술조서의 증거능력도 부정

3 공판정외의 증인신문

① 법원은 증인의 연령, 직업, 건강상태 기타의 사정을 고려하여 검사, 피고인 또는 변호인의 의견을 묻고 법정외에 소환하거나 현재지에서 신문할 수 있다(제165조).

② 증인심문에 참여권이 있는 피고인 또는 변호인에게, 그들이 참여하지 아니한다는 의사를 명시한 일이 없는 한 필요적으로 증인심문의 시일 및 장소를 통지하여야 되며, 절차상 위와 같은 사항에 대한 흠결이 있으면 그 절차에 있어서의 법정 외의 증인심문은 위법임을 면할 수 없다 할 것이다. 물론 위의 절차상의 흠결은 공판기일에서 당해증인심문조서에 대한 증거조사를 시행함에 있어 관계인이 이의가 없다고 진술한 경우라면 이를 책문권의 포기로 보아 그 절차상의 흠결은 치유된다고 하겠으나, 그 증인심문조서에 대하여 공판기일에서 증거조사 그 자체를 시행하지 아니 하였다면 그 증인심문조서는 증거능력이 있을 수 없는 것이다(대판 67도613).[22변선, 23모선]

V 증인이 심리적인 부담으로 충분히 진술할 수 없는 경우 법원의 조치
[24·23·22모사]

1 피고인 퇴정 후 증인신문

(1) 피고인 퇴정의 사유

재판장은 증인이 피고인 또는 어떤 재정인의 면전에서 충분한 진술을 할 수 없다고 인정할 때에는 그를 퇴정하게 하고, 진술하게 할 수 있다(제297조 제1항).[변호인 포함,23모선]
이러한 경우에도 피고인의 반대신문권을 배제하는 것은 허용되지 않는다(대판 2011도15608).[22변선]

(2) 피고인에 대한 증인의 진술내용 고지 의무

① 제297조 제1항에 따라 피고인이 퇴정 이후 증인의 진술이 종료한 때에는 퇴정한 피고인을 입정하게 한 후 진술의 요지를 고지하게 하여야 한다(동조 제2항).

② 제297조에 따라 변호인이 없는 피고인을 일시 퇴정하게 하고 증인신문을 한 다음 피고인에게 실질적인 반대신문의 기회를 부여하지 아니한 채 이루어진 증인의 법정진술은 위법한 증거로서 증거능력이 없다고 볼 여지가 있으나, 그 다음 공판기일에서 재판장이 증인신문 결과 등을 공판조서(증인신문조서)에 의하여 고지하였는데 피고인이 '변경할 점과 이의할 점이 없다'고 진술하여 책문권 포기 의사를 명시함으로써 실질적인 반대신문의 기회를 부여받지 못한 하자가 치유된다(2009도9344). 표준판례 [23변선, 23모선]

2 중계시설을 통하거나 차폐시설 설치 후 증인신문

(1) 요건

① 법원은 다음 각 호의 어느 하나에 해당하는 사람을 증인으로 신문하는 경우 상당하다고 인정할 때에는 검사와 피고인 또는 변호인의 의견을 들어 비디오 등 중계장치에 의한 중계시설을 통하여 신문하거나 가림 시설 등을 설치하고 신문할 수 있다.
3호. 범죄의 성질, 증인의 나이, 심신의 상태, 피고인과의 관계, 그 밖의 사정으로 인하여 피고인 등과 대면하여 진술할 경우 심리적인 부담으로 정신의 평온을 현저하게 잃을 우려가 있다고 인정되는 사람(제165조의2 제1항)[22모선]

② 법원은 증인이 멀리 떨어진 곳 또는 교통이 불편한 곳에 살고 있거나 건강상태 등 그 밖의 사정으로 말미암아 법정에 직접 출석하기 어렵다고 인정하는 때에는 검사와 피고인 또는 변호인의 의견을 들어 비디오 등 중계장치에 의한 중계시설을 통하여 신문할 수 있다(동조 제2항).[23모선]

(2) 차폐시설의 설치

① 법원은 요건이 충족될 경우 피고인뿐만 아니라 검사, 변호인, 방청인 등에 대하여도 차폐시설 등을 설치하는 방식으로 증인신문을 할 수 있으며, 이는 규칙 제84조의9에서 피고인과 증인 사이의 차폐시설 설치만을 규정하고 있다고 하여 달리 볼 것이 아니다.[22변선]

② 다만 변호인에 대한 차폐시설의 설치는 이미 인적사항에 관하여 비밀조치가 취해진 증인이 변호인을 대면하여 진술함으로써 자신의 신분이 노출되는 것에 대하여 심한 심리적인 부담을 느끼는 등의 특별한 사정이 있는 경우에 예외적으로 허용될 수 있을 뿐이다(대판 2014도18006). 표준판례

3 신뢰관계에 있는 자의 동석

① 법원은 범죄로 인한 피해자를 증인으로 신문하는 경우 증인의 연령, 심신의 상태, 그 밖의

사정을 고려하여 증인이 현저하게 불안 또는 긴장을 느낄 우려가 있다고 인정하는 때에는 직권 또는 피해자·법정대리인·검사의 신청에 따라 피해자와 신뢰관계에 있는 자를 동석하게 할 수 있다(제163조의2 제1항).

② 법원은 범죄로 인한 피해자가 13세 미만이거나 신체적 또는 정신적 장애로 사물을 변별하거나 의사를 결정할 능력이 미약한 경우에 재판에 지장을 초래할 우려가 있는 등 부득이한 경우가 아닌 한 피해자와 신뢰관계에 있는 자를 동석하게 하여야 한다(동조 제2항).

4 피해자 진술의 비공개

법원은 범죄로 인한 피해자를 증인으로 신문하는 경우 당해 피해자·법정대리인 또는 검사의 신청에 따라 피해자의 사생활의 비밀이나 신변보호를 위하여 필요하다고 인정하는 때에는 결정으로 심리를 공개하지 아니할 수 있다(제294조의3 제1항).

Ⅵ 증인(피해자 포함) 및 증인신문 관련 지문 및 판례 정리

① **검사가 증인으로 신문할 사람을 미리 소환하여 면담한 후 증언한 경우**

[1] 검사가 공판기일에 증인으로 신청하여 신문할 사람을 특별한 사정 없이 미리 수사기관에 소환하여 면담하는 절차를 거친 후 증인이 법정에서 피고인에게 불리한 내용의 진술을 한 경우, 검사가 증인신문 전 면담 과정에서 증인에 대한 회유나 압박, 답변 유도나 암시 등으로 증인의 법정진술에 영향을 미치지 않았다는 점이 담보되어야 증인의 법정진술을 신빙할 수 있다.[22모선]

[2] 증인에 대한 회유나 압박 등이 없었다는 사정은 검사가 증인의 법정진술이나 면담 과정을 기록한 자료 등으로 사전면담 시점, 이유와 방법, 구체적 내용 등을 밝힘으로써 증명하여야 한다(대판 2020도15891).[24변선]

② 공개금지 사유가 없음에도 불구하고 재판의 심리에 관한 공개를 금지하기로 결정하였다면 그러한 공개금지 결정은 피고인의 공개재판을 받을 권리를 침해한 것으로서 그 절차에 의하여 이루어진 증인의 증언은 증거능력이 없고, 변호인의 반대신문권이 보장되었더라도 달리 볼 수 없으며, 이러한 법리는 공개금지결정의 선고가 없는 등으로 공개금지결정의 사유를 알 수 없는 경우에도 마찬가지이다(대판 2013도2511).[23·22변선]

③ 법원은 범죄로 인한 피해자 또는 그 법정대리인의 신청이 있는 때에는 그 피해자 등을 증인으로 신문하여야 한다(제294조의2 제1항).

법원으로서는 동일한 범죄사실에 대하여 피해자 진술신청을 한 자가 수인인 경우에는 여러 사정을 고려하여 그 신청인들 중에서 가장 적합하다고 여겨지는 자의 신청만을 받아들이고 그 나머지 자의 신청은 이를 기각할 수 있다(대결 96모94).

④ 검사는 범죄로 인한 피해자 또는 그 법정대리인의 신청이 있는 때에는 당해 사건의 공소제

기 여부, 공판의 일시·장소, 재판결과, 피의자·피고인의 구속·석방 등 구금에 관한 사실 등을 신속하게 통지하여야 한다(제259조의2).

⑤ [1] 소송계속 중인 사건의 피해자, 피해자 본인의 법정대리인 또는 이들로부터 위임을 받은 피해자 본인의 배우자·직계친족·형제자매·변호사는 소송기록의 열람 또는 등사를 재판장에게 신청할 수 있다(제294조의4 제1항).
[2] 재판장은 피해자 등의 권리구제를 위하여 필요하다고 인정하거나 그 밖의 정당한 사유가 있는 경우 범죄의 성질, 심리의 상황, 그 밖의 사정을 고려하여 상당하다고 인정하는 때에는 열람 또는 등사를 허가할 수 있다(동조 제3항).
[3] 제3항에 관한 재판에 대하여는 불복할 수 없다(동조 제6항).

⑥ 재판장은 피해자·증인의 인적사항의 공개 또는 누설을 방지하거나 그 밖에 피해자·증인의 안전을 위하여 필요하다고 인정할 때에는 증인의 신문을 청구한 자에 대하여 사전에 신문사항을 기재한 서면의 제출을 명할 수 있다(규칙 제66조).

⑦ 형사소송법에서 정한 절차와 방식에 따른 증인신문절차를 거치지 아니한 채 증인에 대하여 선서 없이 법관이 임의의 방법으로 청취한 진술과 그 진술의 형식적 변형에 불과한 증거(녹음파일 등)는 적법한 증거조사 절차를 거치지 않은 증거로서 증거능력이 없다. 따라서 사실인정의 자료로 삼을 수도 없고, 피고인이나 변호인이 그러한 절차 진행에 동의하였다거나 사후에 그와 같은 증거조사 결과에 대하여 이의를 제기하지 아니하고 그 녹음파일 등을 증거로 함에 동의하였더라도 그 위법성이 치유되지 않는다(대판 2020도14843).

Chapter 055 감정

1 의의

감정이란 특수한 지식·경험을 가진 제3자가 그 지식·경험에 의하여 알 수 있는 법칙 또는 그 법칙을 적용하여 얻은 판단을 법원에 보고하는 것을 의미한다.

2 감정 관련 지문 및 판례 정리

① 감정유치(제172조 제3항) : 피고인의 정신 또는 신체에 관한 감정에 필요한 때에는 법원은 기간을 정하여 병원 기타 적당한 장소에 피고인을 유치하게 할 수 있고 감정이 완료되면 즉시 유치를 해제하여야 한다.

② 피고인이 정신장애 3급의 장애자로 등록되어 있고, 진료소견서 등에도 병명이 '미분화형 정신분열증 및 상세불명의 간질' 등으로 기재되어 있고 수사기관에서부터 자신의 심신장애 상태를 지속적으로 주장하여 왔다면, 비록 피고인이 항소이유서에서 명시적으로 심신장애 주장을 하지 않았다고 하더라도, 직권으로라도 피고인의 범행 당시 피고인의 심신장애 여부를 심리하였어야 한다(대판 2009도870). 표준판례

③ 형법 제10조 소정의 심신장애의 유무는 법원이 형벌제도의 목적 등에 비추어 판단하여야 할 법률문제로서, 그 판단에 있어서는 전문감정인의 정신감정결과가 중요한 참고자료가 되기는 하나, 법원으로서는 반드시 그 의견에 기속을 받는 것은 아니고, 그러한 감정 결과뿐만 아니라 제반 자료 등을 종합하여 독자적으로 심신장애의 유무를 판단하여야 한다(대판 96도638).

④ [1] 경험한 과거의 사실을 진술할 지위에 있지 않음이 명백한 감정인을 법원이 증인 또는 감정증인으로 소환한 경우, 감정인이 소환장을 송달받고 출석하지 않았더라도 그 불출석에 대한 제재로서 형사소송법 제151조 제1항에 따른 과태료를 부과할 수는 없다.

[2] 이러한 법리는 법원으로부터 감정의 명을 받아 형사소송법 제169조 내지 제177조에서 정한 선서 등 절차를 거쳐 감정을 행한 감정인에게 적용됨은 물론, 형사소송법 제221조 제2항에 따라 수사기관에 의하여 감정을 위촉받은 사람이 감정의 결과로 감정서를 제출한 경우 그에 관한 법정에서의 진술이 그가 경험한 과거의 사실에 관한 것이 아니라 오로지 감정인으로서의 학식과 경험에 의하여 얻은 일정한 원리 또는 판단을 진술하는 것임이 명백한 때에도 마찬가지로, 이때에는 필요한 범위 내에서 형사소송법 제1편 제13장의 관련 절차를 거쳐 감정인신문으로 하여야 할 것이다(대결 2023모356).

Chapter 056 간이공판절차

I 개관

1 의의

피고인이 공판정에서 공소사실에 대하여 자백한 때에는 법원은 그 공소사실에 한하여 간이공판절차에 의하여 심판할 것을 결정할 수 있다(제286조의2).[23모선]

2 요건

① 자백은 공판정, 즉 공판절차에서 할 것을 요하므로 수사절차나 공판준비절차에서의 자백을 이유로 간이공판절차를 개시할 수는 없다.

② 간이공판절차의 결정의 요건인 공소사실의 자백이라 함은 공소장 기재사실을 인정하고 나아가 위법성이나 책임조각사유가 되는 사실을 진술하지 아니하는 것으로 충분하고 명시적으로 유죄를 자인하는 진술이 있어야 하는 것은 아니다(대판 87도1269). 표준판례

③ 피고인이 법정에서 "공소사실은 모두 사실과 다름없다."라고 하면서 술에 만취되어 기억이 없다는 취지로 진술한 경우에, 피고인이 술에 만취되어 사고 사실을 몰랐다고 범의를 부인함과 동시에 그 범행 당시 심신상실 또는 심신미약의 상태에 있었다는 주장으로서 피고인은 적어도 공소사실을 부인하거나 심신상실의 책임조각사유를 주장하고 있는 것으로 볼 여지가 충분하므로 간이공판절차에 의하여 심판할 대상에 해당하지 아니한다(대판 2004도2116).

④ 피고인이 공소사실에 대하여 검사가 신문을 할 때에는 공소사실을 모두 사실과 다름없다고 진술하였으나 변호인이 신문을 할 때에는 범의나 공소사실을 부인하였다면 그 공소사실은 간이공판절차에 의하여 심판할 대상이 아니다(대판 97도3421).[25변시]

⑤ 피고인의 진술이 공소사실 중 일부를 부인하거나 또는 최소한 피고인에게 폭력의 습벽이 있음을 부인하는 취지라고 보임에도, 간이공판절차에 의하여 상습상해 내지 폭행의 공소사실을 유죄로 인정한 제1심판결을 유지한 원심판결에 간이공판절차에 관한 위법이 있다(대판 2004도6176). 표준판례

⑥ 국민참여재판에는 간이공판절차를 적용하지 아니한다(국민참여재판법 제43조).[22모선]

⑦ 변호인이 공소사실에 대하여 자백한 경우 간이공판절차가 개시되는 것은 아니다.

3 간이공판절차 개시결정에 대한 불복

간이공판절차의 개시결정은 판결 전 소송절차에 대한 결정이므로 항고할 수 없다. 그러나 간이공판절차에 의할 수 없는 경우인데도 이에 의하여 심리한 경우에는 소송절차의 법령위반에 해당하여 항소이유가 된다(대판 95도1859).

II 특칙

1 증거능력에 대한 특칙

(1) 전문법칙의 배제

① 간이공판절차의 증거에 관하여는 전문법칙이 적용되는 증거에 대하여 제318조 제1항의 동

의가 있는 것으로 간주한다. 다만 검사·피고인 또는 변호인이 증거로 함에 이의가 있는 때에는 그러하지 아니하다(제318조의3).
② 피고인 또는 변호인의 이의가 없어 제318조의3의 규정에 따라 증거능력이 있다고 보고, 상당하다고 인정하는 방법으로 증거조사를 한 이상, 가사 항소심에 이르러 범행을 부인하였다고 하더라도 제1심 법원에서 이미 증거능력이 있었던 증거는 항소심에서도 증거능력이 그대로 유지되어 심판의 기초가 될 수 있고 다시 증거조사를 할 필요가 없다(대판 97도3421).

(2) 위법수집증거배제법칙, 자백배제법칙, 자백보강법칙 등의 적용

간이공판절차에서 증거능력의 제한이 완화되는 것은 전문법칙에 한하므로 전문법칙 이외의 위법수집증거배제법칙이나 자백배제법칙에 의한 증거능력의 제한은 간이공판절차에도 적용되며, 증명력과 관련된 자유심증주의나 자백보강법칙도 그대로 적용된다.

2 증거조사에 관한 특칙

① 간이공판절차에서는 엄격한 증거조사방식에 의할 필요는 없고 법원이 상당하다고 인정하는 방법으로 증거조사를 할 수 있다(제297조의2).
② 간이공판절차에서는 증거조사 결과에 대하여 피고인의 의견을 묻는 규정은 적용되지 아니한다(제297조의2, 제293조).
③ 간이공판절차에서는 제293조(재판장은 피고인에게 각 증거조사의결과에 대한 의견을 묻고 권리를 보호함에 필요한 증거조사를 신청할 수 있음을 고지하여야 한다), 제297조(피고인 등의 퇴정)의 규정을 적용하지 아니하며 법원이 상당하다고 인정하는 방법으로 증거조사를 할 수 있다.
④ 그러나 증인의 선서, 당사자의 증거조사참여권, 당사자의 증거신청권, 증거조사에 대한 이의신청권 등은 간이공판절차에서도 인정된다.
⑤ 간이공판절차의 증거조사에서 증거방법을 표시하고 증거조사내용을 "증거조사함"이라고 표시하는 방법으로 하였다면 간이절차에서의 증거조사에서 법원이 인정·채택한 상당한 증거방법이라고 인정할 수 있다(대판 80도333). 표준판례

III 간이공판절차의 취소

1 취소사유

법원은 간이공판절차에 의하여 심판할 것을 결정한 사건에 관하여 피고인의 자백이 신빙할 수 없다고 인정되거나 간이공판절차로 심판하는 것이 현저히 부당하다고 인정할 때에는 검사의 의견을 들어 그 결정을 취소하여야 한다(제286조의3).[22모선]
- 검사의 의견에 구속력은 없으며 취소사유가 있는 때에는 법원은 반드시 취소하여야 한다.

2 공판절차의 갱신

간이공판절차의 결정이 취소된 때에는 공판절차를 갱신하여야 하므로, 원칙적으로 증거조사를 다시 해야 하는데, 다만 검사·피고인 또는 변호인이 이의가 없는 때에는 갱신을 필요로 하지 않는다(제301조의2).

Chapter 057 공판절차의 특칙

1 공판절차의 정지

(1) 의의

공판절차의 정지란 심리를 진행할 수가 없는 일정한 사유가 발생한 경우에 법원이 결정으로 그 사유가 없어질 때까지 공판절차의 진행을 일시 정지하는 것을 말한다.

(2) 사유

① 피고인의 심신상실 또는 질병(제306조 제1항)
② 공소장변경이 피고인의 불이익을 증가할 염려가 있다고 인정한 때(제298조 제4항)
cf. 공소사실의 일부 변경이 있더라도 공판절차의 진행상황에 비추어 피고인의 방어권 행사에 실질적 불이익을 주지 않는 것으로 인정될 때에는 법원이 공소장변경을 이유로 한 공판절차정지신청을 받아들이지 않았다 하더라도 이를 위법하다고 할 수 없다(대판 91도2085).
③ 기피신청이 있는 경우(제22조)
④ 위헌법률심판을 제청한 경우 당해 소송사건의 재판은 헌법재판소의 위헌여부의 결정이 있을 때까지 정지된다(헌법재판소법 제42조 제1항).

2 공판절차의 갱신

(1) 의의

공판절차갱신이란 법원이 판결선고 이전에 이미 진행된 공판절차를 일단 무시하고 다시 그 절차를 진행하는 것을 말한다.

(2) 사유

① 판사의 경질(제301조)

② 간이공판절차의 취소(제301조의2)

③ 심신상실로 인한 공판절차정지 사유가 소멸된 경우(규칙 제143조)

3 변론의 병합과 분리

(1) 의의

① 변론병합이란 수개의 관련사건이 사물관할을 같이 하는 동일한 법원에 계속되어 있는 경우에 이들 사건을 하나의 재판부가 하나의 공판절차에서 같이 심리하는 것을 말한다.

② 변론분리란 변론이 병합된 수개의 관련사건을 나누어 각각의 공판절차에서 별도로 심리하는 것을 말한다.

(2) 법원의 재량

① 변론병합의 신청이 있는 경우에 변론을 병합하느냐의 여부는 법원의 재량에 속한다(대판 87도706).

② 동일한 피고인에 대하여 각각 별도로 2개 이상의 사건이 공소 제기되었을 경우 반드시 병합심리하여 동시에 판결을 선고하여야만 되는 것은 아니다(대판 2004도5529). 표준판례

4 변론의 재개

(1) 의의

변론재개란 법원이 이미 종결한 변론을 다시 열어 심리를 계속하는 것을 말한다.

(2) 법원의 재량

① 변론종결 후 변론재개신청이 있는 경우에도 종결한 변론을 재개하느냐의 여부는 법원의 재량에 속하므로, 검사나 피고인에게 주장 및 입증을 위한 충분한 기회를 부여하였다가 변론을 종결한 이상 다른 특별한 사정이 없는 한 변론재개신청을 법원이 받아들이지 않아도 위법하다 할 수 없다(대판 2014도1414). 표준판례 [24변선]

② 그러나 사실심변론종결 후 검사나 피해자 등에 의해 피고인에게 불리한 새로운 양형조건에 관한 자료가 법원에 제출되었다면, 사실심 법원으로서는 변론을 재개하여 그 양형자료에 대하여 피고인에게 의견진술 기회를 주는 등 필요한 양형심리절차를 거침으로써 피고인의 방어권을 실질적으로 보장해야 한다(대판 2021도5777).

Chapter 058 국민참여재판

I 개관

1 의의

① 배심원이 참여하는 형사재판을 국민참여재판이라고 하는데, 사법의 민주적 정당성과 국민의 신뢰성을 높이기 위해 도입되었다.
② 다만, 국민참여재판을 받을 권리가 헌법 제27조 제1항에서 규정한 재판을 받을 권리의 보호범위에 속한다고 볼 수는 없다(대결 2018모3457).

2 국민참여재판법 중요 조문

- 제5조(대상사건) : ① 합의부 관할사건 및 위 사건의 미수·교사·방조·예비·음모죄에 해당하는 사건, 위 사건들과 관련사건으로서 병합하여 심리하는 사건 ② 단, 피고인이 국민참여재판을 원하지 아니하거나 배제결정이 있는 경우는 국민참여재판을 하지 아니한다.
- 제6조(공소사실의 변경 등) : ① 법원은 공소사실의 일부 철회 또는 변경으로 인하여 대상사건에 해당하지 아니하게 된 경우에도 이 법에 따른 재판을 계속 진행한다. 다만, 법원은 국민참여재판으로 진행하는 것이 적당하지 아니하다고 인정하는 때에는 결정으로 당해 사건을 지방법원 본원 합의부가 국민참여재판에 의하지 아니하고 심판하게 할 수 있다. ② 위 결정에 대하여는 불복할 수 없다.[24변선]
- 제7조(필요적 국선변호) : 국민참여재판에 관하여 변호인이 없는 때에는 법원은 직권으로 변호인을 선정하여야 한다.
- 제8조(피고인 의사의 확인) : ① 법원은 대상사건의 피고인에 대하여 국민참여재판을 원하는지 여부에 관한 의사를 서면 등의 방법으로 반드시 확인하여야 한다. ② 피고인은 공소장 부본을 송달받은 날부터 7일 이내에 국민참여재판을 원하는지 여부에 관한 의사가 기재된 서면을 제출하여야 한다. 이 경우 피고인이 서면을 우편으로 발송한 때, 교도소 또는 구치소에 있는 피고인이 서면을 교도소장·구치소장 또는 그 직무를 대리하는 자에게 제출한 때에 법원에 제출한 것으로 본다. ③ 피고인이 제2항의 서면을 제출하지 아니한 때에는 국민참여재판을 원하지 아니하는 것으로 본다. ④ 피고인은 제9조 제1항의 배제결정 또는 제10조 제1항의 회부결정이 있거나 공판준비기일이 종결되거나 제1회 공판기일이 열린 이후에는 종전의 의사를 바꿀 수 없다.

- 제9조(배제결정) : ① 제2호. 법원은 공범관계에 있는 피고인들 중 일부가 국민참여재판을 원하지 아니하여 국민참여재판의 진행에 어려움이 있다고 인정되는 경우 국민참여재판을 하지 아니하기로 하는 결정을 할 수 있다. ③ 국민참여재판 배제결정에 대하여는 즉시항고를 할 수 있다.
- 제10조(지방법원 지원 관할 사건의 특례) : 피고인이 국민참여재판을 원하는 의사를 표시한 경우 지방법원 지원 합의부가 제9조 제1항의 배제결정을 하지 아니하는 경우에는 국민참여재판절차 회부결정을 하여 사건을 지방법원 본원 합의부로 이송하여야 한다.
- 제11조(통상의 절차회부) : ① 법원은 공판절차가 장기간 정지되는 등 국민참여재판을 계속 진행하는 것이 부적절하다고 인정하는 경우에는 사건을 지방법원 본원 합의부가 국민참여재판에 의하지 아니하고 심판하게 할 수 있다. ③ 위 결정에 대하여는 불복할 수 없다.
- 제12조(배심원의 권한과 의무) : ① 배심원은 국민참여재판을 하는 사건에 관하여 사실의 인정, 법령의 적용 및 형의 양정에 관한 의견을 제시할 권한이 있다.
- 제16조(배심원의 자격) : 배심원은 만 20세 이상의 대한민국 국민 중에서 이 법으로 정하는 바에 따라 선정된다.
- 제32조(배심원의 해임) : ③ 법원은 배심원 또는 예비배심원을 해임하는 결정을 할 수 있는데, 위 결정에 대하여는 불복할 수 없다.
- 제36조(필요적 공판준비절차) : ① 재판장은 제8조에 따라 피고인이 국민참여재판을 원하는 의사를 표시한 경우에 사건을 공판준비절차에 부쳐야 한다.
- 제41조(배심원의 절차상 권리와 의무) : ① 배심원과 예비배심원은 피고인·증인에 대하여 필요한 사항을 신문하여 줄 것을 재판장에게 요청하는 행위를 할 수 있다.
- 제43조(간이공판절차 규정의 배제) : 국민참여재판에는 제286조의2(간이공판절차규정)를 적용하지 아니한다.
- 제44조(배심원의 증거능력 판단 배제) : 배심원 또는 예비배심원은 법원의 증거능력에 관한 심리에 관여할 수 없다.
- 제45조(공판절차의 갱신) : ① 공판절차가 개시된 후 새로 재판에 참여하는 배심원 또는 예비배심원이 있는 때에는 공판절차를 갱신하여야 한다.
- 제46조(재판장의 설명·평의·평결·토의 등) : ③ 배심원은 유·무죄에 관하여 전원의 의견이 일치하지 아니하는 때에는 평결을 하기 전에 심리에 관여한 판사의 의견을 들어야 한다. 이 경우 유·무죄의 평결은 다수결의 방법으로 한다. 심리에 관여한 판사는 평의에 참석하여 의견을 진술한 경우에도 평결에는 참여할 수 없다.

④ 평결이 유죄인 경우 배심원은 심리에 관여한 판사와 함께 양형에 관하여 토의하고 그에 관한 의견을 개진한다. 재판장은 양형에 관한 토의 전에 처벌의 범위와 양형의 조건 등을 설명하여야 한다.

⑤ 배심원의 평결과 의견은 법원을 기속하지 아니한다.[22모선]

● 제48조(판결선고기일) : ④ 재판장은 판결선고시 피고인에게 배심원의 평결결과를 고지하여야 하며, 배심원의 평결결과와 다른 판결을 선고하는 때에는 피고인에게 그 이유를 설명하여야 한다.

II 피고인의 국민참여재판 신청

1 배제결정 없이 통상의 공판절차로 진행한 경우 [24모사]

① 피고인이 법원에 국민참여재판을 신청하였는데도 법원이 이에 대한 배제결정도 하지 않은 채 통상의 공판절차로 재판을 진행하는 것은 피고인의 국민참여재판을 받을 권리 및 법원의 배제결정에 대한 항고권 등 중대한 절차적 권리를 침해한 것으로서 위법하고, 이와 같이 위법한 공판절차에서 이루어진 소송행위는 무효이다(대판 2011도7106).

② 이러한 제1심법원의 소송절차상의 하자는 직권조사사유에 해당하므로, 원심법원으로서는 비록 피고인이 이러한 점을 항소사유로 삼고 있지 않다 하더라도 이를 살펴 직권으로 제1심판결을 파기하였어야 함에도 불구하고 원심법원은 이러한 제1심판결의 위법에 대하여 아무런 심리, 판단을 하지 아니한 채 피고인의 항소를 기각하고 말았으니, 이러한 원심법원의 판단에도 국민참여재판을 받을 권리 및 소송절차상의 하자에 관한 법리를 오해하여 판결에 영향을 미친 위법이 있다 할 것이다(대판 2011도7106).

- 원심판결과 제1심판결을 모두 파기하고 사건을 제1심법원에 환송한 사례 표준판례

2 국민참여재판 신청의 기회를 제공하지 않은 절차상 하자의 치유요건

[1] 제1심법원이 국민참여재판의 대상이 되는 사건임을 간과하여 이에 관한 피고인의 의사를 확인하지 아니한 채 통상의 공판절차로 재판을 진행하였더라도, 피고인이 항소심에서 국민참여재판을 원하지 아니한다고 하면서 위와 같은 제1심의 절차적 위법을 문제삼지 아니할 의사를 명백히 표시하는 경우에는 그 하자가 치유되어 제1심 공판절차는 전체로서 적법하게 된다.[22변선]

[2] 다만 위 권리를 침해한 제1심 공판절차의 하자가 치유된다고 보기 위해서는 피고인에게 국민참여재판절차 등에 관한 충분한 안내와 그 희망 여부에 관하여 숙고할 수 있는 상당한 시간이 사전에 부여되어야 할 것이다.[22모선]

[3] 위와 같은 안내와 숙고의 기회를 부여하였다고 볼 만한 자료가 없는 이 사건에서 단지 피고인과 변호인이 원심 제1회 공판기일에 제1심에서 국민참여재판이 아닌 통상의 공판절차에 따라 재판을 받은 것에 대하여 이의가 없다고 진술한 사실만으로 제1심의 공판절차상 하자가 모두 치유되어 그에 따른 판결이 적법하게 된다고 볼 수 없다(대판 2012도1225). 표준판례 [22모선]

3 기간을 도과한 국민참여재판 신청의 경우 [16변시]

(1) 문제점

피고인이 공소장부본을 송달받은 날로부터 7일이 경과한 후에 국민참여재판을 원한다고 신청하는 경우에 국민참여재판으로 진행할 수 있는지 문제된다.

(2) 판례

공소장부본을 송달받은 날부터 7일 이내에 의사확인서를 제출하지 아니한 피고인도 제1회 공판기일이 열리기 전까지는 국민참여재판 신청을 할 수 있고, 법원은 그 의사를 확인하여 국민참여재판으로 진행할 수 있다(대결 2009모1032).

(3) 검토

'공판준비기일이 종결되거나 제1회 공판기일이 열린 이후에는 종전의 의사를 바꿀 수 없다'는 규정에 의하면 공판준비기일 종결 전이나 제1회 공판기일이 열리기 전에는 국민참여재판을 신청할 수 있는 것으로 해석될 수도 있으므로, 판례의 태도가 타당하다.

III 국민참여재판으로 진행하기로 한 법원의 결정에 대한 검사의 항고 가부

국민참여재판법에 의하면 제1심 법원이 국민참여재판 대상사건을 피고인의 의사에 따라 국민참여재판으로 진행함에 있어 별도의 국민참여재판 개시결정을 할 필요는 없고, 그에 관한 이의가 있어 제1심 법원이 국민참여재판으로 진행하기로 하는 결정에 이른 경우 이는 판결 전의 소송절차에 관한 결정에 해당하며, 그에 대하여 특별히 즉시항고를 허용하는 규정이 없으므로 위 결정에 대하여는 항고할 수 없다. 따라서 국민참여재판으로 진행하기로 하는 제1심 법원의 결정에 대한 항고는 항고의 제기가 법률상의 방식을 위반한 때에 해당하여 위 결정을 한 법원이 항고를 기각하여야 한다(대결 2009모1032).

IV 국민참여재판 관련 지문 및 판례 정리

① 국민참여재판에서의 제1심의 판단과 항소심 [16변시]

[1] 제1심 증인이 한 진술의 신빙성 유무에 대한 제1심의 판단이 명백히 잘못되었다고 볼 특별한 사정이 있거나, 제1심 증인이 한 진술의 신빙성 유무에 대한 제1심의 판단을 그대로 유지하는 것이 현저히 부당하다고 인정되는 등의 예외적인 경우가 아니라면, 항소심으로서는 제1심 증인이 한 진술의 신빙성 유무에 대한 제1심의 판단이 항소심의 판단과 다르다는 이유를 들어 제1심의 판단을 함부로 뒤집어서는 아니 된다. 특히 배심원이 증인신문

등 사실심리의 전 과정에 함께 참여한 후 증인이 한 진술의 신빙성 등 증거의 취사와 사실의 인정에 관하여 만장일치의 의견으로 내린 무죄의 평결이 재판부의 심증에 부합하여 그대로 채택된 경우라면, 항소심에서의 새로운 증거조사를 통해 그에 명백히 반대되는 충분하고도 납득할 만한 현저한 사정이 나타나지 않는 한 한층 더 존중될 필요가 있다.

[2] 국민참여재판으로 진행된 제1심에서 배심원이 만장일치로 한 평결 결과를 받아들여 강도상해의 공소사실을 무죄로 판단하였으나, 항소심에서는 피해자에 대하여만 증인신문을 추가로 실시한 다음 제1심의 판단을 뒤집어 이를 유죄로 인정한 사안에서, 항소심 판단에 공판중심주의와 실질적 직접심리주의 원칙의 위반 및 증거재판주의에 관한 법리오해의 위법이 있다고 하였다(대판 2009도14065). 표준판례

② 국민참여재판을 거쳐 제1심법원이 배심원의 만장일치 무죄평결을 받아들여 피고인에 대하여 무죄판결을 선고한 경우, '증거의 취사 및 사실의 인정'에 관한 제1심법원의 판단은 한층 더 존중될 필요가 있고 그런 면에서 제1심법원의 무죄판결에 대한 항소심에서의 추가적이거나 새로운 증거조사는 형사소송법과 형사소송규칙 등에서 정한 바에 따라 신중하게 이루어져야 한다(대판 2020도7802).

③ [1] 재판장의 최종 설명은 배심원이 올바른 평결에 이를 수 있도록 지도하고 조력하는 기능을 담당하는 것으로서 배심원의 평결에 미치는 영향이 크므로, 재판장이 법률 제46조 제1항, 규칙 제37조 제1항에 따라 설명의무가 있는 사항을 설명하지 않는 것은 원칙적으로 위법한 조치이다.

[2] 재판장이 최종 설명 때 공소사실에 관한 설명을 일부 빠뜨렸거나 미흡하게 한 잘못이 있다고 하더라도, 이를 두고 그 전까지 절차상 아무런 하자가 없던 소송행위 전부를 무효로 할 정도로 판결에 영향을 미친 위법이라고 쉽게 단정할 것은 아니고, 위와 같은 잘못이 배심원의 평결에 직접적인 영향을 미쳐 피고인의 국민참여재판을 받을 권리 등을 본질적으로 침해하고 판결의 정당성마저 인정받기 어려운 정도에 이른 것인지를 신중하게 판단하여야 한다(대판 2014도8377).

④ 국민참여재판에서 재판장의 최초 설명의 대상에 검사가 아직 공소장에 의하여 낭독하지 아니한 공소사실 등은 포함되지 않는다(대판 2014도8377).

⑤ 성폭력범죄 피해자나 법정대리인이 국민참여재판을 원하지 아니한다는 이유만으로 국민참여재판 배제결정을 하는 것은 바람직하다고 할 수 없다(대결 2015모2898).

Chapter 059 거증책임

I 증명 일반

1 증명책임의 소재와 증명의 정도

① 거증책임이란 요증사실의 존부에 대하여 증명이 불충분한 경우 불이익을 받을 당사자의 법적 지위를 말하는데 입증책임, 증명책임이라고도 한다.

② 형사소송에서는 범죄사실이 있다는 증거를 검사가 제시하여야 한다. 범죄사실의 증명은 법관으로 하여금 합리적인 의심의 여지가 없을 정도로 고도의 개연성을 인정할 수 있는 심증을 갖게 하여야 한다(대판 2015도3483). 표준판례

③ 검사는 구성요건해당성사실의 존재는 물론이고 위법성과 책임의 존재에 대해서도 거증책임을 진다.[23모선]

④ 증거의 증명력은 법관의 자유판단에 맡겨져 있으나 그 판단은 논리와 경험법칙에 합치하여야 하고, 형사재판에서 유죄로 인정하기 위한 심증형성의 정도는 합리적인 의심을 할 여지가 없을 정도여야 한다(대판 2009도5858).

2 엄격한 증명과 자유로운 증명

(1) 의의

① 엄격한 증명이란 법률상 증거능력 있고 적법한 증거조사를 거친 증거에 의한 증명을 말한다. 공소범죄사실 등에 적용된다.

② 자유로운 증명이란 증거능력이나 적법한 증거조사를 요하지 않는 증거에 의한 증명을 말한다. 특히 소송법적 사실, 정상관계 사실 등에 적용된다.

③ 엄격한 증명과 자유로운 증명은 증거능력의 유무와 증거조사의 방법에 차이가 있을 뿐이고, 심증의 정도에 차이가 있는 것은 아니다. 엄격한 증명과 자유로운 증명은 모두 합리적 의심 없는 증명을 요하는 점에서 같다.

(2) 자유로운 증명에 관한 판례

① 특신상태에 관한 자유로운 증명

[1] 제312조 제4항의 '특히 신빙할 수 있는 상태'는 소송상의 사실에 관한 것이므로 엄격한 증명을 요하지 아니하고 자유로운 증명으로 족하다(대판 2012도2937). 표준판례

[2] 제314조의 '특히 신빙할 수 있는 상태 하에서 행하여졌음에 대한 증명'은 단지 그러할

개연성이 있다는 정도로는 부족하고 합리적인 의심의 여지를 배제할 정도에 이르러야 한다.
[3] 나아가 이러한 법리는 원진술자의 소재불명 등을 전제로 하고 있는 제316조 제2항의 경우에도 그대로 적용된다(대판 2015도12981).[23변선]

② **몰수대상이 되는지 여부나 추징액의 인정** 등은 엄격한 증명은 필요 없지만 역시 증거에 의하여 인정되어야 한다(대판 91도3346). 표준판례

③ **친고죄에서의 고소 유무**에 대한 사실은 자유로운 증명의 대상이 된다(대판 98도2074). 표준판례 [23변선]

④ **소추조건인 고발의 유무는 자유로운 증명으로 판단**
출입국사범 사건에서 지방출입국·외국인관서의 장의 적법한 고발이 있었는지 여부가 문제 되는 경우에 법원은 증거조사의 방법이나 증거능력의 제한을 받지 아니하고 제반 사정을 종합하여 적당하다고 인정되는 방법에 의하여 자유로운 증명으로 그 고발 유무를 판단하면 된다(대판 2021도404).[22모선]

⑤ [1] 반의사불벌죄에서 피고인 또는 피의자의 **처벌을 희망하지 않는다는 의사표시 또는 처벌희망 의사표시 철회의 유무나 그 효력 여부에 관한 사실**은 엄격한 증명의 대상이 아니라 증거능력이 없는 증거나 법률이 규정한 증거조사방법을 거치지 아니한 증거에 의한 증명, 이른바 자유로운 증명의 대상이다.[22모선]
[2] 원심이 증거능력이 없는 이 사건 각 수사보고서를 피해자들의 처벌희망 의사표시 철회의 효력 여부를 판단하는 증거로 사용한 것 자체는 위와 같은 법리에 따른 것으로서 정당하다(대판 2010도5610).

⑥ **자백의 임의성은 검사에게 입증책임 있으나 자유로운 증명으로 판단**
[1] 그 임의성에 다툼이 있을 때에는 그 임의성을 의심할 만한 합리적이고, 구체적인 사실을 피고인이 입증할 것이 아니고 검사가 그 임의성의 의문점을 해소하는 입증을 하여야 한다(대판 97도3234).[22모선]
[2] 피의자의 진술에 관하여 공판정에서 그 임의성 유무가 다투어지는 경우에는 법원은 구체적인 사건에 따라 증거조사의 방법이나 증거능력의 제한을 받지 아니하고 제반사정을 종합 참작하여 적당하다고 인정되는 방법에 의하여 자유로운 증명으로 그 임의성 유무를 판단하면 된다(대판 83도1718).[22모선]

⑦ 어떤 소송절차가 진행된 내용이 공판조서에 기재되지 않았다고 하여 당연히 그 소송절차가 당해 공판기일에 행하여지지 않은 것으로 추정되는 것은 아니고 공판조서에 기재되지 않은 소송절차의 존재가 공판조서에 기재된 다른 내용이나 공판조서 이외의 자료로 증명될 수 있고, 이는 소송법적 사실이므로 자유로운 증명의 대상이 된다(대판 2023도3038).[25변선]

⑧ **탄핵증거**는 범죄사실을 인정하는 증거가 아니므로 엄격한 증거조사를 거쳐야 할 필요가 없음은 명백하다고 할 것이나, 법정에서 이에 대한 탄핵증거로서의 증거조사는 필요하다(대판 97도1770).[22모선]

⑨ **명예훼손죄의 위법성조각사유의 존재 여부에 대한 증명**은 행위자의 거증책임을 완화하

기 위하여 자유로운 증명으로도 가능하다(대판 95도1473).[22모선]
⑩ **정상관계에 관한 사실**은 자유로운 증명의 대상이다.

(3) 엄격한 증명에 관한 판례

① **공소범죄 사실 : 고의, 범죄사실, 범죄의 일시 등**

[1] 인식 또는 고의는 내심의 사실이므로 피고인이 이를 부정하는 경우에는 사물의 성질상 이와 상당한 관련성이 있는 간접사실을 증명하는 방법에 의하여 입증할 수밖에 없다(대판 2006도4806). 표준판례 [22모선]

[2] 불법영득의사를 실현하는 행위로서의 횡령행위가 있었다는 점은, 합리적인 의심의 여지가 없을 정도로 확신을 가지게 하는 증명력이 있는 엄격한 증거에 의하여 증명하여야 한다(대판 2016도9027).

[3] 공모관계를 인정하기 위해서는 엄격한 증명이 요구되지만, 피고인이 범죄의 주관적 요소인 공모관계를 부인하는 경우에는 사물의 성질상 이와 상당한 관련성이 있는 간접사실 또는 정황사실을 증명하는 방법으로 이를 증명할 수밖에 없다(대판 2017도14322).

[4] 공소사실에 특정된 범죄의 일시는 피고인의 방어권 행사의 주된 대상이 되므로 엄격한 증명을 통해 그 특정한 대로 범죄사실이 인정되어야 하며, 그러한 증명이 부족한데도 다른 시기에 범행을 하였을 개연성이 있다는 이유로 범죄사실에 대한 증명이 있다고 인정하여서는 아니 된다(대판 2010도14487).

② 외국인이 대한민국 영역외에서 대한민국 국민에 대하여 범죄를 저지른 경우 우리 형법이 적용되지만, 행위지 법률에 의하여 범죄를 구성하지 아니하거나 소추 또는 형의 집행을 면제할 경우에는 우리 형법을 적용하여 처벌할 수 없고, 이 경우 **행위지 법률에 의하여 범죄를 구성하는지**는 엄격한 증명에 의하여 검사가 이를 증명하여야 한다(대판 2011도6507).

③ 범죄구성요건사실의 존부를 알아내기 위해 과학공식 등의 경험칙을 이용하는 경우에는 그 **법칙 적용의 전제가 되는 개별적이고 구체적인 사실**에 대하여는 엄격한 증명을 요한다(대판 99도128).

④ **공연성**은 명예훼손죄의 구성요건으로서, 특정 소수에 대한 사실적시의 경우 공연성이 부정되는 유력한 사정이 될 수 있으므로, **전파될 가능성**에 관하여는 검사의 엄격한 증명이 필요하다(대판 2020도5813).

⑤ 특가법 제5조의9(보복범죄의 가중처벌 등) 제1항 위반죄의 '**보복의 목적**'은 엄격한 증명의 대상이다(대판 2014도9030).

⑥ **횡령한 재물의 가액**이 특정경제범죄법의 적용 기준이 되는 하한 금액을 초과한다는 점도 다른 구성요건 요소와 마찬가지로 엄격한 증거에 의하여 증명되어야 한다(대판 2013도2857).

⑦ 목적과 용도를 정하여 위탁한 금전을 수탁자가 임의로 소비하면 횡령죄를 구성할 수 있으나, 이 경우 피해자 등이 목적과 용도를 정하여 금전을 위탁한 사실 및 그 목적과 용도가 무엇인지는 엄격한 증명의 대상이다(대판 2013도8121).

⑧ **뇌물죄의 수뢰액**은 엄격한 증명의 대상이다(대판 2009도2453).
⑨ **국헌문란의 목적**은 범죄 성립을 위하여 고의 외에 요구되는 초과주관적 위법요소로서 엄격한 증명사항에 속하나, 확정적 인식임을 요하지 아니하며, 다만 미필적 인식이 있으면 족하다(대판 2014도10978).
⑩ 구성요건에 해당하는 사실은 엄격한 증명에 의하여 이를 인정하여야 하고, 증거능력이 없는 증거는 구성요건 사실을 추인하게 하는 간접사실이나 구성요건 사실을 입증하는 직접증거의 증명력을 보강하는 보조사실의 인정자료로도 사용할 수 없다(대판 2008도7112).
⑪ 누범전과나 상습범가중에 있어서의 상습성과 같은 **법률상 형의 가중·감면의 이유되는 사실**은 엄격한 증명의 대상이다.
⑫ 심신미약, 장애미수, 자수, 자복과 같은 형의 감경 또는 감면 사유인 사실도 엄격한 증명의 대상이 된다.
⑬ 요증사실이 주요사실이면 간접사실도 엄격한 증명의 대상이다.

Ⅱ 증명책임의 전환

1 의의

입증책임의 분배원칙에 대한 명문의 규정에 의한 예외를 거증책임의 전환이라고 한다.
입증책임의 전환이라고 하기 위하여는 ① 입증책임을 상대방에게 전환하기 위한 명문의 규정이 있어야 하며, ② 입증책임의 예외를 뒷받침할 만한 합리적 근거가 있어야 한다.

2 명예훼손죄에 있어서 진실한 사실 및 공공의 이익에 관한 증명

공연히 사실을 적시하여 사람의 명예를 훼손한 행위가 형법 제310조의 규정에 따라서 위법성이 조각되어 처벌대상이 되지 않기 위하여는 그것이 진실한 사실로서 오로지 공공의 이익에 관한 때에 해당된다는 점을 행위자가 증명하여야 하는 것이나, 그 증명은 유죄의 인정에 있어 요구되는 것과 같이 법관으로 하여금 의심할 여지가 없을 정도의 확신을 가지게 하는 증명력을 가진 엄격한 증거에 의하여야 하는 것은 아니므로, 이때에는 전문증거에 대한 증거능력의 제한을 규정한 제310조의2는 적용될 여지가 없다(대판 95도1473). 표준판례 [23·22모선]

3 상해죄의 동시범특례와 거증책임

(1) 문제점

형법 제263조는 독립행위가 경합하여 상해의 결과를 발생하게 한 경우에 있어서 원인된 행위가 판명되지 아니한 때에는 공동정범의 예에 의한다고 규정하고 있는바, 이 규정이 거증책임의 전환규정인지 문제된다.

(2) 학설
① **거증책임전환설** : 거증책임이 검사로부터 행위자에게 전환된다고 보는 견해이다.
② **법률상 책임추정설** : 검사의 입증 곤란을 구제하기 위하여 공동정범에 관한 법률상의 책임추정을 규정한 것으로 보는 견해이다.

(3) 검토
법률상의 추정을 인정하는 것은 실체진실주의와 자유심증주의가 지배되는 형사소송의 본질과 일치하지 않으므로 거증책임 전환설이 타당하다.

Ⅲ 알리바이의 거증책임

1 문제점
피고인이 알리바이를 주장하고 법원이 이에 대해 확신을 가지지 못하는 경우 누구에게 거증책임이 있는지에 대하여 견해가 대립한다.

2 학설
① **피고인 부담설** : 알리바이는 증명된 때에만 의미가 있으므로 증명되지 않은 알리바이로 판사에게 무죄를 강요할 수 없으므로 피고인에게 거증책임이 있다는 견해이다.
② **검사 부담설** : 알리바이의 증명은 단순히 소극적 사실의 증명에 그치는 것이 아니라 행위자가 행위시에 그 장소에 있었음을 증명하는 것이므로 검사에게 거증책임이 있다는 견해이다.

3 검토
알리바이는 그것이 증명된 때에 한하여 의미가 있는 것이므로 이를 주장하는 피고인에게 거증책임이 있다고 보아야 할 것이다.

Ⅳ 증명 관련 판례 정리

(1) 간접증거에 의한 증명
① 간접증거에 의한 유죄 인정
범죄사실의 증명은 반드시 직접증거만으로 이루어져야 하는 것은 아니고 논리와 경험칙에 합치되는 한 간접증거로도 할 수 있으며, 간접증거가 개별적으로는 범죄사실에 대한 완전

한 증명력을 가지지 못하더라도 전체 증거를 상호 관련하에 종합적으로 고찰할 경우 그 단독으로는 가지지 못하는 종합적 증명력이 있는 것으로 판단되면 그에 의하여도 범죄사실을 인정할 수 있다(대판 96도1783). 표준판례

② **간접증거를 통한 증명의 정도**

[1] 살인죄 등과 같이 법정형이 무거운 범죄의 경우에도 직접증거 없이 간접증거만으로 유죄를 인정할 수 있으나, 간접증거에 의하여 주요사실의 전제가 되는 간접사실을 인정할 때에는 증명이 합리적인 의심을 허용하지 않을 정도에 이르러야 하고, 하나하나의 간접사실 사이에 모순, 저촉이 없어야 하는 것은 물론 간접사실이 논리와 경험칙, 과학법칙에 의하여 뒷받침되어야 한다. 그러므로 유죄의 인정은 여러 간접사실로 보아 피고인이 범행한 것으로 보기에 충분할 만큼 압도적으로 우월한 증명이 있어야 한다.[22모선]

[2] 그리고 범행에 관한 간접증거만이 존재하고 더구나 그 간접증거의 증명력에 한계가 있는 경우, 범인으로 지목되고 있는 자에게 범행을 저지를 만한 동기가 발견되지 않는다면, 만연히 무엇인가 동기가 분명히 있는데도 이를 범인이 숨기고 있다고 단정할 것이 아니라 반대로 간접증거의 증명력이 그만큼 떨어진다고 평가하는 것이 형사증거법의 이념에 부합하는 것이다(대판 2022도2236).

(2) **과학적 증거방법에 의한 증명**

① [1] (유전자검사나 혈액검사 등) 공소사실을 뒷받침하는 과학적 증거방법은 전제로 하는 사실이 모두 진실인 것이 입증되고 추론의 방법이 과학적으로 정당하여 오류 가능성이 전혀 없거나 무시할 정도로 극소한 것으로 인정되는 경우에는 법관이 사실인정을 하는 데 상당한 정도로 구속력을 가진다(대판 2011도1902). 표준판례

[2] 비록 사실의 인정이 사실심의 전권이라 하더라도 아무런 합리적 근거 없이 함부로 이를 배척하는 것은 자유심증주의의 한계를 벗어나는 것으로서 허용될 수 없다(대판 2008도8486).

② [1] 범죄구성요건사실을 인정하기 위하여 과학공식 등의 경험칙을 이용하는 경우에 그 법칙 적용의 전제가 되는 개별적·구체적 사실에 대하여는 엄격한 증명을 요한다.

[2] 위드마크 공식은 운전 당시 혈중알코올농도를 추정하는 경험칙의 하나이므로, 그 적용을 위한 자료로 섭취한 알코올의 양·음주시각·체중 등이 필요하고 이에 관하여는 엄격한 증명이 필요하다.

[3] 혈중알코올농도 측정 없이 위드마크 공식을 사용해 피고인이 마신 술의 양을 기초로 피고인의 운전 당시 혈중알코올농도를 추산하는 경우로서 알코올의 분해소멸에 따른 혈중알코올농도의 감소기(위드마크 제2공식, 하강기)에 운전이 이루어진 것으로 인정되는 경우에는 피고인에게 가장 유리한 음주 시작시점부터 곧바로 생리작용에 의하여 분해소멸이 시작되는 것으로 보아야 한다(대판 2021도14074).

[4] 그러나 시간당 알코올분해량에 관하여 알려져 있는 신빙성 있는 통계자료 중 피고인에게 가장 유리한 것을 대입하여 위드마크 공식을 적용하여 운전 시의 혈중알코올농도를 계

산하는 것은 피고인에게 실질적인 불이익을 줄 우려가 없으므로 그 계산결과는 유죄의 인정자료로 사용할 수 있다고 하여야 한다(대판 2020도6417).

(3) 피해자의 진술 등에 의한 증명

① 공소사실을 인정할 증거로 사실상 피해자의 진술이 유일한 경우에 피고인의 진술이 경험칙상 합리성이 없고 그 자체로 모순되어 믿을 수 없다고 하여 그것이 공소사실을 인정하는 직접증거가 되는 것은 아니지만, 이러한 사정은 법관의 자유판단에 따라 피해자 진술의 신빙성을 뒷받침하거나 직접증거인 피해자 진술과 결합하여 공소사실을 뒷받침하는 간접정황이 될 수 있다(대판 2021도3451).

② [1] 형사사건에서 상해진단서는 피해자의 진술과 함께 피고인의 범죄사실을 증명하는 유력한 증거가 될 수 있다.

[2] 그러나 상해진단서의 객관성과 신빙성을 의심할 만한 사정이 있는 때에는 증명력을 판단하는 데 매우 신중하여야 한다. 특히 상해진단서가 주로 통증이 있다는 피해자의 주관적인 호소 등에 의존하여 의학적인 가능성만으로 발급된 때에는 제반 사정 등을 면밀히 살펴 논리와 경험법칙에 따라 그 증명력을 판단하여야 한다(대판 2016도15018). 표준판례

③ 사실심 법원은 인접한 시기에 같은 피해자를 상대로 저질러진 동종 범죄에 대해서도 각각의 범죄에 따라 피해자 진술의 신빙성이나 그 신빙성 유무를 기초로 한 범죄 성립 여부를 달리 판단할 수 있고, 이것이 실체적 진실발견과 인권보장이라는 형사소송의 이념에 부합한다(대판 2018도19472).

④ [1] 범행 후 피해자의 태도 중 '마땅히 그러한 반응을 보여야만 하는 피해자'로 보이지 않는 사정이 존재한다는 이유만으로 피해자 진술의 신빙성을 함부로 배척할 수 없다(대판 2020도11185).

[2] 그리고 친족관계에 의한 성범죄를 당하였다는 피해자의 진술은 피고인에 대한 이중적인 감정, 가족들의 계속되는 회유와 압박 등으로 인하여 번복되거나 불분명해질 수 있는 특수성이 있다는 점을 고려해야 한다(대판 2020도6965).

⑤ **피해자의 진술만이 유죄의 증거가 되는 경우 법원의 판단**

[1] 성폭력처벌법 제11조('공중 밀집 장소에서의 추행죄') 위반죄가 성립하기 위해서는 주관적 구성요건으로서 추행을 한다는 인식을 전제로 적어도 미필적으로나마 이를 용인하는 내심의 의사가 있어야 하므로, 피고인이 추행의 고의를 부인하는 경우에는 고의와 상당한 관련성이 있는 간접사실을 증명하는 방법에 따를 수밖에 없다.

[2] 이는 피고인이 자폐성 장애인이거나 지적장애인에 해당하는 경우에도 마찬가지로서, 피고인이 공소사실 기재 행위 당시 특정 범행의 구성요건 해당 여부에 관한 인식을 전제로 이를 용인하는 내심의 의사까지 있었다는 점에 관하여 합리적인 의심을 할 여지가 없을 정도의 확신에 이르러야 한다

[3] 피고인이 수사과정에서 공소사실을 부인하였고 그 내용이 기재된 피의자신문조서 등에 관하여 증거동의를 한 경우에는, 형사소송법에 따라 증거능력 자체가 부인되는 것은 아

니지만, 전체적 내용이나 진술의 맥락·취지를 고려하지 않은 채 그중 일부만을 발췌하여 유죄의 증거로 사용하는 것은 함부로 허용할 수 없다(대판 2023도13081).

⑥ **공소사실에 부합하는 진술 중 그대로 믿을 수 없는 사정이 밝혀진 경우**
공소사실에 부합하는 진술 중 주요한 부분을 그대로 믿을 수 없는 객관적 사정이 밝혀진 경우에는 진술 전체의 신빙성이 전체적으로 상당히 약해졌다고 보아야 할 것이므로, 나머지 진술 부분의 신빙성을 인정할 수 있으려면 신빙성이 인정되지 않는 진술 부분과 달리 나머지 부분 진술만 신뢰할 수 있는 충분한 근거나 그 진술을 보강하는 다른 증거가 제시되는 등과 같이 합리적 의심을 배제할 만한 사정이 있어야 한다(대판 2022도11245).

(4) 항소심에서 증거에 관하여 1심과 다른 판단을 하기 위한 요건

① 항소심이 항소이유가 있다고 인정하는 경우에는 제1심이 조사한 증인을 다시 심문하지 아니하고 그 조서의 기재만으로 그 증언의 신빙성 유무를 판단할 수 있는 것이 원칙이지만 제1심의 피해자에 대한 증인신문조서 기재 자체에 의하여 피해자의 진술을 믿기 어려운 사정이 보이는 경우에 항소심이 그 증인을 다시 신문하여 보지도 아니하고 제1심의 증인신문조서의 기재만에 의하여 직접 증인을 신문한 제1심과 다르게 그 증언을 믿을 수 있다고 판단한 것은 심히 부당하다(대판 2005도130).

② 항소심으로서는 제1심 증인이 한 진술의 신빙성 유무에 대한 제1심의 판단이 항소심의 판단과 다르다는 이유만으로 이에 대한 제1심의 판단을 함부로 뒤집어서는 아니되나, 제1심 증인이 한 진술의 신빙성 유무에 대한 제1심의 판단이 명백하게 잘못되었다고 볼 특별한 사정이 있거나, 제1심 증거조사 결과와 항소심 변론종결 시까지 추가로 이루어진 증거조사 결과를 종합하면 제1심 증인이 한 진술의 신빙성 유무에 대한 제1심의 판단을 그대로 유지하는 것이 현저히 부당하다고 인정되는 예외적인 경우에는 그러하지 아니하다(대판 2021도2726).

(5) 그 밖의 증명에 관한 중요 판례

① 서증의 증거능력을 부여하기 위한 입증책임은 그 서증을 증거로 제출한 검사에게 있다(대판 70도2109). 표준판례

② 양심적 병역거부를 주장하는 피고인은 자신의 병역거부가 그에 따라 행동하지 않고서는 인격적 존재가치가 파멸되고 말 것이라는 절박하고 구체적인 양심에 따른 것이며 그 양심이 깊고 확고하며 진실한 것이라는 사실의 존재를 수긍할 만한 소명자료를 제시하고, 검사는 제시된 자료의 신빙성을 탄핵하는 방법으로 진정한 양심의 부존재를 증명할 수 있다. 이때 병역거부자가 제시하여야 할 소명자료는 적어도 검사가 그에 기초하여 정당한 사유가 없다는 것을 증명하는 것이 가능할 정도로 구체성을 갖추어야 한다(대판 2020도8055).
- 진정한 양심에 따른 예비군훈련 거부의 경우에도 동일(대판 2018도4708)

③ 유죄의 자료가 되는 것으로 제출된 증거의 반대증거 서류에 대하여는 그것이 유죄사실을 인정하는 증거가 되는 것이 아닌 이상 반드시 그 진정성립이 증명되지 아니하거나 이를 증

거로 함에 있어서의 상대방의 동의가 없다고 하더라도 증거판단의 자료로 할 수 있다(대판 80도1547).

④ 정보통신망법상 비방할 목적이 있는지 여부는 피고인이 드러낸 사실이 거짓인지 여부와 별개의 구성요건으로서, 드러낸 사실이 거짓이라고 해서 비방할 목적이 당연히 인정되는 것은 아니다. 그리고 이 규정에서 정한 모든 구성요건에 대한 증명책임은 검사에게 있다(대판 2020도11471).

⑤ **허위사실적시 명예훼손죄에서 허위사실 적시에 대한 증명책임**

[1] 형사재판에서 공소가 제기된 범죄의 구성요건을 이루는 사실은 그것이 주관적 요건이든 객관적 요건이든 그 증명책임이 검사에게 있으므로, 그 적시된 사실이 객관적으로 진실에 부합하지 아니하여 허위일 뿐만 아니라 그 적시된 사실이 허위라는 것을 피고인이 인식하고서 이를 적시하였다는 점은 모두 검사가 증명하여야 한다.

[2] 그런데 위 증명책임을 다하였는지 여부를 결정할 때에는, 어느 사실이 적극적으로 존재한다는 것의 증명은 물론, 그 사실의 부존재의 증명이라도 특정 기간과 특정 장소에서의 특정행위의 부존재에 관한 것이라면 적극적 당사자인 검사가 이를 합리적 의심의 여지가 없이 증명하여야 한다(대판 2019도13404).

[3] 해당 표현이 학문의 자유로서 보호되는 영역에 속하지 않는다는 점은 검사가 증명하여야 한다(대판 2017도18697).

⑥ 후보자의 비리 등에 관한 의혹의 제기시 의혹사실의 존재를 적극적으로 주장하는 자는 그러한 사실의 존재를 수긍할 만한 소명자료를 제시할 부담을 지고, 그러한 소명자료를 제시하지 못한다면 달리 그 의혹사실의 존재를 인정할 증거가 없는 한 허위사실 공표의 책임을 져야 하며, 제시된 소명자료 등에 의하여 그러한 의혹이 진실인 것으로 믿을 만한 상당한 이유가 있는 경우에는 비록 사후에 그 의혹이 진실이 아닌 것으로 밝혀지더라도 표현의 자유 보장을 위하여 이를 벌할 수 없다(대판 2018도10447). 표준판례

⑦ **피해자가 제출한 탄원서는 범죄사실의 인정을 위한 증거로 사용 불가**

[1] 법원은 필요하다고 인정하는 경우 직권으로 또는 피해자 등의 신청에 따라 피해자 등을 공판기일에 출석하게 하여 형사소송법 제294조의2 제2항에 정한 사항으로서 범죄사실의 인정에 해당하지 않는 사항에 관하여 증인신문에 의하지 아니하고 의견을 진술하거나 의견진술에 갈음하여 의견을 기재한 서면을 제출하게 할 수 있다(규칙 제134조의10 제1항 및 제134조의11 제1항). 다만 위 각 조항에 따른 진술과 서면은 범죄사실의 인정을 위한 증거로 할 수 없다(규칙 제134조의12).

[2] 피고인이 피해자를 강간하려다가 피해자에게 약 2주간의 치료가 필요한 상해를 가하였다는 강간상해의 공소사실이 제1심 및 원심에서 유죄로 인정되었고, 피해자는 제1심 및 원심에서의 재판 절차 진행 중 수회에 걸쳐 탄원서 등 피해자의 의견을 기재한 서류를 제출하였는데, 원심이 피해자가 한 진술의 신빙성이 인정되는 사정의 하나로 피해자가 제출한 탄원서의 일부 기재 내용을 적시하여 공소사실을 유죄로 판단한 사안에서, 위 탄원서 등은

결국 피해자가 형사소송규칙 제134조의10 제1항에 규정된 의견진술에 갈음하여 제출한 서면에 해당하여 범죄사실의 인정을 위한 증거로 할 수 없으므로, 원심판단에는 피해자의 의견을 기재한 서면의 증거능력에 관한 법리를 오해하여 범죄사실의 인정을 위한 증거로 할 수 없는 탄원서를 유죄의 증거로 사용한 잘못이 있다고 한 사례(대판 2023도11371)

Chapter 060 자유심증주의

1 의의

① **제308조 : 증거의 증명력은 법관의 자유판단에 의한다.**
자유심증주의란 '법관이 증거능력 있는 증거 중 필요한 증거를 채택·사용하고 증거의 실질적인 가치를 평가하여 사실을 인정하는 것은 법관의 자유심증에 속한다'는 것을 의미한다.
② 충분한 증명력이 있는 증거를 합리적인 근거 없이 배척하거나 반대로 객관적인 사실에 명백히 반하는 증거를 아무런 합리적인 근거 없이 채택·사용하는 등으로 논리와 경험의 법칙에 어긋나는 것이 아닌 이상, 법관은 자유심증으로 증거를 채택하여 사실을 인정할 수 있다(대판 2013도11650). 표준판례
③ 자백의 보강법칙과 공판조서의 절대적 증명력 등은 자유심증주의의 예외에 해당한다.

2 범인식별절차

(1) 범인식별절차의 신용성

① 용의자의 인상착의 등에 의한 범인식별절차에서 용의자 한 사람을 단독으로 피해자와 대면시켜 범인 여부를 확인하게 하는 것은, 사람의 기억력의 한계 및 부정확성과 구체적인 상황 하에서 용의자가 범인으로 의심받고 있다는 무의식적 암시를 피해자에게 줄 수 있는 위험성이 있으므로 그러한 방식에 의한 범인식별절차에서의 피해자의 진술은 그 신빙성이 낮다고 보아야 할 것이다(대판 2003도7033). 표준판례
② 그러나 범죄 발생 직후 목격자의 기억이 생생하게 살아있는 상황에서 현장이나 그 부근에서 범인식별 절차를 실시하는 경우에는, 용의자와 목격자의 일대일 대면도 허용되고(대판 2008도12111), 또한 피해자의 진술 외에도 그 용의자를 범인으로 의심할 만한 다른 정황이 존재한다든가 하는 등의 부가적인 사정이 있는 경우에는 그와 달리 평가할 수 있다(대판 2015도5381).

(2) 범인식별절차에서 피해자 진술의 신빙성 인정 요건
① 범인의 인상착의 등에 관한 피해자의 진술 내지 묘사를 사전에 상세하게 기록하고,
② 용의자를 포함하여 그와 인상착의가 비슷한 여러 사람을 동시에 피해자와 대면시켜 범인을 지목하도록 하여야 하고,
③ 용의자와 비교대상자 및 피해자들이 사전에 서로 접촉하지 못하도록 하여야 하며,
④ 사후에 증거가치를 평가할 수 있도록 대면 과정과 결과를 문자와 사진 등으로 서면화 하는 조치를 취하여야 한다(대판 2003도7033). [표준판례]

3 자유심증주의 관련 판례 정리

① 형사재판에서 증명력이 있는 것으로 인정되는 증거를 합리적인 근거가 없는 의심을 일으켜 배척하는 것은 자유심증주의의 한계를 벗어나는 것으로 허용될 수 없다. 여기에서 말하는 합리적 의심이란 모든 의문, 불신을 포함하는 것이 아니라 논리와 경험칙에 기하여 요증사실과 양립할 수 없는 사실의 개연성에 대한 합리성 있는 의문을 의미하는 것으로서, 단순히 관념적인 의심이나 추상적인 가능성에 기초한 의심은 합리적 의심에 포함된다고 할 수 없다(대판 2010도12728). [표준판례]

② 피해자 등의 진술은 그 진술 내용의 주요한 부분이 일관되며, 경험칙에 비추어 비합리적이거나 진술 자체로 모순되는 부분이 없고, 또한 허위로 피고인에게 불리한 진술을 할 만한 동기나 이유가 분명하게 드러나지 않는 이상, 그 진술의 신빙성을 특별한 이유 없이 함부로 배척해서는 아니 된다(대판 2018도7709). [표준판례]

③ **법정에서 검찰진술을 번복하였어도 검찰진술의 신빙성 유지 가능**

피고인이 갑 주식회사 대표이사 을에게서 3차례에 걸쳐 약 9억 원의 불법정치자금을 수수하였다는 내용으로 기소되었는데, 을이 검찰의 소환 조사에서는 자금을 조성하여 피고인에게 정치자금으로 제공하였다고 진술하였다가, 제1심 법정에서는 이를 번복하여 자금 조성 사실은 시인하면서도 피고인에게 정치자금으로 제공한 사실을 부인하고 자금의 사용처를 달리 진술한 사안에서, 공판중심주의와 실질적 직접심리주의 등 형사소송의 기본원칙상 검찰진술보다 법정진술에 더 무게를 두어야 한다는 점을 감안하더라도, 자금 사용처에 관한 을의 검찰진술의 신빙성이 인정되므로, 을의 검찰진술 등을 종합하여 공소사실을 모두 유죄로 인정한 원심판단에 자유심증주의의 한계를 벗어나는 등의 잘못이 없다(대판 2013도11650).[22모선]

④ 증거공통의 원칙이란 증거의 증명력은 그 제출자나 신청자의 입증취지에 구속되지 않는다는 것을 의미하고, 피고인이나 변호인이 무죄에 관한 자료를 제출한 서증 가운데 도리어 유죄임을 뒷받침하는 내용이 있다 하여도 법원은 상대방의 원용(동의)이 없는 한 그 서류의 진정성립 여부 등을 조사하고 아울러 그 서류에 대한 피고인이나 변호인의 의견과 변명의 기회를 준 다음이 아니면 그 서증을 유죄인정의 증거로 쓸 수 없다고 보아야 한다(대판 87

도966). 표준판례 [23모선]

⑤ 혈액채취에 의한 검사결과를 믿지 못할 특별한 사정이 없는 한, 혈액검사에 의한 음주측정치가 호흡측정기에 의한 음주측정치보다 측정 당시의 혈중알코올농도에 더 근접한 음주측정치라고 보는 것이 경험칙에 부합한다(대판 2003도6905).

⑥ 형사재판에서 이와 관련된 다른 형사사건의 확정판결에서 인정된 사실은 특별한 사정이 없는 한 유력한 증거자료가 되는 것이나, 당해 형사재판에서 제출된 다른 증거 내용에 비추어 관련 형사사건 확정판결의 사실판단을 그대로 채택하기 어렵다고 인정될 경우에는 이를 배척할 수 있다(대판 2011도15653).

⑦ 제1심의 증거조사 결과와 항소심의 추가 증거조사 결과에 의하여도 제1심이 일으킨 합리적인 의심을 충분히 해소할 수 있을 정도에까지 이르지 아니한다면, 일부 반대되는 사실에 관한 개연성 또는 의문만으로 진술의 신빙성 및 범죄의 증명이 부족하다는 제1심의 판단에 사실오인의 위법이 있다고 단정하여 공소사실을 유죄로 인정하여서는 아니 된다(대판 2015도11438).

⑧ 제1심 증인이 한 진술의 신빙성 유무에 대한 제1심의 판단을 그대로 유지하는 것이 현저히 부당하다고 인정되는 예외적인 경우가 아니라면, 항소심으로서는 제1심 증인이 한 진술의 신빙성 유무에 대한 제1심의 판단이 항소심의 판단과 다르다는 이유만으로 이에 대한 제1심의 판단을 함부로 뒤집어서는 아니 된다(대판 2007도2020).

⑨ 성폭행 등의 피해를 입었다는 신고사실에 관하여 불기소처분 내지 무죄판결이 내려졌다고 하여, 그 자체를 무고를 하였다는 적극적인 근거로 삼아 신고내용을 허위라고 단정하여서는 아니 된다(대판 2018도2614).

⑩ 형사소송에서는 범죄사실이 있다는 증거를 검사가 제시하여야 한다. 피고인의 변소가 불합리하여 거짓말 같다고 하여도 그것 때문에 피고인을 불리하게 할 수 없다(대판 2015도3483).

⑪ 선서하지 않은 증인이 한 증언의 증명력이 높은 경우 선서한 증인의 증언을 배척할 수 있다.

⑫ 모발감정결과를 기초로 추정한 투약가능기간을 공소 제기된 범죄의 범행시기로 인정하는 것은, 피고인의 방어권 행사에 현저한 지장을 초래할 수 있고, 투약 시마다 별개의 범죄를 구성하는 마약류 투약범죄의 성격상 이중기소 여부나 일사부재리의 효력이 미치는 범위를 판단하는 데에도 곤란한 문제가 생길 수 있다. 모발감정결과만을 토대로 마약류 투약기간을 추정하고 유죄로 판단하는 것은 신중하여야 한다(대판 2023도8024).[24모선]

⑬ 절도의 상습성을 인정함에 있어서는 이를 인정하는 증거자료에 어떠한 제한이 있을 수 없으므로 재판관의 자유심증에 의하여 절도행위를 반복하여 범행한 습벽이 증거에 의하여 인정되는 이상 상습절도임을 인정할 수 있을 것이므로 본건에 있어 피고인이 과거에 4차에 긍하여 절도행위로 인하여 보호처분을 받은 사실이 있어서 원심이 이를 증거로 하여 피고인에 대한 절도의 상습성을 인정한 조치는 정당하고 거기에 아무런 위법사유가 있다 할 수 없다(대판 73도1255).[23모선]

Chapter 061 위법수집증거배제법칙

I 의의

적법한 절차에 따르지 아니하고 수집한 증거는 증거로 할 수 없다(제308조의2).

II 하자의 승계 이론 [14변사]

1 의의

수사기관의 연속된 수사행위에서 후행행위에는 위법이 없으나 선행행위에 중대한 위법이 있는 경우, 선행행위의 위법이 후행행위에 승계되어 후행행위도 위법하게 된다는 이론이 하자의 승계 이론이다.

2 판례(하자의 승계 긍정)

① 음주측정요구를 위한 위법한 체포와 그에 이은 음주측정요구는 주취운전이라는 범죄행위에 대한 증거 수집을 위하여 연속하여 이루어진 것으로서 그 일련의 과정을 전체적으로 보아 위법한 음주측정요구가 있었던 것으로 볼 수밖에 없고, 운전자가 주취운전을 하였다고 인정할 만한 상당한 이유가 있다 하더라도 그 운전자에게 경찰공무원의 이와 같은 위법한 음주측정요구에 대해서까지 그에 응할 의무가 있다고 보아 이를 강제하는 것은 부당하므로 그에 불응하였다고 하여 음주측정거부에 관한 도로교통법 위반죄로 처벌할 수 없다(대판 2004도8404).
② 사법경찰관이 피고인을 수사관서까지 동행한 것이 사실상의 강제연행, 즉 불법체포에 해당하고, 불법체포로부터 6시간 상당이 경과한 후에 이루어진 긴급체포 또한 위법하다(대판 2005도6810).
③ 검사나 사법경찰관의 판단이 경험칙에 비추어 현저히 합리성을 잃은 경우에는 그 긴급체포는 위법한 체포라 할 것이고, 그 체포에 의한 유치 중에 작성된 피의자신문조서는 위법하게 수집된 증거로서 특별한 사정이 없는 한 이를 유죄의 증거로 할 수 없다(대판 2007도11400).

3 검토

하자의 승계를 인정하는 판례의 태도에 따라 위법이 없는 후행행위도 선행행위의 하자가 승계되어 위법하게 되고, 이와 같은 후행행위를 통하여 수집된 증거는 위법수집증거가 된다.

III 위법수집증거의 주장적격 [19변사]

1 문제점

위법하게 수집된 증거로서 증거배제 신청적격이 직접적으로 자신의 권리가 침해된 사람에 한정되는지에 대하여 견해의 대립이 있다.

2 학설

① **제한설** : 위법수집증거배제는 위법수사로 인하여 기본권이 직접 침해된 상대방에 한정된다는 견해이다.
② **무제한설** : 수사가 지향된 모든 사람이 포함된다는 견해이다.

3 판례 [22모기]

유흥주점 업주와 종업원인 피고인들이 이른바 '티켓영업' 형태로 성매매를 하면서 금품을 수수하였다고 하여 구 식품위생법위반으로 기소된 사안에서, 경찰이 피고인 아닌 갑, 을을 사실상 강제연행하여 불법체포한 상태에서 갑, 을 간의 성매매행위나 피고인들의 유흥업소 영업행위를 처벌하기 위하여 갑, 을에게서 자술서를 받고 갑, 을에 대한 진술조서를 작성한 경우, 위 각 자술서와 진술조서는 영장주의 원칙에 위배하여 수집된 것으로서 수사기관이 피고인 아닌 자를 상대로 적법한 절차에 따르지 아니하고 수집한 증거에 해당하여 제308조의2에 따라 증거능력이 부정되므로 이를 피고인들에 대한 유죄 인정의 증거로 삼을 수 없다(대판 2009도6717). 표준판례 [22변선]

4 검토

우리 형사소송법상 당사자적격이론을 도입할 명문의 근거가 없는 이상 위법수집증거배제법칙의 적용범위를 제한할 수 없다는 점에서 무제한설이 타당하다.

IV 독수의 과실이론 [12변사, 18모사]

1 의의

(1) 독수의 과실이론의 개념

독수의 과실이론이란 위법하게 수집된 증거(독수)에 의하여 발견된 2차 증거(과실)의 증거능력을 배제하는 이론을 의미한다.
수사기관의 위법한 압수수색을 억제하고 재발을 방지하는 가장 효과적이고 확실한 대응책은 이를 통하여 수집한 증거는 물론 이를 기초로 하여 획득한 2차적 증거를 유죄 인정의 증거로 삼을 수 없도록 하는 것이다(대판 2007도3061).

(2) 독수의 과실이론의 예외

위법하게 수집된 증거에 의하여 수집된 증거라고 할지라도 ① 오염순화의 예외, ② 불가피한 발견의 예외, ③ 독립된 증거원의 예외 이론 등이 있다.

2 독수의 과실이론 관련 판례 정리

(1) 판례의 기본 태도

[1] 헌법과 형사소송법이 정한 절차에 따르지 아니하고 수집한 증거는 물론 이를 기초로 하여 획득한 2차적 증거 역시 기본적 인권 보장을 위해 마련된 적법한 절차에 따르지 않은 것으로서 원칙적으로 유죄 인정의 증거로 삼을 수 없다.

[2] 다만, 수사기관의 절차 위반행위가 적법절차의 실질적인 내용을 침해하는 경우에 해당하지 아니하고, 오히려 그 증거의 증거능력을 배제하는 것이 헌법과 형사소송법이 형사소송에 관한 절차 조항을 마련하여 적법절차의 원칙과 실체적 진실 규명의 조화를 도모하고 이를 통하여 형사사법 정의를 실현하려고 한 취지에 반하는 결과를 초래하는 것으로 평가되는 예외적인 경우라면, 법원은 그 증거를 유죄 인정의 증거로 사용할 수 있다고 보아야 한다(대판 2008도763). [표준판례]

[3] 이는 적법한 절차에 따르지 아니하고 수집된 증거를 기초로 하여 획득된 2차적 증거의 경우에도 마찬가지여서, 절차에 따르지 아니한 증거 수집과 2차적 증거 수집 사이의 인과관계 희석 또는 단절 여부를 중심으로 2차적 증거 수집과 관련된 모든 사정을 전체적·종합적으로 고려하여 예외적인 경우에는 유죄 인정의 증거로 사용할 수 있는 것이다(대판 2007도3061). [표준판례]

(2) 중요 판례

① 강도 현행범으로 체포된 피고인에게 진술거부권을 고지하지 아니한 채 강도범행에 대한 자백을 받고, 이를 기초로 여죄에 대한 진술과 증거물을 확보한 후 진술거부권을 고지하여 피고인의 임의자백 및 피해자의 피해사실에 대한 진술을 수집한 사안에서, 제1심 법정에서의 피고인의 자백은 진술거부권을 고지받지 않은 상태에서 이루어진 최초 자백 이후 40여 일이 지난 후에 변호인의 충분한 조력을 받으면서 공개된 법정에서 임의로 이루어진 것이고, 피해자의 진술은 법원의 적법한 소환에 따라 자발적으로 출석하여 위증의 벌을 경고 받고 선서한 후 공개된 법정에서 임의로 이루어진 것이어서, 예외적으로 유죄 인정의 증거로 사용할 수 있는 2차적 증거에 해당한다(2008도11437). [표준판례] [23모선]

② 위법한 강제연행 상태에서 호흡측정 방법에 의한 음주측정을 한 다음 강제연행 상태로부터 시간적·장소적으로 완전히 벗어났다고 볼 수 없는 상황에서 피의자가 호흡측정 결과에 대한 탄핵을 하기 위하여 스스로 혈액채취 방법에 의한 측정을 할 것을 요구하여 혈액채취가 이루어졌다고 하더라도 그 사이에 위법한 체포 상태에 의한 영향이 완전하게 배제되고 피

의자의 의사결정의 자유가 확실하게 보장되었다고 볼 만한 다른 사정이 개입되지 않은 이상 불법체포와 증거수집 사이의 인과관계가 단절된 것으로 볼 수는 없다.

따라서 그러한 혈액채취에 의한 측정 결과 역시 유죄 인정의 증거로 쓸 수 없고, 피고인이나 변호인이 이를 증거로 함에 동의하였다고 하여도 달리 볼 것은 아니다(대판 2010도2094). 표준판례 [24모선]

③ [1] 마약 투약 혐의를 받고 있던 피고인이 임의동행을 거부하겠다는 의사를 표시하였는데도 경찰관들이 피고인을 영장 없이 강제로 연행한 상태에서 마약 투약의 여부의 확인을 위한 1차 채뇨절차가 이루어졌는데, 그 후 피고인의 소변 등 채취에 관한 압수영장에 기하여 2차 채뇨절차가 이루어지고 그 결과를 분석한 소변감정서 등이 증거로 제출된 사안에서, 피고인을 강제로 연행한 조치는 위법한 체포에 해당하고, 위법한 체포상태에서 이루어진 채뇨 요구 또한 위법하므로 그에 의하여 수집된 '소변검사시인서'는 유죄 인정의 증거로 삼을 수 없으나,

[2] 한편 경찰관들의 위와 같은 임의동행조치는 단지 수사의 순서를 잘못 선택한 것이라고 할 수 있지만 영장주의 원칙을 현저히 침해할 정도에 이르렀다고 보기 어려운 점 등에 비추어 볼 때, 이와 같은 사정은 체포과정에서의 절차적 위법과 2차적 증거 수집 사이의 인과관계를 희석하게 할 만한 정황에 속하고, 제반 사정을 고려할 때 2차적 증거인 소변감정서 등은 증거능력이 인정된다(2012도13611). 표준판례

④ 사전에 구속영장을 제시하지 아니한 채 구속영장을 집행하고, 그 구속 중 수집한 피고인의 진술증거 중 피고인의 제1심 법정진술은, 피고인이 구속집행절차의 위법성을 주장하면서 청구한 구속적부심사의 심문 당시 구속영장을 제시받은 바 있어 그 이후에는 구속영장에 기재된 범죄사실에 대하여 숙지하고 있었던 것으로 보이고, 구속 이후 원심에 이르기까지 구속 중 이루어진 진술증거의 임의성이나 신빙성에 대하여는 전혀 다투지 않았을 뿐만 아니라, 변호인과의 충분한 상의를 거친 후 공소사실 전부에 대하여 자백한 것이라면, 유죄 인정의 증거로 삼을 수 있는 예외적인 경우에 해당한다(2009도526). 표준판례

⑤ [1] 수사기관이 영장에 의하지 아니하고 매출전표의 거래명의자에 관한 정보를 획득하였다면, 그와 같이 수집된 증거는 원칙적으로 제308조의2에서 정하는 '적법한 절차에 따르지 아니하고 수집한 증거'에 해당하여 유죄의 증거로 삼을 수 없다.

[2] 수사기관이 의도적으로 영장주의의 정신을 회피하는 방법으로 증거를 확보한 것이 아니라고 볼 만한 사정, 위와 같은 정보에 기초하여 범인으로 특정되어 체포되었던 피의자가 석방된 후 상당한 시간이 경과하였음에도 다시 동일한 내용의 자백을 하였다거나 그 범행의 피해품을 수사기관에 임의로 제출하였다는 사정, 2차적 증거 수집이 체포 상태에서 이루어진 자백 등으로부터 독립된 제3자의 진술에 의하여 이루어진 사정 등은 통상 2차적 증거의 증거능력을 인정할 만한 정황에 속한다고 볼 수 있다(2012도13607). 표준판례

V 사인의 위법수집증거 [21·13변사, 24·18·15모사]

1 사인의 위법수집증거의 증거능력 인정 여부

(1) 학설

① **긍정설** : 위법수집증거배제법칙은 수사기관의 위법수사 억지가 그 목적이므로 사인에 의한 위법수집증거의 증거능력을 인정하자는 견해이다.

② **부정설** : 국민의 기본권에 대한 국가의 보호의무는 사인에 의한 침해의 경우에도 동일하게 보장되어야 하므로 증거능력을 부정해야 한다는 견해이다.

③ **절충설** : 소추를 통한 공익과 개인의 침해되는 기본권을 비교·형량하여 공익이 더 큰 경우에는 증거능력을 긍정할 수 있다는 견해이다.

(2) 판례(절충설)

법원으로서는 효과적인 형사소추 및 형사소송에서 진실발견이라는 공익과 개인의 인격적 이익 등 보호이익을 비교·형량하여 그 허용 여부를 결정하여야 한다(대판 2010도12244).

2 사인의 위법수집증거에 관한 판례 정리

① 설령 그것이 제3자에 의하여 절취된 것으로서 위 소송사기 등의 피해자 측이 이를 수사기관에 증거자료로 제출하기 위하여 대가를 지급한 경우, 이로 말미암아 피고인의 사생활의 영역을 침해하는 결과가 초래된다 하더라도 이는 피고인이 수인하여야 할 기본권의 제한에 해당된다(대판 2008도1584).[24변선, 22모선]

② 공직선거법위반 관련 피고인의 전자우편을 타인이 수집하여 증거로 제출한 사안

[1] A시 동장 직무대리의 지위에 있던 피고인이 A시장에게 A시청 전자문서시스템을 통하여 1통장 등에게 A시장을 도와 달라고 부탁하였다는 등의 내용을 담고 있는 이 사건 전자우편을 보낸 사실, 그런데 A시청 소속 공무원인 제3자가 권한 없이 전자우편에 대한 비밀보호조치를 해제하는 방법을 통하여 이 사건 전자우편을 수집한 사실을 알 수 있다. 제3자가 위와 같은 방법으로 이 사건 전자우편을 수집한 행위는 정보통신망법위반의 형사처벌되는 범죄행위에 해당할 수 있을 뿐만 아니라, 피고인의 사생활의 비밀 내지 통신의 자유 등의 기본권을 침해하는 행위에 해당한다는 점에서 일응 그 증거능력을 부인하여야 할 측면도 있어 보인다.

[2] 그러나 이 사건 전자우편은 시청의 업무상 필요에 의하여 설치된 전자관리시스템에 의하여 전송·보관되는 것으로서 그 공공적 성격을 완전히 배제할 수는 없다고 할 것이고 이른바 관권선거를 조장할 우려가 있는 중대한 범죄에 해당한다. 따라서 이 사건 전자우편을 이 사건 공소사실에 대한 증거로 제출하는 것은 허용되어야 할 것이고, 이로 말미암아 피고인의 사생활의 비밀이나 통신의 자유가 일정 정도 침해되는 결과를 초래한다 하더라도

이는 피고인이 수인하여야 할 기본권의 제한에 해당한다고 보아야 할 것이다(대판 2010도 12244). 표준판례

③ 피고인의 동의하에 촬영된 나체사진의 존재만으로 피고인의 인격권과 초상권을 침해하는 것으로 볼 수 없고, 가사 사진을 촬영한 제3자가 그 사진을 이용하여 피고인을 공갈할 의도였다고 하더라도 사진의 촬영이 임의성이 배제된 상태에서 이루어진 것이라고 할 수는 없으며, 그 사진은 범죄현장의 사진으로서 피고인에 대한 형사소추를 위하여 반드시 필요한 증거로 보이므로, 공익의 실현을 위하여는 그 사진을 범죄의 증거로 제출하는 것이 허용되어야 하고, 이로 말미암아 피고인의 사생활의 비밀을 침해하는 결과를 초래한다 하더라도 이는 피고인이 수인하여야 할 기본권의 제한에 해당한다(대판 97도1230). 표준판례

④ 피고인 甲, 乙의 간통 범행을 고소한 甲의 남편 丙이 甲의 주거에 침입하여 수집한 후 수사기관에 제출한 혈흔이 묻은 휴지들 및 침대시트를 목적물로 하여 이루어진 감정의뢰회보는 피고인들에 대한 형사소추를 위하여 반드시 필요한 증거라 할 것이므로 공익의 실현을 위해서 위 감정의뢰회보를 증거로 제출하는 것이 허용되어야 한다(대판 2008도3990).

Ⅵ 위법수집증거와 증거동의 [18모사]

1 문제점

위법하게 수집된 증거로서 증거능력이 인정되지 않는 경우에 증거동의의 대상이 되는지 문제된다.

2 학설

① 적극설 : 증거동의의 본질에 관한 처분권설의 입장에서 위법수집증거도 증거동의 대상이 될 수 있다는 견해이다.
② 소극설 : 증거동의의 본질은 반대신문권 포기이므로 반대신문권의 포기와 관계가 없는 위법수집증거는 증거동의의 대상이 될 수 없다는 견해이다.

3 판례

판례는 '위법수집증거의 증거능력을 부정하는 것은 수사기관이 위법한 체포 상태를 이용하여 증거를 수집하는 등의 행위를 효과적으로 억지하기 위한 것이므로, 피고인이나 변호인이 이를 증거로 함에 동의하였다고 하여도 달리 볼 것은 아니다(대판 2010도2094).'고 하여 위법수집증거는 원칙적으로 증거동의의 대상이 될 수 없다고 본다.
다만, 공소제기 후 작성된 수사기관의 증언번복진술조서와 증거보전절차에서 참여권이 배제된 증인신문조서 등에 대하여 증거동의가 있는 경우 등에서 증거능력을 인정하기도 하였다.

4 검토

위법수집증거배제법칙은 수사기관의 위법수사를 억지하고, 인권을 보장하기 위한 가장 강력한 사후통제이다. 따라서 사법기관의 위법을 방지하기 위해서라도 증거동의를 인정하지 않는 것이 타당하다.

VII 위법수집증거배제법칙 관련 판례 정리

① [1] 수사기관이 외국인을 체포하거나 구속하면서 지체 없이 영사통보권 등이 있음을 고지하지 않았다면 체포나 구속 절차는 국내법과 같은 효력을 가지는 비엔나협약 제36조 제1항 (b)호를 위반한 것으로 위법하다.[23모선]

[2] 사법경찰관이 외국인인 피고인을 출입국관리법 위반의 현행범인으로 체포하면서 소변과 모발을 임의제출 받아 압수하였고, 소변검사 결과에서 향정신성의약품인 MDMA(일명 엑스터시) 양성반응이 나오자 피고인은 출입국관리법 위반과 마약류관리법위반(향정) 범행을 모두 자백한 후 구속되었는데, 피고인이 검찰 수사 단계에서 자신의 구금 사실을 자국 영사관에 통보할 수 있음을 알게 되었음에도 수사기관에 영사기관 통보를 요구하지 않은 경우, 체포나 구속 절차에 영사관계에 관한 비엔나협약을 위반한 위법이 있으나, 절차 위반의 내용과 정도가 중대하거나 절차 조항이 보호하고자 하는 외국인 피고인의 권리나 법익을 본질적으로 침해하였다고 볼 수 없어 체포나 구속 이후 수집된 증거와 이에 기초한 증거들은 유죄 인정의 증거로 사용할 수 있다(대판 2021도17103).[24모선]

② **판사의 날인이 누락된 압수·수색영장** [22모사][20모기]

[1] 이 사건 영장은 법관의 서명날인란에 서명만 있고 날인이 없으므로, 형사소송법이 정한 요건을 갖추지 못하여 적법하게 발부되었다고 볼 수 없으나, 영장 앞면과 별지 사이에 판사의 간인이 있으므로, 판사의 의사에 기초하여 진정하게 영장이 발부되었다는 점은 외관상 분명하다.[24·22모선]

[2] 이 사건 영장이 형사소송법이 정한 요건을 갖추지 못하여 적법하게 발부되지 못하였다고 하더라도, 그 영장에 따라 수집한 이 사건 파일 출력물의 증거능력을 인정할 수 있다. 이에 기초하여 획득한 2차적 증거인 위 각 증거 역시 증거능력을 인정할 수 있다(대판 2018도20504). 표준판례

③ 비록 사법경찰관이 피의자에게 진술거부권을 행사할 수 있음을 알려 주고 그 행사 여부를 질문하였다 하더라도, 진술거부권 행사 여부에 대한 피의자의 답변이 자필로 기재되어 있지 아니하거나 그 답변 부분에 피의자의 기명날인 또는 서명이 되어 있지 아니한 사경작성의 피의자신문조서는 특별한 사정이 없는 한 제312조 제3항에서 정한 '적법한 절차와 방식'에 따라 작성된 조서라 할 수 없으므로 그 증거능력을 인정할 수 없다(대판 2014도1779).

④ 피고인의 임의제출로 영장 없이 압수한 각 증거에 대하여 압수 후 압수조서의 작성 및 압수목록의 작성·교부 절차가 제대로 이행되지 아니한 잘못이 있다 하더라도, 그것이 적법절차의 실질적인 내용을 침해하는 경우에 해당한다거나 위법수집증거의 배제법칙에 비추어 그 증거능력의 배제가 요구되는 경우에 해당한다고 볼 수는 없다(대판 2011도1902).
표준판례

⑤ 범행 현장에서 지문채취 대상물에 대한 지문채취가 먼저 이루어진 이상, 수사기관이 그 이후에 지문채취 대상물을 적법한 절차에 의하지 아니한 채 압수하였다고 하더라도, 위와 같이 채취된 지문은 위법하게 압수한 지문채취 대상물로부터 획득한 2차적 증거에 해당하지 아니함이 분명하여, 이를 가리켜 위법수집증거라고 할 수 없다(대판 2008도7471). 표준판례
[23·22변선]

⑥ 수사기관이 피의자 甲의 공직선거법위반 범행을 영장 범죄사실로 하여 발부받은 압수·수색영장의 집행 과정에서, 乙, 丙 사이의 대화가 녹음된 녹음파일을 압수하여 乙, 丙의 공직선거법위반 혐의사실을 발견한 사안에서, 별도의 압수·수색영장을 발부받지 않고 압수한 위 녹음파일은 위법수집증거로서 증거능력이 없다(대판 2013도7101). 표준판례[22변선]

⑦ 긴급체포 당시의 상황과 경위, 긴급체포 후 조사 과정 등에 특별한 위법이 있다고 볼 수 없는 이상, 단지 사후에 석방통지가 법에 따라 이루어지지 않았다는 사정만으로 그 긴급체포에 의한 유치 중에 작성된 피의자신문조서들의 작성이 소급하여 위법하게 된다고 볼 수는 없다(대판 2011도6035).[22모선]

⑧ 사법경찰관이 규정을 위반하여 영장없이 물건을 압수한 경우 그 압수물은 물론 이를 기초로 하여 획득한 2차적 증거 역시 유죄 인정의 증거로 사용할 수 없는 것이고, 이와 같은 법리는 위법한 압수가 있은 직후에 피고인으로부터 작성받은 그 압수물에 대한 임의제출동의서도 특별한 사정이 없는 한 마찬가지라고 할 것이다(대판 2009도14376). 표준판례

⑨ 수사기관이 법원으로부터 영장 또는 감정처분허가장을 발부받지 아니한 채 피의자의 동의 없이 피의자의 신체로부터 혈액을 채취하고 사후에도 지체 없이 영장을 발부받지 아니한 채 혈액 중 알코올농도에 관한 감정을 의뢰하여 얻은 감정의뢰회보 등은 원칙적으로 절차 위반행위가 적법절차의 실질적인 내용을 침해하여 피고인이나 변호인의 동의가 있더라도 유죄의 증거로 사용할 수 없다(대판 2011도15258).[22모선]

⑩ 제217조 제2항, 제3항에 위반하여 압수수색영장을 청구하여 이를 발부받지 아니하고도 즉시 반환하지 아니한 압수물은 이를 유죄 인정의 증거로 사용할 수 없는 것이고, 피고인이나 변호인이 이를 증거로 함에 동의하였더라도 마찬가지이다(대판 2009도11401). 표준판례

⑪ 피고인들의 제1심 법정진술의 경우에는, 적법한 절차에 따르지 아니하고 수집한 증거로서 그 증거능력이 부정되어야 할 이 사건 녹음파일을 제시받거나 그 대화 내용을 전제로 한 신문에 답변한 내용이 일부 포함되어 있으므로, 그와 같은 진술과 이 사건 녹음파일 수집 과정에서의 절차적 위법과의 사이에는 여전히 직접적 인과관계가 있다고 볼 여지가 있다(대판 2013도7101).

⑫ **비공개 조치를 취하지 않은 개인방송에 대한 감청 인부**

[1] 인터넷개인방송의 방송자가 비밀번호를 설정하는 등 비공개 조치를 취하지 않고 방송을 송출하는 경우, 시청자가 방송 내용을 지득·채록하는 것은 통신비밀보호법에서 정한 감청에 해당하지 않는다.

[2] 그러나 비공개 조치를 취한 후 방송을 송출하는 경우, 허가를 받지 못한 사람이 비정상적인 방법으로 시청·녹화하는 것은 감청에 해당한다.

[3] 다만 방송자가 이와 같은 제3자의 시청·녹화 사실을 알거나 알 수 있었음에도 방송을 중단하거나 그 제3자를 배제하지 않은 채 방송을 계속 진행하는 등 허가받지 아니한 제3자의 시청·녹화를 사실상 승낙·용인한 것으로 볼 수 있는 경우, 제3자가 방송 내용을 지득·채록하는 것은 감청에 해당하지 않는다(대판 2022도9877).

⑬ 정보통신망법 제48조 제1항(정보통신망 침해행위 등의 금지) 규정에서 접근권한을 부여하거나 허용되는 범위를 설정하는 주체는 서비스제공자이다. 따라서 서비스제공자로부터 권한을 부여받은 이용자가 아닌 제3자가 정보통신망에 접속한 경우, 그에게 접근권한이 있는지 여부는 서비스제공자가 부여한 접근권한을 기준으로 판단하여야 한다(대판 2022도9877).

⑭ 선거관리위원회 위원·직원이 관계인에게 진술이 녹음된다는 사실을 미리 알려 주지 아니한 채 진술을 녹음하였다면, 그와 같은 조사절차에 의하여 수집한 녹음파일 내지 그에 터 잡아 작성된 녹취록은 제308조의2에서 정하는 '적법한 절차에 따르지 아니하고 수집한 증거'에 해당하여 원칙적으로 유죄의 증거로 쓸 수 없다(대판 2011도3509).

⑮ 검찰관이 형사사법공조절차를 거치지 아니한 채 외국으로 현지출장을 나가 참고인 진술조서를 작성한 경우 조사 대상자가 우리나라 국민이고 조사에 스스로 응함으로써 조사의 방식이나 절차에 강제력이나 위력은 물론 어떠한 비자발적 요소도 개입될 여지가 없었고 피고인과 해당 국가사이에 국제법상 관할의 원인이 될 만한 아무런 연관성이 없다면 위 참고인진술조서는 위법수집증거라고 할 수 없다(대판 2011도3809). [23변선]

Chapter 062 자백배제법칙

I 의의

1 의의

① 피고인의 자백이 고문, 폭행, 협박, 신체구속의 부당한 장기화 또는 기망 기타의 방법으로 임의로 진술한 것이 아니라고 의심할 만한 이유가 있는 때에는 이를 유죄의 증거로 하지 못한다(제309조).
② 위 법조에서 규정된 피고인의 진술의 자유를 침해하는 위법사유는 원칙적으로 예시사유로 보아야 한다(대판 82도2413).

2 자백배제법칙의 이론적 근거

(1) 학설

① 허위배제설, ② 인권옹호설, ③ 위법배제설, ④ 절충설 등의 대립이 있다.

(2) 판례

'임의성 없는 진술의 증거능력을 부정하는 취지는, 허위진술을 유발 또는 강요할 위험성이 있는 상태하에서 행하여진 진술은 그 자체가 실체적 진실에 부합하지 아니하여 오판을 일으킬 소지가 있을 뿐만 아니라 진술자의 기본적 인권을 침해하는 것을 사전에 막기 위한 것(대판 2012도9879)'이라고 하여 허위배제설과 인권옹호설을 결합한 절충설을 취한바 있다.

3 임의성에 영향을 미치는 사유와 자백과의 관계

(1) 문제점

고문·폭행·협박 등과 임의성 없는 자백 사이에 인과관계를 요하는가에 관한 견해의 대립 있다.

(2) 학설

① 필요설 : 임의성에 영향을 미치는 사유와 무관한 행위까지 자백의 증거능력을 배제할 필요가 없다는 점에서 인과관계가 있어야 한다는 견해이다.
② 불요설 : 폭행·협박 등의 위법행위는 절대로 방지되어야 하며 인과관계의 입증이 곤란하다는 점에 비추어 인과관계를 요하지 않는다는 견해이다.

(3) 판례(인과관계 필요설)

① 임의성이 없다고 의심하게 된 사유들과 자백과의 사이에 인과관계가 존재하지 않은 것이 명백한 때에는 그 자백은 임의성이 있는 것으로 인정된다.[23모선]

② 다만 임의성이 없다고 의심할 만한 이유가 있는 자백은 그 인과관계의 존재가 추정되는 것이므로 이를 유죄의 증거로 하려면 적극적으로 그 인과관계가 존재하지 아니하는 것이 인정되어야 한다(대판 84도2252). 표준판례

(4) 검토

임의성이 없다고 의심하게 된 사유들과 자백사이에 인과관계가 존재하지 않는 것이 명백하다면 피고인 자백의 임의성을 부정할 수 없으므로 판례의 입장이 타당하다.

4 효과

자백배제법칙에 따라 임의성을 의심할 만한 사유로 인한 자백은 증거능력이 절대적으로 부정된다. 이러한 자백에 대해서는 피고인이 증거동의를 하여도 증거능력이 인정되지 않으며, 탄핵증거로도 사용할 수 없다.

Ⅱ 자백의 임의성의 증명방법

1 학설

① **엄격한 증명설** : 피고인에게 중대한 불이익을 초래하므로 실체법적 사실에 준하여 엄격한 증명을 요한다는 견해이다.

② **자유로운 증명설** : 형벌권의 존부나 범위를 결정하는 사실이 아니므로 자유로운 증명으로 족하다는 견해이다.

2 판례

① 진술의 임의성을 잃게 하는 그와 같은 사정은 헌법이나 형사소송법의 규정에 비추어 볼 때 이례에 속한다 할 것이므로 진술의 임의성은 추정된다(대판 97도1720).

② 그 임의성에 다툼이 있을 때에는 그 임의성을 의심할 만한 합리적이고, 구체적인 사실을 피고인이 입증할 것이 아니고 검사가 그 임의성의 의문점을 해소하는 입증을 하여야 한다(대판 97도3234). 표준판례

③ 피의자의 진술에 관하여 공판정에서 그 임의성 유무가 다투어지는 경우에는 법원은 구체적인 사건에 따라 증거조사의 방법이나 증거능력의 제한을 받지 아니하고 제반사정을 종합 참작하여 적당하다고 인정되는 방법에 의하여 자유로운 증명으로 그 임의성 유무를 판단하면 된다(대판 83도1718).

3 검토

자백의 임의성의 기초가 되는 사실도 소송법적 사실이므로 자유로운 증명설이 타당하다.

III 파생증거의 증거능력 [20변시]

1 문제점

증거능력이 부인된 그 자백에 근거하여 획득한 다른 증거의 증거능력도 부인할 것인가, 즉 독수과실이론을 인정할 것인지 문제된다.

2 학설

① 전면부정설 : 파생증거도 위법하게 수집된 증거이므로 증거능력을 전면 부정하는 견해이다.
② 제한적 부정설 : 고문 등 강제에 의한 자백의 경우에만 파생증거의 증거능력을 부정하고 기망 기타 방법에 의한 경우는 증거능력을 인정하는 견해이다.

3 검토

파생증거의 증거능력을 인정할 경우 자백배제법칙이 무의미하게 되며, 위법수사 방지차원에서도 전면부정설이 타당하다.

IV 약속에 의한 자백의 경우 자백배제법칙이 적용되는지 여부 [20변시]

1 의의

자백배제법칙에서 '기타의 방법'에는 이익의 약속에 의한 자백도 포함되는데, 예를 들어 검사가 자백을 하면 기소유예를 해 주겠다고 하여 이를 믿고 한 자백 등이 이에 해당한다. 약속한 이익이 법률상 허용되지 않는 경우에만 자백배제법칙이 적용된다.

2 판례

① 피고인이 처음 검찰 조사시에 범행을 부인하다가 뒤에 자백을 하는 과정에서 금 200만원을 뇌물로 받은 것으로 하면 특가법 위반으로 중형을 받게 되니 금 200만원 중 30만원을 술값을 갚은 것으로 조서를 허위작성 한 것이라면 이는 단순 수뢰죄의 가벼운 형으로 처벌되도록 하겠다는 약속하고 자백을 유도한 것으로 위와 같은 상황 하에서 한 자백은 그 임의성에 의심이 가고 따라서 진실성이 없다(대판 83도2782).

② 일정한 증거가 발견되면 피의자가 자백하겠다고 한 약속이 검사의 강요나 위계에 의하여 이루어졌다던가 또는 불기소나 경한 죄의 소추 등 이익과 교환조건으로 된 것으로 인정되지 않는다면 위와 같은 자백의 약속하에 된 자백이라 하여 곧 임의성 없는 자백이라고 단정할 수는 없다(대판 83도712).[23모선]

③ 피고인의 자백이 심문에 참여한 검찰주사가 피의사실을 자백하면 피의사실부분은 가볍게 처리하고 보호감호의 청구를 하지 않겠다는 각서를 작성하여 주면서 자백을 유도한 것에 기인한 것이라면 위 자백은 기망에 의하여 임의로 진술한 것이 아니라고 의심할 만한 이유가 있는 때에 해당한다(대판 85도2182).

V 자백배제법칙에 관한 지문 및 판례 정리

① [1] 피고인이 검사 이전의 수사기관에서 고문 등 가혹행위로 인하여 임의성 없는 자백을 하고 그 후 검사의 조사단계에서도 임의성 없는 심리상태가 계속되어 동일한 내용의 자백을 하였다면 검사의 조사단계에서 고문 등 자백의 강요행위가 없었다고 하여도 검사 앞에서의 자백도 임의성 없는 자백이라고 볼 수밖에 없다(대판 2010도11788).[23모선]
[2] 피고인이 수사기관에서 가혹행위 등으로 인하여 임의성 없는 자백을 하고 그 후 법정에서도 임의성 없는 심리상태가 계속되어 동일한 내용의 자백을 하였다면 법정에서의 자백도 임의성 없는 자백이라고 보아야 한다(대판 2010도3029). 표준판례 [23모선]

② 피고인이 경찰에서 임의성 없는 자백을 하고 그 후 검사의 조사단계에서도 임의성 없는 심리상태가 계속되어 동일한 내용의 자백을 하였다면 검사의 조사단계에서 자백의 강요행위가 없었다고 하여도 검사 앞에서의 자백도 임의성 없는 자백이라고 볼 수밖에 없다(대판 92도2409).

③ 임의성이 인정되지 아니하여 증거능력이 없는 진술증거는 피고인이 증거로 함에 동의하더라도 증거로 삼을 수 없다(대판 2004도7900). 표준판례

④ 자백의 임의성이 인정된다고 하더라도 증거능력이 있다는 것에 지나지 않고 그 자백의 진실성과 신빙성 즉 증명력까지도 당연히 인정되어야 하는 것은 아니다(대판 83도712).

⑤ 검찰에서의 피고인의 자백이 법정진술과 다르다거나 피고인에게 지나치게 불리한 내용이라는 사유만으로는 그 자백의 신빙성이 의심스럽다고 할 수는 없고, 자백의 신빙성 유무를 판단할 때에는 피고인의 자백에 제309조에 정한 사유 또는 자백의 동기나 과정에 합리적인 의심을 갖게 할 상황이 있었는지를 판단하여야 한다(대판 2018도2642).

Chapter 063 공동피고인

I 개관

1 의의

수인의 피고인이 동일 소송절차에서 공동으로 심판받는 경우 이를 공동피고인이라 하고 공동피고인의 한 사람에 대하여 다른 피고인을 상피고인이라 한다.

2 판례

판례는 ① 공동정범, 합동범, 필요적 공범, 교사범과 정범, 방조범과 정범을 공범인 공동피고인에서 말하는 공범에 해당한다고 하였고, ② 본범과 장물범, 서로 싸운 경우에는 공범 아닌 공동피고인으로 본다.

II 공동피고인의 증인적격 [13변사, 23·20모사]

1 학설

① **부정설** : 공동피고인이라도 피고인으로서 진술거부권을 가지므로 변론을 분리하지 않는 한 증인으로 신문 불가하다는 견해이다.
② **긍정설** : 공동피고인은 다른 피고인에 대한 관계에서는 제3자이므로 증인 신문 가능하다는 견해이다.
③ **절충설** : 공범인 공동피고인은 증인적격 없으나, 공범 아닌 공동피고인은 증인신문 가능하다는 견해이다.

2 판례

① 공범인 공동피고인은 당해 소송절차에서는 피고인의 지위에 있으므로 다른 공동피고인에 대한 공소사실에 관하여 증인이 될 수 없으나, 소송절차가 분리되어 피고인의 지위에서 벗어나게 되면 다른 공동피고인에 대한 공소사실에 관하여 증인이 될 수 있다(대판 2008도3300). 표준판례 [23·22모선]
소송절차가 분리된 공범인 공동피고인이 증언거부권을 고지받은 상태에서 자기의 범죄사실에 대하여 허위로 진술한 경우, 위증죄가 성립한다(대판 2012도6848).[25·23변선, 22모선]
② 피고인과 별개의 범죄사실로 기소되어 병합심리중인 공동피고인은 피고인의 범죄사실에

관하여는 증인의 지위에 있다 할 것이므로 선서없이 한 공동피고인의 법정진술이나 피고인이 증거로 함에 동의한 바 없는 공동피고인에 대한 피의자신문조서는 피고인의 공소 범죄사실을 인정하는 증거로 할 수 없다(대판 82도1000).[23변선]

3 검토

피고인과 별개의 범죄사실로 기소되어 병합심리 중인 공동피고인은 피고인의 범죄사실에 관하여는 증인의 지위에 있다고 보아야 하고, 공범인 공동피고인의 경우에는 원칙적으로 증인적격이 없다고 보아야 할 것인데, 만약 변론을 분리하게 된다면 이 경우에는 피고인의 지위에서 벗어나 제3자가 되는 것이므로 증인이 될 수 있다고 보는 판례의 입장이 타당하다.

소송절차가 분리되어 공동피고인에 대한 증인신문을 하는 경우 공범의 관계에 있어 유죄판결을 받을 사실이 드러날 염려가 있는 경우 증언거부권 행사가 가능할 것이다.

III 공동피고인의 법정진술의 증거능력 [20·14변사, 23·21·20모사]

1 문제점

공동피고인이 법정에서 증인 아닌 피고인의 지위에서 한 진술이 상피고인에 대한 유죄의 증거로 사용될 수 있는지 문제된다.

2 학설

① **적극설** : 공동피고인에 대한 피고인의 반대신문권이 사실상 보장되어 있으므로 증거능력이 인정된다는 견해이다.

② **소극설** : 변론이 병합되어 있는 경우 공동피고인은 진술거부권을 지니므로 반대신문이 곤란하다는 점에서 변론을 분리하여 증인으로 신문하지 않는 한 증거능력이 없다는 견해이다.

③ **절충설** : 공범인 공동피고인의 법정진술은 증거능력이 인정되나, 공범 아닌 공동피고인의 법정진술은 증거능력이 없다는 견해이다.

3 판례

① **공범인 공동피고인 긍정** : 공동피고인의 자백은 이에 대한 피고인의 반대신문권이 보장되어 있어 증인으로 신문한 경우와 다를 바 없으므로 독립한 증거능력이 있다(대판 85도691).[25·23변선, 23·22모선]

② **공범 아닌 공동피고인 부정** : 피고인과는 별개의 범죄사실로 기소되고 다만 병합심리된 것뿐인 공동피고인은 피고인에 대한 관계에서는 증인의 지위에 있음에 불과하므로 선서 없이 한 그 공동피고인의 피고인으로서 한 공판정에서의 진술을 피고인에 대한 공소범죄 사실을 인정하는 증거로 쓸 수 없다(대판 78도1031).[23변선, 23모선]

4 검토

공동피고인에 대한 피고인신문에 대하여 반대신문의 기회가 보장되므로 실체진실 발견을 위한 구체적 타당성을 고려하는 판례 입장이 타당하다.

Chapter 064 전문법칙 일반

I 개관

1 전문증거의 의의

전문증거란 경험사실을 직접 경험한 자가 직접 구두로 법원에 진술하지 않고 다른 형태(진술, 서류)로 간접적으로 보고하는 것을 말하는데 진술증거만 전문증거가 될 수 있다.

2 전문법칙

① 제311조 내지 제316조에 규정한 것 이외에는 공판준비 또는 공판기일에서의 진술에 대신하여 진술을 기재한 서류나 공판준비 또는 공판기일 외에서의 타인의 진술을 내용으로 하는 진술은 이를 증거로 할 수 없다(제310조의2).
② 전문법칙이란 전문증거는 증거능력이 인정되지 않는다는 원칙을 말한다.
③ 전문법칙은 진술증거에 대하여만 적용되며, 증거물과 같은 비진술증거에는 전문법칙 적용이 없다. 따라서 증거물과 같은 비진술증거의 경우 관련성과 진정성이 인정되는 경우 증거능력이 인정된다.

II 전문증거 판단기준 [18모사]

1 판단기준 [24변사]

① 타인의 진술을 내용으로 하는 진술이 전문증거인지 여부는 요증사실과의 관계에서 정해진다. 원진술의 내용인 사실이 요증사실인 경우에는 전문증거이나, 원진술의 존재자체가 요증사실인 경우에는 본래증거이지 전문증거가 아니다(대판 2017도19499). 표준판례 [23변선,

23・22모선]

② 어떤 진술이 범죄사실에 대한 직접증거로 사용함에 있어서는 전문증거가 된다고 하더라도 그와 같은 진술을 하였다는 것 자체 또는 그 진술의 진실성과 관계없는 간접사실에 대한 정황증거로 사용함에 있어서는 반드시 전문증거가 되는 것은 아니다(대판 99도1252).
표준판례 [22모선]

③ 어떠한 내용의 진술을 하였다는 사실 자체에 대한 정황증거로 사용될 것이라는 이유로 서류의 증거능력을 인정한 다음 그 사실을 다시 진술 내용이나 그 진실성을 증명하는 간접사실로 사용하는 경우에 그 서류는 전문증거에 해당한다. 서류가 그곳에 기재된 원진술의 내용인 사실을 증명하는 데 사용되어 원진술의 내용인 사실이 요증사실이 되기 때문이다(대판 2018도2738). 표준판례 [23・22모선]

2 전문증거 판단에 관한 판례 정리

① [1] 乙의 진술 중 지시 사항 부분은 甲이 乙에게 지시를 한 사실을 증명하기 위한 것이라면 원진술의 존재 자체가 요증사실인 경우에 해당하여 본래증거이고 전문증거가 아니다. 그리고 乙의 업무수첩 중 지시 사항 부분은 제313조 제1항에 따라 공판준비나 공판기일에서 그 작성자인 乙의 진술로 성립의 진정함이 증명된 경우에는 진술증거로 사용할 수 있다. [2] 乙의 업무수첩은 乙이 사무처리의 편의를 위하여 자신이 경험한 사실 등을 기재해 놓은 것에 지나지 않아 '굳이 반대신문의 기회 부여가 문제되지 않을 정도로 고도의 신용성에 관한 정황적 보장이 있는 문서'라고 보기 어려우므로, 제315조 제3호의 '기타 특히 신용할만한 정황에 의하여 작성된 문서'에 해당하지 않는다(대판 2018도14303).

② 부수법 위반의 공소사실을 증명하기 위하여 제출되는 수표는 그 서류의 존재 또는 상태 자체가 증거가 되는 것이어서 증거물인 서면에 해당하고 어떠한 사실을 직접 경험한 사람의 진술에 갈음하는 대체물이 아니므로, 증거능력은 증거물의 예에 의하여 판단하여야 하고, 이에 대하여는 형소법에서 정한 전문법칙이 적용될 여지가 없다(대판 2015도2275).[23모선]

③ A가 전화를 통화여 피고인으로부터 '담당공무원이 4천만원을 요구하는데 사례비로 2천만원을 주어야 한다'는 말을 들었다는 취지의 진술을 하였는데, 피고인의 위와 같은 원진술의 존재 자체가 이 사건 알선수재죄에 있어서의 요증사실이므로, 이러한 진술들은 전문증거가 아니라 본래증거에 해당한다(대판 2008도8007).

④ 반국가단체로부터 지령을 받고 국가기밀을 탐지・수집하였다는 공소사실과 관련하여 수령한 지령 및 탐지・수집하여 취득한 국가기밀이 문건의 형태로 존재하는 경우나 편의제공의 목적물이 문건인 경우 등에는, 문건 내용의 진실성이 문제 되는 것이 아니라 그러한 내용의 문건이 존재하는 것 자체가 증거가 되는 것으로서, 위와 같은 공소사실에 대하여는 전문법칙이 적용되지 않는다(대판 2013도2511).

⑤ '피고인이 88체육관 부지를 공시지가로 매입하게 해 주고 KBS와의 시설이주 협의도 2개월 내로 완료하겠다고 말하였다'는 진술은, 원진술의 존재 자체가 사기죄 또는 변호사법 위반죄에 있어서의 요증사실이므로, 전문증거가 아니라 본래증거에 해당한다(대판 2012도2937).

Chapter 065 제311조(법원 또는 법관의 조서)

I 의의

공판준비 또는 공판기일에 피고인이나 피고인 아닌 자의 진술을 기재한 조서와 법원 또는 법관의 검증의 결과를 기재한 조서는 증거로 할 수 있다.
제184조(증거보전절차) 및 제221조의 2(증인신문의 청구)의 규정에 의하여 작성한 조서도 또한 같다.[22모선]
이러한 조서는 법원 또는 법관의 면전에서의 진술을 기재한 조서이므로 그 성립이 진정하고 신용성의 정황적 보장이 높기 때문에 증거능력이 인정된다.

II 적용범위

1 피고인의 진술을 기재한 조서

2 피고인 아닌 자의 진술을 기재한 조서

(1) 공판준비 또는 공판기일에서의 피고인 아닌 자의 진술을 기재한 조서

피고인 아닌 자란 피고인을 제외한 제3자, 즉 증인·감정인뿐만 아니라 공범자와 공동피고인을 포함한다. 법원 또는 법관의 검증조서, 감정인신문조서 등이 이에 해당한다.

(2) 공동피고인의 진술을 기재한 조서

공범인 공동피고인의 진술을 기재한 조서는 피고인의 동의를 기다릴 필요도 없이 증거능력이 인정된다. 그러나 피고인과는 별개의 범죄사실로 기소되고 다만 병합심리된 것일 뿐인 공범 아닌 공동피고인은 피고인에 대한 관계에서 증인의 지위에 있음에 불과하므로 증인으로서 선서 없이 한 공동피고인의 피고인으로서 한 공판정에서의 진술을 피고인에 대한 공소사실을 인정하는 증거로 쓸 수는 없다.

3 증거보전절차·증인신문청구절차에서 작성한 조서

① 공동피고인이 증거보전절차에서 증언한 증인신문조서는 당연히 증거능력이 인정된다.
② 다만 증인신문조서가 증거보전절차에서 피고인이 증인으로 증언한 것을 기재한 것이 아니라 피고인이 당사자로 참여하여 반대신문한 것에 지나지 않는다면 피고인의 진술부분에 대하여는 본조에 의하여 증거능력을 인정할 수 없다(대판 84도508).[24모선]

Ⅲ 공판조서의 배타적 증명력

1 의의

① 공판기일의 소송절차로서 공판조서에 기재된 것은 그 조서만으로써 증명한다(제56조).
② 공판조서의 기재가 명백한 오기인 경우를 제외하고는 공판기일의 소송절차로서 공판조서에 기재된 것은 조서만으로써 증명하여야 하고, 그 증명력은 공판조서 이외의 자료에 의한 반증이 허용되지 않는 절대적인 것이다(대판 2005도6557). 표준판례
③ 반면에 어떤 소송절차가 진행된 내용이 공판조서에 기재되지 않았다고 하여 당연히 그 소송절차가 당해 공판기일에 행하여지지 않은 것으로 추정되는 것은 아니고 공판조서에 기재되지 않은 소송절차의 존재가 공판조서에 기재된 다른 내용이나 공판조서 이외의 자료로 증명될 수 있고, 이는 소송법적 사실이므로 자유로운 증명의 대상이 된다(대판 2023도3038).[25변선, 24모선]

2 배타적 증명력이 인정되는 범위

① 공판기일의 소송절차 : 공판기일의 절차에 한하므로 공판기일 외에서의 증인신문 등에 대하여는 배타적 증명력이 인정되지 않는다. 또한 소송절차가 아닌 실체면에 관한 사항에 대하여도 배타적 증명력은 인정되지 않는다.
② 당해 사건의 공판조서 : 다른 사건의 공판조서는 배타적 증명력이 인정되지 않는다.

3 공판조서의 배타적 증명력에 관한 판례 정리

① 다른 피고인에 대한 형사사건의 공판조서는 제315조 제3호에 정한 서류로서 당연히 증거능력이 있는바, 공판조서 중 일부인 증인신문조서 역시 제315조 제3호에 정한 서류로서 당연히 증거능력이 있다(대판 2004도4428).[24모선]
② 공판조서의 기재가 소송기록상 명백한 오기인 경우에는 공판조서는 그 올바른 내용에 따라 증명력을 가진다(대판 95도110). 표준판례
③ 피고인이 검찰이래 공소사실에 대하여 일관되게 부인하고 있으므로 공판조서상의 경찰 작성의 피의자신문조서의 내용인정 기재를 착오 기재 등으로 보아 경찰 작성의 피의자신문조서의 증거능력이 부정된다(대판 2001도3997). 표준판례
④ 검사가 제출한 증거에 관하여 동의 또는 진정성립 여부 등에 관한 피고인의 의견이 증거목록에 기재된 경우에는 그 증거목록의 기재는 공판조서의 일부로서 명백한 오기가 아닌 이상 절대적인 증명력을 가지게 된다(대판 2015도3467).
⑤ 피고인이 변호인과 함께 출석한 공판기일의 공판조서에 검사가 제출한 증거에 대하여 동의한다는 기재가 되어 있다면 이는 피고인이 증거동의를 한 것으로 보아야 하고, 그 기재는 절대적인 증명력을 가진다(대판 2015도19139).
⑥ 당해 공판기일에 열석하지 아니한 판사가 재판장으로서 서명·날인한 공판조서는 소송법

상 무효라 할 것이므로 공판기일에 있어서의 소송절차를 증명할 공판조서로서의 증명력이 없다(대판 82도2940).
⑦ 동일한 사항에 관하여 두개의 서로 다른 내용이 기재된 공판조서가 병존하는 경우 양자는 동일한 증명력을 가지는 것으로서 그 증명력에 우열이 있을 수 없다고 보아야 할 것이므로 그 중 어느 쪽이 진실한 것으로 볼 것인지는 공판조서의 증명력을 판단하는 문제로서 법관의 자유로운 심증에 따를 수밖에 없다(대판 86도1646). 표준판례

Ⅳ 제311조 관련 판례 정리

① [1] 피고인의 공판조서에 대한 열람 또는 등사청구에 법원이 불응하여 피고인의 열람 또는 등사청구권이 침해된 경우에는 그 공판조서를 유죄의 증거로 할 수 없을 뿐만 아니라, 공판조서에 기재된 당해 피고인이나 증인의 진술도 증거로 할 수 없다.
[2] 다만 그러한 증거들 이외에 적법하게 채택하여 조사한 다른 증거들만에 의하더라도 범죄사실을 인정하기에 충분하고, 피고인의 방어권이나 변호인의 변호권을 본질적으로 침해한 정도에 이르지는 않은 경우, 판결에서 공판조서 등을 증거로 사용하였다 하더라도 위법이라 할 수는 없다(2011도15869). 표준판례
② 비록 피고인이 원하는 시기에 공판조서를 열람·등사하지 못하였다 하더라도 그 변론종결 이전에 이를 열람·등사한 경우에는 그 열람·등사가 늦어짐으로 인하여 피고인의 방어권 행사에 지장이 있었다는 등의 특별한 사정이 없는 한 피고인의 공판조서의 열람·등사청구권이 침해되었다고 볼 수 없어, 그 공판조서를 유죄의 증거로 할 수 있다(대판 2007도3906).
③ 녹음테이프에 대한 검증의 내용이 그 진술 당시 진술자의 상태 등을 확인하기 위한 것인 경우에는, 녹음테이프에 대한 검증조서의 기재 중 진술내용을 증거로 사용하는 경우에 관한 위 법리는 적용되지 아니하고, 따라서 위 검증조서는 법원의 검증의 결과를 기재한 조서로서 형사소송법 제311조에 의하여 당연히 증거로 할 수 있다(대판 2007도10755). 표준판례 [22모선]

Chapter 066 제312조 제1항(검사작성의 피의자신문조서)

I 개관

1 의의

① 검사가 작성한 피의자신문조서는 적법한 절차와 방식에 따라 작성된 것으로서 공판준비, 공판기일에 그 피의자였던 피고인 또는 변호인이 그 내용을 인정할 때에 한정하여 증거로 할 수 있다(제312조 제1항).[22모선]

② 피의자의 진술을 기재한 서류 또는 문서가 수사기관에서의 조사 과정에서 작성된 것이라면, 그것이 '진술조서, 진술서, 자술서'라는 형식을 취하였다고 하더라도 피의자신문조서와 달리 볼 수 없다(대판 2008도8213).

2 증거능력 인정 요건

(1) 검사작성 [20모사]

① 외관상 검사가 작성한 것으로 되어 있는 피고인에 대한 피의자신문조서가 검찰주사와 검찰주사보가 담당 검사가 임석하지 아니한 상태에서 작성된 것으로, 담당 검사는 피의사실에 관하여 위 피고인을 직접·개별적으로 신문한 바 없는 경우, 위 피의자신문조서를 제312조 제1항 소정의 조서로 볼 수 없으므로 그 증거능력 유무는 검사 이외의 수사기관이 작성한 피의자신문조서와 마찬가지 기준에 의하여 결정되어야 할 것이어서, 피고인이 그 내용을 부인하는 이상 유죄의 증거로 삼을 수 없다(대판 2002도4372).

② 검찰에 송치되기 전에 구속피의자로부터 받은 검사작성의 피의자신문조서는 극히 이례에 속하는 것으로, 특별한 사정이 보이지 않는 한 송치후에 작성된 피의자신문조서와 마찬가지로 취급하기는 어렵다(대판 94도1228).

(2) 적법한 절차와 방식

① 피의자신문과 변호인의 참여, 수사과정의 기록 등의 규정을 따라야 한다.

② 조서말미에 피고인의 서명만이 있고, 그 날인(무인 포함)이나 간인이 없는 검사 작성의 피고인에 대한 피의자신문조서는 증거능력이 없다고 할 것이고, 그 날인이나 간인이 없는 것이 피고인이 그 날인이나 간인을 거부하였기 때문이어서 그러한 취지가 조서말미에 기재되었다거나, 피고인이 법정에서 그 피의자신문조서의 임의성을 인정하였다고 하여 달리 볼 것은 아니다(대판 99도237).[23모선]

(3) 내용인정

① 피고인 또는 변호인이 그 내용을 인정할 때 한정하여 증거능력이 인정된다.

② [1] '그 내용을 인정할 때'라 함은 피의자신문조서의 기재 내용이 진술 내용대로 기재되어 있다는 의미가 아니고 그와 같이 진술한 내용이 실제 사실과 부합한다는 것을 의미한다.
[2] 따라서 피고인이 공소사실을 부인하는 경우 검사가 작성한 피의자신문조서 중 공소사실을 인정하는 취지의 진술 부분은 그 내용을 인정하지 않았다고 보아야 한다(대판 2023도2102).[24모선]

II 공범에 대한 검사작성 피의자신문조서 [20·15·12변사, 18모사]

1 공범에 대한 검사작성 피의자신문조서의 증거능력

(1) 문제점

공범인 공동피고인에 대한 검사 작성 피의자신문조서를 피고인에 대한 유죄의 증거로 사용할 경우 제312조 제1항 또는 제4항의 적용여부가 문제된다.

(2) 학설

① 제312조 제1항 적용설 : 공범인 공동피고인도 제312조 제1항의 피고인에 해당하므로 제312조 제1항을 적용할 수 있다는 견해이다.

② 제312조 제4항 적용설 : 제312조 제1항의 피의자신문조서는 피고인이 된 피의자 자신에 대한 피의자신문조서만을 의미하므로 제312조 제4항을 적용해야 한다는 견해이다.

(3) 판례

형사소송법 제312조 제1항에서 정한 '검사가 작성한 피의자신문조서'란 당해 피고인에 대한 피의자신문조서만이 아니라 당해 피고인과 공범관계에 있는 다른 피고인이나 피의자에 대하여 검사가 작성한 피의자신문조서도 포함되고, 여기서 말하는 '공범'에는 형법 총칙의 공범 이외에도 서로 대향된 행위의 존재를 필요로 할 뿐 각자의 구성요건을 실현하고 별도의 형벌 규정에 따라 처벌되는 강학상 필요적 공범 또는 대향범까지 포함한다.

따라서 피고인이 자신과 공범관계에 있는 다른 피고인이나 피의자에 대하여 검사가 작성한 피의자신문조서의 내용을 부인하는 경우에는 형사소송법 제312조 제1항에 따라 유죄의 증거로 쓸 수 없다(대판 2023도3741).[24변선]

(4) 검토

검사가 작성한 피의자신문조서도 사경이 작성한 피의자신문조서와 같이 내용인정이라는 엄격한 요건을 요구하는 개정 법률의 취지에 따라 제312조 제1항이 적용된다고 보아야 한다.

2 공범에 대한 검사작성 피의자신문조서에 제314조 적용 가부

(1) 법률개정 이전 판례

검사작성의 공범에 대한 피의자신문조서는 제1심에서 동인에 대한 증인 소환장이 소재불명으로 송달불능이 되고 소재탐지촉탁에 의하여도 거주지를 확인할 방도가 없어 그 진술을 들을 수 없는 사정이 있고 그 조서의 내용에 의하면 특히 신빙할 수 있는 상태하에서 작성된 것으로 보여지므로 원심이 제314조에 의하여 증거능력을 인정한 조치는 정당하다(대판 83도2945).

(2) 검토

개정 법률에 따라 공범에 대한 검사작성 피의자신문조서의 경우 공범에 의하여 진정성립이 인정된다 하더라도 당해 피고인이 그 피의자신문조서의 내용을 부인하면 증거능력이 부정되므로, 공범에 대한 피의자신문조서에 대해 제314조가 적용되지 않는다고 볼 것이다.

III 검사작성 피의자신문조서 관련 판례 정리

① 피의자신문조서 초본은 그 피의자신문조서의 원본이 존재하거나 존재하였을 것, 피의자신문조서의 원본 제출이 불능 또는 곤란한 사정이 있을 것, 원본을 정확하게 전사하였을 것 등 3가지 요건을 전제로 피고인에 대한 검사작성의 피의자신문조서 원본과 동일하게 취급할 수 있다(대판 2000도5461).

② 피의자가 변호인의 참여를 원한다는 의사를 명백하게 표시하였음에도 수사기관이 정당한 사유 없이 변호인을 참여하게 하지 아니한 채 피의자를 신문하여 작성한 피의자신문조서는 제312조에 정한 '적법한 절차와 방식'에 위반된 증거일 뿐만 아니라, 제308조의2에서 정한 '적법한 절차에 따르지 아니하고 수집한 증거'에 해당하므로 이를 증거로 할 수 없다(대판 2010도3359). [표준판례]

③ 검사 작성의 피의자신문조서에 작성자인 검사의 서명날인이 되어 있지 아니한 경우 그 피의자신문조서는 공무원이 작성하는 서류로서의 요건을 갖추지 못한 것으로서 제57조 제1항에 위반되어 무효이고 따라서 이에 대하여 증거능력을 인정할 수 없다(대판 2001도4091).[23모선]

④ 피의자신문조서는 피의자에게 열람하게 하거나 읽어 들려주어야 하며, 진술한 대로 기재되지 아니하였거나 사실과 다른 부분의 유무를 물어 피의자가 증감 또는 변경의 청구 등 이의를 제기하거나 의견을 진술한 때에는 이를 조서에 추가로 기재하여야 한다. 이 경우 피의자가 이의를 제기하였던 부분은 읽을 수 있도록 남겨두어야 한다(제244조 제2항).[22모선]

Chapter 067 제312조 제3항(사경작성의 피의자신문조서)

I 의의 및 요건

1 법률의 규정

검사 이외의 수사기관이 작성한 피의자신문조서는 적법한 절차와 방식에 따라 작성된 것으로서 공판준비 또는 공판기일에 그 피의자였던 피고인 또는 변호인이 그 내용을 인정할 때에 한하여 증거로 할 수 있다(제312조 제3항).

2 적법한 절차와 방식

3 내용의 인정

검사 이외의 수사기관 작성의 피의자신문조서의 기재내용이 진술내용대로 기재되어 있다는 의미가 아니고(그것은 문서의 진정성립에 속하는 사항), 그와 같이 진술한 내용이 실제 사실과 부합한다는 것을 의미한다(대판 94도1735). 표준판례

II 공범에 대한 사경작성 피의자신문조서 [20·19·13변시]

1 문제점

공범에 대한 사경작성 피의자신문조서가 피고인에 대한 유죄의 증거로 사용될 경우 제312조 제3항 또는 제4항의 적용여부가 문제된다.

2 제312조 제3항 적용여부

① 제312조 제3항은 당해 피고인에 대한 피의자신문조서를 유죄의 증거로 하는 경우뿐만 아니라 당해 피고인과 공범관계가 있는 다른 피고인이나 피의자에 대한 피의자신문조서를 당해 피고인에 대한 유죄의 증거로 채택하는 경우에도 적용된다(대판 2009도10139). 표준판례

② 여기서 말하는 '공범'에는 형법 총칙의 공범 이외에도 서로 대향된 행위의 존재를 필요로 할 뿐 각자의 구성요건을 실현하고 별도의 형벌 규정에 따라 처벌되는 강학상 필요적 공범 또는 대향범까지 포함한다(대판 2024도8200).

③ 공범관계에 있는 다른 피의자에 대한 사경작성의 피의자신문조서는 그 피의자의 법정 진술

에 의하여 성립의 진정이 인정되더라도 당해 피고인이 공판기일에서 그 조서의 내용을 부인하면 증거능력이 부정된다(대판 2003도7185).[25변선·22변선, 22모선]

※ 공범 아닌 공동피고인에 대한 사경작성 피의자신문조서의 경우 제312조 제4항이 적용된다. [24모사]

3 사경작성 공범에 대한 피의자신문조서의 제314조 적용 여부 [19변사]

(1) 문제점

사경작성 공범의 피의자신문조서에 대하여 제314조가 적용되어 필요성과 특신상태가 증명되면 증거능력을 인정할 수 있는지 문제된다.

(2) 학설

① 긍정설 : 제314조는 전문법칙의 예외의 가장 전형적인 경우이므로 제314조를 적용할 수 있다는 견해이다.

② 부정설 : 제314조를 적용하게 되면 제312조 제3항의 취지가 무의미해지므로 제314조를 적용할 수 없다는 견해이다.

(3) 판례(부정설)

당해 피고인과 공범관계가 있는 다른 피의자에 대하여 검사 이외의 수사기관이 작성한 피의자신문조서는 제312조 제4항의 요건을 갖춘 경우라도 해당 피고인이 공판기일에서 그 조서의 내용을 부인한 이상 이를 유죄 인정의 증거로 사용할 수 없고, 그 당연한 결과로 위 피의자신문조서에 대하여는 제314조가 적용되지 아니한다.

(4) 검토

생각건대 인권보장과 위법수사의 억지라는 제312조 제3항의 입법취지상 사경작성 공범에 대한 피의자신문조서에 대하여는 제314조가 적용되지 않는다는 부정설이 타당하다.

III 사경작성 피의자신문조서 관련 판례 정리

① **양벌규정에 의하여 처벌받는 자에게도 제312조 제3항 적용** [23모기]

해당 피고인과 공범관계에 있는 다른 피의자에 대하여 검사 이외의 수사기관이 작성한 피의자신문조서는 제312조 제3항이 적용되고, 그 당연한 결과로 위 피의자신문조서에 대하여는 제314조가 적용되지 아니한다. 이러한 법리는 공범관계에 있는 자들 사이에서뿐만 아니라, 법인의 대표자나 법인 또는 개인의 대리인 등 행위자의 위반행위에 대하여 행위자가 아닌 법인 또는 개인이 양벌규정에 따라 기소된 경우, 법인 또는 개인과 행위자 사이의 관계에서도 마찬가지로 적용된다(대판 2016도9367). 표준판례 [23변선]

② 사법경찰관이 피의자를 조사하는 과정에서 피의자신문조서에 기재됨이 마땅한 피의자의 진술내용을 진술서의 형식으로 피의자로 하여금 기재하여 제출케 한 경우에는 그 진술서의 증거능력 유무는 검사 이외의 수사기관이 작성한 피의자신문조서와 마찬가지로 제312조 제3항에 따라 결정되어야 할 것이다(대판 2002도4372).[22변선]

③ **압수조서 및 변호인의견서에 기재된 피의자진술부분의 증거능력 부인사례**

[1] 피의자의 진술을 기재한 서류 내지 문서가 수사기관의 수사과정에서 작성된 것이라면 그 서류나 문서의 형식과 관계없이 피의자신문조서와 달리 볼 이유가 없으므로, 수사기관이 작성한 압수조서에 기재된 피의자였던 피고인의 자백 진술 부분은 피고인 또는 변호인이 내용을 부인하는 이상 증거능력이 없다.

[2] 수사기관에 제출된 변호인의견서, 즉 변호인이 피의사건의 실체나 절차에 관하여 자신의 의견 등을 기재한 서면에 피의자가 당해사건 수사기관에 한 진술이 인용되어 있는 경우가 있다. 변호인의견서에 기재된 이러한 내용의 진술은 수사기관의 수사과정에서 작성된 '피의자의 진술이 기재된 신문조서나 진술서 등'으로부터 독립하여 증거능력을 가질 수 없는 성격의 것이고, '피의자의 진술이 기재된 신문조서나 진술서 등'의 증거능력을 인정하지 않는 경우에 변호인의견서에 기재된 동일한 내용의 피의자 진술 부분을 유죄의 증거로 사용할 수 있다면 피의자였던 피고인에게 불의의 타격이 될 뿐만 아니라 피의자 등의 보호를 목적으로 하는 변호인의 지위나 변호인 제도의 취지에도 반하게 된다.

[3] 따라서 피고인이 피의자였을 때 수사기관에 한 진술이 기재된 조서나 수사과정에서 작성된 진술서 등의 증거능력을 인정할 수 없다면 수사기관에 제출된 변호인의견서에 기재된 같은 취지의 피의자 진술 부분도 유죄의 증거로 사용할 수 없다(대판 2020도16796).

④ 피고인은 제1심 법정 이래 계속 이 사건 공소사실을 부인하고 있으므로 이는 공소사실에 대하여 자백하는 듯한 취지가 포함되어 있는 경찰 작성의 피의자신문조서의 진술내용을 인정하지 않는 것이라고 보아야 할 것이고, 한편 기록에 편철된 증거목록을 보면 제1심 제2회 공판기일에 피고인 본인이 경찰 작성의 피의자신문조서의 내용을 인정한 것으로 기재되어 있으나, 이는 착오 기재이었거나 아니면 피고인이 그와 같이 진술한 사실이 있었다는 것을 내용인정으로 조서를 잘못 정리한 것으로 이해될 뿐 이로써 위 피의자신문조서가 증거능력을 가지게 되는 것은 아니다(대판 2005도6271).

⑤ 검사가 유죄의 자료로 제출한 사법경찰리 작성의 피고인에 대한 피의자신문조서는 피고인이 그 내용을 부인하는 이상 증거능력이 없으나, 그것이 임의로 작성된 것이 아니라고 의심할 만한 사정이 없는 한 피고인의 법정에서의 진술을 탄핵하기 위한 반대증거로 사용할 수 있고, 다만 탄핵증거로서의 증거조사는 필요하다(대판 97도1770).[24 · 23변선, 23모선]

⑥ 증거로 함에 부동의한 피의자신문조서 · 진술조서 등의 원진술자가 증인으로 나와 진술기재의 내용을 열람하거나 고지받지 못한 채 단지 수사기관에서 사실대로 진술하였다는 취지의 증언만을 하고 있는 경우, 그 피의자신문조서 · 진술조서는 증거능력이 부정된다(대판 94도343). 표준판례

⑦ **조세범칙조사를 담당하는 세무공무원이 작성한 조서의 성질**

[1] 현행 법령상 조세범칙조사의 법적 성질은 기본적으로 행정절차에 해당하므로, 조세범처벌절차법 등 관련 법령에 조세범칙조사를 담당하는 세무공무원에게 압수·수색 및 혐의자 또는 참고인에 대한 심문권한이 부여되어 있어 그 업무의 내용과 실질이 수사절차와 유사한 점이 있다 하여도, 달리 특별한 사정이 없는 한 이를 형사절차의 일환으로 볼 수는 없다.

[2] 조세범칙조사를 담당하는 세무공무원이 피고인이 된 혐의자 또는 참고인에 대하여 심문한 내용을 기재한 조서는 검사·사법경찰관 등 수사기관이 작성한 조서와 동일하게 볼 수 없으므로 형사소송법 제312조에 따라 증거능력의 존부를 판단할 수는 없고, 피고인 또는 피고인이 아닌 자가 작성한 진술서나 그 진술을 기재한 서류에 해당하므로 형사소송법 제313조에 따라 공판준비 또는 공판기일에서 작성자·진술자의 진술에 따라 성립의 진정함이 증명되고 나아가 그 진술이 특히 신빙할 수 있는 상태 아래에서 행하여진 때에 한하여 증거능력이 인정된다(대판 2022도8524).[24변선, 23모선]

⑧ 미국 범죄수사대(CID), 연방수사국(FBI)의 수사관들이 작성한 수사보고서 및 피고인이 위 수사관들에 의한 조사를 받는 과정에서 작성하여 제출한 진술서는 피고인이 그 내용을 부인하는 이상 증거로 쓸 수 없다(대판 2003도6548).

Chapter 068 제312조 제4항(참고인 진술조서)

I 개관

1 진술조서의 의의

진술조서란 검사 또는 사법경찰관이 피의자 아닌 자(참고인)의 진술을 기재한 조서를 의미한다. (피해자, 목격자 등이 수사기관에서 조사를 받고 작성하게 되는 서류가 전형적인 예)

2 진술조서의 증거능력[23·22모선]

(1) 적법한 절차와 방식

(2) 실질적 진정성립

① 조서가 검사 또는 사법경찰관 앞에서 진술한 내용과 동일하게 기재되어 있음이 증명되어야 한다.

② 실질적 진정성립은 원진술자의 공판준비 또는 공판기일에서의 진술이나, 영상녹화물 기타 객관적인 방법으로 증명되어야 하고, 증명의 정도는 합리적인 의심을 배제할 정도에 이르러야 한다(대판 2014도10978).[23모선]

③ [1] 실질적 진정성립이 인정된다는 것은 적극적으로 진술한 내용이 그 진술대로 기재되어 있어야 한다는 것뿐 아니라 진술하지 아니한 내용이 진술한 것처럼 기재되어 있지 아니할 것을 포함한다.

[2] 단지 피고인이 실질적 진정성립에 대하여 이의하지 않았다거나 조서 작성절차와 방식의 적법성을 인정하였다는 것만으로는 실질적 진정성립까지 인정한 것으로 보아서는 아니 된다. 또한 특별한 사정이 없는 한 이른바 '입증취지 부인'이라고 진술한 것만으로 이를 조서의 진정성립을 인정하는 전제에서 그 증명력만을 다투는 것이라고 가볍게 단정해서도 안 된다(대판 2011도8325).

④ 원진술자가 법정에서 검사 신문에 대하여 단지 검찰, 경찰에서 사실대로 진술하고 그 진술조서에 서명·무인한 사실이 있다는 진술을 한 것만 가지고는 그 진술조서의 진정성립이 증명되었다고 보기 어렵고 진술조서에 기재된 진술내용이 사실과 틀림없다는 것까지 진술되어야 할 것이다(대판 82도1865).

⑤ 원진술자가 공판기일에 증인으로 나와 진술기재 내용을 열람하거나 고지받지 못한 채 단지 검사의 신문에 대하여 수사기관에서 사실대로 진술하였다는 취지의 증언만을 한 경우 그 진술조서는 증거능력이 없다(대판 94도1384).

⑥ **진정성립 증명 수단으로서의 영상녹화물 인정 요건**[25변사]

[1] 수사기관이 작성한 피고인 아닌 자의 진술을 기재한 조서에 대한 실질적 진정성립을 증명할 수 있는 수단으로서 형사소송법 제312조 제4항에 규정된 '영상녹화물'이라 함은 형사소송법 및 형사소송규칙에 규정된 방식과 절차에 따라 제작되어 조사 신청된 영상녹화물을 의미한다고 봄이 타당하다.[23모선]

[2] 수사기관이 작성한 피고인이 아닌 자의 진술을 기재한 조서에 대하여 실질적 진정성립을 증명하기 위해 영상녹화물의 조사를 신청하려면 영상녹화를 시작하기 전에 피고인 아닌 자의 동의를 받고 그에 관해서 피고인 아닌 자가 기명날인 또는 서명한 영상녹화 동의서를 첨부하여야 하고, 조사가 개시된 시점부터 조사가 종료되어 참고인이 조서에 기명날인 또는 서명을 마치는 시점까지 조사 전 과정이 영상녹화되어야 하므로 이를 위반한 영상녹화물에 의하여는 특별한 사정이 없는 한 피고인 아닌 자의 진술을 기재한 조서의 실질적 진정성립을 증명할 수 없다(대판 2022도364).[23모선]

[3] 여기서 조사가 개시된 시점부터 조사가 종료되어 조서에 기명날인 또는 서명을 마치는 시점까지라 함은 기명날인 또는 서명의 대상인 조서가 작성된 개별 조사에서의 시점을 의미하므로 수회의 조사가 이루어진 경우에도 최초의 조사부터 모든 조사 과정을 빠짐없이 영상녹화하여야 한다고 볼 수 없고, 같은 날 이루어진 수회의 조사라 하더라도 특별한 사정이 없는 한 조사 과정 전부를 영상녹화하여야 하는 것도 아니다(대판 2020도13957).

(3) 반대신문의 기회보장

① 반대신문권의 보장은 형식적·절차적인 것이 아니라 실질적·효과적인 것이어야 한다(대판 2018도13945). 표준판례

다만, 피고인 또는 변호인에게 반대신문의 기회가 보장되면 족하며, 반드시 반대신문이 실제로 행해져야 하는 것은 아니다.

② 피고인이 공소사실 및 이를 뒷받침하는 수사기관이 원진술자의 진술을 기재한 조서 내용을 부인하였음에도 불구하고, 원진술자의 법정 출석과 피고인에 의한 반대신문이 이루어지지 못하였다면, 예외적인 경우가 아닌 이상, 그 조서를 주된 증거로 하여 공소사실을 인정하는 것은 원칙적으로 허용될 수 없다(대판 2005도9730). 표준판례

③ 피고인에게 불리한 증거인 증인이 주신문의 경우와 달리 반대신문에 대하여는 답변을 하지 아니하는 등 진술 내용의 모순이나 불합리를 그 증인신문 과정에서 드러내어 이를 탄핵하는 것이 사실상 곤란하였고, 그것이 피고인 또는 변호인에게 책임 있는 사유에 기인한 것이 아닌 경우라면, 관계 법령의 규정 혹은 증인의 특성 기타 공판절차의 특수성에 비추어 이를 정당화할 수 있는 특별한 사정이 존재하지 아니하는 이상, 이와 같이 실질적 반대신문권의 기회가 부여되지 아니한 채 이루어진 증인의 법정진술은 위법한 증거로서 증거능력을 인정하기 어렵다(대판 2016도17054).[23모선]

(4) 특히 신빙할 수 있는 상태

① '특히 신빙할 수 있는 상태'란 진술 내용이나 조서 작성에 허위개입의 여지가 거의 없고, 진술 내용의 신빙성이나 임의성을 담보할 구체적이고 외부적인 정황이 있는 것을 말한다.

② 이러한 '특히 신빙할 수 있는 상태'는 증거능력의 요건에 해당하므로 검사가 그 존재에 대하여 구체적으로 주장·증명하여야 하지만, 엄격한 증명을 요하지 아니하고 자유로운 증명으로 족하다(대판 2012도2937). 표준판례

3 수사과정에서 작성한 진술서(제312조 제5항)

(1) 의의

피신조서, 진술조서 대신 진술서, 자술서를 쓰도록 한 경우 제312조 제5항을 경유하여 제1항부터 제4항이 적용된다(검사작성 피신조서, 사경작성 피신조서, 진술조서 등의 증거능력 부여요건에 준하여 증거능력 결정).

(2) 피고인 아닌 자가 수사과정에서 작성한 진술서의 범위

제312조 제5항의 적용대상인 '수사과정에서 작성한 진술서'란 수사가 시작된 이후에 수사기관의 관여 아래 작성된 것이거나, 개시된 수사와 관련하여 수사과정에 제출할 목적으로 작성한 것으로, 작성 시기와 경위 등 여러 사정에 비추어 그 실질이 이에 해당하는 이상 명칭이나 작성된 장소 여부를 불문한다(대판 2022도9510).[24변선]

Ⅱ 수사과정의 기록이 없는 진술조서의 증거능력

1 문제점

제312조 제4항의 증거능력 요건 충족 여부와 관련하여 수사과정을 기록하지 않은 경우 '적법한 절차와 방식'을 위반하여 증거능력을 부인하여야 하는 것은 아닌지 문제된다.

2 수사과정의 기록 흠결시 진술조서의 증거능력 부정

(1) 수사과정의 기록(제244조의4)

검사·사법경찰관은 조사과정의 진행경과를 확인하기 위하여 필요한 사항을 피의자신문조서에 기록하거나 별도의 서면에 기록한 후 수사기록에 편철하여야 한다(제1항).
이는 피의자가 아닌 자를 조사하는 경우에 준용한다(제3항).

(2) 수사과정의 기록이 없는 진술조서의 증거능력 부정

[1] 검사 또는 사법경찰관이 피고인이 아닌 자의 진술을 기재한 조서의 증거능력이 인정되려면 '적법한 절차와 방식에 따라 작성된 것'이어야 한다는 법리는 피고인이 아닌 자가 수사과정에서 작성한 진술서의 증거능력에 관하여도 적용된다.

[2] 피고인이 아닌 자가 수사과정에서 진술서를 작성하였지만 수사기관이 조사과정의 진행경과를 확인하기 위하여 필요한 사항을 그 진술서에 기록하거나 별도의 서면에 기록한 후 수사기록에 편철하는 등 적절한 조치를 취하지 아니하여 형사소송법 제244조의4 제1항, 제3항에서 정한 절차를 위반한 경우에는, 특별한 사정이 없는 한 '적법한 절차와 방식'에 따라 수사과정에서 진술서가 작성되었다고 할 수 없어 증거능력을 인정할 수 없다(대판 2022도9510).

Ⅲ 제312조 제4항 관련 판례 정리

① 증언 번복 진술조서

공판준비 또는 공판기일에서 이미 증언을 마친 증인을 검사가 소환한 후 피고인에게 유리한 그 증언 내용을 추궁하여 이를 일방적으로 번복시키는 방식으로 작성한 진술조서를 유죄의 증거로 삼는 것은 당사자주의·공판중심주의·직접주의를 지향하는 현행 형사소송법의 소송구조에 어긋나는 것일 뿐만 아니라, 재판을 받을 권리를 침해하는 것이므로, 이러한 진술조서는 피고인이 증거로 할 수 있음에 동의하지 아니하는 한 그 증거능력이 없고, 그 후 원진술자인 종전 증인이 다시 법정에 출석하여 증언을 하면서 그 진술조서의 성립의 진정함을 인정하고 피고인측에 반대신문의 기회가 부여되었다고 하더라도 그 증언 자체를 유죄의 증거로 할 수 있음은 별론으로 하고 위와 같은 진술조서의 증거능력은 없다(대판 99도1108). 표준판례 [22변선]

② 이 사건 휴대전화기에 대한 압수조서 중 '압수경위'란에 기재된 내용은, 피고인이 이 부분 공소사실과 같은 범행을 저지르는 현장을 직접 목격한 사람의 진술이 담긴 것으로서 제312조 제5항에서 정한 '피고인이 아닌 자가 수사과정에서 작성한 진술서'에 준하는 것으로 볼 수 있고, 이에 따라 이 사건 휴대전화기에 대한 임의제출절차가 적법하였는지 여부에 영향을 받지 않는 별개의 독립적인 증거에 해당하므로, 피고인이 증거로 함에 동의한 이상 유죄를 인정하기 위한 증거로 사용할 수 있을 뿐 아니라 이 부분 공소사실에 대한 피고인의 자백을 보강하는 증거가 된다고 볼 여지가 많다(대판 2019도13290). 표준판례 [22변선, 23·22모선]

③ 수사기관이 작성한 조서의 내용이 원진술자가 진술한 대로 기재된 것이라 함은 조서 작성 당시 원진술자의 진술대로 기재되었는지의 여부만을 의미하는 것으로, 그와 같이 진술하게 된 연유나 그 진술의 신빙성 여부는 고려할 것이 아니다(대판 2005도1849).

④ 검찰관이 군사법원의 증거조사절차 외에서, 그것도 형사사법공조절차나 과테말라공화국 주재 우리나라 영사를 통한 조사 등의 방법을 택하지 않고 직접 현지에 가서 조사를 실시한 것은 수사의 정형적 형태를 벗어난 것이라고 볼 수 있는 점 등 제반 사정에 비추어 볼 때, 진술이 특별히 신빙할 수 있는 상태에서 이루어졌다는 점에 관한 증명이 있다고 보기 어려워 甲의 진술조서는 증거능력이 인정되지 아니한다(대판 2011도3809).
- 위법수집증거에 해당하지는 않으나 특신상태 부정으로 증거능력 불인정

⑤ 수사기관이 진술자의 성명을 가명으로 기재하여 조서를 작성하였다고 해서 그 이유만으로 그 조서가 '적법한 절차와 방식'에 따라 작성되지 않았다고 할 것은 아니다. 그러한 조서라도 제312조 제4항에서 규정한 조서의 증거능력 인정에 관한 다른 요건이 모두 갖추어진 이상 그 증거능력을 부정할 것은 아니다(대판 2011도7757).

⑥ 형사소송법 제244조의5는 필요한 경우에 피의자와 신뢰관계에 있는 자를 동석하게 할 수 있도록 규정하고 있는데, 이를 허락하는 경우에도 동석한 사람으로 하여금 피의자를 대신하여 진술하도록 하여서는 안 된다. 만약 동석한 사람이 피의자를 대신하여 진술한 부분이 조서에 기재되어 있다면 그 부분은 피의자의 진술을 기재한 것이 아니라 동석한 사람의 진술을 기재한 조서에 해당하므로, 그 사람에 대한 진술조서로서의 증거능력을 취득하기 위한 요건을 충족하지 못하는 한 이를 유죄 인정의 증거로 사용할 수 없다(대판 2009도1322).[22모선]

Chapter 069 제312조 제6항(수사기관의 검증조서)

I 의의

① 검사 또는 사법경찰관이 검증의 결과를 기재한 조서는 적법한 절차와 방식에 따라 작성된 것으로서 공판준비 또는 공판기일에서 작성자의 진술에 따라 그 성립의 진정함이 증명된 때에는 증거로 할 수 있다.

② 검증조서란 법원 또는 수사기관이 검증의 결과를 기재한 서면을 의미하는데, 검사 또는 사경의 검증조서는 수사기관이 영장에 의하거나(제215조) 영장에 의하지 아니한 강제처분(제216조) 또는 피검자의 승낙에 의하여 검증한 결과를 기재한 조서를 말한다.

II 검증조서에 기재된 진술 및 첨부된 사진의 증거능력 [23·19변사, 23·20모사]

1 검증조서에 첨부된 현장검증 사진의 증거능력

검증조서에 첨부된 사진이나 도화가 검증결과의 이해를 쉽게 하기 위한 표시방법에 불과한 경우 검증조서와 일체로 간주한다. 따라서 제312조 제6항의 요건을 충족하거나 증거동의가 있는 경우 증거능력이 인정된다.

2 검증조서에 기재된 현장진술 및 범행재연사진의 증거능력

(1) 문제점

수사기관 작성의 검증조서에 참여자의 진술 또는 범행재연사진이 기재된 경우 그러한 진술부분에 대하여는 어떠한 요건 하에 증거능력을 인정해야 하는지 문제된다.

(2) 학설

① **검증조서 부정설(비구별설)** : 현장지시와 현장진술을 구분하지 않고 모두 진술증거로 간주하여 제312조 제1항 내지 제4항을 적용해야 한다는 견해이다.

② **구별설** : 현장지시와 현장진술을 구분하여 현장지시는 검증조서와 일체로 취급하고, 현장진술은 진술증거로 취급하여 제312조 제1항 내지 제4항을 적용해야 한다는 견해이다.

③ **수정구별설** : 구별설을 전제로 현장지시가 검증활동의 동기를 설명하는 경우는 검증조서와 일체를 이루지만, 범죄사실을 인정하기 위한 진술증거로 이용될 때에는 현장진술과 동일하게 취급되어야 한다고 보는 견해이다.

(3) 판례

'사법경찰관이 작성한 검증조서'에는 이 사건 범행에 부합되는 피의자이었던 피고인의 진술기재 부분이 포함되어 있고 또한 범행을 재연하는 사진이 첨부되어 있으나, 기록에 의하면 피고인이 위 검증조서에 대하여 증거로 함에 동의만 하였을 뿐 공판정에서 검증조서에 기재된 진술내용 및 범행을 재연한 부분에 대하여 그 성립의 진정 및 내용을 인정한 흔적을 찾아 볼 수 없고 오히려 이를 부인하고 있으므로 그 증거능력을 인정할 수 없다(98도159). 표준판례 [22변선, 23모선]

(4) 검토

현장지시와 현장진술은 그 속성이 다르므로 판례의 입장이 타당하다. 따라서 진술증거로 취급되는 경우에는 작성주체와 진술자에 따라 제312조 제1항 내지 제4항이 적용되어야 하므로 작성주체가 사경인 경우 진술자가 피의자라면 제312조 제3항, 참고인이라면 제312조 제4항이 적용된다.

III 실황조사서 [22모사]

1 실황조사서의 증거능력

(1) 문제점

실황조사서란 수사기관이 수사상 필요에 따라 임의수사로서 범죄현장 기타 장소에 임하여 실황을 조사하고 그 경위와 결과를 기재한 서면을 말하는데, 검증과 실황조사의 차이는 검증이 원칙적으로 법관의 영장에 의하여 행하여지는 강제처분임에 반하여, 실황조사는 수사기관의 임의처분으로서 행해지는 점에 있다. 실황조사서는 임의수사인 점에서 강제수사인 검증에 관한 제312조 제6항이 적용되는지 문제된다.

(2) 실황조사서 자체의 증거능력에 대한 학설

① 긍정설 : 실질적으로 검증조서와 같으므로 제312조 제6항에 의해 증거능력이 인정된다는 견해이다.
② 부정설 : 법령에 근거한 조서가 아니므로 제312조 제6항이 적용되지 않는다는 견해이다.
③ 절충설 : 실황조서는 범행 중이거나 범행 직후에만 인정되는 강제수사의 일종으로서 사후에 검증영장을 발부받은 경우에 제312조 제6항이 적용된다는 견해이다.

(3) 판례

[1] 판례는 '사법경찰관이 작성한 실황조사서는 사고장소에서 긴급을 요하여 판사의 영장 없이 시행된 것이므로 이는 제216조 제3항에 의한 검증에 해당한다 할 것이고 기록상 사후

영장을 받은 흔적이 없으므로 이 실황조서는 유죄의 증거로 삼을 수 없다'고 하여 사후영장을 받지 않은 실황조사서의 증거능력을 부정한 바 있다(대판 88도1399).

[2] 한편 판례는 실황조사서의 원작성자인 사법경찰관사무취급의 공판기일에서의 진술에 의해 그 성립의 진정함이 증명되면 증거능력을 인정한 사례도 있다(대판 82도1504).

(4) 검토

실황조사서를 임의수사의 방식으로 행하여지는 검증의 한 형태로 본다면 그 실질은 검증조서와 같으므로 실황조사서의 증거능력도 검증조서에 준하여 그 증거능력을 인정하는 제312조 제6항 긍정설이 타당하다.

2 실황조사서에 기재된 참여인 진술의 증거능력

(1) 학설

검증조서와 같이 ① 실황조사서 부정설(현장지시, 현장진술 비구별설), ② 구별설(현장지시, 현장진술 구별설), ③ 수정구별설 등이 대립한다.

(2) 판례

피의자이던 피고인이 사법경찰리의 면전에서 자백한 진술에 따라 사고 당시의 상황을 재현한 사진과 그 진술내용으로 된 사법경찰리 작성의 실황조사서는 피고인이 공판정에서 그 범행 재현의 상황을 모두 부인하고 있는 이상 이를 범죄사실의 인정자료로 할 수 없다(대판 89도1557).

(3) 검토

조서작성의 주체와 진술자에 따라 제312조 제1항 내지 제4항이 적용된다고 해석하는 것이 타당하다.

Ⅳ 검증조서 관련 판례 정리

① 압수조서의 증거능력 인정 요건

사법경찰리가 작성한 "피고인이 임의로 제출하는 별지 기재의 물건(공소장에 기재된 물건)을 압수하였다"는 내용의 압수조서는, 피고인이 공판정에서 증거로 함에 동의하지 아니하였고 원진술자의 공판기일에서의 증언에 의하여 그 성립의 진정함이 인정된 바도 없다면 증거로 쓸 수 없다(대판 94도1476).

- 수사기관의 압수조서에 관하여 판례는 검증조서의 증거능력 요건인 제312조 제6항에 의해 판단한다는 입장이다.

② 사법경찰관이 작성한 검증조서에 피의자이던 피고인이 검사 이외의 수사기관 앞에서 자백한 범행내용을 현장에 따라 진술·재연한 내용이 기재되고 그 재연 과정을 촬영한 사진이 첨부되어 있다면, 그러한 기재나 사진은 피고인이 공판정에서 그 진술내용 및 범행재연의

상황을 모두 부인하는 이상 증거능력이 없다(대판 2003도6548).
③ 수소법원이 공판기일에 검증을 행한 경우에는 그 검증결과 즉 법원이 오관의 작용에 의하여 판단한 결과가 바로 증거가 되고, 그 검증의 결과를 기재한 검증조서가 서증으로서 증거가 되는 것은 아니다(대판 2009도8949).
④ 수사보고서에 검증의 결과에 해당하는 기재가 있는 경우, 그 기재 부분은 실황조사서에 해당하지 아니하며 단지 수사의 경위 및 결과를 내부적으로 보고하기 위하여 작성된 서류에 불과하므로, 그 안에 검증의 결과에 해당하는 기재가 있다고 하여 이를 제312조 제6항의 검사 또는 사법경찰관이 검증의 결과를 기재한 조서라고 할 수 없고, 그 기재 부분은 증거로 할 수 없다(대판 2000도2933).[23 · 22모선]

Chapter 070 제313조(진술서 등)

I 의의

① 진술서란 피고인 · 피의자 또는 참고인이 스스로 자기의 의사 · 사상 · 관념 및 사실관계 등을 기재한 서면을 말하고, 진술기재서류는 제3자가 원진술자의 진술을 기재한 서류를 말한다.
② 압수된 디지털 저장매체로부터 출력한 문건을 진술증거로 사용하는 경우, 그 기재 내용의 진실성에 관하여는 전문법칙이 적용되므로 제313조 제1항에 따라 그 작성자 또는 진술자의 진술에 의하여 그 성립의 진정함이 증명된 때에 한하여 이를 증거로 사용할 수 있다(대판 2007도7257). 표준판례 [19변사]

II 증거능력

1 피고인의 진술서

① 제313조 제1항 본문에 의한 증거능력 인정 : 제313조 제1항 본문에 의해 작성자이자 진술자인 피고인의 진술에 의하여 성립의 진정함이 인정되는 때 증거능력이 인정된다. 판례는 단서의 특신상태 요건도 충족될 것을 요한다고 본다.

② 제313조 제2항에 의한 증거능력 인정 : 진술서의 작성자가 공판준비나 공판기일에서 그 성립의 진정을 부인하는 경우에는 과학적 분석결과에 기초한 디지털포렌식 자료, 감정 등 객관적 방법으로 성립의 진정함이 증명되는 때에는 증거로 할 수 있다.

2 피고인 아닌 자의 진술서 [16변사]

(1) 증거능력 인정 요건

① 제313조 제1항 본문 : 피고인 아닌 자의 진술에 의하여 성립의 진정함이 인정되는 때 증거로 사용할 수 있다.
② 제313조 제2항에 의한 증거능력 인정

(2) 관련 판례

① 이 사건 문자메시지는 피해자가 피고인으로부터 풀려난 당일에 남동생에게 도움을 요청하면서 피고인이 협박한 말을 포함하여 공갈 등 피고인으로부터 피해를 입은 내용을 문자메시지로 보낸 것이므로, 이 사건 문자메시지의 내용을 촬영한 사진은 증거서류 중 피해자의 진술서에 준하는 것으로 취급함이 상당할 것인바, 진술서에 관한 제313조에 따라 이 사건 문자메시지의 작성자인 피해자가 제1심 법정에 출석하여 자신이 이 사건 문자메시지를 작성하여 동생에게 보낸 것과 같음을 확인하고, 동생도 제1심 법정에 출석하여 피해자가 보낸 이 사건 문자메시지를 촬영한 사진이 맞다고 확인한 이상, 이 사건 문자메시지를 촬영한 사진은 그 성립의 진정함이 증명되었다고 볼 수 있으므로 이를 증거로 할 수 있다(대판 2010도8735).

② [1] 변호사가 법률자문 과정에 작성하여 A회사 측에 전송한 전자문서를 출력한 '법률의견서'에 대하여 피고인들이 증거로 함에 동의하지 아니하고, 변호사가 원심 공판기일에 증인으로 출석하였으나 증언할 내용이 A회사로부터 업무상 위탁을 받은 관계로 알게 된 타인의 비밀에 관한 것임을 소명한 후 증언을 거부한 사안에서, 위 법률의견서는 압수된 디지털 저장매체로부터 출력한 문건으로서 실질에 있어서 제313조 제1항에 규정된 '피고인 아닌 자가 작성한 진술서나 그 진술을 기재한 서류'에 해당하는데, 공판준비 또는 공판기일에서 작성자 또는 진술자인 변호사의 진술에 의하여 성립의 진정함이 증명되지 아니하였으므로 위 규정에 의하여 증거능력을 인정할 수 없고,[23변선]

[2] 법정에 출석한 증인이 형사소송법 제148조, 제149조 등에서 정한 바에 따라 정당하게 증언거부권을 행사하여 증언을 거부한 경우는 형사소송법 제314조의 '그 밖에 이에 준하는 사유로 인하여 진술할 수 없는 때'에 해당하지 아니한다(대판 2009도6788). [16변사][22변선]

3 피고인에 대한 진술기재서류 [21변사, 23모사]

① 제313조 제1항 본문 및 단서에 의한 증거능력 인정 : 제313조 제1항 본문에 의해 진술자인 피고인의 서명 또는 날인이 있고, 단서에 의해 작성자의 진정성립 증명과 특신상태가

인정되는 경우 증거로 사용할 수 있다.

② 피고인이 그 녹음테이프를 증거로 할 수 있음에 동의하지 않은 이상 그 녹음테이프 검증조서의 기재 중 피고인의 진술내용을 증거로 사용하기 위해서는 제313조 제1항 단서에 따라 공판준비 또는 공판기일에서 그 작성자인 피해자의 진술에 의하여 녹음테이프에 녹음된 피고인의 진술내용이 피고인이 진술한 대로 녹음된 것임이 증명되고 나아가 그 진술이 특히 신빙할 수 있는 상태하에서 행하여진 것임이 인정되어야 한다(대판 2007도10804).[22모선]

4 피고인 아닌 자에 대한 진술기재서류

(1) 증거능력 인정 요건

피고인 아닌 자의 진술을 기재한 서류도 제313조 제1항 본문에 의해 진술자의 서명 또는 날인이 있고, 원진술자의 진정성립 인정시 증거로 사용할 수 있다.

(2) 관련 판례

① 피고인의 동료 교사가 학생들과의 사적인 대화 중에 피고인이 수업시간에 학생들에게 북한을 찬양·고무하는 발언을 하였다는 사실에 대한 학생들의 대화 내용을 학생들 모르게 녹음한 녹음테이프에 대하여, 그 중 위와 같은 내용의 학생들의 대화의 내용은 실질적으로 피고인 아닌 자의 진술을 기재한 서류와 다를 바 없으므로, 피고인이 그 녹음테이프를 증거로 할 수 있음에 동의하지 않은 이상 녹음테이프의 녹음내용 중 위와 같은 내용의 학생들의 진술내용을 공소사실을 인정하기 위한 증거자료로 사용하기 위하여서는 제313조 제1항에 따라 공판준비나 공판기일에서 원진술자인 학생들의 진술에 의하여 이 사건 녹음테이프에 녹음된 각자의 진술내용이 자신이 진술한 대로 녹음된 것이라는 점이 인정되어야 한다(대판 96도2417).

② **수사기관이 관여하여 작성된 피고인 아닌 자의 진술기재서류의 증거능력**

[1] 수사과정에서 작성된 서류의 증거능력에 관하여 형사소송법 제313조 제1항보다 더욱 엄격한 요건을 규정한 형사소송법 제312조의 취지에 비추어 보면, 형사소송법 제313조 제1항이 규정하는 서류는 수사과정 외에서 작성된 서류를 의미한다.

[2] '피고인이 아닌 자의 진술을 기재한 서류'가 비록 수사기관이 아닌 자에 의하여 작성되었다고 하더라도, 수사가 시작된 이후 수사기관의 관여나 영향 아래 작성된 경우로서 서류를 작성한 자의 신분이나 지위, 서류를 작성한 경위와 목적, 작성 시기와 장소 및 진술을 받는 방식 등에 비추어 실질적으로 고찰할 때 그 서류가 수사과정 외에서 작성된 것이라고 보기 어렵다면, 이를 형사소송법 제313조 제1항의 '전 2조의 규정 이외에 피고인이 아닌 자의 진술을 기재한 서류'에 해당한다고 할 수 없다.

[3] 검사는 성폭력처벌법 제33조 제4항, 제1항에 의하여 진술분석관에게 피해자 진술의 신빙성 여부에 대한 분석을 의뢰한 점, 진술분석관은 사건 기록을 받아 검찰청 여성·아동조사실에서 피해자를 면담하였는데, 면담은 당시까지 수사기관이 사건에 대하여 조사한 내

용에 관해 피해자에게 문답을 하는 방식으로 진행되었고, 진술분석관의 소속 및 지위, 진술분석관이 피해자와 면담을 하고 영상녹화물을 제작한 경위와 목적, 면담 방식과 내용, 면담 장소 등에 비추어 ① 영상녹화물은 수사과정 외에서 작성된 것이라고 볼 수 없으므로 형사소송법 제313조 제1항에 따라 증거능력을 인정할 수 없고, ② 나아가 수사기관이 작성한 피의자신문조서나 피고인이 아닌 자의 진술을 기재한 조서가 아니고, 피고인 또는 피고인이 아닌 자가 작성한 진술서도 아니므로 형사소송법 제312조에 의하여 증거능력을 인정할 수도 없다는 이유로, 같은 취지에서 영상녹화물의 증거능력이 없다고 본 원심판단은 정당하다고 한 사례(대판 2023도15133)[25변선]

[4] 관련 판례 : '피고인의 진술을 기재한 서류'가 비록 수사기관이 아닌 자에 의하여 작성되었다고 하더라도, 수사가 시작된 이후 수사기관의 관여나 영향 아래 작성된 경우로서 서류를 작성한 자의 신분이나 지위, 서류를 작성한 경위와 목적, 작성 시기와 장소 및 진술을 받는 방식 등에 비추어 실질적으로 고찰할 때 그 서류가 수사과정 외에서 작성된 것이라고 보기 어렵다면, 이를 형사소송법 제313조 제1항의 '전 2조의 규정 이외에 피고인의 진술을 기재한 서류'에 해당한다고 할 수 없다(대판 2024도11314).

III 피고인의 진술서도 제313조 제1항 단서의 적용대상인지 여부

1 문제점

특신상태의 증명을 요구하는 제313조 제1항 단서에 '피고인의 진술을 기재한 서류'만 규정하고 있어서 '피고인의 진술서'도 그 적용대상이 되는지가 문제된다.

2 판례(긍정설)

피고인의 자필로 작성된 진술서의 경우에는 서류의 작성자가 동시에 진술자이므로 진정하게 성립된 것으로 인정되어 제313조 단서에 의하여 그 진술이 특히 신빙할 수 있는 상태하에서 행하여진 때에는 증거능력이 있다(대판 2000도1743). 표준판례
- 판례는 피고인의 진술서에 대해서도 그 증거능력 인정요건으로 제313조 제1항 단서의 특신상태를 추가적으로 요구(가중요건설)하나 이에 대한 반대 견해가 있다.

IV 피고인의 진술기재서류의 증거능력 인정요건 [21변시]

1 문제점

제313조 제1항 단서는 피고인의 진술에도 불구하고 작성자의 진술에 의하여 진정성립이 인정되고 특신상태가 증명되면 피고인 진술기재서류의 경우 증거능력이 인정될 수 있다고 규정하

고 있는바, 그 의미와 관련하여 증거능력 인정요건이 문제된다.

2 학설

① **가중요건설** : 작성자에 의한 성립의 진정 및 특신상태 외에 원진술자인 피고인이 성립의 진정을 인정해야 한다는 견해이다.

② **완화요건설** : 작성자에 의한 성립의 진정 및 특신상태가 인정되면 원진술자인 피고인이 성립의 진정을 부인하더라도 증거능력이 인정된다는 견해이다.

3 판례(완화요건설)

피고인이 피고인의 진술을 기재한 서류를 증거로 할 수 있음에 동의하지 않은 이상 그 서류에 기재된 피고인의 진술 내용을 증거로 사용하려면 형사소송법 제313조 제1항 단서에 따라 공판준비 또는 공판기일에서 작성자의 진술에 의하여 그 서류에 기재된 피고인의 진술 내용이 피고인이 진술한 대로 기재된 것임이 증명되고 나아가 진술이 특히 신빙할 수 있는 상태하에서 행하여진 것임이 인정되어야 한다(대판 2018도3914).

V 감정서

1 의의

감정서란 감정인이 감정을 하고 그 경과와 결과를 기재한 서면을 말한다. 감정은 법원의 명령에 의한 경우(제169조)와 수사기관의 위촉에 의한 경우(제221조 제2항)가 있다.

2 법원의 감정명령에 의한 감정서

① 법원의 감정명령에 의한 경우에는 감정서의 신용성이 담보되고, 진술서에 준하여 증거능력이 인정된다(제313조 제3항).

② 따라서 감정서가 감정인의 자필이거나 그 서명 또는 날인이 있고, 공판준비나 공판기일에 감정인의 진술 등에 의해 그 성립의 진정함이 증명된 때에 증거능력이 인정된다(제313조 제1항, 제2항).[22모선]

3 수사기관의 감정위촉에 의한 감정서 [23변사]

① 수사기관의 감정위촉에 의한 감정서의 경우에도 제313조 제3항에 의해 증거능력이 인정될 수 있다.

② 따라서 감정서가 감정인의 자필이거나 그 서명 또는 날인이 있고, 공판준비나 공판기일에 감정인의 진술 등에 의해 그 성립의 진정함이 증명된 때에 증거능력이 인정된다(제313조 제1항, 제2항)

③ 필적감정의뢰 회보 역시 당연히 증거능력이 있는 서류라고 할 수 없고, 피고인이 증거로 함에 동의하지 않는 한 형사소송법 제313조에 따라 공판기일에서 작성자인 감정인의 진술에 의하여 그 성립의 진정함이 증명되는 때에 한하여 증거능력을 가지는 것인데, 이에 대하여 피고인이 증거로 함에 동의하지 않았음은 기록상 명백하므로, 그 증거능력이 없다(대판 99도4036).

VI 수사보고서 관련 판례

① 참고인과의 전화통화 내용의 수사보고서

외국에 거주하는 참고인과의 전화 대화내용을 문답형식으로 기재한 검찰주사보 작성의 수사보고서는 전문증거인데, 위 수사보고서는 제311조, 제312조, 제315조, 제316조의 적용 대상이 되지 아니함이 분명하므로, 결국 제313조의 진술을 기재한 서류에 해당하여야만 제314조의 적용 여부가 문제될 것인바, 제313조가 적용되기 위하여는 그 진술을 기재한 서류에 그 진술자의 서명 또는 날인이 있어야 한다. 위 수사보고에 원진술자의 서명 또는 날인이 없어 증거능력이 부정된다(대판 98도2742).

② [1] 이 사건 각 수사보고서는 검사가 참고인인 피해자와의 전화통화 내용을 기재한 서류로서 제313조 제1항 본문에 정한 '피고인 아닌 자의 진술을 기재한 서류'인 전문증거에 해당하나, 그 진술자의 서명 또는 날인이 없을 뿐만 아니라 공판준비기일이나 공판기일에서 진술자의 진술에 의해 성립의 진정함이 증명되지도 않았으므로 증거능력이 없다.
[2] 그러나 반의사불벌죄에서 피고인 또는 피의자의 처벌을 희망하지 않는다는 의사표시 또는 처벌희망 의사표시 철회의 유무나 그 효력 여부에 관한 사실은 증거능력이 없는 증거나 법률이 규정한 증거조사방법을 거치지 아니한 증거에 의한 증명이 가능한, 이른바 자유로운 증명의 대상이다.
[3] 원심이 증거능력이 없는 이 사건 각 수사보고서를 피해자들의 처벌희망 의사표시 철회의 효력 여부를 판단하는 증거로 사용한 것 자체는 위와 같은 법리에 따른 것으로서 정당하다(대판 2010도5610). 표준판례

③ 피고인을 현행범으로 체포한 피해자의 수사기관에서의 진술과 앞서 본 현장사진이 첨부된 수사보고서는 피고인의 자백의 진실성을 담보하기에 충분한 보강증거가 된다(대판 2011도8015).

④ [1] 검사는 피고인들에 대한 체포장면이 녹화된 동영상 CD를 별도의 증거로 제출하지 아니하고 위 CD의 내용을 간략히 요약한 수사보고서에 위 CD를 첨부하여 수사보고서만을 서증으로 제출하였는데, 원심은 위 CD를 재생하여 청취 또는 시청하는 방법으로 증거조사를 거치지 아니한 채 위 수사보고서를 유죄의 증거로 거시한 제1심판결을 인용한 데 이어 위 CD의 영상을 유죄의 증거로 사용하였다. [2] 원심이 위 CD에 대하여 형사소송규칙에서 규정한 증거조사절차를 거치지도 아니한 채 이를 유죄의 증거로 채택한 조치는 잘못된 것이다(대판 2009도13846).

Chapter 071 제314조(증거능력에 대한 예외)

I 의의

제312조 또는 제313조의 경우에 공판준비 또는 공판기일에 진술을 요하는 자가 사망·질병·외국거주·소재불명 그 밖에 이에 준하는 사유로 인하여 진술할 수 없는 때에는 그 조서 및 그 밖의 서류를 증거로 할 수 있다. 다만, 그 진술 또는 작성이 특히 신빙할 수 있는 상태하에서 행하여졌음이 증명된 때에 한한다.

II 필요성 – 사망, 질병, 외국거주, 소재불명 등

1 외국거주

① '외국거주'란 진술을 요하는 자가 외국에 있다는 것만으로는 부족하고, 진술자가 공판정에 출석하여 진술할 기회를 충분히 제공해야 한다. 나아가 진술을 요하는 자가 외국에 거주하고 있어 공판정 출석을 거부하면서 공판정에 출석할 수 없는 사정을 밝히고 있더라도 증언 자체를 거부하는 의사가 분명한 경우가 아닌 한, 우선 사법공조의 절차에 의하여 증인을 소환할 수 있는지를 검토해 보아야 하고, 소환을 할 수 없는 경우라도 외국의 법원에 사법공조로 증인신문을 실시하도록 요청하는 등의 절차를 거쳐야 하고, 이러한 절차를 전혀 시도해 보지도 아니한 것은 가능하고 상당한 수단을 다하더라도 진술을 요하는 자를 법정에 출석하게 할 수 없는 사정이 있는 때에 해당한다고 보기 어렵다(대판 2015도17115). 표준판례

② 증인이 외국에 있다는 사정만으로는 부족하고 외국의 연락처를 확인하여 연락을 취하는 등 공판정에 출석시켜 진술하게 할 가능하고 상당한 수단을 다하더라도 공판정에 출석하게 할 수 없는 사정이 있어야 할 것이다. 다만 증인이 증언 자체를 거부하는 의사가 분명하거나 피고인과 공범에 해당하기 때문에 소환장을 송달받더라도 공판정에 출석할 것을 기대하기 어렵다고 보이는 경우에는 그 요건을 충족하였다고 할 것이다(대판 2016도8137 참조).

③ 통상적으로 '외국거주' 요건의 충족 여부는 소재의 확인, 소환장의 발송과 같은 절차를 거쳐 확정되는 것이기는 하지만 항상 그와 같은 절차를 거쳐야만 위 요건이 충족될 수 있는 것은 아니고, 경우에 따라서는 비록 그와 같은 절차를 거치지 않더라도 법원이 그 진술을 요할 자를 법정에서 신문할 것을 기대하기 어려운 사정이 있다고 인정할 수 있다면, 이로써 그 요건은 충족된다고 보아야 할 것이다(대판 2001도5666).

2 소재불명

① 제314조 소정의 '공판기일에 진술을 요할 자가 사망, 질병 기타 사유로 인하여 진술할 수 없는 때'라고 함은 소환장이 주소불명 등으로 송달불능이 되어 소재탐지촉탁까지 하여 소재수사를 하였는데도 그 소재를 확인할 수 없는 경우는 이에 해당하나, 단지 소환장이 주소불명 등으로 송달불능되었다거나 소재탐지촉탁을 하였으나 그 회보가 오지 않은 상태인 것만으로는 이에 해당한다고 보기에 부족하다(대판 96도575 등).[22변선]

② 제1심법원이 증인 甲의 주소지에 송달한 증인소환장이 송달되지 아니하자 甲에 대한 소재탐지를 촉탁하여 소재탐지 불능 보고서를 제출받은 다음 甲이 '소재불명'인 경우에 해당한다고 보아 甲에 대한 경찰 및 검찰 진술조서를 증거로 채택한 사안에서, 검사가 제출한 증인신청서에 휴대전화번호가 기재되어 있고, 검찰 진술조서에는 위 휴대전화번호와 다른 휴대전화번호가 기재되어 있는데도, 검사가 위 각 전화번호로 甲에게 연락하여 법정 출석의사가 있는지 확인하는 등의 노력을 기울이지 않은 경우, 甲의 법정 출석을 위한 가능하고도 충분한 노력을 다하였음에도 부득이 甲의 법정 출석이 불가능하게 되었다는 사정이 증명된 경우라고 볼 수 없어 제314조의 '소재불명 그 밖에 이에 준하는 사유로 인하여 진술할 수 없는 때'에 해당한다고 인정할 수 없다(대판 2013도1435). 표준판례

③ 증인의 주소지가 아닌 곳으로 소환장을 보내 송달불능이 되자 그 곳을 중심으로 소재탐지를 한 끝에 소재탐지불능 회보를 받은 경우에는 이에 해당한다고 볼 수 없다(대판 2006도7479).

④ 진술을 요할 자가 사망, 질병, 또는 일정한 주거를 가지고 있더라도 법원의 소환에 계속 불응하고 구인하여도 구인장이 집행되지 아니하는 등 법정에서의 신문이 불가능한 상태의 경우도 형사소송법 제314조 소정의 "공판정에 출정하여 진술을 할 수 없는 경우"라는 요건이 충족되었다고 보아야 한다(대판 95도523).[22변선]

3 그 밖의 사유로 인하여 원진술자가 진술할 수 없는 때

(1) 필요성이 부정된 사례

① **정당한 증언거부권 행사** [16변사]
제148조, 제149조 등에서 정한 바에 따라 정당하게 증언거부권을 행사하여 증언을 거부한 경우는 제314조의 '그 밖에 이에 준하는 사유로 인하여 진술할 수 없는 때'에 해당하지 아니한다(대판 2009도6788). 표준판례

② **정당하지 않은 증언거부권 행사** [21모사]
[1] 수사기관에서 진술한 참고인이 법정에서 증언을 거부하여 피고인이 반대신문을 하지 못한 경우에는 정당하게 증언거부권을 행사한 것이 아니라도, 피고인이 증인의 증언거부 상황을 초래하였다는 등의 특별한 사정이 없는 한 제314조의 '그 밖에 이에 준하는 사유로

인하여 진술할 수 없는 때'에 해당하지 않는다고 보아야 한다.[23변선, 23·22모선]

  [2] 다만 피고인이 증인의 증언거부 상황을 초래하였다는 등의 특별한 사정이 있는 경우에는 제314조의 적용을 배제할 이유가 없다(대판 2018도13945). 표준판례[24변선, 23모선]

③ **진술거부권 행사** [19모사]

  피고인이 증거서류의 진정성립을 묻는 검사의 질문에 대하여 진술거부권을 행사하여 진술을 거부한 경우는 제314조의 '그 밖에 이에 준하는 사유로 인하여 진술할 수 없는 때'에 해당하지 아니한다(대판 2012도16001). 표준판례[22모선]

④ [1] 법원이 증인에 대한 구인장 집행불능 상황을 제314조의 '기타 사유로 인하여 진술할 수 없는 때'에 해당한다고 인정할 수 있으려면, 증인에 대한 구인장의 강제력에 기하여 증인의 법정 출석을 위한 가능하고도 충분한 노력을 다하였음에도 불구하고, 부득이 증인의 법정출석이 불가능하게 되었다는 사정을 검사가 입증한 경우이어야 한다.[22모선]

  [2] 경찰이 증인과 가족의 실거주지를 방문하지 않은 상태에서 전화상으로 증인의 모(母)로부터 법정에 출석케 할 의사가 없다는 취지의 진술을 들었다는 내용의 구인장 집행불능 보고서를 제출하고 있을 뿐이고, 검사가 증인의 법정 출석을 위하여 상당한 노력을 기울이지 않은 경우, '기타 사유로 인하여 진술할 수 없는 때'에 해당하지 않는다(대판 2006도7228). 표준판례

⑤ 공판기일에 증인으로 소환 받고도 출산을 앞두고 있다는 이유로 출석하지 아니한 것은 특별한 사정이 없는 한 사망, 질병, 외국거주 기타 사유로 인하여 진술할 수 없는 때에 해당한다고 할 수 없다(대판 99도915).[24변선]

⑥ 만 5세 무렵에 당한 성추행으로 인하여 외상 후 스트레스 증후군을 앓고 있다는 등의 이유로 공판정에 출석하지 아니한 약 10세 남짓의 성추행 피해자에 대한 진술조서는 제314조에 정한 필요성의 요건과 신용성 정황적 보장의 요건을 모두 갖추지 못하여 증거능력이 없다(대판 2004도3619).

(2) 필요성이 인정된 사례

① 수사기관에서 진술한 피해자인 유아가 공판정에서 진술을 하였더라도 증인신문 당시 일정한 사항에 관하여 기억이 나지 않는다는 취지로 진술하여 그 진술의 일부가 재현 불가능하게 된 경우, 제314조, 제316조 제2항에서 말하는 '원진술자가 진술할 수 없는 때'에 해당한다(대판 2005도9561).

② 노인성 치매로 인한 기억력 장애 등으로 진술할 수 없는 상태는 필요성이 인정된다(대판 91도2281).

Ⅲ 특신상태

① [1] '그 진술이 특히 신빙할 수 있는 상태하에서 행하여졌음'이란 그 진술 내용이나 조서의

작성에 허위개입의 여지가 거의 없고, 그 진술 내용의 신빙성이나 임의성을 담보할 구체적이고 외부적인 정황이 있는 경우를 의미한다(대판 2016도17054).
[2] 이에 대한 '증명'은 단지 그러할 개연성이 있다는 정도로는 부족하고 합리적인 의심의 여지를 배제할 정도에 이르러야 한다(대판 2013도12652). 표준판례
[3] 제314조의 '특신상태'와 관련된 법리는 마찬가지로 원진술자의 소재불명 등을 전제로 하고 있는 제316조 제2항의 '특신상태'에 관한 해석에도 그대로 적용된다(대판 2012도725). 표준판례

② 제314조에 따라 증거능력을 인정하기 위하여는 단순히 그 진술이나 조서의 작성과정에 뚜렷한 절차적 위법이 보이지 않는다거나 진술의 임의성을 의심할 만한 구체적 사정이 없다는 것만으로는 부족하고, 이를 넘어 법정에서의 반대신문 등을 통한 검증을 굳이 거치지 않더라도 진술의 신빙성과 임의성을 충분히 담보할 수 있는 구체적이고 외부적인 정황이 있어 그에 기초하여 법원이 유죄의 심증을 형성하더라도 증거재판주의의 원칙에 어긋나지 않는다고 평가할 수 있는 정도에 이르러야 한다(대판 2011도6035). 표준판례

③ 피고인들이 망인 甲과 합동하여 피해자 乙(여, 당시 14세)의 심신상실 또는 항거불능 상태를 이용하여 乙을 간음하였다는 성폭력처벌법위반(특수준강간)의 공소사실과 관련하여, 甲의 유서는 작성 동기가 명확하지 아니하고, 수사기관에서 작성 경위, 구체적 의미 등이 상세하게 밝혀진 바가 없으며, 사건 발생일로부터 무려 14년 이상 경과된 후 작성된 점, 유서의 주요 내용이 구체적이거나 세부적이지 않고, 다른 증거에 의하여 충분히 뒷받침되지도 아니하며, 오히려 일부 내용은 피해자 乙의 진술 등과 명백히 배치되기도 하는 점 등 제반 사정을 종합하면, 유서의 내용이 법정에서의 반대신문 등을 통한 검증을 굳이 거치지 않아도 될 정도로 신빙성이 충분히 담보된다고 평가할 수 없어 유서의 증거능력을 인정할 수 없다고 본 사례(대판 2023도13406)

Chapter 072 제315조(당연히 증거능력이 있는 서류)

I 의의

제315조는 당연히 증거능력이 있는 서류를 규정하고 있는데, 여기에 규정된 서류는 특히 신용성이 높고 그 작성자를 증인으로 신문하는 것이 부적당하거나 실익이 없기 때문에 필요성이 인정되는 경우 증거능력을 인정한다.

II 각 호 사유

1 1호 : 직무상 증명할 수 있는 사항에 관한 공무원 작성 문서

가족관계기록사항에 관한 증명서, 공정증서등본, 등기부등·초본, 주민등록등·초본, 인감증명, 전과회보 등이 이에 해당한다. 외국공무원이 직무상 증명할 수 있는 사항에 관하여 작성한 문서도 포함된다(대판 83도3145).

2 2호 : 업무의 통상과정에서 작성된 문서

① 상업장부나 항해일지, 진료일지 또는 이와 유사한 금전출납부 등과 같이 범죄사실의 인정 여부와는 관계없이 자기에게 맡겨진 사무를 처리한 내역을 그때그때 계속적, 기계적으로 기재한 문서는 사무처리 내역을 증명하기 위하여 존재하는 문서로서 형사소송법 제315조 제2호에 의하여 당연히 증거능력이 인정된다(대판 2017도12671).

② 성매매업소에 고용된 여성들이 성매매를 업으로 하면서 영업에 참고하기 위하여 성매매 상대방의 아이디와 전화번호 및 성매매방법 등을 메모지에 적어두었다가 직접 메모리카드에 입력한 내용은 제315조 제2호의 '영업상 필요로 작성한 통상문서'로서 당연히 증거능력 있는 문서에 해당한다(대판 2007도3219).[25변선]

③ 의사의 진단서는 당연히 증거능력 있는 문서에 해당하지 않지만 진료부는 해당된다.

④ 업무추진 과정에서 지출한 자금내역을 기록한 수첩도 포함된다.

3 3호 : 기타 특히 신용할만한 정황 아래 작성된 문서

① 다른 사건에서 공범의 피고인으로서의 진술을 기재한 공판조서가 이 사건 법률조항에 포함되는 것으로 해석한다고 하여 피고인의 방어권에 지나친 제약을 가져와 피고인의 공정한 재판을 받을 권리를 침해한다고 볼 수 없다(헌재 2011헌바79). 표준판례

② [1] 제315조 제3호에서 규정한 '기타 특히 신용할 만한 정황에 의하여 작성된 문서'는 제315조 제1호와 제2호에서 열거된 공권적 증명문서 및 업무상 통상문서에 준하여 '굳이 반대신문의 기회 부여 여부가 문제 되지 않을 정도로 고도의 신용성의 정황적 보장이 있는 문서'를 의미한다.

[2] 국가정보원 심리전단 직원의 이메일 계정에서 압수한 전자문서는 제315조의 제2호나 제3호에 해당하지 않아 당연히 증거능력 있는 문서가 아니다(대판 2015도2625). 표준판례

③ 수사기관의 위촉에 의한 감정서뿐만 아니라 법원이 행한 감정에 의하여 감정인이 작성한 감정서 모두 제315조 제1호가 적용되지 않고, 제313조 제1항 내지 제2항이 적용된다(제313조 제3항).

④ 구속적부심문조서는 제311조가 규정한 문서에는 해당하지 않는다 할 것이나, 특히 신용할 만한 정황에 의하여 작성된 문서라고 할 것이므로 피고인이 증거로 함에 부동의 하더라도

제315조 제3호에 의하여 당연히 그 증거능력이 인정된다(대판 2003도5693).[23변선, 22모선]
⑤ 구속전피의자심문조서는 제311조에 규정된 문서에 해당하지는 않지만 고도의 신용성이 인정된다고 할 것이므로 제315조 제3호에 의해 증거능력이 인정된다(대판99도2317 판결 참조).
⑥ 사무처리 내역을 계속적, 기계적으로 기재한 문서가 아니라 범죄사실의 인정 여부와 관련 있는 어떠한 의견을 제시하는 내용을 담고 있는 문서는 제315조 제3호에서 규정하는 당연히 증거능력이 있는 서류에 해당한다고 볼 수 없으므로, 이른바 보험사기 사건에서 건강보험심사평가원이 수사기관의 의뢰에 따라 그 보내온 자료를 토대로 입원진료의 적정성에 대한 의견을 제시하는 내용의 '건강보험심사평가원의 입원진료 적정성 여부 등 검토의뢰에 대한 회신'은 제315조 제3호의 '기타 특히 신용할 만한 정황에 의하여 작성된 문서'에 해당하지 않는다(대판 2017도12671).[24변선]
⑦ 주중국대사관 영사가 공적인 증명보다는 상급자 등에 대한 보고를 목적으로 작성한 사실확인서는 제315조 제1호 또는 제3호에 해당하지 않는다(대판 2007도7257).
⑧ 주민들의 진정서 사본은 피고인이 증거로 함에 동의하지 않고 기록상 원본의 존재나 그 진정성립을 인정할 아무런 자료도 없을 뿐 아니라 형사소송법 제315조 제3호의 규정사유도 없으므로 이를 증거로 할 수 없다(대판 83도2613).
⑨ 체포·구속인접견부는 유치된 피의자가 죄증을 인멸하거나 도주를 기도하는 등 유치장의 안전과 질서를 위태롭게 하는 것을 방지하기 위한 목적으로 작성되는 서류일 뿐이므로 제315조 제2호, 제3호에 규정된 당연히 증거능력이 있는 서류로 볼 수는 없다(대판 2011도5459).[22모선]

Ⅲ 다른 형사사건 공판조서의 증거능력 [24모사]

1 문제점

당해 사건의 공판조서는 제311조에 의하여 증거능력이 인정되는데, 다른 형사사건의 공판조서의 증거능력 인정에 관한 견해의 대립이 있다.

2 학설

① **제315조 제3호 적용설** : 법관의 면전에서 법원에 의한 태도증거의 형성기회가 주어졌던 것이며, 그 신용성의 정황적 보장도 인정된다는 점에서 형소법 제315조 제3호의 당연히 증거능력 있는 서류로써 증거능력이 인정된다는 견해이다.
② **제311조 후단적용설** : 다른 사건의 공판조서는 제311조 후단의 증인신문조서에 해당한다는 견해이다.
③ **제313조 제1항 적용설** : 반대신문을 조건으로 그 증거능력을 인정할 수 있다는 견해이다.

3 판례

다른 피고인에 대한 형사사건의 공판조서는 형사소송법 제315조 제3호에 정한 서류로서 당연히 증거능력이 있고, 공판조서 중 일부인 증인신문조서 역시 형사소송법 제315조 제3호에 정한 서류로서 당연히 증거능력이 있다는 입장이다(대판 2004도4428).[24 · 23모선]

4 검토

다른 형사사건의 공판조서는 제315조 제3호의 '기타 특히 신용할만한 정황에 의하여 작성된 문서에 해당한다고 볼 수 있으므로 판례의 입장이 타당하다.

Chapter 073 제316조(전문의 진술) [25 · 23 · 15변사 등]

I 제316조 제1항 [24 · 20모사]

1 의의

① 피고인 아닌 자(공소제기 전에 피고인을 피의자로 조사하였거나 그 조사에 참여하였던 자를 포함)의 공판준비 또는 공판기일에서의 진술이 피고인의 진술을 그 내용으로 하는 것인 때에는 그 진술이 특히 신빙할 수 있는 상태 하에서 행하여진 때에 한하여 이를 증거로 할 수 있다.[24변선]

② '그 진술이 특히 신빙할 수 있는 상태하에서 행하여졌음'이란 그 진술을 하였다는 것에 허위 개입의 여지가 거의 없고, 그 진술내용의 신빙성이나 임의성을 담보할 구체적이고 외부적인 정황이 있음을 의미한다(대판 2023도7301).

2 조사자 증언제도 [24 · 14변사][24모기]

(1) 의의

피고인의 진술이란 피고인의 지위에서 행하여진 것임을 요하지 않는다. 따라서 사건 직후 피고인의 자백을 청취한 자가 그 내용을 증언하는 경우는 물론, 피고인을 신문한 사법경찰관이나 제3자가 경찰에서 조사받을 때 범행을 자백한 피고인의 진술내용을 증언하는 경우에도 여기에 해당한다.

(2) 판례

[1] 특신상태에 대한 증명은 단지 그러할 개연성이 있다는 정도로는 부족하고 합리적인 의심의 여지를 배제할 정도에 이르러야 한다. 피고인이나 변호인이 그 내용을 인정하지 않더라도 검사, 사법경찰관 등 조사자의 법정증언을 통하여 피고인의 수사기관 진술내용이 법정에 현출되는 것을 허용하는 것은, 제312조 제1항, 제3항에 대하여 중대한 예외를 인정하는 것이어서, 이를 폭넓게 허용하는 경우 제312조 제1항, 제3항의 입법 취지와 기능이 크게 손상될 수 있기 때문이다(대판 2023도7301).

[2] 이를 증거로 사용할 수 있기 위해서는 피고인의 위와 같은 진술이 특히 신빙할 수 있는 상태하에서 행하여졌음이 증명되어야 하는데, 피고인이 그 진술 경위나 과정에 관하여 치열하게 다투고 있는 점, 위와 같은 진술이 체포된 상태에서 변호인의 동석없이 이루어진 점 등을 고려해 보면, 피고인의 위와 같은 진술이 특히 신빙할 수 있는 상태하에서 행하여졌다는 점이 증명되었다고 보기 어려우므로, 피고인의 위와 같은 진술을 내용으로 한 공소외인의 법정에서의 진술은 증거능력이 없다(대판 2011도5459).

II 제316조 제2항 [24모사 등]

1 의의

피고인 아닌 자의 공판준비 또는 공판기일에서의 진술이 피고인 아닌 타인의 진술을 그 내용으로 하는 것인 때에는 원진술자가 사망·질병 등의 사유로 인하여 진술할 수 없고, 그 진술이 특히 신빙할 수 있는 상태하에서 행하여졌음이 증명된 때에 한하여 이를 증거로 할 수 있다.[23변선]

2 공범의 진술도 당해 피고인의 증거로 사용할 때 제316조 제2항 적용

제316조 제2항의 '피고인 아닌 타인'이라 함은 제3자는 말할 것도 없고 공동피고인이나 공범자를 모두 포함한다(대판 99도5679). 표준판례 [25·21·15변사, 24·22모사]

(사례) 甲과 乙은 공범인 공동피고인의 지위에 있는데, 甲과 乙이 모두 부인하는 상태에서 乙로부터 자백하는 내용을 들었다는 증인 A의 증언이 있는 경우[25변사]

① 甲 입장에서 A의 증언은 피고인 아닌 자로부터 들은 내용을 증언하는 것이어서 제316조 제2항이 적용된다. 따라서 원진술자인 乙이 사망, 질병 등의 사유로 진술할 수 없는 경우에 증거능력 인정되는데, 乙은 법정에 나와 있으므로 A의 증언은 甲에 대하여 증거능력이 없다.

② 乙 입장에서 A의 증언은 피고인으로부터 들은 내용을 증언하는 것이어서 제316조 제1항이 적용되고, 따라서 특신상태만 있으면 증거능력이 인정된다.

3 제316조 제2항 관련 판례 정리

① 조사자의 증언에 증거능력이 인정되기 위해서는 원진술자가 사망, 질병, 외국거주, 소재불명, 그 밖에 이에 준하는 사유로 인하여 진술할 수 없어야 하는 것이라서, 원진술자가 법정에 출석하여 수사기관에서 한 진술을 부인하는 취지로 증언한 이상 원진술자의 진술을 내용으로 하는 조사자의 증언은 증거능력이 없다(대판 2008도6985). 표준판례

② 현행범을 체포한 경찰관의 진술이라 하더라도 범행을 목격한 부분에 관하여는 여느 목격자와 다름없이 증거능력이 있고, 다만 그 증거의 신빙성만 문제되는 것이라 할 것이며, 위와 같은 경찰관의 체포행위를 도운 자가 범인의 범행을 목격하였다는 취지의 진술은 그 사람이 경찰정보원이라 하더라도 그 증거능력을 부인할 아무런 이유가 없다(대판 95도535).

③ 전문의 진술을 증거로 함에 있어서는 전문진술자가 원진술자로부터 진술을 들을 당시 원진술자가 증언능력에 준하는 능력을 갖춘 상태에 있어야 할 것인데, 증인의 증언능력은 증인 자신이 과거에 경험한 사실을 그 기억에 따라 공술할 수 있는 정신적인 능력이라 할 것이다(대판 2005도9561).

Chapter 074 재전문증거의 증거능력 [23·21변사, 23·20모사]

1 문제점

전문증거가 그 내용에서 다시 전문증거를 포함하는 경우, 즉 이중의 전문이 되는 경우를 재전문이라 한다. 재전문의 증거능력을 인정하는 명문의 규정이 없어 증거능력 인정여부가 문제된다.

2 학설

① 부정설 : 재전문은 이중의 예외로서 전문증거에 비하여 범죄사실과의 관련성이나 증명력이 약하여 증거능력을 부정해야 한다는 견해이다.

② 긍정설 : 법정 외 진술 하나하나가 전문법칙의 예외 요건을 충족하면 증거능력을 인정할 수 있다는 견해이다.

③ 제한적 긍정설 : 최초 진술자가 그러한 진술을 한 사실이 있음을 인정하는 경우에만 증거능력을 인정할 수 있다는 견해이다.

3 판례

[1] 전문진술이 기재된 조서는 제312조 내지 314조의 규정에 의하여 그 증거능력이 인정될 수 있는 경우에 해당하여야 함은 물론 나아가 제316조 제1항, 제2항의 규정에 따른 조건을 갖춘 때에 예외적으로 증거능력을 인정할 수 있다.[24·22변선, 22모선]

[2] 재전문진술이나 재전문진술을 기재한 조서에 대하여는 달리 그 증거능력을 인정하는 규정을 두고 있지 아니하므로, 피고인이 증거로 하는 데 동의하지 아니하는 한 제310조의2의 규정에 의하여 이를 증거로 할 수 없다(대판 2000도159). 표준판례 [23모선]

4 검토

판례의 입장대로 전문진술이 기재된 조서는 제312조 내지 제314조의 요건 및 제316조의 요건을 충족하는 경우에 증거능력을 인정할 수 있으나, 재전문진술이나 재전문진술이 기재된 조서는 증거능력을 부정하는 것이 타당하다.

Chapter 075 사진

I 사진에 관한 전형적인 쟁점

1 영장없는 사진촬영의 적법성 – 위법수집증거 문제 [24·23모사]

(1) 학설

① **검증유추설** : 사진촬영은 검증과 유사한 강제수사에 해당하므로 원칙적으로 검증영장을 발부받아 해야 하고 명문의 영장주의 예외에 해당하지 않는 한 영장이 없는 사진촬영은 허용되지 않는다는 견해이다(검증영장설).

② **예외인정설** : 사진촬영이 새로운 유형의 강제수사에 해당하므로 긴급한 상황에서 엄격한 요건에 따라 영장주의 예외가 인정되어 영장이 없는 사진촬영이 가능하다는 견해이다.

(2) 판례(예외인정설)

[1] 수사기관이 범죄를 수사하면서 불특정, 다수의 출입이 가능한 장소에 통상적인 방법으로 출입하여 아무런 물리력이나 강제력을 행사하지 않고 통상적인 방법으로 위법행위를 확인

하는 것은 특별한 사정이 없는 한 임의수사의 한 방법으로서 허용되므로 영장 없이 이루어졌다고 하여 위법하다고 할 수 없다(대판 2019도7891).[25변선]

[2] 수사기관이 범죄를 수사하면서 현재 범행이 행하여지고 있거나 행하여진 직후이고, 증거보전의 필요성 및 긴급성이 있으며, 일반적으로 허용되는 상당한 방법으로 촬영한 경우라면 위 촬영이 영장 없이 이루어졌다 하여 이를 위법하다고 할 수 없다.[23모선]

[3] 다만 촬영으로 인하여 초상권, 사생활의 비밀과 자유, 주거의 자유 등이 침해될 수 있으므로 수사기관이 일반적으로 허용되는 상당한 방법으로 촬영하였는지 여부는 수사기관이 촬영장소에 통상적인 방법으로 출입하였는지 또 촬영장소와 대상이 사생활의 비밀과 자유 등에 대한 보호가 합리적으로 기대되는 영역에 속하는지 등을 종합적으로 고려하여 신중하게 판단하여야 한다(대판 2018도8161).

[4] 나이트클럽의 남성무용수 피고인 甲 등이 클럽 내에서 성행위를 묘사하는 공연을 하는 등 음란행위 영업을 하여「풍속영업의 규제에 관한 법률」위반으로 기소되었는데, 당시 경찰관들이 클럽에 출입하여 피고인 甲의 공연을 촬영한 영상물 및 이를 캡처한 영상사진이 증거로 제출된 사안에서, 위 촬영물은 경찰관들이 피고인들에 대한 범죄 혐의가 포착된 상태에서 클럽 내에서의 음란행위 영업에 관한 증거를 보전하기 위하여, 불특정 다수에게 공개된 장소인 클럽에 통상적인 방법으로 출입하여 손님들에게 공개된 모습을 촬영한 것이므로, 영장 없이 촬영이 이루어졌더라도 위 촬영물과 이를 캡처한 영상사진은 증거능력이 인정된다고 한 사례

2 사본 문제 [22변사, 24모사]

최량증거의 법칙에 의하여 ① 그 원본이 존재하거나 존재하였을 것, ② 원본 제출이 불가능 또는 곤란한 사정이 있을 것, ③ 원본을 정확하게 전사하였을 것 등의 요건을 갖추어야 한다.

3 진술의 일부인 사진- 전문법칙 문제

진술하는 대신 진술에 갈음하여 사진으로 제출하는 경우에는 진술증거의 일부로서 판단해야 하므로 전문법칙이 적용된다.

II 현장사진(CCTV, 블랙박스 등)의 법적성질 [22·18변사, 24·22·19모사]

1 학설

① **비진술증거설** : 현장사진은 사람의 지각에 의한 진술이 아니므로 비진술증거로서 전문법칙이 적용되지 않고 요증사실과의 관련성만 인정되면 증거능력이 있다.

② **진술증거설** : 현장사진의 조작가능성과 사실보고 기능 때문에 진술증거로서 전문법칙이 적용된다.

③ **검증조서유추설** : 현장사진은 비진술증거이지만 작성과정에서의 오류나 조작가능성 때문에 검증조서에 준하여 증거능력이 인정된다.

2 판례

① 피해자의 상해부위를 촬영한 사진은 비진술증거로서 전문법칙이 적용되지 않는다고 판시하였는바, 비진술증거설의 입장으로 볼 수 있다(대판 2007도3906). 표준판례 [24변선]
② 피고인이 사진영상은 증거동의하면서 조작된 것이라고 다투는 사진의 촬영일자가 나타난 부분은 전문증거로서 전문법칙이 적용된다고 판시하여, 사진 자체는 비진술증거로 보는 것으로 판단된다(대판 97도1230).[23모선]

3 검토

현장사진은 현장을 사실대로 촬영한 것일 뿐이고 현실적으로 진술이 존재하는 것은 아니므로 비진술증거설이 타당하다. 이에 따르면 현장사진은 전문법칙이 적용되지 않고 현장사진이 현장의 정확한 영상이라는 사실 즉, 요증사실과의 관련성만 인정되면 증거능력이 인정된다고 보아야 한다. (CCTV의 경우 정보저장매체 그 자체가 아닌 사본을 임의제출받는 경우가 있는데 이때에는 사본의 증거능력도 검토)

III 사진 관련 판례 정리

① **피해 내용을 남동생에게 문자메시지로 보낸 사건** [22모사]
이 사건 문자메시지는 피해자가 피고인으로부터 풀려난 당일에 남동생에게 도움을 요청하면서 피고인이 협박한 말을 포함하여 공갈 등 피고인으로부터 피해를 입은 내용을 문자메시지로 보낸 것이므로, 이 사건 문자메시지의 내용을 촬영한 사진은 증거서류 중 피해자의 진술서에 준하는 것으로, 진술서에 관한 제313조에 따라 이 사건 문자메시지의 작성자인 피해자가 제1심 법정에 출석하여 자신이 이 사건 문자메시지를 작성하여 동생에게 보낸 것과 같음을 확인하고, 동생도 제1심 법정에 출석하여 피해자가 보낸 이 사건 문자메시지를 촬영한 사진이 맞다고 확인한 이상, 이 사건 문자메시지를 촬영한 사진은 그 성립의 진정함이 증명되었다고 볼 수 있으므로 이를 증거로 할 수 있다(대판 2010도8735).
② [12변시] 정보통신망을 통하여 공포심이나 불안감을 유발하는 글을 반복적으로 상대방에게 도달하게 하는 행위를 하였다는 공소사실에 대하여 휴대전화기에 저장된 문자정보가 그 증거가 되는 경우, 그 문자정보는 범행의 직접적인 수단이고 경험자의 진술에 갈음하는 대체물에 해당하지 않으므로, 제310조의2에서 정한 전문법칙이 적용되지 않는다(대판 2006도2556).[23모선] 표준판례
③ 검사는 휴대전화기 이용자가 그 문자정보를 읽을 수 있도록 한 휴대전화기의 화면을 촬영한 사진을 증거로 제출할 수도 있는데, 이를 증거로 사용하려면 문자정보가 저장된 휴대전

화기를 법정에 제출할 수 없거나 그 제출이 곤란한 사정이 있고, 그 사진의 영상이 휴대전화기의 화면에 표시된 문자정보와 정확하게 같다는 사실이 증명되어야 한다(대판 2006도2556).

④ 무인장비에 의한 제한속도 위반차량 단속은 상당한 방법에 의한 것이라고 판단되므로, 이를 통하여 운전 차량의 차량번호 등을 촬영한 사진을 두고 위법하게 수집된 증거로서 증거능력이 없다고 말할 수 없다(대판 98도3329).[23모선] 표준판례

Chapter 076 녹음(테이프)

I 진술녹음의 증거능력

1 문제점

진술녹음은 반대신문권이 보장되지 않으므로 전문법칙이 적용된다는 점에서 견해가 일치하지만 어떠한 조건에서 증거능력을 갖는지 문제된다.

2 학설

① 제313조 적용설 : 녹음테이프를 서면형태의 조서에 포함시킬 수 없으므로 제313조를 적용해야 한다는 견해이다.

② 제311조 내지 313조 적용설 : 진술증거인 이상 녹음주체와 원진술이 행하여진 단계에 따라 제311조 내지 제313조를 적용해야 한다는 견해이다.

3 판례

테이프의 녹음·녹화 내용이나 그에 대한 검증조서의 기재는 실질적으로는 공판준비 또는 공판기일에서의 진술에 대신하여 진술을 기재한 서류와 다를 바 없어, 피고인이 그 테이프를 증거로 할 수 있음에 동의하지 않은 이상, 형사소송법 제311조 내지 제315조 에 규정한 것이 아니면 이를 유죄의 증거로 할 수 없다(대판 2004도1449).

4 검토

진술녹음과 전문서류는 기록매체와 방법만이 다를 뿐 진술증거이므로 진술녹음에 대하여도 그대로 제311조 내지 제315조를 적용하는 것이 타당하다.

5 관련 판례

① 피고인의 진술내용은 실질적으로 제311조, 제312조의 규정이외에 피고인의 진술을 기재한 서류와 다름 없어, 피고인이 녹음테이프를 증거로 할 수 있음에 동의하지 않은 이상 녹음테이프에 녹음된 피고인의 진술 내용을 증거로 사용하기 위해서는 제313조 제1항 단서에 따라 공판준비 또는 공판기일에서 작성자인 상대방의 진술에 의하여 녹음테이프에 녹음된 피고인의 진술 내용이 피고인이 진술한 대로 녹음된 것임이 증명되고 나아가 그 진술이 특히 신빙할 수 있는 상태하에서 행하여진 것임이 인정되어야 한다(대판 2012도7461). **표준판례**

② 수사기관 아닌 사인(私人)이 피고인 아닌 사람과의 대화내용을 녹음한 녹음테이프는 피고인 아닌 자의 진술을 기재한 서류와 다를 바 없으므로, 피고인이 녹음테이프를 증거로 할 수 있음에 동의하지 아니하는 이상 그 증거능력을 부여하기 위해서는 제313조 제1항에 따라 공판준비나 공판기일에서 원진술자의 진술에 의하여 녹음테이프에 녹음된 각자의 진술내용이 자신이 진술한 대로 녹음된 것이라는 점이 인정되어야 한다(대판 2010도7497).

③ 비디오테이프에 촬영, 녹음된 내용을 재생기에 의해 시청을 마친 원진술자가 비디오테이프의 피촬영자의 모습과 음성을 확인하고 자신과 동일인이라고 진술한 것은 비디오테이프에 녹음된 진술내용이 자신이 진술한 대로 녹음된 것이라는 취지의 진술을 한 것으로 보아야 한다(대판 2004도3161).

II 현장녹음의 증거능력

1 학설

① 비진술증거설 : 현장녹음은 비진술증거로 전문법칙이 적용되지 않고 관련성만 인정되면 증거능력이 있다는 견해이다.
② 진술증거설 : 현장녹음의 조작가능성과 사실보고 기능 때문에 진술증거로서 전문법칙이 적용된다는 견해이다.
③ 검증조서유추설 : 녹음테이프는 비진술증거이지만 조작가능성 때문에 검증조서에 준하여 증거능력이 인정된다는 견해이다.

2 검토

현장녹음은 현장의 상황을 그대로 기록한 것이므로 원진술자가 체험한 경험적 사실을 표현하는 진술과 구별되는바, 비진술증거설이 타당하다.

3 영장 없이 녹음 및 촬영된 증거물의 증거능력이 인정된 최신 중요 판례[25변선]

[1] 수사기관이 적법한 절차와 방법에 따라 범죄를 수사하면서 현재 그 범행이 행하여지고 있거나 행하여진 직후이고, 증거보전의 필요성 및 긴급성이 있으며, 일반적으로 허용되는 상당한 방법으로 범행현장에서 현행범인 등 관련자들과 수사기관의 대화를 녹음한 경우라면, 위 녹음이 영장 없이 이루어졌다 하여 이를 위법하다고 단정할 수 없다. 이는 설령 그 녹음이 행하여지고 있는 사실을 현장에 있던 대화상대방, 즉 현행범인 등 관련자들이 인식하지 못하고 있었더라도, 통신비밀보호법 제3조 제1항이 금지하는 공개되지 아니한 타인간의 대화를 녹음한 경우에 해당하지 않는 이상 마찬가지이다.

[2] 다만 수사기관이 일반적으로 허용되는 상당한 방법으로 녹음하였는지 여부는 수사기관이 녹음장소에 통상적인 방법으로 출입하였는지, 녹음의 내용이 대화의 비밀 내지 사생활의 비밀과 자유 등에 대한 보호가 합리적으로 기대되는 영역에 속하는지 등을 종합적으로 고려하여 신중하게 판단하여야 한다.

[3] 사법경찰관은 이 사건 성매매알선 행위를 범죄사실로 하여 피고인을 현행범인으로 체포하였고, 단속 경찰관들이 그 체포현장인 이 사건 성매매업소를 수색하여 체포의 원인이 되는 이 사건 성매매알선 혐의사실과 관련하여 이 사건 사진 촬영을 하였다. 이는 형사소송법 제216조 제1항 제2호에 의하여 예외적으로 영장에 의하지 아니한 강제처분을 할 수 있는 경우에 해당한다고 봄이 상당하므로 그 수색이나 촬영이 영장 없이 이루어졌다고 하더라도 위법하다고 할 수 없다. 나아가 압수는 증거물 또는 몰수할 것으로 사료되는 물건의 점유를 취득하는 강제처분인데, 범행현장에서 발견된 콘돔을 촬영하였다는 사정만으로는 단속 경찰관들이 강제로 그 점유를 취득하여 이를 압수하였다고 할 수 없으므로 사후에 압수영장을 받을 필요가 있었다고 보기도 어렵다. 따라서 이 사건 사진의 증거능력이 인정된다(대판 2020도9370).

III 사본 문제

1 최량증거의 법칙

(1) 의의

① 그 원본이 존재하거나 존재하였을 것, ② 원본 제출이 불능 또는 곤란한 사정이 있을 것, ③ 원본을 정확하게 전사하였을 것 등의 요건을 갖추어야 한다.

(2) 판례

[1] 녹음테이프는 그 성질상 작성자나 진술자의 서명 혹은 날인이 없을 뿐만 아니라, 녹음자의 의도나 특정한 기술에 의하여 그 내용이 편집, 조작될 위험성이 있음을 고려하여, 그 대화내용

을 녹음한 원본이거나 혹은 원본으로부터 복사한 사본일 경우에는 복사과정에서 편집되는 등의 인위적 개작 없이 원본의 내용 그대로 복사된 사본임이 증명되어야만 하고, 그러한 증명이 없는 경우에는 쉽게 그 증거능력을 인정할 수 없다(대판 2008도9414).

[2] 녹음테이프에 수록된 대화내용이 이를 풀어쓴 녹취록의 기재와 일치한다거나 녹음테이프의 대화내용이 중단되었다고 볼 만한 사정이 없다는 점만으로는 위와 같은 증명이 있다고 할 수 없다(대판 2011도6035).

2 녹취록의 경우 원본 녹음테이프의 제출 필요

피고인과 甲·乙의 대화에 관한 녹취록은 피고인의 진술에 관한 전문증거인데 피고인이 위 녹취록에 대하여 부동의한 경우, 乙이 위 대화를 자신이 녹음하였고 녹취록의 내용이 다 맞다고 법정에서 진술하였다 하더라도, 녹취록에 그 작성자가 기재되어 있지 않을 뿐만 아니라 검사 역시 녹취록 작성의 토대가 된 위 대화내용을 녹음한 원본 녹음테이프 등을 증거로 제출하지도 아니하는 등 제313조 제1항에 따라 위 녹취록의 진정성립을 인정할 수 있는 요건이 전혀 갖추어지지 아니한 이상, 그 녹취록의 기재는 증거능력이 없어 이를 증거로 사용할 수 없다(대판 2009도14525).

Chapter 077 증거동의

I 개관

1 의의

(1) 검사와 피고인의 증거동의

① 검사와 피고인이 증거로 할 수 있음을 동의한 서류 또는 물건은 진정한 것으로 인정한 때에는 증거로 할 수 있다(제318조 제1항).

② 검사와 피고인이 증거로 할 수 있음을 동의한 경우에도 법원이 진정한 것으로 인정한 때에 한해 증거능력이 인정되므로, 법원은 증거동의가 있으면 직권으로 진정성 여부를 조사해야 한다.

③ 이 동의는 법원이 직권으로 증거조사를 할 때에는 양 당사자의 동의가 필요하다(대판 87도966).

(2) 증거동의의 의제

① 피고인의 출정없이 증거조사를 할 수 있는 경우에 피고인이 출정하지 아니한 때에는 증거동의가 있는 것으로 간주한다. 단, 대리인 또는 변호인이 출정한 때에는 예외로 한다(제318조 제2항).[23변선]

② [1] 피고인이 공시송달의 방법에 의한 공판기일의 소환을 2회 이상 받고도 출석하지 아니하여 법원이 피고인의 출정 없이 증거조사를 하는 경우에는 제318조 제2항에 따른 피고인의 증거동의가 있는 것으로 간주된다.

[2] 일단 증거조사를 완료한 뒤에는 철회 또는 취소가 인정되지 아니하는 점 등에 비추어, 비록 피고인이 항소심에 출석하여 공소사실을 부인하면서 간주된 증거동의를 철회 또는 취소한다는 의사표시를 하더라도 그로 인하여 적법하게 부여된 증거능력이 상실되는 것은 아니다(대판 2010도15977). 표준판례 [24·23변선, 23·22모선]

③ [1] 간주의 대상인 증거동의는 증거조사가 완료되기 전까지 철회 또는 취소할 수 있으나 일단 증거조사를 완료한 뒤에는 취소 또는 철회가 인정되지 아니하므로, 비록 피고인이 항소심에 출석하여 공소사실을 부인하면서 간주된 증거동의를 철회 또는 취소한다는 의사표시를 하더라도 그로 인하여 적법하게 부여된 증거능력이 상실되는 것이 아니다.[25변선]

[2] 약식명령에 불복하여 정식재판을 청구한 피고인이 정식재판절차에서 2회 불출정하여 법원이 피고인의 출정 없이 증거조사를 하는 경우에 위 법 제318조 제2항에 따른 피고인의 증거동의가 의제된다(대판 2007도5776).[24변선]

2 증거동의의 본질

(1) 학설

① 반대신문권 포기설 : 동의는 증거의 증거능력에 대한 당사자의 반대신문권을 포기하는 것이며 전문증거만이 동의의 대상이라는 견해이다.

② 처분권설 : 동의는 증거의 증거능력에 대한 당사자의 처분권을 인정한 것이며 모든 증거물이 동의의 대상이라는 견해이다.

(2) 판례

제318조 제1항은 전문증거금지의 원칙에 대한 예외로서 반대신문권을 포기하겠다는 피고인의 의사표시에 의하여 서류 또는 물건의 증거능력을 부여하려는 규정이다(대판 82도2873).

(3) 검토

전문법칙의 주된 근거가 반대신문권의 보장에 있으므로 반대신문권 포기설이 타당하다.

II 변호인의 증거동의의 법적 성질 [21모사]

1 학설
① **독립대리권설** : 피고인의 명시의 의사에 반하지 않는 한 동의할 수 있다는 견해이다.
② **종속대리권설** : 피고인의 묵시의 동의 또는 추인을 요한다는 견해이다.

2 판례(독립대리권설)
① 변호인은 피고인의 명시한 의사에 반하지 아니하는 한 피고인을 대리하여 이를 할 수 있음은 물론이므로 피고인이 증거로 함에 동의하지 아니한다고 명시적인 의사표시를 한 경우 이외에는 변호인은 서류나 물건에 대하여 증거로 함에 동의할 수 있고 이 경우 변호인의 동의에 대하여 피고인이 즉시 이의하지 아니하는 경우에는 변호인의 동의로 증거능력이 인정되고 증거조사 완료 전까지 앞서의 동의가 취소 또는 철회하지 아니한 이상 일단 부여된 증거능력은 그대로 존속한다(대판 88도1628). 표준판례 [23모선]
② 변호인은 피고인을 대리하여 증거동의에 관한 의견을 낼 수 있을 뿐이므로 피고인의 명시한 의사에 반하여 증거로 함에 동의할 수는 없다. 피고인이 출석한 공판기일에서 증거로 함에 부동의한다는 의견이 진술된 경우에는 그 후 피고인이 출석하지 아니한 공판기일에 변호인만이 출석하여 종전 의견을 번복하여 증거로 함에 동의하였다 하더라도 이는 특별한 사정이 없는 한 효력이 없다(대판 2013도3).[25 · 24 · 23변선]

III 물건이 증거동의의 대상이 되는지 여부

1 문제점
제318조 제1항이 서류 또는 물건이 동의의 대상이 되는 것으로 규정하고 있어 증거물도 동의의 대상이 되는지 문제된다.

2 판례
제318조 제1항에 의하여 피고인이 증거로 할 수 있음을 동의한 서류 또는 물건은 진정한 것으로 인정한 때에는 증거로 할 수 있는 것이라고 판시하였고(대판 86도893), 또한 피해자의 상해부위를 촬영한 사진을 비진술증거로 보면서 이를 증거동의의 대상으로 보고 있다(대판 2007도3906).
따라서 판례는 전문서류뿐만 아니라 비진술증거와 물건에 대해서도 증거동의의 대상으로 보는 입장이라 할 수 있다.

3 검토

물건을 대상으로 규정한 명문에 비추어 긍정설이 타당하다.

Ⅳ 증거동의의 철회 [20, 17모사]

1 증거동의의 철회 가능성

증거동의의 철회 가능성과 관련하여서는 명문규정이 없으나, 취소와 달리 소급효가 없기에 소송의 동적·발전적 성격에 반하지 않으므로 절차의 안정을 해하지 않는 범위에서 원칙적으로 허용된다고 보는 견해가 일반적이고, 타당하다.

2 증거동의의 철회 가능시기

(1) 학설

① 증거조사실시 전까지라는 견해, ② 증거조사완료 전까지라는 견해, ③ 구두변론이 종결될 때까지라는 견해의 대립이 있다.

(2) 판례(증거조사완료 전까지)

제318조에 규정된 증거동의의 의사표시는 증거조사가 완료되기 전까지 취소 또는 철회할 수 있으나, 일단 증거조사가 완료된 뒤에는 취소 또는 철회가 인정되지 아니하므로 제1심에서 한 증거동의를 제2심에서 취소할 수 없고, 일단 증거조사가 종료된 후에 증거동의의 의사표시를 취소 또는 철회하더라도 취소 또는 철회 이전에 이미 취득한 증거능력은 유효하다(대판 99도2029).[25·24·23변선]

(3) 검토

소송경제와 절차안정을 조화롭게 해석하여 판례의 입장대로 증거조사완료 전까지로 보는 견해가 타당하다.

Ⅴ 증거동의 관련 판례 정리

① 검사작성의 피고인 아닌 자에 대한 진술조서에 관하여 피고인이 '공판정 진술과 배치되는 부분은 부동의한다'고 진술한 것은 조서내용의 특정부분에 대하여 증거로 함에 동의한다는 특별한 사정이 있는 때와는 달리 그 조서를 증거로 함에 동의하지 아니한다는 취지로 해석하여야 한다(대판 84도1552). 표준판례

- 그 기재내용이 가분인 경우에는 일부 동의가 가능하지만, 불가분인 경우에는 일부 동의가 불가능하고 그 전부를 부동의 한다는 취지로 해석

② 피고인들이 제1심 법정에서 경찰의 검증조서 가운데 범행부분만 부동의하고 현장상황 부분에 대해서는 모두 증거로 함에 동의하였다면, 위 검증조서 중 범행상황 부분만을 증거로 채용한 제1심판결에 잘못이 없다(대판 90도1303).

③ 수사경찰관의 피고인에 대한 고문이나 잠을 재우지 않는 등 경합된 진술의 자유를 침해하는 위법사유를 고려한다면 피고인의 경찰에서의 이건 공소사실에 부합하는 자백진술은 피고인이 증거로 함에 동의 유무를 불구하고 유죄의 증거로 할 수 없다(대판 82도2413).

④ 진술증거의 임의성에 관하여 의심할 만한 사정이 나타나 있는 경우에는 법원은 직권으로 그 임의성 여부에 관하여 조사를 하여야 하고, 임의성이 인정되지 아니하여 증거능력이 없는 진술증거는 피고인이 증거로 함에 동의하더라도 증거로 삼을 수 없다(대판 2004도7900).[22모선]

⑤ 증거에 대한 동의는 증거능력을 부여하는 중요한 소송행위이므로 원칙적으로 명시적으로 이루어져야 할 것이고, 피고인 또는 변호인이 수사서류에 관한 의견을 진술하는 경우 1개의 문서 내에 성질을 달리하는 것, 예컨대 참고인의 대질진술이나 전문진술 등이 함께 들어 있을 경우에는 구분하여 인부 등 증거에 대한 의견을 진술하는 것이 원칙이다(대판 2004도3995).

⑥ **묵시적 동의도 가능**
  피고인이 신청한 증인의 증언이 피고인 아닌 타인의 진술을 그 내용으로 하는 전문진술이라고 하더라도 피고인이 그 증언에 대하여 별 의견이 없다고 진술하였다면 그 증언을 증거로 함에 동의한 것으로 볼 수 있으므로 이는 증거능력 있다(대판 83도516).

⑦ 피고인이 사법경찰관작성의 피해자진술조서를 증거로 동의함에 있어서 그 동의가 법률적으로 어떠한 효과가 있는지를 모르고 한 것이었다고 주장하더라도 변호인이 그 동의시 공판정에 재정하고 있으면서 피고인이 하는 동의에 대하여 아무런 이의나 취소를 한 사실이 없다면 그 동의에 무슨 하자가 있다고 할 수 없다(대판 83도1019).

⑧ 판사가 제184조에 의한 증거보전절차로 증인신문을 하는 경우에는 검사, 피의자 또는 변호인에게 증인신문에 참여할 수 있는 기회를 주어야 하나 참여의 기회를 주지 아니한 경우라도 피고인과 변호인이 증인신문조서를 증거로 할 수 있음에 동의하여 별다른 이의없이 적법하게 증거조사를 거친 경우에는 증거능력이 부여된다(대판 86도1646).[24·23변선, 22모선]

⑨ 개개의 증거에 대하여 개별적인 증거조사방식을 거치지 아니하고 검사가 제시한 모든 증거에 대하여 피고인이 증거로 함에 동의한다는 방식으로 이루어진 것이라 하여도 증거동의로서의 효력을 부정할 이유가 되지 못한다(대판 82도2873).[23변선]

⑩ 검찰관이 공판기일에 제출한 증거 중 뇌물공여자 甲이 작성한 고발장에 대하여 피고인의 변호인이 증거 부동의 의견을 밝히고, 같은 고발장을 첨부문서로 포함하고 있는 검찰주사보 작성의 수사보고에 대하여는 증거에 동의하여 증거조사가 행하여졌는데, 원심법원이 수

사보고에 대한 증거동의의 효력이 첨부된 고발장에도 당연히 미친다고 본 사안에서, 위 고발장은 군사법원법에 따른 적법한 증거신청·증거결정·증거조사 절차를 거쳤다고 볼 수 없거나 공소사실을 뒷받침하는 증명력을 가진 증거가 아니므로 이를 유죄의 증거로 삼을 수 없다고 한 사례[25변선]

Chapter 078 탄핵증거

I 의의

① 탄핵증거란 진술의 증명력을 다투기 위한 증거를 말한다.
  제312조부터 제316조까지의 규정에 따라 증거로 할 수 없는 서류나 진술이라도 공판준비 또는 공판기일에서의 피고인 또는 피고인이 아닌 자의 진술의 증명력을 다투기 위하여 증거로 할 수 있다(제318조의2).

② 탄핵증거가 제318조의2에 의하여 증거로서 허용되는 것은 진술의 증명력을 감쇄하기 위하여서 인정되는 것이고 그 증거를 범죄사실 또는 그 간접사실의 인정의 증거로서는 허용되지 않는다(대판 75도3433). 표준판례

③ [1] 탄핵증거는 범죄사실을 인정하는 증거가 아니므로 엄격한 증거조사를 거쳐야 할 필요가 없음은 제318조의2의 규정에 따라 명백하나 법정에서 이에 대한 탄핵증거로서의 증거조사는 필요한 것이고, 탄핵증거의 제출에 있어서도 그 증거와 증명하고자 하는 사실과의 관계 및 입증취지 등을 미리 구체적으로 명시하여야 할 것이므로, 증명력을 다투고자 하는 증거의 어느 부분에 의하여 진술의 어느 부분을 다투려고 한다는 것을 사전에 상대방에게 알려야 한다.

  [2] 비록 당초 증거제출 당시 탄핵증거라는 입증취지를 명시하지 아니하였지만 피고인의 법정 진술에 대한 탄핵증거로서의 증거조사절차가 대부분 이루어졌다고 볼 수 있는 점 등의 사정에 비추어 위 피의자신문조서를 피고인의 법정 진술에 대한 탄핵증거로 사용할 수 있다(대판 2005도2617). 표준판례

Ⅱ 탄핵증거의 허용범위

1 문제점

탄핵증거로서 제출할 수 있는 전문증거의 범위에 대하여 견해가 대립된다.

2 학설

① 한정설 : 동일인의 법정에서의 진술과 상이한 법정 외의 진술인 자기모순 진술에 한한다는 견해이다.
② 비한정설 : 자기모순의 진술에 한하지 않고 증명력을 다투기 위한 증거라면 제한 없이 모든 전문증거의 탄핵증거로 사용이 가능하다는 견해이다.
③ 절충설 : 자기모순 진술 외에 증인의 신빙성에 관한 보조사실을 입증하기 위한 전문증거도 포함된다는 견해이다.
④ 이원설 : 피고인의 경우에는 모든 전문증거의 사용을 인정하고 검사의 경우에는 자기모순의 진술만 사용할 수 있다는 견해이다.

3 검토

비한정설은 전문증거가 무제한하게 제출되는 것을 방지할 수 없는 결과가 되어 부당하고, 절충설은 범죄사실을 인정하기 위한 보조사실도 엄격한 증명의 대상이 되어야 한다는 점에서 부당하고, 이원설은 검사와 피고인측의 증거를 구별해야 하는 이론적 근거가 없다는 점에서 부당하다. 따라서 탄핵증거의 범위를 합리적으로 제한하여 증인의 자기모순의 진술만을 탄핵증거로 사용할 수 있다는 한정설이 타당하다.

Ⅲ 피고인의 진술이 탄핵의 대상이 되는지 여부 [24·21·18모사]

1 학설

① 적극설 : 제318조의2 제1항에서 명문으로 피고인의 진술을 탄핵의 대상으로 하고 있으므로 피고인의 진술도 탄핵의 대상이 된다는 견해이다.
② 소극설 : 공판중심주의 및 피고인 보호의 관점에서 제318조의2 제1항의 규정을 축소해석하여 피고인의 진술은 탄핵의 대상이 되지 않는다는 견해이다.

2 판례(적극설)

사법경찰리 작성의 피고인에 대한 피의자신문조서와 피고인이 작성한 자술서들은 모두 검사가 유죄의 자료로 제출한 증거들로서 피고인이 각 그 내용을 부인하는 이상 증거능력이 없으나 그러한 증거라 하더라도 그것이 임의로 작성된 것이 아니라고 의심할 만한 사정이 없는 한 피고인의 법정에서의 진술을 탄핵하기 위한 반대증거로 사용할 수 있다(대판 97도1770).
표준판례 [24변선, 22모선]

Ⅳ 위법수집증거의 탄핵증거 사용 가부 [24·21·18모사]

1 학설

① 제한적 긍정설 : 임의성 없는 진술이나 고문, 폭행 등과 같이 중대한 인권침해에 의한 진술은 탄핵증거로도 사용할 수 없으나 일반적으로는 탄핵증거로 허용될 수 있다는 견해이다.
② 부정설 : 위법수집증거를 탄핵증거로 사용할 수 있다면 사실상 증거배제의 효과를 회피하는 결과가 되므로 위법수집증거는 탄핵증거로도 사용할 수 없다는 견해이다.

2 검토

위법수집증거는 절대적으로 증거능력이 배제되어야 하는바, 탄핵증거로도 사용할 수 없다고 보아야 한다.
- 유사 쟁점 : 증인에 대한 번복진술조서의 탄핵증거 사용 가부

Ⅴ 탄핵증거와 성립의 진정

1 문제점

서명·날인이 없는 서류를 탄핵증거로 사용할 수 있는지와 관련하여 문제된다.

2 학설

① 긍정설 : 제318조의2가 증거능력이 없는 전문증거라도 탄핵증거로 사용할 수 있다고 규정하고 있는 것을 근거로 긍정하는 견해이다.
② 부정설 : 서명·날인이 없는 전문서류는 진술내용의 진실성과 정확성을 확인할 수 없음을 근거로 부정하는 견해이다.

3 판례

그 진정성립이 인정되지 아니하고 이를 증거로 함에 상대방의 동의가 없었기는 하나, 그러한 증거라고 하더라도 유죄사실을 인정하는 증거로 사용하는 것이 아닌 이상 공소사실과 양립할 수 없는 사실을 인정하는 자료로 쓸 수 있다(대판 94도1159).

4 검토

조사자 증언도 탄핵증거로 사용가능한 점, 유죄사실을 인정하는 증거로 사용하는 것이 아니라는 점 등에 비추어 판례의 태도가 타당하다.

VI 탄핵증거 관련 판례 정리

① 검사가 유죄의 자료로 제출한 사법경찰리 작성의 피고인에 대한 피의자신문조서는 피고인이 그 내용을 부인하는 이상 증거능력이 없으나, 그것이 임의로 작성된 것이 아니라고 의심할 만한 사정이 없는 한 피고인의 법정에서의 진술을 탄핵하기 위한 반대증거로 사용할 수 있다(대판 2005도2617). [18모사]

② 검사가 탄핵증거로 신청한 체포·구속인접견부 사본은 피고인의 부인진술을 탄핵한다는 것이므로 결국 검사에게 입증책임이 있는 공소사실 자체를 입증하기 위한 것에 불과하므로 제318조의2 제1항 소정의 피고인의 진술의 증명력을 다투기 위한 탄핵증거로 볼 수 없다(대판 2011도5459).

③ 비록 증거목록에 기재되지 않았고 증거결정이 있지 아니하였다 하더라도 공판과정에서 그 입증취지가 구체적으로 명시되고 제시까지 된 이상 위 각 서증들에 대하여 탄핵증거로서의 증거조사는 이루어졌다고 보아야 할 것이다(대판 2005도6271).

Chapter 079 자백보강법칙

I 개관

1 자백보강법칙의 의의

① 피고인이 임의로 한 증거능력과 신용성이 있는 자백에 의하여 법관이 유죄의 심증을 얻었다 하더라도 보강증거가 없으면 유죄로 인정할 수 없다는 원칙이다(제310조).[25변선]

② 제310조의 자백은 공판정의 자백과 공판정 외의 자백을 불문한다(대판 81도1314).

2 보강증거의 자격 [15변사, 24모사]

① 보강증거는 자백의 증명력을 보강하여 피고사건의 범죄사실에 대해 유죄 인정을 가능하게 하는 증거이므로 당연히 증거능력이 인정되어야 하고, 자백과는 별개의 독립된 증거이어야 한다.
② 전문증거는 전문법칙의 예외에 해당하여 증거능력이 인정되는 경우에 보강증거가 될 수 있다.[24모선]
③ 피고인이 범행을 자인하는 것을 들었다는 피고인 아닌 자의 진술내용은 형사소송법 제310조의 피고인의 자백에는 포함되지 아니하나 이는 피고인의 자백의 보강증거로 될 수 없다(대판 81도1314). 표준판례 [23·22변선, 22모선]

3 보강증거의 범위 [21모사]

(1) 학설
   ① **죄체설** : 자백한 사실의 죄체의 전부 또는 중요부분에 대한 보강증거이어야 한다는 견해이다.
   ② **진실성 담보설** : 자백이 진실한 것이라고 인정할 수 있는 정도면 충분하다는 견해이다.

(2) 판례(진실성 담보설)
   [1] 자백에 대한 보강증거는 범죄사실의 전부 또는 중요 부분을 인정할 수 있는 정도가 되지 아니하더라도 피고인의 자백이 가공적인 것이 아닌 진실한 것임을 인정할 수 있는 정도만 되면 족할 뿐만 아니라, 직접증거가 아닌 간접증거나 정황증거도 보강증거가 될 수 있다(대판 2005도8704). 표준판례 [23·22모선]
   [2] 자백과 서로 어울려서 전체로서 범죄사실을 인정할 수 있으면 유죄의 증거로 충분하고, 자백과 보강증거 사이에 어느 정도의 차이가 있어도 중요부분이 일치하고 그로써 진실성이 담보되면 보강증거로서의 자격이 있다(대판 2008도2343). 표준판례

4 보강법칙의 적용 범위

① 일반 형사소송절차에서 적용되므로 정식재판뿐만 아니라 간이공판절차, 약식명령절차에서도 적용된다.
② [1] 그러나 즉결심판에 관한 절차법이 적용되는 즉결심판과 소년법의 적용을 받는 소년보호사건에는 적용되지 않는다.
   [2] 형사소송절차가 아닌 소년보호사건에 있어서는 비행사실의 일부에 관하여 자백이외의 다른 증거가 없다 하더라도 법령적용의 착오나 소송절차의 법령위반이 있다고 할 수 없다(대결 82모36).[23모선]

II 피고인의 자백에 공범자의 자백 포함여부 [15변사, 24·20·17모사]

1 문제점

제310조의 피고인의 자백에 공범자의 자백이 포함되어 공범자의 자백이 있는 경우에도 보강증거가 있어야 유죄로 인정할 수 있는지에 대하여 견해의 대립이 있다.

2 학설

① **긍정설(보강증거필요설)** : 공범은 다른 공범에게 책임을 전가하려고 허위의 진술을 할 위험이 있어 오판의 위험을 배제하기 위해 공범의 자백에도 보강증거가 있어야 한다는 견해이다.
② **부정설(보강증거불요설)** : 공범의 자백은 피고인과의 관계에서 제3자의 진술에 불과하고 피고인 자신의 자백은 아니므로 공범의 자백에는 보강증거가 필요하지 않다는 견해이다.
③ **절충설** : 공동피고인인 공범자의 자백에는 보강증거가 불요하나 공동피고인이 아닌 공범자의 자백에는 보강증거가 필요하다는 견해이다.

3 판례(보강증거불요설)

[1] 제310조의 피고인의 자백에는 공범인 공동피고인의 진술은 포함되지 않으며, 이러한 공동피고인의 진술에 대하여는 피고인의 반대신문권이 보장되어 있어 독립한 증거능력이 있다(대판 92도917).[24변선, 23·22모선]
[2] 이는 피고인들간에 이해관계가 상반된다고 하여도 마찬가지이다(대판 2006도1944).[23모선]

4 검토

제310조에서 '피고인의 자백'이라고만 규정되어 있으므로 보강증거불요설이 타당하다.

III 공범자의 자백으로 보강이 가능한지 여부

1 문제점

피고인의 자백이 있는 경우에 공범자의 자백을 보강증거로 하여 유죄를 인정할 수 있는지 문제되는데, 이는 공범자의 자백에 보강법칙이 적용되는지와 논리적 연관이 있다.

2 학설

① **긍정설** : 피고인의 자백에는 공범자의 자백이 포함되지 않는다는 부정설에 의하면 공범자의 자백은 당연히 보강증거로 될 수 있다.
② **부정설** : 피고인의 자백에 공범자의 자백이 포함된다는 긍정설의 논리적 귀결로 공범자의 자백은 보강증거가 될 수 없다.

3 판례

제310조 소정의 피고인의 자백에 공범인 공동피고인의 진술은 포함되지 아니하므로 공범인 공동피고인의 진술은 다른 공동피고인에 대한 범죄사실을 인정하는 증거로 할 수 있는 것일 뿐만 아니라 공범인 공동피고인들의 각 진술은 상호간에 서로 보강증거가 될 수 있다(대판 90도1939). 표준판례 [24변선]

4 검토

공범자의 자백은 피고인에 대한 관계에서는 증언에 불과하므로 당연히 보강증거가 될 수 있다고 할 것이다.

IV 포괄일죄와 보강증거

1 학설

① 포괄성을 인정할 수 있는 범위에서 보강증거가 있으면 족하다는 견해,
② 실질적으로 수죄이므로 각 범죄에 대하여 보강증거가 필요하다는 견해 등의 대립이 있다.

2 판례

피고인의 습벽을 범죄구성요건으로 하며 포괄일죄인 상습범에 있어서도 이를 구성하는 각 행위에 관하여 개별적으로 보강증거를 요구하고 있는 점에 비추어 보면 투약습성에 관한 정황증거만으로 향정신성의약품관리법위반죄의 객관적 구성요건인 각 투약행위가 있었다는 점에 관한 보강증거로 삼을 수는 없다(대판 95도1794). 표준판례

V 수첩 등의 보강증거 인정 여부

1 문제점

피고인이 피의자로 수사받기 전에 평소에 범죄사실을 기재한 일기장, 수첩, 메모 등도 자백에 대한 보강증거가 될 수 있는지 문제된다.

2 학설

① 적극설 : 범죄혐의를 받기 전에 범죄사실을 기재한 수첩은 자백에 해당하지 않으므로 보강증거가 될 수 있다는 견해이다.

② 소극설 : 피고인의 진술을 내용으로 하는 것인 한 자백에 해당하므로 보강증거가 될 수 없다는 견해이다.

3 판례

스스로 그 지출한 자금내역을 자료로 남겨두기 위하여 뇌물자금과 기타 자금을 구별하지 아니하고 그 지출 일시, 금액, 상대방 등 내역을 그때그때 계속적, 기계적으로 기입한 수첩의 기재 내용은, 피고인이 자신의 범죄사실을 시인하는 자백이라고 볼 수 없으므로, 증거능력이 있는 한 피고인의 금전출납을 증명할 수 있는 별개의 증거라고 할 것인즉, 피고인의 검찰에서의 자백에 대한 보강증거가 될 수 있다(대판 94도2865). 표준판례

VI 자백보강법칙 관련 지문 및 판례 정리

① 피고인이 제출한 항소이유서에 '피고인은 돈이 급해 지어서는 안될 죄를 지었습니다.', '진심으로 뉘우치고 있습니다.'라고 기재되어 있고 피고인은 공판기일에 위 항소이유서를 진술하였으나, 곧 이어서 있은 검사와 재판장 및 변호인의 각 심문에 대하여 피고인은 범죄사실을 부인하였고, 수사단계에서도 일관되게 그와 같이 범죄사실을 부인하여 온 점에 비추어 볼 때, 위와 같이 추상적인 항소이유서의 기재만을 가지고 범죄사실을 자백한 것으로 볼 수 없다(대판 99도3341).

② 피고인이 위조신분증을 제시·행사한 사실을 자백하고 있고, 위 제시·행사한 신분증이 현존한다면 그 자백이 임의성이 없는 것이 아닌 한 위 신분증은 피고인의 위 자백사실의 진실성을 인정할 간접증거가 된다(대판 82도3107).

③ 자동차등록증에 차량의 소유자가 피고인으로 등록·기재된 것이 피고인이 그 차량을 운전하였다는 사실의 자백 부분에 대한 보강증거가 될 수 있고 결과적으로 피고인의 무면허운전이라는 전체 범죄사실의 보강증거로 충분하다(대판 2000도2365).

④ 뇌물공여자를 만났던 사실 및 공무에 관한 청탁을 받기도 한 사실자체는 시인하였다면, 이는 뇌물을 공여하였다는 뇌물공여자의 자백에 대한 보강증거가 될 수 있다(대판 94도933).

⑤ 2000. 10. 19. 채취한 소변에 대한 검사결과 메스암페타민 성분이 검출된 경우, 위 소변검사결과는 2000. 10. 17. 메스암페타민을 투약하였다는 자백에 대한 보강증거가 될 수 있음은 물론 같은 달 13. 메스암페타민을 투약하였다는 자백에 대한 보강증거도 될 수 있다(대판 2001도1897).[22변선]

⑥ 피고인을 현행범으로 체포한 피해자의 수사기관에서의 진술과 현장사진이 첨부된 수사보고서는 피고인의 자백의 진실성을 담보하기에 충분한 보강증거가 된다(대판 2011도8015).

⑦ 피고인이 자신이 거주하던 다세대주택의 여러 세대에서 7건의 절도행위를 한 것으로 기소되었는데 그 중 4건은 범행장소인 구체적 호수가 특정되지 않은 사안에서, 위 4건에 관한

피고인의 범행 관련 진술이 매우 사실적·구체적·합리적이고 진술의 신빙성을 의심할 만한 사유도 없어 자백의 진실성이 인정되므로, 피고인의 집에서 해당 피해품을 압수한 압수조서와 압수물 사진은 위 자백에 대한 보강증거가 된다(대판 2008도2343).[22변선]

⑧ 기소된 대마 흡연일자로부터 한 달 후 피고인의 주거지에서 압수된 대마 잎이 피고인의 자백에 대한 보강증거가 된다고 본 사례(대판 2007도5845)[22변선]

⑨ 대마 흡연자에 대한 소변검사에서 대마 성분이 검출되는 기간에 관한 심리 없이 피고인으로부터 채취한 소변에서 대마 성분이 검출되었다는 국립과학수사연구소장 작성의 감정의뢰회보와 간이소변검사결과가 소변 채취 시점으로부터 5일 이전에 대마를 흡연하였다는 피고인의 자백에 대한 보강증거가 될 수 있다(대판 99도1858).

⑩ 2010. 2. 18. 01:35경 자동차를 타고 온 피고인으로부터 필로폰을 건네받은 후 피고인이 위 차량을 운전해 갔다고 한 甲의 진술과 2010. 2. 20. 피고인으로부터 채취한 소변에서 나온 필로폰 양성 반응은, 피고인이 2010. 2. 18. 02:00경의 필로폰 투약으로 정상적으로 운전하지 못할 우려가 있는 상태에 있었다는 공소사실 부분에 대한 자백을 보강하는 증거가 되기에 충분하다(대판 2010도11272).

⑪ (임의제출된 휴대전화의 전자정보를 탐색·복제·출력시 피압수자인 피고인에게 참여의 기회를 부여하지도 않았고, 압수한 전자정보 목록을 교부하지도 않아 출력한 전자정보는 위법수집증거로서 증거능력이 없으나,) 이 사건 휴대전화에 대한 임의제출서, 압수조서, 압수목록, 압수품 사진, 압수물 소유권 포기여부 확인서는 경찰이 피고인의 이 부분 범행 직후 범행 현장에서 피고인으로부터 위 휴대전화를 임의제출 받아 압수하였다는 내용으로서 이 사건 휴대전화에 저장된 전자정보의 증거능력 여부에 영향을 받지 않는 별개의 독립적인 증거에 해당하므로, 피고인이 증거로 함에 동의한 이상 유죄를 인정하기 위한 증거로 사용할 수 있고, 이 부분 공소사실에 대한 피고인의 자백을 보강하는 증거가 된다고 볼 여지가 많다(대판 2019도11967).

⑫ 국가보안법상 회합죄를 피고인이 자백하는 경우 회합 당시 상대방으로부터 받았다는 명함의 현존은 보강증거로 될 수 있다(대판 90도741).

⑬ 실체적 경합범은 실질적으로 수죄이므로 각 범죄사실에 관하여 자백에 대한 보강증거가 있어야 한다(대판 2007도10937).

⑭ 전과에 관한 사실은 피고인의 자백만으로도 인정할 수 있다(대판 81도1353).
그 전과가 누범가중의 사유가 되는 경우에도 마찬가지이다.[24모선]

Chapter 080 재판 일반

I 판결의 선고

1 선고기일

① 판결선고는 즉일선고의 원칙에 따라 변론을 종결한 기일에 해야 한다. 다만, 특별한 사정이 있는 때에는 따로 선고기일을 지정할 수 있고(제318조의4 제1항), 이 경우 선고기일은 변론종결 후 14일 이내로 지정되어야 한다(동조 제3항).

② 피고인에게는 원심판결의 선고기일이 양형에 관한 방어권을 행사할 수 있는 마지막 시점으로서 의미가 있는데, 원심법원이 변론종결시 고지되었던 선고기일을 피고인과 변호인에게 사전에 통지하는 절차를 거치지 않은 채 급박하게 변경하여 판결을 선고함으로써 피고인의 방어권과 이에 관한 변호인의 변호권을 침해하여 판결에 영향을 미친 잘못이 있다(대판 2023도4371).

2 피고인의 출석

① 판결을 선고하는 공판기일에 원칙적으로 피고인이 출석해야 한다. 그러나 판결선고기일에 검사의 출석은 필요하지 않고(제278조), 변호인도 비록 필요적 변호사건인 경우라도 출석을 필요로 하지 않는다(제282조 단서).

② 공소기각 또는 면소의 재판을 할 것이 명백한 사건의 경우 피고인의 출석을 요하지 아니하며, 피고인은 대리인을 출석하게 할 수 있다(제277조 제2호).

3 선고의 방식

① 판결선고는 원칙적으로 공판정에서 법관이 작성한 판결서에 의해 한다(제42조).

② 판결은 그 선고에 의하여 효력을 발생하고 판결원본의 기재에 의하여 효력을 발생하는 것이 아니므로 양자의 형이 다른 경우에는 검사는 선고된 형을 집행하여야 한다(대결 81모8).
표준판례 [24 · 23 · 22모선]

4 판결선고 관련 지문 및 판례 정리

① 경정결정 관련 판례

[1] 법원은 '재판서에 잘못된 계산이나 기재, 그 밖에 이와 비슷한 잘못이 있음이 분명한 때'에는 경정결정을 통하여 위와 같은 재판서의 잘못을 바로잡을 수 있다(규칙 제25조 제1항).

[2] 그러나 이미 선고된 판결의 내용을 실질적으로 변경하는 것은 위 규정에서 예정하고 있는 경정의 범위를 벗어나는 것으로서 허용되지 않는다.

　[3] 그리고 경정결정은 이를 주문에 기재하여야 하고, 판결 이유에만 기재한 경우 경정결정이 이루어졌다고 할 수 없다(대판 2017도18536).

　[4] 제1심 판결의 이유 중 제1증언 관련 범죄사실을 삭제하고 이에 대한 이유무죄 판단을 추가하는 것으로 경정하는 것은 이미 선고된 제1심판결의 내용을 실질적으로 변경하는 것으로서 경정의 범위를 벗어나기 때문에 허용되지 않는다(대판 2017도185360).[24모선]

② [1] 법관이 서명날인을 하지 않은 재판서에 따른 판결은 제383조 제1호가 정한 '판결에 영향을 미친 법률의 위반이 있는 때'에 해당하여 파기되어야 한다(대판 2021도17427).

　[2] 군사법원법 제75조에 의하면 재판서에는 재판한 재판관이 서명·날인하여야 하며, 이러한 재판관의 서명날인이 없는 재판서에 의한 판결은 '판결에 영향을 미친 법률의 위반이 있는 때'에 해당하여 파기되어야 한다. 이는 서명한 재판관의 인영이 아닌 다른 재판관의 인영이 날인되어 있는 경우에도 마찬가지이다(대판 2021도2650).

③ 심신장애자로서의 범행이었다고 주장한 것으로 볼 수 있는 경우에는 그 심신장애가 그 범행을 벌하지 않는 정도의 것인지 형을 감경하여야 할 경우의 것인지를 가려보고 형의 선고를 하는 경우에는 그 판결이유서 이에 대한 판단을 명시하여야 한다(대판 69도916).

④ 형사소송법 제323조 제1항에 따르면 유죄판결의 판결이유에는 범죄사실, 증거의 요지와 법령의 적용을 명시하여야 하므로, 유죄판결을 선고하면서 판결이유에 이 중 어느 하나를 전부 누락한 경우에는 형사소송법 제383조 제1호에 정한 판결에 영향을 미친 법률위반으로서 파기사유가 된다(대판 2009도3505).[25·24변선]

⑤ [1] 판결 선고는 전체적으로 하나의 절차로서 재판장이 판결의 주문을 낭독하고 이유의 요지를 설명한 다음 피고인에게 상소기간 등을 고지하고, 필요한 경우 훈계, 보호관찰 등 관련 서면의 교부까지 마치는 등 선고절차를 마쳤을 때에 비로소 종료된다. 재판장이 주문을 낭독한 이후라도 선고가 종료되기 전까지는 일단 낭독한 주문의 내용을 정정하여 다시 선고할 수 있다.

　[2] 그러나 판결 선고절차가 종료되기 전이라도 변경 선고가 무제한 허용된다고 할 수는 없다. 재판장이 일단 주문을 낭독하여 선고 내용이 외부적으로 표시된 이상 재판서에 기재된 주문과 이유를 잘못 낭독하거나 설명하는 등 실수가 있거나 판결 내용에 잘못이 있음이 발견된 경우와 같이 특별한 사정이 있는 경우에 변경 선고가 허용된다.[24·23모선]

　[3] 제1심 재판장이 선고기일에 법정에서 '피고인을 징역 1년에 처한다.'는 주문을 낭독한 뒤 상소기간 등에 관한 고지를 하던 중 피고인이 '재판이 개판이야, 재판이 뭐 이 따위야.' 등의 말과 욕설을 하면서 난동을 부리자, 제1심 재판장이 피고인에게 '선고형을 정정한다.'는 취지로 말하며 징역 3년을 선고한 사안에서, 위 변경 선고는 위법하다고 한 사례(대판 2017도3884)[23모선]

⑥ 청소년성보호법위반(강간등치상)죄로 1심에서 유죄가 인정되어 징역 4년을 선고받은 피고인

의 항소심에서, 변론종결 후 제출된 피해자의 사망진단서를 근거로 피해자가 피고인의 범행으로 인한 고통 때문에 자살하였다고 단정한 뒤, 변론을 재개하여 새로운 양형조건에 관하여 추가로 심리하지 않은 채 이를 가중적 양형조건의 중대한 변경 사유로 보아 제1심판결을 파기하고 양형기준의 권고형을 넘어 징역 9년을 선고한 경우, 양형심리절차에 관한 법리를 오해한 잘못이 있다(대판 2021도5777).[25변시]

⑦ [1] '증거의 요지'는 어느 증거의 어느 부분에 의하여 범죄사실을 인정하였냐 하는 이유 설명까지 할 필요는 없지만 적어도 어떤 증거에 의하여 어떤 범죄사실을 인정하였는가를 알아볼 정도로 증거의 중요부분을 표시하여야 하고, [2] 피고인의 자백이 그 피고인에게 불이익한 유일의 증거인 때에는 이를 유죄의 증거로 하지 못하는 것이므로, "피고인의 법정 진술과 적법하게 채택되어 조사된 증거들"로만 기재된 제1심판결의 증거의 요지를 그대로 인용한 항소심판결은 증거 없이 그 범죄사실을 인정하였거나 형사소송법 제323조 제1항을 위반한 위법을 저지른 것이라고 아니할 수 없다(대판 99도5312).

II 종국판결에 관한 지문 및 판례 정리

① 형벌에 관한 법령이 헌법재판소의 위헌결정으로 인하여 소급하여 그 효력을 상실하였거나 법원에서 위헌·무효로 선언된 경우, 당해 법령을 적용하여 공소가 제기된 피고사건에 대하여는 제325조에 따라 무죄를 선고하여야 한다(대판 2011도2631).[25변시]

② 원심판결 선고 후 헌법재판소가 위 법률조항에 대해 헌법불합치결정을 선고하면서 개정시한을 정하여 입법개선을 촉구하였는데도 위 시한까지 법률 개정이 이루어지지 않은 사안에서, 위 법률조항은 소급하여 효력을 상실하므로 이를 적용하여 공소가 제기된 위 피고사건에 대하여 무죄를 선고하여야 한다(대판 2008도7562). 표준판례 [22변시]

③ **형식재판 우선원칙의 예외가 인정된 사례**
교특법 제3조 제1항, 제2항 단서, 형법 제268조를 적용하여 공소가 제기된 사건에서, 심리 결과 교특법 제3조 제2항 단서에서 정한 사유가 없고 같은 법 제3조 제2항 본문이나 제4조 제1항 본문의 사유로 공소를 제기할 수 없는 경우에 해당하면 공소기각의 판결을 하는 것이 원칙이다. 그런데 사건의 실체에 관한 심리가 이미 완료되어 교특법 제3조 제2항 단서에서 정한 사유가 없는 것으로 판명되고 달리 피고인이 같은 법 제3조 제1항의 죄를 범하였다고 인정되지 않는 경우, 같은 법 제3조 제2항 본문이나 제4조 제1항 본문의 사유가 있더라도, 사실심법원이 피고인의 이익을 위하여 교특법 위반의 공소사실에 대하여 무죄의 실체판결을 선고하였다면, 이를 위법이라고 볼 수는 없다(대판 2012도11431). 표준판례

④ [1] 동일한 피고인에 대한 수 개의 범죄사실 중 일부에 대하여 먼저 공소가 제기되고 나머지 범죄사실에 대하여 별도로 공소가 제기됨으로써 이를 심리한 각 제1심법원이 공소제기된 사건별로 별개의 형을 선고하였는데, 이 중 어느 한 사건이 항소심법원에 계속되는 동

안에 금고 이상의 형에 처한 다른 사건의 판결이 별개의 절차에서 확정되었다면, 그 수 개의 범죄는 형법 제37조 후단의 경합범 관계에 있게 되므로 항소심법원은 형법 제39조 제1항에 따라 이를 동시에 판결할 경우와의 형평을 고려하여 형을 선고하고 이 경우 형의 감경 또는 면제 여부까지 검토한 후에 형을 정하여야 하므로, 이러한 조치를 취하지 아니한 해당 제1심판결에는 사후적으로 직권조사사유가 발생하였다고 보아야 한다.
[2] 따라서 이와 같은 피고인이 해당 사건에 대하여 적법한 기간 내에 항소이유서를 제출하지 않았다고 하더라도, 항소심법원은 제1심판결을 파기하고 피고인에게 형법 제37조 후단의 경합범에 관한 처벌례를 적용하여야 한다(대결 2020모1425).
⑤ 같은 피고인에 대한 별개의 사건이 각각 항소된 것을 형법 제37조 전단의 경합범관계에 있다고 보고 병합심리하여 두 사건의 각 항소를 기각하는 주문을 내어 판결하였다면, 단일한 선고형으로 처단하여야 하는 형법 제37조 전단의 경합범관계에서 두 개의 판결이 있는 결과가 되어 위법하다(대판 2019도12560).
⑥ 형사소송법 제194조의2 제1항은 '국가는 무죄판결이 확정된 경우에는 당해 사건의 피고인이었던 자에 대하여 그 재판에 소요된 비용을 보상하여야 한다'고 규정하고 있는바, 판결 주문에서 무죄가 선고된 경우뿐만 아니라 판결 이유에서 무죄로 판단된 경우에도 재판에 소요된 비용 가운데 무죄로 판단된 부분의 방어권 행사에 필요하였다고 인정된 부분에 관하여는 보상을 청구할 수 있다(대결 2018모906).
⑦ 판결선고 전 미결구금일수는 그 전부가 법률상 당연히 본형에 산입하게 되었으므로, 판결에서 별도로 미결구금일수 산입에 관한 사항을 판단할 필요가 없다(대판 2009도11448).
⑧ 판결선고 전의 구금일수는 그 전부가 유기징역, 유기금고, 벌금이나 과료에 관한 유치기간 또는 구류에 당연히 산입되어야 하게 되었고, 병과형 또는 수 개의 형으로 선고된 경우 어느 형에 미결구금일수를 산입하여 집행하느냐는 형집행 단계에서 형집행기관이 할 일이며, 법원이 주문에서 이에 관하여 선고하였더라도 이는 마찬가지라 할 것이므로 그와 같은 사유만으로 원심판결을 파기할 수는 없다(대판 2010도6924).
⑨ 원심이 이 사건 범행 중 일부만이 누범에 해당하는 것으로 판단하였음에도 제1심판결의 이유 중 법령의 적용 부분을 정정하여 누범에 해당하는 범행의 범위를 변경하는 것으로 경정하는 것은 이미 선고된 제1심판결의 내용을 실질적으로 변경하는 것으로서 경정의 범위를 벗어날뿐더러 판결 이유에서 직권으로 경정결정을 하였다고 하더라도 주문에 이를 기재하지 아니한 이상 경정결정으로서 효력도 생기지 않는다(대판 2021도26).

III 소송관계인의 주장에 대한 법원의 판단 설시의무 [22모사]

1 법률의 규정

법률상 범죄의 성립을 조각하는 이유 또는 형의 가중, 감면의 이유되는 사실의 진술이 있은 때에는 이에 대한 판단을 명시하여야 한다(제323조 제2항).

2 피고인의 구성요건해당성 조각사유의 진술에 대한 판단 설시 의무

(1) 판례

형사소송법 제323조 제2항에서 말하는 법률상 범죄의 성립을 조각하는 이유되는 사실의 주장이라 함은 범죄구성요건 이외의 사실로서 법률상 범죄의 성립을 조각하는 이유되는 사실상의 주장을 말하는 것이므로 단순히 범죄사실을 부인함과 같은 것은 이에 해당하지 않는다(대판 82도409).[23모선]

(2) 검토

구성요건해당성 조각사유의 진술이 범행의 부인에 불과한 경우 유죄판결의 선고를 통해 사실상 이에 대한 판단이 이루어졌기 때문에 원칙적으로 구성요건해당성 조각사유의 진술에 대해서는 별도의 판단을 요하지 않는다고 볼 것이다.

그러나 위법성조각사유와 책임조각사유이 진술에 대해서는 이에 대한 판단을 명시해야 한다.[22모선]

3 피고인의 임의적 감면사유 주장에 대한 판단 설시 의무

(1) 학설

① **긍정설(임의적 가중·감면포함설)** : 임의적 감경사유도 형의 가중·감면사유에 해당하므로 법원은 그 판단을 소송관계인의 주장에 대한 판단에서 설시해 주어야 한다는 견해이다.

② **부정설(필요적 가중·감면한정설)** : 임의적 감경사유는 감경 여부가 법원의 재량에 불과하므로 배척 판단을 반드시 설시해 주어야 할 필요는 없다는 견해이다.

(2) 판례

① 제323조 제2항에서 '형의 가중, 감면의 이유되는 사실'이란 형의 필요적 가중, 감면의 이유되는 사실을 말하고 형의 감면이 법원의 재량에 맡겨진 경우, 즉 임의적 감면사유는 이에 해당하지 않는다. 따라서 피해회복에 관한 주장이 있었더라도 이는 작량감경 사유에 해당하여 형의 양정에 영향을 미칠 수 있을지언정 유죄판결에 반드시 명시하여야 하는 것은 아니다(대판 2017도14769). 표준판례 [24모선]

② 형법 제52조 제1항에 의하면 자수는 그에 따른 형의 감면이 법원의 재량에 맡겨져 있다. 형의 임의적 감면사유인 자수사실에 관한 진술은 형사소송법 제323조에 따라 유죄판결의 이유에서 그에 대한 판단을 명시하여야 할 사항이라고 볼 수 없다(대판 2021도6051).[22모선]

(3) 검토

임의적 감면사유는 그것이 인정되는 경우라도 감면 여부가 법원의 재량에 속하는 것이므로 반드시 명시해 주어야 하는 것은 아니라는 판례의 입장이 타당하다.

4 피고인 주장 배척의 이유설시 요부

(1) 판례

판례는 재판의 이유명시에 있어서 그 이유를 설명하지 않아도 위법하지 않다는 입장이다(대판 75도2580).

(2) 검토

배척의 취지를 설시하는 경우 소송관계인을 설득하고 공정한 재판을 구현하기 위해서 증거를 들어 설명할 것까지는 요하지 않겠지만 판단에 이르게 된 이유는 설명할 필요가 있다고 볼 것이다.

Ⅳ 공소기각

1 의의

공소기각의 재판은 피고사건에 대하여 관할권 이외의 형식적 소송조건이 결여된 경우에 절차상의 하자를 이유로 공소를 부적법하다고 인정하여 사건의 실체에 대한 심리를 하지 않고 소송을 종결시키는 형식재판이다.
공소기각의 결정(제328조), 공소기각의 판결(제327조)이 있다.

2 제327조(공소기각의 판결)

1. 피고인에 대하여 재판권이 없을 때
2. 공소제기의 절차가 법률의 규정을 위반하여 무효일 때
3. 공소가 제기된 사건에 대하여 다시 공소가 제기되었을 때
4. 제329조(공소취소와 재기소)를 위반하여 공소가 제기되었을 때
5. 고소가 있어야 공소를 제기할 수 있는 사건에서 고소가 취소되었을 때
6. 피해자의 명시한 의사에 반하여 공소를 제기할 수 없는 사건에서 처벌을 원하지 아니하는 의사표시를 하거나 처벌을 원하는 의사표시를 철회하였을 때

3 제328조(공소기각의 결정)

1. 공소가 취소되었을 때
2. 피고인이 사망하거나 피고인인 법인이 존속하지 아니하게 되었을 때[23·22모선]
3. 제12조 또는 제13조의 규정(관할의 경합)에 의하여 재판할 수 없는 때
4. 공소장에 기재된 사실이 진실하다 하더라도 범죄가 될 만한 사실이 포함되지 아니하는 때

4 공소기각 관련 판례

① [1] 제328조 1항 4호에 "공소장에 기재된 사실이 진실하다 하더라도 범죄가 될 만한 사실이 포함되지 아니한 때"라고 함은 공소장 기재사실 자체가 일견하여 법률상 범죄를 구성하지 아니함이 명백하여 공소장의 변경 등 절차에 의하더라도 그 공소가 유지될 여지가 없는 형식적 소송요건의 흠결이라고 볼 수 있는 경우를 뜻한다(대판 77도2603). [표준판례]
[2] 부정수표단속법위반 사건에 있어서 수표가 그 제시기일에 제시되지 아니한 사실이 공소사실 자체에 의하여 명백하다면 이 공소사실에는 범죄가 될 만한 사실이 포함되지 아니하는 때에 해당하므로 제328조 제1항 제4호에 의하여 공소기각의 재판을 하여야 한다(대판 73도2173).

② 공소취소에 의한 공소기각의 결정이 확정된 때 다시 공소를 제기하는 요건으로서 '다른 중요한 증거를 발견한 경우'라 함은 공소취소 전의 증거만으로는 증거 불충분으로 무죄가 선고될 가능성이 있으나 새로 발견된 증거를 추가하면 충분히 유죄의 확신을 가지게 될 정도의 증거가 있는 경우를 말한다(대판 77도1308). [표준판례]

③ 제327조 3호에 「공소가 제기된 사건에 대하여 다시 공소가 제기되었을 때」라 함은 공소제기된 사건과 동일사건이 동일법원에 공소 제기된 경우에 뒤에 공소된 사건에 대하여 판결선고가 있었다고 하더라도 확정되기 전에는 먼저 공소제기된 사건에 대하여 심판하여야 하고, 뒤에 공소제기된 사건은 공소기각판결을 한다고 해석하여야 한다(대판 68도858).

④ 피고인을 특정하지 않은 공소제기는 공소제기에 현저한 방식위반이 있는 경우에 해당하여 피고인과 변호인이 이의를 제기하지 않더라도 공소제기의 절차가 법률의 규정에 위반하여 무효인 경우에 해당하므로 공소기각판결을 선고해야 한다(대판 2008도11813 참조).[24변선]

⑤ 교통사고로 인하여 업무상과실치상죄 또는 중과실치상죄를 범한 운전자에 대하여 피해자의 명시한 의사에 반하여 공소를 제기할 수 있도록 하고 있는 교통사고처리특례법 제3조 제2항 단서의 각 호에서 규정한 신호위반 등의 예외사유는 같은 법 제3조 제1항 위반죄의 구성요건 요소가 아니라 그 공소제기의 조건에 관한 사유이다(대판 2006도4322).[24모선]

V 면소판결

1 의의

① 면소판결은 형식재판이면서도 일사부재리의 효력이 인정되는 재판이다.
② 형사소송법 제326조(면소의 판결)
  1. 확정판결이 있은 때
  2. 사면이 있은 때
  3. 공소의 시효가 완성되었을 때

4. 범죄 후의 법령개폐로 형이 폐지되었을 때

2 확정판결에 따른 면소

① 동일한 사건에 대한 확정판결이 있음에도 불구하고 다시 같은 내용으로 기소되었다면 면소판결의 대상이다. 여기의 확정판결에는 유죄 확정, 무죄 확정 모두 포함된다.

② 기판력은 '사실심 판결선고시'를 기준으로 하여 미치게 되는데, 약식명령의 경우에는 '발령시'가 기준이 된다.[24변선, 23모선]

3 면소판결 관련 지문 및 판례 정리

① 면소판결 사유인 제326조 제2호의 '사면이 있는 때'에서 말하는 '사면'이란 일반사면을 의미할 뿐, 특별사면은 여기에 해당하지 않으므로, 재심대상판결 확정 후에 형 선고의 효력을 상실케 하는 특별사면이 있었다고 하더라도, 재심개시결정이 확정되어 재심심판절차를 진행하는 법원은 실체에 관한 유·무죄 등의 판단을 해야지, 특별사면이 있음을 들어 면소판결을 하여서는 아니 된다(대판 2011도1932).

② 형법 제49조 단서는 행위자에게 유죄의 재판을 하지 아니할 때에도 몰수의 요건이 있는 때에는 몰수만을 선고할 수 있다고 규정하고 있으나, 우리 법제상 공소의 제기 없이 별도로 몰수만을 선고할 수 있는 제도가 마련되어 있지 아니하므로 실체판단에 들어가 공소사실을 인정하는 경우가 아닌 면소의 경우에는 원칙적으로 몰수도 할 수 없다(대판 2007도4556).

VI 결정

1 의의

결정이란 수소법원이 행하는 종국전 재판의 원칙적 형식이며 절차에 관한 재판은 원칙적으로 결정에 의한다.

2 절차

① 결정은 구두변론을 거치지 않을 수 있으며(제37조 제2항), 결정을 하는데 필요하면 사실조사를 할 수 있다(동조 제3항).

② 이에 따라 사실을 조사하는데 필요한 경우에는 증인을 신문하거나 감정을 명할 수 있다(규칙 제24조 제1항).[23모선]

3 불복

결정에 대한 상소는 항고와 재항고이다.

Chapter 081 기판력(일사부재리 효력)

I 의의

1 개념

일사부재리 효력이란 유·무죄의 실체판결이나 면소판결이 확정되면 동일사건에 대하여 다시 심리·판단하는 것이 허용되지 않는다는 효력을 의미하며 기판력이라고도 한다.
(공소기각판결, 관할위반판결의 경우 일사부재리 효력 불인정)

2 기판력의 객관적 범위 [17모시]

(1) 의의

기판력의 객관적 범위는 공소사실의 동일성이 인정되는 범위와 같다.[22모선]
기판력의 객관적 범위는 현실적 심판대상인 당해 공소사실은 물론 잠재적 심판대상인 그 공소사실과 단일하고 동일한 관계에 있는 사실의 전부에 미친다.

(2) 기판력의 객관적 범위에 관한 판례

① 형법 제40조의 상상적 경합관계의 경우에는 그 중 1죄에 대한 확정판결의 기판력은 다른 죄에 대하여도 미친다(대판 2008도5634).[23변선][기록형 빈출]

② [1] 범칙금의 납부에 따라 확정판결에 준하는 효력이 인정되는 범위는 범칙금 통고의 이유에 기재된 당해 범칙행위 자체 및 그 범칙행위와 동일성이 인정되는 범칙행위에 한정된다. 따라서 범칙행위와 같은 시간과 장소에서 이루어진 행위라 하더라도 범칙행위의 동일성을 벗어난 형사범죄행위에 대하여는 범칙금의 납부에 따라 확정판결에 준하는 일사부재리의 효력이 미치지 아니한다.

[2] 피고인에게 적용된 경범죄처벌법 음주소란 등의 범칙행위와 폭처법위반 공소사실인 흉기휴대협박행위는 범죄사실의 내용이나 행위의 수단 및 태양, 각 행위에 따른 피해법익이 다르고, 죄질에도 현저한 차이가 있으므로 기본적 사실관계가 동일한 것으로 평가할 수 없다는 이유로, 범칙행위에 대한 범칙금 납부의 효력이 공소사실에 미치지 않는다고 한 사례(대판 2012도6612). 표준판례

[비교판례] 경범죄처벌법위반죄의 범죄사실인 음주소란과 폭처법위반죄의 공소사실은 범행장소가 동일하고 범행일시도 같으며 모두 피고인과 피해자의 시비에서 발단한 일련의 행위들임이 분명하므로, 양 사실은 그 기본적 사실관계가 동일한 것이어서 이미 확정된 경범죄

처벌법위반죄에 대한 즉결심판의 기판력이 폭처법위반죄의 공소사실에도 미친다고 보아 면소의 판결의 대상이 된다(대판 95도1270). 표준판례
③ 포괄일죄 관계인 범행의 일부에 대하여 판결이 확정되거나 약식명령이 확정되었는데 그 사실심 판결선고시 또는 약식명령 발령시를 기준으로 그 이전에 이루어진 범행이 포괄일죄의 일부에 해당할 뿐만 아니라 그와 상상적 경합관계에 있는 다른 죄에도 해당하는 경우에는 확정된 판결 내지 약식명령의 기판력은 위와 같이 상상적 경합관계에 있는 다른 죄에 대하여도 미친다(대판 2020도3705).

3 기판력의 주관적 범위

기판력은 공소가 제기된 피고인에 대하여만 발생하므로 공동피고인의 경우에도 공동피고인 중 1인에 대한 판결의 효력은 다른 피고인에게 미치지 않는다.

4 기판력의 시적 범위

① 기판력의 기준시점은 사실심리의 가능성이 있는 최후의 시점인 사실심 판결선고시라고 할 것이나, 항소된 경우 그 시점은 항소심 판결선고시라고 함이 타당하고, 그것은 파기자판한 경우이든 항소기각된 경우든 다를 바가 없다(대판 82도2829). 표준판례
② 항소가 된 경우 판결의 확정력이 미치는 시간적 한계는 항소심판결선고시라고 보는 것이 상당한데 항소이유서를 제출하지 아니하여 결정으로 항소가 기각된 경우에도 사실심리의 가능성이 있는 최후시점은 항소기각 결정시이다(대판 93도836).[23변선, 23모선]
③ 약식명령의 경우 발령시이다(대판 94도1318). 표준판례[22변선, 23모선]

II 기판력의 객관적 범위 - 공소사실의 동일성 인정 관련 사례

1 장물보관죄와 특수절도죄 사이의 기판력 문제

장물보관죄와 특수절도죄 사이에는 범죄일시가 근접할 뿐만 아니라 목적물이 동일하여 양 죄는 재물을 취득하였다는 사실에서 기본적으로 동일하고, 피해법익이나 죄질에 있어서 큰 차이가 있는 것도 아니므로 기본적사실동일설에 의하거나 판례에 의하여 규범적 요소를 고려하는 경우에도 공소사실의 동일성이 인정된다고 할 것이다.
따라서 장물보관죄에 대한 기판력의 객관적 범위가 특수절도죄에도 미친다고 할 것이므로 피고인에게는 이미 확정판결이 있은 때에 해당되어 특수절도죄에 대해서는 면소판결을 선고하여야 한다.

2 장물취득죄와 강도상해죄 사이의 기판력 문제 [17모사]

강도상해죄는 피해자를 폭행하여 상해를 입히고 재물을 강취하였다는 것인데 반하여 장물취

득죄는 위와 같은 강도상해의 범행이 완료된 이후에 강도상해죄의 범인이 아닌 피고인이 다른 장소에서 그 장물을 교부받았음을 내용으로 하는 것으로서 그 수단, 방법, 상대방 등 범죄사실의 내용이나 행위가 별개이고, 행위의 태양이나 피해법익도 다르고 죄질에도 현저한 차이가 있어, 위 장물취득죄와 이 사건 강도상해죄 사이에는 동일성이 있다고 보기 어렵고, 따라서 피고인이 장물취득죄로 받은 판결이 확정되었다고 하여 강도상해죄의 공소사실에 대하여 면소를 선고하여야 한다거나 피고인을 강도상해죄로 처벌하는 것이 일사부재리의 원칙에 어긋난다고는 할 수 없다(대판 93도2080). 표준판례

3 교통사고처리특례법 위반죄와 보험사기죄

과실로 교통사고를 발생시켰다는 각 '교특법 위반죄'와 고의로 교통사고를 낸 뒤 보험금을 청구하여 수령하거나 미수에 그쳤다는 '사기 및 사기미수죄'는 서로 행위 태양이 전혀 다르고, 각 교특법 위반죄의 피해자는 교통사고로 사망한 사람들이나, 사기 및 사기미수죄의 피해자는 피고인과 운전자보험계약을 체결한 보험회사들로서 역시 서로 다르므로 위 각 교특법 위반죄와 사기 및 사기미수죄는 그 기본적 사실관계가 동일하다고 볼 수 없으므로, 위 전자에 관한 확정판결의 기판력이 후자에 미친다고 할 수 없다(대판 2009도14263). 표준판례

4 교통사고처리특례법 위반죄와 도로교통법상 안전운전의무위반 [23모사]

같은 일시, 장소에서 이루어진 안전운전의무 위반의 범칙행위와 중앙선을 침범한 과실로 사고를 일으켜 피해자에게 부상을 입혔다는 교통사고처리특례법위반죄의 범죄행위사실은 시간, 장소에 있어서는 근접하여 있는 것으로 볼 수 있으나 범죄의 내용이나 행위의 태양, 피해법익 및 죄질에 있어 현격한 차이가 있어 동일성이 인정되지 아니하고 별개의 행위라고 할 것이어서 피고인이 안전운전의 의무를 불이행하였음을 이유로 통고처분에 따른 범칙금을 납부하였다고 하더라도 피고인을 교통사고처리특례법 제3조 위반죄로 처벌한다고 하여 도로교통법 제119조 제3항에서 말하는 이중처벌에 해당한다고 볼 수 없다(대판 2001도849).

III 확정판결 전후의 포괄일죄의 분리 여부 [18변사]

1 분리되는 경우

① 포괄일죄의 중간에 동종의 포괄일죄의 확정판결이 있는 경우

실체법상 포괄일죄의 관계에 있는 일련의 범행 중간에 동종의 죄에 관한 확정판결이 있는 경우에는 확정판결로 전후 범죄사실이 나뉘어져 원래 하나의 범죄로 포괄될 수 있었던 일련의 범행은 확정판결의 전후로 분리된다. 사실심 판결선고시 이후의 범죄는 확정판결의 기판력이 미치지 않으므로 설령 확정판결 전의 범죄와 포괄일죄의 관계에 있다고 하더라도 별개의 독립적인 범죄가 된다(대판 2017도3373). 표준판례 [22변선, 23모선]

② 분단되어 동일성 상실시 공소장변경 불가, 따라서 별도 기소 및 별도 주문 선고

[1] 공소제기된 범죄사실과 추가로 발견된 범죄사실 사이에 그 범죄사실들과 동일성이 인정되는 또 다른 범죄사실에 대한 유죄의 확정판결이 있는 때에는, 추가로 발견된 확정판결 후의 범죄사실은 공소제기된 범죄사실과 분단되어 동일성이 없는 별개의 범죄가 된다.

[2] 따라서 이때 검사는 공소장변경절차에 의하여 확정판결 후의 범죄사실을 공소사실로 추가할 수는 없고 별개의 독립된 범죄로 공소를 제기하여야 한다(대판 2016도21342).
표준판례 [22변선, 24모선]

[3] 이와 같이 분리된 각 사건은 서로 동일성이 있다고 할 수 없어 이중으로 기소되더라도 각 사건에 대하여 각각의 주문을 선고하여야 한다(대판 99도4797).

2 분리되지 않는 경우

① 포괄일죄의 중간에 기본 구성요건 범죄의 확정판결이 있는 경우

포괄일죄의 관계에 있는 상습사기의 범행이 단순사기죄의 확정판결의 전후에 걸쳐서 행하여진 경우에는 그 죄는 두 죄로 분리되지 않고, 확정판결 후인 최종의 범죄행위시에 완성되는 것이므로, 상습사기의 범죄는 확정된 단순사기죄와의 관계에서 그 후에 이루어진 포괄일죄의 범행으로 봄이 상당하다(대판 2010도1939).

② 포괄일죄의 중간에 이종의 범죄의 확정판결이 있는 경우

포괄일죄로 되는 개개의 범죄행위가 다른 종류의 죄의 확정판결의 전후에 걸쳐서 행하여진 경우에는 그 죄는 2죄로 분리되지 않고 확정판결 후인 최종의 범죄행위시에 완성되는 것이다(대판 2002도5341). 표준판례

Ⅳ 기본 구성요건 범죄에 대한 확정판결의 기판력이 상습 공소사실에도 미치는지 여부 [18변사, 24·19모사]

1 문제점

이미 확정된 판결이 상습범이 아닌 기본 구성요건의 범죄인 경우에도 확정판결의 기판력이 미치는지가 문제된다.

2 학설

① 긍정설 : 확정판결이 상습범인지, 아니면 기본 구성요건의 범죄인지를 구분하지 않고 그 사실심판결선고 전까지의 범죄에 대하여 기판력이 미친다는 견해이다.

② 부정설 : 확정판결이 상습범이 아닌 기본 구성요건의 범죄로 처단되는데 그친 경우에는 그 기판력이 그 사실심판결선고 전의 나머지 범죄에 미친다고 볼 수 없다는 견해이다.

3 판례

[1] 상습범으로서 포괄적 일죄의 관계에 있는 여러 개의 범죄사실 중 일부에 대하여 유죄판결이 확정된 경우에, 그 확정판결의 사실심판결선고 전에 저질러진 나머지 범죄에 대하여 새로이 공소가 제기되었다면 그 새로운 공소는 확정판결이 있었던 사건과 동일한 사건에 대하여 다시 제기된 데 해당하므로 이에 대하여는 판결로써 면소의 선고를 하여야 하는 것인바,[24변선, 23·22모선]

[2] 다만 이러한 법리가 적용되기 위해서는 전의 확정판결에서 당해 피고인이 상습범으로 기소되어 처단되었을 것을 필요로 하는 것이고, 상습범 아닌 기본 구성요건의 범죄로 처단되는데 그친 경우에는, 뒤늦게 앞서의 확정판결을 상습범의 일부에 대한 확정판결이라고 보아 그 기판력이 그 사실심판결 선고 전의 나머지 범죄에 미친다고 보아서는 아니 된다(대판 2001도3206). `표준판례` [25·24·23·22변선, 23·22모선]

4 검토

확정판결이 상습범이 아닌 기본 구성요건의 범죄로 확정되었다면 확정판결에서 상습성이 판단된 것이 아니므로 그 사실심판결선고 전의 행위에 대하여 기판력이 미치지 않는다고 보아야 하는바, 판례의 입장인 부정설이 타당하다.

Ⅴ 기판력 관련 판례 정리

① 경범죄처벌법 제8조 제3항에 '범칙자가 통고처분을 받고 범칙금을 납부한 경우에는 그 범칙행위에 대하여 다시 벌받지 아니한다'고 규정하고 있음은 위 범칙금의 납부에 확정재판의 효력에 준하는 효력을 인정하는 취지로 해석할 것이므로 이에 위반하여 공소가 제기된 경우에는 면소의 판결을 하여야 한다(대판 85도2664). `표준판례`

② 그러나, 행정법상의 질서벌인 과태료의 부과처분과 형사처벌은 그 성질이나 목적을 달리하는 별개의 것이므로 행정법상의 질서벌인 과태료를 납부한 후에 형사처벌을 한다고 하여 이를 일사부재리의 원칙에 반하는 것이라고 할 수는 없다(대판 96도158).

③ 구 소년법 제47조는 '제30조의 보호처분을 받은 소년에 대하여는 그 심리결정된 사건은 다시 공소제기 할 수 없고 소년부에 송치하지 못한다'라고 규정하고 있으므로 제30조의 보호처분을 받은 사건과 동일한 사건에 대하여 다시 공소제기가 되었다면, 보호처분은 확정판결이 아니고 따라서 기판력도 없으므로 이에 대하여 면소판결을 할 것이 아니라 공소제기의 절차가 법률의 규정에 위배하여 무효인 때에 해당한 경우이므로 제327조 제2호의 규정에 의하여 공소기각의 판결을 하여야 할 것이다(대판 85도21). `표준판례` [25·22변선, 23·22모선]

④ [1] 소년부 판사는 위탁받은 자나 보호처분을 집행하는 자의 신청에 따라 또는 직권으로

보호처분과 부가처분을 변경할 수 있다. 이러한 보호처분의 변경은 보호처분결정에 따른 위탁 또는 집행 과정에서 발생한 준수사항 위반 등 사정변경을 이유로 종전 보호처분결정을 변경하는 것이다. 즉 이는 종전 보호처분 사건에 관한 재판이다.

[2] 따라서 종전 보호처분에서 심리가 결정된 사건이 아닌 사건에 대하여 공소를 제기하거나 소년부에 송치하는 것은 소년법에 위배되지 않는다(대판 2018도3768).

⑤ [1] 가정폭력처벌법에 따른 보호처분의 결정 또는 불처분결정에 확정된 형사판결에 준하는 효력을 인정할 수 없다.

[2] 가정폭력처벌법에 따른 보호처분의 결정이 확정된 경우에는 원칙적으로 가정폭력행위자에 대하여 같은 범죄사실로 다시 공소를 제기할 수 없으나(제16조), 보호처분은 확정판결이 아니고 따라서 기판력도 없으므로, 보호처분을 받은 사건과 동일한 사건에 대하여 다시 공소제기가 되었다면 이에 대해서는 면소판결을 할 것이 아니라 공소제기의 절차가 법률의 규정에 위배하여 무효인 때에 해당한 경우이므로 제327조 제2호의 규정에 의하여 공소기각의 판결을 하여야 한다.[25변선]

[3] 그러나 불처분결정에 대해서는 그와 같은 규정을 두고 있지 않으므로 불처분결정이 확정된 후에 검사가 동일한 범죄사실에 대하여 다시 공소를 제기하였다거나 법원이 이에 대하여 유죄판결을 선고하였더라도 이중처벌금지의 원칙 내지 일사부재리의 원칙에 위배된다고 할 수 없다(대판 2016도5423).

⑥ 피고인이 동일한 행위에 관하여 외국에서 형사처벌을 과하는 확정판결을 받았다 하더라도 이런 외국판결은 우리나라에서는 기판력이 없으므로 여기에 일사부재리의 원칙이 적용될 수 없다(대판 83도2366).

⑦ 헌법은 제13조 제1항에서 이중처벌금지의 원칙 내지 일사부재리의 원칙을 선언하고 있다. 여기에서 '처벌'이란 원칙적으로 범죄에 대한 국가의 형벌권 실행으로서의 과벌을 의미하고, 국가가 행하는 일체의 제재나 불이익처분이 모두 여기에 포함되는 것은 아니다(대판 2016도5423).

⑧ 특가법 제5조의4 제5항은 위 조항에 정한 범죄전력 및 누범가중의 요건을 갖춘 경우에는 상습성이 인정되지 않는 경우에도 상습범에 관한 제1항 내지 제4항에 정한 법정형에 의하여 처벌한다는 취지로서, 위 조항으로 기소되어 처벌받은 경우를 상습범으로 기소되어 처벌받은 경우라고 볼 수는 없으므로, 설령 피고인에게 절도의 습벽이 인정되더라도 위 조항으로 처벌받은 확정판결의 기판력은 그 판결확정 전에 범한 다른 절도범행에 대하여는 미치지 않는다(대판 2008도7270).

ONEPICK 형사소송법

제**5**편

상소 · 비상구제절차 · 특별절차

Chapter 082 상소일반

I 개관

1 상소의 의의
상소란 확정되지 않은 재판에 대해 상소법원에 구제를 구하는 불복신청제도를 말한다.

2 상소의 종류

(1) 항소
항소는 제1심 판결에 대한 상소이다.

(2) 상고
상고는 제2심인 항소심의 판결에 대한 상소로서 대법원에 상고할 수 있다. 예외적으로 제1심 판결에 대해 항소를 제기하지 않고 바로 대법원에 상고가 허용되는 비약상고가 있다.

(3) 항고
① 보통항고 : 제1심 결정에 대한 상소로서 항고기간의 제한이 없고 집행정지의 효력도 없다.
② 즉시항고 : 제1심 결정에 대한 상소로서 항고기간의 제한이 있고 집행정지의 효력도 있다.
③ 재항고 : 항고법원이나 고등법원의 결정에 대한 상소인데, 일정한 경우에 예외적으로 대법원에의 즉시항고가 허용된다. 재항고는 모두 즉시항고이다(제415조).
④ 준항고 : 재판장 또는 수명법관의 재판에 대한 준항고(제416조)와 수사기관의 구금 등에 관한 처분에 대한 준항고(제417조)가 있다.

3 상소권자
① 고유의 상소권자 : 검사와 피고인은 재판을 받은 당사자로서 상소권을 가진다(제338조 제1항).
② 법정대리인 : 피고인의 법정대리인은 피고인을 위해 상소할 수 있다(제340조).
③ 변호인 등 : 피고인의 배우자, 직계친족, 형제자매 또는 원심의 대리인이나 변호인은 피고인을 위해 상소할 수 있다(제341조 제1항). 이러한 상소는 피고인의 명시한 의사에 반하여 하지 못하므로(동조 제2항) 독립대리권에 해당한다.
  - 제341조 제1항에 원심의 변호인은 피고인을 위하여 상소할 수 있다 함은 변호인에게 고유의 상소권을 인정한 것이 아니고 피고인의 상소권을 대리하여 행사하게 한 것에 불과하

므로, 변호인은 피고인의 상소권이 소멸된 후에는 상소를 제기할 수 없다(대판 98도253).

④ **항소대리권자가 항소한 경우 소송기록접수통지의 상대방**
피고인의 항소대리권자인 배우자가 피고인을 위하여 항소한 경우에도 소송기록접수통지는 항소인인 피고인에게 하여야 하는데 피고인이 적법하게 소송기록접수통지서를 받지 못하였다면 항소이유서 제출기간이 지났다는 이유로 항소기각결정을 하는 것은 위법하다(대결 2018모642). 표준판례 [23모선]

Ⅱ 피고인의 상소이익

1 유죄판결에 대한 상소이익

① 유죄판결에 대하여 무죄를 주장하거나 경한 형을 선고할 것을 주장하여 상소하는 경우에는 당연히 상소의 이익이 인정된다.
② 형면제 판결 또는 선고유예 판결의 경우에도 유죄판결의 일종이라 할 수 있으므로 상소의 이익이 인정된다.

2 무죄판결의 이유에 불복하여 상소가 허용되는지 여부

(1) 학설
① 긍정설 : 판결이유가 피고인의 이익에 대한 기대불가능한 침해를 가져오는 경우 무죄판결에 대한 상소도 가능하다는 견해이다.
② 부정설 : 상소는 판결주문에 대해서만 허용되고 무죄판결로 법익박탈이 없기 때문에 판결이유만을 대상으로 상소를 할 수는 없다는 견해이다.

(2) 판례(부정설)
피고인의 상소는 불이익한 원재판을 시정하여 이익된 재판을 청구함을 그 본질로 하는 것이어서 재판이 자기에게 불이익하지 아니하면 이에 대한 상소권을 가질 수 없다고 할 것이므로 피고인에게 가장 유리한 판결인 무죄판결에 대한 피고인의 상고는 부적법하다(대판 93도1091).[22모선]

(3) 검토
상소는 판결주문에 관한 것이며 판결이유만을 대상으로 상소할 수는 없으므로, 무죄판결의 이유에 불복하는 상소는 허용되지 않는다는 판례의 입장이 타당하다.

3 형식재판에 대한 피고인의 상소 [21변사, 21모사]

(1) 문제점

형식재판에 대하여 피고인이 무죄를 주장하면서 상소할 수 있는지 문제된다.

(2) 학설
① 긍정설 : 무죄판결이 객관적으로 피고인에게 유리하다는 점과 일사부재리 효력의 발생, 형사보상 이익 등을 이유로 하는 긍정하는 견해이다.
② 부정설 : 소송조건 결여를 이유로 하는 실체판결청구권 결여설과 상소이익의 결여로 보는 상소이익 결여설 등이 있다.

(3) 판례(부정설)
① **공소기각판결의 경우 상소이익 결여설**
즉, 공소기각의 판결이 있으면 피고인은 유죄판결의 위험으로부터 벗어나는 것이므로 그 판결은 피고인에게 불이익한 재판이라고 할 수 없고, 따라서 피고인의 상고는 부적법하다(대판 97도1211). 표준판례[23모선]

② **면소판결의 경우 실체판결청구권 결여설**
[1] 면소판결에 대해서는 피고인에게는 실체판결청구권이 없는 것이므로 면소판결에 대하여 무죄의 실체판결을 구하여 상소를 할 수 없다(대판 84도2106). 표준판례

[2] 그러나 형벌에 관한 법령이 재심판결 당시 폐지되었다 하더라도 그 '폐지'가 당초부터 헌법에 위배되어 효력이 없는 법령에 대한 것이었다면 제325조 전단이 규정하는 '범죄로 되지 아니한 때'의 무죄사유에 해당하는 것이지, 제326조 제4호 소정의 면소사유에 해당한다고 할 수 없다.

[3] 따라서 면소판결에 대하여 무죄판결인 실체판결이 선고되어야 한다고 주장하면서 상고할 수 없는 것이 원칙이지만, 위와 같은 경우에는 이와 달리 면소를 할 수 없고 피고인에게 무죄의 선고를 하여야 하므로 면소를 선고한 판결에 대하여 상고가 가능하다(대판 2010도5986). 표준판례[23 · 22모선]

(4) 검토
형식재판은 피고인에게 유리한 재판이라는 점, 형사절차에서의 조기해방을 고려할 때 부정설이 타당하다.

4 상소이익 관련 판례 정리

① 소송비용의 재판에 대한 불복은 본안의 재판에 대한 상소의 전부 또는 일부가 이유 있는 경우에 한하여 허용되고, 본안의 상소가 이유 없는 경우에는 허용되지 아니한다. 본안의 재판에 대한 피고인의 항소가 이유 없는 이상 제1심의 소송비용부담 재판에 대한 불복은 인정될 수 없다(대판 2016도12437).

② 원심이 피고인에게 누범에 해당하는 전과가 있음에도 불구하고 형법 제35조 제2항에 의한 누범가중을 하지 아니한 것은 위법하다고 할 것이나, 피고인으로서 위와 같은 위법을 주장

하는 것은 자기에게 불이익을 주장하는 것이 되므로 이는 적법한 상고이유가 될 수 없다(대판 94도1591). 표준판례
③ 검사는 공익의 대표자로서 법령의 정당한 적용을 청구할 임무를 가지므로 이의신청을 기각하는 등 반대당사자에게 불이익한 재판에 대하여도 그것이 위법일 때에는 위법을 시정하기 위하여 상소로써 불복할 수 있지만 불복은 재판의 주문에 관한 것이어야 하고 재판의 이유만을 다투기 위하여 상소하는 것은 허용되지 않는다(대결 92모21).

III 상소제기기간

1 원칙

① 항소의 제기기간은 7일로 한다(제358조). 상고의 제기기간도 7일로 한다(제374조).
② 상소의 제기기간은 재판을 선고 또는 고지한 날로부터 진행된다(제343조 제2항).
③ [1] 형사소송에 있어서는 판결등본이 당사자에게 송달되는 여부에 관계없이 공판정에서 판결이 선고된 날로부터 상소기간이 기산되며, 이는 피고인이 불출석한 상태에서 재판을 하는 경우에도 마찬가지이다.
 [2] 판결선고절차에 위법이 있다 할지라도 그 위법은 상고로써 다투어야 하는 것이고, 판결선고절차에 위법이 있다 하여 상고기간 기산일에 영향을 주는 것은 아니다(대결 2002모6).
④ 즉시항고와 준항고의 경우에도 7일인데, 보통항고의 경우 기한의 제한이 없고 항고의 이익이 있는 한 언제든지 제기할 수 있다(제404조).[22모선]

2 재소자에 대한 특칙

(1) 의의

교도소 또는 구치소에 있는 피고인이 상소의 제기기간내에 상소장을 교도소장 또는 구치소장 또는 그 직무를 대리하는 자에게 제출한 때에는 상소의 제기기간내에 상소한 것으로 간주한다(제344조 제1항).

(2) 상소이유서 제출, 상소권회복의 청구 등에 관하여도 준용

① 제355조에서 재소자에 대한 특칙 규정이 준용되는 경우 중에 상소이유서 제출의 경우를 빠뜨리고 있다고 하더라도 상소이유서 제출에 관하여도 위 재소자에 대한 특칙 규정이 준용되는 것으로 해석함이 상당하다(대판 2005도9729).
② 형사소송법은 이른바 재소자에 대한 특칙(제344조 제1항)을 상소권회복의 청구에 준용하도록 하고 있다(제355조). 즉시항고도 상소의 일종이므로 위와 같은 특칙은 집행유예취소결정에 대한 즉시항고권회복청구서의 제출에도 마찬가지로 적용된다(대결 2022모1004).

IV 상소제기의 효력

① 상소제기에 의하여 재판의 확정과 집행이 정지되는 정지의 효력과 소송계속이 원심을 떠나 상소심으로 옮겨지는 이심의 효력이 발생한다.

② **이심의 효력 발생시기 : 상소제기시**

형사사건에 있어 항소법원의 소송계속은 제1심판결에 대한 항소에 의하여 사건이 이심된 때로부터 그 법원의 판결에 대하여 상고가 제기되거나 그 판결이 확정되는 때까지 유지된다(대결 85모12). 표준판례 [23모선]

V 상소권회복청구

1 의의

① 상소할 수 있는 자는 자기 또는 대리인이 책임질 수 없는 사유로 상소 제기기간 내에 상소를 하지 못한 경우에는 상소권회복의 청구를 할 수 있다(제345조).

② 상소권회복을 청구한 자는 그 청구와 동시에 상소를 제기하여야 한다(제346조 제3항).[22모선]

③ 상소권회복의 청구가 있는 때에는 법원은 상소권회복에 대한 결정을 할 때까지 재판의 집행을 정지하는 결정을 할 수 있다(제348조 제1항).

2 상소권회복 관련 판례 정리

(1) 상소권회복청구 인용 판례

① 교도소장이 결정정본을 송달받고 1주일이 지난 뒤에 그 사실을 피고인에게 알렸기 때문에 피고인이나 그 배우자가 소정 기간 내에 항고장을 제출할 수 없게 된 것이라면 상소권회복 신청은 인용할 여지가 있을 것이다(대결 91모32).

② 피고인이 소송이 계속된 사실을 알면서 법원에 거주지 변경 신고를 하지 않은 잘못을 저질렀다고 하더라도 제345조의 '자기 또는 대리인이 책임질 수 없는 사유'라 함은 본인 또는 대리인에게 귀책사유가 전혀 없는 경우는 물론, 본인 또는 대리인의 귀책사유가 있더라도 그와 상소제기기간의 도과라는 결과 사이에 다른 독립한 원인이 개입된 경우를 배제한다고 보기 어려우므로 위법한 공시송달에 터 잡아 피고인의 진술 없이 공판이 진행되고, 피고인이 출석하지 않은 기일에 판결이 선고된 이상, 피고인은 자기 또는 대리인이 책임질 수 없는 사유로 인하여 상소제기기간 내에 상소를 하지 못한 것으로 봄이 상당하다(대결 2014모1557).

③ [23모사] 피고인이 재판이 계속 중인 사실을 알면서도 새로운 주소지 등을 법원에 신고하는 등 조치를 하지 않아 소환장이 송달불능되었더라도, 법원은 기록에 주민등록지 이외의 주

소가 나타나 있고 피고인의 집 전화번호 또는 휴대전화번호 등이 나타나 있는 경우에는 위 주소지 및 전화번호로 연락하여 송달받을 장소를 확인하여 보는 등의 시도를 해 보아야 하고, 그러한 조치 없이 곧바로 공시송달 방법으로 송달하는 것은 허용되지 아니한다(대결 2022모439). - 상소권회복청구 가능 사례

(2) 상소권회복청구 불허 판례

① [1] 상소권을 포기한 후 상소제기기간이 도과하기 전에 상소포기의 효력을 다투면서 상소를 제기한 자는 원심 또는 상소심에서 그 상소의 적법 여부에 대한 판단을 받으면 되고, 별도로 상소권회복청구를 할 여지는 없다고 할 것이나,
[2] 상소권을 포기한 후 상소제기기간이 도과한 다음에 상소포기의 효력을 다투는 한편, 자기 또는 대리인이 책임질 수 없는 사유로 인하여 상소제기기간 내에 상소를 하지 못하였다고 주장하는 사람은 상소를 제기함과 동시에 상소권회복청구를 할 수 있다.
[3] 그 경우 상소포기가 부존재 또는 무효라고 인정되지 아니하거나 자기 또는 대리인이 책임질 수 없는 사유로 인하여 상소제기기간을 준수하지 못하였다고 인정되지 아니한다면 상소권회복청구를 받은 원심으로서는 상소권회복청구를 기각함과 동시에 상소기각결정을 하여야 한다(대결 2003모451).

② 피고인에 대하여 공시송달로 공소장 등이 송달되고 피고인이 불출석한 가운데 판결이 선고되어 검사만이 양형부당을 이유로 항소하고 항소이유서를 제출하였는데, 피고인이 별건으로 구속되자 원심법원이 피고인에게 소송기록접수통지서와 검사의 항소이유서를 함께 송달하였고, 피고인이 대상판결의 선고일자, 사건번호, 죄명과 선고형량 등을 알게 된 경우, 소송기록접수통지서와 검사의 항소이유서를 송달받은 날 상소권회복청구의 대상판결이 선고된 사실을 알았다고 할 것이고, 그로써 상소권회복청구의 사유가 종지되었다고 보아야 한다. 따라서 그날부터 상소 제기기간 내에 상소권회복청구와 상소를 하지 않았다면 상소권회복청구를 할 수 없다(대판 2018도15109).

③ 피고인에 대하여 공시송달의 방법에 의하여 공소장 등이 송달되고 피고인이 불출석한 가운데 판결이 선고되어 확정된 후 검거되어 수용된 경우에는, 특별한 사정이 없는 한 그 판결에 의한 형의 집행으로 수용된 날 상소권회복청구의 대상판결이 선고된 사실을 알았다 할 것이고, 그로써 상소를 하지 못한 책임질 수 없는 사유가 종지하였다고 보아야 한다. 따라서 그날부터 상소제기기간 내에 상소권회복청구와 상소를 하지 않았다면 그 상소권회복청구는 방식을 위배한 것으로서 허가될 수 없다(대결 2017모2521).

④ [1] 항소심판결이 선고되면 제1심판결에 대한 항소권이 소멸되어 제1심판결에 대한 항소권회복청구와 항소는 적법하다고 볼 수 없다. 이는 제1심 재판 또는 항소심 재판이 소촉법이나 형사소송법 등에 따라 피고인이 출석하지 않은 가운데 불출석 재판으로 진행된 경우에도 마찬가지이다(대결 2016모2874).
[2] 항소심판결이 선고되면 제1심판결에 대하여 당초 항소하지 않았던 자의 항소권회복청구도 적법하다고 볼 수 없다. 따라서 항소심판결이 선고된 사건에 대하여 제기된 항소권회

복청구는 항소권회복청구의 원인에 대한 판단에 나아갈 필요 없이 형사소송법 제347조 제1항에 따라 결정으로 이를 기각하여야 한다(대결 2023모350).
⑤ 공소제기후 이사한 자가 신주소지를 법원에 신고하지 않아 소송서류를 송달받지 못하여 기일에 출석하지 못하고 판결선고 사실을 알지 못한 채 상소기간을 도과한 경우, 상소권회복청구를 할 수 없다(대결 86모27).
⑥ 징역 1년의 실형을 선고받았으나 법정구속을 하지 않으므로 형의 집행유예를 선고받은 것으로 잘못 전해 듣고 또한 선고당시 법정이 소란하여 판결주문을 알아들을 수 없어서 항소제기 기간내 항소를 하지 못한 것이라면 그 사유만으로는 자기 또는 대리인이 책임질 수 없는 사유로 상소제기 기간내 상소를 하지 못한 경우에 해당된다고 볼 수 없다(대결 87모19).
⑦ 피고인이 이미 확정되어 있던 징역형의 집행유예 판결의 선고일을 잘못 안 나머지 상고포기서를 제출한 것이라 하더라도, 그와 같은 사정은 상고포기로 이미 확정된 상소권회복 대상판결에 대하여 적법한 상소권회복청구의 사유가 될 수 없다(대결 96모44).
⑧ 상소권자 또는 대리인이 단순히 질병으로 입원하였다거나 기거불능 하였었기 때문에 상소를 하지 못하였다는 것은 상소권회복의 사유에 해당하지 아니한다(대결 86모46).

Ⅵ 상소의 포기 · 취하

1 상소포기권자 및 상소취하권자

① 법정대리인이 있는 피고인이 상소의 포기 또는 취하를 함에는 법정대리인의 동의를 얻어야 한다. 단, 법정대리인의 사망 기타 사유로 인하여 그 동의를 얻을 수 없는 때에는 예외로 한다(제350조).
  - 미성년자인 피고인이 상고제기후 바로 상고취하를 하였다 하여도 친권자의 동의가 없었으면 그 효력이 없다(대판 83도1774).
② 피고인의 법정대리인 또는 상소대리권자는 피고인의 동의를 얻어 상소를 취하할 수 있다(제351조).
③ 변호인의 상소취하[24모선]
  [1] 변호인은 피고인의 동의를 얻어 상소를 취하할 수 있으므로(제351조, 제341조), 변호인의 상소취하에 피고인의 동의가 없다면 상소취하의 효력은 발생하지 아니한다. 한편 변호인이 상소취하를 할 때 원칙적으로 피고인은 이에 동의하는 취지의 서면을 제출하여야 하나(규칙 제153조 제2항), 피고인은 공판정에서 구술로써 상소취하를 할 수 있으므로(제352조 제1항 단서), 변호인의 상소취하에 대한 피고인의 동의도 공판정에서 구술로써 할 수 있다.
  [2] 다만 상소를 취하하거나 상소의 취하에 동의한 자는 다시 상소를 하지 못하는 제한을

받게 되므로(제354조), 상소취하에 대한 피고인의 구술 동의는 명시적으로 이루어져야만 한다(대판 2015도7821).

④ 변호인에게 고유의 상소권을 인정한 것이 아니고 피고인의 상소권을 대리하여 행사케 한 것에 불과하므로 피고인이 상고권을 포기하여 상고권이 소멸된 후에 제기된 변호인의 상고는 부적법하다(대판 76도193).

2 방법 및 관할

① 상소의 포기 또는 취하는 서면으로 하여야 한다. 단, 공판정에서는 구술로써 할 수 있다(제352조).

② 상소의 포기는 원심법원에, 상소의 취하는 상소법원에 하여야 한다. 단, 소송기록이 상소법원에 송부되지 아니한 때에는 상소의 취하를 원심법원에 제출할 수 있다(제353조).

3 재상소의 금지

① 상소를 취하한 자 또는 상소의 포기나 취하에 동의한 자는 그 사건에 대하여 다시 상소를 하지 못한다(제354조).

② 상소를 포기한 자는 그 사건에 대하여 다시 상소를 할 수 없으며 피고인의 상소권이 소멸된 후에는 변호인은 상소를 제기할 수 없다(대판 86모24).

③ 상소포기가 착각이라고 하더라도 다시 상소할 수 없다(대결 80모11).

Chapter 083 일부상소

I 개관

1 일부상소의 의의

일부상소란 재판의 일부에 대한 상소를 말하고, 상소는 재판의 일부에 대하여 할 수 있다(제342조 제1항).

2 상소불가분의 원칙

일부에 대한 상소는 그 일부와 불가분의 관계에 있는 부분에 대하여도 효력이 미친다(제342조 제2항).

3 일부상소의 허용기준 – 가분성, 독립성 [17변시]

① 재판의 내용이 가분적이고, ② 재판의 일부에 대한 독립된 판결이 가능할 것을 요한다. 따라서 재판의 내용이 불가분인 경우와 재판의 일부분에 대한 독립된 판결이 가능하지 않은 경우에는 일부상소는 허용되지 아니한다.

4 일반적 포섭

(1) 일부상소가 허용되는 경우

① 실체적 경합 중 일부는 유죄, 나머지는 무죄·면소·공소기각인 경우, ② 실체적 경합 중 일부는 징역형, 일부는 벌금형이 선고된 경우, ③ 실체적 경합 모두 무죄가 선고되었는데, 그 중 일부만 특정하여 상소하는 경우 등에서 허용된다.

(2) 일부상소가 허용되지 않는 경우

① 일죄의 일부에 대한 상소, 한 개의 형이 선고된 실체적 경합, 주형과 일체가 된 부가형의 경우 등에서는 일부상소가 허용되지 않는다.[25변선]

② 제1심이 단순일죄의 관계에 있는 공소사실의 일부에 대하여만 유죄로 인정한 경우에 피고인만이 항소하여도 그 항소는 그 일죄의 전부에 미쳐서 항소심은 무죄부분에 대하여도 심판할 수 있다 할 것이고, 그 경우 항소심이 위 무죄부분을 유죄로 판단하였다 하여 그로써 항소심판결에 불이익변경금지원칙에 위반하거나 심판범위에 대한 법리를 오해한 위법이 있다고 할 수 없다(대판 2000도5000).

5 일부상소와 전부상소의 판단기준

(1) 문제점

일부상소인가 전부상소인가는 상소장을 기준으로 판단하는 것이 원칙인데, 상소장 외에 상소이유서를 참작할 수 있는지 문제된다.

(2) 학설

① 상소장 이외 상소이유서를 참작할 수 있다고 보는 견해와 ② 상소이유서를 참작해서는 안 되고 상소장의 기재만을 기준으로 보아야 한다는 견해가 대립한다.

(3) 판례

[1] 대법원은 '비록 항소장에 경합범으로서 2개의 형이 선고된 죄 중 일죄에 대한 형만을 기재하고 나머지 일죄에 대한 형을 기재하지 아니하였다는 하더라도 항소이유서에서 그 나머지 일죄에 대하여도 항소이유를 개진한 경우에는 판결 전부에 대한 항소로 봄이 상당하다'라고 판시하여 상소이유서를 고려하여 판단할 수 있다는 입장이다(대판 2004도3515).
표준판례 [24모선]

[2] 검사가 불복의 범위란에 아무런 기재를 아니하고, 판결주문란에 유죄부분의 형만을 기재하고 무죄의 주문은 기재하지 아니한 항소장을 제출하였으나 항소이유서에 무죄부분에 대하여도 항소이유를 개진한 경우, 판결전부에 대한 항소로 본 사례(대판 91도1937)

[비교판례] 경합범 관계에 있는 공소사실 중 일부에 대하여 유죄, 나머지 부분에 대하여 무죄를 선고한 제1심판결에 대하여 검사만이 항소하면서 무죄 부분에 관하여는 항소이유를 기재하고 유죄 부분에 관하여는 이를 기재하지 않았으나 항소 범위는 '전부'로 표시하였다면, 이러한 경우 제1심판결 전부가 이심되어 원심의 심판대상이 되므로, 원심이 제1심판결 무죄 부분을 유죄로 인정하는 때에는 제1심판결 전부를 파기하고 경합범 관계에 있는 공소사실 전부에 대하여 하나의 형을 선고하여야 한다(대판 2014도342). 표준판례

II '포괄일죄'에 대한 일부상소의 경우 심판범위

1 문제점

포괄일죄에서 각개의 범죄사실에 대하여 일부유죄와 일부무죄가 선고되어 일부만을 상소했을 때 심판대상의 범위에 관한 논의가 있다. - 상상적 경합의 경우에도 같은 논의

2 학설

① **전부대상설** : 포괄일죄는 실체법상 일죄이므로 그 일부에 대한 상소는 상소불가분의 원칙의 적용을 받아 상소하지 않은 부분까지 상소심에 계속된다는 견해이다.

② **일부대상설** : 소송물의 특정을 당사자의 판단에 맡겨야 하므로 일죄의 일부에 대한 상소도 허용되고 상소한 부분만이 심판대상이라는 견해이다.

③ **선택적 적용설(이원설)** : 피고인만 유죄부분에 대하여 상소한 경우 일부 상소규정이 적용되는 반면에 검사만 무죄부분에 대하여 상소한 경우 상소불가분의 원칙이 적용된다는 견해이다.

cf. 최근 통설 : 포괄일죄의 경우 일죄이기 때문에 일부에 대한 상소는 불가하다. 따라서 피고인이 유죄부분만을 상소해도 무죄부분까지 상소심의 심판대상이 되고, 검사가 무죄부분만을 상소해도 유죄부분까지 상소심의 심판대상이 된다.

3 판례(이원설)

① 포괄적 일죄의 관계에 있는 공소사실 중 일부 유죄, 나머지 무죄의 판결에 대하여 검사만이 무죄부분에 대한 상고를 하고 피고인은 상고하지 아니하더라도 상소불가분의 원칙상 검사의 상고는 그 판결의 유죄부분과 무죄부분 전부에 미치는 것이므로 유죄부분도 상고심에 이전되어 그 심판대상이 된다(대판 86도1629). 표준판례 [23 · 22모선]

② 환송 전 항소심에서 포괄일죄의 일부만이 유죄로 인정된 경우 그 유죄부분에 대하여 피고인만이 상고하였을 뿐 무죄부분에 대하여 검사가 상고를 하지 않았다면 상소불가분의 원칙에 의하여 무죄부분도 상고심에 이심되기는 하나 그 부분은 이미 당사자 간의 공격방어의 대상으로부터 벗어나 사실상 심판대상에서부터도 벗어나게 되어 상고심으로서도 그 무죄부분에까지 나아가 판단할 수 없는 것이고, 따라서 상고심으로부터 위 유죄부분에 대한 항소심판결이 잘못되었다는 이유로 사건을 파기환송받은 항소심은 그 무죄부분에 대하여 다시 심리판단하여 유죄를 선고할 수 없다(대판 90도2820). 표준판례

4 검토

판례의 입장인 이원설은 논리일관 된 설명을 할 수 없다는 비판의 여지가 있지만 검사의 상소의 경우에는 양형의 합리화를 위하고, 피고인의 상소의 경우에는 피고인의 인권보장을 위한다는 점에서 구체적 타당성이 인정된다.

Ⅲ '경합범'에서 일부 상소한 경우 상소심의 심판범위

[25 · 24 · 17 · 12변사, 23 · 22 · 20모사]

1 문제점

경합범 중 일부에 대하여 무죄, 일부에 대하여 유죄를 선고한 항소심 판결에 대하여 검사만 무죄부분에 대하여 상고를 한 경우에, 상고심에서 원심판결을 파기할 경우 무죄부분만을 파기해야 하는지 전부를 파기해야 하는지 문제된다.

2 학설

① **일부파기설** : 일부상소의 법리에 따라 피고인과 검사가 상소하지 아니한 유죄부분은 상소기간의 경과로 확정되고 상소심에 계속된 사건은 무죄부분뿐이므로 검사가 상소한 무죄부분에 한하여 파기하여야 한다는 견해이다.
② **전부파기설** : 검사가 상소한 무죄부분뿐만 아니라 상소하지 아니한 유죄부분까지 모두 상소가 제기되어 심판범위가 된다고 보고 무죄부분을 유죄로 인정하는 경우에는 원심판결의 전부를 파기하여야 한다는 견해이다.

3 판례(일부파기설)

[1] 경합범 중 일부에 대하여 무죄, 일부에 대하여 유죄를 선고한 항소심 판결에 대하여 검사만이 무죄 부분에 대하여 상고를 한 경우 피고인과 검사가 상고하지 아니한 유죄판결 부분은 상고기간이 지남으로써 확정되어 상고심에 계속된 사건은 무죄판결 부분에 대한 공소뿐이라 할 것이므로 상고심에서 이를 파기할 때에는 무죄 부분만을 파기할 수밖에 없다.[23 · 22모선]

[2] 이렇게 될 경우 제368조가 규정한 불이익변경의 금지원칙과 관련하여 환송을 받은 법원이 파기이유가 된 사실상과 법률상의 판단에 기속되어 유죄를 인정하고서도 조금이라도 형을 선고하면 불이익변경금지에 위반되어 형을 선고할 수 없는 부당한 결과가 된다는 이론이 있으나, 이미 선고된 형 이외에 다시 형을 선고하는 것이 피고인에게 불리한 결과가 된다면 그러한 이유로 형을 선고하지 아니한다는 주문을 선고할 수 있다(대판 91도1402).
표준판례 [24변선]

4 검토

상소는 원칙적으로 상소의 범위에서 계속되며 상소하지 않은 부분은 상소기간 경과로 확정된다고 하는 상소제도의 본질상 판례의 입장인 일부파기설이 타당하다.

※ **구별판례**
① **쌍방 상소 내지 전부 상소하여 전부파기한 사례**
  [1] 수개의 범죄사실에 대하여 항소심이 일부는 유죄, 일부는 무죄의 판결을 하고, 그 판결에 대하여 피고인 및 검사 쌍방이 상고를 제기하였으나, 유죄 부분에 대한 피고인의 상고는 이유 없고 무죄 부분에 대한 검사의 상고만 이유 있는 경우, 항소심이 유죄로 인정한 죄와 무죄로 인정한 죄가 형법 제37조 전단의 경합범 관계에 있다면 항소심판결의 유죄 부분도 무죄 부분과 함께 파기되어야 한다(대판 2000도2123).[22모선]
  [2] 형법 제37조 전단의 경합범 관계에 있는 죄에 대하여 일부는 유죄, 일부는 무죄를 선고한 원심판결에 대하여 피고인은 상소하지 아니하고, 검사만이 무죄부분에 한정하지 아니하고 전체에 대하여 상소한 경우에 무죄부분에 대한 검사의 상소만 이유 있는 때에도 원심판결의 유죄부분은 무죄부분과 함께 파기되어야 하므로 상소심으로서는 원심판결 전부를 파기하여야 한다(대판 2004도5035).
② **경합범관계에 있을 때 검사의 전부 상소에도 일부파기가 인정된 사례**
  [1] 경합범 관계에 있는 공소사실 중 일부 유죄, 일부 무죄를 선고하여 판결주문이 수 개일 때 검사가 판결 전부에 대하여 상소하였는데 상소심에서 이를 파기할 때에는 유죄 부분과 파기되는 무죄 부분이 형법 제37조 전단의 경합범 관계에 있어 하나의 형이 선고되어야 하므로, 유죄 부분과 파기되는 무죄 부분을 함께 파기하여야 한다. 그러나 위와 같이 하나의 형을 선고하기 위해서 파기하는 경우를 제외하고는 경합범의 관계에 있는 공소사실이라고 하더라도 개별적으로 파기되는 부분과 불가분의 관계에 있는 부분만을 파기하여야 한다.
  [2] 피해자 학부모들 및 대한민국에 대한 사기로 기소된 피고인에 대하여 제1심은 경합범 관계에 있는 공소사실 중 피해자 대한민국에 대한 사기 부분을 주문 무죄로, 피해자 학부모들에 대한 사기 부분을 주문 공소기각으로 각 판단하였으므로, 검사가 제1심판결 전부에 대하여 항소하였더라도 그 판결 전체가 불가분의 관계에 있다고 볼 수 없고, 원심으로서는 각 부분에 관한 항소이유를 개별적으로 판단했어야 함에도, 공소사실 전체가 경합범 관계에 있어 불가분의 관계에 있다는 이유로 제1심판결 중 공소기각 부분을 파기하는 이상 제1

심판결 중 무죄 부분도 함께 파기하여야 한다고 본 원심판단에 법리오해의 잘못이 있다고 한 사례(대판 2021도13108)

Ⅳ 상소심에서의 죄수 판단 변경에 따른 심판 범위 [23·12변시]

1 문제점

실체적 경합범으로 기소되어 일부 유죄와 일부 무죄가 선고되어 검사만이 무죄부분을 상소하였는데, 상소법원에서 두 죄의 실체적 경합관계를 포괄일죄(내지 상상적 경합)로 죄수판단을 달리하는 경우 상소심의 심판범위가 문제된다.

2 학설

① 전부대상설 : 두 죄가 일체를 이루어 상소심에 소송계속 되므로 상소심은 두 죄를 모두 심판할 수 있다고 보는 견해이다.
② 일부대상설 : 상소하지 않은 유죄 부분은 확정되었기에 두 죄는 소송법상 2개의 사실로 분리되므로 상소된 무죄 부분만 심판범위가 된다는 견해이다.

3 판례

원심이 두 개의 죄를 경합범으로 보고 한 죄는 유죄, 다른 한 죄는 무죄를 각 선고하자 검사가 무죄 부분만에 대하여 불복상고 하였다고 하더라도 위 두죄가 상상적 경합관계에 있다면 유죄 부분도 상고심의 심판대상이 된다(대판 80도384). 표준판례 [23모선]

4 검토

검사의 일부상소 이후 일죄로 판명된 경우에는 상소불가분의 원칙상 일부상소 되지 않은 부분도 이심된다고 보는 전부이심설이 타당하다.

Ⅴ 일부상소 관련 판례 정리

① 공소사실인 허위사실적시 명예훼손죄는 무죄, 축소사실인 사실적시 명예훼손죄는 유죄를 선고하여 피고인만 항소한 사안에서, 제1심법원이 공소사실의 동일성이 인정되는 범위 내에서 공소가 제기된 범죄사실에 포함된 보다 가벼운 범죄사실을 유죄로 인정하면서 법정형이 보다 가벼운 다른 법조를 적용하여 피고인을 처벌하고, 유죄로 인정된 부분을 제외한 나머지 부분에 대하여는 범죄의 증명이 없다는 이유로 판결 이유에서 무죄로 판단한 경우, 그에 대하여 피고인만이 유죄 부분에 대하여 항소하고 검사는 무죄로 판단된 부분에 대하

여 항소하지 아니하였다면, 비록 그 죄 전부가 피고인의 항소와 상소불가분의 원칙으로 인하여 항소심에 이심되었다고 하더라도 무죄 부분은 심판대상이 되지 않는다(대판 2008도4740).

② 환송 전 원심에서 상상적 경합 관계에 있는 수죄에 대하여 모두 무죄가 선고되었고, 이에 검사가 무죄 부분 전부에 대하여 상고하였으나 그 중 일부 무죄 부분(A)에 대하여는 이를 상고이유로 삼지 않은 경우, 비록 상고이유로 삼지 아니한 무죄 부분(A)도 상고심에 이심되지만 그 부분은 이미 당사자 간의 공격방어의 대상으로부터 벗어나 사실상 심판대상에서 이탈하게 되므로, 상고심으로서도 그 무죄 부분에까지 나아가 판단할 수 없다. 따라서 상고심으로부터 다른 무죄 부분(B)에 대한 원심판결이 잘못되었다는 이유로 사건을 파기환송받은 원심은 그 무죄 부분(A)에 대하여 다시 심리·판단하여 유죄를 선고할 수 없다(대판 2008도8922).

③ 확정판결 전의 공소사실과 확정판결 후의 공소사실에 대하여 따로 유죄를 선고하여 두 개의 형을 정한 제1심판결에 대하여 피고인만이 확정판결 전의 유죄판결 부분에 대하여 항소한 경우, 피고인과 검사가 항소하지 아니한 확정판결 후의 유죄판결 부분은 항소기간이 지남으로써 확정되어 항소심에 계속된 사건은 확정판결 전의 유죄판결 부분뿐이고, 그에 따라 항소심이 심리·판단하여야 할 범위는 확정판결 전의 유죄판결 부분에 한정된다(대판 2016도18553).[22변선]

④ [1] 피고사건의 재판 가운데 몰수 또는 추징에 관한 부분만을 불복대상으로 삼아 상소가 제기되었다 하더라도, 상소심으로서는 이를 적법한 상소제기로 다루어야 하고, 그 부분에 대한 상소의 효력은 그 부분과 불가분의 관계에 있는 본안에 관한 판단 부분까지 미쳐 그 전부가 상소심으로 이심된다(대판 2008도5596).[22모선]

[2] 상소심에서 원심의 주형 부분을 파기하는 경우 부가형인 몰수 또는 추징 부분도 함께 파기하여야 하고, 몰수 또는 추징을 제외한 나머지 주형 부분만을 파기할 수는 없다(대판 2009도2807).

⑤ 특정 범죄자에 대한 위치추적 전자장치 부착 등에 관한 법률 제4장에서는 '형의 집행유예와 부착명령'에 관하여 규정하고 있는데, 부착명령은 보호관찰부 집행유예와 서로 불가분의 관계에 있는 것으로서 독립하여 상소의 대상이 될 수 없다(대판 2011도14257).

Chapter 084 불이익변경금지의 원칙

I 의의

피고인이 항소 또는 상고한 사건과 피고인을 위하여 항소 또는 상고한 사건에 관하여 상소심은 원심판결의 형보다 중한 형을 선고하지 못한다(제368조).
불이익변경금지원칙은 피고인이 안심하고 상소권을 행사하도록 하려는 정책적 고려에서 나온 제도이다(대판 2007도3448). 표준판례

II 불이익변경금지의 원칙의 적용범위

1 원칙

불이익변경금지의 원칙은 피고인이 상소한 사건과 피고인을 위하여 상소한 사건에 대하여 적용된다.

2 피고인과 검사 쌍방이 상소한 결과 검사의 상소가 받아들여져 진 경우

피고인과 검사 쌍방이 상소한 결과 검사의 상소가 받아들여져 원심판결 전부가 파기됨으로써 피고인에 대한 형량 전체를 다시 정해야 하는 경우에는 불이익변경금지원칙이 적용되지 않는다(대판 2008도7647). 표준판례

3 피고인과 검사 모두 항소하였으나 검사가 항소이유서 제출하지 않은 경우

① 피고인과 검사 쌍방이 항소하였으나 검사가 항소 부분에 대한 항소이유서를 제출하지 아니하여 결정으로 항소를 기각하여야 하는 경우에는 실질적으로 피고인만이 항소한 경우와 같게 되므로 불이익변경금지의 원칙이 적용된다(대판 98도2111).
② 피고인과 검사 쌍방이 항소하였으나 검사가 부착명령 청구사건에 대한 항소이유서를 제출하지 아니하여 부착명령 청구사건에 대한 검사의 항소를 기각하여야 하는 경우에는 실질적으로 부착명령 청구사건에 대해서는 피고인만이 항소한 경우와 같게 되므로 항소심은 불이익변경금지의 원칙에 따라 부착명령 청구사건에 관하여 제1심판결의 형보다 중한 형을 선고하지는 못한다(대판 2013도9666).

4 피고인과 검사 모두 상소하였으나 검사의 상소가 기각된 경우

검사의 상소가 기각된 때에는 피고인만 상소한 경우와 같으므로 불이익변경금지의 원칙이 적용된다.

5 피고인만 항소한 제2심 판결에 대하여 검사가 상고한 경우

제1심 유죄판결에 대하여 검사의 항소가 없고 피고인만의 항소가 있는 제2심 유죄판결에 대하여 검사의 상고가 있는 경우에 상고심은 검사의 불복이 없는 제1심 판결의 형보다 중한 형을 과할 수 없다(대판 4290형비상1).

6 피고인만의 상소에 의하여 원심판결 파기하고 원심에 환송한 경우

(1) 문제점

상소심이 피고인의 상소를 이유 있다고 하여 원심판결을 파기하고 환송 또는 이송한 경우(제397조)에 환송 또는 이송받은 법원에 있어서도 종전의 원판결과의 사이에 이 원칙이 적용되는지 문제된다.

(2) 판례

[1] 피고인의 상고에 의하여 상고심에서 원심판결을 파기하고, 사건을 항소심에 환송한 경우에는 환송 전 원심판결과의 관계에서도 불이익변경금지의 원칙이 적용되어 그 파기된 항소심판결보다 중한 형을 선고할 수 없다(대판 2005도8607). 표준판례

[2] 환송 후에 공소장변경이 있어 이에 따라 항소심이 새로운 범죄사실을 유죄로 인정하는 경우에도 그 법리를 같이 한다(대판 79도2105).[23모선]

(3) 검토

피고인의 상소에 의하여 원심판결이 파기 된 경우에 원판결보다 중한 형을 선고할 수 있다고 하는 것은 피고인의 상소권을 보장한다는 불이익변경금지의 원칙 취지에 반하므로 이 원칙은 상소심이 자판하는 경우뿐만 아니라 환송 또는 이송하는 경우에도 적용되어야 한다.

III 불이익변경의 판단 기준

1 일반원칙

① 선고된 형이 피고인에게 불이익하게 변경되었는지 여부는 일단 형법상 형의 경중을 기준으로 하되, 병과형이나 부가형, 집행유예, 노역장 유치기간 등 주문 전체를 고려하여 피고인에게 실질적으로 불이익한가에 의하여 판단하여야 한다(대판 2012도7198). 표준판례

② 그 내용에 있어서 제1심보다 불이익하게 변경되었더라도 결과적으로 선고한 형이 제1심보

다 경한 경우에는 불이익변경금지의 원칙에 위배되었다고 할 수 없다(대판 88도1983).

2 징역형을 늘리면서 집행유예를 붙인 경우의 불이익 변경 여부

(1) 학설

① 긍정설 : 집행유예는 실효되거나 취소되는 경우의 불이익도 고려하여야 하므로 불이익변경이 된다는 견해이다.

② 부정설 : 집행유예가 실효되거나 취소됨이 없이 그 유예기간이 경과되면 형의 선고 자체의 효력이 상실된다는 집행유예의 실질적 이익을 고려하여 불이익이 된다고 보기는 어렵다는 견해이다.

(2) 판례

제1심에서 징역 6월의 선고를 받고 피고인만이 항소한 사건에서 징역 8월에 집행유예 2년을 선고한 것은 제1심의 형보다 중하고 따라서 불이익변경의 금지원칙에 위반된다(대판 66도1319).

- 판례는 징역형을 줄이면서 집행유예를 박탈한 경우, 징역형을 늘리면서 집행유예를 부가한 경우 모두 불이익한 변경으로 간주한다.

(3) 검토

집행유예가 실효되거나 취소되는 경우를 고려하면 피고인에게 불이익하게 변경되었다고 볼 수 있으므로 판례의 입장이 타당하다.

3 병합사건에서 불이익변경금지의 원칙 [19변사]

① 제1심에서 별개의 사건으로 따로 2개의 형을 선고받아 피고인만이 항소하여 항소심에서 사건이 병합심리가 되어 경합범으로 처단하는 경우, 제1심의 각 형량보다 중한 형을 선고하는 것은 불이익변경금지의 원칙에 반하지 않는다.

② 그러나 제1심에서 선고된 2개의 형을 합산한 범위 내에서 형법상 경합범의 처벌례(제38조)에 따라 형량이 정해져야 하고, 만일 2개의 형을 합산한 범위를 초과하는 때에는 불이익변경금지의 원칙에 반하게 된다.

③ 원심이, 제1심에서 별개의 사건으로 징역 1년에 집행유예 2년과 추징금 1천만 원 및 징역 1년 6월과 추징금 1백만 원의 형을 선고받고 항소한 피고인에 대하여 사건을 병합 심리한 후 경합범으로 처단하면서 제1심의 각 형량보다 중한 형인 징역 2년과 추징금 1,100만 원을 선고한 것이 불이익변경금지의 원칙에 어긋나지 아니한다(대판 2001도3448). 표준판례

4 항소심에서 같은 기간 징역형에 집행유예를 선고하고 벌금 액수를 증액한 경우 [22변사]

[1] 집행유예의 실효나 취소가능성, 벌금미납시의 노역장 유치가능성 및 그 기간 등을 전체적 · 실질적으로 고찰하면 원심이 선고한 형이 1심이 선고한 형보다 무거워 피고인에게 불이

익하다고 볼 수밖에 없다.

[2] 제1심이 뇌물수수죄를 인정하여 피고인에게 징역 1년 6월 및 추징 26,150,000원을 선고한데 대해 피고인만이 항소하였는데, 원심이 제1심이 누락한 필요적 벌금형 병과규정인 특가법 제2조 제2항을 적용하여 피고인에게 징역 1년 6월에 집행유예 3년, 추징 26,150,000원 및 벌금 50,000,000원을 선고한 경우, 집행유예의 실효나 취소가능성, 벌금 미납 시 노역장 유치 가능성과 그 기간 등을 전체적·실질적으로 고찰할 때 원심이 선고한 형은 제1심이 선고한 형보다 무거워 피고인에게 불이익하다(대판 2012도7198).[23모선]

5 부정기형과 정기형의 불이익변경금지 원칙 위반 판단 기준

부정기형과 실질적으로 동등하다고 평가될 수 있는 정기형은 부정기형의 장기와 단기의 정중앙에 해당하는 형(예를 들어 징역 장기 4년, 단기 2년의 부정기형의 경우 징역 3년의 형)이라고 봄이 적절하므로, 피고인이 항소심 선고 이전에 19세에 도달하여 제1심에서 선고한 부정기형을 파기하고 정기형을 선고함에 있어 불이익변경금지 원칙 위반 여부를 판단하는 기준은 부정기형의 장기와 단기의 중간형이 되어야 한다(대판 2020도4140). 표준판례 [23모선]

6 불이익변경 판단 기준에 관한 판례 정리

(1) 불이익한 변경으로 판단한 경우

① 실형 10월은 '징역 1년 및 집행유예 3년'보다 중하다고 하지 않을 수 없다(대판 65도826).
② 성폭력처벌법에 따라 병과하는 수강명령 또는 이수명령은 형벌 자체가 아니라 보안처분의 성격을 가지는 것이지만, 의무적 강의 수강 또는 성폭력 치료프로그램의 의무적 이수를 받도록 함으로써 실질적으로는 신체적 자유를 제한하는 것이 되므로, 원심이 제1심판결에서 정한 형과 동일한 형을 선고하면서 새로 수강명령 또는 이수명령을 병과하는 것은 피고인에게 불이익하게 변경한 것이다(대판 2016도15961).
③ 취업제한명령은 형벌 그 자체가 아니라 보안처분의 성격을 가지는 것이지만, 실질적으로 직업선택의 자유를 제한하는 것이다. 따라서 원심이 제1심판결에서 정한 형과 동일한 형을 선고하면서 제1심에서 정한 취업제한기간보다 더 긴 취업제한명령을 부가하는 것은 피고인에게 불리하게 변경한 것이다(대판 2019도11540).

아동·청소년 관련기관 등에 3년간 취업제한 명령을 선고하였는데, 아동·청소년 관련기관 등과 장애인복지시설에 각 3년간의 취업제한 명령을 선고한 경우 불리하게 변경한 것(대판 2019도11728)

cf. 원심은 제1심이 선고한 징역형을 1년 단축하면서 제1심 판결이 그대로 확정되었을 경우보다 더 긴 기간 동안 장애인복지시설에 대한 취업제한을 명한 것이므로 원심판결이 제1심 판결보다 피고인에게 더 불이익한 판결이라고 할 수 없다(대판 2019도11609).

④ 무기징역을 선고받은 피고인만이 항소하였음에도 항소심이 징역 6월과 무기징역을 선고한 경우에 불이익변경금지 원칙에 위반된다(대판 81도1945).

⑤ 항소심이 상·경 관계로 판단하였는데, 상고심에서 실·경 관계로 판단한 경우
  [1] 피고인의 폭력행위처벌법 위반(단체 등의 구성·활동)죄와 폭력행위처벌법위반(단체 등의 공동강요)죄 등 개별적 범행들은 실체적 경합관계에 있음에도 이를 상상적 경합관계로 본 원심의 판단에는 죄수에 관한 법리를 오해한 잘못이 있다.
  [2] 다만 이를 실체적 경합관계로 볼 경우 피고인 갑의 죄수가 증가하여 오히려 불리한 결과가 초래되는데, 피고인 갑만이 상고하여 불이익변경금지 원칙이 적용되는 이상 위 직권 판단 이유를 들어 원심을 파기할 수는 없다(대판 2022도6993).[24모사]
⑥ 3개의 공소사실을 제1심 법원에서 유죄로 인정하여 징역 8월을 선고하고 피고인만이 항소한 사건에서 제2심 법원이 2개의 공소사실만을 유죄로 인정하여 징역 6월에 1년간 집행유예선고를 하고, 1개의 공소사실을 징역 6월에 1년간 집행유예 선고를 한 것은 형을 합산하면 징역 1년을 선고한 셈이 되어 위법하다(대판 83도1735).
⑦ 금고형을 징역형으로 변경하는 경우 불이익한 변경이다. 그러나 형기의 변경 없이 금고형을 징역형으로 바꾸어 집행유예를 선고하는 경우에는 불이익변경금지 원칙에 위배되지 않는다(대판 2013도6608).
⑧ 두 개의 벌금형을 선고한 환송 전 원심판결에 대하여 피고인만이 상고하여 파기 환송되었는데, 환송 후 원심이 징역형의 집행유예와 사회봉사명령을 선고한 것은 불이익변경금지의 원칙에 위배된다(대판 2005도8607).
⑨ 징역형의 선고유예에 벌금형을 선고한 것은 불이익한 변경이다(대판 99도3776).

(2) 불이익한 변경이 아니라고 판단한 경우
① 피고인만이 항소한 경우에 벌금형은 감경되었으나 그 환형유치기간만이 길어졌다고 하더라도 형이 불이익하게 변경되었다고 할 수 없다(대판 80도2325). 표준판례
② 항소심이 몰수의 가능성에 관하여 제1심과 견해를 달리하여 추징을 몰수로 변경하더라도, 형이 불이익하게 변경되는 것이라고 보아서는 안 된다(대판 2005도5822).[24모선]
③ 피고인만이 상소한 사건에서 상소심이 원심법원이 인정한 범죄사실의 일부를 무죄로 인정하면서도 피고인에 대하여 원심법원과 동일한 형을 선고하였다고 하여 그것이 불이익변경금지 원칙을 위반은 아니다(대판 2021도1282).[24·23변선]
④ 판결을 선고한 법원에서 당해 판결서의 명백한 오류에 대하여 판결서의 경정을 통하여 그 오류를 시정하는 것은 피고인에게 유리 또는 불리한 결과를 발생시키거나 피고인의 상소권 행사에 영향을 미치는 것이 아니므로, 여기에 불이익변경금지원칙이 적용될 여지는 없다(대판 2007도3448).
⑤ 징역형의 형기가 징역 1년에서 징역 10월로 단축되었다면 벌금형의 액수가 같고 벌금형에 대한 환형유치기간이 길어졌다 하더라도 형량이 불이익하게 변경되었다고 할 수 없다(대판 93도2894).
⑥ 경합범으로 처단하였다 하더라도 항소심판결의 선고형이 제1심 선고형과 동일하다면 불이

익변경금지의 원칙에 위배된다고 할 수 없다(대판 83도3211).
⑦ 피고인만이 항소한 사건에서 법원이 항소심에서 처음 청구된 검사의 전자장치 부착명령 청구에 터잡아 부착명령을 선고하는 것은 불이익한 변경이 아니다(대판 2010도9013).
⑧ 징역 10월에 집행유예 2년을 선고한 제1심판결을 파기하고 벌금 10,000,000원을 선고한 항소심판결은 불이익변경금지원칙에 위반되지 아니한다(대판 90도1534).
⑨ 형의 집행유예의 판결은 소정 유예기간을 특별한 사유없이 경과한 때에는 그 형의 선고의 효력이 상실되나 형의 집행면제는 그 형의 집행만을 면제하는데 불과하여, 전자가 후자보다 피고인에게 불이익한 것이라 할 수 없다(84도2972).
⑩ 항소법원이 1심에서의 징역형에 대하여는 집행유예를 여기에다 1심에서 선고를 유예한 벌금형을 병과한 것은 불이익한 것이라 할 수 없다(대판 74도1785).
⑪ 원심에서 징역 1년 형의 선고유예를 선고받은 데 대하여, 환송 후 원심에서 벌금형과 추징의 선고를 모두 유예한 경우 불이익한 변경이 아니다(대판 97도1716).
⑫ 자유형을 벌금형으로 변경하였는데 노역장유치기간이 자유형보다 장기라 하더라도 불이익한 변경이 아니다(대판 80도765).
⑬ 주형을 감형하면서 추징액을 증액한 경우, 불이익변경금지원칙에 반하지 않는다(대판 96도2850).
⑭ 주형에서 그 형기를 감축하면서 압수장물의 피해자환부를 추가한 것은 불이익변경금지의 원칙에 위배되지 않는다(90도16).
⑮ 형기를 줄이고 전자장치 부착명령을 늘인 것은 불이익변경금지의 원칙 위반이 아니다(대판 2010도16939).
cf. 다른 형은 동일하게 선고하면서 부착명령기간만을 제1심판결보다 장기의 기간으로 부과한 것은 부착명령 청구사건에 관하여 제1심판결의 형을 피고인에게 불이익하게 변경한 것이라고 할 것이다(대판 2013도9666).

Ⅳ 검사가 피고인을 위하여 상소한 경우 불이익변경금지원칙 적용 여부

1 문제점

검사가 피고인을 위하여 상소한 사건도 피고인을 위하여 상소한 사건으로 보아 불이익변경금지의 원칙을 적용할 것인지가 문제된다.

2 판례(적극설)

'검사의 항소가 특히 피고인의 이익을 위하여 한 취지라고 볼 수 없다면 항소심에서 중한 형을 선고할 수 있다(대판 71도574)'고 하여 적극설의 입장으로 평가된다.

3 검토

검사의 공익적 지위 내지 피고인에 대한 후견적 지위에 비추어 적극설이 타당하다.

V 항고사건에 불이익변경금지의 원칙 적용 여부

1 문제점

현행법은 항소 또는 상고한 사건에 대해서만 규정하고 있는데, 피고인만 항고한 항고사건에서도 불이익변경금지원칙이 적용되는지 문제된다.

2 학설

명문의 규정이 없음을 이유로 부정하는 소극설과 예외적으로 형의 선고에 준하는 경우가 있음을 이유로 하는 적극설의 대립이 있다.

3 검토

항고심에서는 형을 선고하는 경우가 없고 명문의 규정이 없으므로 소극설이 타당하다.

VI 소송비용의 부담

1 문제점

불이익변경금지의 원칙이 적용되는 형의 범위를 파악하는 데 있어서 소송비용의 부담도 형에 포함되는지 문제된다.

2 학설

① 재산형과 같은 부담을 준다는 이유로 긍정하는 적극설과 ② 소송비용은 형이 아니므로 적용되지 않는다는 소극설의 대립이 있다.

3 판례(소극설)

[1] 소송비용의 부담은 형이 아니고 실질적인 의미에서 형에 준하여 평가되어야 할 것도 아니므로 불이익변경금지원칙의 적용이 없다(대판 2008도488).

[2] 제1심법원이 소송비용의 부담을 명하는 재판을 하지 않았음에도 항소심법원이 제1심의 소송비용에 관하여 피고인에게 부담하도록 재판을 한 경우, 불이익변경금지원칙에 위배되지 않는다(대판 2001도872).

Chapter 085 파기판결의 구속력

I 의의

상급법원 재판에서의 판단은 해당 사건에 관하여 하급심을 기속한다(법원조직법 제8조).
상소심에서 원판결을 파기하여 환송 또는 이송한 경우에 상급심의 판단이 환송 또는 이송받은 하급심을 구속하는 효력을 파기판결의 구속력 또는 기속력이라고 한다.

II 파기판결의 구속력의 범위

1 파기판결의 구속력이 미치는 범위

① 파기환송받은 법원은 그 사건 처리에 있어 상고법원의 파기이유로 한 사실상 및 법률상의 판단에 기속되며 이에 따라 행한 판결에 대하여 재차 상고된 경우 그 상고사건을 재판하는 상고법원도 앞서 한 스스로의 파기이유로 한 판단에 기속되게 되고 이를 변경할 수 없다(대판 83도383). 표준판례 [24모선]
② 그러나 대법원의 전원합의체가 종전의 환송판결의 법률상 판단을 변경할 필요가 있다고 인정하는 경우에는, 그에 기속되지 아니하고 통상적인 법령의 해석적용에 관한 의견의 변경 절차에 따라 이를 변경할 수 있다(대판 98두15597). 표준판례

2 법률판단뿐만 아니라 사실판단에도 미치는지 여부

① 대법원에서 상고이유를 판단하면서 사실인정에 관한 원심판결의 당부에 관하여 개입할 수 있는 점 등에 비추어 형사소송에서도 상고심 판결의 파기이유가 된 사실상의 판단도 기속력을 가진다(대판 2017도14322). 표준판례
② 따라서 상고심으로부터 사건을 환송받은 법원은 그 사건을 재판함에 있어서 상고법원이 파기이유로 한 사실상 및 법률상의 판단에 대하여 환송 후의 심리과정에서 새로운 증거가 제시되어 기속적 판단의 기초가 된 증거관계에 변동이 생기지 않는 한 이에 기속된다(대판 2008도10572).
③ 기속적 판단의 기초가 된 증거관계에 변동이 생기지 아니하였음에도 하급심이 상급심판결의 파기이유와 달리 판단한 경우 그 하급심판결에는 파기판결의 기속력에 관한 법리를 위반한 위법이 있다(대판 2022오5).

④ 그러나 상고법원으로부터 사건을 환송받아 심리하는 과정에서 상고법원의 기속적 판단의 기초가 된 사실관계에 변동이 생긴 때에는 상고법원이 파기이유로 한 법률적 판단의 기속력은 미치지 않는다(대판 2019도15117).

⑤ 환송판결의 하급심에 대한 구속력은 파기의 이유가 된 원심판결의 사실상 및 법률상의 판단이 정당하지 않다는 소극적인 면에서만 발생하는 것이므로 환송 후의 심리과정에서 새로운 증거가 제시되어 기속적 판단의 기초가 된 증거관계에 변동이 있었다면 그 구속력은 이에 미치지 아니한다(대판 84도1379).

3 적극적·긍정적 판단에도 미치는지 여부

(1) 문제점

파기의 직접적인 이유인 소극적·부정적 판단에 구속력이 미치는 것에는 의문이 없는데, 적극적·긍정적 판단에도 미치는지가 문제된다(예를 들어 증인 A의 증언을 기초로 판단한 원심법원과는 달리 원심법원에서 사실인정의 자료로 삼지 않은 증인 B의 증언을 기초로 'B의 증언에 신빙성이 있다'고 판단한 부분에 대해서도 기속력이 미치는지 문제된다).

(2) 학설

① 긍정설 : 부정적 판단과 긍정적 판단은 일체불가분의 관계에 있다는 점을 이유로 하는 견해이다.

② 부정설 : 상고심은 원칙적으로 사후심으로서 새로운 증거를 제출하거나 증거조사를 하는 것이 허용되지 않는 점을 근거로 하는 견해이다.

(3) 판례

[1] 파기판결의 기속력은 파기의 직접 이유가 된 원심판결에 대한 소극적인 부정판단에 한하여 생긴다고 하여 부정설의 입장이다(대판 2004도340).[24모선]

[2] 환송 후 법원이 파기이유가 된 잘못된 판단을 피하여 새로운 증거 등에 따라 환송 전의 판결과 같은 결론은 물론이고, 그보다 무거운 결론을 내리더라도 위법하지 않다(대판 2017도14322). 표준판례

(4) 검토

상고심은 원칙적으로 사후심인 점, 파기자판을 하는 경우에도 소송기록과 원심법원 및 제1심법원이 조사한 증거만을 기초로 한다는 점에서 부정설이 타당하다.

III 파기판결의 구속력 관련 판례 정리

① 출판물에 의한 명예훼손의 공소사실을 유죄로 인정한 환송 전 원심판결에 위법이 있다고 한 파기환송판결의 사실판단의 기속력은 파기의 직접 이유가 된 환송 전 원심에 이르기까

지 조사한 증거들만에 의하여서는 출판물에 의한 명예훼손의 공소사실이 인정되지 아니한다는 소극적인 부정 판단에만 미치는 것이므로, 환송 후 원심에서 이 부분 공소사실이 형법 제307조 제2항의 명예훼손죄의 공소사실로 변경되었다면 환송 후 원심은 이에 대하여 새롭게 사실인정을 할 재량권을 가지게 되는 것이고 더 이상 파기환송판결이 한 사실판단에 기속될 필요는 없다(대판 2004도340).

② 종전 상고심이 피고인들의 상고이유를 받아들여 환송 전 원심판결을 전부 파기·환송하면서 피고인들이 상고이유로 삼지 아니한 부분에 대한 상고가 이유 없다는 판단을 따로 한 바 없다면, 그 환송판결의 선고로 그 부분에 대한 유죄판단이 실체적으로 확정되는 것은 아니므로, 이를 환송받은 원심이 그 부분에 대하여 다시 심리·판단하여 그 중 일부를 무죄로 선고하였다고 하여 환송판결과 배치되는 판단을 하였다고 볼 수 없다(대판 2007도7042).

③ 파기판결의 기속력은 재판에 적용되는 법령이 동일하다는 것을 전제로 하므로 파기판결의 환송 또는 이송 후에 적용법령이 변경된 경우에는 그 기속력이 배제된다. 또한 판례의 변경도 법령의 변경에 준하는 효과가 있으므로 다른 사건에서 판례가 변경된 경우에도 기속력이 배제된다고 보는 것이 일반적이다.[24모선]

Chapter 086 항소

I 개관

1 의의

항소란 제1심 판결에 불복하여 제2심 법원에 제기하는 상소를 말한다(제357조).

2 항소심의 구조

① 현행 형사소송법상 항소심은 기본적으로 속심적 기능이 강조되고 있고, 다만 사후심적 요소를 도입한 형사소송법의 조문들이 남상소의 폐단을 억제하고 항소심의 속심적 성격에 제한을 가하고 있음에 불과하다(대판 82도2829).

② 현행 형사소송법상 항소심은 속심을 기반으로 하되 사후심적 요소도 상당 부분 들어 있는 이른바 사후심적 속심의 성격을 가진다(대판 2016도18031). 표준판례

3 항소심에서의 공소장변경

변경된 공소사실이 변경 전의 공소사실과 기본적 사실관계에서 동일하다면 그것이 새로운 공소의 추가적 제기와 다르지 않다고 하더라도 항소심에서도 공소장변경을 할 수 있다(대판 2017도7843). 표준판례 [22변선]

II 요건

1 항소이유(제361조의5)

① 판결에 영향을 미친 헌법·법률·명령 또는 규칙의 위반이 있는 때, ② 판결후 형의 폐지나 변경 또는 사면이 있는 때, ③ 관할 또는 관할위반의 인정이 법률에 위반한 때, ④ 판결법원의 구성이 법률에 위반한 때, ⑤ 법률상 그 재판에 관여하지 못할 판사가 그 사건의 심판에 관여한 때, ⑥ 사건의 심리에 관여하지 아니한 판사가 그 사건의 판결에 관여한 때, ⑦ 공판의 공개에 관한 규정에 위반한 때, ⑧ 판결에 이유를 붙이지 아니하거나 이유에 모순이 있는 때, ⑨ 재심청구의 사유가 있는 때, ⑩ 사실의 오인이 있어 판결에 영향을 미칠 때, ⑪ 형의 양정이 부당하다고 인정할 사유가 있는 때

2 항소 요건 관련 판례 정리

① 지방법원과 그 지원의 합의부가 제1심으로 심판하여야 할 사건을 지방법원 지원 단독판사가 제1심으로 심판하고, 그 제1심 사건에 대한 항소심 사건을 지방법원 본원 합의부가 실체에 들어가 심판한 경우, 이는 관할권이 없음에도 이를 간과하고 실체판결을 한 것으로서, 직권으로 원심판결 및 제1심판결을 파기하고, 사건을 관할권이 있는 지방법원 지원 합의부에 이송한다(대판 99도4398). 표준판례

② [1] 원심이 이 부분 범죄사실에 대하여 적용한 구 집시법 제11조 제1호는 원심판결 선고 후 헌법재판소로부터 위헌결정을 받음으로써 소급하여 효력을 상실하였는바, 위헌결정으로 인하여 형벌에 관한 법률 또는 법률조항이 소급하여 그 효력을 상실한 경우에는 당해 법조를 적용하여 기소한 피고 사건은 범죄로 되지 아니한 때에 해당한다.

 [2] 따라서 피고인에 대한 위 유죄부분은 파기되어야 할 것인바, 원심은 이 부분을 피고인에 대한 나머지 죄와 형법 제37조 전단의 경합범으로 처단하여 피고인에게 하나의 형을 선고하였으므로, 피고인에 대한 유죄부분 전부는 파기되어야 할 것이다(대판 2003도2960). 표준판례

③ 제1심의 형량이 재량의 합리적인 범위 내에 속함에도 항소심의 견해와 다소 다르다는 이유만으로 제1심판결을 파기하여 제1심과 별로 차이 없는 형을 선고하는 것은 자제함이 바람

④ 항소심이 제1심의 양형이 과중하다고 인정하여 피고인의 항소이유를 받아들여 제1심판결을 파기하면서 제1심 그대로의 형을 선고하면 판결의 이유와 주문이 저촉·모순되는 위법이 있고 이러한 위법은 판결 결과에 영향이 있는 것이다(대판 99도1682).

⑤ 제1심판결에 형사소송법 제361조의5 제11호의 '판결에 이유를 붙이지 아니하거나 이유에 모순이 있는 때'의 잘못이 있는 경우에는 직권조사사유에 해당하므로 원심판결이 이를 간과하여 이러한 잘못이 있는 제1심판결을 유지하였다면 파기를 면할 수 없다(대판 2016도2518).

III 절차

1 항소장 제출

항소의 제기기간인 7일 이내에 항소장을 원심법원에 제출해야 한다.
항소의 제기가 법률상의 방식에 위반하거나 항소권 소멸후인 것이 명백한 때에는 원심법원은 결정으로 항소를 기각하여야 하고, 위 결정에 대하여는 즉시항고를 할 수 있다(제360조).

2 항소이유서 제출

(1) 기간 내에 항소이유서 제출하지 아니한 때에는 결정으로 항소를 기각

① 항소인 또는 변호인은 소송기록접수의 통지를 받은 날로부터 20일 이내에 항소이유서를 항소법원에 제출하여야 한다(제361조의3 제1항).

② 항소인이나 변호인이 위의 기간 내에 항소이유서를 제출하지 아니한 때에는 결정으로 항소를 기각하여야 한다. 단, 직권조사사유가 있거나 항소장에 항소이유의 기재가 있는 때에는 예외로 한다(제361조의4).

③ 항소이유서에 대하여도 재소자에 관한 특칙(제344조)이 준용된다(대판 2005도9729).

④ 항소이유서의 제출을 받은 항소법원은 지체 없이 그 부본 또는 등본을 상대방에게 송달하여야 하고(동조 제2항), 상대방은 그 송달을 받은 날로부터 10일 이내에 답변서를 항소법원에 제출하여야 한다(동조 제3항).

⑤ 필요적 변호사건에서 피고인의 국선변호인 선정청구에 따라 선정된 국선변호인이 '항소이유보충서'의 명목으로 항소이유서를 제출한 경우, 항소이유서 제출기간이 경과되기 전에 항소를 기각한 원심의 조치는 항소이유서 제출기간 만료시까지 항소이유서를 제출하거나 수정·추가 등을 할 수 있는 기회를 박탈한 것으로 위법하다(대판 2008도11213).

⑥ [21변시] 이미 항소이유서를 제출하였더라도 항소이유를 추가·변경·철회할 수 있으므로, 항소이유서 제출기간의 경과를 기다리지 않고는 항소사건을 심판할 수 없다. 따라서 항소이유서 제출기간 내에 변론이 종결되었는데 그 후 위 제출기간 내에 항소이유서가 제출되

었다면, 항소심법원으로서는 변론을 재개하여 항소이유의 주장에 대해서도 심리를 해 보아야 한다(대판 2017도13748). 표준판례 [23모선]

⑦ 시효와 구속의 기간을 제외하고는 기간의 말일이 공휴일 또는 토요일에 해당하는 날은 항소이유서 제출기간에 산입하지 아니하도록 되어 있다. 이때 임시공휴일 역시 공휴일에 해당한다(대결 2020모3694).

(2) 항소이유서 기재의 정도 [24모사]

① 형사소송규칙 제155조(항소이유서, 답변서의 기재)

항소이유서 또는 답변서에는 항소이유 또는 답변내용을 구체적으로 간결하게 명시하여야 한다.

② 검사의 기재

[1] 검사가 제1심 유죄판결 또는 일부 유죄, 일부 무죄로 판단한 제1심판결 전부에 대하여 항소하면서, 항소장이나 항소이유서에 단순히 '양형부당'이라는 문구만 기재하였을 뿐 그 구체적인 이유를 기재하지 않았다면, 이는 적법한 항소이유의 기재라고 볼 수 없다.

[2] 한편 검사가 항소한 경우 양형부당의 사유는 직권조사사유나 직권심판사항에 해당하지도 않는다. 그러므로 위와 같은 경우 항소심은 검사의 항소에 의해서든 직권에 의해서든 제1심판결의 양형이 부당한지 여부에 관하여 심리·판단할 수 없고, 따라서 제1심판결의 유죄 부분의 형이 너무 가볍다는 이유로 파기하고 그보다 무거운 형을 선고하는 것은 허용되지 않는다(대판 2020도8615). 표준판례

[3] 검사가 일부 유죄, 일부 무죄가 선고된 제1심판결에 대하여 항소하면서 항소장의 '항소의 범위'란에 '전부(양형부당 및 무죄 부분, 사실오인, 법리오해)'라고 기재하였으나 적법한 기간 내에 제출된 항소이유서에는 제1심판결 중 무죄 부분에 대한 항소이유만 기재한 경우 항소장에 '양형부당'이라는 문구를 적법한 항소이유의 기재라고 볼 수 없고 유죄 부분에 대하여는 법정기간 내에 항소이유서를 제출하지 아니한 경우에 해당한다(대판 2007도8117).

③ 피고인의 기재

[1] 항소인 또는 변호인이 항소이유서에 추상적으로 제1심판결이 부당하다고만 기재함으로써 항소이유를 특정하여 구체적으로 명시하지 아니하였다고 하더라도 항소이유서가 법정의 기간 내에 적법하게 제출된 경우에는 이를 항소이유서가 법정의 기간 내에 제출되지 아니한 것과 같이 보아 제361조의4 제1항에 의하여 결정으로 항소를 기각할 수는 없다.

[2] 항소인들이 항소이유서에 '위 사건에 대한 원심판결은 도저히 납득할 수 없는 억울한 판결이므로 항소를 한 것입니다'라고 기재하였다고 하더라도 항소심으로서는 이를 제1심판결에 사실의 오인이 있거나 양형부당의 위법이 있다는 항소이유를 기재한 것으로 선해하여 그 항소이유에 대하여 심리를 하여야 한다(대판 2002모265).[23모선]

3 국선변호인의 선정 및 소송기록접수통지

국선변호인 선정결정을 한 후 항소이유서 제출기간 내에 피고인이 책임질 수 없는 사유로 그 선정결정을 취소하고 새로운 국선변호인을 선정한 경우에도 그 변호인에게 소송기록접수통지를 하여야 한다(규칙 제156조의2).

4 항소심 절차 관련 판례 정리

① [1] 항소심에서도 피고인의 출석 없이는 개정하지 못하는 것이 원칙이다. 다만 피고인이 항소심 공판기일에 출정하지 않아 다시 기일을 정하였는데도 정당한 사유 없이 그 기일에도 출정하지 않은 때에는 피고인의 진술 없이 판결할 수 있다. 이와 같이 피고인이 불출석한 상태에서 그 진술 없이 판결할 수 있기 위해서는 피고인이 적법한 공판기일 통지를 받고서도 2회 연속으로 정당한 이유 없이 출정하지 않은 경우에 해당하여야 한다(대판 2019도5426). 표준판례 [24번선, '22모선]

[2] 이때 '적법한 공판기일 통지'란 소환장의 송달 및 소환장 송달의 의제의 경우에 한정되는 것이 아니라 적어도 피고인의 이름·죄명·출석 일시·출석 장소가 명시된 공판기일 변경명령을 송달받은 경우도 포함된다(대판 2022도7940).

② [1] 제1심법원에서 증거로 할 수 있었던 증거는 항소법원에서도 증거로 할 수 있다(제364조 제3항).

[2] 제1심법원에서 간이공판절차에 의하여 심판하기로 하여 제318조의3 규정에 따라 증거능력이 있는 증거를 항소심에서 범행을 부인하는 경우, 항소심에서도 계속 증거로 사용 가능하고 다시 증거조사를 할 필요가 없다(대판 2004도8313). 표준판례 [23모선]

③ [1] 판결은 항소심에서 항소이유가 없음이 명백하여 항소기각의 판결을 하는 때와 상고심의 판결 등 예외적으로 법률에 의하여 서면심리에 의한 판결이 가능하도록 규정되어 있는 경우를 제외하고는 구두변론을 거쳐야 함이 원칙이다.

[2] 검사의 항소이유에 대하여 구두변론을 거쳐 심리하지 아니한 경우 법률의 규정에 따라 공판절차를 진행하지 아니한 위법이 인정된다(대판 94도2078). 표준판례

④ [1] 항소이유서를 제출한 자는 항소심의 공판기일에 항소이유서에 기재된 항소이유의 일부를 철회할 수 있고, 이 경우 항소심 법원으로서는 판결이유에서 그 철회된 항소이유에 대하여 판단을 설시할 필요가 없는 것이지만, 이와 같이 항소이유를 철회하면 이를 다시 상고이유로 삼을 수 없게 되는 제한을 받을 수도 있으므로, 항소이유의 철회는 명백히 이루어져야만 그 효력이 있다.

[2] 항소이유서에 양형부당과 함께 사실오인 주장이 있음에도 재판장의 구석명에 따라 항소이유가 양형부당의 취지라고 석명한 경우, 사실오인 주장이 철회된 것으로 볼 수 없다고 한 사례(대판 99도1238)

⑤ 형사소송법 제361조의3 제1항 내지 제4항은 항소한 소송관계인의 상대방으로 하여금 방

어를 준비할 기회를 주기 위한 것이므로 상대방이 항소이유서의 부본을 송달 받지 못하여 방어를 준비할 기회를 갖지 못하였다 하더라도 항소한 소송관계인 본인이 이를 탓할 수 없다(대판 2001도5810).[23모선]

⑥ 제1심 송달영수인에 대하여 소송기록접수통지하여 송달의 효력 부정된 사례

[1] 송달영수인의 신고가 있으면 송달은 신고된 장소와 영수인에게 하여야 하고, 송달영수인이 송달받은 때에 송달의 효력이 발생하나, 송달영수인 신고의 효력은 그 심급에만 미치므로, 상소 또는 이송을 받은 법원의 소송절차에서는 그 신고의 효력이 없다.

[2] 제1심에서 한 송달영수인 신고의 효력은 원심법원에 미치지 아니하므로 피고인에게 소송기록접수통지서가 적법하게 송달되었다고 볼 수 없어, 피고인에 대한 적법한 소송기록접수통지가 이루어지지 않은 상태에서 사선변호인이 선임되고 국선변호인 선정이 취소되었으므로 원심으로서는 피고인과는 별도로 원심에서 선임된 변호인에게도 소송기록접수통지를 하여야 하고, 그 통지가 이루어지기 전에는 항소이유서 제출기간이 진행하지 않으므로 그 기간의 경과를 기다리지 않고는 항소사건을 심판할 수 없다는 이유로, 이와 달리 보아 피고인에 대한 적법한 소송기록접수통지가 이루어지지 않은 상태에서 원심에서 선임된 변호인에게도 소송기록접수통지를 하지 아니한 채 판결을 선고한 원심판결에 소송절차 법령 위반의 위법이 있다고 한 사례(대판 2024도3298).

⑦ [1] 형사소송규칙 제156조의5 제2항에 의하면 항소심의 증거조사 중 증인신문의 경우, 항소심법원은 '제1심에서 조사되지 아니한 데에 대하여 고의나 중대한 과실이 없고, 그 신청으로 인하여 소송을 현저하게 지연시키지 아니하는 경우(제1호)', '제1심에서 증인으로 신문하였으나 새로운 중요한 증거의 발견 등으로 항소심에서 다시 신문하는 것이 부득이하다고 인정되는 경우(제2호)', '그 밖에 항소의 당부에 관한 판단을 위하여 반드시 필요하다고 인정되는 경우(제3호)'에 한하여 증인을 신문할 수 있다. 위 규정은 항소심에서의 증거조사는 필요 최소한에 그쳐야 한다는 점을 반영한 것이다. 이를 고려하면, 형사소송규칙 제156조의5 제2항 제3호는 비록 포괄적 사유이기는 하지만 항소심법원에 증인신문에 관한 폭넓은 재량을 부여한 것으로 볼 것이 아니라 제1, 2호가 규정한 사유에 준하는 '예외적 사유'로 보아야 한다.

[2] 따라서 항소심에서의 추가적인 증거조사가 필요한 경우가 있음을 긍정하더라도, 피해자가 범죄의 성격과 다양한 사정에서 비롯된 심리적 부담 등으로 인하여 제1심법원에 증인으로 출석하지 못하거나 제대로 증언할 수 없었던 경우 등과 같은 특별한 사정이 없는 이상, 항소심법원으로서는 형사소송규칙 제156조의5 제2항의 규정 취지와 내용에 유념하여야 한다(대판 2020도7802).

Ⅳ 항소심의 심판

1 항소심의 심판범위

(1) 의의

① 항소법원은 항소이유에 포함된 사유에 관하여 심판하여야 한다(제364조 제1항).
② 항소법원은 판결에 영향을 미친 사유에 관하여는 항소이유서에 포함되지 아니한 경우에도 직권으로 심판할 수 있다(제364조 제2항).
③ [1] 항소법원은 직권조사사유에 관하여는 항소제기가 적법하다면 항소이유서가 제출되었는지 여부나 그 사유가 항소이유서에 포함되었는지 여부를 가릴 필요 없이 반드시 심판하여야 할 것이지만, 직권조사사유가 아닌 것에 관하여는 그것이 항소장에 기재되어 있거나 그렇지 아니하면 소정 기간 내에 제출된 항소이유서에 포함된 경우에 한하여 심판대상으로 할 수 있고,
 [2] 다만 판결에 영향을 미친 사유에 한하여 예외적으로 항소이유서에 포함되지 아니하였다 하더라도 직권으로 심판할 수 있고, 한편 피고인이나 변호인이 항소이유서에 포함시키지 아니한 사항을 항소심 공판정에서 진술한다 하더라도 그 진술에 포함된 주장과 같은 항소이유가 있다고 볼 수 없다(대판 2007도4310).

(2) 항소심의 심판범위 관련 판례 정리

① 항소법원은 항소이유에 포함된 사유에 관하여 심판하여야 하고, 다만 판결에 영향을 미친 사유에 관하여는 항소이유서에 포함되지 아니한 경우에도 직권으로 심판할 수 있고, 검사만이 항소한 경우 항소심이 제1심의 양형보다 피고인에게 유리한 형량을 정할 수 없다는 제한이 있는 것도 아니다. 따라서 항소법원은 제1심의 형량이 너무 가벼워서 부당하다는 검사의 항소이유에 대한 판단에 앞서 직권으로 제1심판결에 양형이 부당하다고 인정할 사유가 있는지 여부를 심판할 수 있고, 그러한 사유가 있는 때에는 제1심판결을 파기하고 제1심의 양형보다 가벼운 형을 정하여 선고할 수 있다(대판 2008도1092).
② 검사가 공판정에서 구두변론을 통해 항소이유를 주장하지 않았고 피고인도 그에 대한 적절한 방어권을 행사하지 못하는 등 검사의 항소이유가 실질적으로 구두변론을 거쳐 심리되지 않았다고 평가될 경우, 항소심법원이 검사의 항소이유 주장을 받아들여 피고인에게 불리하게 제1심판결을 변경하는 것은 허용되지 않는다(대판 2015도11696).
③ 제1심이 실체적 경합범 관계에 있는 공소사실 중 일부에 대하여 재판을 누락한 경우, 항소심으로서는 당사자의 주장이 없더라도 직권으로 제1심의 누락부분을 파기하고 그 부분에 대하여 재판하여야 한다(대판 2008도7848).
④ 항소심이 항소이유에 포함되지 아니한 사유를 직권으로 심리하여 제1심판결을 파기하고 다시 판결하는 경우에 있어서는 항소인이 들고 있는 항소이유의 당부에 관하여 따로 판단

한 바가 없다고 하더라도 항소심이 자판을 함에 있어서 이미 항소이유의 당부는 판단되었다고 보아야 하므로, 항소심이 그 판결에서 피고인의 항소이유에 대한 판단을 따로 설시하지 않았다고 하여 위법이라고 할 수 없다(대판 94도3401).

2 원심판결의 당부에 관한 판단시점

① 사실심 판결선고시이다.
② 소년법 제60조 제2항의 적용대상인 '소년'인지의 여부도 심판시, 즉 사실심 판결선고시를 기준으로 판단되어야 한다(대판 2009도2682). 표준판례

3 항소기각의 결정

① 항소의 제기가 법률상의 방식에 위반하거나 항소권소멸 후인 것이 명백한 때에는 원심법원은 결정으로 항소를 기각하여야 한다(제360조 제1항). 전항의 결정에 대하여는 즉시항고를 할 수 있다(동조 제2항).
② 항소인이나 변호인이 소송기록접수통지를 받은 날로부터 20일 이내에 항소이유서를 제출하지 아니한 때에는 결정으로 항소를 기각하여야 한다(제361조의4 제1항).

4 항소기각의 판결

① 항소이유 없다고 인정한 때에는 판결로써 항소를 기각하여야 한다(제364조 제4항).
② 검사와 피고인 양쪽이 상소를 제기한 경우, 어느 일방의 상소는 이유 없으나 다른 일방의 상소가 이유 있어 원판결을 파기하고 다시 판결하는 때에는 이유 없는 상소에 대해서는 판결이유 중에서 그 이유가 없다는 점을 적으면 충분하고 주문에서 그 상소를 기각해야 하는 것은 아니다(대판 2019도17995). 표준판례 [22모선]

5 파기 후의 조치

(1) 파기자판 및 환송 또는 이송

① 항소심은 원칙적으로 파기자판하여야 한다(제364조 제6항).
② 공소기각 또는 관할위반의 재판이 법률에 위반됨을 이유로 원심판결을 파기하는 때에는 판결로써 사건을 원심법원에 환송하여야 한다(제366조).
 - 원심이 제1심의 공소기각판결이 잘못이라고 하여 파기하면서도 사건을 제1심법원에 환송하지 아니하고 본안에 들어가 심리한 후 피고인에게 유죄를 선고한 것은 형사소송법 제366조를 위반한 것이다(대판 2019도15987).
③ 관할인정이 법률에 위반됨을 이유로 원심판결을 파기하는 때에는 판결로써 사건을 관할법원에 이송하여야 한다(제367조).

(2) 항소심에서 공동피고인을 위한 파기

① 피고인을 위하여 원심판결을 파기하는 경우에 파기의 이유가 항소한 공동피고인에게 공통되는 때에는 그 공동피고인에게 대하여도 원심판결을 파기하여야 한다(제364조의2).
위 규정은 공동피고인 사이에서 파기의 이유가 공통되는 해당 범죄사실이 동일한 소송절차에서 병합심리된 경우에만 적용된다(대판 2018도14303). 표준판례

② 위 조항에서 정한 '항소한 공동피고인'은 제1심의 공동피고인으로서 자신이 항소한 경우는 물론 그에 대하여 검사만 항소한 경우까지도 포함한다(대판 2021도10579).

Ⅴ 항소제기 후 소송기록이 원심법원에 있는 동안 구속 [13모사]

1 문제점

규칙 제57조 제1항은 법 제105조가 규정하고 있지 아니한 피고인의 구속과 보석의 취소에 대하여도 소송기록이 상소법원에 도달하기까지는 원심법원이 이를 하여야 한다고 규정하는바, 위 규칙조항이 법률에 저촉되는 것은 아닌지 문제된다.

2 학설

① 위법설 : 구속이나 보석취소를 허용하는 것은 형사절차법정주의에 반하여 국민의 기본권을 침해하는 것이므로 위법하다는 견해이다.
② 적법설 : 소송기록이 없는 상소법원으로서는 구속요건을 판단할 수 없고, 원심법원이 피고인을 구속할 필요성이 있으므로 적법하다는 견해이다.

3 판례(적법설)

상소제기 후 소송기록이 상소법원에 도달하지 않고 있는 사이에는 피고인을 구속할 필요가 있는 경우에도 기록이 없는 상소법원에서 구속의 요건이나 필요성 여부에 대한 판단을 하여 피고인을 구속하는 것이 실질적으로 불가능하다는 점 등을 고려하면 형사소송규칙 제57조 제1항의 규정이 형사소송법 제105조의 규정에 저촉된다고 보기는 어렵다(대결 2007모460).

4 검토

소송기록이 상소법원에 도달하기 이전에 상소법원을 대신하여 원심법원이 피고인의 구속이나 보석취소에 대한 판단을 할 현실적인 필요성이 있다는 점을 고려할 때 판례의 입장이 타당하다.

VI 항소 관련 판례 정리

① [25변시] [1] 항소심이 심리과정에서 심증의 형성에 영향을 미칠 만한 객관적 사유가 새로 드러난 것이 없는데도 제1심 판단을 재평가하여 사후심적으로 판단하여 뒤집고자 할 때에는, 제1심의 증거가치 판단이 명백히 잘못되었다거나 사실인정에 이르는 논증이 논리와 경험의 법칙에 어긋나는 등 그 판단을 그대로 유지하는 것이 현저히 부당하다고 볼 만한 합리적인 사정이 있어야 하고, 그러한 예외적 사정도 없이 제1심의 사실인정에 관한 판단을 함부로 뒤집어서는 안 된다(대판 2022도14645).
[2] 특히 공소사실을 뒷받침하는 증인 진술의 신빙성을 배척한 제1심 판단을 뒤집는 경우에는 무죄추정의 원칙과 형사증명책임의 원칙에 비추어 이를 수긍할 수 없는 충분하고도 납득할 만한 현저한 사정이 나타나는 경우라야 한다(대판 2017도11582).

② 제1심이 증인신문 등의 증거조사 절차를 거친 후에 합리적인 의심을 배제할 만한 증명이 부족하다고 보아 공소사실을 무죄로 판단한 경우, 항소심의 심리 결과 일부 반대되는 사실에 관한 개연성 또는 의문이 제기될 수 있다는 사정만으로는 제1심의 판단에 사실오인의 위법이 있다고 단정하여 공소사실을 유죄로 인정할 수 없다(대판 2015도8610).

③ 예외적인 경우가 아니라면, 항소심으로서는 제1심 증인이 한 진술의 신빙성 유무에 대한 제1심의 판단이 항소심의 판단과 다르다는 이유만으로 이에 대한 제1심의 판단을 함부로 뒤집어서는 안 된다(대판 2018도17748).

④ 상상적 경합범의 관계에 있는 공소사실의 일부에 대하여 무죄를 선고하여야 할 것으로 판단되는 경우에는 이를 판결주문에 따로 표시할 필요가 없으나, 판결주문에 표시하였다 하더라도 판결에 영향을 미친 위법사유가 되는 것은 아니다(대판 99도3003).

⑤ 제323조 제1항은 '형의 선고를 하는 때에는 판결이유에 범죄될 사실, 증거의 요지와 법령의 적용을 명시하여야 한다'고 하고, 제369조는 '항소법원의 재판서에는 항소이유에 대한 판단을 기재하여야 하며 원심판결에 기재한 사실과 증거를 인용할 수 있다'고 하고 있으므로, 항소심 판결에서 제1심판결에 기재한 범죄될 사실과 증거의 요지는 인용할 수 있으나 법령의 적용은 인용할 수 없다(대판 2000도1660).

Chapter 087 상고

I 의의

1 개념

상고란 판결에 대한 대법원에의 상소를 의미한다. 상고는 원칙적으로 제2심 판결에 대하여 허용되지만, 예외적으로 제1심 판결에 대하여 상고가 인정되는 경우도 있는데 이를 비약적 상고라 한다(제372조).

2 상고심의 구조는 법률심·사후심

① 제383조는 사형, 무기 또는 10년 이상의 징역이나 금고가 선고된 사건에 한하여 '중대한 사실의 오인'을 상고이유로 허용하고 있고, 그 나머지 사건에서는 오로지 '판결에 영향을 미친 법령 위반', '형의 폐지나 변경, 사면', '재심청구의 사유가 있을 때'만을 상고이유로 허용하고 있으므로, 징역 8월이 선고된 이 사건에서는 위와 같은 사실오인의 주장은 형사소송법이 허용하고 있는 적법한 상고이유에 해당하지 아니한다(대판 2007도1755). 표준판례

② 상고심에서의 심판대상은 항소심 판결 당시를 기준으로 하여 그 당부를 심사하는 데에 있는 것이므로 항소심판결 선고 당시 미성년이었던 피고인이 상고 이후에 성년이 되었다고 하여 항소심의 부정기형의 선고가 위법이 되는 것은 아니다(대판 97도3421).[23모선]

II 요건

1 상고이유(제383조)

① 판결에 영향을 미친 헌법·법률·명령 또는 규칙의 위반이 있는 때, ② 판결 후 형의 폐지나 변경 또는 사면이 있는 때, ③ 재심청구의 사유가 있는 때, ④ 사형, 무기 또는 10년 이상의 징역이나 금고가 선고된 사건에 있어서 중대한 사실의 오인이 있어 판결에 영향을 미친 때 또는 형의 양정이 심히 부당하다고 인정할 현저한 사유가 있는 때

2 상고이유 제한의 법리 [24모사]

[1] 상고심은 항소심판결에 대한 사후심으로서 항소심에서 심판대상으로 되었던 사항에 한하여 상고이유의 범위 내에서 그 당부만을 심사하여야 한다. 그 결과 항소인이 항소이유로

주장하거나 항소심이 직권으로 심판대상으로 삼아 판단한 사항 이외의 사유는 상고이유로 삼을 수 없고 이를 다시 상고심의 심판범위에 포함시키는 것은 상고심의 사후심 구조에 반한다. 이러한 점에서 이른바 '상고이유 제한에 관한 법리'는 형사소송법이 상고심을 사후심으로 규정한 데에 따른 귀결이라고 할 수 있다.[23 · 22모선]

[2] 피고인이 유죄가 인정된 제1심판결에 대하여 항소하지 않거나 양형부당만을 이유로 항소하고 검사는 양형부당만을 이유로 항소하였는데, 항소심이 검사의 항소를 받아들여 제1심판결을 파기하고 그보다 높은 형을 선고한 경우, 피고인이 항소심의 심판대상이 되지 않았던 법령위반 등 새로운 사항을 상고이유로 삼아 상고하는 것은 허용될 수 없다(대판 2017도16593-1). 표준판례 [24변선, 24모선]

3 상고이유 관련 판례 정리

(1) 1호 사유 관련

① 사실심법원이 별도의 범죄사실에 해당하는 사정에 관하여 합리적인 의심을 배제할 정도의 증명력을 갖춘 증거에 따라 증명되지 않았는데도 핵심적인 형벌가중적 양형조건으로 삼아 형의 양정을 함으로써 피고인에 대하여 사실상 공소가 제기되지 않은 범행을 추가로 처벌한 것과 같은 실질에 이른 경우, 그 부당성을 다투는 피고인의 주장이 적법한 상고이유에 해당한다(대판 2020도8358).

② [1] 성폭력처벌법상 등록대상 성범죄에 대해 선고유예 판결이 있는 경우에는 당연히 신상정보 제출의무가 있으며 선고유예 판결확정 후 2년이 경과하면 의무를 면하는 것이고, 이와 같이 등록대상자의 신상정보 제출의무는 법원이 별도로 부과하는 것이 아니므로, 유죄판결을 선고하는 법원이 하는 신상정보 제출의무 등의 고지는 등록대상자에게 신상정보 제출의무가 있음을 알려 주는 것에 의미가 있을 뿐이다.

 [2] 신상정보 제출의무 고지와 관련된 잘못을 다투는 취지의 상고이유는 판결에 영향을 미치지 않는 사항에 관한 것으로서 적법한 상고이유가 되지 못한다(대판 2014도9933).

③ 제308조는 증거의 증명력은 법관의 자유판단에 의하도록 자유심증주의를 규정하고 있으므로, 원심의 증거의 증명력에 관한 판단과 증거취사 판단에 그와 달리 볼 여지가 상당히 있는 경우라고 하더라도, 원심의 판단이 논리법칙이나 경험법칙에 따른 자유심증주의의 한계를 벗어나지 아니하는 한 그것만으로 바로 제383조 제1호가 상고이유로 규정하고 있는 법령 위반에 해당한다고 단정할 수 없다(대판 2007도1755).

④ 항소심은 제1심에 대한 사후심적 성격이 가미된 속심으로서 제1심과 구분되는 고유의 양형재량을 가지고 있으므로, 항소심이 자신의 양형판단과 일치하지 아니한다고 하여 양형부당을 이유로 제1심판결을 파기하는 것이 바람직하지 아니한 점이 있다고 하더라도 이를 두고 양형심리 및 양형판단 방법이 위법하다고까지 할 수는 없다(대판 2015도3260).

(2) 3호 사유 관련

소촉법 제23조에 따라 피고인이 불출석한 채로 진행된 제1심의 재판에 대하여 검사만 항소하고 항소심도 피고인 불출석 재판으로 진행한 후에 검사의 항소를 기각하여 제1심의 유죄판결이 확정된 경우, 피고인이 귀책사유 없이 제1심과 항소심의 공판절차에 출석할 수 없었고 상고권회복에 의한 상고를 제기하였다면, 이는 제383조 제3호에서 상고이유로 정한 '재심청구의 사유가 있는 때'에 해당한다(대판 2016도11969).

(3) 4호 사유 관련

① [1] 선고유예에의 요건에 관한 개전의 정상이 현저한지 여부에 관한 사항은 널리 형의 양정에 관한 법원의 재량사항에 속한다고 해석되므로, 상고심으로서는 제383조 제4호에 의하여 사형·무기 또는 10년 이상의 징역·금고가 선고된 사건에서 형의 양정의 당부에 관한 상고이유를 심판하는 경우가 아닌 이상, 선고유예에 관하여 형법 제51조의 사항과 개전의 정상이 현저한지 여부에 대한 원심 판단의 당부를 심판할 수 없다.
[2] 그 원심 판단이 현저하게 잘못되었다고 하더라도 달리 볼 것이 아니다(대판 2001도6138). `표준판례`

② 하나의 사건에서 징역형이나 금고형이 여럿 선고된 경우에는 이를 모두 합산한 형기가 10년 이상이면 위 규정에서 정하는 '10년 이상의 징역이나 금고의 형을 선고한 경우'에 해당한다고 할 것이다(대판 2009도13411).

③ [1] 제383조 제4호에 따라 사형·무기 또는 10년 이상의 징역·금고가 선고된 사건에서 양형의 당부에 관한 상고이유를 심판하는 경우가 아닌 이상, 사실심법원이 양형의 기초 사실에 관하여 사실을 오인하였다거나 양형의 조건이 되는 정상에 관하여 심리를 제대로 하지 않았다는 주장은 적법한 상고이유가 아니다(대판 2020도8358).
[2] 피고인에 대하여 10년 미만의 징역형이 선고된 사건에 있어서 원심의 형량이 너무 무거워서 부당하다는 취지의 주장은 적법한 상고이유가 될 수 없다(대판 2001도5034).

④ [1] 형사소송법이 양형부당을 상고이유로 삼을 수 있도록 한 이유는 무거운 형이라고 할 수 있는 사형, 무기 또는 10년 이상의 징역이나 금고를 선고받은 피고인의 이익을 한층 두텁게 보호하고 양형문제에 관한 권리구제를 최종적으로 보장하려는 데 있다. 제383조 제4호 후단이 정한 양형부당의 상고이유는 10년 이상의 징역이나 금고 등의 형을 선고받은 피고인의 이익을 위한 것으로 볼 수 있다(대판 2021도16719).
[2] 피고인에 대하여 사형, 무기 또는 10년 이상의 징역이나 금고의 형이 선고된 경우에도 제383조 제4호의 해석상 검사는 원심의 형의 양정이 가볍다는 사유를 상고이유로 주장할 수 없다(대판 2013도14914). `표준판례`

(4) 그 밖의 상고이유 관련

① 판결내용 자체가 아니고 다만 피고인의 신병확보를 위한 구속 등 소송절차가 법령에 위반된 경우에는, 그로 인하여 피고인의 방어권이나 변호인의 조력을 받을 권리가 본질적으로

침해되고 판결의 정당성마저 인정하기 어렵다고 보이는 정도에 이르지 않는 한, 그것 자체만으로는 판결에 영향을 미친 위법이라고 할 수 없다(대판 2018도19034).
② 제1심 판결에 대하여 피고인은 항소하지 않고 검사만 항소하여 그 항소가 기각된 경우 항소심 판결은 피고인에게 불이익한 판결이 아니므로 피고인은 그 판결에 대하여 상고할 수 없다(대판 89도2166).
③ 자유심증주의의 한계를 벗어나거나 필요한 심리를 다하지 아니하는 등으로 판결 결과에 영향을 미친 때에는, 사실인정을 사실심 법원의 전권으로 인정한 전제가 충족되지 아니하므로 당연히 상고심의 심판대상에 해당한다(대판 2015도17869).
④ [1] 상고심에서 상고이유의 주장이 이유 없다고 판단되어 배척된 부분은 그 판결 선고와 동시에 확정력이 발생하여 그 부분에 대하여는 피고인은 더 이상 다툴 수 없고, 또한 환송받은 법원으로서도 그와 배치되는 판단을 할 수 없으므로, 피고인으로서는 더 이상 그 부분에 대한 주장을 상고이유로 삼을 수 없다.
[2] 환송 전 원심판결 중 일부분에 대하여 상고하지 않은 경우, 상고심에서 상고이유로 삼지 않은 부분은 그 부분에 대한 상고가 제기되지 아니하여 확정된 것과 마찬가지의 효력이 있으므로 피고인으로서는 더 이상 이 부분에 대한 주장을 상고이유로 삼을 수 없다(대판 2020도2883).

4 상고이유 존부의 시간적 판단기준

사후심인 상고심은 원심판결에 제383조 제1호의 상고이유인 '판결에 영향을 미친 헌법·법률·명령 또는 규칙의 위반이 있을 때' 여부를 원심판결 당시를 기준으로 판단하는 것이 원칙이므로, 원심판결 선고 후에 비로소 별개의 범죄에 대하여 금고 이상의 형을 선고한 판결이 확정되었다면 원심판결이 형법 제39조 제1항을 적용하지 않은 것을 위법하다고 볼 수 없는 것이다(대판 2006도5696). 표준판례

III 절차

1 상고제기의 방식

① 상고의 제기기간은 7일로 한다(제374조).
② 상고를 함에는 상고장을 원심법원에 제출하여야 한다(제375조).
③ 상고심에는 변호사 아닌 자를 변호인으로 선임하지 못하고(제386조), 변호인 아니면 피고인을 위하여 변론하지 못한다(제387조).

2 상고법원의 소송기록접수통지

상고법원이 소송기록의 송부를 받은 때에는 즉시 상고인과 상대방에 대하여 그 사유를 통지하여야 한다(제378조 제1항).

3 상고이유서와 답변서의 제출

① 상고인 또는 변호인은 소송기록접수통지를 받은 날로부터 20일 이내에 상고이유서를 상고법원에 제출하여야 한다(제379조 제1항).

② 상고인이 제출한 상고이유서에 구체적이고도 명시적인 이유의 설시가 없이 상고이유로 단순히 원심판결에 사실오인 내지 법리오해의 위배가 있다고만 기재한 경우는 어느 증거에 대한 취사조치가 채증법칙에 위배되었다는 것인지, 또 어떠한 법령적용의 잘못이 있고 어떠한 점이 부당하다는 것인지 구체적 사유를 전혀 주장하지 않은 것이어서 적법한 상고이유가 제출된 것으로 볼 수 없다(대판 2008도5634). 표준판례

③ 검사가 상고한 경우에는 상고법원에 대응하는 검찰청 소속 검사가 소송기록접수통지를 받은 날로부터 20일 이내에 그 이름으로 상고이유서를 제출하여야 한다. 다만 상고를 제기한 검찰청 소속 검사가 그 이름으로 상고이유서를 제출하여도 유효한 것으로 취급되지만, 이 경우 상고를 제기한 검찰청이 있는 곳을 기준으로 법정기간인 상고이유서 제출기간이 형사소송법 제67조에 따라 연장될 수 없다. 이러한 법리는 군검사가 상고한 경우에도 마찬가지로 적용된다(대판 2022도16568).

4 서면심리에 의한 판결

① 상고법원은 상고장, 상고이유서 기타의 소송기록에 의하여 변론없이 판결할 수 있다(제390조 제1항).

② 상고법원은 필요한 경우에는 특정한 사항에 관하여 변론을 열어 참고인의 진술을 들을 수 있다(동조 제2항).

③ 상고심의 공판기일에는 피고인의 소환을 요하지 아니한다(제389조의2).[24모선]

IV 효과

1 상고심의 심판범위

① 상고법원은 상고이유서에 포함된 사유에 관하여 심판하여야 한다. 그러나 판결에 영향을 미친 법령위반이 있는 때, 판결 후 형의 폐지나 변경 또는 사면이 있는 때, 재심청구의 사유가 있는 때의 경우에는 상고이유서에 포함되지 아니한 때에도 직권으로 심판할 수 있다(제384조).

② 상고법원은 판결에 영향을 미친 법률의 위반이 있는 경우에는 상고이유서에 포함되지 아니한 때에도 직권으로 심판할 수 있는바, 이는 법률의 해석·적용을 그르친 나머지 피고인을 유죄로 잘못 인정한 원심판결에 대하여 피고인은 상고를 제기하지 아니하고 검사만이 다른 사유를 들어 상고를 제기하였고, 검사의 상고가 피고인의 이익을 위하여 제기된 것이 아님이 명백한 경우라 하더라도 마찬가지이다(대판 2015도16764). 표준판례

③ 원래 주위적·예비적 공소사실의 일부에 대한 상고제기의 효력은 나머지 공소사실 부분에 대하여도 미치는 것이고, 동일한 사실관계에 대하여 서로 양립할 수 없는 적용법조의 적용을 주위적·예비적으로 구하는 경우에는 예비적 공소사실만 유죄로 인정되고 그 부분에 대하여 피고인만 상고하였다고 하더라도 주위적 공소사실까지 함께 상고심의 심판대상에 포함된다. 이때 상고심이 예비적 공소사실에 대한 원심판결이 잘못되었다는 이유로 원심판결을 전부파기환송한다면, 환송 후 원심은 예비적 공소사실은 물론 이와 동일체 관계에 있는 주위적 공소사실에 대하여도 이를 심리·판단하여야 한다(대판 2023도10718).

④ 상고심은 사후심으로서, 원심까지의 소송자료만을 기초로 삼아 원심판결의 당부를 판단하여야 하므로, 직권조사 기타 법령에 특정한 경우를 제외하고는 새로운 증거조사를 할 수 없을 뿐더러, 원심판결 후에 나타난 사실이나 증거의 경우 비록 그것이 상고이유서 등에 첨부되어 있다 하더라도 사용할 수 없음이 원칙이다(대판 2009도4894).

2 상고기각의 결정

① 상고인이나 변호인이 기간 내에 상고이유서를 제출하지 아니한 때에는 결정으로 상고를 기각하여야 한다(제380조 제1항).

② 상고의 제기가 법률상의 방식에 위반하거나 상고권소멸후인 것이 명백한 때에는 원심법원은 결정으로 상고를 기각하여야 한다(제376조 제1항). 원심법원이 상고기각의 결정을 하지 아니한 경우 상고법원이 결정으로 상고를 기각한다(제381조).

③ 상고인이나 변호인이 '상고이유서'라는 제목의 서면을 제출하였다고 하더라도 위 법조에서 상고이유로 들고 있는 어느 하나에라도 해당하는 사유를 포함하고 있지 않은 때에는 적법한 상고이유서를 제출한 것이라고 할 수 없고, 이 경우 상고법원은 같은 법 제380조에 의하여 결정으로 상고를 기각할 수 있다(대판 2010도759). 표준판례

④ 피고인의 상고에 대하여 형사소송법 제380조 본문에 따라 상고기각결정을 한 경우에는 법률에 다른 규정이 있지 않는 한 형사소송법 제42조 본문의 규정에 의하여 그 등본을 피고인에게 송달하거나 다른 적당한 방법으로 고지하였을 때 그 효력이 생긴다(대판 2021도15745).

3 상고기각의 판결

① 상고제기의 적법요건이 모두 구비되었어도 상고심의 심리가 종료된 후에 상고이유가 없다고 인정한 때에는 상고기각판결을 해야 한다(제399조, 제364조 제6항).

② 상고심에서 상고이유가 없다고 하여 파기되지 아니한 부분은 그 판결 선고와 동시에 확정

되고 이 부분에 대하여는 피고인은 더 이상 다툴 수 없고, 환송받은 법원으로서도 이와 배치되는 판단을 할 수 없다(대판 2018도7575).

4 원심판결파기의 판결

① 상고이유가 있는 때에는 판결로써 원심판결을 파기하여야 한다(제391조).
　피고인의 이익을 위하여 원심판결을 파기하는 경우에 파기의 이유가 상고한 공동피고인에 공통되는 때에는 그 공동피고인에 대하여도 원심판결을 파기하여야 한다(제392조).
② 적법한 공소를 기각하였다는 이유(제393조) 및 관할위반의 인정이 법률에 위반됨을 이유(제395조)로 파기하는 경우 판결로써 사건을 원심법원 또는 제1심 법원에 환송하여야 한다.
③ 관할의 인정이 법률에 위반됨을 이유로 파기하는 경우 판결로써 사건을 관할 있는 법원에 이송하여야 한다(제394조).
④ 상고법원은 원심판결을 파기한 경우에 그 소송기록과 원심법원과 제1심법원이 조사한 증거에 의하여 판결하기 충분하다고 인정한 때에는 피고사건에 대하여 직접 판결을 할 수 있다. 이때 불이익변경금지의 원칙이 적용된다(제396조).
⑤ 전4조(제393조 내지 제396조)의 경우 외에 원심판결을 파기한 때에는 판결로써 사건을 원심법원에 환송하거나 그와 동등한 다른 법원에 이송하여야 한다(제397조).

Ⅴ 비약적 상고

1 의의

비약적 상고란 법령해석에 관한 중요한 사항을 포함한다고 인정되는 사건에 관하여 제1심 판결에 대하여 직접 상고하게 하는 것을 말한다(제372조).
비약적 상고 사건에 대하여 항소가 제기된 때에는 비약적 상고는 효력을 잃는다. 단, 항소의 취하 또는 항소기각의 결정이 있는 때에는 예외로 한다(제373조).

2 비약적 상고의 이유

① 원심판결이 인정한 사실에 대하여 법령을 적용하지 아니하였거나 법령의 적용에 착오가 있는 때(제372조 제1호)
② 원심판결이 있은 후 형의 폐지나 변경 또는 사면이 있는 때(동조 제2호)

3 비약적 상고 관련 판례 정리

① **피고인은 비약적 상고, 검사는 항소시 비약적 상고에 항소의 효력 인정** [23모사]
　제1심판결에 대하여 피고인은 비약적 상고를, 검사는 항소를 각각 제기하여 이들이 경합

한 경우 피고인의 비약적 상고에 상고의 효력이 인정되지는 않더라도, 피고인의 비약적 상고가 항소기간 준수 등 항소로서의 적법요건을 모두 갖추었고, 피고인이 자신의 비약적 상고에 상고의 효력이 인정되지 않는 때에도 항소심에서는 제1심판결을 다툴 의사가 없었다고 볼 만한 특별한 사정이 없다면, 피고인의 비약적 상고에 항소로서의 효력이 인정된다고 보아야 한다(대판 2021도17131).[24변선, 24모선]

② [1] 비약적 상고이유를 규정한 제372조에서 말하는 제1심판결이 인정한 사실에 대하여 법령을 적용하지 아니하거나 법령의 적용에 착오가 있는 때란 제1심 판결이 인정한 사실이 옳다는 것을 전제로 하여 볼 때 그에 대한 법령을 적용하지 아니하거나 법령의 적용을 잘못한 경우를 말하는 것이다. [2] 그런데 국선변호인이 주장하는 사유는 형이 너무 무거워 부당하다는 취지이므로 적법한 비약적 상고이유가 되지 못한다(대판 2016도20069).

Chapter 088 항고 · 재항고 · 준항고

I 항고

1 의의

항고란 법원의 결정에 대한 상소를 말하는데 소송법에 의하여 대법원에 즉시 항고할 수 있다고 명문으로 규정되어 있는 것을 특별항고, 그 이외의 항고를 일반항고라 한다. 일반항고는 다시 즉시항고와 보통항고로 나누어진다.

2 즉시항고

(1) 의의

즉시항고는 명문의 규정이 있는 때에만 허용되는데 제기기간이 7일로 제한되어 있고(제405조), 재판의 집행이 정지되는 효력을 가진다(제410조).

(2) 허용사례

① 기피신청기각 결정(제23조)
② 구속취소 결정(제97조)
③ 무죄판결이 확정된 경우 피고인에 대한 소송비용 보상결정(제194조의3)
④ 증인에 대한 과태료 부과(제151조, 제161조)[23변선, 24모선]

⑤ 공소기각 결정(제328조 제2항)
⑥ 집행유예취소 결정(제335조)
⑦ 항소기각 결정(제360조, 제362조 제2항), 상고기각 결정(제376조조 제2항)
⑧ 항고기각 결정(제407조 제2항)
⑨ 재심청구기각 결정(제433, 제434, 제437조), 재심개시 결정(제435조, 제437조)

3 보통항고

(1) 대상

① 보통항고는 법원의 결정을 대상으로 불복이 있는 경우 할 수 있는 것이므로 법원의 결정이 아닌 지방법원판사가 한 압수·수색영장의 발부나(대결 97모66), 체포영장 또는 구속영장의 청구에 대한 재판은 항고의 대상이 되지 않는다.
② 판결 전 소송절차에 관한 결정(국선변호인선임청구를 기각하는 결정 등)에서 허용되지 않는다. 다만, 구금·보석·압수나 압수물의 환부에 관한 결정 또는 감정하기 위한 피고인의 유치에 관한 결정에 대하여는 보통항고를 할 수 있다(제403조 제2항).
③ 대법원의 결정에 대하여는 성질상 항고가 허용되지 않는다.

(2) 효력

항고는 즉시항고외에는 재판의 집행을 정지하는 효력이 없다. 단, 원심법원 또는 항고법원은 결정으로 항고에 대한 결정이 있을 때까지 집행을 정지할 수 있다(제409조).

(3) 심리

항고심의 심리는 항고에 대한 결정을 위한 심리절차이므로 구두변론을 거치지 않을 수 있으며(제37조 제2항), 결정을 하는데 필요하면 사실조사를 할 수 있다(동조 제3항).
이에 따라 사실을 조사하는데 필요한 경우에는 증인을 신문하거나 감정을 명할 수 있다(규칙 제24조 제1항).[23·22모선]

(4) 항고심의 재판

① 항고기각의 결정 : 항고제기가 법률상의 방식을 위반하거나 항고권이 소멸된 후인 것이 명백한 경우에도 원심법원이 항고기각의 결정을 하지 아니한 때에는 항고법원은 결정으로 항고를 기각하여야 한다(제413조).
② 항고인용의 결정 : 항고를 이유있다고 인정한 때에는 결정으로 원심결정을 취소하고 필요한 경우에는 항고사건에 대하여 직접재판을 하여야 한다(제414조 제2항).

4 항고 관련 판례 정리

① 판결전의 소송절차에 관한 결정에 대하여는 특히 즉시항고를 할 수 있는 경우 외에는 항고를 하지 못하는 것인 바, 소송사실 또는 적용법조의 추가, 철회 또는 변경의 허가에 관한

결정은 판결전의 소송절차에 관한 결정이라 할 것이므로, 그 결정을 함에 있어서 저지른 위법이 판결에 영향을 미친 경우에 한하여 그 판결에 대하여 상소를 하여 다툼으로써 불복하는 외에는 당사자가 이에 대하여 독립하여 상소할 수 없다(대결 87모17). 표준판례 [22모선]

② 제1심 법원이 국민참여재판으로 진행하기로 하는 결정에 이른 경우 이는 판결 전의 소송절차에 관한 결정에 해당하며, 그에 대하여 특별히 즉시항고를 허용하는 규정이 없으므로 위 결정에 대하여는 항고할 수 없다(대결 2009모1032). 표준판례 [22모선]

③ 제1심법원이 변호인의 신청을 받아들여 검사에게 영상녹화물의 열람·등사를 허용할 것을 명하는 취지의 결정을 하였다면, 영상녹화물의 열람·등사 허용 결정에 대한 검사의 보통항고는 '판결 전의 소송절차에 관한 결정'에 대한 것으로서 법률상의 방식에 위반한 항고에 해당한다(대결 2012모1393).

④ [1] 가정폭력처벌법은 가정보호처분 결정에 대한 항고장이 제출된 경우 항고장을 받은 법원은 그 항고의 절차가 법률에 위반되는지 가릴 필요 없이 3일 이내에 의견서를 첨부하여 기록을 항고법원에 보내도록 정하고 있고, 항고의 제기가 법률상의 방식에 위반하거나 항고권 소멸 후인 경우와 같이 항고의 절차가 법률에 위반되는 경우에는 항고법원이 항고기각 결정을 하도록 정하고 있음을 알 수 있다.

[2] 이와 같이 가정폭력처벌법이 가정보호처분 결정에 대한 항고에 관하여 따로 정하고 있는 이상, 가정보호처분 결정에 대한 항고에는 형사소송법 제407조의 원심법원의 항고기각 결정에 관한 규정이 준용될 여지가 없다(대결 2022어3).

⑤ 체포·구속적부심 인용·기각결정에 대한 항고를 할 수 없다(제214조의2 제8항).
(판례는 보증금납입조건부 피의자석방결정에 대한 항고는 허용)

⑥ [1] 형사소송법 제411조에 의하면, 항고법원은 제1심법원으로부터 소송기록과 증거물을 받은 날부터 5일 이내에 당사자에게 그 사유를 통지하여야 한다.

[2] 재항고인이 집행유예의 취소 청구를 인용한 제1심결정에 대하여 즉시항고를 하고, 즉시항고장에 항고이유를 적지 않았는데, 원심이 제1심법원으로부터 소송기록을 송부받은 당일에 항고를 기각하는 결정을 하면서, 항고를 제기한 재항고인에게 소송기록과 증거물을 송부받았다는 통지를 하지 않은 사안에서, 원심은 재항고인에게 항고에 관하여 이유서를 제출하거나 의견을 진술하고 유리한 증거를 제출할 기회를 부여하였다고 할 수 없으므로, 원심결정에 형사소송법 제411조에 관한 법리를 오해한 잘못이 있다고 한 사례(대결 2018모1698).

⑦ 정식재판청구권회복청구를 기각한 제1심법원으로부터 소송기록을 송부받은 항고법원이 항고인에게 소송기록접수통지서를 송달한 날 곧바로 즉시항고를 기각한 것은 형사소송법 제411조에 위배되어 위법하다(대결 2007모601).[22모선]

[비교판례] 검사가 제1심 결정에 대해 항고하면서 항고이유서를 첨부하였는데 항고심인 원심법원이 검사에게 소송기록접수통지서를 송달한 다음날 항고를 기각한 사안에서, 검사가 항고장에 상세한 항고이유서를 첨부하여 제출함으로써 의견진술을 하였으므로 형사소송법

제412조에 따라 별도로 의견을 진술하지 아니한 상태에서 원심이 항고를 기각하였더라도 그 결정에 위법이 없다고 한 사례(대결 2012모459).
⑧ 제411조는 당사자에게 항고에 관하여 그 이유서를 제출하거나 의견을 진술하고 유리한 증거를 제출할 기회를 부여하려는 데 취지가 있으므로, 항고심에서 항고인이 항고에 대한 의견진술을 한 경우에는 위와 같은 기회가 있었다고 봄이 상당하므로 제411조를 위반하였다고 볼 수 없다(대결 2018모3621).
⑨ 위헌제청신청을 기각하는 하급심의 결정은 중간재판적 성질을 가지는 것으로서, 이는 본안에 대한 하급심판결이 상소되었을 때에 이와 함께 그 판단도 상소심이 판단을 받는데 불과하고, 위 결정에 대하여 독립하여 항고, 재항고를 할 수는 없다(대결 85모49).
⑩ 관할이전의 신청을 기각한 결정에 대하여 즉시항고를 할 수 있다는 규정이 없으므로, 원심결정에 대하여 재항고인이 불복할 수 없다(대결 2020모2561).

II 재항고

1 의의

항고법원 또는 고등법원의 결정에 대하여는 재판에 영향을 미친 헌법·법률·명령 또는 규칙의 위반이 있음을 이유로 하는 때에 한하여 대법원에 즉시항고를 할 수 있다(제415조). 즉, 재항고는 즉시항고의 형태로서 허용된다.

2 재항고 관련 판례 정리

① **재항고시 즉시항고의 집행정지 효력이 당연히 인정되는 것은 아니다.** [24변사]
재항고는 즉시항고인바, 재항고에서 즉시항고의 집행정지의 효력이 인정되는지 문제되는데, 판례는 '제415조가 고등법원의 결정에 대한 재항고를 즉시항고로 규정하고 있다고 하여 당연히 즉시항고가 가지는 집행정지의 효력이 인정된다고 볼 수는 없다. 만약 고등법원의 결정에 대하여 일률적으로 집행정지의 효력을 인정하면, 보석허가, 구속집행정지 등 제1심 법원이 결정하였다면 신속한 집행이 이루어질 사안에서 고등법원이 결정하였다는 이유만으로 피고인을 신속히 석방하지 못하게 되는 등 부당한 결과가 발생하게 된다(대결 2020모633)'는 입장이다.[24모선, 23·22모선]
② 형을 선고하는 경우 상소에 관한 사항의 고지를 규정한 제324조는 피고인에 대하여 상소권을 행사할 기회를 놓치지 않도록 하는 입법상 고려에 따른 것이다. 재항고와 관련하여서는 그와 같은 규정이 없고, 달리 고등법원이 보석취소결정을 고지하면서 재항고 관련 사항을 고지하여야 한다고 볼 근거도 찾을 수 없다(대결 2020모633).
③ 가정폭력처벌법 제49조 제1항은 보호처분 결정에 있어서 그 결정에 영향을 미칠 법령위반

이 있거나 중대한 사실오인이 있는 경우 또는 그 결정이 현저히 부당한 경우 검사, 가정폭력행위자, 법정대리인 또는 보조인이 가정법원 본원합의부에 항고할 수 있다고 규정한다. 따라서 검사가 청구한 임시조치를 기각한 결정에 대하여 피해자가 항고할 수는 없다(대결 2018어21).
④ 항소법원의 결정에 대하여도 대법원에 재항고하는 방법으로 다투어야 한다(대결 2007모726). 표준판례
⑤ [1] (준)항고법원의 결정에 대하여는 재판에 영향을 미친 헌법·법률·명령 또는 규칙의 위반이 있음을 이유로 하는 때에 한하여 대법원에 즉시항고를 할 수 있다(제419조, 제415조). [2] 이는 재항고에 해당한다(대결 83모12).

Ⅲ 준항고

1 의의
준항고는 재판장 또는 수명법관의 재판과 검사 또는 사법경찰관의 처분에 대하여 그 소속법원 또는 관할법원에 취소 또는 변경을 청구하는 불복신청방법이다.

2 대상
① **재판장 또는 수명법관의 재판**
기피신청을 기각한 재판, 구금·보석·압수 또는 압수물환부에 관한 재판, 감정하기 위하여 피고인의 유치를 명한 재판, 증인·감정인 등에 대하여 과태료 또는 비용의 배상을 명하는 재판(제416조 제1항)

② **수사기관의 처분**
검사 또는 사법경찰관의 구금, 압수 또는 압수물의 환부에 관한 처분과 변호인의 참여 등에 관한 처분에 대하여 불복이 있으면 그 직무집행지의 관할법원 또는 검사의 소속검찰청에 대응한 법원에 그 처분의 취소 또는 변경을 청구할 수 있다(제417조)

3 준항고 관련 지문 및 판례 정리
① **수사기관의 압수물의 환부에 관한 준항고시 적법 요건**
[1] 수사기관의 압수물의 환부에 관한 형사소송법 제417조의 준항고는 검사 또는 사법경찰관이 수사 단계에서 압수물의 환부에 관하여 처분을 할 권한을 가지고 있을 경우에 그 처분에 관하여 제기할 수 있는 불복절차이다. 공소제기 이전의 수사 단계에서는 압수물 환부·가환부에 관한 처분권한이 수사기관에 있으나 공소제기 이후의 단계에서는 위 권한이 수소법원에 있으므로 검사의 압수물에 대한 처분에 관하여 형사소송법 제417조의 준항고

로 다툴 수 없다.

[2] 또한 형사소송법 제332조에 따라 압수물에 대한 몰수의 선고가 포함되지 않은 판결이 확정된 때에는 압수가 해제된 것으로 간주되므로 이 경우 검사에게는 압수물 환부에 대한 처분을 할 권한이 없다.

[3] 형사소송법 제417조의 준항고에 관하여 같은 법 제419조는 같은 법 제409조의 보통항고의 효력에 관한 규정을 준용하고 있다. 따라서 형사소송법 제417조의 준항고는 항고의 실익이 있는 한 제기기간에 아무런 제한이 없다(대결 2022모2352).

[4] 수사기관의 압수물에 관한 처분의 취소를 구하는 준항고는 항고소송의 일종이므로 통상의 항고소송과 마찬가지로 그 이익이 있어야 하고, 준항고 절차의 계속 중 이로써 달성하려는 목적이 이미 이루어졌거나 시일의 경과 또는 그 밖의 사정으로 인하여 그 이익이 상실된 경우에는 준항고의 이익이 없어 부적법하다(대결 2019모2584).

② 영장에 의하지 아니한 구금이나 변호인 또는 변호인이 되려는 자와의 접견교통권을 제한하는 처분뿐만 아니라 구금된 피의자에 대한 신문에 변호인의 참여(입회)를 불허하는 처분 역시 구금에 관한 처분에 해당하는 것으로 보아야 한다(대결 2003모402). 표준판례

③ 검사가 압수·수색영장의 청구 등 강제처분을 위한 조치를 취하지 아니한 것 그 자체를 제417조 소정의 '압수에 관한 처분'으로 보아 이에 대해 준항고로써 불복할 수는 없다(대결 2007모82). 표준판례

④ 형사재판확정기록의 열람·등사신청에 대한 거부 등에 대한 불복은 준항고로 가능

[1] 형사소송법 제59조의2는 재판이 확정된 사건의 소송기록, 즉 형사재판확정기록의 공개 여부나 공개 범위, 불복절차 등에 관하여 정보공개법과 달리 규정하고 있는 것으로 정보공개법 제4조 제1항에서 정한 '정보의 공개에 관하여 다른 법률에 특별한 규정이 있는 경우'에 해당한다. 따라서 형사재판확정기록의 공개에 관하여는 정보공개법에 의한 공개청구가 허용되지 않는다.

[2] 따라서 형사재판확정기록에 관해서는 형사소송법 제59조의2에 따른 열람·등사신청이 허용되고 그 거부나 제한 등에 대한 불복은 준항고에 의하며, 형사재판확정기록이 아닌 불기소처분으로 종결된 기록에 관해서는 정보공개법에 따른 정보공개청구가 허용되고 그 거부나 제한 등에 대한 불복은 항고소송절차에 의한다.

[3] 해당 형사사건에서 증거로 채택되지 아니하였거나 그 범죄사실과 직접 관련되지 아니한 서류라고 하여 재판확정기록에 포함되지 않는다고 볼 것은 아니다(대결 2021모3175).

⑤ [1] 준항고인이 불복의 대상이 되는 압수 등에 관한 처분을 구체적으로 특정하기 어려운 사정이 있는 경우에는 법원은 석명권 행사 등을 통해 준항고인에게 불복하는 압수 등에 관한 처분을 특정할 수 있는 기회를 부여하여야 한다.

[2] 준항고인이 불복의 대상이 되는 압수 등에 관한 처분을 한 수사기관을 제대로 특정하지 못하거나 준항고인이 특정한 수사기관이 해당 처분을 한 사실을 인정하기 어렵다는 이유만으로 준항고를 쉽사리 배척할 것은 아니다(대결 2022모1566).[24모선]

⑥ 제417조의 규정은 검사 또는 사법경찰관이 수사단계에서 압수물의 환부에 관하여 처분을 할 권한을 가지고 있을 경우에 그 처분에 불복이 있으면 준항고를 허용하는 취지라고 보는 것이 상당하므로 제332조의 규정에 의하여 압수가 해제된 것으로 되었음에도 불구하고 검사가 그 해제된 압수물의 인도를 거부하는 조치에 대해서는 제417조가 규정하는 준항고로 불복할 대상이 될 수 없다(대결 84모3).

⑦ '증인, 감정인, 통역인 또는 번역인에 대하여 과태료 또는 비용의 배상을 명한 재판'에 관한 준항고 청구가 있는 때에는 그 재판의 집행은 정지된다(제416조 제4항).

Chapter 089 재심

I 개관

1 의의

(1) 개념

재심은 유죄의 확정판결을 받은 자에 대해 중대한 사실오인의 오류가 있는 경우에 판결을 받은 자의 이익을 위하여 확정판결을 시정하는 비상구제절차이다.

cf. 판결의 정정은 판결내용에 오류가 있음을 발견한 때에 상고법원이 직권 또는 당사자 등의 신청에 의하여 판결을 정정하는 것을 의미하는데 이는 재판서의 경정결정과는 구별되는 개념이다.

(2) 관할

① 재심의 청구는 원판결의 법원이 관할한다(제423조).

② 군사법원의 판결이 확정된 후 피고인에 대한 재판권이 더 이상 군사법원에 없게 된 경우에 군사법원의 판결에 대한 재심사건의 관할은 원판결을 한 군사법원과 같은 심급의 일반법원에 있다. 여기에서 '군사법원과 같은 심급의 일반법원'은 법원조직법과 형사소송법에 규정된 추상적 기준에 따라 획일적으로 결정하여야 한다(대결 2019모3197).

③ [1] 재심청구를 받은 군사법원으로서는 먼저 재판권 유무를 심사하여 군사법원에 재판권이 없다고 판단되면 재심개시절차로 나아가지 말고 곧바로 사건을 같은 심급의 일반법원으로 이송하여야 한다.

[2] 이와 달리 군사법원이 재판권이 없음에도 재심개시결정을 한 후에 비로소 사건을 일반

법원으로 이송한다면 이는 위법한 재판권의 행사이다. 다만 사건을 이송받은 일반법원으로서는 다시 처음부터 재심개시절차를 진행할 필요는 없고 군사법원의 재심개시결정을 유효한 것으로 보아 후속 절차를 진행할 수 있다(대판 2011도1932).

④ 재심청구가 재심관할법원인 항소심법원이 아닌 제1심법원에 잘못 제기된 경우 제1심법원은 재심관할법원인 항소심법원에 이송하여야 할 것인데, 제1심법원이 항소심법원으로 이송결정 대신 재심청구기각결정을 하고 이에 대하여 재심청구인으로부터 항고가 제기된 경우라면 항고를 받은 법원이 마침 재심관할법원인 항소심법원인 경우에는 제367조를 유추적용하여 관할권이 없는 제1심 결정을 파기하고 재심관할법원으로서 그 절차를 취하여야 한다(대결 2002모344). 표준판례

(3) 청구권자

재심은 검사, 유죄선고를 받은 자, 유죄선고를 받은 자의 법정대리인, 유죄선고를 받은 자가 사망하거나 심신장애가 있는 경우에는 그 배우자, 직계친족, 형제자매가 청구할 수 있다(제424조). - 검사도 청구할 수 있음에 주의

(4) 재심청구의 기간

① 재심청구기간에는 제한이 없으므로 형의 집행을 종료하였거나 형의 집행을 받지 않게 된 때에도 할 수 있다(제427조).

② 한편 민사소송법은 원칙적으로 재심의 소제기에 시간적 제한을 두고 있으나, 형사소송법은 재심청구 제기기간에 제한을 두고 있지 않으므로, 법률상의 방식을 위반한 재심청구라는 이유로 기각결정이 있더라도, 청구인이 이를 보정한다면 다시 동일한 이유로 재심청구를 할 수 있다(대결 2022모509).[25변선]

(5) 재심청구의 효과

① 재심청구는 형의 집행을 정지하는 효력이 없다. 다만 관할법원에 대응한 검찰청 검사는 재심청구에 대한 재판이 있을 때까지 형의 집행을 정지할 수 있다(제428조).[22모선]

② 법원은 재심개시의 결정을 할 때에는 결정으로 형의 집행을 정지할 수 있다(제435조 제2항).[23·22모선]

2 재심의 대상

(1) 유죄의 확정판결

① 유죄의 확정판결, 유죄판결에 대한 항소 또는 상고의 기각판결이 대상이다.

② 항소 또는 상고의 기각판결에 대하여는 제420조 제1호, 제2호, 제7호의 사유있는 경우에 한하여 그 선고를 받은 자의 이익을 위하여 재심을 청구할 수 있다(제421조 제1항).

- 제421조 제1항에서 항소 또는 상고의 기각판결이라 함은 위 상고기각판결에 의하여 확정된 1심 또는 항소판결을 의미하는 것이 아니고, 항소기각 또는 상고기각판결 자체를 의

미한다(대결 84모48).

③ 제1심확정판결에 대한 재심청구사건의 판결이 있은 후에는 항소기각판결에 대하여 다시 재심을 청구하지 못한다(제421조 제2항).

④ 항소심의 유죄판결에 대하여 상고가 제기되어 상고심 재판이 계속되던 중 피고인이 사망하여 공소기각결정이 확정되었다면 항소심의 유죄판결은 이로써 당연히 그 효력을 상실하게 되므로, 이러한 경우에는 형사소송법상 재심절차의 전제가 되는 '유죄의 확정판결'이 존재하는 경우에 해당한다고 할 수 없다(대판 2011도7931).

⑤ 약식명령 후 정식재판이 확정된 경우 효력을 잃은 약식명령이 아니라 유죄의 확정판결을 대상으로 재심을 청구하여야 한다(대판 2011도10626).

⑥ 항소심에서 파기되어 버린 제1심판결에 대해서는 재심을 청구할 수 없다(대결 2003모464).

⑦ '여순사건' 당시 내란 및 국권문란 혐의로 군법회의에 회부되어 사형을 선고받고 그 판결에 따라 사형이 집행된 피고인들의 유족들이 그 후 위 재심대상판결에 대해 재심을 청구하여 재심개시결정이 있게 되자 검사가 재항고를 한 사안에서, 재심대상판결의 판결서는 발견되지 않았으나 판결의 존재와 판결서의 존재는 구별되는 것이고, 설령 처음부터 판결서가 작성되지 않았더라도 판결이 선고되고 확정되어 집행된 사실이 인정되는 이상 판결의 성립을 인정하는데 영향이 없다는 점 등을 종합하면, 유죄의 확정판결로서 재심의 대상이 되는 재심대상판결이 존재한다(대결 2015모2229).[23·22모선]

⑧ 위헌으로 결정된 법률 또는 법률의 조항에 근거한 유죄의 확정판결에 대하여는 재심을 청구할 수 있다(헌법재판소법 제47조 제4항). 이때 재심은 원칙적인 재심대상판결인 제1심 유죄판결 또는 파기자판한 상급심판결에 대하여 청구하여야 한다. 헌법재판소법 제47조를 이유로 재심을 청구하려면 재심대상판결은 제1심판결이 되어야 하고, 항소 또는 상고기각판결을 재심대상으로 삼은 재심청구는 법률상의 방식을 위반한 것으로 부적법하다(대결 2022모509).[24·23모선]

⑨ 형사소송법상 재심청구는 유죄의 확정판결에 대하여서만 할 수 있고 결정에 대하여는 허용되지 않는 것인 바, 재항고기각 결정은 유죄의 확정판결이 아님은 물론 이로 인하여 유죄의 판결이 확정되는 것도 아니어서 재심청구의 대상이 되지 아니한다(대결 91재도2).[24모선]

(2) 무죄, 면소, 공소기각의 확정판결은 제외

① 재심은 유죄의 확정판결에 대하여 그 선고를 받은 자의 이익을 위하여 청구할 수 있는 것이고 무죄의 선고를 받은 자가 유죄의 선고를 받기 위하여는 허용되지 아니한다(대결 83모5).[23모선]

② 면소판결은 유죄 확정판결이라 할 수 없으므로 면소판결을 대상으로 한 재심청구는 부적법하다(대결 2020모2071).

3 재심사유(제420조)

① **원판결의 증거가 된 서류 또는 증거물이 확정판결에 의하여 위조되거나 변조된 것임이 증명된 때**(1호)

② **원판결의 증거가 된 증언, 감정, 통역 또는 번역이 확정판결에 의하여 허위임이 증명된 때**(2호)

- '원판결의 증거된 증언'이 나중에 확정판결에 의하여 허위인 것이 증명된 이상, 그 허위증언 부분을 제외하고서도 다른 증거에 의하여 그 '죄로 되는 사실'이 유죄로 인정될 것인지 여부에 관계없이 제420조 제2호의 재심사유가 있는 것으로 보아야 한다(대결 95모38).
- [1] 제420조 제2호 소정의 '원판결의 증거 된 증언'이라 함은 원판결의 증거로 채택되어 범죄사실을 인정하는 데 사용된 증언을 뜻하는 것이고 단순히 증거 조사의 대상이 되었을 뿐 범죄사실을 인정하는 증거로 사용되지 않은 증언은 위 '증거 된 증언'에 포함되지 않는 것이며,

  [2] '원판결의 증거 된 증언이 확정판결에 의하여 허위인 것이 증명된 때'라 함은 그 증인이 위증을 하여 그 죄에 의하여 처벌되어 그 판결이 확정된 경우를 말하는 것이고, 원판결의 증거 된 증언을 한 자가 그 재판 과정에서 자신의 증언과 반대되는 취지의 증언을 한 다른 증인을 위증죄로 고소하였다가 그 고소가 허위임이 밝혀져 무고죄로 유죄의 확정판결을 받은 경우는 위 재심사유에 포함되지 아니한다(대판 2003도1080). 표준판례

③ **무고로 인하여 유죄를 선고받은 경우에 그 무고의 죄가 확정판결에 의하여 증명된 때**(3호)

④ **원판결의 증거가 된 재판이 확정재판에 의하여 변경된 때**(4호)

- "원판결의 증거된 재판"이라 함은 원판결의 이유 중에서 증거로 채택되어 죄로 되는 사실을 인정하는데 인용된 타의 재판을 뜻한다(대결 86모15).

⑤ **유죄를 선고받은 자에 대하여 무죄 또는 면소를, 형의 선고를 받은 자에 대하여 형의 면제 또는 원판결이 인정한 죄보다 가벼운 죄를 인정할 명백한 증거가 새로 발견된 때**(5호)

- 별도 목차로 정리

⑥ **저작권, 특허권, 실용신안권, 디자인권 또는 상표권을 침해한 죄로 유죄의 선고를 받은 사건에 관하여 그 권리에 대한 무효의 심결 또는 무효의 판결이 확정된 때**(6호)

⑦ **원판결, 전심판결 또는 그 판결의 기초가 된 조사에 관여한 법관, 공소의 제기 또는 그 공소의 기초가 된 수사에 관여한 검사나 사법경찰관이 그 직무에 관한 죄를 지은 것이 확정판결에 의하여 증명된 때**

- 제7호의 재심사유 해당 여부를 판단함에 있어 사법경찰관 등이 범한 직무에 관한 죄가 사건의 실체관계에 관계된 것인지 여부나 당해 사법경찰관이 직접 피의자에 대한 조사를

담당하였는지 여부는 고려할 사정이 아니다(대결 2004모16).

- 제420조 제7호에서 정하는 '직무에 관한 죄'를 저질렀는데도 공소시효가 이미 완성된 경우에는 유죄판결을 받을 수 없는 장애가 있는 경우로서 제422조에서 정한 '그 확정판결을 얻을 수 없는 때'에 해당한다(대결 2017모560).

- 피고인들을 체포·감금한 군경이 법원으로부터 구속영장을 발부받았어야 하는데도 이러한 구속영장 발부 없이 불법 체포·감금하였다고 인정하여 재심대상판결에 형사소송법 제422조, 제420조 제7호의 재심사유가 있다(대결 2015모2229).

- 수사기관이 영장주의를 배제하는 위헌적 법령에 따라 영장 없는 체포·구금을 한 경우에도 불법체포·감금의 직무범죄가 인정되는 경우에 준하는 것으로 보아 제420조 제7호의 재심사유가 있다고 보아야 한다(대결 2015모3243). 표준판례

4 이익재심의 원칙(불이익변경금지의 원칙 적용)

(1) 의의

형사소송법은 유죄의 확정판결과 항소 또는 상고의 기각판결에 대하여 각 선고를 받은 자의 이익을 위하여 재심을 청구할 수 있다고 규정함으로써 이른바 이익재심만을 허용하고 있으며, 그러한 이익재심의 원칙을 반영하여 제439조에서 "재심에는 원판결의 형보다 중한 형을 선고하지 못한다."라고 규정한다(대판 2012도2938). 표준판례 [22변선]

(2) 불이익변경금지원칙 관련 판례

① 원판결이 선고한 집행유예가 실효 또는 취소됨이 없이 유예기간이 지난 후에 새로운 형을 정한 재심판결이 선고되는 경우에도, 재심판결의 확정에 따라 원판결이 효력을 잃게 되는 결과 그 집행유예의 법률적 효과까지 없어진다 하더라도 재심판결의 형이 원판결의 형보다 중하지 않다면 불이익변경금지의 원칙이나 이익재심의 원칙에 반한다고 볼 수 없다(대판 2018도13150).

② 피고인이 재심대상판결에서 정한 집행유예 기간 중 특가법위반(보복협박등)죄로 징역 6개월을 선고받고 그 판결이 확정됨으로써, 위 집행유예가 실효되고 피고인에 대하여 유예된 형이 집행된 이 사건에서, 원심은 재심판결에서 피고인에게 또다시 집행유예를 선고할 경우 그 집행유예 기간의 시기는 재심대상판결의 확정일이 아니라 재심판결의 확정일로 보아야 하고, 그로 인하여 재심대상판결이 선고한 집행유예의 실효 효과까지 없어진다고 하더라도, 이는 재심판결이 확정되면 재심대상판결은 효력을 잃게 되는 재심의 본질상 당연한 결과이므로, 재심판결에서 정한 형이 재심대상판결의 형보다 중하지 않은 이상 불이익변경금지의 원칙이나 이익재심의 원칙에 반하지 않는다(대판 2018도13382).

③ 재심대상사건에서 징역형의 집행유예를 선고하였음에도 재심사건에서 원판결보다 주형을 경하게 하고, 집행유예를 없앤 경우는 불이익변경금지원칙에 위배된다(대판 2016도1131).

5 재심청구에 대한 심판

① 재심절차는 재심개시절차와 재심심판절차로 구별되는 것이므로, 재심개시절차에서는 재심사유가 있는지 여부만을 판단하여야 하고, 나아가 재심사유가 재심대상판결에 영향을 미칠 가능성이 있는가의 실체적 사유는 고려하여서는 아니 된다(대결 2008모77).[22변선]

② 재심청구에 의한 심리절차는 판결절차가 아니라 결정절차이기에 통상의 공판절차의 방식에 따라야 할 이유가 없으므로 구두변론을 거치지 않아도 되고, 심리를 공개할 필요도 없다.

③ 재심청구를 받은 법원은 필요한 경우에는 사실을 조사할 수 있으나, 소송당사자에게 사실조사신청권이 있는 것은 아니다. 그러므로 당사자가 재심청구의 이유에 관한 사실조사신청을 한 경우에도 이는 단지 법원의 직권발동을 촉구하는 의미밖에 없는 것이므로, 법원은 이 신청에 대하여 재판을 할 필요가 없고, 설령 법원이 이 신청을 배척하였다 하여도 당사자에게 이를 고지할 필요가 없다(대결 2019모3554).[25변선]

④ 설령 재심개시결정이 부당하더라도 이미 확정되었다면 법원은 더 이상 재심사유의 존부에 대하여 살펴볼 필요 없이 형사소송법 제436조의 경우가 아닌 한 그 심급에 따라 다시 심판을 하여야 한다(대판 2004도2154).

⑤ 재심청구인이 재심 청구를 한 후 청구에 대한 결정이 확정되기 전에 사망한 경우, 재심청구절차는 재심청구인의 사망으로 당연히 종료하게 된다(대결 2014모739).

⑥ 재심청구 기각결정과 재심개시결정에 대하여는 즉시항고를 할 수 있다(제437조).
　즉시항고의 제기기간내와 그 제기가 있는 때에는 재판의 집행은 정지된다(제410조).

6 재심심판절차

① 재심개시의 결정이 확정한 사건에 대하여는, 법원은 그 심급에 따라 다시 심판을 하여야 한다(제438조 제1항).

② 여기서 '다시' 심판한다는 것은 재심대상판결의 당부를 심사하는 것이 아니라 피고 사건 자체를 처음부터 새로 심판하는 것을 의미하므로, 재심대상판결이 상소심을 거쳐 확정되었더라도 재심사건에서는 재심대상판결의 기초가 된 증거와 재심사건의 심리과정에서 제출된 증거를 모두 종합하여 공소사실이 인정되는지를 새로이 판단하여야 한다(대판 2014도2946).[23모선]

③ [1] 재심이 개시된 사건에서 재심대상판결 당시 법령이 변경된 경우, 법원이 범죄사실에 대하여 적용하여야 할 법령은 재심판결 당시의 법령이며, 법령 해석 기준 시기는 재심판결 당시이다(대판 2009도1603).[23모선]
　[2] 법원은 재심대상판결 당시의 법령이 변경된 경우에는 그 범죄사실에 대하여 재심판결 당시의 법령을 적용하여야 하고, 폐지된 경우에는 형사소송법 제326조 제4호를 적용하여 그 범죄사실에 대하여 면소를 선고하는 것이 원칙이다.[24모선]

④ 재심심판절차에서는 사망자를 위해 재심청구를 하였거나, 피고인이 재심판결 전에 사망한 경우에도 공소기각 결정을 할 수 없고 실체재판을 하여야 한다(제438조 제2항).

⑤ 재심심판절차에서는 특별한 사정이 없는 한 검사가 재심대상사건과 별개의 공소사실을 추가하는 내용으로 공소장을 변경하는 것은 허용되지 않고, 재심대상사건에 일반 절차로 진행 중인 별개의 형사사건을 병합하여 심리하는 것도 허용되지 않는다(대판 2018도20698).[23·22모선]

⑥ [1] 재심심판절차에서 선행범죄, 즉 재심대상판결의 공소사실에 후행범죄를 추가하는 내용으로 공소장을 변경하거나 추가로 공소를 제기한 후 이를 재심대상사건에 병합하여 심리하는 것이 허용되지 않으므로 재심심판절차에서는 후행범죄에 대하여 사실심리를 할 가능성이 없다. 재심대상판결을 전후하여 범한 선행범죄와 후행범죄의 일죄성은 재심대상판결에 의하여 분단되어 동일성이 없는 별개의 상습범이 된다. 그러므로 선행범죄에 대한 공소제기의 효력은 후행범죄에 미치지 않고 선행범죄에 대한 재심판결의 기판력은 후행범죄에 미치지 않는다.[22변선, 23·22모선]

[2] 선행범죄에 대한 재심판결을 선고하기 전에 후행범죄에 대한 판결이 먼저 선고되어 확정된 경우 후행범죄에 대한 공소제기의 효력(판결의 기판력)은 선행범죄에 미치지 아니한다.

[3] 유죄의 확정판결을 받은 사람이 그 후 별개의 후행범죄를 저질렀는데 유죄의 확정판결에 대하여 재심이 개시된 경우, 후행범죄가 재심대상판결에 대한 재심판결 확정 전에 범하여졌다 하더라도 아직 판결을 받지 아니한 후행범죄와 재심판결이 확정된 선행범죄 사이에는 형법 제37조 후단에서 정한 경합범 관계가 성립하지 않는다(대판 2018도20698).
표준판례 [24변선]

⑦ 제1심판결이 선고된 이상 동 판결이 확정되어 이에 대한 재심소송절차가 진행중에 있다 하여 공소취소를 할 수 없다(대판 76도3203).

⑧ 항소기각의 확정판결과 그 판결에 의하여 확정된 제1심판결에 대하여 재심의 청구가 있는 경우에 제1심법원이 재심의 판결을 한 때에는 항소법원은 결정으로 재심의 청구를 기각하여야 한다(제436조).

7 재심판결과 원판결의 효력

① [1] 재심판결이 확정되면 원판결은 당연히 효력을 잃는다.[23모선]

[2] 원판결의 효력 상실은 재심의 본질상 당연한 것으로서, 그로 인하여 피고인이 어떠한 불이익을 입는다 하더라도 이를 두고 재심에서 보호되어야 할 피고인의 법적 지위를 해치는 것이라고 볼 수 없다(대판 2018도13382).

② 유죄의 확정판결 등에 대해 재심개시결정이 확정된 후 재심심판절차가 진행 중이라는 것만으로는 확정판결의 존재 내지 효력을 부정할 수 없고, 재심개시결정이 확정되어 법원이 그 사건에 대해 다시 심리를 한 후 재심의 판결을 선고하고 그 재심판결이 확정된 때에 종전의 확정판결이 효력을 상실한다(대판 2018도20698).[22모선]

③ 이 사건 확정판결은 제1심 판시 범행 후 이 사건 재심판결이 선고되어 확정됨으로써 당연히 효력을 상실하였으므로, 더 이상 제1심 판시 범행이 이 사건 확정판결에 의한 형의 집행이 끝난 후 3년 내에 이루어졌다고 할 수 없다. 따라서 이와 다른 전제에서 제1심 판시 범행이 형법 제35조(누범)에 해당한다고 판단한 제1심 판결 및 이와 같은 결론의 원심판결은 유지될 수 없게 되었다(대판 2017도4019).[22모선]

④ 재심의 종국판결이 확정된 때에는 재심대상판결은 당연히 효력을 상실하나 그때까지 재심대상판결에 의하여 이루어진 형의 집행은 적법하게 이루어진 것으로서 그 효력을 잃지 아니하므로, 피고인에 대하여 집행된 재심대상판결의 징역형은 판결선고전의 구금일수와 마찬가지로 원심이 선고한 벌금형의 노역장유치기간에 산입되어야 할 것이다(대판 2014도10193).

II 재심사유 중 5호 '증거의 신규성과 명백성' [15모사]

1 법률의 규정

유죄의 선고를 받은 자에 대하여 무죄 또는 면소를, 형의 선고를 받은 자에 대하여 형의 면제 또는 원판결이 인정한 죄보다 경한 죄를 인정할 명백한 증거가 새로 발견된 때(제420조 제5호) 재심을 청구할 수 있다.

2 증거의 신규성

(1) 문제점

새로운 증거는 법원의 입장에서 볼 때 새로운 것이어야 하는데 법원 이외에 피고인에게도 증거의 신규성이 요구되는지 문제된다.

(2) 학설

① **필요설** : 증거가 법원뿐만 아니라 피고인에게도 새로울 것을 요하는 것이 형평과 금반언에 따른 문리해석에 적합하다는 견해이다.

② **불요설** : 재심은 비상구제절차로서 무고하게 처벌받은 피고인을 구제하는 제도라는 이유로 부정하는 견해이다.

③ **절충설** : 증거가 피고인에 대해서 원칙적으로 새로운 것일 필요는 없으나 고의나 과실로 제출하지 않은 증거에 대해서는 신규성을 인정할 수 없다는 견해이다.

(3) 판례(절충설)

[1] 형사소송법 제420조 제5호에 정한 무죄 등을 인정할 '증거가 새로 발견된 때'란 재심대상이 되는 확정판결의 소송절차에서 발견되지 못하였거나 또는 발견되었다 하더라도 제출할 수 없었던 증거를 새로 발견하였거나 비로소 제출할 수 있게 된 때를 말한다.[25변선]

[2] 피고인이 재심을 청구한 경우 재심대상이 되는 확정판결의 소송절차 중에 그러한 증거를 제출하지 못한 데 과실이 있는 경우에는 그 증거는 위 조항에서의 '증거가 새로 발견된 때'에서 제외된다고 해석함이 상당하다(대결 2005모472). 표준판례 [24 · 22변선, 23 · 22모선]

(4) 검토

재심제도가 예외적인 비상구제절차라는 점, 형사재판의 법적안정성 등에 비추어 판례의 태도가 타당하다.

3 증거의 명백성 판단 방법

(1) 문제점

증거의 명백성을 판단함에 있어서 새로운 증거만을 기준으로 할 것인지 기존의 구증거를 포함하여 판단할 것인지가 문제된다.

(2) 학설

① **단독평가설** : 법적 안정성의 차원에서 새로운 증거만을 독립적 · 고립적으로 판단하는 견해이다.

② **전면적 종합평가설** : 새로운 증거와 구증거를 포함하여 종합적으로 판단해야 한다는 견해이다.

③ **제한적 종합평가설** : 구증거들 가운데 신증거와 유기적으로 밀접하게 관련 모순되는 것들만 신증거와 함께 제한적으로 고려하는 견해이다.

(3) 판례(제한적 종합평가설)

'무죄 등을 인정할 명백한 증거'에 해당하는지 여부를 판단할 때에는 재심대상이 되는 확정판결을 선고한 법원이 사실인정의 기초로 삼은 증거들 가운데 새로 발견된 증거와 유기적으로 밀접하게 관련되고 모순되는 것들은 함께 고려하여 평가하여야 하고, 그 결과 단순히 재심대상이 되는 유죄의 확정판결에 대하여 그 정당성이 의심되는 수준을 넘어 그 판결을 그대로 유지할 수 없을 정도로 고도의 개연성이 인정되는 경우라면 그 새로운 증거는 이 사건 조항에서의 '명백한 증거'에 해당한다고 할 것이다(대결 2005모472). 표준판례

4 재심에서 증거의 명백성의 정도

(1) 문제점

증거의 명백성이란 새로운 증거가 확정판결을 파기할 고도의 가능성 내지 개연성이 인정되는 것을 의미한다. '의심스러울 때는 피고인의 이익으로' 라는 원칙이 재심심판절차에 적용되는 것에는 이론이 없으나, 재심개시절차에서도 적용되는가에 대해서는 견해의 대립이 있다.

(2) 학설

① **엄격설**(한정설) : 명백한 증거란 새로운 증거가 확정판결을 파기할 고도의 가능성 내지 개연

성이 인정되는 것을 말하고 법관의 자유심증에 의한 증거판단의 대상에 지나지 않는 것은 명백한 증거에 해당하지 않는다는 견해이다(고도의 개연성설).

② 완화설(무죄추정설) : 명백성은 확정판결의 사실인정에 합리적 의심을 생기게 할 정도면 족하다는 견해이다.

(3) 판례(엄격설)

'명백한 증거가 새로 발견된 때'라 함은 그 증거가치가 확정판결이 그 사실인정의 자료로 한 증거보다 경험칙이나 논리칙상 객관적으로 우위에 있다고 보여지는 증거를 의미한다 할 것이고, 법관의 자유심증에 의하여 그 증거가치가 좌우되는 증거를 말하는 것이 아니다(대결 99모93).

(4) 검토

재심은 비상구제절차이므로 엄격설(한정설)이 타당하다.

5 공범자에 대한 모순된 판결 [22변사, 19모사]

(1) 문제점

공범자 사이에 유죄와 무죄의 모순된 판결이 있는 경우 무죄판결에 대하여 증거의 명백성을 인정할 것인지에 관한 견해의 대립이 있다.

(2) 학설

① 긍정설 : 형벌법규의 해석의 차이로 인한 것이 아니라 사실인정에 관하여 결론을 달리 할 때에는 공범자간의 모순된 판결을 명백한 증거라고 보아야 한다는 견해이다.

② 부정설 : 공범자의 유죄판결의 증거와 다른 공범자의 무죄판결의 증거가 동일한 경우에는 증명력의 문제에 지나지 않으므로 명백한 증거가 될 수 없다고 보는 견해이다.

③ 절충설 : 무죄판결의 기초가 된 증거가 유죄판결에서 사용하지 못한 새로운 증거로서 유죄판결을 파기할 만한 명백한 증거인 경우에 한해 재심이유가 된다는 견해이다.

(3) 판례

당해 사건의 증거가 아니고 공범자 중 1인에 대하여는 무죄, 다른 1인에 대하여는 유죄의 확정판결이 있는 경우에 무죄확정 판결의 증거자료를 자기의 증거자료로 하지 못하였고 또 새로 발견된 것이 아닌 한 무죄확정판결 자체만으로는 유죄확정 판결에 대한 새로운 증거로서의 재심사유에 해당한다고 할 수 없다(84모14). 표준판례 [23모선]

(4) 검토

무죄판결에 사용된 증거가 유죄의 확정판결에 대해서 증거의 신규성과 명백성을 갖춘 경우에 한해 재심사유가 된다고 보아야 할 것이다.

6 제420조 제5호 관련 지문 및 판례 정리

① 제420조 제5호의 '원판결이 인정한 죄보다 경한 죄를 인정할 경우'란 원판결에서 인정한 죄와는 별개의 경한 죄를 말하고, 원판결에서 인정한 죄 자체에는 변함이 없고 다만 양형상의 자료에 변동을 가져올 사유에 불과한 것은 여기에 해당하지 않는다(대판 2017도14769).

② '원판결이 인정한 죄보다 경한 죄'라 함은 원판결이 인정한 죄와는 별개의 죄로서 그 법정형이 가벼운 죄를 말하므로, 필요적이건 임의적이건 형의 감경사유를 주장하는 것은 포함하지 않는다.

③ 또한 동일한 죄에 대하여 공소기각을 선고받을 수 있는 경우는 여기에서의 경한 죄에 해당하지 않는다(대결 96모51).

④ 제420조 제5호의 형의 면제는 필요적 면제만을 의미하고 임의적 면제(자수, 자복)는 해당되지 않는다(대결 84모32).

⑤ [1] 형벌에 관한 법령이 당초부터 헌법에 위배되어 법원에서 위헌·무효라고 선언한 경우도 제420조 제5호의 재심사유인 '무죄 등을 인정할 증거가 새로 발견된 때'에 해당한다(대결 2010모363).
   [2] 재심이 개시된 사건에서 형벌에 관한 법령이 재심판결 당시 폐지되었다 하더라도 그 폐지가 당초부터 헌법에 위배되어 효력이 없는 법령에 대한 것이었다면 제325조 전단이 규정하는 '범죄로 되지 아니한 때'의 무죄사유에 해당하는 것이지, 제326조 제4호에서 정한 면소사유에 해당한다고 할 수 없다(대판 2011도2631).

⑥ 한정위헌결정에 헌법재판소법 제47조가 규정하는 위헌결정의 효력을 부여할 수 없고, 한정위헌결정은 재심사유가 될 수 없다(대판 2012재두299).

⑦ 제420조 제5호에서 말하는 "무죄로 인정할 명백한 증거가 발견된 때"란 확정판결의 소송절차에서 발견되지 못하였거나 발견되었어도 제출할 수 없었던 증거로서 증거가치에 있어 다른 증거에 비해 객관적으로 우위성이 인정되는 증거를 말하는 것이므로 확정판결의 소송절차에서 이미 증거로 조사채택된 증인이 판결확정 후 전의 진술내용을 번복함과 같은 것은 이에 해당하지 않는다(대결 84모2).

⑧ 조세의 부과처분을 취소하는 행정판결이 확정된 경우 부과처분의 효력은 처분 시에 소급하여 효력을 잃게 되어 그에 따른 납세의무가 없으므로 확정된 행정판결은 조세포탈에 대한 무죄 내지 원심판결이 인정한 죄보다 경한 죄를 인정할 명백한 증거에 해당한다(대판 2013도14716).

⑨ 재항고인이 무정자증이 아니라는 사실을 인정할 수 있는 자료에 불과한 위 정액검사결과는 위 증거들을 함께 고려하더라도 이 사건 재심대상판결을 그대로 유지할 수 없을 정도로 고도의 개연성이 인정되는 증거가치를 가지지 못하므로, 결국 이 사건에서 무죄를 인정할 명백한 증거에는 해당하지 않는다(대결 2005모472).

III 경합범 중 일부에 관하여 재심사유가 있는 경우 재심결정 및 심판범위

1 문제점

경합범에 대한 확정판결 중 일부에 대해서만 재심사유가 있는 경우 재심개시결정의 범위와 재심의 심판범위가 문제된다.

2 학설

① **전부재심설** : 범죄사실의 인정절차와 양형절차를 구분할 수 없는 이상 전체범죄사실에 관하여 재심개시결정 및 심리를 해야 한다고 보는 견해이다.

② **일부재심설** : 비상구제절차인 재심제도의 본질에 비추어 재심사유가 인정되는 일부사실에 대해서만 재심결정을 해야 한다는 견해이다.

③ **절충설** : 재심개시결정은 모든 사실에 대하여 해야 하지만 재심사유가 없는 사실에 대해서는 심판할 수 없고 다만 양형을 정할 때에 고려할 수 있을 뿐이라는 견해이다.

3 판례(절충설)

[1] 경합범 관계에 있는 수 개의 범죄사실을 유죄로 인정하여 1개의 형을 선고한 불가분의 확정판결에서 그중 일부의 범죄사실에 대하여만 재심청구의 이유가 있는 것으로 인정된 경우에는 형식적으로는 1개의 형이 선고된 판결에 대한 것이어서 그 판결 전부에 대하여 재심개시의 결정을 할 수밖에 없지만,

[2] 재심법원은 재심사유가 없는 부분에 대하여는 이를 다시 심리하여 유죄인정을 파기할 수 없고, 다만 그 부분에 관하여 새로이 양형을 하여야 하므로 양형을 위하여 필요한 범위에 한하여만 심리할 수 있을 뿐이다(대판 2018도6185).[23·22모선]

[3] 재심법원은 재심사유가 없는 범죄에 대하여는 새로이 양형을 하여야 하는 것이므로 이를 헌법상 이중처벌금지의 원칙을 위반한 것이라고 할 수 없고, 다만 불이익변경의 금지 원칙이 적용되어 원판결의 형보다 중한 형을 선고하지 못할 뿐이다(대판 2015도15782).
표준판례[23모선]

4 검토

판례에 따라 그 전부에 대하여 재심개시결정을 하여야 하지만 재심청구의 이유가 인정되지 않는 부분에 대해서는 양형을 위하여 필요한 범위에서만 심리할 수 있을 뿐이다.

Ⅳ 특별사면 된 유죄의 확정판결에 대한 재심청구

1 문제점

특별사면으로 형선고의 효력이 상실된 유죄의 확정판결이 재심청구의 대상이 될 수 있는지와 면소판결의 사유인 '사면이 있은 때'에 해당하는지 문제된다.

2 재심청구의 대상이 되는지 여부

(1) 학설

① 긍정설 : 특별사면이 있었다 하여도 확정된 유죄판결에서 이루어진 사실인정과 그에 따른 유죄의 판단까지 없어지는 것은 아니므로 재심청구의 대상이 된다는 견해이다.
② 부정설 : 특별사면이 있었다면 이미 재심청구의 대상이 존재하지 않게 되어 재심청구를 할 수 없다는 견해이다.

(2) 판례

재심을 통하여 특별사면에도 불구하고 여전히 남아있는 불이익, 즉 유죄의 선고는 물론 형선고가 있었다는 기왕의 경력 자체 등을 제거할 필요가 있으므로 재심청구의 대상이 된다(대판 2011도1932).[24·23모선]

(3) 검토

특별사면에 의하여 비록 형선고의 효력이 상실되었다고 하더라도 명예를 회복하고 형사보상을 받을 기회부여 등 판결을 받은 자의 이익을 위하여 재심청구를 허용하는 것이 타당하다.

3 재심심판절차에서의 면소 등 판결의 선고가능성

면소판결 사유인 제326조 제2호의 '사면이 있는 때'에서 말하는 '사면'이란 일반사면을 의미할 뿐, 형을 선고받아 확정된 자를 상대로 이루어지는 특별사면은 여기에 해당하지 않으므로, 재심대상판결 확정 후에 형 선고의 효력을 상실케 하는 특별사면이 있었다고 하더라도, 재심심판절차를 진행하는 법원은 그 심급에 따라 다시 심판하여 실체에 관한 유·무죄 등의 판단을 해야지, 특별사면이 있음을 들어 면소판결을 하여서는 아니 된다(대판 2011도1932).[25변선]

4 특별사면 된 유죄의 확정판결에 대한 재심에서 유죄 인정하는 경우

특별사면으로 형 선고의 효력이 상실된 유죄의 확정판결에 대하여 재심개시결정이 이루어져 재심심판 법원이 그 심급에 따라 다시 심판한 결과 유죄로 인정되는 경우에는, 피고인에 대하여 다시 형을 선고하거나 피고인의 항소를 기각하여 제1심판결을 유지시키는 것은 이미 형선고의 효력을 상실하게 하는 특별사면을 받은 피고인의 법적 지위를 해치는 결과가 되어 이익재심과 불이익변경금지의 원칙에 반하게 되므로, 재심심판법원으로서는 '피고인에 대하여 형을 선고하지 아니 한다'는 주문을 선고할 수밖에 없다(대판 2012도2938). 표준판례[24모선]

V 소촉법상의 재심사유

1 요건

제1심 공판절차에서 피고인에 대한 송달불능보고서가 접수된 때부터 6개월이 지나도록 피고인의 소재를 확인할 수 없는 경우에는 대법원규칙으로 정하는 바에 따라 피고인의 진술 없이 재판할 수 있다(소촉법 제23조).

제23조 본문에 따라 유죄판결을 받고 그 판결이 확정된 자가 책임을 질 수 없는 사유로 공판절차에 출석할 수 없었던 경우 재심청구를 할 수 있는 자는 그 판결이 있었던 사실을 안 날부터 14일 이내에 제1심 법원에 재심을 청구할 수 있다(동법 제23조의2).

2 소촉법상의 재심사유 관련 판례 정리

① 특례 규정에 따라 피고인의 진술 없이 유죄를 선고하여 확정된 제1심판결에 대하여, 피고인이 재심 규정에 의하여 재심을 청구하지 아니하고 피고인 또는 대리인이 책임질 수 없는 사유로 항소 제기기간 내에 항소를 제기할 수 없었음을 이유로 항소권회복을 청구하여 인용된 경우에, 사유 중에 피고인이 책임을 질 수 없는 사유로 공판절차에 출석할 수 없었던 사정을 포함하고 있다면, 재심 규정에 의하여 재심청구의 사유가 있음을 주장한 것으로서 제361조의5 제13호에서 정한 '재심청구의 사유가 있는 때'에 해당하는 항소이유를 주장한 것으로 봄이 타당하다(대판 2015도8243).

② 소송촉진법 특례 규정에 따라 진행된 제1심의 불출석 재판에 대하여 검사만 항소하고 항소심도 불출석 재판으로 진행한 후에 유죄판결이 확정된 경우에도, 재심 규정을 유추 적용하여 귀책사유 없이 제1심과 항소심의 공판절차에 출석할 수 없었던 피고인은 재심 규정이 정한 기간 내에 항소심 법원에 유죄판결에 대한 재심을 청구할 수 있다(대판 2014도17252).
[표준판례]

③ 제1심의 불출석 재판에 대하여 검사만 항소하고 항소심도 불출석 재판으로 진행한 후에 검사의 항소를 기각하여 제1심의 유죄판결이 확정된 경우에도 귀책사유 없이 제1심과 항소심의 공판절차에 출석할 수 없었던 피고인으로서는 이 사건 재심 규정에 따라 이 사건 재심 규정이 정한 기간 내에 제1심법원에 그 유죄판결에 대한 재심을 청구할 수 있다고 보아야 한다(대판 2017도17083).[22변선]

VI 재심 관련 지문 및 판례 정리

① 제1심 법원이 재심청구기각결정을 재항고인에게 송달한 후 다시 구치소장에게 송달한 사안에서, 위 결정을 구치소장이 아닌 재항고인에게 송달한 것은 부적법하여 무효이고 송달

받을 사람을 구치소장으로 하여 다시 송달한 때 비로소 그 송달의 효력이 발생하는 것이어서, 그로부터 3일의 즉시항고기간 내에 제기된 재항고인의 즉시항고는 적법함에도 불구하고, 재항고인의 결정등본 수령일을 기준으로 즉시항고 제기기간을 기산하여 재항고인의 즉시항고를 기각한 원심의 결정은 위법하다(대결 2008모630). 표준판례

② 종전 합헌결정일 이전의 범죄행위에 대하여 재심개시결정이 확정되었는데 그 범죄행위에 적용될 법률 또는 법률의 조항이 위헌결정으로 헌법재판소법 제47조 제3항 단서에 의하여 종전 합헌결정일의 다음 날로 소급하여 효력을 상실하였다면 범죄행위 당시 유효한 법률 또는 법률의 조항이 그 이후 폐지된 경우와 마찬가지이므로 법원은 면소판결을 선고하여야 한다(대판 2019도15167).

③ [1] 어느 법률조항의 개정이 자구만 형식적으로 변경된 데 불과하여 개정 전후 법률조항들 자체의 의미내용에 아무런 변동이 없고, 양자의 동일성이 그대로 유지되고 있는 경우에는 '개정 전 법률조항'에 대한 위헌결정의 효력은 그 주문에 개정 법률조항이 표시되어 있지 아니하더라도 '개정 법률조항'에 대하여도 미친다.

[2] 그러나 이와 달리 '개정 법률조항'에 대한 위헌결정이 있는 경우에는, 개정 전후 법률조항들 사이에 실질적 동일성이 인정된다 하더라도, '개정 법률조항'에 대한 위헌결정의 효력이 '개정 전 법률조항'에까지 그대로 미친다고 할 수는 없다(대결 2015모2204).

- 사회적 신뢰와 법적 안정성 고려

④ 징역형의 집행유예를 선고한 판결이 확정된 후 선고의 실효 또는 취소 없이 유예기간을 경과함에 따라 형 선고의 효력이 소멸되어 그 확정판결이 특정범죄가중법 제5조의4 제5항에서 정한 "징역형"에 해당하지 않음에도, 위 확정판결에 적용된 형벌 규정에 대한 위헌결정 취지에 따른 재심판결에서 다시 징역형의 집행유예가 선고·확정된 후 유예기간이 경과되지 않은 경우라면, 특정범죄가중법 제5조의4 제5항의 입법 취지에 비추어 위 재심판결은 위 조항에서 정한 "징역형"에 포함되지 아니한다(대판 2020도13705).

⑤ **재심판결 확정시 재심대상판결 이전 범죄와 이후 범죄사이의 관계**

[1] 재심의 대상이 된 범죄에 관한 유죄 확정판결에 대하여 재심이 개시되어 재심판결에서 다시 금고 이상의 형이 확정되었다면, 재심대상판결 이전 범죄와 재심대상판결 이후 범죄 사이에는 형법 제37조 전단의 경합범 관계가 성립하지 않으므로, 그 각 범죄에 대해 별도로 형을 정하여 선고하여야 한다.

[2] 한편 재심대상판결이 '금고 이상의 형에 처한 판결'이었더라도, 재심판결에서 무죄 또는 금고 미만의 형이 확정된 경우에는, 재심대상판결 이전 범죄가 더 이상 '금고 이상의 형에 처한 판결'의 확정 이전에 범한 죄에 해당하지 않아 선행범죄와 사이에 형법 제37조 후단 경합범에 해당하지 않는다. 이 경우에는 재심대상판결 이전 범죄와 재심대상판결 이후 범죄 중 어느 것도 이미 재심판결이 확정된 선행범죄와 사이에 형법 제37조 후단 경합범 관계에 있지 않아 형법 제37조 전단의 '판결이 확정되지 아니한 수 개의 죄'에 해당하므로, 형법 제38조의 경합범 가중을 거쳐 하나의 형이 선고되어야 한다(대판 2023도10545).

⑥ **재심판결이 선고된 이후에는 재심청구의 취하 불허**[25변선]

[1] 재심청구인은 형사소송법 제429조 제1항에 따라 재심청구를 취하할 수 있으나, 재심법원이 재심판결을 선고한 이후에는 재심청구의 취하가 허용되지 않는다.

[2] 재심판결이 선고된 이후 재심판결에 대하여 불복이 있으면 상소절차를 통하여 이를 다툴 수 있을 뿐, 재심청구를 취하하는 방법으로 재심판결의 효력을 소멸시킬 수는 없다(대판 2023도13707).

⑦ 재심 청구를 취하한 자는 동일한 이유로써 다시 재심을 청구하지 못한다(제429조).

Chapter 090 비상상고

I 개관

1 의의

비상상고는 확정판결에 대하여 그 심판의 법령위반을 이유로 허용되는 비상구제절차를 말한다. 비상상고는 재심과는 달리 신청권자가 검찰총장에게 제한되고 관할법원은 대법원이며 판결의 효력은 원칙적으로 피고인에게 미치지 않는다.

2 비상상고의 목적

[1] 비상상고 제도는 법령 적용의 오류를 시정함으로써 법령의 해석·적용의 통일을 도모하려는 데에 주된 목적이 있는 것이므로, '그 사건의 심판이 법령에 위반한 것'이라고 함은 확정판결에서 인정한 사실을 변경하지 아니하고 이를 전제로 한 실체법의 적용에 관한 위법 또는 그 사건에 있어서의 절차법상의 위배가 있음을 뜻하는 것이라고 할 것이다.

[2] 따라서 단순히 그 법령 적용의 전제사실을 오인함에 따라 법령위반의 결과를 초래한 것과 같은 경우는 법령의 해석·적용을 통일한다는 목적에 유용하지 않으므로 '그 사건의 심판이 법령에 위반한 것'에 해당하지 않는다(대판 2017오1). 표준판례

3 비상상고의 이유

(1) 의의

① 비상상고의 이유는 판결이 확정된 사건의 심판이 법령에 위반한 경우이다(제441조). 이는

판결의 법령위반과 소송절차의 법령위반의 경우를 의미한다.

② 판결의 법령위반의 경우에는 원판결을 파기해야 할 뿐 아니라 원판결이 피고인에게 불이익한 때에는 피고사건에 대해 다시 판결까지 해야 하는 반면에, 소송절차의 법령위반의 경우에는 위반된 절차를 파기하는 것으로 그치고 피고인에게 아무런 영향도 미치지 않게 된다(제446조).

(2) 구체적 사례

① 원판결 법원으로서는 이 사건 공소사실 중 A를 제외한 나머지 피해자들에 대한 특경법위반의 점에 대하여는 형법 제354조, 제328조 제1항의 규정을 적용하여 형을 면제하여야 하고, A에 대하여는 같은 조 제2항의 규정에 따라 A의 고소가 있어야 할 것인데, 그 고소가 있음을 기록상 인정할 자료가 없으니만큼 제327조 제2호에 의하여 공소를 기각하여야 함에도 불구하고, 형법 제37조 전단의 경합범으로 처리하여 하나의 형을 선고하였으므로, 원판결에는 제441조에 정한 법령위반의 사유가 있고, 이 점을 지적하는 비상상고는 이유 있다(대판 99오1). `표준판례`

② **집행유예 결격사유가 있음에도 집행유예 확정된 경우 비상상고 가능** [22모사]
형법 제62조 제1항 본문은 "3년 이하의 징역이나 금고 또는 벌금 500만 원 이하의 벌금의 형을 선고할 경우에 제51조의 사항을 참작하여 그 정상에 참작할 만한 사유가 있는 때에는 1년 이상 5년 이하의 기간형의 집행을 유예할 수 있다."라고 규정하고 있다. 위 법률규정에 의하면 원판결 법원으로서는 피고인에 대하여 3년 6월의 징역형을 선고하였으므로, 위 징역형의 집행을 유예할 수 없다. 그럼에도 원판결 법원이 피고인에 대하여 3년 6월의 징역형을 선고하면서 5년간 위 형의 집행을 유예한 것은 심판이 법령에 위반한 경우에 해당한다. 이를 지적하는 비상상고이유 주장은 이유 있다(대판 2020오1).
- 다만, 비상상고의 판결은 피고인의 이익을 위한 파기자판의 경우 이외에는 그 효력이 피고인에게 미치지 않으므로 원판결의 효력은 그대로 유지된다.

③ 원심이 즉결심판절차에서 허용되는 범위를 넘는 벌금 30만 원의 즉결심판을 선고한 것은 심판이 법령에 위반한 경우에 해당하여 비상상고의 이유가 된다(대판 2014오4).

④ 적법한 증거조사의 절차를 거치지 않고 증거능력이 없는 증거를 유죄의 증거로 채택하였음은 법령에 위반한 것으로서 비상상고의 이유가 된다(대판 64오2).

4 비상상고 판결의 효력

① 원판결이 법령에 위반한 때에는 그 위반된 부분을 파기하여야 한다. 단, 원판결이 피고인에게 불이익한 때에는 원판결을 파기하고 피고사건에 대하여 다시 판결을 한다(제446조 제1호).

② 원심소송절차가 법령에 위반한 때에는 그 위반된 절차를 파기한다(동조 제2호).

③ 비상상고의 판결은 원판결이 피고인에게 불이익한 때에 해당하여 원판결을 파기하고 다시 판결을 하는 경우 외에는 그 효력이 피고인에게 미치지 아니한다(제447조).

Ⅱ 사실오인에 의한 법령위반과 비상상고

1 문제점

비상상고는 확정판결에 대하여 그 심판의 법령위반을 시정하는 비상구제절차로 사실오인을 시정하기 위한 재심과 구별된다. 그런데 단순히 사실오인이 아니라 전제사실을 오인하여 결과적으로 법령위반까지 발생한 경우에 이를 비상상고의 이유로 볼 수 있는지가 문제된다.

2 학설

① 적극설(전면허용설) : 법령위반의 전제가 된 사실오인이 소송법적 사실에 관한 경우뿐만 아니라 실체법적 사실에 관한 경우에도 비상상고의 대상이 된다는 견해이다.
② 소극설(전면부정설) : 실체법적 사실과 소송법적 사실을 구분하지 않고 비상상고의 대상이 될 수 없다는 견해이다.
③ 절충설(소송법적 사실 한정설) : 소송법적 사실과 실체법적 사실로 구별하여 법령위반이 소송법적 사실의 오인으로 인한 경우에 한정하여 비상상고의 대상이 될 수 있다는 견해이다.

3 판례(기본적으로 소극설)

[1] 비상상고 이유인 '그 사건의 심판이 법령에 위반한 때'란 확정판결에서 인정한 사실을 변경하지 아니하고 이를 전제로 한 실체법의 적용에 관한 위법 또는 그 사건에서의 절차상 위배가 있는 경우를 뜻하고, 단순히 그 법령을 적용하는 과정에서 전제가 되는 사실을 오인함에 따라 법령위반의 결과를 초래한 것과 같은 경우에는 이에 해당하지 않는다(대판 2018오2).
[2] 법원이 원판결의 선고 전에 피고인이 이미 사망한 사실을 알지 못하여 공소기각의 결정을 하지 않고 실체판결에 나아감으로써 법령위반의 결과를 초래하였다고 하더라도, 이는 제441조에 정한 '그 심판이 법령에 위반한 것'에 해당한다고 볼 수 없다(대판 2004오2).
`표준판례`

4 검토

비상상고는 사실오인을 시정하는 재심과 달리 법령위반을 시정하여 법령해석과 적용의 통일을 주된 목적으로 하고 있다는 점에서 사실오인의 경우에는 소극설이 타당하다.

Ⅲ 판결의 법령위반과 소송절차의 법령위반의 구별 기준

1 문제점

판결의 법령위반의 경우 소송절차의 법령위반과는 달리 원판결을 파기하고 자판할 수 있는데, 소송조건이 흠결되었음에도 실체재판을 한 경우를 판결의 법령위반에 해당한다고 볼 수 있는지가 문제된다. 이와 관련하여 판결의 법령위반과 소송절차의 법령위반을 어떠한 기준에 따라 구별하여야 할 것인가에 대하여 논의가 있다.

2 학설

① 소송조건 포함설(형식적 구별설) : 판결의 법령위반은 실체법령의 적용위반과 소송조건에 관한 법령위반을 의미하고, 소송절차의 법령위반은 판결 전의 소송절차와 판결절차 자체의 법령위반을 의미한다는 견해이다.
② 판결영향설(실질적 구별설) : 판결의 법령위반은 판결내용에 직접 영향을 미치는 법령위반만을 의미하고, 소송절차의 법령위반은 판결내용에 영향을 미치지 않는 소송절차의 법령위반만을 의미한다고 보는 견해이다.

3 검토

형식적으로 이를 구별하기 보다는 판결내용에 직접 영향을 미치는 법령위반을 판결의 법령위반으로 보고 그 이외의 나머지 법령위반을 소송절차의 법령위반으로 해석하는 실질적 구별설이 타당하다.

Ⅳ 비상상고 관련 지문 및 판례 정리

① [1] 전자장치부착법에 의하면 법원은 특정범죄를 범한 자에 대하여 형의 집행을 유예하면서 보호관찰을 받을 것을 명하는 때에만 위치추적 전자장치 부착을 명할 수 있다.
[2] 원판결이 성폭력범죄를 범한 피고인에게 형의 집행을 유예하면서 보호관찰을 받을 것을 명하지 않은 채 위치추적 전자장치 부착을 명한 것은 법령 위반으로서 피부착명령청구자에게 불이익한 때에 해당한다는 이유로, 형사소송법 제446조 제1호 단서에 의하여 원판결 및 제1심판결 중 부착명령사건 부분을 파기하고 검사의 부착명령 청구를 기각한 사례(대판 2010오1).
② 공소시효가 완성된 사실을 간과한 채 피고인에 대하여 약식명령을 발령한 원판결은 법령을 위반한 잘못이 있고, 또한 피고인에게 불이익하다고 할 것인바, 이 점을 지적하는 이 사건 비상상고는 이유가 있다(대판 2006오2).
③ 위 공소사실에 대하여는 원판결 선고 전에 피고인에 대한 처벌을 희망하지 아니하는 피해

자의 의사표시가 있었으므로 제327조 제6호에 의하여 공소기각의 판결을 선고하였어야 할 것이다. 그런데도 원판결은 이와 달리 위 공소사실을 유죄로 판단하였으니, 원판결에는 제441조에서 정한 법령위반의 사유가 있다(대판 2009오1).

④ 명예훼손죄에 있어서 제1심판결선고후의 처벌희망을 철회하는 의사표시의 효력을 인정하여 공소기각의 판결을 하였음은 형사소송법 제446조 제1호 본문에 이른바 원판결이 법령에 위반한 때에 해당한다(대판 4294형비상1).

⑤ 피고인이 112신고를 받고 출동한 경찰관에게 못된 장난을 하여 공무수행 중인 자의 업무를 방해하였다는 공소사실에 대하여, 경범죄처벌법 제3조 제2항 제3호를 적용하여 피고인을 벌금 500,000원에 처한 약식명령이 확정된 후 비상상고가 제기된 사안에서, 위 죄의 법정형은 "200,000원 이하의 벌금, 구류 또는 과료"이므로 그중 벌금형을 선택할 경우 벌금액은 200,000원을 초과할 수 없어 원판결이 법령을 위반한 경우에 해당한다는 이유로, 원판결을 파기하고 다시 벌금 200,000원을 선고한 사례(대판 2021오12)

[유사판례] 피고인이 112신고를 받고 출동한 경찰관을 모욕하고, 있지 않은 범죄를 경찰관에게 거짓으로 신고하였다는 공소사실에 대하여, 형법 제311조, 경범죄 처벌법 제3조 제3항 제2호, 형법 제37조, 제38조를 적용하여 피고인을 벌금 3,000,000원에 처한 약식명령(원판결)이 확정된 후 비상상고가 제기된 사안에서, 위 각 죄의 법정형은 "1년 이하의 징역이나 금고 또는 2,000,000원 이하의 벌금", "600,000원 이하의 벌금, 구류 또는 과료"이므로 그중 벌금형을 선택할 경우 벌금액은 위 법조에서 정한 벌금형의 다액을 합산한 2,600,000원을 초과할 수 없어 원판결이 법령을 위반한 경우에 해당한다는 이유로, 원판결을 파기하고 다시 벌금 2,600,000원을 선고한 사례(대판 2021오24)

⑥ 상급심의 파기판결에 의해 효력을 상실한 재판에 대하여는 비상상고를 할 수 없다(대판 2019오1).

⑦ [1] 형법 제39조 제1항에 따라 형법 제37조 후단 경합범 중 판결을 받지 아니한 죄에 대하여 형을 선고하는 경우 형법 제37조 후단에 규정된 '금고 이상의 형에 처한 판결이 확정된 죄'의 형도 형법 제59조 제1항 단서에서 규정한 '자격정지 이상의 형을 받은 전과'에 포함된다.
[2] 위 확정판결의 형은 형법 제59조 제1항 단서에서 규정한 '자격정지 이상의 형을 받은 전과'에 해당하므로, 원판결에서 피고인에 대하여 형의 선고를 유예할 수 없다. 그런데도 원판결이 피고인에 대하여 벌금형의 선고를 유예한 것은 그 심판이 법령에 위반된 경우에 해당한다. 따라서 형사소송법 제446조 제1호 본문에 따라 원판결 중 피고인에 대하여 벌금형의 선고를 유예한 부분을 파기한다(대판 2018오1).

⑧ 상고기각의 결정은 공소심판결을 확정시키는 효력이 있는 해당사건에 관한 종국적인 재판이므로 그 결정에 대하여 법령위반이 있음을 발견한 때에는 비상상고를 할 수 있다(대판 62오4).

⑨ 원판결이 불이익변경금지의 원칙에 위반하여 형을 선고한 경우(대판 4290비상1), 항소 후의 미결구금일수를 전혀 산입하지 아니한 결정(대판 98오2) 등은 판결의 법령위반에 해당한다.

⑩ 누범전과가 없음에도 이를 간과하여 누범가중을 한 경우는 법령위반이 있는 것이 아닌 사실오인에 불과하여 비상상고의 이유가 될 수 없다(대판 62오1).
⑪ 소년의 연령을 오인하여 정기형을 선고하거나(대판 63오1), 성년의 연령을 오인하여 부정기형을 선고한 것은 법령에 위반하여 비상상고의 대상이 된다(대판 63오2).
⑫ 장물에 해당하다고 인정한 이상 이는 몰수할 수 없는 것이고 그 피해자에게 환부하여야 할 것인데 이를 피고인 이외의 제3자의 소유에 속하지 않는 물건이라고 해서 몰수를 한 원심의 약식명령은 비상상고의 대상에 해당한다(대판 4293비상1).

Chapter 091 약식절차

I 개관

1 의의

약식절차란 지방법원의 관할사건에 대하여 검사의 청구가 있는 때에 공판절차를 경유하지 않고 검사가 제출한 자료만을 조사하여 약식명령으로 피고인에게 벌금·과료 또는 몰수의 형을 과하는 간이한 재판절차를 의미한다.

2 약식명령의 대상

약식명령을 청구할 수 있는 사건은 지방법원의 관할에 속하는 사건으로서 벌금, 과료 또는 몰수에 처할 수 있는 사건에 한한다(제448조 제1항). 사물관할이 합의부의 관할사건이라도 법정형에 벌금, 과료 또는 몰수의 형이 선택적으로 규정되어 있으면 약식명령의 청구대상이 된다.[23모선]

II 절차

1 약식명령의 청구

① 약식명령의 청구는 검사가 공소제기와 동시에 서면으로 해야 한다(제448조 제1항, 제449조).
② 약식명령청구는 공소제기와 동시에 서면으로 하여야 하며 공소의 제기는 공소장에 형사소

송법 제254조 소정 사항을 기재하여야 하므로 약식명령 청구서에도 동조 제3항 제3호의 공소사실을 기재하여야 한다. 약식명령 청구서에 공소사실을 기재하지 아니하고 고발장의 기재사실을 인용함은 형사소송법의 소위 공소사실의 기재로는 볼 수 없다(대판 4288형상212).[23모선]

2 약식명령의 청구와 공소장일본주의

[1] 검사가 약식명령을 청구하는 때에는 약식명령의 청구와 동시에 약식명령을 하는 데 필요한 증거서류 및 증거물을 법원에 제출하여야 하는바(규칙 제170조), 이는 약식절차가 서면심리에 의한 재판이어서 공소장일본주의의 예외를 인정한 것이므로 약식명령의 청구와 동시에 증거서류 및 증거물이 법원에 제출되었다 하여 공소장일본주의를 위반하였다 할 수 없고,
[2] 그 후 약식명령에 대한 정식재판청구가 제기되었음에도 법원이 증거서류 및 증거물을 검사에게 반환하지 않고 보관하고 있다고 하여 그 이전에 이미 적법하게 제기된 공소제기의 절차가 위법하게 된다고 할 수도 없다(대판 2007도3906). 표준판례

3 약식절차에서의 심리

① 약식절차에서의 법원의 심리는 서면심리가 원칙이므로 공판기일의 심판절차가 적용되지 않기 때문에 공판절차를 전제로 하는 전문법칙과 그 예외의 규정은 적용되지 않으나 공판절차와 직접 관련이 없는 증거법의 일반원칙이나 위법수집증거배제법칙, 자백배제법칙, 자백보강법칙, 자유심증주의 등은 당연히 적용되어야 할 것이다.
cf. 즉결심판절차에서는 자백보강법칙이 적용되지 않는다.
② 공소장변경은 공판절차에서만 허용되므로 약식절차에서는 허용되지 않는다.
③ 약식절차에서도 서면심리만으로 판단하기 어려운 경우 사실조사가 가능하다.

4 약식절차에서의 제척사유 [14변시]

[1] 약식절차와 제1심 공판절차는 동일한 심급 내에서 서로 절차만 달리할 뿐이어서 약식명령을 한 법관이 정식재판의 제1심 판결에 관여하였다고 하여 제척의 원인이 되지 않고(대판 2002도944),
[2] 다만 약식명령을 한 판사가 그 정식재판 절차의 항소심판결에 관여함은 제척의 원인이 된다(대판 2011도17).

III 약식명령

1 약식명령의 내용

약식명령에서의 주형은 벌금, 과료, 몰수에 한하며(제448조 제1항), 징역이나 금고와 같은 자유

형, 무죄, 면소, 공소기각, 관할위반의 재판 등은 할 수 없다.

2 약식명령의 효력

약식명령은 정식재판의 청구기간이 경과하거나 그 청구의 취하 또는 청구기각의 결정이 확정한 때에는 확정판결과 동일한 효력이 있다(제457조).

3 약식명령에 대한 기판력의 시간적 범위

① 약식명령에 있어서는 그 기판력의 시적범위를 그 발령시를 기준으로 한다(대판 84도1129).
② 포괄일죄의 관계에 있는 범행의 일부에 대하여 약식명령이 확정된 경우에는 그 약식명령의 발령시를 기준으로 하여 그 이전에 이루어진 범행에 대하여는 면소의 판결을 선고하여야 한다(대판 2013도4737). 표준판례

Ⅳ 정식재판의 청구

1 정식재판 청구권자

① 검사 또는 피고인은 약식명령의 고지를 받은 날로부터 7일 이내에 정식재판의 청구를 할 수 있다. 단, 피고인은 정식재판의 청구를 포기할 수 없다(제453조 제1항).
② 약식명령을 고지받은 피고인으로서는 공개된 법정에서 정식재판절차에 따라 재판을 받기 위해서는 반드시 적법한 정식재판청구서를 제출하여야 하므로 정식재판청구서 제출의 방법에 있어서는 상소장과 그 사정이 전혀 다를 바 없는 점 등 고려할 때 정식재판청구서의 제출에 관하여도 위 재소자에 대한 특칙 규정이 준용된다(대결 2005모552). 표준판례

2 형종상향의 금지 [20 · 18모사]

(1) 의의

형종상향의 금지란 피고인만이 정식재판을 청구한 사건에 대하여는 약식명령의 형보다 중한 종류의 형을 선고하지 못한다는 것을 말한다(제457조의2 제1항).
형종상향의 금지 여부를 판단하기 위한 형의 종류와 경중은 형법 제41조의 기재에 의한다. 피고인이 정식재판을 청구한 사건에서 형종이 상향되지 않는 한 약식명령의 형보다 중한 형을 선고할 수가 있으며, 이 경우에 판결서에 그와 같은 양형의 이유를 기재하여야 한다는 제한이 있을 뿐이다.

(2) 형종상향의 금지 관련 판례

① [1] 형종상향 금지의 원칙은 피고인이 정식재판을 청구한 사건과 다른 사건이 병합 · 심리

된 후 경합범으로 처단되는 경우에도 정식재판을 청구한 사건에 대하여 그대로 적용된다.
[2] 제2사건은 피고인만이 정식재판을 청구한 사건인데, 항소심에서 제1사건과 병합·심리되어 경합범으로 처단되더라도 제2사건에 대하여는 징역형을 선고하여서는 아니 된다. 그런데도 원심은 제2사건의 항소심에서 각 죄에 대하여 약식명령의 벌금형보다 중한 종류의 형인 징역형을 선택한 다음 경합범 가중 등을 거쳐 제1사건의 각 죄와 제2사건의 각 죄에 대하여 하나의 징역형을 선고하고 말았다. 이러한 원심판결에는 형종상향 금지의 원칙을 위반한 잘못이 있다(대판 2020도4231 등).[24변선]
② 피고인이 약식명령에 대하여 정식재판을 청구한 사건과 공소가 제기된 다른 사건을 병합하여 심리한 결과 형법 제37조 전단의 경합범 관계에 있어 하나의 벌금형으로 처단하는 경우에는 약식명령에서 정한 벌금형보다 중한 벌금형을 선고하더라도 제457조의2에 정하여진 불이익변경금지의 원칙에 어긋나는 것이 아니다(대판 2016도2136).
③ 피고인뿐만 아니라 검사가 피고인에 대한 약식명령에 불복하여 정식재판을 청구한 사건에 있어서는 형종상향의 금지 원칙이 적용되지 않는다(대판 2020도13700).

3 정식재판 청구 관련 판례

① 정식재판청구권 회복에 관하여 상소권회복청구 규정이 준용된다. 정식재판청구할 수 있는 자는 자기 또는 대리인이 책임질 수 없는 사유로 정식재판청구 제기기간 내에 정식재판청구를 하지 못한 경우에는 정식재판청구권 회복의 청구를 할 수 있다.
② [1] 정식재판청구서에 청구인의 기명날인 또는 서명이 없다면 법령상의 방식을 위반한 것으로서 그 청구를 결정으로 기각하여야 한다. 이는 정식재판의 청구를 접수하는 법원공무원이 청구인의 기명날인이나 서명이 없음에도 불구하고 이에 대한 보정을 구하지 아니하고 적법한 청구가 있는 것으로 오인하여 청구서를 접수한 경우에도 마찬가지이다.[24변선]
[2] 그러나 법원공무원의 위와 같은 잘못으로 인하여 적법한 정식재판청구가 제기된 것으로 신뢰한 피고인이 그 정식재판청구기간을 넘기게 되었다면, 이때 피고인은 자기가 '책임질 수 없는 사유'로 청구기간 내에 정식재판을 청구하지 못한 때에 해당하여 정식재판청구권의 회복을 구할 수 있다(대결 2022모1872).
③ 설령 그 정식재판청구권회복결정이 부당하더라도 이미 그 결정이 확정되었다면 정식재판청구사건을 처리하는 법원으로서는 정식재판청구권회복청구가 적법한 기간 내에 제기되었는지 여부나 그 회복사유의 존부 등에 대하여는 살펴 볼 필요 없이 통상의 공판절차를 진행하여 본안에 관하여 심판하여야 할 것이다(대결 2004모351).
④ 정식재판청구사건 제1심은 6개월이 지나지 않아도 공시송달의 방법에 의해 피고인의 진술 없이 재판할 수 있다(대판 2012도12843).
⑤ [1] 약식명령에 대한 정식재판절차에서도 피고인의 출석 없이는 개정하지 못하고, 다만 피고인이 정식재판절차의 공판기일에 출정하지 아니하는 때에는 다시 기일을 정하고 피고인

이 정당한 이유 없이 다시 정한 기일에도 출정하지 아니한 때에는 피고인의 진술 없이 판결할 수 있다(대판 2011도11210).

[2] 피고인이 정식재판절차에서 2회 불출정하여 법원이 피고인의 출정 없이 증거조사를 하는 경우에 피고인의 증거동의가 간주된다(대판 2007도5776).[24변선]

⑥ 정식재판이 개시되면 심판의 대상은 약식명령이 아닌 피고사건 자체이므로 공판절차에서는 공소사실에 대하여 새로이 심리하여 사실인정에 대하여 자유롭게 판단할 수가 있으므로 통상의 공판절차에서 행하여지는 공소장변경도 당연히 허용되어야 한다.

- 약식명령에 대하여 피고인만이 정식재판을 청구하였는데, 검사가 당초 사문서위조 및 위조사문서행사의 공소사실로 공소제기 하였다가 제1심에서 사서명위조 및 위조사서명행사의 공소사실을 예비적으로 추가하는 내용의 공소장변경을 신청한 사안에서, 비록 사서명위조죄와 위조사서명행사죄의 법정형에 유기징역형만 있다 하더라도 불이익변경금지 원칙 등을 이유로 공소장변경을 불허한 것은 위법이 있다(대판 2011도14986). 표준판례

⑦ 검사의 벌과금 납부독촉서에 법원 및 검찰 사건번호, 벌금액수, 납부기한 등이 기재되기는 하지만, 재판절차의 종류와 경과, 정식재판 청구기간 등이 기재되어 있지 않고 재판서 등본이 첨부되지 않아 피고인으로서는 공소제기된 죄명과 구체적인 범죄사실을 알 수 없어, 피고인이 벌과금 납부독촉서를 송달받았다는 것만으로 약식명령이 고지된 사실을 알았다고 단정하기 어려우므로, 이로써 피고인이 책임질 수 없는 사유가 해소되어 그날부터 정식재판 청구권회복 청구기간이 진행한다고 볼 수 없다(대결 2023모2908).

V 약식명령 관련 판례 정리

① 형법 제37조 후단에서 '금고 이상의 형에 처한 판결이 확정된 죄와 그 판결확정 전에 범한 죄'를 경합범으로 규정하고 있으므로, 벌금형을 선고한 판결이나 약식명령이 확정된 죄는 형법 제37조 후단의 경합범이 될 수 없다(대판 2017도7287).

② [1] 약식명령은 그 재판서를 피고인에게 송달함으로써 효력이 발생하고, 변호인이 있는 경우라도 반드시 변호인에게 약식명령 등본을 송달해야 하는 것은 아니다. 따라서 정식재판 청구기간은 피고인에 대한 약식명령 고지일을 기준으로 하여 기산하여야 한다.[24변선, 23모선]

[2] 변호인이 정식재판청구서를 제출할 것으로 믿고 피고인이 스스로 적법한 정식재판의 청구기간 내에 정식재판청구서를 제출하지 못하였더라도 그것이 피고인 또는 대리인이 책임질 수 없는 사유로 인하여 정식재판의 청구기간 내에 정식재판을 청구하지 못한 때에 해당하지 않는다(대결 2017모1557).

③ [1] 약식명령에 대하여 정식재판 청구가 이루어지고 그 후 진행된 정식재판 절차에서 유죄판결이 선고되어 확정된 경우, 재심사유가 존재한다고 주장하는 피고인 등은 효력을 잃은

약식명령이 아니라 유죄의 확정판결을 대상으로 재심을 청구하여야 한다.

[2] 이때 피고인 등이 약식명령에 대하여 재심을 청구하여 재심개시결정이 확정된 경우, 그 재심개시결정은 이미 효력을 상실하여 재심을 개시할 수 없는 약식명령을 대상으로 한 것이므로, 그 재심개시결정에 따라 재심절차를 진행하는 법원으로서는 심판의 대상이 없어 아무런 재판을 할 수 없다(대판 2011도10626). 표준판례

Chapter 092 즉결심판 절차

I 개관

1 의의

지방법원, 지방법원지원 또는 시·군법원의 판사가 20만 원 이하의 벌금·구류 또는 과료에 처할 경미한 범죄에 대하여 공판절차에 의하지 않고 즉결하는 심판절차이다.

2 청구권자

관할경찰서장 또는 관할해양경찰서장(즉결심판절차법 제3조 제1항)

II 절차

1 증거에 대한 특칙

즉결심판절차에서는 제310조(자백의 보강법칙), 제312조 제3항 및 제313조의 규정은 적용하지 않는다. 다만, 위법수집증거배제법칙이나 자백배제법칙 등은 여전히 적용된다.[24변선]

2 즉결심판에서의 선고 및 그 효력

① 즉결심판에서는 약식명령의 경우와는 달리 사건이 무죄, 면소 또는 공소기각을 함이 명백하다고 인정할 때에는 이를 선고·고지할 수도 있다(즉결심판법 제11조 제5항).
② 즉결심판은 정식재판의 청구기간의 경과, 정식재판청구권의 포기 또는 그 청구의 취하에 의하여 확정판결과 동일한 효력이 생긴다. 정식재판청구를 기각하는 재판이 확정된 때에도

같다(제16조).

3 정식재판청구시 형종상향금지원칙 준용(제19조)

Ⅲ 즉결심판 관련 지문 및 판례 정리

① **범칙금 납부기간 경과 전 공소제기시 공소기각판결**
경찰서장이 범칙행위에 대하여 통고처분을 한 이상, 범칙자의 절차적 지위를 보장하기 위하여 통고처분에서 정한 범칙금 납부기간까지는 원칙적으로 경찰서장은 즉결심판을 청구할 수 없고, 검사도 동일한 범칙행위에 대하여 공소를 제기할 수 없다고 보아야 한다. 검사가 범칙금 납부기간이 지나기 전에 공소를 제기하였다면 이러한 공소제기는 그 절차가 법률의 규정에 위반되어 무효인 때에 해당하여 공소를 기각하여야 한다(대판 2017도13409).
표준판례 [24변선]

② **범칙금 납부기간내 범칙금 미납시 경찰서장이 즉결심판 청구**
[1] 범칙자가 범칙금 납부기간이 지나도록 범칙금을 납부하지 아니하였다면 경찰서장이 즉결심판을 청구하여야 하고, 검사는 동일한 범칙행위에 대하여 공소를 제기할 수 없다.
[2] 나아가 특별한 사정이 없는 이상 경찰서장은 범칙행위에 대한 형사소추를 위하여 이미 한 통고처분을 임의로 취소할 수 없다(대판 2020도15194).

③ **즉결심판을 받은 피고인의 정식재판 청구시 검사의 별도 공소제기 불가**
즉결심판에 대하여 피고인의 정식재판 청구가 있는 경우 경찰서는 검찰청으로, 검찰청은 법원으로 정식재판청구서를 첨부한 사건기록과 증거물을 그대로 송부하여야 하고 검사의 별도의 공소제기는 필요하지 아니한데도 검사가 정식재판을 청구한 즉결심판 사건과 동일성 있는 범죄사실에 대하여 약식명령을 청구한 경우, 이 사건 공소제기 절차는 법률의 규정에 위반하여 무효인 때에 해당하거나 공소가 제기된 사건에 대하여 다시 공소가 제기되었을 때에 해당하여 이 사건 공소를 기각해야 한다(대판 2017도10368).

④ 법원이 경찰서장의 즉결심판 청구를 기각하여 경찰서장이 사건을 관할 지방검찰청으로 송치하였으나 검사가 이를 즉결심판에 대한 피고인의 정식재판청구가 있은 사건으로 오인하여 그 사건기록을 법원에 송부한 경우, 공소제기가 성립되었다고 볼 수 없다고 한 사례(2003도2735)[24모선]

⑤ 피고인이 즉결심판에 대하여 제출한 정식재판청구서에 피고인의 자필로 보이는 이름이 기재되어 있고 그 옆에 서명이 되어 있어 위 서류가 작성자 본인인 피고인의 진정한 의사에 따라 작성되었다는 것을 명백하게 확인할 수 있으며 형사소송절차의 명확성과 안정성을 저해할 우려가 없으므로, 정식재판청구는 적법하다고 보아야 한다.
피고인의 인장이나 지장이 찍혀 있지 않다고 해서 이와 달리 볼 것이 아니다(대결 2017모

3458).[24모선]

⑥ 경찰서장뿐만 아니라 피고인도 정식재판청구를 포기할 수 있다.

⑦ [1] 피고인이 승용차를 운전하며 진로를 변경하다 甲이 운전하는 승용차와 충돌하여 甲에게 상해를 입히자 이를 조사한 경찰은 피고인에게 진로변경방법 위반을 이유로 범칙금 통고처분과 함께 면허벌점을 부과하였고, 피고인의 차량이 종합보험에 가입되어 있어 교통사고처리 특례법 위반(치상) 혐의에 관하여 불입건 결정을 하였는데, 피고인이 범칙금을 납부하였다가 면허벌점을 받는 것이 부당하다는 이유로 돌려받자, 경찰은 피고인의 범칙금 미납을 이유로 즉결심판을 청구하였으나 법원이 기각하였고, 이후 사건을 송치받은 검사가 도로교통법 위반으로 약식기소를 한 사안에서, [2] 통고처분에 따라 범칙금을 납부하면 범칙행위에 대하여 다시 처벌받지 않게 되는데, 피고인이 면허벌점 부과가 부당하다는 이유로 이미 납부한 범칙금을 회수한 후 범칙금을 납부하지 않아 도로교통법과 즉결심판에 관한 절차법에 따라 후속절차가 진행되어 공소제기에 이르렀으므로, 위 공소제기 절차는 관련 법령이 정한 요건과 절차에 따라 이루어진 것으로서, 거기에 교통사고처리 특례법의 취지에 반하는 위법이 있다고 보기 어렵다(대판 2024노8903).

Chapter 093 그 밖의 특별절차 및 기타

1 배상명령 관련

① **배상명령 신청 후 합의서를 제출한 경우 배상명령 신청 각하**

배상신청인의 배상명령신청에 대한 제1심판결이 피고인에 대하여 배상신청인에게 편취금을 지급할 것을 명하였으나, 배상신청인이 원심에 이르러 '피고인으로부터 피해를 회복받고 원만히 합의하였으므로 향후 민·형사상 일체의 이의를 제기하지 않을 것을 확약한다'는 취지의 합의서를 제출한 사안에서, 이는 배상신청인에 대한 피고인의 배상책임의 유무 및 범위가 명백하지 아니하여 배상명령을 할 수 없는 경우에 해당한다는 이유로, 제1심판결의 배상명령 부분을 취소하고 배상신청인의 배상명령신청을 각하하였다(대판 2017도4088).

② **불법행위에 기한 손해배상청구시 배상명령신청 각하 / 약정금 청구와 구별**

[1] 소송촉진법 제26조 제7항에 따르면 피해자는 피고사건의 범죄행위로 발생한 피해에 관하여 다른 절차에 따른 손해배상청구가 법원에 계속 중일 때에는 배상신청을 할 수 없다. 여기에서 '다른 절차에 따른 손해배상청구'는 피고사건의 범죄행위로 인하여 발생한

피해에 관하여 불법행위를 원인으로 손해배상청구를 하는 경우를 가리킨다. 그러한 경우 법원은 결정으로 배상명령신청을 각하해야 한다.

[2] 피해자는 피고인에 대하여 약정금 청구를 하였을 뿐이므로 이 사건 범죄행위로 인해 발생한 피해에 관하여 민사소송절차에 따른 손해배상청구가 다른 법원에 계속 중에 있었다고 볼 수 없다. 따라서 피고인에 대하여 배상신청인에게 편취금을 지급하라고 배상명령을 한 원심판결은 잘못이 없다(대판 2020도12279).

③ 제1심에서 변론이 종결된 후 배상신청인이 배상신청을 한 경우 소송촉진법 제26조 제1항, 제32조 제1항 제1호에 따라 이를 각하하여야 하고, 제32조 제4항에 따라 배상신청인은 그 판단에 대하여 불복하지 못할뿐더러, 피고인 등의 불복으로 항소가 제기된 경우에도 항소심에서 다시 동일한 배상신청을 할 수도 없다(대판 2021도13768).

2 몰수·추징 등 관련

① 제3자명의 차명재산 추징

피고인의 차명재산이라는 이유만으로 제3자 명의로 등기되어 있는 부동산에 관하여 피고인에 대한 추징판결을 곧바로 집행하는 것은 허용되지 아니한다. 피고인이 제3자 명의로 부동산을 은닉하고 있다면 적법한 절차를 통하여 피고인 명의로 그 등기를 회복한 후 추징판결을 집행하여야 한다(대결 2020모4058).

② 채권 압류로 추징형 집행시 시효의 중단

[1] 추징형의 시효는 강제처분을 개시함으로써 중단되는데(형법 제80조), 추징형의 집행을 채권에 대한 강제집행의 방법으로 하는 경우에는 검사가 법원에 채권압류명령을 신청하는 때에 특별한 사정이 없는 한 시효중단의 효력이 발생한다.

[2] 채권압류의 집행으로 압류의 효력이 유지되고 있는 동안에는 특별한 사정이 없는 한 추징형의 집행이 계속되고 있는 것으로 보아야 한다.

[3] 한편 피압류채권이 법률상 압류금지채권에 해당하더라도 재판으로서 압류명령이 당연 무효는 아니므로 즉시항고에 의하여 취소되기 전까지는 역시 추징형의 집행이 계속되고 있는 것으로 보아야 한다(대결 2021모3227).

③ 몰수형 부분의 위법을 이유로 원심판결 전부가 파기환송된 후, 환송 후 원심이 주형을 변경한 조치는 환송판결의 기속력에 저촉된다고 볼 수 없다(대판 2003도4781).[24모선]

3 형사보상 관련

① 제194조의2(무죄판결과 비용보상) 국가는 무죄판결이 확정된 경우에는 당해 사건의 피고인이었던 자에 대하여 그 재판에 소요된 비용을 보상하여야 한다. 다음 각 호의 어느 하나에 해당하는 경우에는 제1항에 따른 비용의 전부 또는 일부를 보상하지 아니할 수 있다. 3호. 「형법」제9조 및 제10조 제1항의 사유에 따른 무죄판결이 확정된 경우[22모선]

② **무죄판결에 대한 형사보상**

[1] 판결 주문에서 경합범의 일부에 대하여 유죄가 선고되더라도 다른 부분에 대하여 무죄가 선고되었다면 형사보상을 청구할 수 있다. 그러나 그 경우라도 미결구금 일수의 전부 또는 일부가 유죄에 대한 본형에 산입되는 것으로 확정되었다면, 그 본형이 실형이든 집행유예가 부가된 형이든 불문하고 그 산입된 미결구금 일수는 형사보상의 대상이 되지 않는다.

[2] 판결 주문에서 무죄가 선고되지 아니하고 판결 이유에서만 무죄로 판단된 경우에도 미결구금 가운데 무죄로 판단된 부분의 수사와 심리에 필요하였다고 인정된 부분에 관하여는 판결 주문에서 무죄가 선고된 경우와 마찬가지로 보상을 청구할 수 있다. 그러나 앞서 본 법리 역시 그대로 적용된다(대결 2017모1990).

③ **면소 또는 공소기각 재판에 대한 형사보상 가부 및 청구기간**

[1] 형사보상법 제26조 제1항 제1호는 국가에 대하여 구금에 대한 보상을 청구할 수 있는 경우로 '형사소송법에 따라 면소 또는 공소기각의 재판을 받아 확정된 피고인이 면소 또는 공소기각의 재판을 할 만한 사유가 없었더라면 무죄재판을 받을 만한 현저한 사유가 있었을 경우'를 규정하고, 같은 조 제2항은 '제1항에 따른 보상에 대하여는 무죄재판을 받아 확정된 사건의 피고인에 대한 보상에 관한 규정을 준용한다.'고 규정한다. 형사보상법 제8조는 '보상청구는 무죄재판이 확정된 사실을 안 날부터 3년, 무죄재판이 확정된 때부터 5년 이내에 하여야 한다.'고 규정한다.

[2] 면소 또는 공소기각의 재판이 확정된 이후에 비로소 해당 형벌법령에 대하여 위헌·무효 판단이 있는 경우 등과 같이 면소 또는 공소기각의 재판이 확정된 이후에 무죄재판을 받을 만한 현저한 사유가 생겼다고 볼 수 있는 경우에는 해당 사유가 발생한 사실을 안 날부터 3년, 해당 사유가 발생한 때부터 5년 이내에 보상청구를 할 수 있다(대결 2022모627).

④ [1] 형사소송법 제194조의2 제2항 제1호는 피고인이었던 사람이 수사 또는 재판을 그르칠 목적으로 거짓 자백을 하거나 다른 유죄의 증거를 만들어 기소된 것으로 인정된 경우에는 그 재판에 소요된 비용의 전부 또는 일부를 보상하지 아니할 수 있다고 규정하고 있고, 형사소송법 제194조의5에 의하여 준용되는 형사보상 및 명예회복에 관한 법률 제14조 제2항은 보상청구에 대하여 법원은 검사와 청구인의 의견을 들은 후 결정을 하여야 한다고 규정하고 있다. 그런데 형사소송법 제194조의2 제2항 제1호에 따라 법원이 비용보상청구의 전부 또는 일부를 기각하기 위해서는 피고인이었던 사람이 단순히 거짓 자백을 하거나 다른 유죄의 증거를 만드는 것만으로는 부족하고 그에게 '수사 또는 재판을 그르칠 목적'이 있어야 한다.

[2] 여기서 '수사 또는 재판을 그르칠 목적'은 헌법 제28조가 보장하는 형사보상청구권을 제한하는 예외적인 사유임을 감안할 때 신중하게 인정하여야 하고, 형사보상청구권을 제한하고자 하는 측에서 이를 입증하여야 한다(대결 2023모1766).

4 그 밖의 관련 판례

① **기존 접근금지 조치결정과 동일한 범죄사실로 새로운 잠정조치 청구가능**

검사는 기간이 만료된 접근금지 잠정조치를 청구했을 때와 동일한 스토킹범죄사실과 스토킹범죄 재발 우려를 이유로 스토킹처벌법 제8조 제1항에 의하여 다시 새로운 잠정조치를 청구할 수 있고, 법원도 동법 제9조 제1항에 의하여 피해자보호 등을 위하여 필요하다고 인정하면 다시 새로운 접근금지 잠정조치 결정을 할 수 있다. 다만 기존에 내려진 잠정조치 결정 당시 스토킹범죄사실과 동일한 스토킹범죄사실만을 이유로 한 새로운 접근금지 잠정조치 결정은 각 2개월의 범위에서 두 차례에 한정해서만 추가로 가능하다(대결 2022모2092).

② **집행유예 선고 취소의 시간적 한계 및 법원의 결정**

검사는 보호관찰이나 사회봉사 또는 수강을 명한 집행유예를 받은 자가 준수사항이나 명령을 위반하고 그 정도가 무거운 경우 보호관찰소장의 신청을 받아 집행유예의 선고 취소 청구를 할 수 있는데, 그 심리 도중 집행유예 기간이 경과하면 형의 선고는 효력을 잃기 때문에 더 이상 집행유예의 선고를 취소할 수 없고 취소청구를 기각할 수밖에 없다. 집행유예의 선고 취소결정에 대한 즉시항고 또는 재항고 상태에서 집행유예 기간이 경과한 때에도 같다. 이처럼 집행유예의 선고 취소는 '집행유예기간 중'에만 가능하다는 시간적 한계가 있다(대결 2023모1007).

③ **소년부송치결정에 대한 법원의 재량권 행사의 한계**

[1] 법원은 소년에 대한 피고사건을 심리한 결과 보호처분에 해당할 사유가 있다고 인정하면 결정으로써 사건을 관할 소년부에 송치하여야 한다(소년법 제50조). 소년에 대한 피고사건을 심리한 법원이 그 결과에 따라 보호처분에 해당할 사유가 있는지를 인정하는 것은 법관의 자유재량에 의하여 판정될 사항이다.

[2] '보호처분에 해당할 사유'에 대한 판단이 법관의 재량에 맡겨져 있다고 하더라도 거기에는 소년의 건전한 성장이라는 소년법의 지도이념과 보호처분의 목적에 따른 재량의 한계가 있고, 따라서 그 재량의 한계를 현저하게 벗어난 판단은 허용되지 아니한다고 할 것이다(대결 2024모398).

④ **가납판결**

- 법원은 벌금, 과료 또는 추징의 선고를 하는 경우에 판결의 확정후에는 집행할 수 없거나 집행하기 곤란할 염려가 있다고 인정한 때에는 직권 또는 검사의 청구에 의하여 피고인에게 벌금, 과료 또는 추징에 상당한 금액의 가납을 명할 수 있다(제334조). 이러한 가납명령은 상소제기 여부와 관계 없이 즉시 집행할 수 있다.[22모선]

- 가납판결이 확정된 때에는 가납한 금액의 한도에서 형의 집행이 된 것으로 간주된다(대판 2013도15456).

편저자 **정현석 변호사**

[약 력]
서강대학교 정치외교학과 졸업
전남대학교 법학전문대학원 성적우수 졸업
현 베리타스 법학교육원 형법 전임

[주요저서]
형법 핵심지문정리(학연, 2023)
작은 변사기 형법(학연, 2024)
Rainbow 변시 기출해설 형사법 기록형(학연, 2024)
특별형법(학연, 2024)
최근 3년 형법판례 OX(학연, 2024)
사례문제대비 형법논점 Capsule(학연, 2025)
Rainbow 변시 모의해설 형사법 기록형Ⅲ(학연, 2025)
형법총론강의(학연, 2025)
형법각론강의(학연, 2025)
Rainbow 핵심OX 형법(학연, 2025)
진도별 변시·사시기출 형법 사례연습(학연, 2025)
Rainbow 변시 기출·모의해설 형법 선택형(학연, 2025)

ONEPICK 형사소송법

발 행 일 : 2025년 02월 10일(2025년판)

저　　자 : 정 현 석
발 행 인 : 이 인 규
발 행 처 : 도서출판 (주)학연
주　　소 : 충청북도 진천군 백곡면 명암길 341
출판등록 : 2012.02.06. 제445-251002012000013호
www.baracademy.co.kr / e-mail : baracademy@naver.com / Fax : 02-6008-1800

저자와 협의하여
인지를 생략함

정가 : 29,000원　　　　ISBN : 979-11-94323-25-9(93360)

* 파본은 구입하신 서점에서 바꿔드립니다
* 본 서는 저작권법에 의하여 보호를 받는 저작물이므로 무단 전재와 복제를 금합니다.